Una mirada sobre tres siglos

COLECCIÓN CUBA Y SUS JUECES

EDICIONES UNIVERSAL, Miami, Florida, 2009

ORESTES FERRARA Y MARINO

UNA MIRADA SOBRE TRES SIGLOS

MEMORIAS

Prólogo de Carlos Márquez Sterling

Copyright © 1975 by herederos de Orestes Ferrara

Primera edición, 1975
Editorial Playor, Madrid, España

Segunda edición facsimilar
EDICIONES UNIVERSAL
P.O. Box 450353 (Shenandoah Station)
Miami, FL 33245-0353. USA
Tel: (305) 642-3234   Fax: (305) 642-7978
e-mail: ediciones@ediciones.com
http://www.ediciones.com

ISBN-10: 1-59388-167-3
ISBN-13: 978-1-59388-167-2

PROLOGO

I

Honor que se agradece

Antonio Montoto y Sánchez, sobrino de Orestes Ferrara, ha sido muy generoso conmigo, al pedirme que escriba las palabras de presentación de las Memorias de su inolvidable tío, a quien él, (Montoto) en ocasión memorable, le salvara la vida, guiando con valor extraordinario, el automóvil que conducía al entonces Secretario del Estado, (Ferrara), por las calles de La Habana, en los momentos de mayor convulsionismo revolucionario, a la caída del presidente Machado, en el histórico 12 de agosto de 1933.

Cuando murió Ferrara, el 16 de febrero de 1972, a la edad de 96 años, después de una vida múltiple, rica en acontecimientos históricos, se publicaron en Miami (en Cuba bajo la tiranía comunista era imposible) profusión de artículos que podían con ventaja, inclusive al mío, de aquellos días, servir de introducción a estas interesantísimas páginas. En efecto, Guillermo Alonso Pujol, Rafael Guás Inclán, Pablo Lavín, Sergio Carbó, Alberto Blanco, Ramón Corona, Ricardo Riaño Jauma, y muchos otros, lo hicieron con justa brillantez y reconocimientos, sobre todo, teniendo en cuenta, que algunos de ellos jamás militaron en el Partido Liberal, y le fueron adversos, y otros como yo, formados al calor del liberalismo, no seguimos en algunas etapas de nuestra vida pública, las ideas y la conducta de Ferrara, especialmente en lo relativo a sus juicios sobre la Constitución de 1940, opiniones de nuestro querido amigo, maestro de derecho, y compañero de Bufete, que el lector encontrará en las páginas, siempre vibrantes, de estas memorias que Ferrara comenzó a escribir, ya pasado de los ochenta años, en su residencia de Grand Hotel de

Roma, desde donde solía escribirnos con frecuencia, y enviarnos copia de estas memorias, que luego ajustó y compendió, en la forma que ahora se hacen públicas.

Prologar unas memorias no es fácil, porque todos aquellos hechos más señalados, en la vida del personaje, están narrados y expuestos, por el personaje mismo, con todas sus incidencias. De ahí que nosotros nos limitemos a formular un juicio, y a presentar una visión panorámica, del mundo interno correspondiente a Cuba, donde a Ferrera le tocó actuar, con la finalidad de que el lector, no versado en la historia de Cuba, alcance a comprender y a juzgar la intervención política, de un hombre realmente extraordinario, aún desde los más opuestos lugares a los que él actuaba, y aún, cualesquiera que sean las ideas de aquellos que penetren en su vida, relatada por Ferrara mismo.

II

Un poco de historia

Cabe decir, para empezar que Ferrara fue uno de los personajes de la República Democrática cubana más importante de 1908 a 1933. Después conservó su influencia política, pero no volvió a ocupar cargos públicos, excepto su delegación a la Convención Constituyente de 1940, elegido en la provincia de Las Villas, y la embajada en la Unesco, sede para la que fue designado por el presidente Prío, alrededor del año de 1949.

Nacido en Nápoles, el 8 de julio de 1876, Ferrara pertenecía a una distinguidísima familia de intelectuales y revolucionarios. Su abuelo cooperó a la unidad italiana. Su padre, Eduardo Ferrara, peleó al lado de Garibaldi, por las libertades universales, y está mencionado en varias crónicas de la época. Orestes, el hijo, continuó esa tradición de lucha, a todo lo largo de su vida. Su amor a la libertad no era solamente un concepto doctrinal. Era, como lo concebían los liberales finiseculares; como lo concebían también los revolucionarios de la segunda mitad del siglo XIX, la conciencia impostergable de una necesidad moral. Esta concepción está admirablemente definida, por el propio Orestes Ferrara, a través de estas memorias. Ferrara, estudiaba su carrera de abogado, en su ciudad natal, cuando decidió abrazar la causa de la Independencia de Cuba, organizada y desatada por José Martí, después de quince años de constante preparación, el 24 de febrero de 1895. Refería Ferrara, este pasaje primicio *de su vida, desde la tribuna popular, del teatro Nacional de La Habana, en el homenaje que le fue ofrecido en 1922. Se peleaba por la libertad en Creta y en Cuba. Adonde ir, se preguntaba Ferrara. Felizmente, se decidió por Cuba. Aquella noche, en medio de una ovación formidable, atestado de pueblo el coliseo del Parque Central, por la "chancleta liberal", Ferrara exclamaba: "¡Cuba, yo te creí campo de dolor, y has sido tierra de promisión!" La filosofía juvenil de Ferrara no se encuentra solamente en el campo de las teorías, sino en la realidad de sus actos revolucionarios. Cavour, Mazzini, Garibaldi, Nitti. Luego más tarde, Luz Caballero, José Antonio Saco, José Martí, Máximo Gómez, José Miguel Gómez. De este digan lo que quieran sus contemporáneos, consagró una política democrática, que con excepción de Alfredo Zayas, no siguió ningún otro primer magistrado cubano, por elección.*

III

La Revolución Independentista de 1895

Después de muchas peripecias que Ferrara relata, con lujo de detalles, en la primera parte de sus Memorias, el joven enamorado de la libertad, llegó a Cuba Libre, en 1896, y con el primero que se dio a conocer, y que animaba su espíritu, fue Salvador Cisneros Betancourt, que a la sazón, presidía la República en Armas, después de la Convención de Jimaguayú, en la que había sido electo. Andando los días, fue designado a prestar servicios a las órdenes del Mayor General José Miguel Gómez. Entre estos dos hombres nació una amistad imperecedera. Ambos debían escribir y escribieron con sus actos y con sus actuaciones, una buena parte de nuestra historia Libertadora. Estos pasajes de la guerra de independencia, en la cual Ferrara se llena de gloria, y ahora su relato emocionado, debe prestarle a la causa de la recuperación y liberación de nuestra patria, de las garras comunistas, un inmenso servicio, dada la emoción y el patriotismo con que estaban escritos, son, sin duda de ninguna clase, los mejores y los más inspirados de las Memorias. Animaba al joven, en aquellos días, la imagen más pura de sus ideales. Tal vez, hoy, que el patriotismo comienza a desarrollarse en el marco del socialismo, sea un poco difícil comprender estas imágenes. Los hombres del ayer lejano exponían su vida en favor de los demás. Muchos de los hombres de hoy, solo se exponen por alcanzar el poder. No hay dudas, las revoluciones liberales eran exten-

sivas. Las revoluciones marxistas son simples privilegios de aquellos que se juegan la vida en pos del mando y cuando lo alcanzan no lo sueltan. ¿Ejemplos? No hay más que mirar a todo lo largo del mundo presente. En un libro muy hermoso sobre filosofía política actual hay un pensamiento basado en el concepto inhumano de las libertades actuales. "Al lado de las grullas que sin duda representan las compañías privilegiadas, el águila teme de igual modo al cisne, pues aquella, cuando llega al final de su vuelo, no siempre tiene la razón".

IV

SE CONSTITUYE LA REPÚBLICA

La constitución de la República en Cuba, no fue una tarea fácil. Guerra entre cubanos y españoles, a partir del 24 de febrero de 1895. Guerra entre los Estados Unidos y España, mal llamada guerra Hispano-Americana, puesto que en los campos de la Isla, luchaban, desde hacía tres años treinta mil cubanos contra doscientos mil españoles. Intervención Americana al terminarse la Guerra con la victoria de Washington. Gobernadores norteamericanos. Brooke, Wood. Constituyente de 1901 y Constitución de la República. Enmienda Platt. Elecciones presidenciales y presidencia de Don Tomás Estrada Palma, que derrota a Bartolomé Masó y Márquez. Parecía que comenzaba, verdaderamente, la república. Pero no era así. En cambio, al amparo de todos estos acontecimientos, Ferrara, que quiso regresar a su patria de origen, y que no lo realizó porque el general José Miguel Gómez lo convenció de que su puesto estaba en Cuba, comenzó su brillantísima carrera pública, contrajo matrimonio con la señorita María Luisa Sánchez, su novia de toda la vida, a la que conoció en Tampa, cuando se dirigía a Cuba; y ocupa el gobierno provisional de Las Villas, en muchas oportunidades; hace oposiciones a un cargo de profesor auxiliar de Derecho Político de la Universidad de La Habana; constituye un gran Bufete, primeramente con Pelayo García, que había presidido la primera Cámara de Representantes, y luego con Luis Octavio Diviñó, y alcanza en la dirigencia del Partido Republicano de Las Villas, y luego en el Liberal, a la vera del general Gómez (José Miguel) una posición de preeminencia que debía convertirlo en uno de los hombres más importantes del país.

Ferrara fue en su cátedra universitaria profesor de una popularidad *extraordinaria entre los estudiantes. Tenía, como se dice ahora, carisma. Más que por sus conocimientos, por su actuación en la vida pública, dentro de la cual empezaba a dominar. Los que asistimos a su curso —dice Alonso Pujol, en su ensayo titulado* Ferrara, el gladiador de las Piedras Preciosas— *recordamos el peculiar estilo de sus conferencias. Ferrara, decimos nosotros, entraba siempre rápidamente, en sus clases, como persona a la que escaseara el tiempo. No era proclive al halago ni a la adulonería de alguno de sus discípulos. A los más pegajosos y preguntones los sacudía con la mordacidad de su facundia. Don José Antolín del Cueto, profesor muy sabio de Derecho Mercantil, había calificado a los estudiantes que andaban siempre con un libro debajo del brazo, "cultores del sobaco" Ferrara, más explícito, los denominaba: "filomáticos". El adjetivo perduró.*

V

La Revolución de 1906

En 1902, Don Tomás Estrada Palma fue elegido presidente de la República. Era justo, pero juiciosamente no era político. Estrada Palma había presidido la República en Armas, en 1876-77, durante la primera gesta independentista. Cumplidos sus primeros cuatro años, en 1905, el General José Miguel Gómez, se presentó candidato a la presidencia, por el partido Liberal, llevando en la vice al doctor Alfredo Zayas. Luchaban contra la reelección de Estrada Palma. La campaña tomó giros inesperados. Los partidarios del reeleccionismo estaban decididos a forzar los comicios. Subió la pasión a grados criminales. El 22 de septiembre de 1905, en Cienfuegos, en una refriega, preparada de antemano, en las habitaciones del Hotel La Suiza, el coronel Enrique Villuendas, defensor del general Gómez —que con Ferrara y Carlos Mendieta formaban el trío de mosqueteros villareños, adictos a la candidatura del héroe de Arroyo Blanco— fue vilmente asesinado por agentes a sueldo del gobierno. Este hecho marcó el ápice de la violencia. La figura de Villuendas, girondino del Liberalismo, quedó para siempre imborrable, en el espíritu de las masas. Las elecciones fueron fraudulentas. Los liberales tomaron las armas. Ferrara le pegó fuego al ayuntamiento de Vueltas. La República hizo crisis. Se produjo la segunda intervención norteamericana. Washington nos envió al gobernador Charles E. Magoon. Este tenía interés en celebrar los comicios honestamente. En estos, frente a la candidatura del general Mario G. Menocal, a quien acompañaba Don Rafael Montoro, en la vice, boleta del partido Conservador, triunfó la de José Miguel y Zayas, por el Partido Liberal. Se inauguraba, en Cuba, el sistema bipartito: liberales y conservadores.

VI

Actuación de Ferrara en la Cámara de Representantes

En las elecciones presidenciales de 1908, antes mencionadas, Ferrara fue elegido representante por la provincia de Las Villas. Después, al constituirse aquel cuerpo legislativo, ocupó por una gran mayoría, la presidencia de esa rama de nuestro parlamento. Ferrara —dice Pablo Lavín*— como presidente de la Cámara fue autor de numerosas leyes complementarias de la Constiución de 1901, con la que se inauguró la república cubana. Fue además, agrega Lavín, —que tuvo el privilegio de sustituir a Ferrara en la cátedra de derecho político —autor de un gran número de dictámenes económicos, administrativos y jurídicos. "Aquellas leyes y estos dictámenes, concluye diciendo Lavín— robustecieron vigorosamente la nacionalidad cubana, de aquellos primeros tiempos, hoy destruidos por las hordas comunistas".

Ferrara tomó parte en una cámara revolucionaria, en la cual brillaban el talento y el valor. Estas características toman profundo examen en las Memorias de Ferrara, para justificar su sentido revolucionario, que las intervenciones norteamericanas ahogaron, y que explican muchas cosas que sucedieron más tarde. De haber podido desarrollarse plenamente aquellos principios liberales, la historia se hubiera escrito de modo muy diferente. La triste realidad que sucede después, ha contribuido en gran escala, a la confusión que han formado autores extranjeros, mal informados, especialmente los autodenominados "liberales norteamericanos", defensores de un socialismo totalitario, que no puede entenderse por el socialismo liberal, que ciertamente está muy lejos de regir en Cuba, hoy en día.

En la Cámara, que podemos llamar de Ferrara, brillaban valores positivos de nuestra intelectualidad, que no mencionamos porque están citados en las Memorias, en su parte correspondiente. En aquel conjunto,

---

* *Grandeza y combatividad patriótica de Orestes Ferrara.* "Diario de las Américas" de 20 de septiembre de 1966. Pablo F. Lavín.

que va de 1908 a 1920, los dos representantes más distinguidos fueron indudablemente José Antonio González Lanuza y Orestes Ferrara. Podríamos decir que resultaron consustanciales. Uno, conservador, y el otro liberal. Ferrara más emotivo, más dramático, más dúctil, más penetrante... Lanuza, más reposado, más solemne, más cáustico, más intencionado... En un régimen parlamentario puro habrían sido primeros ministros, turnándose en el Poder.

Hombre de gran talento, para lo fundamental, y hasta para lo frívolo, Ferrara era abrumador, por su sentido del humor y la mordacidad de sus respuestas y réplicas parlamentarias. Eran cortantes, filosas como la hoja de una espada. Estas réplicas le granjearon no pocos enemigos. La anécdota que voy a referir se ha contado de mil maneras. Pero como yo se la escuché a quien fuera su socio de Bufete, y su secretario en la presidencia de la Cámara, el doctor Julio de la Torre, compañero mío de oficina, pues tuvimos nuestros despachos contiguos al de Ferrara, es de esta manera. Entraba Ferrara, en el salón aledaño al del hemiciclo, cuando un periodista santiaguero, majadero y fastidioso, al ver que aquél llevaba prendido a la corbata un alfiler de oro, con la cabeza de un burrito, le dijo:

—Presidente, ¿recuerdo de familia? ¿Tal vez, un pariente?

—No, amigo periodista, replicó Ferrara, rápidamente; se trata de un espejito.

Podría escribirse un libro con las intervenciones parlamentarias de Ferrara, aunque no siempre salió ileso de ellas. En una oportunidad, al llamar a un legislador matancero, indocumentado, éste riposta: "Doctor Ferrara, yo he pasado por la Universidad. Soy abogado"... Ferrara: "Eso no tiene importancia. Los tranvías también pasan por la Universidad"... Era la época en que ese tipo de transporte cruzaba, casi junto a las aulas de la Escuela de Derecho.

No era solamente, en el congreso, donde sus respuestas y réplicas herían, abrumaban. En casi todas sus actividades era así. El día que me presentó en su Bufete a los demás compañeros que allí trabajaban, pues yo iba a formar parte de la firma, al pasar, nada menos que junto al escritorio de su apoderado, me dijo: "A éste no le hagas caso, porque no tiene sentido jurídico". La antipatía que me tomó aquel señor, que por cierto no era muy brillante, aunque lo distinguía una laboriosidad inconcebible, gravitó en los años en que allí hice mi mayor aprendizaje de la profesión, y jamás me dejó enviar un escrito al Juzgado, sin que lo revisara.

A Gustavo González Beauville, a quien estimaba mucho, y le vendió su periódico Heraldo de Cuba, le dijo una vez en mi presencia: "Gustavo, me han dicho que estás acrecentando mucho tu cultura. Que te has comprado doscientos pesos en clásicos, en La Moderna Poesía". Pero a mí me regañó, en una oportunidad, porque Beauville que visitaba el Bufete diariamente, y que generalmente entraba por mi despacho, me preguntó si yo había leído su artículo de aquel día, que él titulaba G. Beauville dice. Yo le contesté: "Todavía no lo he leído. Y Ud. ¿ya lo leyó?". Beauville no cogió el chiste, pero Ferrara no pudo ocultar su sonrisa. Cuando Gustavo se marchó, me llamó a su habitación, y me dijo: "¿Por qué Ud. le ha dicho eso a Beauville? Todo el mundo sabe que el poeta Roselló le hace esos artículos"... Y entonces empezó a darme una serie de consejos, que no me vinieron mal. "No se haga envidiar, joven... Yo sé lo que le digo."

VII

Actuación de Ferrara en los gobiernos liberales
(1908-1913)   (1925-1933)

Ferrara más que político era hombre de estudio. Hubo épocas en que poseía una popularidad mayor que las de los presidentes de la República, y de no haber nacido en Italia, es posible que hubiera llegado a la más alta magistratura. Durante el gobierno de José Miguel Gómez su actuación fue decisiva. Era más que un presidente de Cámara, un primer ministro. El general Gómez nunca dejó de consultarle. Ferrara, sea dicho en su honor, practicaba la política, que dicen que era guía y orientación del famoso primer ministro inglés Canning, cuando recibió esta respuesta de Su Majestad: "Hay dos maneras de hacer las cosas, pero el trono siempre gusta de la más suave". En 1916, Ferrara respaldó la candidatura de Zayas. Triunfó Menocal. En 1916, Ferrara también apoyó a Zayas. Las elecciones de 1916, en las que se reeligió el general Menocal no fueron puras. Los liberales se sublevaron. Este pasaje está bien narrado en las Memorias. Probablemente los liberales hubieran vencido. Pero el presidente Woodrow Wilson declaró que no reconocería gobiernos emanados de una revolución. José Miguel fue derrotado en Caicaje. Wilson, adoptó aquella política a causa de que ya se preparaba a entrar en guerra con el Imperio Alemán de Guillermo II.

En esta situación, llegó el año de 1921, y al general José Miguel Gómez, también exiliado, en Nueva York, le sorprendió la muerte. Gobernaba, a la sazón, el doctor Zayas, que había ganado las elecciones de 1920, y autorizó el traslado del cadáver de Gómez, a La Habana. Su entierro, al frente del cual se encontraba Ferrara, fue una de las manifestaciones populares más grande que recuerda la ciudad de La Habana.

De 1921, en adelante, Ferrara se dedicó a fomentar su Bufete, y llevar la dirección de la oposición, en la Cámara, contra el gobierno de Zayas. Por otra parte, disputaban la candidatura presidencial, en el Partido Liberal, el general de la guerra de Independencia, Gerardo Machado, y el coronel, de esa propia guerra, Carlos Mendieta. No quiso Ferrara, en principio, tomar partido por ninguno de los aspirantes. Ambos lo hostigaban, sabiendo que el apoyo del "popular mosquetero de Las Villas", resultaría decisivo. La decisión le era difícil. Machado dominaba los organismos del partido. Mendieta gozaba de una enorme popularidad. Esta había sido adquirida durante la revolución de 1917, cuando alzado contra el gobierno de Menocal, logró romper el cerco de Caicaje, y alcanzar las costas de la Isla, desde las cuales se alejó en una modesta embarcación que lo llevó, con toda clase de riesgos, a playas norteamericanas. Cuando Ferrara se inclinó a Mendieta ya era muy tarde para que éste triunfara.

Machado fue nominado por la asamblea nacional Liberal, y elegido, luego, en noviembre de 1924, frente al general Menocal, candidato por cuarta vez a la presidencia. Menocal, como en sus buenos tiempos, montó a caballo. Y el pueblo liberal contestó con el grito de "a pie"... Machado ofreció "Agua, caminos y escuelas". El 20 de mayo de 1925, Gerardo Machado se posesionaba de la presidencia. Hacía doce años que el partido Liberal se hallaba fuera del Poder.

VII

Un buen inicio y un final desastroso

Al tomar Machado posesión de la presidencia, hacía dos años que Ferrara había liquidado su vida parlamentaria. Pero el nuevo presidente no deseaba prescindir de los servicios de su admirable amigo. Lo encaminó hacia la diplomacia. Esta etapa está muy pormenorizada en las Memorias.

La época de la presidencia de Machado fue especialmente difícil para Ferrara. En la adhesión al presidente Machado, y más que al presidente, al compañero de la guerra de Independencia —dice Alonso Pujol— "no está presente la incondicionalidad". El enlazar la lealtad con el consejo crítico, reformador y constructivo, es una de las tareas, cuando ya finalmente se hace cargo de la Embajada en Washington, y más tarde acepta la Secretaría de Estado. Es éste un pasaje, que vale más dejarlo al propio Ferrara que comentarlo. Lo que había comenzado siendo un excelente gobierno, estaba *terminando en medio de un verdadero desastre, que nadie podía contener, ni Ferrara. La prórroga de poderes, la Unión Nacionalista, la reelección, los directorios estudiantiles, las luchas entre el poder público y la protesta revolucionaria, tienen, como es natural comprenderlo, opiniones diversas. En estos casos, nadie tiene toda la razón. La razón nunca es de una sola de las partes. La razón se forma de la opinión de todas las partes, y luego la historia da su fallo, muchas veces inapelable.*

En esta etapa, en la que nosotros nos encontrábamos en la acera opuesta a la que ocupaba Ferrara, resplandece en éste su amor a la libertad, a la manera del liberal del siglo XIX. Esta es su doctrina, y nadie podía sacarlo de ella. Si desde la oposición, Ferrara cree que el gobierno presiona su libre albedrío, se rebela contra el Gobierno. Pero si piensa que es la oposición la que ejerce esa presión, se rebela contra la oposición, mucho más si ésta toma la forma revolucionaria a la moderna. El quería evitar esta forma de oposición. Le repugnaba el asesinato político y el terrorismo, pero ni él, ni sus viejos compañeros de la guerra, que con esas juventudes formaron la revolución, tenían ya influencia bastante para dominar la escena. En una palabra, Ferrara, después de haber tomado parte en tres revoluciones, a la antigua (el caballito criollo y la escopeta de una sola bala) llega a la conclusión de que es mejor negociar que derramar sangre. La negociación, a su juicio, es preferible. Ella preserva los derechos civiles, el orden, la estructura constitucional, la democracia, y la propia libertad, no expuesta a los excesos, que suponen en todos los casos, las victorias definitivas de una revolución esencialmente juvenil, como la de 1933, que después se frustró.

Cuando empieza una lucha del tipo de la que presenciamos en 1933, ya no hay lugar para los términos medios. Ni el Dictador puede aflojarse, ni la revolución puede concederse. Si aquél se ablanda se lo comen. Si ésta se enfría, se muere. Lo único que puede hacer el Dictador es renunciar. Poner entre la revolución y su gobierno otra persona; otro grupo de individuos y de hechos, que ya no son los mismos, y que vienen a cambiar el tablero. Entonces surge otra medida, otros alcances, otras soluciones. Ni el Dictador puede ser sentimental, ni la revolución tampoco. Es el momento, en que el Dictador pasa a convertirse en un tirano. Esta última figura no la llenó Machado, como la ha llenado Fidel Castro. Machado no quiso fusilar a los vencidos de Río Verde, y ahí empezó su caída. La transformación del Dictador en tirano supone siempre un gran río de sangre. O de parte del tirano o de parte de la revolución. Castro, por ejemplo, ha llevado su dictadura hacia la tiranía. Esto, a mi juicio, fue lo que no hizo Machado. Y los Estados Unidos dispusieron de él. Esta parte, la explica, con lujo de detalles Orestes Ferrara. El lector juzgará.

VIII

El Ferrara que pocos conocieron

Hay otro Ferrara, del cual no se ocuparon mucho los políticos, y no conocen las generaciones más nuevas, que le ha dado la vuelta al mundo con sus libros, sus conferencias, sus folletos, y su enorme personalidad. ¿A qué hora leía Ferrara? ¿En qué momento estudiaba? ¿Cuándo meditaba sus discursos? Buen bebedor de vino añejo, lo era también de libros, periódicos y revistas. Al lado de su cama se amontonaban esas lecturas. Además Ferrara era hombre de salones y de sociedad. Pero siempre estaba al día, y nadie podía sorprenderle, en este o en aquel libro, y en la comprensión de las corrientes populares, aún las más escondidas.

Ferrara reunía grandes cualidades. Talento, valor, audacia, tacto, prudencia, espíritu de aventura, ideales, realismo, romanticismo, destreza, habilidad. Sentido del límite. Conocimientos diversos. Una cultura inmensa. Hablaba varios idiomas, y poseía un "saber hacer las cosas", que nunca le fue superado por sus contemporáneos. De él se enamoraron en la cuna las hadas madrinas, y le concedieron cuantas facultades hacen falta para formar un hombre extraordinario.

En este aspecto viene a nuestra mente un pasaje relacionado con Maquiavelo, que destaca, en uno de sus libros, Pierre Mesnard. "Cuando la fortuna elige a un hombre para hacerle ejecutar grandes designios se fija ordinariamente en un mortal de genio lo suficientemente vasto para que pueda advertir las ocasiones..." "Se puede —agrega— en cierto sentido merecer La Fortuna, pero sería imprudente olvidar al aprovecharse de ella, la naturaleza de la potencia de que nos ha investido por un tiempo. Unicamente, me contentaría —dice Maquiavelo (que Ferrara conocía muy bien)— que tras el espectáculo que ofrecen todas las historias, los hombres pueden secundar a La Fortuna, pero no oponerse a sus decretos..."*

Ferrara nunca perdió su espíritu europeo. Este no le permitía estar ocioso. Su obra intelectual es grandiosa. Páginas Sueltas; Mis Relaciones con Máximo Gómez; El Papa Borgia, *traducida a varios idiomas, libro de texto colateral en varias universidades de Francia, Italia y Estados Unidos;* Ideas políticas de José Antonio Saco; Un pleito sucesorio; Enrique IV de Castilla, Isabel la Católica y la Beltraneja; El siglo XVI a la

---

* *El Desarrollo de la Filosofía política en el siglo XVI.*

luz de los embajadores venecianos; El cardenal Gaspar Contarini y sus misiones; La Guerra Europea del 14; Biografía de Felipe II; Cicerón y Mirabeau; Robespierre, el extremista de la Revolución Francesa; La moral de los grandes oradores; Maquiavelo, *prologado brillantemente por Luis Octavio Diviñó, excelente prosista*; Martí y la elocuencia; Problemas de la Paz; La organización de los Continentes; Trabajos en Europa; La correspondencia privada de Nicolás Maquiavelo; Tentativas de intervención europea en América; La hegemonía histórica; Enseñanzas de una revolución, *y otras muchas, que ahora escapan a mi memoria.*

Además, Ferrara fue un gran animador de la cultura. Fundó la revista La Reforma Social, *una de las mejores publicadas en Cuba y en Nueva York. Fue activo redactor de importantes publicaciones americanas, francesas, inglesas e italianas.* Revista Popolare Italiana; Figaro; Foreign Affairs; Revue de la Amerique Latine; Boletín de la Unión Panamericana; La revue Bleu; Cuadernos de Hispanoamérica; La Nueva Antología, *y otras muchas.*

Ferrara contaba con la estimación de los hombres más notables de su época. Pueden citarse a Winston Churchill, a Georges Clemenceau, Charles Evan Hughes, Nicholas Murray Butler, Arístides Briand —según el propio Ferrara, el mejor orador de sus tiempos— John Brown Scott, Leo S. Rowe, el conde Carlo Sforza, Francesco Nitti, su antiguo profesor, y otros muchos, que cruzan a lo largo de sus memorias.

No era Ferrara hombre que se dejara postergar por los acontecimientos, y en 1940 fue electo por el Partido Liberal, y por su provincia, Las Villas, delegado a la Asamblea Constituyente de aquel año, que el autor de las presentes líneas tuvo la honra de presidir. Este pasaje, que Ferrara relata en estas memorias, está expuesto con detalles colaterales, por su compañero de partido, y gran orador de aquellos tiempos, Rafael Guas Inclán, destacando la dificultad de Orestes, a causa de la persecución que contra él llevaban a efecto los revolucionarios-gangsteriles, de la gesta del 33, que al cabo terminaron por desaparecer. Lo cazaron desde un auto, y lo balacearon, pero Ferrara escapó con vida e hizo gala, una vez más, de su gran valor personal.

Una vez, en el seno de la asamblea nadie pudo situarlo en situaciones difíciles. Como buen liberal le chocaba el lenguaje socializante, y hacía profesión de fe liberal. Por esta razón, se convirtió en impugnador, de la fraseología de aquellos tiempos. "¿Por qué decimos aquí: la mujer grávida? —exclamaba—". Y añadía: "¿Es que no hay otras palabras más sencillas y eficaces?" En los tiros de aire, siempre salía airoso. A Blas Roca, le mortificaba llamándole de diversas maneras: Piedra, Peñasco, etc. Blas, tenía bastante correa y le seguía la corriente, sin herirle de palabra:

"—Ud, señor Ferrara ataca falsamente a la Unión Soviética. En Moscú se pueden decir las cosas más duras contra los Gobernantes."

Ferrara: *"Se pueden decir, no lo pongo en duda, señor Piedra, pero solamente la primera vez."*

En una oportunidad, Mujal lo impugna agriamente, y le explica un problema obrero, asunto que, desde luego, dominaba mejor que Ferrara.

"Señor Mujal —contesta Ferrara—, iremos a la Universidad. Yo de alumno y Ud. de profesor, pero con otro atuendo, y otras palabras..."

En uno de aquellos debates, tuve yo, desde la presidencia, que suprimirle la palabra, después de los cinco minutos de duración que le había concedido... Ferrara, nada replicó. Se sentó, en su escaño. Después, cuando los periodistas le preguntaron cómo yo lo estaba haciendo, exclamó: *"Muy bien. No ven ustedes que es discípulo mío."*

IX

FERRARA, EL ÚLTIMO DE LOS LIBERTADORES EN DEJAR LA ESCENA

Ferrara murió a la edad de noventa y seis años. Se sobrevivió. Se le fue *"muriendo su mundo"*, como me decía en brillante carta, uno de nuestros novelistas jóvenes, más talentosos. Ferrara, escribía Guas Inclán, era un astro en todos los escenarios por donde fue cruzando. Lo era en la tribuna política, en la forense, en la académica, en la científica, y no digamos nada de la popular, donde arrebataba. Su paso, por la vida pública, hasta sus últimos días, dejó una estela de anécdotas y de sucedidos, donde fulgura su genio, su gracia y su carácter, y su inagotable ironía. Lo fue, en su cátedra de derecho político. Lo fue en el periodismo, desde las columnas de Heraldo de Cuba, diario fundado por Manuel Márquez Sterling, del que hubo de adquirirlo Ferrara, en el año de 1915, y en el cual continuó la ruta y honestidad que le había impreso su excelente amigo de luchas y batallas, aunque algunas veces discreparan, como sucedió, durante los últimos años del gobierno de Machado, en que Márquez escribiera su libro Las Conferencias del Shoreham, al cual alude Ferrara, en la parte pertinente de sus Memorias. Episodio que borraron los años, y culminara en un fuerte abrazo, en uno de los hoteles de Nueva York, cuando Márquez Sterling, ya embajador en Washington, de la Revolución de 1933, se negara a recomendar la extradición del presidente Machado, por estimar que los problemas políticos no tienen derecho a esa concesión, que sólo debe juzgar, en definitiva la Historia, sin las pasiones de sus actores principales.

Ya no quedan del 95 más que los recuerdos, la leyenda, el mito, y el milagro de sus acciones que es necesario repetir. Con Ferrara se fue el último de los libertadores y el primero de los extranjeros que fue a Cuba a pelear por su independencia y por sus libertades. Su ejemplo debía inspirar a muchos, especialmente a aquellos que de él deben tomar su doctrina literaria y su valor indomable. Repetimos, como dijimos, al principio de este prólogo, que aquella parte de la Independencia, que él narra con suprema emoción, le hará un gran beneficio a nuestra recuperación ciudadana, pues que en ese aspecto Ferrara es guía y faro de nuestra libertad como nación libre y soberana.

Italia se mostró codiciosa del talento y condiciones de Ferrara en muchas ocasiones, pensando que había perdido a uno de sus mejores hijos que de haber actuado en la política europea hubiera sido un Giolitti, un Orlando, un conde Sforza. Ferrara estaba hecho de la madera de los grandes estadistas, dentro del molde garibaldino de los luchadores más esforzados. Es curioso anotar que habiendo nacido en Italia, haya ido a morir en ella, después de haber trazado una vida al estilo de las narradas por Plutarco. Sin embargo, su alma, su espíritu, su corazón, su figura del héroe de las armas y de las letras, pasaje del Quijote, escrito para hombres de esa clase, estará siempre en Cuba y a Cuba irá, en no muy lejana fecha, cuando la tierra por la cual peleó recobre su libertad, hoy esclavizada por los comunistas, a los que él se opuso en la Convención de 1940, con clarividencia asombrosa. Ferrara dejó este mundo a la altura de los más notables hombres de su tiempo. Y como el Cid, ganará grandes batallas después de muerto.

New York, verano de 1975.

Carlos Márquez Sterling.

Primera Parte

Capítulo I

LA RESPUESTA A UN GRITO DE DOLOR

Una mañana, a mediados del año de 1895, en la Universidad de Nápoles, entrando yo en los diecinueve años de edad, y terminadas ya las clases de las horas antemeridianas, un grupo de compañeros de la Facultad de Derecho dábamos la vuelta cotidiana, cual nuevos peripatéticos, por los portales del gran claustro central del viejo Ateneo. Caminábamos despacio, pasando una tras otra las estatuas que rememoran la grandeza antigua. Ibamos discutiendo con pretensión profética sobre el porvenir social. No recuerdo de qué hablábamos especialmente aquel día, pero pensando en las habituales discusiones de entonces, supongo que pusimos una vez más, frente a frente, a Karl Marx, el taumaturgo alemán, popular a pesar de ser un profundo teórico, y al liberal clarividente, entonces inspirador de muchos de nosotros, Juan Jacobo Rousseau. Yo veneraba a Rousseau, y diré adelantando acontecimientos que desde ese tiempo juvenil, llevado por estudios precoces tuve la convicción de que la etapa feliz de la coexistencia humana en el doble campo político y económico, vendría solamente por el camino de la libertad. Negaba, en consecuencia, el comunismo de estricto tipo marxista, que calificaba de neo-utopista y falaz. La mayoría de mis compañeros, en cambio, siguiendo la tendencia predominante en el radicalismo juvenil de la época se declaraba marxista, y a su vez negando con pedantería que se ha mantenido en el tiempo y ampliado en el espacio, todos los demás principios.

El marxismo desde entonces se afirmaba más como religión que como ciencia, y su estudio e interpretación llevaba a los fieles a aceptar dogmas intocables. Pero lo importante en mis recuerdos de este paseo entre aquellas figuras ilustres, no está en lo que entonces eran nuestras discusiones, ni tampoco en lo que pensábamos, sino en que nos dimos cita para ir a escuchar por la tarde a un famoso orador en las elocuentes salas del Tribunal partenero, y que en esta reunión alguno de nosotros apuntó la idea de formar un núcleo garibaldino, ya que marxistas y antimarxistas éramos rebeldes, para ir a combatir al lado de los revolucionarios de Candía, contra los turcos, que a la sazón poseían esta isla griega, conocida por Creta, famosa por su antigua civilización. La propuesta hecha en exaltación juvenil encontró fuerte apoyo en todos nosotros. Había sido formulada más bien como una queja contra la flaqueza de nuestra generación. Pero la acogimos con serio propósito. Nuestros padres, decíamos, habían combatido con la camisa roja a las órdenes de Garibaldi, y aun antes, en muchos campos de batalla al son de la palabra mágica, *libertad*. ¿Y nosotros íbamos ahora a asistir, impávidos, al sacrificio de esa tierra, parte céntrica del pensamiento ilustre que había creado el mundo moderno? Antes de salir del Tribunal nos dividimos el trabajo de preparación. Telerico y Ferrara se ocuparían de establecer contacto con el Coronel Vassos, jefe de los insurrectos candiotas. Yo no me imaginaba, ni como lejana hipótesis, que con aquella decisión iba a cambiar el rumbo de mi vida.

Al día siguiente los dos comisionados entrábamos en el Consulado griego. El Cónsul Typaldos nos recibió con recelosa cortesía. El no tenía nada que ver con la revolución, nos dijo para comenzar. Nosotros insistimos. Como pensamos que él ciertamente debía ser un patriota, le replicamos que Grecia estaba interesada en aquella lucha. Y si nosotros, que no éramos griegos sino jóvenes amantes de la libertad, estábamos dispuestos a morir por la causa de Creta, ¿cómo él podía negarse a darnos informes, a facilitarnos datos? Sabíamos muy bien que un pequeño número de combatientes no decidiría la suerte de la guerra, pero la llegada de un centenar de jóvenes universitarios, procedentes de un país extranjero, simbolizaría la entrada de la cultura universal en el conflicto. Sería tanto como en época no lejana había sido la adhesión de Lord Byron a la causa griega. Typaldos comprendió durante la conversación que los dos jóvenes que tenía delante no eran agentes provocadores y se aprestó a darnos cooperación y algunas indicaciones, pero solamente las que una imprudencia nuestra no pudiera comprometerlo. Nos entregó varias cartas, una de ellas dirigida a un famoso poeta de Atenas, que presidía el comité pro-revolucionario. Lo más útil para nosotros fue un buen mapa, pues como todos los jóvenes de la época, aun los de suficiente cultura, sufríamos de una crasa ignorancia geográfica. Más tarde, cuando entré en la diplomacia, he justificado los errores cometidos por los hombres de Estado que se hallaron impreparados geográficamente al tratar de la paz de 1918.

Vimos al amable cónsul en otras pocas ocasiones, pero las dificultades preparatorias se multiplicaron. No llegamos nunca a acercarnos a la posibilidad de enrolar cien compañeros, no pasamos de recibir más de veinticinco adhesiones. Nos reuníamos algunas veces en el antiguo Convento de Santa Clara, de Nápoles, en la casa de un compañero llamado Gino Alfano, que llegó a ser diputado en el Parlamento italiano. Había necesidad de una mayor agitación pública para despertar al estudiantado. Como la hubo dos o tres años después, al estallar otra guerra más importante, la griego-turca de 1898, los italianos acudieron numerosos a la lucha bajo las órdenes de Amilcar Cipriani, Antonio Fratti y otros. Entre ellos se encontraban algunos nombres de camaradas de mis primeros devaneos bélicos.

En realidad para mis compañeros no tuvo nunca gran importancia el esfuerzo que hacíamos Telerico y yo. En cambio, para mí fue decisivo. Entretanto, los turcos y los rebeldes candiotas del Coronel Vassos llegaron a pactar un armisticio y las potencias europeas intervinieron. La libertad de Creta entró en el juego de los grandes intereses que sin olvidar las ideas de bien y de progreso, y a veces hasta de libertad, se armonizan siempre con las aspiraciones de los poderosos, especialment cuando éstos están unidos.

El inesperado armisticio provocó una última reunión de nuestro comité, la más reducida. Yo hablé deplorando los acuerdos de las potencias y propuse que todos, redoblando nuestros esfuerzos, marcháramos entonces a la lejana Isla de Cuba, que igualmente estaba en rebeldía. "Si Creta —dije— representaba un noble pasado, Cuba es la sede de un fulgurante porvenir". Naturalmente los seis o siete presentes aplaudieron mis palabras, pero hay que decir con Dante: *"da quel giorno piu non vi leggemmo avante"* (1).

En mí, en cambio, se había desatado una terrible rebelión espiritual. Mi temperamento necesitaba un desahogo, nuevas costumbres, nueva vida. El patio universitario, campo de mis gestas juveniles, se me hacía muy estrecho. La oratoria, si este nombre se puede dar a frases ruidosas e inconexas, me resultaba una actividad inapropiada a las exigencias de mi impaciente espíritu. Los estudios mismos me resultaban un infecundo pasatiempo. El hogar que yo adoraba y que he adorado toda mi vida, de lejos como de cerca, me daba la impresión de las paredes de una prisión y la exactitud de las horas paternas una terrible esclavitud. Y esto lo pensaba yo, que más tarde he tenido la exactitud horaria como la primera virtud que conduce al éxito. La ciudad misma, Nápoles que era la más grande de Italia y una de las más pobladas del mundo, me aburría como

---

(1) Desde aquel día ya no leímos más.

si sólo fuera una aldea en la cual gritos de vendedores y amenazas de malhumorados alternan con pisotadas de caballos y saltos de ruedas ferradas de ruidosos coches.

El inicio del verano de 1896 me encontró sobre las laderas del Vesubio, a donde anualmente se trasladaba mi familia para evitar los fuertes calores de Nápoles. Una pequeña casa en Portici nos servía para facilitarnos los baños de mar y otra muy grande a mayor altura, en San Giorgio, en Cremano, nos cobijaba convenientemente. Tanto Portici como San Giorgio eran dos pueblos que habían sido residencias veraniegas de la aristocracia napolitana en tiempos de los Borbones. Las grandes familias habían fabricado bellas villas a fin de estar cerca de la Corte, la que pasaba algunos meses en el magnífico palacio real situado entre Portici y Resina y cuyos bosques se extendían desde el mar hasta las faldas vesubianas. A fines del siglo, desaparecida desde hacía cuarenta años la Corte borbónica, el Palacio Real servía de Escuela de Agricultura, y la otra parte fabricada de la comarca, estaba alquilada a algunas familias adineradas. Los dos pueblos principales, perdido el antiguo esplendor, continuaban sin embargo, siendo Portici y San Giorgio. Los grandes nombres quedaban aún grabados en los majestuosos soportales, pero no todos los dueños de la época borbónica habitaban ya las casas. En el curso del tiempo, gradualmente la burguesía y más recientemente el proletariado, han ocupado las grandes mansiones del Marqués del Vasto, de los Acquaviva, de los Carafa, del famoso Ministro Tanucci y las de decenas de otras familias de la misma elevada alcurnia.

En estos lugares de verano como en otros cerca de Nápoles, Posillipo por ejemplo, que yo frecuentaba también porque unos tíos míos sin hijos vivían allí y me tuvieron siempre como su heredero, las personas llamadas de sociedad dulcificaban su carácter y se ligaban de amistad rápidamente. Los jóvenes intimaban en pocos días y confundidos los grados sociales, entonces todavía rígidos, se trataban con afecto. Al anochecer se formaban en grandes hileras que ocupaban la calle a todo lo largo y cantaban las canciones de moda en este tiempo, las de Paolo Tosti especialmente, marcando con clara dicción italiana las bellas palabras amorosas y con trémula voz los acentos de dolor. El recuerdo más tierno que he tenido en todas las horas de mi vida agitada ha sido el de estos cantos que una juventud pura y serena unida por los brazos en larga cadena y caminando con lenta cadencia, entonaba conmovida y cuyos ecos parecían salir del alma más que de sus gargantas:

Tu mi tradisti ma a te fedel son io...

o de un pecho exuberante de satisfacción:

Io t'amo come il fulgor del creato...

y de otra tan llena de recuerdos:

*Ora e per sempre addio sante memoria,
addio sublime incanto del pensiero, addio...*

En este verano de 1896, como en los años precedentes, yo estaba en San Giorgio, mas mi espíritu no era el del ambiente y todos lo notaban. En el balneario de madera, construido sobre el mar, fui sorprendido en una ocasión mirando a lo lejos, los ojos mortalmente fijos hacia Capri e Ischia. "¿Por qué está usted tan triste?, me preguntó una señora que yo conocía, joven y bella, recientemente casada, "miro a América", le contesté casi sin pensarlo. Y ella con oportunidad desconsoladora me replicó: "Qué, ¿un emigrante más?". "No, señora, un garibaldino más, un hombre que va a morir". Años después la gentil persona me recordó la escena, confesándome que había quedado desconcertada, entreviendo en mis palabras un estado vecino a la demencia o por lo menos a la tragedia.

Como este incidente de poca importancia tuve muchos. Yo vivía soñando. Un día me encontré con un amigo de familia, joven como yo que acertó a dar forma precisa a mis ímpetus y a regularizar mis ansias. Mas, antes de presentar a la persona que colaboró con decisión al cambio de mi vida, permítaseme aclarar, por concordancia, que esta alteración mental mía y las favorables condiciones en que se encontraba, fueron definidas tiempo después por Francesco Saverio Nitti, quien fue mi maestro, en los siguientes términos: "Al Profesor Orestes Ferrara, Embajador de la República de Cuba en Washington —Querido Ferrara: Deseo dedicarle este libro, resultado de pacientes investigaciones y de una larga experiencia, no sólo en testimonio de una amistad que ha resistido al alejamiento y al tiempo, sino porque en cierto modo prosigue una discusión comenzada en 1894, cuando usted era discípulo mío en la Universidad de Nápoles.

"Entonces discutíamos frecuentemente de *optimo statu*. ¿Cuál es el tipo de sociedad más elevado y hacia el que tiende nuestra civilización? Usted, a quien sonreían la juventud, la inteligencia y la prosperidad, aspiraba en su entusiasmo a las formas nuevas, sentía una necesidad de justicia social que constituía un verdadero tormento de su espíritu.

"Le atraían todas las iniciativas nobles y le exaltaban las grandes ideas. Con la ilusión de la juventud no sólo estudiaba para aprender y para comprender, sino, sobre todo, para actuar. En tal estado de noble exaltación abandonando diversiones y comodidas se fue usted, en 1896, a tomar parte, como voluntario en la revolución y en la guerra de la independencia de Cuba y realizó tan señalados actos de valor que le granjearon el reconocimiento del pueblo libertado y le dieron el prestigio que rodea al heroísmo desinteresado.

"Tras el noble gesto, entró usted en la realidad de la vida: profesor universitario, abogado, presidente de la Cámara de Diputados, embajador, ha participado en grandes Asambleas internacionales y en grandes acontecimientos.

"La realidad está muy lejos de los ideales de nuestra juventud. En sus libros, donde hay tanto fulgor de inteligencia y doctrina tan amplia, ha partido usted de la concepción más idealista y ha llegado al estudio de Maquiavelo, es decir, al estudio de la concepción realista" (2).

La idea garibaldina penetraba entonces el ambiente en que vivíamos todos, pero en mí actuaba como una férvida tradición de familia. Mi padre había sido garibaldino en su juventud. Cuando Garibaldi entró en Nápoles, el 7 de septiembre de 1860, procedente de Salerno, mi padre se enroló en sus filas. Combatió en Maddaloni y sobre el Volturno y fue uno de los primeros en entrar en Capua. Se había ganado una medalla de plata, la única vanidad que descubrí en aquel hombre de supremo equilibrio. Pero si mi padre había estado a las órdenes del Héroe de los dos mundos, mi madre, aunque muy joven entonces, pero más locuaz y vehemente, recordaba la espera ansiosa primero y luego la entrada triunfal en Salerno de los legionarios de camisas rojas. Ella tenía un tío llamado Giovanni Canoro, todavía vivo en la época que evoco, quien había alcanzado un alto grado en el ejército que se inició con los famosos Mil de Marsala. Ella estaba orgullosa y nos lo presentaba con vivo lenguaje cuando nos levantaba en sus brazos para indicárnosle como ejemplo. Esta madre vivaz nos conmovía sobre todo al hablar de los días de la espera ansiosa y de los temores e incertidumbres de una derrota. En mi imaginación, por decirlo así, el gran libertador de Italia formaba parte de la familia. Cuando él murió yo tenía ocho años. Era un niño y estaba con mi hermano más pequeño en una escuela situada a cincuenta metros de nuestra casa. Dos criadas llegaron aquel día en actitud casi trágica, pintada en sus caras una gran preocupación, para recogernos antes de la hora. ¿Qué había sucedido? Nada, no hablaban. Para la casa rápidamente...

En el breve trecho que debíamos recorrer, todos los comercios se iban cerrando silenciosamente. En casa encontramos a papá que vestía como no lo habíamos visto nunca: con la camisa roja. Un tío llegó para preguntar si queríamos algo. Por escrúpulo de verdad debo decir que traduje aquella hora como "de peligro", pues así lo sentía mi espíritu infantil, pero en realidad, era sólo de luto. Sin embargo, el silencio general en una ciudad tan ruidosa como lo era Nápoles entonces, el ambiente de

---

(2) Francesco Nitti (Expresidente del Consejo de Ministros de Italia). *La Democracia. La formación de las democracias modernas y la reacción antidemocrática.* Ed. Aguilar. Dos tomos. Madrid, 1932.

todos tan severo, la turbación de las criadas, que casi no sabían como llevarnos; y por último, aquella premura para meternos en cama me dejó más que en una situación de pena, con la impresión de una catástrofe.

El desplome del gran hombre sacudía la tierra y quedó en mi alma como un doloroso recuerdo.

Para explicar la alteración de mi ánimo, hay que pensar en mi tradición familiar y espiritual. El misticismo que se presenta en los comienzos de la juventud, que toma tan diversas formas y se canaliza en diferentes personas, en muchos espíritus provoca amores sentimentales, y en ciertas épocas inclina a combates militares o religiosos. A menudo, como en nuestra época, domina en los deportes atléticos. A mí este impulso de combate, en el momento de los grandes cambios me exigió, a imitación de mi padre y de otros miembros de mi familia, correr hacia el peligro y con supremo impulso de libertad personal, levantarme en favor de los derechos de un pueblo, o sea, dicho con mayor exactitud, obedecer al derecho humano que al ofrecer la vida a un pueblo rinde pleitesía a la Humanidad entera.

Pero mi rebeldía interna, mi tradición familiar y lo noble de la causa que quería hacer mía, encontraban un valladar material: Cuba estaba lejos. Nada sabía de ella además, y no podía arbitrar los fondos necesarios para alcanzar aquella meta en un camino indeciso. Mi amigo Guillermo Petriccione, al cual he hecho referencia, aunque sin nombrarlo, facilitó todo, y por mi parte recogí una suma suficiente para el viaje europeo.

Más que mío, Petriccione era compañero de mi hermano por ser coetáneo a éste y tener cuatro años más que yo, diferencia que si en la tarda edad nada significaba, antes de la veintena resulta una barrera contra la amistad confidencial.

Los Petriccione no sólo pasaban el verano en esos barrios vesubianos, sino que tenían sus ricos negocios en San Giovanni a Teduccio y una quinta, espaciosa, bellísima, en Somma Vesubiana, al pie del mismo cráter del volcán. Poseían además grandes molinos de trigo, los más grandes en el sur de Italia. Otra rama de la familia se dedicaba a la producción de alcohol, amasando una fortuna aún mayor. Un primo de Guillermo estaba casado con la hija del Duque de San Donato, el hombre más popular de Nápoles, no sólo por haber sido largo tiempo alcalde de la ciudad, sino por ostentar cerca de trescientas libras de peso, que él no disimulaba sino que ponía, al contrario, bien a la vista de todo el mundo, usando *redingote* (levita) de amplias solapas, pantalón de rayas relucientes y sombrero *haut de forme* (de copa), gris claro por añadidura. Se le veía diariamente en las calles de la ruidosa urbe, en uno de los ligeros y pequeños coches de alquiler, ocupando él solo todo el asiento. Estos coches, por la elasticidad de su construcción y por el mal estado de las calles, iban dando saltos o rodando de lado, de trecho en trecho, lo que alteraba la actitud necesariamente del primer magistrado de la ciudad. Las nupcias Di San Donato-Petriccione no fueron sólo un acontecimiento popular por el afecto que se le tenía a aquel Duque tan vistoso, sino también aristocrático, por haber estado presente en ellas el entonces heredero del reino, que llevaba el título de Príncipe de Nápoles, quien fue luego Víctor Emanuel III, para mí el monarca de espíritu más democrático que haya ocupado un trono.

Guillermo Petriccione personalmente era un joven de una excelente gentileza de modales comparable sólo a su nobleza de alma. De figura agradable, alto, bien proporcionado, sonriente, enérgico y fácil en el planteo de cuestiones de honor. Vivía una vida mundana, después de haber hecho buenos estudios clásicos y esperaba encaminarse en alguna actividad comercial, pues al morir su padre esta rama de la familia había liquidado su participación en la industria harinera. Uno de sus tíos, que era Presidente de la Cámara de Comercio de Nápoles, le protegía. Mi hermano Eduardo y él frecuentaban asiduamente la buena sociedad local, pero también a elegantes jóvenes de virtud ligera, que entonces no eran muchas pues pululaban las de modesta apariencia, y las de moda podían contarse con los dedos de una mano y eran muy admiradas.

Una de aquellas noches en que desde las faldas del Vesubio se ven las estrellas más relucientes y en enorme cantidad, durante uno de aquellos paseos colectivos a que he aludido, Guillermo se me acercó, tomándome familiarmente del brazo y me dijo:

—¿Te gusta esta vida?

Yo lo miré fijamente.

—¿Qué quieres decir con esto?

—No —replicó ingenuamente— es que a mí me aburre la eterna canción de moda, estas risas estúpidas, estos coloquios insulsos. Y me parece que a ti tanto ruido vano te estorba.

—Guillermo —le contesté con rostro severo—, espero que tú no vengas enviado por mi hermano para averiguar lo que pienso; tú eres una persona que inspira respeto por la seriedad y el honor.

—No te comprendo, Orestes. A Eduardo no lo veo hace bastante tiempo. Además, cualquiera misión que él me confiara nunca la cumpliría en forma insidiosa.

Su acento me convenció de la sinceridad de su declaración y le abrí ingenuamente toda mi alma; le conté todos mis sueños y terminé con estas palabras:

—Yo quiero ir a Cuba a pelear con los cubanos en armas, a morir por su causa.

Guillermo se detuvo y se puso frente a mí:
—Orestes, yo quiero ir contigo— me dijo.
Ambos quedamos sumergidos en un silencio lleno de interrogaciones. No escuchábamos ni las canciones melodiosas, ni los gritos de la comitiva que, siguiendo su camino, nos invitaba a avanzar. Guillermo interrumpió aquel mutis: "¿Has pensado cómo ir?".
—No, le repliqué enseguida, y pasó, vago y ligero por mi mente, el sentimiento de la responsabilidad. Me pregunté si tenía derecho a separar a ese joven de un camino normal de la vida, a arrancarlo de su familia, de sus amigos, de sus intereses y de tantos otros lazos morales y materiales.
—Oye, Guillermo —le advertí —esta aventura es en mí una decisión. Tú, en cambio, debes pensarlo bien. Tengo entendido que la villa de Somma la tienes tú ahora. Mañana, después de comer, pasa por mi casa de San Giorgio y nos iremos a dormir a Somma; allí reanudaremos esta conversación. Necesito que tu decisión sea espontánea.
Al día siguiente, cerca de las nueve de la noche, Petriccione, recibido con afecto por todos los míos, me vino a reclamar para que le acompañara a su villa, no lejos de unos veinte kilómetros, aunque todos en subida. Allí, frente a uno de los más bellos panoramas que la naturaleza haya regalado al hombre, decidimos ambos nuestra ida "a la tierra más fermosa" que descubrieron los ojos penetrantes de Cristóbal Colón.
Pocos días antes un periódico romano había publicado la noticia de que en Roma se había formado una Delegación Revolucionaria de Cuba, dirigida por un joven doctor en medicina, Francisco Federico Falco. Petriccione consideró que el primer paso que debíamos dar era entrar en contacto con este Delegado. Tal decisión me convenció aún más de que las palabras de mi compañero expresaban una determinación firme, y que ahora, como yo, deseaba correr hacia la ensangrentada tierra americana.
Al día siguiente Petriccione tomaba el tren para Roma. Debo advertir que en Italia, como en el resto de Europa, la revolución cubana representó la última lucha anticolonial americana y era muy popular. Los periódicos dedicaban diariamente una columna, o más, a sus noticias, y los nombres de los jefes insurrectos, Máximo Gómez, Maceo, Calixto García, eran conocidísimos. La semejanza bélica que tenía con las guerras de la Independencia italiana concurría aún más a estrechar estos lazos de simpatía, los que como vi más tarde, en Cuba recibían adecuada reciprocidad donde las luchas de los años 1848, 1860 y 1870 eran constantemente recordadas como cosa propia.
Petriccione no pudo encontrar fácilmente al Dr. Falco, quien no figuraba en la guía telefónica. No era conocido ni en la Universidad, ya que desde hacía algún tiempo había terminado sus estudios. Los periodistas

conocían al Dr. Falco tan deseado, pero no sabían donde vivía. Cuando más tarde le conocí, comprendí los esfuerzos que inútilmente Petriccione desplegó para encontrarlo. Falco rodeaba todos sus actos personales de un secreto tal que a pesar de haber sido íntimo amigo mío durante casi medio siglo, nunca pude saber donde habitaba. Sabía que residía en Roma y en Rapallo, pero la dirección exacta de su casa resultaba un tupido misterio y las cartas había que dirigírselas habitualmente a un apartado de correo. Sin embargo, Petriccione no perdió el ánimo. Roma tenía entonces un centro al cual acudían los hombres públicos de pocas ocupaciones, el Café Aragno, situado en el centro de la calle central (entonces más central que ahora), llamada el *Corso*. En este café, muy amplio, se sentaban grupos de notables. Yo mismo, durante mis estancias romanas, tomaba sitio en la mesa del Profesor Antonio Labriola para escuchar sus notables enseñanzas, con un buen número de compañeros universitarios. Para dar una idea de lo que era L'Aragno en aquella época, creo no exagerar al decir que en Roma todas las conversaciones rápidas terminaban con la frase habitual: "Bien, bien: nos veremos en el Aragno."

En este centro de hombres cultos y holgazanes, de viejos murmuradores, de periodistas y rebeldes extravagantes, con sus corbatas rojas y sus sombreros de alas inmensas, Petriccione apresó por el brazo, siguiendo la indicación de un camarero que conocía a todos los parroquianos, a un joven de unos veintiocho años, de grandes ojos negros, un poco malhumorado, que se llamaba Francisco Federico Falco y que se había erigido en jefe supremo de la Revolución cubana en Italia.

La primera conversación no resultó satisfactoria. Los dos hombres no hablaban el mismo lenguaje. Falco, republicano a la manera del 48, usaba frases sonoras y mantenía afirmaciones no probadas. Petriccione, en cambio, era un cerebro claro, que dentro de un idealismo puro iba en busca de la verdad y de los hechos confirmados. Ir a Cuba, según Falco, era imposible porque en Cuba imperaba la fiebre amarilla que no perdonaba la vida de ningún europeo. Quizás, añadía, a pesar de este terrible morbo, más tarde, cuando se hubiera podido organizar algo serio y una vez tomadas las precauciones del caso, podíamos ir nosotros con él y con otros más. En resumidas cuentas, la excursión a Roma resultó inútil para formular planes. Cuando Petriccione volvió a Nápoles comentamos las palabras de Falco, sonriendo:

—Tiene razón —le dije— es inútil ir a Cuba, pues si todos los europeos al desembarcar en la Isla mueren de fiebre amarilla, la Independencia la hará la naturaleza misma y no nosotros.

Pero, aparte de las bromas, nuestro problema quedaba en pie. ¿A quién dirigirnos ahora? No podíamos ir a La Habana directamente. El país estaba bajo una ley militar.

Además habíamos leído en los diarios que de los Estados Unidos partían para Cuba expediciones llamadas *filibusteras,* nombre feo para nuestros oídos de entonces, pero quizás era el único medio que había para alcanzar nuestro noble propósito.

Por aquellos días había salido de la cárcel un abogado muy conocido, llamado Saverio Merlino. Hombre muy culto y de bella inteligencia. Era uno de los grandes agitadores internacionales del partido anarquista. Después de una última aventura, que lo mantuvo algunos años en prisión, volvió a ejercer su profesión y vivía tranquilo. Debo anticipar que años más tarde se pondría de nuevo en contacto con el gran público de los tiempos pasados, al defender a Gaetano Bresci, el asesino de Humberto I, rey de Italia. Además debo declarar de paso que la actitud del hijo de Humberto I, Víctor Emanuel III, dando a raíz del trágico hecho y de su dolor, un régimen de absoluta libertad a Italia, me reconcilió con la monarquía italiana, no haciéndome monárquico por ser cubano, pero quitándome del espíritu una fobia inútil, ya que monarquía o república no repretan más que una fórmula política sin eco real en la vida de los pueblos.

Yo había tenido que ver algo con Merlino en el momento de ser detenido. Un día un colega universitario mío, quizás el más íntimo, miembro de la Facultad de Ingeniería, me citó para presentarme al conocido abogado.

—Cómo, ¿Merlino en Italia? ¿No está condenado aquí a algunos años de prisión? —le pregunté a mi amigo.

—Sí —me contestó— pero nadie lo sabe pues usa otro nombre. El es hábil en estas audacias. Nos espera esta noche a las ocho, detrás de la Caja Armónica (el kiosko en que tocaba la música municipal en los días de fiesta) de la Villa Comunal de la Rivera. Nosotros nos encontraremos a la entrada de la Villa y seguiremos juntos.

Frente al lugar de la cita se alza hoy la estatua de Giovanni Nocotera, compañero de una de las más bellas figuras de la Independencia italiana, Carlos Pisacane, e íntimo amigo de mi padre, del cual había sido jefe militar en una de las campañas del "Risorgimento".

Estuve puntual a la hora de la cita, dimos discretamente pasos hacia el interior y a medida que avanzábamos comprendí que la policía había ocupado el terreno. Lo comuniqué a mi compañero y éste me contestó fríamente: "Así parece". Seguimos caminando entre los guardias apostados detrás de los árboles. Yo lancé un fuerte grito, para que Merlino al escucharlo comprendiera lo que pasaba. Al minuto, dos tiros resonaron. La policía, que se ocultaba, corrió rápidamente hacia la derecha, mientras mi amigo me arrastraba violentamente hacia la izquierda. Yo obedecí, porque instantáneamente lo primero que surge en la mente es salvarse. Luego supe que Merlino había oído mi grito pero ya él mismo había notado que había caído en un lazo policíaco. Había huido hacia la calle de La Riviera, pero tropezó y cayó al atravesar la línea de los tranvías, siendo inmediatamente detenido.

Después lo supe todo: el compañero mío lo había delatado, lo que más tarde fue plenamente aclarado. No estampo aquí su nombre porque la maldad de un padre no debe manchar la honra de los hijos. El delincuente desapareció de la escena y yo lo borré de mi memoria por dos tercios de siglo. Mas debo añadir que si él faltó vilmente a las leyes del honor, no faltó a las de la amistad. Mi padre fue advertido por el jefe de la Policía de Nápoles "que debía frenar mis ímpetus", ya que en esta ocasión me había salvado porque el denunciante había exigido, en pacto previo, que yo no fuera molestado en absoluto. ¡Cómo la naturaleza huhana resulta ser una mezcla del bien y del mal! Este joven estudiante vivía en una extrema pobreza; daba algunas clases y sostenía a su familia, que habitaba en un pueblecito de los alrededores de Nápoles. Era inteligentísimo, uno de los más ordenados mentalmente entre los jóvenes de aquella época, y ecuánime siempre. La policía más tarde premió su felonía con un cargo público. Yo me resistí mucho a la idea de creerlo espía, pero tuve que rendirme a la evidencia.

Volviendo a mi relato principal, debo decir que yo había visto a Saverio Merlino al salir de la cárcel, y lo veía de tiempo en tiempo, brevemente. Delgado, pálido, severo, poco comunicativo, no facilitaba la conversación. No traté de estrechar amistad, pero cuando encontré el concurso de Petriccione para realizar mi ensueño cubano, acudí a él con la esperanza de que me informara sobre algo que no debía serle difícil conocer, dada la vida internacional que por años había llevado en continua actividad revolucionaria. Merlino me contestó:

—Compre usted el periódico *L'Intransigeant*, de Henry de Rochefort, y usted tendrá toda la información que necesita. En Francia hay un Comité pro Cuba muy distinguido, lo preside el mismo Henry Rochefort, el valiente periodista que tanto contribuyó a la caída de Napoleón III. Está formado por Paul Adam, Octave Mirbeau, Jean Ajalbert, Zevaes, entre otros, y Amilcar Cipriani, el célebre anarquista italiano, es en él un elemento importante.

Pero Merlino concluyó, como para despertarme de mi sueño, dándome un golpe en pleno pecho:

—Y ¿por qué quiere usted ir a Cuba?: Vaya usted a Sicilia, allí entre las minas montañosas, procure hacer adeptos a la causa de la revolución social, declárela luego abiertamente y habrá dado usted el primer golpe, ejemplo de la unión entre la intelectualidad sin vanidades y el trabajo duro embrutecedor.

Le contesté que no tenía condiciones para realizar una labor de tal género. Le expliqué que buscaba en realidad una acción romántica que al satisfacer mi espíritu contribuyera a un noble fin. Merlino insistió, pero al fin convino en darme tres cartas: una para Henry de Rochefort, otra para Cipriani y la tercera para Charles Malato. La puerta estaba abierta. Había que ir a París...

La importancia de mi unión con Petriccione resultaba decisiva. En primer término pensaba que un compañero de su temple era, más que útil, indispensable cuando se intentaba algo grave y por añadidura nuevo. Hice esto pese a que en mi larga vida posterior siempre he pensado lo contrario y he actuado siempre en consonancia. Ningún hecho peligroso he querido realizarlo en compañía de otros, convencido de que la unión, en la hora difícil, no redobla las energías, sino que, al contrario, las neutraliza. En segundo término, como ya he dicho, yo era hijo de familia, y de diecinueve años. Con alguna dificultad hubiera podido reunir una suma para llegar a los Estados Unidos, y aún menos a Cuba, sin contar con que un viaje de este género suponía demoras, tropiezos, gastos extraordinarios y había que suponer lo imprevisto. Petriccione, como mayor de edad, podía disponer de lo suyo, yo no.

Sin embargo, con las cartas de Merlino decidimos pasar por Francia, salvando un último inconveniente, a saber, que las respectivas familias nuestras no llegasen a descubrir que estábamos juntos. Mi menor edad no me permitía disponer de mi persona. Por eso convinimos en que yo saldría para Suiza, desapareciendo de mi casa un día cualquiera, pasando la frontera lo más pronto posible; Petriccione quedaría en Italia unos días más, visitaría a mis padres, y luego, con el consentimiento de su familia, se trasladaría a Nueva York, por su libre decisión.

El día más penoso de mi vida, el de la separación de mi padre y madre, llegó al fin. Era un domingo de septiembre de 1896. Por la mañana mi padre afectuoso y jovial, entró en mi cuarto de la casa de San Giorgio y me invitó a que le acompañara al campo, con mi hermano menor. Simulé tener mucho sueño y expliqué que además necesitaba estudiar. No le miré la cara temiendo el desplome de mis nervios, pero miré de reojo una vez más su silueta de casi dos metros, erecta como una noble ceiba y admirablemente proporcionada. Yo que le amaba tanto iba a ser la causa del más profundo de sus dolores. Sabía lo que iba a sufrir aquel hombre vigoroso de alma y cuerpo. Los fuertes son los que sufren más. Mi madre a su vez decía que quería rodearse siempre de sus pollitos, como la gallina que recientemente los ha empollado. Y ahora yo la engañaba, la traicionaba, barajando su amor con un destino incierto.

Oí el coche que rodaba alejándose en el amplio patio amurallado de nuestro hogar de veraneo, el cual llevaba aún el nombre de Palazzo Vecchio Ferrara. Me vestí lentamente, perezosamente. Cuando, con el alma en pena, estaba ya listo para alejarme de mi hogar, una de las doncellas me advirtió que mi madre me llamaba y detrás de ella, mi madre misma, siempre vivaz me gritó: "No te vayas, Orestes, quiero que me acompañes a Villa Santoro". En mis adentros exclamé: "Qué cruel es todo esto". Esperé, tuve que resignarme. Salimos mi madre y yo por fin en el coche que ella usaba. Pasamos por la plaza de San Giorgio y luego por las calles que en unos quince o veinte minutos llevaban habitualmente a Portici, donde se hallaba la Villa Santoro. Parecía que toda la juventud del lugar se había dado cita para despedirme. Jóvenes y muchachos ante la Iglesia, en las aceras, en las puertas de las casas, en las amplias entradas de las villas, nos saludaban, o me llamaban por mi nombre. Yo suspiraba de tiempo en tiempo para reponerme. Al fin entramos en la Villa Santoro. La señora de la casa, desde su patio superior al ver nuestro coche, nos gritó: "Suban, suban". Subimos. Pero al llegar al final de la escalera, aprovechando los saludos, dije: "Mamá, voy a pasar el día con los tíos, llegaré tarde esta noche... Adiós a todos". Y bajé veloz. Dejé al cochero nuestro en donde se había situado y en la calle tomé un vehículo de alquiler. Tan pronto como ordené: "A la plaza del Ayuntamiento", estallé en una crisis de llanto. El cochero se detuvo y me preguntó, compasivamente, qué me pasaba: "Luto de familia", le contesté. Me repuse con algún esfuerzo. En la plaza del Ayuntamiento me esperaban, ya reunidos, Guillermo Petriccione, Arturo Labriola, que era mi mejor amigo universitario, Saverio Merlino y un joven farmacéutico de apellido Gualtieri, que era jefe de la Sección Socialista de Portici. Yo tenía cita con ellos para almorzar juntos, antes de salir en el tren desde Portici mismo, para dirigirme a Foggia, luego a Bolonia y de allí a Turín y pasar la frontera por Tolone. Esta fue mi despedida de Italia. Un último almuerzo en lugar de una íntima cena. Pero este almuerzo devolvió los alientos a mi espíritu deshecho.

El itinerario ferrocarrilero no era ciertamente el más corto. Yo hubiera debido seguir la línea recta Nápoles-Roma-Génova-Turín, pero por ésta corría el peligro de encontrarme con amigos míos o de mi familia y preví además que en caso de un temprano aviso dado a la policía, en primer lugar se hubiera seguido esta línea para detenerme. Es inútil advertir que en aquella época feliz de "libre libertad", como decía Maquiavelo, las fronteras no estaban para dividir a los hombres, como ahora, sino sólo para separar territorios. No existía ni siquiera el pasaporte ciudadano, como tampoco había funcionarios suficientes para lo que representa la vigilancia moderna. ¡Cómo éramos libres cuando no se hablaba de libertad!

La vuelta que di, viajando por la costa oriental de Italia y no por la occidental, fue una precaución que me hizo perder mucho tiempo. Llegué a Bolonia cuando hubiera podido estar ya en la frontera. En esta ciudad hice toda una maniobra innecesaria, o sea tomé sitio en un vagón que iba a Venecia, para luego, rápidamente, después de haber constatado que nadie me seguía, correr al tren que se dirigía a Turín. A esas horas mis padres suponían que yo me había quedado a pasar la noche en casa de mis tíos, que aquel año veraneaban en el llamado Palacio Real de Portici.

Ya en Turín decidí quedarme dos días. Arturo Labriola me había dado una carta para Odino Morgari, de su mismo grupo socialista, quien en contacto con otros jóvenes me facilitaron el paso de la frontera, más bien con advertencias y consejos que con actos. Sin embargo, como conocían los elementos de la Policía Política, me acompañaron al tren e instalándome en uno de los asientos, me aseguraron que no había vigilancia alguna.

Pero en Módena, al pasar la inspección de los bagajes —y dicho sea de paso, yo llevaba sólo una maleta— me encontré frente a frente con la célebre escritora de aquel tiempo, Matilde Serao, esposa de un periodista de gran valor y literato también, Eduardo Scarfoglio, director del diario *Il Mattino* de Nápoles. Ella me conocía bien porque yo frecuentaba el periódico y entregaba, ocasionalmente, algún trabajito mío o algunas noticias universitarias. En estos ambientes publicitarios, a pesar de no tener yo veinte años, era muy conocido como lo son muchos jóvenes que tienen audacia para hablar en público antes de haber aprendido a pensar. Matilde Serao, de la cual había leído muchas obras aunque nunca seguí la sección social que con el pseudónimo de *Gibus* escribía en *Il Mattino*, me gritó en dialecto napolitano: "*Ue, Ferra, vui state ca*" (3). "Sí —le contesté— sigo para París". "Ah —replicó— entonces iremos juntos". Pero tan pronto su mirada se apartó de mí, corrí hacia otro tren que estaba formado frente a la estación y que se dirigía a Ginebra, donde yo tenía que esperar a Petriccione. Era de noche y me recogí en un ángulo de mi vagón oscuro. En el resto de mi vida, nunca más volví a ver a aquella señora gruesa, de ojos vivaces y de voz masculina, que poseía verdadero talento, por desgracia malgastado en el trabajo diario de redactar notas de sociedad, labor en alto grado monótona.

Ya en Ginebra me sentí seguro de llegar a Cuba. Los actos que se dedican a la política en un país libre como Suiza son grandes y benéficos. Di vuelta por las calles y los jardines, fui a visitar la Isla de Juan Jacobo Rousseau, visité la Universidad y la Biblioteca. Pasé melancólicamente la tarde y ante una mesa del Café Lirique, cerca del Gran Teatro, deploré todas las tribulaciones que mi inesperada ausencia habría provo-

---

(3) "Hola, Ferrara, ¿Ud. por aquí?".

cado en el seno de mi familia. Ya de noche esperé que llegaran los periódicos franceses, traídos por el tren de París, después de las doce.

Mis primeros días en Ginebra los pasé solo y la soledad fue útil a mi espíritu. El sábado vi unos carteles grandes y llamativos que decían más o menos: "Liga contra el Cuchillo. Gran reunión en los altos de la Brasserie X. Presidirá el Cónsul Conde Basso. Hablará el Senador Vitelleschi". Creo que anunciaba también el nombre de un Mazzini entre los oradores. Habiéndome llamado la atención el nombre por coincidir con el de Giuseppe Mazzini, gran italiano del Risorgimento, y figura que más que admirar he adorado, me informé y supe que se trataba de un periodista muy distinguido. Al leer el anuncio pensé: "El domingo tendré algo en que ocuparme". En efecto, a la hora del *meeting* acudí a la Brasserie, y de los primeros.

Esta reunión me impresionó favorablemente. Ante todo, la política restrictiva, presente entonces en Italia en todas las reuniones públicas, brillaba en Suiza por su ausencia. Ni para reunirse ni para hablar, se tenía necesidad de permiso. Además, en el local no se pagaba entrada pues cada uno de los asistentes pedía su bebida y al pagarla satisfacía los intereses de la *brasserie*. No se formaban agrupaciones innecesarias ni dentro ni fuera del local. Cada uno conocía sus derechos y sus deberes, y formaban con sus opuestos criterios y con sus funciones homogéneas, una comunidad ciudadana sin transigencias, pero sin luchas. Yo me senté y pedí un vaso de cerveza. Fueron llegando los asistentes uno a uno o en pequeños grupos. Eran hombres de la pequeña burguesía, bodegueros, tenderos, empleados y además numerosos obreros con trajes domingueros mal llevados, algunos muy anchos, otros estrechos, todos de colores llamativos. Ahora, tres cuartos de siglo después, todo ha cambiado: los millonarios han ido hacia la cursilería usando trajes extravagantes, y los obreros hacia la severidad en las líneas y los colores.

A la hora exacta se presentó en pleno la "mesa presidencial", con sus oradores. Desde mi puesto seguí con gran interés lo que se decía. Si al entrar alguien me hubiera pedido que hiciera uso de la palabra, habría abandonado el local, pero mi cabeza se fue calentando con los discursos y olvidé la necesidad de mantenerme anónimo. La "Liga contra el Cuchillo" era una institución en formación, que aconsejaba a los emigrados italianos no hacer uso de esa arma, la que en sus manos era defensiva y ofensiva. Yo encontraba bueno el propósito, pero mala la forma. Había soportado al primer orador, el segundo me irritó, al tercero no lo dejé terminar. Salté sobre la mesa, y me di cuenta de que mis seis pies y mi delgadez juvenil provocaban cierta impresión. Con rápida palabra a fin de aprovechar la sorpresa general, pero con amplias y redundantes frases dije que después de haber echado por hambre de Italia a un número considerable de conciudadanos, ahora venían a injuriarlos en el extranjero, acusándolos de asesinos, cuando en realidad eran sólo víctimas de la explotación universal.

El Conde Bsso, a la segunda o tercera parrafada mía, me interrumpió diciéndome: "¿Quién es usted? Usted no tiene derecho a hablar. Usted es un insolente".

Yo repliqué con un fuerte insulto. La mayoría me aplaudió. Alboroto general. El *meeting* se disolvió porque otros del público empezaron a discutir airadamente entre ellos. Yo bajé de la mesa y me retiré de los primeros. El "¿Quién es Ud.?" me hizo pensar que no debía revelar mi nombre. En efecto, el incidente fue publicado en los periódicos, pero sin consignar mi nombre, titulándome "un desconocido".

Este primer acto internacional era la expresión del estado de violencia que me era habitual en aquellos primeros años de mi vida pública. Tenía en cierto modo razón al decir lo que dije, pero los otros, al pedir que no se usara el cuchillo contra el prójimo, también tenían mucha razón y mucho más que yo. La lógica de los jóvenes, al denotar hechos y consideraciones que responden a la complicada naturaleza de las cosas humanas, me llevaban a ver los problemas, no como eran en su conjunto y desarrollo, sino en su inicial y simple formación. La realidad más compleja era otra. El hombre, aunque irritado, exacerbado, ofendido por la necesidad social, nunca debe agredir a su prójimo.

Debo decir, para no volver sobre mis primeros años, que no fui un niño prodigio. Al contrario, al principio era lento aunque reflexivo y tenaz. Mis lecciones me exigían dedicarle triple del tiempo que empleaba, por ejemplo, mi hermano mayor. Las composiciones literarias que me asignaban los profesores me provocaban grandes sudores aun en la estación fría; la memoria, más tarde buenísima, me flaqueaba; mi caligrafía no era difícil de comprenderse, pero era poco elegante, casi la de un niño. Pero poco a poco fui venciendo. El interés por la vida política me ayudó mucho. Empecé, desde los doce años, por leer los periódicos del principio al final. Y puedo acordarme de esta fecha por la enfermedad grave que tuvo mi única hermana. Moribunda por algunos días, venían a casa continuadamente muchos médicos. Uno de ellos al terminar la visita manifestó a mi padre que me encontraba todos aquellos días absorto en la lectura de los diarios, cosa que le parecía excepcional para mi edad. También otro dato me autoriza a afirmar que antes de los catorce años leía con atención absoluta la prensa diaria. En efecto, en un colegio donde estuve como interno, Nicola, un tío mío muy afectuoso, me suscribió al periódico *La Tribuna di Roma*, pero para que llegara a mis manos fue preciso obtener un permiso especial. La lectura ha sido siempre la más vigorosa pasión de mi vida. En casa, desde los diecisiete años en adelante, estudiaba mucho durante la noche. No pocas veces a los dos de la madrugada se abría mi puerta y en el marco aparecía la alta silueta de mi padre, que con voz severa me decía: "Orestes, apaga la luz y acuéstate".

Mis lecturas eran distintas a las que habitualmente hacían los jóvenes de mi edad: no leí entonces ni he leído nunca novelas como *El Conde de Montecristo, Los Tres Mosqueteros, El Vizconde de Bragelone*. Tampoco leí a Jules Verne, ni las muchas novelas entonces muy populares de Víctor Hugo, con excepción de *Los miserables*. Esta laguna del primer período cultural me ha dejado un vacío imaginativo que he deplorado después en múltiples ocasiones. Pero, en cambio, debo decir que aunque parezca imposible, a los veinte años había leído muchos clásicos griegos y latinos, en italiano, pues así, sin esfuerzo, gozaba más de su contenido, y sólo cuando era necesario para mis estudios recurría a leerlos en el idioma original.

Más dura aún me fue la lectura de los clásicos de la Economía Política. Muchos de ellos, además de la dificultad de la argumentación, estaban redactados infernalmente. Agradable, en cambio, me fue la literatura nórdica, la rusa y la noruega especialmente, por ser la más rebelde. Mi *forma mentis*, que luego se ha ido adaptando a las circunstancias y a los múltiples ambientes en donde he vivido, se ligó en los primeros años de cultura al hecho objetivo, desnudo, preciso, sin el bello ropaje de la fantasía o de la verbosidad que adornan y deleitan, pero que desvían el raciocinio.

El ideal que la juventud aportaba a mi imaginación incierta y que la rectitud ha impuesto a mi espiritualidad en una vida ya tan largamente vivida, se despertó y ha permanecido en mí no como una abstracción conceptual, sino como la sublimación de una verdad fuertemente sentida y rectamente interpretada. Creo no exagerar al decir que nunca me he embriagado con palabras y que aun en las horas de mis mayores audacias, al brindar la vida por una noble causa ha sido espontáneamente. He creído siempre que la verdad, y la lógica que es su compañera de ruta, no frenan los atrevimientos del espíritu sino que resultan ser la espuela de los grandes principios y de las nobles acciones.

Naturalmente, antes de salir para Cuba mis demás estudios eran los de todos los jóvenes universitarios de aquella época, en la cual aparte las materias ahora en boga, eran preeminentes los conocimientos clásicos. Dante y Petrarca, entre los antiguos, me eran familiares y entre los modernos dominaba Leopardi, seguido por Foscolo y Monti. De los extranjeros amaba con indecible pasión a Shakespeare y a Goethe. La universidad a que asistía, especialmente su Facultad de Derecho, era una de las mejores de Italia, y sin necesidad de poner mucho énfasis, puede decirse que del mundo. Los nombres de los Profesores han quedado estampados en los anales científicos de la época. Enrico Pessina era el jefe de la escuela penal clásica; Emanuele Gianturco se puede considerar como uno de los más agudos intérpretes del Derecho Civil. El atildado profesor de Derecho Internacional, Pasqueale Fiore, alto, elegante, delgado, siempre enguantado, se halla recordado en muchos textos de distintos países. Giovanni Bovio era el mejor orador de Italia y tenía la rica memoria que un hombre de ciencia puede tener. Luego se sumaron a estos Fadda, el romanista, y Mortara, el filósofo del Procedimiento Judicial Civil. Y ellos todos, con Francesco Saverio Nitti, joven economista que desde entonces miraba al futuro político con vista certera; Pantaleoni y Margheri, el comercialista, Persico, Pepero, Scaduti, el doctísimo conocedor de Derecho Canónico, Arcoleo y todos los demás, fueron maestros de una juventud que, a pesar de la reacción moral y cultural que más tarde significó el fascismo, dieron a Italia lustre y utilidad grandísimos.

Los dos profesores con los cuales estuve más ligado fueron Nitti y Bovio. El primero, más joven, se puede decir que hasta su deceso fue mi verdadero maestro. Con Nitti me unía intelectualmente no sólo mi admiración hacia él, sino un método básico de interpretar las cosas. De Bovio, que era un gran literato, altamente imaginativo además de filósofo, me separaba sólo la forma figurativa de sus expresiones. Durante las clases de los primeros meses del año 96, él explicaba las corrientes evolutivas de las ideas. Siguiendo una teoría que más tarde he encontrado en Burckhardt, establecía el orden progresivo poniendo el Ateneo, o sea la cultura, a la vanguardia; a la Iglesia a la cola, como freno; y al Estado en el centro, como el gran moderador de la comunidad. A mí me parecía, y aún me sigue pareciendo, con todo el respeto que siento por Bovio y Burckhardt, que tal concepción no responde a la realidad histórica. La Iglesia a veces ha estado a la cabeza del conocimiento y del progreso. La cultura general, en las épocas de las grandes reacciones, ha sido primordial, sí, pero no de la evolución sino de la involución; y el Estado, lejos de ser el regulador de la civilización, ha sido en la mayoría de los siglos el peor freno que ha tenido el progreso.

Debo precisar que los puntos anteriores los ordeno después de casi sesenta años de haberlos conocido y usando simplemente mi memoria, lo que no excluye posibles errores en la formulación de la doctrina de la cual mi criterio discrepaba.

Como Bovio permitía las observaciones al iniciarse las clases, yo me atreví una vez a polemizar con él sobre este argumento, y días tras días de aquel año seguí la discusión convencido de lo acertado de mi argumentación. El ilustre hombre de frente prominente y su barba de apóstol, era tan amable cuando yo me callaba por no tener nada que objetarle, daba vueltas a la Sala, exclamando con voz sonora: *"Dove sta il giovin Ferrara?"* (4).

La Universidad, en aquellos años, era como la prolongación natural de mi casa. Llegaba por la mañana a las ocho y me retiraba a las seis de la tarde, quedándome, salvo la sola hora del almuerzo, todo el tiempo o en clase o en la magnífica biblioteca, o discutiendo en el patio. La recuerdo con gran afecto. Siento aún vivo agradecimiento a los profesores y el mejor cariño por mis condiscípulos que, en su gran mayoría, tuvieron una carrera pública o privada de gran resonancia.

Resumiendo pues, salí de Italia, sin notables cualidades, pero con condiciones superiores a mi edad: yo había nacido el 8 de julio de 1876, a las doce del día y abandoné la patria en septiembre de 1896. Breves días después yo estaba en París, en compañía de mi inolvidable amigo Petriccione, listos para ponernos sin tardanza al servicio de CUBA.

---

(4) "¿Dónde está el joven Ferrara?".

Capítulo II

SOLO LA CONSTANCIA VENCE LAS DIFICULTADES

Rochefort a pesar de tener título y abolengo y de saber escribir bien, era un periodista de lenguaje tempestuoso, especialmente al redactar en *L'Intransigeant* el artículo de fondo. La figura atildada, sus modales cultos, su elegancia misma desmentían su prosa diaria. Pero Rochefort escribía también en la *Illustration Française* y en ella sus palabras fuertes se plegaban a un tono elegante, casi rebuscado, evidenciando así su alma francesa, heredera de la mentalidad griega de la gran época. Su vida política lo había llevado a luchar contra Napoleón III y a ser uno de los principales artífices de su caída. Desde su exilio de Ginebra redactaba un planfleto semanario, titulado *La Lanterne*, en forma de pequeñas *brochures*, que por su estructura podían escapar fácilmente a la vigilancia policíaca. Amablemente, el último día que fui a verle para despedirme, me regaló una colección completa de *La Lanterne*, colección que conservé con mucho cariño mucho tiempo, pero de la cual se salvó sólo un ejemplar, perdiéndose los otros debido a los azares de la guerra de guerrilla en suelo cubano.

Betances, el segundo personaje de la cubanidad en Francia, era un médico puertorriqueño. Su fuerte personalidad, su larga barba, su ancho sombrero, su mirada severa y su tono de voz acompasado y sonoro, presentaban la figura típica del liberal de 1848. Era el representante del Gobierno revolucionario de Cuba. Al tratarlo admiré todo en él, aun cuando personalmente hubiera preferido verlo con una indumentaria más moderna y menos aparatosa, una menor cantidad de pelos en la cara y con un sombrero en armonía con la cabeza. Betances y Amilcare Cipriani vestían de igual manera. El resto de mis amigos franceses estaban enfundados en *levitas* y coronados con sombreros de *copa*. Recuerdo a Octave Mirbeau, a Paul Adam, a Jean Ajalbert principalmente. Pero recuerdo también el nombre del señor Zavaes, que después fue ministro de Hacienda de París. Sin embargo, la persona con la cual estuve más en contacto en los primeros días fue con un intelectual, Bernard Lazare, muy interesado en la cuestión Dreyfus. Vagamente me viene a la mente la historia que en un almuerzo nos hizo de aquel caso original. Dreyfus, condenado a pesar de su inocencia, fue escogido como *bouc emissaire* por los elementos reaccionarios para revivir las esperanzas monárquicas, pero nuestro amigo sólo veía un lado del problema. Al esclarecerse el crimen nefando que destruía la vida de un hombre honesto, nos aseguraba que desaparecerían los jefes militares y las grandes camarillas políticas, porque ambas cosas eran la desgracia de Francia. Al terminarse el largo como interesante relato que nos hizo, nos comunicó que aquella noche misma salía para Bruselas y amablemente auguró todo éxito a nuestra empresa, a nuestros ideales y a nuestras personas. Reciprocamos y con la sensibilidad de los jóvenes años nos separamos de él profundamente apenados. Enfrentados nosotros con un porvenir tan inseguro, sin embargo, pensamos en el suyo con profunda pena. Pocos años después, en 1903, Bernard Lazare murió y yo escribí una página necrológica en su honor, en la revista *El Fígaro,* de La Habana.

Las relaciones que en aquellos días entablamos con tantos hombres notables fueron a la par cordialísimas y altamente corteses. Petriccione y yo éramos del sur de Italia, más inclinados como los españoles a la intimidad rápida, al tuteo fácil y al abrazo prolongado. Sin embargo, quedamos admirados del refinado trato de los franceses, que nos recibían y nos atendían. Eran amigos sin abandonarse al afecto. París era entonces un ambiente de menor concentración ciudadana y, por tanto, más respirable que como lo he visto luego espesarse de año en año. Los grandes Bulevares, especialmente desde la Magdalena a la calle Montmartre y Faubourg; Montmartre, constituían el alma de la ciudad. Los periódicos que visitamos y las citas que nos daban en alguna oficina para saludar a personajes relacionados con la causa que habíamos hecho nuestra, residían en este perímetro o en los alrededores, a breve distancia. La vida en la calle era fácil y agradable. Trasladarse de un lado a otro resultaba un reposo del espíritu. Los que salían de sus trabajos, intelectuales, empleados o mecánicos, sin apresurarse se dirigían muchas veces a pie a sus casas. Nadie andaba apurado y menos preocupado. Todos tenían posibilidad y tiempo suficiente para ver a alguna risueña jovencita, apéndice obligado del parisiense. Hoy, el francés ya no pasea más que los domingos: los otros días de la semana, la calle es del extranjero, por cierto con tranquilo desenfado. El francés del París de nuestros días camina con los nervios crispados. Las citas le resultan una obligación insegura de cumplir y el trasladarse de un lugar a otro, un tormento. La serenidad del viejo cochero, malhumorado pero cuidadoso de evitar todo atropello, contrasta con el transeúnte de ahora que no se preocupa de defender su persona. Son estados psicológicos que complican la mente humana. A la simpática calle de entonces, prolongación de la casa, la ha sustituido un campo de batalla en el cual el automóvil, inmunizado por el seguro de accidente, resulta el instrumento más mortífero: y el héroe desafiador de la muerte más audaz que cualquier personaje histórico, lo es el ciclista que corre por entre las hileras oscilantes de miles de coches fantásticamente veloces.

Nuestra permanencia en aquel risueño París de entonces se extendió a unos veinte días. Recibimos las deseadas cartas del Comité Pro-Cuba y las del Dr. Betances para la Delegación de Cuba en Nueva York, presidida por don Tomás Estrada Palma, y también otra de Betances para el Dr. Henna [*], un eminente puertorriqueño, residente en la misma ciudad. Nosotros no comprendimos el motivo de esta segunda misiva, pero a nuestra llegada íbamos a explicárnoslo. En una reunión formal nos despedimos del Comité en pleno, agradeciendo a todos sus cortesías y ofreciendo lo que era lema de la revolución cubana: "La victoria o la muerte".

Embarcamos para Nueva York al día siguiente, en el vapor *Britannia*.

Nueva York, como vimos después, era la capital de la República Cubana en armas, porque si bien el gobierno civil cubano, formado por el Presidente y el Consejo de Secretarios, residía según las necesidades del momento en cualquier parte en Cuba, ya sea en pleno campo, o en la manigua o en el bosque, por su parte la Junta de Nueva York actuaba y resolvía todo, lo internacional, lo financiero, el abastecimiento de las municiones y el reclutamiento de voluntarios. A excepción de las actividades militares, las otras estaban confiadas a un pequeño grupo de patriotas residentes en la gran ciudad, grupo que fue aumentando a medida que se ensanchaba la lucha. El mismo día de nuestra llegada, tomamos habitación en el Hotel América, situado en la calle 14 cerca de su cruce con la gran arteria neoyorquina de Broadway. Enseguida nos dirigimos a la residencia de la Delegación y fácilmente entramos en ella. Al momento se nos invitó a pasar a un gran salón, en el que había numerosos papeles y libros sobre las mesas. El Secretario de la Junta, Sr. Garzón, de Santiago de Cuba, estaba allí. En un ángulo opuesto a la puerta de entrada, al lado de la ventana, había tres o cuatro señoras que nos parecieron muy

---

[*] El Dr. Julio J. Henna, presidía entonces la Junta Revolucionaria por la Independencia de Puerto Rico, con sede en Nueva York.

distinguidas hablando en voz baja, y en un pequeño grupo el señor Estrada Palma, a quien el señor Garzón le llevó las cartas que le habíamos entregado, y las empezó a leer en voz alta. Petriccione y yo, instintivamente, para silenciar aquella lectura en público, pues suponíamos que era la Junta un organismo prohibido por la ley, siseamos con los labios. Los del grupo dirigieron la mirada hacia nosotros, extrañados, y nosotros replicamos a sus miradas indagadoras advirtiéndoles que se trataba de algo confidencial. Ellos sonrieron brevemente y Garzón vino a explicar que todos los allí reunidos eran miembros de la Junta y que, además estábamos en América, país libre y amigo de la independencia de Cuba. La contestación verbal que se nos dio fue que nos entendiéramos con el propio Garzón. El hecho de que ni siquiera se nos estrechara la mano, nos descorazonó un poco. Pero todo lo compensó la amabilidad, la viveza de ingenio, la extremada bondad y previsión de Garzón.

—¿Dónde están alojados?
—En el Hotel América.
—¿Necesitan dinero?
—No.
—Ese hotel es caro. Voy a indicarles una pensión que está en Lexington Avenue, número... nos dijo un "dos mil y pico", que provocó nuestra sonrisa.
—¿Por qué se ríen? —preguntó sonriendo él también.
—Porque esto de "dos mil y..." nos parece más que excesivo. En nuestro país no existen tales números.
—Ah, sí. Pero estamos en América.

El Sr. Garzón nos dio después las explicaciones del caso. Nos dirigimos al número "dos mil y pico" de Lexington Avenue. El coche que nos llevaba con nuestras maletas tardó bastante tiempo en llegar. Los cuartos que ocupamos eran más confortables que los del hotel anterior y costaban menos de la mitad.

La primera actividad de uno que viaja por primera vez, es ponerse a escribir. Así lo hicimos. Yo, en verdad, no sabía a quién expresar mis sentimientos. La familia de Petriccione conocía su viaje a América y él le iba a avisar el haberlo hecho bien. Pero yo, que me había fugado, y que temía que mi padre me reclamase, no podía dar noticias mías ni siquiera a mis amigos íntimos, por temor de que para encomiar mi acto, popularizaran mi secreto, aún que obligándose cada uno a mantenerlo. Mientras Petriccione escribió a su madre y uno de sus hermanos, yo divagué escribiendo mis impresiones del día, que en realidad eran muchas y definidas, pues consideramos por las palabras del Secretario de la Junta que dentro de pocos días embarcaríamos para Cuba.

Nos demoramos algunas horas en nuestras habitaciones. Cuando bajamos al primer piso, salía del comedor un numeroso grupo. Estaba compuesto casi exclusivamente de mujeres. Salían hablando entre ellas, el paso lento y con moderada alegría. Nos detuvimos admirados. Los ojos de ellas, que se fijaron en nosotros, resplandecían con un fulgor vivísimo. Eran casi todas de estatura mediana, pero parecían más altas por el suave cimbrear de los cuerpos. La tez era blanca, ligeramente pálida. Los ojos grandes, negros, sublimes. Después que desfilaron ante nosotros, camino del salón de recreo, Petriccione me miró exaltado diciéndome "Orestes, ma questi son angeli, non donne" (1). Luego nos informamos que eran camagüeyanas, parientas todas de jefes insurrectos. Por cierto que no conocimos, ni entonces ni después, a ninguna de las personas de aquella pensión tan querida de los cubanos patriotas. Encontrarnos en el campo de batalla era nuestra idea fija, la única que dominaba nuestra mente. Conocer gente, visitar la ciudad que por aquel entonces poseía la calle más bella del mundo, la Quinta Avenida, eran cosas que no nos atraían. Mas el hecho de no haber constituido aún ningún lazo de amistad, aunque fuera ligera, con los cubanos exiliados en Nueva York o a las órdenes de la Delegación revolucionaria, se debió también a otro motivo más importante todavía.

Como he dicho ya, nosotros traíamos una carta del Dr. Betances para el Dr. Henna. Al día siguiente fuimos a entregarla. Este señor era un médico distinguidísimo, alto, delgado, inteligente y severo. Hablamos largamente utilizando el francés, pero por momentos él hablaba bastante bien en italiano. Elogió nuestra actitud de venir de tan lejos a sostener una lucha que, si bien interesaba a la humanidad entera, no era directamente nuestra, y nos ofreció su apoyo y sus conocimientos. Y, en definitiva, hizo alusión a una posible e inmediata insurrección de su propio país de origen, Puerto Rico.

Nosotros recibimos tal noticia con exclamaciones admirativas, pero nada más. Salimos de esta entrevista de pura cortesía, haciendo lenguas de ella, de los buenos modales del doctor, y deseosos de verle nuevamente. Al día siguiente Garzón nos llamó por teléfono, pidiéndonos que lo recibiéramos. El querido Garzón, largo y serio, era ya para nosotros un amigo.

—"Venga usted en seguida"— fue la contestación telefónica que le dimos. Como a la hora vino y con criolla franqueza nos dijo:

—Ustedes serán bienvenidos en Cuba.

Divagó un poco sobre nuestra cultura y luego añadió:

—Pero podrían también servir a Cuba de otra manera; es más, podrían doblemente servirla. ¿No les gustaría ir a Puerto Rico a iniciar allí, con otros compañeros, una revolución como la de Cuba? Natural-

---

(1) "Orestes, pero éstos son ángeles y no mujeres".

mente los cubanos ayudaríamos, como si fuera nuestro este nuevo movimiento revolucionario.

La cosa era clara y la explicación perfecta, pero a nosotros se nos antojó que podría peligrar la razón de haber hecho un viaje tan largo y quitarle precio moral al propósito que tan ardientemente considerábamos y alcanzado. Le dijimos:

—Sr. Garzón, no comprendemos lo que usted quiere decir.

—Pues la cosa es clara: Puerto Rico va a levantarse en armas: una expedición de hombres y pertrechos de guerra irá desde fuera para los de dentro. La Delegación de Cuba desea saber si ustedes quisieran formar parte de esta expedición.

Garzón volvió, con refinada cortesía, a decirnos que con esto no se despreciaba nuestra colaboración, sino que se aceptaba un doble servicio, pues ayudar a Puerto Rico sería también ayudar a Cuba.

Petriccione, el primero, contestó negativamente. Yo le pedí que me dejase hablar con tranquilidad. Y como había hecho siempre, desde la pubertad en los pequeños actos familiares, y he hecho después en mis dificultades de hombre, me puse en cómoda posición, diafanicé la intimidad de mis sentimientos y me puse a explicar todo lo que tenía dentro, independientemente de las cuestiones formales y sin pensar en el efecto que producían mis palabras en el ánimo del oyente.

—Señor Garzón —le dije— a nosotros no nos interesa Cuba, sino su causa. A Cuba no la conocemos. Yo sé de ello lo poco que he leído en la *Colonización de los Pueblos Modernos,* de Paul Leroy-Beaulieu. Nada más. De la causa de la "libertad" en general he leído mucho. Yo creo que, aunque por ella se luche en Cuba y no en Italia, no es mi interés menor por esto. Luchar en Puerto Rico por la libertad, para nosotros es absolutamente lo mismo que luchar en Cuba. Conocemos este segundo país aún menos que el primero; pero el conocimiento geográfico no tiene importancia. En consecuencia, estamos dispuestos a ir a Puerto Rico, pero a condición de que efectivamente aquel pueblo se levante en armas quedando nosotros mientras tanto bajo la bandera de Cuba, dispuestos a ir a uno u otro campo tan pronto como sea necesario.

Garzón, siempre amable, aceptó. Pero nos aclaró que durante un cierto período de tiempo, por razones de organización, nosotros debíamos pertenecer a una de las organizaciones militares.

Convinimos, por último, en ponernos durante un mes a las órdenes del Dr. Henna y de su Junta, quienes nos recibieron cordialmente en distintas ocasiones. Más tarde, casi al terminar la guerra de Cuba, supe que efectivamente estuvimos a punto de ir a Puerto Rico bajo el mando de un jefe cubano, el General Lacret Morlot, nacido en Cuba, pero de padres franceses, hombre valerosísimo y de trato muy agradable. Pero nunca me he explicado la peregrina idea de enviar a sublevar a un pueblo, aunque en compañía de otros, a dos jóvenes que no sabían ni siquiera el idioma, ni habían estado en otras guerras y que además no conocían a los compañeros de tan difícil empresa. Una cosa era incorporarse a una organización revolucionaria ya formada y otra ir a organizar y disciplinar revolucionariamente a un pueblo del cual se es ajeno hasta de las costumbres. La Junta Cubana de Nueva York, como se ve, no era en esto muy perspicaz.

Antes de pasar el mes se abandonó la idea de invadir a Puerto Rico. Algún tiempo después se nos presentó un señor de apellido Landrón, miembro de la proyectada expedición puertorriqueña, pasado ahora al servicio de Cuba y nos ordenó seguirle, autorizado debidamente por la Junta. Los tres debíamos ir a embarcar rumbo a Cuba desde algún lugar de los Estados Unidos, que sólo Landrón conocía.

Los tres tomamos el tren hacia el sur el día mismo en que recibimos la orden de embarque.

Este ha sido el viaje más penoso de toda mi existencia. Según parece, íbamos destinados desde el primer momento a la Florida. De Nueva York a la Florida, en aquel entonces, se empleaban cerca de dos días en buenos trenes. Pero nosotros fuimos en tercera, la que, especialmente en el sur, usaban sólo los hombres de color. Eran trenes de locomoción lenta y sin facilidades para dormir, no tanto por la incomodidad de los asientos como por la enorme afluencia de pasajeros y sobre todo por la atmósfera viciada que reinaba. Petriccione y yo nos pasamos la mayor parte de las horas de aquel día y luego de la noche, en los pasillos externos del vagón. Landrón iba impertérrito y silencioso, y nosotros queriendo mantener la mayor discreción posible, no preguntábamos el porqué de aquel tormento.

A medida que corríamos hacia el sur, nuestros compañeros de viaje se hacían casi imposible de soportar. La cuestión racial de los Estados Unidos es difícil de explicar y más aún de comprenderse. En la parte norte del país, a fines del siglo pasado, la raza de color no era tan numerosa como ahora, ni se instruía tanto. Era, sin embargo, tolerada menos que en el presente. (Uso la palabra "tolerada" porque responde a la realidad objetiva, aunque no a la que yo desearía que fuera). El llamado "negro" era sin embargo un ciudadano y se le otorgaban *volante o nolente,* los derechos que asisten a los demás hombres en los países de alta civilización. En el Sur, en cambio, la situación era distinta. El negro había vivido en cierta comunidad con el blanco, no sólo de vida continua, sino también de intereses, porque si el negro necesitaba del blanco que lo poseía todo, el blanco necesitaba del negro que hacía la mayor parte del trabajo indispensable a la gran producción agrícola con la que el Sur contribuía a la vida económica de la nación. Abolida la esclavitud, quitado en gran parte lo que podemos calificar de nexo familiar, quedó sólo el sórdido interés para presidir la relaciones entre las razas.

Separado por completo de la casa central de la hacienda en donde trabajaba, el negro, odiado siempre más, tratado con mayor desprecio, perdió su bondad original que era una preciosa dote para muchos de su raza. La sonrisa amable que florecía en sus labios aun al chocar con la fortuna adversa, se trocó en continua risa banal, expresión de mendaz engaño. Sus costumbres sanas, adquiridas al contacto de colonos honorables, se perdieron en su nueva existencia sin consejo ni frenos, y el alcohol entró aún más en sus hábitos.

En la segunda noche de nuestro largo viaje estuvimos por más de cinco horas en comunidad con cuarenta o cincuenta borrachos excitados hasta el paroxismo. Teníamos la sensación de estar rodeados de locos furiosos. Nosotros, silenciosos e inmóviles, éramos el centro de una zarabanda infernal. Luchaban entre ellos para aproximarse y mirarnos de cerca, casi tocándonos en las caras. Gritaban estentóreamente, sacaban sus cuchillos y jugaban con ellos como para meternos miedo. Luego se burlaban de nosotros, terminando con gritos y maldiciones que producían un ruido infernal. Moviéndose de un lado para otro, examinándonos mil veces, nos amenazaban con ojos encendidos, repitiendo frases que no entendíamos, acompañadas de gestos del peor gusto. El carro del ferrocarril estaba hediendo por sus vómitos y por los pestíferos olores que emanaban, aumentados por el humo de cigarros infectos y por manjares podridos, tirados por el suelo.

Largas horas nocturnas estuvimos sin responder a tanto agravio, esperando de un momento a otro un acto de violencia. Lo peor era que Petriccione y yo estábamos armados, pues por un lado desconocíamos la severidad de la prohibición existente en los Estados Unidos respecto al porte de armas, y por otro, veníamos de Italia, donde en cierto modo era tolerado su uso. Además creyéndonos ya en la Revolución porque marchábamos hacia ella, habíamos considerado oportuno llevar los revólveres en nuestros bolsillos. Mas estoy seguro de que si hubiésemos intentado amedrentarlos con nuestras armas o defendernos matando a alguno de ellos, hubiéramos caído los dos hechos pedazos. Al fin, en Savannah, estado de Georgia, bajaron todos los cuarenta borrachos que nos habían atormentado. Y entonces respiramos. ¡Cuánta satisfacción!

Como en aquella estación el tren se detuvo bastante tiempo, salimos a buscar a Landrón que no estuvo en ese vagón, para relatarle lo que habíamos pasado, quejarnos de su actitud y pedir explicaciones. Landrón había pasado una noche menos diabólica que la nuestra. La dificultad que teníamos para explicarnos era grave porque él no hablaba ni italiano ni francés, nada más que español, idioma del cual no conocíamos casi ni una palabra. Recuerdo especialmente que uno de los inconvenientes mayores para comprendernos estuvo en la palabra *usted*. Landrón, dirigiéndose a mí, usó la palabra *usted*. Yo me detuve sobre esta palabra y no pensé en lo demás, preguntándole en italiano: "¿Qué quiere decir *usted*?". Y él a su vez me insistía: "*Usted*, es *usted*". Yo, desesperado, gritaba: "Claro está que *Usted* es *Usted*, pero quiero saber qué significa *usted*". Los dos teníamos razón, pero lo cierto es que no logramos entendernos en aquella hora grave.

Lo que había pasado merecía una explicación, la que en aquel entonces nos llevó a un examen cerrado de nuestra situación. Así supimos que la expedición llamada *filibustera*, a la cual debíamos incorporarnos, había ya salido para Cuba y por no haber llegado nosotros a tiempo la habíamos perdido. Landrón fue informado de ello en Savannah. Nos explicó al mismo tiempo que nos había puesto, al llegar al Sur, en el vagón de los negros, para evitar que llamáramos la atención, pues la expedición a Cuba de armas y de hombres estaba prohibida y dos personas que no hablaban una palabra de inglés, en primera clase, hubieran atraído doblemente la atención de los inspectores del ferrocarril, mientras que dos italianos emigrantes no hubieran provocado ninguna sospecha. Nos confesó, además, ingenuamente, que no había venido a vernos para evitar el contacto con aquella masa de borrachos violentos y por tanto, peligrosos. Por fin, nos dijo que nos detendríamos en Jacksonville a esperar órdenes.

Hasta este momento nosotros no habíamos recibido de la Delegación Cubana más que el precio de los billetes del ferrocarril.

En Jacksonville la Delegación nos comunicó que pagaría los gastos del hotel y nos envió a uno, que por cierto todavía existe, y que tuvimos que dejar por ser excesivamente malo. Nosotros comunicamos al día siguiente que nos mudábamos para otro y que lo pagaríamos nosotros. El dinero mío se había terminado hacía rato, pero Petriccione, a pesar de haber dejado en Nueva York gran parte del suyo a un amigo a quien demasiado rápidamente había elevado a esa categoría, conservaba todavía un par de miles de dólares para las dificultades que pudieran presentarse. En Nueva York el dinero se le dejó a ese amigo infiel, que nos había dicho que en Cuba no se usaba el dinero, ni había manera de usarlo. Por esta razón Petriccione conservó sólo la cantidad referida. Además del dinero efectivo, en Nueva York perdimos también prendas, que en caso de muerte nuestro amigo, que parecía una noble persona, había quedado en enviar a nuestras familias. La residencia de Jacksonville se prorrogó a pesar de nuestras protestas, pero debo convenir en que pasamos allí una parte de invierno como los cartagineses de Aníbal en Capua. Montábamos a caballo, bailábamos en un Club deportivo bien frecuentado, salíamos a los bosques de las afueras, que eran bellísimos, visitábamos los restos del coloniaje español, realmente interesantes. Empezamos también a hablar inglés, practicándolo con los huéspedes del hotel que fuimos conociendo. De tiempo en tiempo, el Sr. Guan, delegado local de la Revolución, nos decía que estuviéramos siempre preparados, pues al momento mismo de avisarnos debíamos partir.

Así pasamos, en esperas inútiles, días y noches. Al fin y al cabo debíamos contentarnos con algunas explicaciones. Una vez se nos dijo que el vapor *Commodore*, que debía llevarnos, se había hundido: otra, que la vigilancia de las autoridades americanas, más estrecha ahora, había impedido que el *Three Friends* se acercara al lugar de la salida. Una vez más se nos aseguraba que el *Dauntless* estando ya sobrecargado, había aprovechado el buen tiempo y había seguido para Cuba con "expedicionarios", procedentes de Nueva York. Durante los tres largos meses de Jacksonville, cuatro veces estuvimos a punto de embarcar, no pudiendo hacerlo por dificultades de última hora. Estábamos en realidad muy molestos.

Un día vino el quinto aviso. Más serio éste por ser más pormenorizado.

Había que ir a tomar un misterioso tren en una pequeña población cercana. Este tren local nos llevaría a otro, y éste, a su vez, a una playa donde nos recogería el barco. Fue en aquellos días que conocí a Horacio Rubens, un americano del Norte que había abrazado la causa de Cuba en forma decidida. Era el abogado de la Delegación de Nueva York y, aún más, una especie de representante de ésta, cerca de las autoridades de su país. La República en armas, de Cuba, tenía un representante diplomático en Washington, el Sr. Gonzalo de Quesada, pero era más bien un agente cerca del Congreso, pues el poder Ejecutivo de Washington lo mantenía a buena distancia. Conocí igualmente al Coronel Manuel Sanguily, bella figura física y temperamento heroico.

Sanguily y Rubens nos trataron con mucha amabilidad. Rubens, más bien pequeño, de facciones redondas, cara pulida y serena; y Sanguily, alto, de grandes ojos vivaces, un bigote abundante y con las guías hacia arriba, era el mosquetero perfecto. Ambos recibieron nuestras quejas y nos ofrecieron lo que efectivamente pocos días después pareció que debía acontecer: esto es, que saldríamos para Cuba.

Llegamos por fin a la playa. En el vagón del ferrocarril que nos condujo había unos veinte expedicionarios destinados a Cuba, y estuvo toda la noche como enraizado en la tierra. Nadie se movía, temiendo realizar un acto impropio: sólo el que hacía de jefe salía de tiempo en tiempo al aire libre del lado del mar y miraba a lo lejos.

Nosotros, adentro, seguíamos ansiosamente sus movimientos.

En un momento dado, una máquina de poca fuerza enganchó nuestro carro y apresuradamente nos llevó hacia la inmensa y arenosa floresta de la Florida de aquel entonces. A unos cuantos kilómetros se nos ordenó bajar. Caminamos algunas horas, con los bártulos a cuesta por senderos poco amenos, hasta llegar a una pequeña estación en donde había otro tren local a punto de partir. Subimos a los coches y poco después estábamos en Tampa, la ciudad más conocida de la Florida en aquella época.

Allí surgieron nuevas dificultades. No seguía para Cuba. Pero Tampa no debía ser una desilusión más. Fue en ella que me transformé en cubano. Allí conocí de cerca a los primeros cubanos y empecé a quererlos. Y en ella también se decidieron los destinos de una vida que no debía terminar en los embates de la guerra hacia la cual marchaba. Pero no nos apresuremos.

De Tampa caíamos fácilmente en Ibor-City, que era entonces uno de sus barrios. Fuimos destinados a un pequeño hotel de madera en donde había un ruido infernal, pues cada paso resonaba como un martillazo en la cabeza, especialmente durante la noche. Había una agravante más: la limpieza del suelo se hacía con aserrín, que quedaba esparcido por toda la casa, mezclándose luego con el fango de los que venían de afuera.

La Florida no justificaba su nombre en aquella latitud. Ella se ha desarrollado, yo diría civilizado, pero después. Basta con decir que Miami, hoy una de las más bellas ciudades del mundo, no obstante los continuos atentados al buen gusto que se le hacen en estos últimos años, en aquel tiempo no reunía siquiera cincuenta casas; y Tampa, adonde ya descendían los del Norte para pasar el invierno, con la excepción de algunas pocas calles centrales, teníamos que ser atletas para recorrerla. Sólo algunas tablas de madera, mal clavadas, se consideraban como aceras. Nosotros no resistimos, esta vez tampoco, el hotel que nos asignó la Delegación cubana. Pero en este segundo caso, en Ibor-City, no podíamos ir a otro por la sencilla razón de que el que dejamos era el mejor.

Como ángel tutelar apareció inesperadamente la Señora de Ibor, viuda de aquel honorable ciudadano que había dado su nombre al pueblo. Era una cubana de vieja estampa, rodeada de numerosa familia: patriota por añadidura y de suprema bondad y cortesía. Al enterarse de nuestras quejas, nos ofreció una de sus casas, a la que nos trasladamos y donde pasamos confortablemente el mes o poco más que todavía perdimos en Tampa. Los compañeros conocidos en el tren y con los cuales nos habíamos codeado en la marcha nocturna, vivían distribuidos aquí y allá, alrededor de nosotros. El Sur invitaba a permanecer al aire libre, lo que es un vehículo de amistad. En Nueva York, en Jacksonville, quedamos disueltos en la marea estadounidense. En la primera ciudad, constituida por afanosos hombres de negocios, y en la segunda por plácidos transeúntes que huían los intensos fríos nórdicos, nos habíamos visto sólo ocasionalmente con algunos camaradas, los íntimos compañeros del día de mañana. En cambio, aquí nos encontrábamos todos al doblar de cada esquina. Petriccione y yo éramos designados por todo el pueblo con el nombre de los "expedicionarios italianos". Como nuestra casa era sólida, amplia y cómoda, los demás compañeros la tomaron por club propio, sin por ello estorbarnos a nosotros, que conservábamos dos amplios cuartos de dormir. La Señora Ibor le había puesto al club un español de portero y servidor: era un antiguo guardia civil, que no conocía la risa ni otra actitud que no se elevara a tragedia.

Mi primer conocimiento del alma castellana, me vino a través de este noble señor que tomaba la propina que le dábamos con la repugnancia de un purgante. Siempre recuerdo un día en que alguien vino a visitarnos. El español lo anunció tocando a la puerta enérgicamente y diciendo, con voz engolada y fuerte: "¡Un caballero de Italia os solicita!" Petriccione, que estaba en una butaca, se levantó rápido y rememorando alguna vieja tragedia, en el mismo tono engolado, le dijo en italiano: *"Lo s'introduca a suon di tromba"*. Y luego se puso a dar vueltas por el cuarto a pasos rápidos y fingiendo ser una trompeta, mientras con las dos manos imitaba el clarín y gritaba: "ta-tata-ra-ra-tatata", para recibir al caballero italiano, quien en resumidas cuentas resultó ser un generoso confeccionador de puros, que venía a regalarnos algunos de los que había hecho, puesto que éramos compatriotas que íbamos a la guerra cubana.

La intimidad con los cubanos fue transformándose rápidamente en camaradería. Un día, uno de los más simpáticos, el expedicionario Acosta nos pregunta: "¿Conocen ustedes a las Sánchez?".

—Acabamos de llegar... —le respondimos— no conocemos a nadie.

—¡Oh!, es necesario que las conozcan. Aquí hay un número de familias distinguidas, que representan a Cuba con honor. La familia Sánchez, la de Carbonell, la de Figueredo, la de Armas y otras más, muchas más, que ustedes deberían conocer. Hay igualmente familias modestas de igual respeto y una población obrera compuesta de cubanos e italianos que ustedes deberían igualmente visitar en sus modestas habitaciones. Estas visitas ayudarían la causa cubana, pues ustedes son el eco del interés que el mundo tiene por nuestra lucha por la independencia.

Petriccione y yo no deseábamos otra cosa que conocer gente y familiarizarnos con un ambiente que en el futuro iba a ser el nuestro y además aprender el idioma. Visitamos, pues, la casa de los Sánchez, en primer término. Don Federico Sánchez era un patriota que se había batido en la guerra hispano-cubana llamada "de los 10 años" (1868 a 1878). No había aceptado el pacto de paz que tuvo el nombre del "Zanjón", que la terminó y prefería vivir en el exilio alentado por la esperanza diaria, aunque fantástica, de que al día siguiente su patria sería libre. Bello aliento de todo exiliado político. Toda noticia milagrosa que llegaba a los oídos de Federico Sánchez era recogida como verdad absoluta, con increíble seguridad. Se había casado, al llegar a los Estados Unidos, con la hija de otro emigrado y había tenido cuatro hijas que habían heredado el fervor patriótico de los padres.

Por su sencillo pero bien arreglado *chalet* de Ibor-City habían desfilado todos los patriotas de Cuba. Allí Martí dictó, al mayor de los Carbonell, Eligio, artículos y manifiestos. Allí se había discutido el Programa del Partido Revolucionario cubano. Por aquel modesto salón habían pasado, en doble desfile, Máximo Gómez, Antonio Maceo, Flor Crombet y todos los "expedicionarios" de esta última lucha, que nos habían precedido. Aquella casa era, pues, una especie de santuario del patriotismo. Las dos hijas mayores, Fredesvinda y María Luisa, a pesar de sus jóvenes años, eran el alma de todas las fiestas patrióticas: la primera por su energía organizadora y su don de mando, la segunda por sus cualidades artísticas, pues recitaba, cantaba con bellísima voz y tocaba el piano admirablemente.

El primer día que estuvimos en su hogar, al hablarme, su voz me hizo admirar doblemente el español, gracias a su sonoridad sin ecos, sin afectaciones, clara y armoniosa. Las dos hermanas más jóvenes, Lillie y Haydée, niñas aún, con premura e interés ayudaban a las dos mayores, quienes representaban un papel preponderante en el pequeño pueblo y aun en el campo más extenso de la revolución.

Los Carbonell, por otra parte, una tribu de muchachos jóvenes que luego han brillado en las letras de nuestro país, siguiendo las huellas de su ilustre padre. Los Figueredo, hombres y mujeres, eran de una suprema distinción. El señor Armas, como lo llamaban, tenía barba y largos cabellos, severidad en el rostro y el corazón henchido de bondad.

Me refiero sólo de estas tres familias porque en sus casas no se hablaba más que de Cuba, con fe religiosa más que patriótica; además, porque me interesé al saber que eran viejas familias cubanas que habían anhelado por largos años ser libres y, por siglos, habían honrado la tierra de su nacimiento. No puedo decir cómo saltamos de las visitas individuales a las de los Clubs y de éstas a una tribuna en el Liceo Cubano donde había resonado tantas veces la maravillosa oratoria de José Martí. Recuerdo que se organizó una conferencia en la cual yo debía explicar los motivos que el mundo tenía para apoyar a los cubanos en su homérica lucha. Hablé naturalmente en italiano. Además de la gran afluencia de cubanos concurrió un gran número de miembros de la colonia italiana.

La conferencia fue muy aplaudida, aunque comprendida limitadamente. En esta ocasión hablé por primera vez sin hacer alusión a Italia. Traté el caso de Cuba exclusivamente. ¿Estaba yo pasando el Rubicón?

Claro está que al hablarle a un nuevo público y con nuevas ideas, me sentía como distinto de mí mismo, no sin alguna sorpresa por mi parte. Por ejemplo, al dirigirme al público con el propósito de no hacer exordio, califiqué a todos con el simple título de "ciudadanos".

Tan pronto pronuncié esa palabra genérica, estalló un aplauso ruidosísimo. Sin saber a qué se debía tal manifestación, me callé esperando que se restableciera el necesario silencio. Después de un momento volví a decir "ciudadanos".

Igual explosión de aplausos. Por fin, sin conocer las causas de mi éxito inicial, hablé largo rato. Mi fuerte y sonora voz, creo yo, contribuyó al éxito más que mis argumentos. Supe luego que no habiendo usado otros oradores el título de "ciudadanos", sino sólo el de "cubanos", se atribuyó mi calificativo a que yo, sin decirlo expresamente, enterraba para siempre el calificativo de "súbditos" y sobre todo de "súbdito español".

Lo importante para mi vida futura surgió en ocasión de haberse organizado un *buffet* en un vecino restaurant, como complemento del acto patriótico. Para honrarme, me invitaron a tomar del brazo a María Luisa Sánchez y abrir el cortejo.

Como había estudiado música y cantado alguna ópera, ella había aprendido bastante italiano. En las visitas que le hacía ya me había prendado de ella y, aproveché esta nueva oportunidad para expresarle mi admiración. Animado por su sonrisa le dije que veía en ella algo diferente a las demás muchachas, y en los últimos momentos de nuestra conversación al llegar al restaurant, cuando todos se me iban acercando, le susurré muy quedo: "Si salgo vivo de la guerra me casaré con usted." Y mantuve la palabra. A la hora en que escribo estamos cumpliendo los setenta años de perfecta unión matrimonial.

Dos o tres días después vino, al fin, la orden de salida para Cuba. No había vuelto a hablar con la señorita Sánchez. Es más no quería hablar con ella. Insistir en la hipotética promesa de matrimonio me parecía cometer una mala acción contra ella y hasta contra la causa de la libertad. Contra ella porque podría hacer surgir en su ánimo una idea nacida de un sentimiento que quizás no tuviese mañana; y contra la causa, porque crearía un contraste en mi espíritu en el cual había predominado hasta aquel momento, un solo designio que debía seguir animándolo.

Salimos finalmente de Ibor-City, esta vez con orden y precisión. Un grupo que podríamos llamar "extranjero" se formó dentro de la pequeña fuerza revolucionaria, que pasaba apenas de cuarenta o cincuenta personas. Este grupo lo componían tres chilenos, Gabler, Marcelote y un tercero cuyo nombre no recuerdo; un cubano, Eusebio Campos, que estudiaba en París y que por seguir una carrera literaria, le llamábamos revolucionariamente "el Doctor", un ingeniero de apellido Delgado, que hablaba muy bien el inglés y el francés; y nosotros dos. En esta ocasión todo se hizo con menos secreto, pues las autoridades de los Estados Unidos nos eran aquí favorables. Salimos reunidos en grupos casi a la vista de todo el mundo. A pie, nos internamos por los arenales de la Florida y caminamos unas dos horas. Después una hora de tren y ya de noche otra en *ferry boat.* El río en que navegábamos para alcanzar mar abierto era según supe después, el *Indian River.* Nunca he sabido el camino que hicimos. Sólo recuerdo nuestra alegría, el canto de la Marsellesa que a cada rato entonábamos los del grupo extranjero dominados por un paroxismo eufórico, y la réplica de los cubanos al son vigoroso del himno de Bayamo. El *ferry boat* avanzaba despacio y en algunos momentos con visible dificultad. La noche entera la pasamos en un desbordamiento de entusiasmo. Nos abrazamos, gritábamos "Viva Cuba Libre"; Petriccione y yo, emotivos añadíamos a cada momento: "Viva América", en señal de admiración por todo el Nuevo Continente.

A pesar del cansancio y del sueño, agarrados a la baranda del *ferry boat* admirábamos aquella naturaleza solitaria, enajenados casi por la completa libertad de que disfrutábamos, pues ya nos sentíamos como si estuviéramos en libertad de acción, sin mando, ni orden, sin prejuicios, dispuestos a vender cara la vida alegre y vigorosa.

Al amanecer desembarcábamos en un pequeño puerto pesquero, donde las altas olas de los mares que circundan la corriente del Golfo (el conocido *Gulf Stream*), hacen difícil la navegación. Nos esperaba a distancia de unos cientos de metros, el pequeño *Dauntless* que bailaba frenéticamente sobre el océano agitado.

Las expediciones *filibusteras* eran una primera prueba que debían pasar los que iban a luchar por la independencia de Cuba.

La zona marítima que se debía recorrer era la misma que recorren los famosos ciclones, el azote más impresionante que la naturaleza aplica a los hombres. Las sinuosidades de estas costas, el gran número de escollos traicioneros, las profundidades alternantes y otros engaños geográficos constituyeron el principal escenario de la piratería de los tiempos pasados.

Para evitar los envíos de armas y de hombres, los españoles (y en parte, sin duda con menor cuidado, los americanos del Norte) vigilaban esta costa y este mar. La Delegación cubana de Nueva York había alquilado varios buques los que, con exclusión del *Three Friends* y de este *Dauntless*, que ahora tenía yo tan cerca, se habían hundido, llevándose al fondo del mar algunos jóvenes héroes, entre ellos a un italiano de Nápoles, de nombre Cancellieri, que nos había precedido.

Parecía imposible que un grupo tan numeroso pudiera embarcarse aquel día, porque era evidente que al acercarnos al buque cualquier bote, por resistente que fuese, quedaría hecho añicos.

Al avanzar el día, las olas aumentaban en altura y vigor. Ante la demora, el jefe del barco manifestó que seguiría su viaje, pues tenía personal suficiente para desembarcar las municiones ya cargadas, que era lo más importante. Un mugido, tan ruidoso como el del mar, salió de nuestros pechos. Yo me desvestí en seguida y me eché al agua, con la seguridad de que siendo un buen nadador, llegaría al barco. A medio camino, por suerte, un bote vino a ordenarme que volviera a tierra.

El fenómeno más psicopático de mi vida ha sido el de no ver el peligro. A los dieciocho años, permítaseme la digresión, unos guías del Vesubio tuvieron que sacarme a la fuerza de una zona en la cual la lava lo había cubierto todo. Yo estaba sobre enormes piedras, cuyas hendiduras ya indicaban la aparición del fuego subterráneo. Mi hermano mayor, la muerte en el alma, logró que dos guías se arriesgasen para salvarme. Pocos minutos después, las grandes piedras desde las cuales yo asistía al terrible espectáculo, se unían en marcha devastadora al río de fuego que avanzaba hasta el llano.

Otro acontecimiento tuvo lugar en Nueva York, en este mismo viaje hacia Cuba. Me decidí a la prueba de tirarme al río desde el Puente de Brooklin. Un señor Garzini y Petriccione, que estaban conmigo, tuvieron que vestirme de nuevo y alejarme de aquel lugar. Este fenómeno psíquico me ha acompañado en toda mi vida. En el fondo es que no creía en el peligro. Estimo que en parte me ha faltado en lo material como en lo espiritual, ese enlace que en los seres vivientes ha creado la naturaleza, entre el acto que se realiza y sus consecuencias, así el acto determina una especie de irresponsabilidad que en el fondo, sin desconocer la lógica hace que se use erróneamente por exceso de confianza en sí mismo. Lo mismo me pasó en la guerra, antes, y después en la paz.

Debo añadir que este desafío a las cosas que los hombres consideran peligrosas o difíciles, no ha tenido nunca para mí consecuencias trágicas. Por ejemplo, yo nunca he tenido más presente en la memoria lo que he estudiado, que cuando he ido a un examen. Igualmente, nunca me he sentido más seguro de mí mismo que cuando he pronunciado un discurso ante un público selecto. En este campo me sucedía que, aun hablando en idiomas que conocía pero que no me eran del todo familiares, hablaba mejor en público que en privado. Pero volvamos al agitado mar de la Florida.

Los botes auxiliares que tenía el *Dauntless* eran sólidos y podían llevarnos hasta cerca del barco, pero no aproximarse. Alguien a bordo pensó que en este caso podía realizarse el abordaje por la proa, es decir, subiéndose del bote como se suben las mercancías. Se hizo una prueba y luego, con mil precauciones, pudimos embarcarnos. El canal de la Florida era infernal. Seguimos de viaje todo el día, en continuo forcejeo con las paredes del pequeño barco. La mayor parte de nuestros guerreros se sentían muy mal por los efectos del mareo. Sin embargo, al poco tiempo como por sorpresa ya al acercarse la noche, nos encontramos como en una apacible tranquilidad. Es que el mar se había apaciguado por completo. Yo no podría decir dónde estábamos, pero en acto solemne y ordenado fueron saliendo de nuestro barco y pasando a otro que me pareció ser un velero, la mayor parte de nuestros compañeros, llamados uno por uno por sus nombres. Los nuestros no fueron pronunciados. "¿Qué sucede?" —pregunté a uno de los jefes.

—Ustedes desembarcarán más al oriente —me respondió—. Estos van destinados a La Habana y a Matanzas.

Sentí como un vacío en el alma. Los que habían desembarcado me parecían ser los más vigorosos. Se habían ido Delgado, los chilenos y Campos. No comuniqué, ni siquiera a Petriccione, el efecto que me había hecho esta terrible afrenta. Pero nadie hizo alusión a lo que a mí me parecía afrenta evidente. Entonces se luchaba más en La Habana y en Matanzas que en las provincias de Oriente y de Camagüey.

Seguimos el viaje. Navegamos toda aquella noche con el mar menos agresivo. Pudimos dormir y hasta dormir bien. Al día siguiente entre las dos y las tres de la tarde vimos pasar un barco de guerra español, un cañonero local. No nos hizo caso y nosotros tampoco a él. Debo explicar que teníamos la orden de ocultarnos tras la puerta interior del barco. No corríamos peligro alguno porque sabíamos que el *Dauntless*, era más veloz que el cañonero, pero el enemigo si hubiese conocido nuestra procedencia y nuestro destino, hubiera podido seguirnos a distancia e impedir el desembarque, avisando a las tropas de tierra. A mí se me dijo que todo estaba listo para saltar en el aire con el barco si nos abordaran. Pero, sin duda, el cañonero español no nos reconoció o no quiso iniciar una persecución inútil.

A las pocas horas de la caída del sol, presagiamos que pronto pondríamos pie en tierra cubana. Recibimos la orden de subir las cajas de municiones y los bultos de fusiles que estaban en la bodega. El *Dauntless* orientó su proa hacia la tierra y su maquinaria crujió como animada de súbita vehemencia.

Estábamos frente a la provincia de Oriente y muy cerca de la provincia colindante, llamada Camagüey. El lugar preciso en que desembarcaríamos, se nos dijo entonces, se llamaba Sabana la Mar y estaba rodeado en parte de grandes bosques y en parte de inmensa manigua.

En la actualidad es en donde se alza una floreciente y grandísima industria azucarera. El paralelo entre el salvaje vigor del ambiente de aquel tiempo y la vida opulenta y refinada de las fábricas modernas resulta de difícil comprensión para quienes no vieron personalmente ambas cosas.

Los botes fueron echados al mar tan pronto el *Dauntless* se detuvo frente a la amplia playa. El mar estaba tranquilísimo. Todos nosotros nos trasladamos a tierra. En el límite de la playa esperamos que las cajas y los bultos fuesen desembarcados.

Pasada una media hora o poco más, el *Dauntless* se retiró rápida y silenciosamente. Ya para nosotros el mundo quedaba limitado a Cuba. Permanecíamos encerrados en un territorio estrecho y en los brazos de la "causa". No podíamos recibir ni una sola noticia de lo que sucedía en el mundo. Tampoco nada de nuestras familias. Nada que nos hiciera sospechar que más allá de los bosques vírgenes e inmensos, de las llanuras multicolores, hubiera algo que siguiera viviendo. Pero ¿qué importaba todo eso cuando la vida, despreciada, está en juego a todas horas? Y ¿qué, cuando la existencia se halla en el duro dilema de "independencia o muerte?".

El *Dauntless* al alejarse, se llevaba todo aquel mundo bullicioso, siempre grávido de hechos nuevos y de sorpresas, que desde mi tierna edad había seguido con ansias infinitas.

Mas nuestro trabajo de aquel día no había terminado. Ahora empezaba. Las cajas habían sido descargadas en tierra seca, pero la traicionera marea, a nuestras espaldas, había subido y seguía subiendo. Yo sabía teóricamente lo que eran la marea alta y baja, pero nunca las había visto en acción. Y eso entonces para nosotros significaba que las cajas, momentos antes a la vista, se encontraban ya a un metro o más, bajo el agua. Hubo, pues, que sacarlas y llevarlas a un bosquecillo cercano a fin de que no fuesen vistas. Las cajas, a su vez, en su curso de la apurada descarga no fueron dejadas en un lugar solamente. Había que encontrarlas al tacto en una búsqueda difícil y penosa bajo el agua. No fue cómodo, pero se hizo. Sufríamos de los ojos principalmente, luego de las manos y de los pies.

Pero lo más terrible de aquella noche infernal no fue este trabajo, ni la sed que padecimos por haberse roto el único cubo de agua que poseíamos al desembarcar, sino el asalto de los mosquitos. No creo que en Cuba haya ahora plagas de mosquitos como en aquel entonces. El país ha sido completamente sometido a la mano benéfica del agricultor y del sanitario. He oído decir que en otras zonas tropicales o acuatoriales se encuentran todavía casos parecidos a este de mi relato. Nuestras caras, el cuello, las manos se llenaban de enjambres de mosquitos sedientos de sangre; centenares de ellos, miles más bien, volaban por el aire y caían sobre nuestras carnes no protegidas, cambiándolas de color. La eficacia de sus pequeñas armas era tal, que al instante de matar con nuestras manos abiertas, a los que nos habían asaltado, se nos llenaba de sangre la cara, los brazos y hasta las mismas manos. Por un momento pensé que

Cap. II. *Sólo la constancia vence las dificultades*

Cuba tenía aquel tormento en todas partes; pero un compañero, el Doctor Figueroa, me dijo: "No, amigo Ferrara, Cuba es un paraíso y no este infierno." Pero toda la noche permanecimos en este infernal sitio ignorado del Dante, y agravado por la sed como ya he dicho.

Al amanecer salimos de la playa y nos internamos en un bosque limítrofe, no muy grande, mas suficientemente cubierto para evitar que se nos viese desde el mar. Un poco más tarde el Comandante Arteaga, nuestro jefe, organizó grupos de exploradores para encontrar alguna alma viviente. Yo salí en uno de los grupos, el que tuvo la suerte de encontrar a un joven *guajiro,* que tenía a su cargo una salina.

—Alto. ¿Quién va? —gritó el joven.

—Cuba —contestó uno de los nuestros.

—Avance uno —replicó el primero.

Yo avancé y antes de acercarme grité:

—Somos expedicionarios, somos expedicionarios.

El rebelde, el primer rebelde que conocí, me abrazó diciendo:

—Sí, sí, americano, americano...

—No, le repliqué, soy italiano.

Y volvimos triunfantes al pequeño campamento, donde nos esperaba la mayoría de nuestros compañeros. Arteaga recibió todos los informes. Supimos que cerca estaba el General Tomás Collazo al frente de una fuerza bastante numerosa. Por fin habíamos llegado a Cuba libre.

Nos internamos aún más, dejando una guardia cerca de las armas y municiones. La sed fue aplacada, bebiendo como caballos sedientos en un charco cubierto de hierbas podridas, las que apartábamos con la mano para satisfacer las bocas afiebradas.

¿Que no bebiéramos? Pues a morir. La muerte nos hubiera sido más suave que aquella sed. Agua podrida, pero agua al fin.

Capítulo III

LA GUERRA

Pasamos la segunda noche cubana no lejos de donde habíamos desembarcado. Pero muy temprano, al día siguiente, andando en marcha rápida hacia la residencia del Gobierno revolucionario, nos vino al encuentro un grupo a las órdenes del General Tomás Collazo, con el cual estaba quien luego debía ser uno de mis mejores amigos, el futuro Teniente Coronel Nicolás de Cárdenas. Collazo y Cárdenas hablaban un francés perfecto. Sus familias habían vivido largos años en Francia y pertenecían a lo más selecto de la sociedad cubana. Para mí fueron como un rayo de sol.

Su conversación, en un idioma que conocía, me animó extraordinariamente. La entrevista, sin embargo, tuvo que ser muy breve porque nosotros debíamos presentarnos lo más pronto posible en la residencia del Gobierno situada bastante lejos, en el potrero Iragua, en Camagüey.

La Revolución había creado un Gobierno. Es preciso dar una explicación. Este movimiento de liberación, iniciado contra el dominio colonial el 24 de febrero de 1895, no era el primero. Otros había habido, entre ellos uno de considerable importancia que duró diez años, o sea de 1868 a 1878, en la época en que las ideas liberales se iban afianzando en las instituciones públicas, más o menos en todo el Occidente civilizado. Los revolucionarios del 68 estuvieron bajo la dirección de grandes nombres, de mucha fortuna algunos, educados en el culto de la libertad. La herencia recibida por los nuevos revolucionarios que se levantaron en 1895, fue eminentemente liberal.

José Martí, que debemos considerar como un gran inspirador, tuvo ideas radicales muy avanzadas. Prueba evidente de ello es el *Manifiesto de Montecristi*, de 25 de marzo de 1893, que firmó con el General Máximo Gómez al iniciarse la lucha. De ideario elevado trata al adversario con noble simpatía. La Revolución de 1895 y la precedente de 1868 surgieron con asambleas cívicas que pretendían dictar, desde el inicio, criterios democráticos. La República en armas, en consecuencia, constitucionalmente tenía un Presidente, un vice-Presidente y un Consejo de Gobierno. Además sus estatutos determinaban que cada dos años debía reunirse una asamblea elegida por los cubanos libres, o sea por los que viviendo en los bosques y en las llanuras, voluntariamente se hubiesen separado de la dominación de España.

En esta época era Presidente el ilustre anciano D. Salvador Cisneros y Betancourt, Marqués de Santa Lucía, cubano, pero perteneciente a la nobleza española. Era un tipo magnífico de hombre en lo físico y en lo moral. Muy alto, con larga barba blanca, erecto como un apóstol oficiante, con bellísimos ojos claros. Su valor sereno lo había probado en los diez años de la "Guerra Grande", y ahora servía de ejemplo diario a la nueva generación. Yo, por primera vez lo vi llegar a la Yaya, conocido lugar donde estaba radicado el Teniente Gobernador de Camagüey. Era una noche de tempestad, y el Presidente parecía como aureolado de rayos. La lluvia caía a cántaros, como solamente cae en los trópicos. Venía acompañado por cuatro hombres. Fue el primero en bajarse del caballo, lo que hizo con juvenil apostura, no obstante sus setenta o más años. Estaba chorreando agua como si acabara de salir de un mar agitado. El Teniente Gobernador Casares le ofreció ropa seca, prendas que aún podía ofrecer en aquella fecha, pero el viejo rehusó, pidiendo sólo una taza de leche caliente.

—¿Quiénes hay aquí?—preguntó.

—Dos italianos que han venido a pelear con nosotros—contestó Casares.

—Ah. Me alegro, los italianos también... Los cubanos que están en las ciudades deberían aprender de ellos. ¿Cómo se llaman?

Di mi nombre.

—Yo he tenido amigos italianos —continuó el viejo— pero no recuerdo sus nombres.

Y luego, un poco irónico, mirando a Petriccione y a mí, añadió:

—Aquí hay que pelear, y además la vida es dura.

Y sin más, nos dejó. Era un hombre de hierro en su físico y en su carácter. Sus últimas palabras nos las explicamos más tarde. Con cualquier pretexto venían a refugiarse por aquí quienes se sentían cansados de recibir balas, lluvias y sufrir el hambre. Estos refugiados de la Yaya constituían la preocupación de los jefes, pues ellos querían evitar estas retiradas de la lucha, aunque por principio estuviesen justificadas. Pero nosotros no habíamos ido allí espontáneamente para refugiarnos, sino que nos habían llevado, no sabiendo todavía qué hacer con nosotros.

Volviendo a nuestra búsqueda del Gobierno digamos que al dejar al General Collazo en la zona oriental, nuestro grupo siguió para Iragua. La marcha desordenada no nos dejaba suponer que hubiera un solo enemigo en aquella zona. No llevábamos vanguardia, ni siquiera teníamos exploradores. La única preocupación de nuestro jefe era la rapidez. La primera noche, durmiendo en una hamaca, medio estirado, medio sentado, sentí un fuerte dolor en la parte de arriba del dedo medio de la mano derecha, dolor que me provocó un grito estentóreo. Ninguno de los que estaban bajo los árboles cercanos me hicieron caso. Yo quedé con mi ardiente dolor. El dedo se me hinchó y, a pesar del cansancio que sentía por la larga marcha de treinta o cuarenta kilómetros del día anterior, no pude dormir. Al amanecer me consulté con mi vecino que era el Dr. Leopoldo Figueroa, diciéndole que yo creía que un gallo me había dado un fuerte picotazo. Creo que esta hipótesis la formulé porque sabía ya que en Cuba algunas razas de gallos se adiestraban para las lidias.

Figueroa era farmacéutico y delante del coro que ya se había formado a mi alrededor, me dijo sonriendo: "Amigo Ferrara, aquí no se encuentra un gallo ni a doscientas leguas a la redonda". Y añadió: "Este ha sido un alacrán que debe estar todavía en la hamaca". En efecto, fue a la hamaca, la abrió y nos enseñó el bicho maléfico que yo maté con tantas ganas como si se tratara de mi primera victoria en campo abierto. Del Este es un buen augurio: a usted no lo matarán; el alacrán inmuniza de coro de los camaradas surgieron voces unánimes: "Alégrese, alégrese. la muerte al que pica".

Aquel día y los que siguieron fueron de marchas largas, penosas para quienes no estaban acostumbrados a ellas. Además, el calzado que traíamos, poco apropiado para los fangales y las piedras, provocaba ampollas y rozaduras en los pies. Había que conseguir de cualquier manera un caballo, para no ser vencido por la naturaleza del terreno antes que por el enemigo.

En la llamada "Cuba Libre", la Cuba del insurrecto, se nos había dicho que no había necesidad de dinero, porque no hacía falta. Se comía en efecto matando las reses de los potreros que ya no tenían dueño y también algunas carnes mandadas por campesinos que eran padres, hermanos o hijos de los que guerreaban. Se comía raramente algún queso fresco, y esto sólo al principio de nuestra llegada, pues la autoridad civil de la zona, llamada Prefecto, nos lo concedía con extrema dificultad. Nosotros, en las últimas semanas de Tampa, habíamos casi agotado lo que habíamos traído de Nueva York. Los amigos que guardaban una cierta

CAP. III. *La guerra*   65

suma de Petriccione, requeridos por cartas y telegramas desde la Florida, para que enviasen una parte del depósito, no contestaron nunca. Comprendimos nuestro error y acudimos a la representación de Cuba, que gentilmente nos inscribió en la lista de los demás expedicionarios necesitados. Al llegar a Cuba nos quedaban sólo unas decenas de dólares. Por poco o mucho que fuera, aquel símbolo de riqueza resultaba inútil, o casi inútil. Con dinero no se podía comprar un caballo, ni adquirir zapatos, y menos comer un pedazo de carne.

Más tarde, a la llegada a la Yaya comprendimos que allí sí sería posible obtener un caballo. En la Revolución cubana se producía un fenómeno medieval; el que iba a caballo era el señor heroico, y el que iba a pie, el combatiente plebeyo. La decisión se hizo perentoria, pues nos ordenaron incorporarnos a un regimiento de infantería en el cual el cargo que me habían señalado era el de distribuidor de carne.

Una noble persona, un típico camagüeyano, dotado de una buena cultura, vino a salvarnos: se llamaba don Pedro Mendoza Guerra, hombre formado al contacto de la naturaleza suave y libre. Al conocer nuestro caso ordenó, al instante, que nos diesen dos caballos con monturas y riendas. Y psicológicamente se produjo el hecho curioso de que cuando Petriccione y yo montamos a caballo, corriendo por la extensa llanura nos sentimos más hombres que antes, respetándonos en mayor grado a nosotros mismos. Ahora era el caballo el que se enfrentaba con el fango o la piedra dura. Mendoza nos hizo dar consideración de oficiales. Ya habíamos andado a pie y casi descalzos unas cien leguas de tierra libre de Cuba, ahora nos sentíamos mejores combatientes.

Nuestra primera acción de guerra la tuvimos cuando todavía no se nos había incorporado a ningún regimiento. Concurrimos voluntariamente a un combate en Santa Cruz del Sur. Fue un momento difícil, pero acosamos con eficacia a una columna de guerrilleros cubanos al servicio de España, que se replegaba sobre dicho poblado. Fue durante aquellos ataques parciales que conocimos al entonces Teniente Manuel Secades. El grupo que después formamos Secades, sus amigos y nosotros, teniendo poco conocimiento del terreno se adelantaba más de lo debido, dejando detrás de nosotros los peores fangales de aquella zona marítima. Al avanzar la cosa fue menos dura. Me es difícil explicar la condición de aquel terreno, que yo califico de fangales. Pero me basta decir que el caballo o el hombre mismo a pie, debería andar por pantanos, mezcla de tierra y de agua, de casi medio metro de profundidad. Por añadidura, el piso sobre el cual los caballos debían afirmar los cascos era continuamente desigual. Una retirada rápida hubiera sido imposible en tales condiciones. Una retirada normal, aunque obligada, nos puso en peligro.

Desde los fuertes que rodeaban al poblado nos acosaban con descargas y nos vimos en dificultad, sobre todo cuando el grupo revolucionario que llevaba la parte principal del combate, se retiró oportunamente. Secades y nosotros, con una decena de hombres, especie de franco-tiradores, quedamos en muy mala posición. Yo me nombré jefe a mí mismo y consultando a Secades, ordené que nos apeáramos de las cabalgaduras. Ya de infantería logramos rechazar a los de la columna que habíamos perseguido pero que entonces, comprendiendo la situación, de perseguidos se habían vuelto perseguidores, cosa que acontecía con frecuencia en aquella guerra. Nuestra resistencia a pie firme les hizo cambiar de idea y pudimos salir del apuro. Nos llevamos tres heridos pero creo que quedaron dos muertos sobre el terreno, de los cuales no se dio cuenta nadie.

Esta primera escaramuza me dio una lección: comprendí que la guerra es más profesión de técnicos que no de libre ardor de aficionados. Al volver al campamento, el General Lope Recio nos trató con dureza, de manera especial a Secades. Más tarde me encontré en otro combate, en el cual la familia del General Vega, con el General en primer término, pagó el precio de su reconocido valor. Este fue gravemente herido y un grupo de sus familiares más íntimos fueron malheridos o muertos. Cayó también en esta ocasión un Loret de Mola, y según me dijeron, en el mismo potrero en que había caído su padre en la guerra de los Diez Años.

En el Camagüey, a la verdad, se vivía casi en plena paz si se le comparaba con el occidente de la Isla. Los españoles ocupaban muy pocos lugares de esta provincia. Los cubanos circulaban libremente por todo el territorio, menos por las ciudades. Por esto residía el Gobierno revolucionario en Camagüey, y también por esto fue convocada allí la Asamblea Constituyente, con sus supremos poderes, de acuerdo con lo estatuido en la primera Asamblea revolucionaria de Jimaguayú, llamada así por el lugar en que se reunió dos años antes. Gracias a esta paz relativa pude examinar la organización civil que los revolucionarios se habían dado, adaptándola a las rudimentarias circunstancias a que había quedado reducida la vida civil. Como ya he dicho, había un Presidente de la República, así como un sustituto posible, llamado vice-Presidente, y un Consejo de Gobierno, con distintos jefes de Departamento. La Asamblea se reunía solo cada dos años y era elegida por el pueblo en armas. Pero en realidad, el pueblo no intervenía en tales elecciones, pues la lista de los candidatos y de los electos la hacían los generales y jefes de las Divisiones, ayudados por los ejefes de las Brigadas y de sus Estados Mayores. La administración civil se dividía, por lo que vi, en tres partes. La principal la constituían los Prefectos. Luego venía la del Gobierno. Y en tercer término, los que se ocupaban de las costas y de las salinas. Los Prefectos tenían verdadera autoridad y eran respetuosos. Se ocupaban más de la acumulación y distribución de víveres. El jefe militar, cuando le era posible, al llegar a un territorio llamaba en seguida al Perfecto. Este le enviaba las reses que debían ser sacrificadas y entregaba quesos frescos y carnes. A veces el mismo Prefecto servía de práctico en el terreno, acompañando a las columnas en marcha. Se ocupaba de escoger los mejores y más reservados lugares para los hospitales de sangre. Obligaba a los vecinos de su prefectura a mantener en estado de producción sus zonas de cultivo y a que se distribuyese entre ellos la carne de res o de otros animales. Los Prefectos eran generalmente campesinos viejos, enjutos, pero sólidos, que habían participado en la guerra de los Diez Años, muy conocedores del terreno y de un valor sereno sin par. Normalmente llevaban una barba no larga, distribuida a los dos lados de la cara. No había muchos entre ellos que supieran leer y escribir, pero la mayoría tenía un nietecito de no más de trece o catorce años que había aprendido algo y, aunque con dificultad, podía leer alguna comunicación oficial.

La Revolución había adoptado las fórmulas democráticas en sus comunicaciones escritas. Todo funcionario debía ser tratado con el título de ciudadano, fuera Presidente de la República en armas, o simple guardador de costas. Estando un día en un bohío escondido en los bosques, con un Prefecto, hombre de un aplomo admirable, lleno de dignidad y consciente de su prestigio, llegó un soldado a caballo y le presentó un papel. El Prefecto lo abrió e hizo como si lo leyera. Luego llamó a un pequeñín de ojos vivaces pero terriblemente demacrado y pálido, con un cuerpo castigado por las fiebres palúdicas, y se lo dio. El niño se puso a leer con dificultad y gran cautela, agrupando las sílabas después de haber pronunciado cada una repetidas veces: "Ciu... ciu... ciu... da... da... no... pre... pre... pre... fecto". Y murmuró algo, declarando que no entendía. Luego saltó al final: "Pa... pa... tri... tri... a... a... y Li... li..."

El abuelo que no lo había interrumpido, con toda seriedad le ordenó: "dale un queso".

La mayor petición que recibían esos funcionarios se refería al queso, el resto de las vituallas la tomaban directamente los jefes militares o los soldados mismos, sin orden ni concierto. Todo esto resultaba espontáneo y fácil, a veces anárquico, pero armónico, bajo un sol y clima tropicales, abanicado por una fresca y constante brisa oceánica. Las casas que quedaban en pie eran casi todas bohíos, menos en este tiempo las de la *Yaya*, y la *Matilde* y alguna que otra que muy pronto fueron quemadas por el enemigo.

A la cabeza de los Prefectos estaban los Gobernadores de Provincia. Yo conocí a tres de estos Gobernadores por aquellos días: el doctor Domingo Méndez Capote, notable jurista que, según creo, había sido profesor auxiliar en la vieja Universidad de La Habana; a Pedro Mendoza Guerra, un estudioso de primera clase, orador fácil y excelente persona; y por último, a Carlos Manuel de Céspedes, hijo del más ilustre de los cubanos de la pasada guerra, durante la cual por largo tiempo fue Presidente de la República en armas. Un verdadero *Pater Patriae*. El hijo hizo una larga carrera en el campo de los honores, y hubiera merecido aún más, de no ser por su debilidad de carácter que aun en la guerra no le permitió ascender a la preeminencia a que lo autorizaban sus otras cualidades. No era el tipo del revolucionario, y menos el de ciudadano de una República en constante revuelta. Era un hombre culto, orador agradable pero sin vigor, escritor preciso, persona honorable en el máximo grado, preparado para la Academia y la buena sociedad.

Yo comprendí pronto que no había recorrido seis mil millas o más para mecerme en una hamaca bajo el sereno cielo del Camagüey. Decidí marcharme a la parte occidental de la Isla, en donde los españoles sostenían una ofensiva mayor. Máximo Gómez, jefe del Ejército Libertador, clamaba por una ofensiva cubana en Oriente, pero a pesar de la buena voluntad de todos, resultaba difícil. Los cubanos no tenían armas apropiadas para atacar ciudades. Decidí entonces pasar la *trocha*, o sea la línea militar que en aquellos tiempos, bajo el mando del General español Arolas, se consideraba infranqueable. Pero suspendí momentáneamente la realización de mi proyecto para asistir a la reunión de la Asamblea de la Yaya. Era lógico y natural que lo hiciera, pues no quería perder la oportunidad de conocer a la intelectualidad de la Revolución.

Antes de que llegasen los miembros de la Asamblea vino desde Oriente el General Calixto García, que fue elevado al grado de Teniente General del Ejército después de la muerte de Antonio Maceo, caído gloriosamente en el campo de batalla (habiéndosele contado en el cuerpo veintiséis heridas). Máximo Gómez era el General en Jefe, pero dadas sus condiciones y la conocida energía de carácter del nuevo Lugarteniente, éste era casi como otro General en Jefe. Calixto García era un bellísimo tipo de soldado y cualquiera, al aproximarse a una desordenada reunión castrense, lo hubiera señalado diciendo: "Este es el General". Bastante alto, robusto, vigoroso, todo en su cuerpo indicaba la fuerza; su rostro, de rasgos enérgicos, estaba como coronado por una frente majestuosa. En aquella cara, entre las dos cejas, había una cicatriz de herida, redonda, semiabierta, que daba un tono bélico a aquel conjunto severo. Calixto, como se le llamaba familiarmente, ya al final de la guerra del 68, perseguido por el enemigo, y estando a punto de caer prisionero, creyéndose perdido se disparó un tiro de pistola debajo del mentón. El tiro le salió por entre las dos cejas. Prefería la muerte a caer prisionero. Aquella cicatriz frontal tenía forma estrellada. Todo el mundo la interpretó como si fuera la estrella solitaria que figura en la bandera cubana, una estrella clavada en mitad de la frente.

Al saber, durante estas visitas de inspección, que dos italianos estaban allí, pidió vernos. No estando Petriccione, me encontré solo frente a frente con aquel soberbio ejemplar humano. Después de algunas observaciones generales me dijo que en la guerra llamada "Chiquita" tuvo a sus órdenes a un italiano de nombre Natalio Argenta, nacido en el Piamonte, quien habiendo sido hecho prisionero prefirió morir heroicamente gritando: "Viva la Libertad". El General García, durante la entrevista, estuvo todo el tiempo de pie. Me interrogó largamente y terminó diciéndome: "Le deseo la vida de Argenta, pero no su muerte". Poco tiempo después pude admirar sus dotes de mando en el campo de batalla. Pero no debía salir yo satisfecho de su energía, ni él de mi espíritu libre. Calixto se detuvo en la Yaya brevísimo tiempo. ¿A qué había venido? En la guerra es muy difícil saber lo que pasa y es mejor no preguntar. Pero yo creo que había venido a tratar de la campaña de asalto a las ciudades de acuerdo con los planes del General en Jefe, ataques que luego emprendió, comenzando por el de Tunas.

Al irse el General, fueron llegando los Delegados de la Asamblea. Los no elegidos, sino designados, formaban un numeroso grupo de intelectuales. Entre otros estaban Domingo Méndez Capote, Fernando Freyre de Andrade, José B. Alemán, Cosme de la Torriente y Aurelio Hevia. También habían acudido los hombres que formaban el Gobierno, como Rafael Portuondo, Santiago García Cañizares, Severo Pina si mal no recuerdo, y además Orencio Nodarse, José Clemente Vivanco, Raúl Alsina y otros funcionarios civiles. Quedé impresionado al ver tanta gente culta, que estaba al corriente de los estudios jurídicos, de la política y de la literatura europea, y especialmente de la italiana. Con Méndez Capote hablé mucho sobre derecho público, materia en la que yo era estudiante competente. La evolución constitucional en los Estados Unidos y en Francia le era muy familiar. Yo insistía sobre mi predilección por la Constitución Inglesa, que se había formado lentamente bajo la influencia del Poder Judicial. El respondía que en buena lógica no se podía hablar de Constitucionalidad inglesa. Bajo aquel cielo estrellado, reluciente por la humedad, y ante la inmensa maleza en la cual, miles de cocuyos daban rápidos destellos de luz como almas en fiesta, todas las tesis intelectuales encontraban defensores y adversarios.

A veces en francés, a veces en mi español horrible, delante de Méndez Capote y de los otros miembros, debatía el tema de la igualdad, insistiendo en el hecho de ser la igualdad arbitraria concepción de la mente, mientras que la libertad resulta la más intensa aspiración del espíritu. Y añadía que la primera, niveladora de capacidades, amortiguaba las aspiraciones, los anhelos y todo lo que de atrevido tenía el ser humano; mientras que la otra era un estímulo constante de nuevas armonías y de bienestar público. Inglaterra había dado un salto formidable, desde el siglo XVI hasta el XVIII, bajo el impulso de la libertad, sin preocuparse de los formulismos igualitarios, cuando el resto de Europa, enfrascado en la concepción igualitaria, se entretenía en pasar de un absolutismo de principios, a otro, no menos severo de las masas desordenadas. Claro está que esta concepción general yo la concentraba, en el caso de Cuba, a la Constitución que se debía adoptar. Algunas veces oí murmurar que yo era un anarquista teórico. Pero no hacía caso, ya que nunca he tenido miedo a las palabras.

Aquellos hombres de gran cultura, con quienes convivía, no armonizaban con el ambiente primitivo en que nos encontrábamos. Las hamacas de todos ellos aparecían extendidas bajo los árboles, muchas otras colgaban en un cuarto estrecho; en las parrillas de madera improvisadas se asaban a nuestra vista las lonjas gordas de las reses; el traje de cada cual resultaba a menudo irrespetuoso, porque estaba roto hasta donde cubría las partes más viriles.

Fernando Freyre de Andrade, desde aquel primer momento llamó mi atención. Era bajo, con una cabeza desproporcionada pero bien dibujada, con larga y ordenada barba; los ojos grandes y vivos, era amigo de tomar solemnes actitudes. Me parecía que encarnaba el auténtico tipo ibérico. Franco y poco medido en el hablar, un día que yo no guardaba en las discusiones el respeto debido a los que ostentaban altos grados militares, me interrumpió: "Ponga atención, no debe usted interrumpir a sus superiores". Yo repliqué en el acto: "En las discusiones nunca miro los grados, sino el talento". Me clavó los ojos inmensos y profundos, amenazándome: "Pues lo pasará mal". Al terminar la guerra él mismo me recordó este incidente y con gran afecto me dijo:

—Me equivoqué, y comprendí pronto la equivocación, porque en realidad su amor a Cuba quedaba probado precisamente en aquellas intervenciones exageradamente espontáneas.

De la reunión de la Yaya, sin embargo, no saqué una buena impresión. Los grupos que se formaban no respondían a diferentes doctrinas, sino a pequeños intereses particulares. Hubo una fuerte y súbita oposición a Máximo Gómez, hubo también unas conversaciones misteriosas para llevar a Calixto García hasta la Jefatura suprema. Yo todavía no entendía bien las cosas en Cuba, pero la impresión que tuve fue la de que ya entonces existían camarillas, aunque no tan apasionadas como las que se formaron más tarde, capaces de ahogar en mezquinas ambiciones la totalidad del bien público. Pero el ideal de Independencia acallaba las vanidades personales del momento.

La Asamblea se reunió y cumplió con su deber. En el mes de septiembre se hicieron nombramientos. El General Bartolomé Masó fue elevado a

Presidente y el General de Brigada José B. Alemán ocupó el Ministerio de la Guerra, por cierto con mitigada satisfacción por parte del General Máximo Gómez.

Para la "Revolución", este acto sirvió más a la propaganda extranjera que a las instituciones internas. Cuba aspiraba a ser reconocida ya, especialmente por los Estados Unidos, como nación independiente. Probar que tenía un Gobierno eficiente, y sobre todo bien constituido, era sumamente importante. Pero estos reconocimientos no se hacían entonces con la rapidez de ahora. El mundo era más serio. Cuba sufrió las consecuencias de esta seriedad, pero se beneficiaban de ella todos los otros países y hasta la vida internacional en su conjunto.

Antes de marchar a Occidente como era mi deseo, fui a la operación, iniciada por el General Calixto García, contra Victoria de las Tunas. Esta era una pequeña ciudad, importante por sus comunicaciones en la región de Oriente, pues dominaba una zona extensa y era el único centro ganadero.

Petriccione, mi compañero en Italia, había sido soldado y luego cabo en el arma de artillería. Gracias a esto recibió orden de hacerse cargo de uno de los pocos cañones que teníamos. En Italia en aquel entonces el servicio militar era obligatorio, pero pagando una cierta suma de dinero quedaba reducido sólo a un año en lugar de tres. Petriccione cumplió este año en un lugar de Nápoles llamado Cuartel de la Magdalena. Como caso curioso relataré el de un jovencito que trabajaba como aprendiz en un taller de mecánica situado a unos cien metros del Cuartel, y del que era propietario un cuñado de Petriccione. El jovencito, entonces de unos catorce años, iba a recoger la ropa de Petriccione para llevarla al lavandero, y le prestaba también otros pequeños servicios. Ese jovencito fue luego el nada menos que gran tenor Enrico Caruso. Un día, en los primeros años de nuestro siglo, siendo ya célebre, rico y admirado no sólo por su supremo arte, sino también por sus nobles cualidades, Caruso, se encontró con Petriccione en el Hotel Knicherboker, de Nueva York y ante un grupo numeroso que generalmente lo acompañaba, recordó públicamente su humilde oficio juvenil. Petriccione y Caruso se vieron múltiples veces y comieron juntos en varias ocasiones. El tenor siguió llamándolo "Don Guillermo", pero éste nunca dejó de decirle "Señor Caruso". En uno de esos encuentros conocí a Caruso, quien luego me hizo una caricatura, muy buena por cierto, que reprodujo junto con otras en un libro.

Pasemos de nuevo a este período camagüeyano en el que hice la excursión a Oriente, yendo a pelear a Victoria de las Tunas. En esta ocasión tuve dos compañeros de marcha y de lucha, ambos muy simpáticos: eran Carlos Maciá y Ramón Hernández. Los tres fuimos a Tunas como *free-lancers*. A marchas forzadas, en efecto, nos lanzamos sobre el camino oriental, y llegamos a la ciudad cuando ya nuestra fuerza estaba atacándola. Al amanecer el General García ordenó el primer asalto al fuerte exterior de la ciudad, que era el cuartel de Caballería. Un Teniente Coronel, jefe de los asaltantes, cayó muerto y con él algunos de sus subordinados. Otro asalto siguió, pero fue también cortado en seco, con iguales pérdidas del jefe y de muchos de sus acompañantes. El General de Brigada García Menocal, quien luego fuera Presidente de la República, decidido a entrar en el fuerte se pasó a la cabeza del tercer grupo de asalto y consiguió la victoria, pero al precio personal de una herida en una pierna, y de numerosas pérdidas en sus filas.

La noticia de que este General, ingeniero de profesión y muy conocido y muy querido, había sido herido, se esparció rápidamente por todas partes, como todas las malas noticias cuya fuerza de expansión es siempre superior a la de las buenas. En las columnas que guardaban los caminos exteriores circulaba, ya confirmada, la gravedad del noble jefe de la jurisdicción. Mis dos compañeros conocían al General Menocal íntimamente, y como la noticia lo daba en estado preagónico, decidieron ir a verlo antes de incorporarse a las fuerzas sitiadoras. Yo los seguí. El hospital de sangre no estaba lejos. En él encontramos a Menocal tranquilo y hasta risueño. Hablamos algún rato y luego con los mejores augurios recíprocos nos despedimos. Mas aquellas dos o tres habitaciones tristes convertidas en depósito de muertos y de heridos, qué dura impresión me hicieron. Mi concepto de la guerra era el de poner en juego la vida: vivir o morir. La lucha medieval, elegante y con sangre limitada aunque mortífera, dominaba mi visión. Ahora el primer hospital se me presentaba lleno de rostros deformes, de sangre esparcida en mutilados cuerpos, junto al fango que había tomado el color rojizo y se iba secando. Cadáveres y heridos aparecían mezclados, algunos doblados sobre unas pocas y pobres camitas, otros desnudos, extendidos en el mismo suelo. Supe más tarde que los médicos, entre los cuales había algunos que después fueron célebres, lograron mejorar la situación de los heridos en medio de aquella horrible confusión.

Lo primero que hice al entrar en la zona de la lucha fue ir a ver a Guillermo Petriccione. Vencí las dificultades que se presentaron y lo encontré al pie del cañón que le había confiado el General García. En esta operación de guerra mi dilecto amigo cumplió heroicamente con su deber, y su nombre figura en la Orden del día que después se publicó. Un poco más tarde entré en la parte de la población ya conquistada. Allí vi por primera vez en acción al que había sucedido a Menocal en el mando de los asaltantes: a Carlos García Vélez, hijo del propio Calixto García. Durante los dos días siguientes, Carlos, que luego fue mi amigo íntimo, se condujo como un héroe. Como sitiador fue tal su audacia que se le

CAP. III. La guerra

tuvo como sitiado, pues entró hasta el centro de la pequeña ciudad, con los fuertes que la rodeaban todavía ocupados por los españoles. Desde una casa sobre la cual convergían las balas de mil soldados enemigos, con una gorra blanca en la cabeza, dirigía con decisión las operaciones. Yo vi caer, en el curso de estos dos días a Laguardia, que había sido ayudante de Martí. Murió acribillado el pecho a balazos, frente a un fuerte. Vi caer también al Coronel Manuel Piedra, por suerte solamente herido —su undécima herida— que lo dejó cojo, para el resto de su vida. El cerco al enemigo se iba estrechando pero quedaba intacto el cuartel general de infantería con toda su fuerza combativa, lo que nos obligó a estar bajo las balas durante dos días. Lo más peligroso eran la entrada y la salida de la ciudad.

El plan de ataque había sido trazado por el General Enrique Collazo, quien había estudiado en un colegio militar español, pues la familia había decidido que siguiera la carrera militar bajo la bandera de España. Pero los acontecimientos le llevaron por otros rumbos. Collazo había previsto el inevitable derramamiento de sangre para la conquista del primer fuerte, pero comprendió que una vez conseguida su rendición, el resto sería más fácil ya que, entrando los cubanos en la ciudad, impedirían a los sitiados una acción común de defensa. Nosotros fuimos haciendo un buen número de prisioneros, entre otros a un teniente coronel médico. La familia de este médico habitaba una casa de la ciudad, casa que se vio obligada a evacuar para venir a nuestro campamento, como lo hizo la mayor parte de la población civil. El médico militar fue hecho prisionero en una esquina de la ciudad, cuando atravesaba la calle para ganar el cuartel de infantería, el principal, como he dicho. Llevado a la presencia del General Calixto García, la señora, dama muy distinguida, se encontraba a pocos pasos, rodeada de los hijos. Ella no sabía por qué tan numeroso núcleo de soldados cubanos se reunía en aquel lado. Sumergida en su dolor, lloraba bajo un árbol. Al levantar la vista entrevió la figura apuesta de su marido y con grito de gacela herida, atropellando a todos corrió a abrazarle. Calixto García estaba sentado, y al ver a una mujer, se puso en pie. Dejó que se abrazaran, y parecía, con su solemne figura un santo bondadoso que presidiera una escena de amor.

Momento hubo en que la señora comprendió que aquel hombre era el General Calixto García, y frenética empezó a gritar entre risa nerviosa y llanto:

—General, no me lo mate.

—No, señora —contestó él— nosotros no matamos a ningún prisionero.

Y la mujer, conmovida, temblorosa, delirante, gritó varias veces:

—¡Viva Calixto García!

El General ordenó que quedasen libres el médico y toda su familia, y que se les permitiera ir a Puerto Padre (puerto marítimo cercano, que estaba todavía bajo el pabellón de España).

Al día siguiente el último fuerte se rindió. Bien a la vista la bandera de parlamento, salieron unos oficiales entre los cuales uno herido como lo indicaba su cabeza vendada. Supimos luego que el jefe superior no quería rendirse, pero que todos los demás oficiales comprendían que la resistencia era inútil y suicida. Por otra parte, la rendición era facilitada por el hecho de que los cubanos devolvían al instante los prisioneros sin poner condiciones, y dejaban las armas a los oficiales. La parte emocional de esta operación militar se vio después de la rendición.

Una alegría que llegaba al frenesí se produjo junto a las más lúgubres escenas. De aquellas casas, en efecto, eran sacados cadáveres de hombres, de mujeres y aun de niños, quedados allí en donde habían muerto hasta la rendición. En las callejuelas se veían muchos caballos muertos, que después eran quemados. Los muertos fueron lúgubremente alineados en las aceras. Los guerrilleros cubanos que estaban al servicio de España y que habían combatido con más ardor, como inexplicablemente sucede con los traidores, huían y se escondían hasta en repulsivas cloacas. Los voluntarios españoles, no obligados al servicio militar, que habían combatido intensamente como lo probaban las manos ennegrecidas por la pólvora, corrían también en todas las direcciones, perseguidos por el machete vencedor del soldado cubano. Dos soldados que habían combatido en el ejército libertador y después se integraron a las filas españolas, fueron ahorcados frente a la casa que se tomó como residencia del Estado Mayor. Mientras tanto, los pianos sacados de las casas sonaban bajo las manos de algunos revolucionarios aficionados. Las canciones que estaban de moda se cantaban a gritos aunque con poca armonía. Persecución rápida y gritos frenéticos, moribundos que se quejaban, alegría y quejumbrosos acentos, cantos africanos y bailes histéricos. Rápidas alianzas se concertaron entre muchachas de la población vencida y jóvenes de nuestro ejército que las conocían desde tiempos atrás. Llantos lúgubres de madres. Gritos salvajes. Oficiales de elevada cultura que, queriendo imponer orden, corrían sable en mano, evitando delitos. Y por encima de todo la figura severa de Calixto, frenético por aquel desorden que nadie esperaba.

La alineación de los vencidos se efectuó con dificultad. Cuatro, cinco hileras de soldados echados sobre el vasto llano. Pobres soldados, caquéxicos, palúdicos, exhaustos, humillados sí, pero no vencidos. Calixto, pasando a caballo delante de ellos, seguido por su Estado Mayor y por Hernández, les dirigió la palabra invitándoles insistentemente a quedarse con nosotros. Yo grité a toda voz: "Viva España". Pero los soldados no se conmovieron, quedaron indiferentes en sus puestos y ni uno solo dio el paso adelante que se les pedía. Aquel día terminó penosamente, especialmente para mí. Al General García no le gustó que yo me atreviera a dar aquel grito a los soldados españoles, ni que yo hubiera asistido a aquella acción de guerra sin haberme puesto a sus órdenes. Alfredo Arango, ayudante del General, nos dijo que éste, en alta voz, había manifestado su descontento y había dicho con despecho: "Si a estos les hubiesen matado, ahora deberíamos anotar unas bajas más". Estas palabras me produjeron una atroz indignación. En seguida me dirigí al Cuartel General y le manifesté al Jefe mi resentimiento, pidiéndole un pase para Occidente.

El General cortó el asunto con cara severa, pero con palabras apropiadas:

—El derecho que tiene el soldado cubano de escoger el jefe y el lugar en donde desea pelear —me dijo— me obliga a darle el pase, que se le extenderá al momento. Pero conste que me hubiera gustado que el compatriota de Natalio Argenta se hubiese quedado en mi Estado Mayor.

Me volvió la espalda y yo, no sabiendo si me ofendía o me elogiaba, confuso recogí el pase que me entregó un oficial y salí rápidamente. Aquella tarde emprendí mi viaje hacia Camagüey con el propósito de pasar a Las Villas. Mi compañero Maciá lo pasó peor: tuvo que sufrir mayor agravio, pues Calixto al darle el pase directamente le dijo que se alegraba mucho de que se lo hubiera pedido. Supe después que en el Estado Mayor se opinaba que esta actitud era debida a una depresión moral por las bajas sufridas por nuestro ejército, que habían sido excesivas; y que la misma observación de "unas bajas más" o sea, inútiles, hecha contra Maciá y contra mí, la hizo Calixto en el momento en que llevaban al Coronel Piedra al Hospital de sangre.

No me despedí de Guillermo Petriccione porque ya él había sido destinado a otra operación en la cual también se llenó de gloria como puede verse en la Orden del día de la toma de Guamo o de otro pueblo que atacó y tomó Calixto García. Me fue doloroso ir solo a mi mayor y más peligrosa aventura, pero en cierto modo me alegraba de dejar al amigo del alma fuera de ese peligro.

Pasé de nuevo, en ese largo viaje, por el centro de Camagüey y tuve ocasión de ver al General Alemán, nombrado ya Ministro de la Guerra bajo la presidencia del General Bartolomé Masó. Este, al oír que yo iba para Las Villas, me encargó poner en manos del General Máximo Gómez un pliego bastante voluminoso. El encargo me llenó de alegría pues comprendí su importancia. Pero ¿cómo ir a Las Villas? Pues sencillamente me dijo que debía imitar a los que habían pasado antes que yo. Los Delegados a la Asamblea, por ejemplo, habían pasado por mar, por haber considerado que hacerlo por tierra era imposible. En un punto del sur de Las Villas habían tomado unos botes y pasando de noche a lo largo de la Bahía de Júcaro, llegaron a Camagüey. Otros, como el poeta puertorriqueño Gonzalo Marín, habían tomado el lado opuesto, o sea, el norte, cerca de la islita de Turiguanó. Marín infortunadamente murió de hambre y de sed y de fiebre, agarrado de las raíces de un árbol, rodeado de un denso mar de fango más resistente que la más sólida muralla. Este segundo camino había que descartarlo por completo debido a las lluvias de la estación, que fueron más abundantes que de costumbre.

La vía del mar me pareció, pues, la más conveniente. Era peligrosa porque en caso de ser descubierto, no ya la mano del hombre sino los dientes de los tiburones darían cuenta de mi vida. Pero hubo que descartar también esta vía. El Capitán Gonzalo del Cristo, que estaba encargado de este servicio para toda la zona, me dijo que ya el enemigo conocía lo que antes había ocurrido y se había organizado una vigilancia severa de día y noche. En efecto, nadie pasó más por el mar. No me quedaba pues otro remedio que atravesar la "Trocha". Pero ¿qué era la Trocha? Con buen juicio táctico, el alto mando español, desde el principio de la guerra había dividido la isla en tres partes, para actuar cómodamente en cada una de ellas e ir extinguiendo poco a poco a los revolucionarios. Como Cuba es una isla estrecha y larga, escogieron para separar las tres secciones las dos puntas más estrechas, esto es, la de Júcaro a Morón, y la de Mariel a Majana. ("Trocha" significa camino angosto y escondido).

Pero éste no resultaba ser solamente un camino sino una línea militar fortificada cuyo fin era impedir a cualquier persona, y no digamos grupo de personas, pasar de un lado al otro del territorio. La que se extendía de Júcaro a Morón tenía unos sesenta kilómetros sólidamente alambrados. Fortificaciones militares grandes y pequeñas la resguardaban, manteniendo centinelas a una distancia, los unos de los otros, de sólo pocos metros. El lector sabrá con detalles lo que era la Trocha que el General español Arolas había construido con amoroso empeño, si lee mi libro titulado *Mis relaciones con Máximo Gómez*.

A mi vuelta de Camagüey me salió inesperadamente un original ayudante: un joven de menos de veinte años, que a las órdenes de Máximo Gómez había hecho ya la invasión, o sea la gran marcha que partiendo del Oriente de la isla, llegó en forma de oleaje hasta el extremo occidental, generalizando la guerra en todo el territorio cubano. Este joven me declaró que si le permitía ir conmigo, estaba dispuesto a correr mis mismos peligros. Era el Teniente Aurelio Sonville. Con él me presenté al brigadier José Gómez, Jefe de la brigada cubana que vigilaba el territorio occidental de la Trocha. Debo hacer notar que por aquel entonces había tres jefes con los cuales debía entenderme, y los tres se apellidaban Gómez. Uno era Máximo Gómez, Jefe del Ejército; otro José Miguel Gómez, jefe de la sección de Sancti Spíritus; y el tercero José Gómez, al cual ahora me refiero.

Expuestos mis propósitos al bondadoso jefe, hombre de tipo patriarcal, amable y de sentimientos nobilísimos, le pedí un *práctico* para que me indicara el lugar menos peligroso para pasar al otro lado. El Brigadier me oyó impávido, dejó pasar algunos minutos que me desconcertaron, y con una sonrisa amable, me dijo:

—Usted no hará eso, pues más que una tontería sería una locura.

Me quedé sin resuello y cuando me repuse le contesté:

—Brigadier, tengo una misión del Ministerio de la Guerra para el Jefe del Ejército.

—Si usted tiene algo que llevar al "viejo Gómez" —me contestó— démelo que yo se lo haré llegar por un *comunicante*.

Los *comunicantes* eran hombres de los pueblos que salían para faenas agrícolas en los alrededores de las poblaciones, y siendo buenos cubanos establecían relaciones con los jefes insurrectos que resultaban ser parientes o viejos amigos.

Después de haber reflexionado, visto el enorme peligro que se me describía, acepté entregar el pliego, pero insistí en intentar el cruce de la Trocha. En mí empezaba a actuar este mal consejero que se llama "amor propio".

—¿Podría ahora retirarme? —pregunté resueltamente—. Desearía que usted me diera un *práctico* que me llevara esta noche o la noche de mañana al lugar que juzgue más apropiado, para intentar pasar la Trocha, naturalmente quedándose él a prudente distancia.

José Gómez, amable pero inflexible me replicó:

—Lo siento, pero no tengo costumbre de enviar a nadie a una muerte inútil.

Comprendí que no había nada que hacer:

— A sus órdenes, Brigadier.

Saludé y me retiré.

Por consejo de Sonville, fuimos en busca de un hombre que vivía sepultado en el bosque, en un rancho pobrísimo. Se trataba de uno de esos desgraciados que se calificaban de *pacíficos*, pero que, aún estando en la zona de Cuba Libre, no sólo sufrían el maltrato de los españoles sino, es preciso decirlo, el de los cubanos. El soldado español los perseguía desde que el General Valeriano Weyler había decretado la concentración, y el insurrecto le comía gran parte de los víveres. Por eso el *pacífico* prefería internarse en los bosques vírgenes y vivir en su pobre bohío. Producía algo con el esfuerzo de toda la familia, y se creía en seguridad. En algunos lugares este tipo nuevo de ciudadano prestó grandes servicios a la revolución. Es más, como sucedió en la provincia de

Las Villas, la revolución pudo sobrevivir debido precisamente al esfuerzo productor del *pacífico*.

La persona que Sonville escogió tenía una pequeña familia compuesta de su mujer y una hija. En tiempo de paz debieron haber sido personas acomodadas. Ahora vivían en constante peligro y en una terrible miseria. El excelente hombre, cuyo nombre y apellido no recuerdo, después de habernos alojado en su casa aquella noche y todo el día siguiente, al anochecer de éste, después de caminar unos tres o cuatro kilómetros, nos puso frente a la Trocha, naturalmente a una buena distancia. Nos prodigó consejos útiles, advirtiéndonos que estábamos casi frente a la ciudad de Ciego de Avila, desconociendo el estado de las fortificaciones. Muy reconocidos nosotros, le regalamos todo lo que no podíamos llevar sobre las espaldas. Dos cosas le di con gran dolor: los últimos libros que había tomado en la biblioteca del médico militar de Victoria de las Tunas (guardando yo solamente una gramática inglesa, comprada en Ginebra) y mi yegua, animal maravilloso por su belleza y su energía.

Mientras el *pacífico* campesino volvía a su choza nosotros marchamos despacio, con precaución, llevando, además de las monturas a cuestas, Sonville un rifle en la mano, pronto a disparar, y yo un revólver. De pronto nos enfrentamos a una enorme alambrada. Miré la vasta línea que se extendía de derecha a izquierda, como un horizonte infinito y, detrás, la hilera de los repetidos fuertes cual negros amenazadores fantasmas. Noté a la derecha una tenue claridad del cielo; eran, lo supe después, las pocas luces de Ciego de Avila. Se oían los constantes ladridos de los perros. Los fuertes estaban tranquilos. La oscuridad nos protegía, pero la densa alambrada detenía nuestro camino. Había que atravesar aquella alambrada, entrando valientemente en ella como en una ratonera. No lo pensé dos veces. Ataqué pasando primero los hilos frontales y sufriendo sin quejarme los duros zarpazos de las púas. Era yo el más alto y delgado de los dos, pero a pesar de la ayuda de Sonville, me fue muy difícil la operación, perdiendo en ella trozos de pantalón y de chaqueta y hasta de carne. Penetré, en cambio, más fácilmente por los hilos transversales menos rígidos. Luego levanté en vilo a Sonville, menudo y ligero, hasta dejarlo a mi lado. El, a su vez, procuró bajarme los segundos alambres transversales que, repito, eran relativamente flojos, pudiendo yo pasar por encima de ellos. Pero esta vez, debido a la distancia que nos separaba, me era imposible cargar a mi compañero en brazos para llevarlo adelante, pero sí pude levantar los hilos más próximos, lo que le permitió no sin enorme dificultad y terribles rasguños, que pudiera al fin pasar por debajo.

Esta delicada operación tuvimos que repetirla distintas veces, a medida que se multiplicaban los hilos, y todo en el mayor silencio. Debíamos, de tiempo en tiempo, quedarnos inmóviles y mudos, confundidos con la masa de alambres. La alambrada, por lo que pudimos juzgar en tales circunstancias, era de unos ocho metros de ancho y uno, o poco más, de altura. ¿Cuánto tiempo empleamos en atravesarla? No podría decirlo. Cuando estuvimos del otro lado de aquella masa de hierro, creímos haber vencido. El nuevo escenario de la naturaleza en el que nos encontrábamos tratando de enjugar la sangre de pequeñas heridas, quitarle una púa al zapato, frotar un rasguño de la espalda, etc..., era plácido, sonriente, bello, silencioso y sublime. La llanura, los bosques de la lejanía, las estrellas brillantes y hasta la hilera solemne de los fuertes, constituían un conjunto que admirábamos, no como una aspiración de vida, sino como un aliento de gloria.

Nos creíamos pues a salvo, cuando, víctimas de la oscuridad que hasta entonces nos había protegido, íbamos derecho hacia un pequeño fortín intermedio del que no teníamos la menor referencia, y que luego supimos ser conocido con el nombre de *escucha*. Sonville era de vista defectuosa, pues tenía los ojos semi-cerrados, al punto de parecer un asiático. Sin embargo, fue él quien, entre tanta oscuridad, descubrió a un centinela dentro de la *escucha*. El hecho de que no le viéramos, ni que él nos viera fue un error táctico, muy común en todas las guerras. Al centinela, por lo general, lo sitúan en lugares altos y luminosos. La consecuencia es que está a la vista de todos y se destaca, mientras el que piensa atacarlo o lo quiere evitar, se confunde con la negrura circundante del suelo.

Sonville me lo mostró y rápidamente, con el mayor sigilo desviamos el rumbo, sin que supiéramos hacia dónde nos dirigíamos. Ibamos a ciegas. Triplemente a ciegas: oscuridad en el ambiente, terreno desconocido y preocupaciones por no decir miedo. Seguíamos caminando a pesar de estar convencidos de que íbamos por una ruta mala, pues se nos había dicho hasta la saciedad que después de los alambres había una línea de ferrocarriles que iba directa de norte a sur, como los fuertes, y que nosotros debíamos atravesarla a poco de haber dejado la alambrada. Al seguir el camino que nos alejaba de la *escucha*, Sonville cayó en una zanja, y yo no caí, pero digamos que penetré en ella muy adolorido. Nos quedamos bastante tiempo acostados, sin movernos. Cuando volvimos a caminar caímos otra vez en otra zanja idéntica.

Habíamos pasado la vía férrea y las dos zanjas profundas que la bordeaban. Seguimos andando y descubrimos un lugar que parecía ser un cementerio. Recordando las instrucciones del ranchero me dirigí hacia la derecha, con la esperanza de encontrar el camino que nos alejara de la Trocha. Sonville con insistencia me tiró del brazo para llevarme hacia la izquierda y con mímica activa me mostraba que el único camino que podíamos seguir era el indicado por él, pues el otro iba hacia Ciego de Avila. Las notas inesperadas de un piano, que sonaba bastante cerca, vinieron a herir nuestros oídos y me hicieron aceptar la insistencia del compañero. Estábamos siguiendo el camino hacia el norte, con una ligera inclinación hacia Occidente. Esta parte cómica de nuestro cruce me fue explicada poco después por Sonville. Resultó ser que a última hora, recordando mejor el terreno, el *pacífico* había modificado sus instrucciones, cuando yo ya me había separado de ellos.

Alejados ya de la zona de peligro en las cercanías de Ciego de Avila, y ya en plena soledad, sin los terribles fuertes a la vista, y habiendo alcanzado la llanura fértil del centro de Cuba, nos detuvimos a la orilla de un riachuelo. Nos miramos cara a cara Sonville y yo y nos echamos a reír. Una risa de juventud, cuya ruidosa alegría da forma a la satisfacción espiritual. Nos lavamos las múltiples heridas, dolorosas aunque pequeñas, que teníamos especialmente en las espaldas y en las manos, y emprendimos la marcha creyendo avanzar hacia el poblado de Jicotea, donde sabíamos quedaba una pequeña fuerza española y que debíamos dejar de lado para seguir hacia el occidente. Caminamos algunas horas. En un lodazal perdí uno de mis "zapatos Cuba Libre", como se llamaban los fabricados en el campo de la Revolución. En la difícil marcha nocturna Sonville sufría más que yo, pues era más débil, y a cada rato se veía obligado a requerir mi brazo para ser sacado de una de aquellas *bolgias dantescas,* compuestas de fango frío y denso. Los ladridos de los perros, insistentes y quejumbrosos, nos habían acompañado gran parte del tiempo, y ahora se oían incesantes y cercanos. ¿Qué sería?, nos preguntamos, cuando doce veces seguidas, en el campo que nos rodeaba, repercutió un sonido fuerte y breve. Era un sonoro reloj que anunciaba la medianoche. Y luego, al poco rato oímos una voz juvenil lanzar a los aires, impenetrables de oscuridad, un "Centinela, Alerta...", que reconocimos bien.

Sencillamente habíamos dado una gran vuelta y estábamos otra vez... en la Trocha. Las cuatro horas pasadas en aquel rudo camino nos habían cansado. Arrojé al suelo mis bártulos y dije: "Aquí duermo yo esta noche". Sonville me imitó. Dormimos en el *camino real* que sube de Ciego de Avila hacia Sancti-Spíritus, en la tierra mojada por el agua que en aquel otoño de 1897 cayó abundantísima, a una distancia de *diez cordeles* de la Trocha. Dormimos bien, mejor que en una muelle cama, sólo interrumpido el sueño en el primer momento por las ranas que saltaban, frías y repugnantes, sobre la cara, el pecho y las piernas que dejaban desnudos nuestros harapos.

La corneta española nos despertó bien temprano al filo de la mañanita. La penumbra nos reveló que habíamos dormido al lado del cuartel principal de Ciego de Avila. Ocultos entre las malezas, luego detrás de unos bosquecillos, nos fuimos alejando, aterrorizados. Pero ¿qué dirección tomar? Escapamos al poco tiempo a una guerrilla que salió, no sabemos si a *"hacer yerba"* o a alguna operación militar. Nos internamos en un potrero, cuya yerba abandonada a sí misma hacía años, nos cubría más que totalmente y casi nos impedía hasta respirar y ver a dónde íbamos. Pasamos un día infernal, sin beber, ni comer. Sonville se atrevió a tragar un poco de carne podrida que nos quedaba, y que las mismas sabandijas nocturnas habían despreciado la noche anterior. No tanto el hambre, sino la sed fue nuestro martirio. Esta segunda noche no la pasamos en los brazos de un Morfeo benévolo, como la anterior. Nos esperaban otros tormentos. Al día siguiente, después de haber apagado nuestra sed ardiente abriendo el fruto de una pequeña palma real, encontramos un río y nos metimos en él, siguiendo su corriente, pero advertidos por el ruido de una locomotora, que sabíamos corría a lo largo de la Trocha, comprendimos que de continuar el curso del río sencillamente volveríamos a las líneas enemigas, es decir, a la Trocha misma. ¿Qué hacer? ¿Volver corriente arriba hacia el lugar donde habíamos entrado en el río? ¿O penetrar en los montes laterales que veníamos bordeando?

Cometimos el grande, el loco error de optar por esta última solución. Nos metimos en el bosque virgen. Nos lanzamos a esta aventura más terriblemente peligrosa que la misma de pasar la Trocha. El que no ha conocido las florestas vírgenes de aquel entonces no comprenderá las horas trágicas que pasé, y conmigo mi víctima, Aurelio Sonville. El suelo estaba formado de un barro duro y pegajoso; los árboles inmensos lanzaban al aire sus raíces agresivas; sus ramas entrelazadas, salvajes por la vitalidad del suelo y del viento, formaban continuas murallas, unas detrás de las otras, verdaderamente infranqueables. Arboles desplomados por la vejez, o que la tempestad había derrumbado, carcomidos en su lecho de muerte, impedían igualmente el paso. Una humedad escalofriante y un olor nauseabundo de vegetales en descomposición empozoñaban el ambiente. Todos los insectos del trópico estaban allí, dispuestos a morir si no chupaban nuestra sangre. Sin luz, sin horizonte, conscientes del error cometido, seguros de tener que pasar la noche en aquel infierno, buscábamos con ansias de condenados a muerte un punto de descanso, un poco más de claridad, algo que nos indicara una antigua vereda o el paso del hombre en alguna ocasión. Volver atrás era imposible, ya habíamos perdido toda dirección. La existencia primitiva del hombre antes de crearse la comunidad, no debió ser muy agradable. Al bajar el día, y cuando más desesperada era nuestra situación, vimos por fin la deseada claridad. No se trataba de un simple oasis en un desierto, sino de un enorme potrero que nos devolvía a la vida.

Yo no he podido nunca olvidar aquel bosque infernal. El sufrimiento fue de pocas horas, pero intenso. Sonville pensó en el suicidio. No sé lo que personalmente hubiera hecho si hubiera tenido que pasar una noche entera en aquel ambiente. Supe luego que no pocos rebeldes habían muerto en tan trágicas circunstancias, entre los brazos estranguladores del monte virgen.

A la salida del bosque, en un ángulo del potrero, nos acostamos. Empezaba el anochecer. La juventud tiene sus derechos, y el buen humor había vuelto. Además, el cansancio nos favorecía. Dormimos profundamente. Al día siguiente, sin cometer la locura de caminar siguiendo el lecho de un río, y sin la estúpida decisión de entrar en una zona de infierno, una marcha más prudente nos llevó al contacto con la humanidad. En efecto, a eso de las doce del día encontramos un soldado cubano que después supimos lo llamaban el *Niño Caraballoso*. —Alto. ¿Quién va —gritó Sonville—. Caraballoso contestó: "Cuba", pero se alejaba de nosotros sobre su magnífico caballo. Yo me lancé al medio del camino gritando con voz estentórea: "Cuba, Cuba, Cuba..." Caraballoso nos explicó después, haciéndonos reír, que él no se acercaba porque yo al pronunciar la palabra "Cuba", le ponía dos o tres *b* en lugar de una sola.

Por la tarde, sano y salvo, fui llevado al campamento del jefe de nuestra Brigada de la Trocha, ya del lado occidental. Lo mandaba el coronel Enrique Villuendas, el hombre de más genial inteligencia que he conocido. Su imaginación, su rápida intuición, su argumentar fácil y su exquisita espiritualidad eran sin par. Muy joven había cursado provechosos estudios en las Facultades de Derecho de Madrid y de Puerto Rico, cuando su padre era general médico del Ejército español.

Capítulo IV

DURA CAMPAÑA

En el verano del 1896 había dado mi adiós a Italia. En el otoño Petriccione y yo estábamos al servicio de la Revolución cubana en Nueva York, con la esperanza de embarcar para Cuba al día siguiente, pero sólo más tarde llegamos a la meta deseada. Y en el otoño de 1897, pasada la Trocha, me encontré en la plena guerra, movida, diaria, sin cuartel, contra ejércitos enemigos que nos perseguían siempre a poca distancia. Mi ideal se realizaba plenamente en la provincia de Las Villas, sin introducciones ni esperas. De repente, de manos de Enrique Villuendas, jefe de la Brigada de la parte occidental de la Trocha, recibí el pliego que días antes había entregado al Brigadier José Gómez o sea el que enviaba el General Alemán al jefe del Ejército. El mismo Villuendas amablemente puso a mis órdenes dos *números* conocedores de los caminos, para que me acompañaran al Cuartel General. Los lugares habituales en que acampaban, con el general Máximo Gómez a la cabeza, estaban a unas veinte o venticinco leguas de *La Gloria*, finca donde me despidió el coronel Villuendas. Durante esta nueva y larga jornada, tuvimos que eludir al adversario, tanto en sus marchas diarias como en sus campamentos. Yo aprendí en un solo día y con una breve explicación, a diferenciar desde lejos cuándo me encontraba cerca de un campamento cubano o español. El soldado principal de la pareja que me acompañaba, después de examinar el horizonte, me dijo como cuestión resuelta:

—Debemos desviar hacia la derecha y tomar la primera vereda, lo que nos hará alargar el camino un par de leguas, pues allí, a la izquierda, está acampado el enemigo.

—¿Cómo sabe usted esto mirando al cielo? —le pregunté.

—Lo sé por el vuelo de las auras tiñosas. Estas vuelan sobre todos los campamentos, los nuestros y los de los españoles. Pero son siempre más numerosas sobre los del enemigo, donde acostumbran además a volar en círculo por ser esa la forma en que el español acampa. Nosotros, en cambio, nos situamos a lo largo de las aguadas. El vuelo de ese infecto animal se revela como el de un centinela aéreo.

A renglón seguido el inteligente joven aplicó su teoría a una aura que volaba a larga distancia de nosotros. No había que objetar, sin aprender. Al seguir el nuevo camino nos encontramos, horas más tarde, con el Coronel Armando Sánchez Agramonte, que con una parte del regimiento llamado *expedicionario,* pero compuesto todo por camagüeyanos, considerados buenos jinetes y valerosos soldados, estaba en aquellos parajes. Sánchez Agramonte me informó sobre la situación, especialmente la del General Máximo Gómez, cuyo rumbo nos dio, advirtiéndonos que había dos o tres columnas enemigas que operaban en su persecución.

Sánchez Agramonte, de bella figura y de severa imperturbabilidad, estuvo muy amable conmigo. Me felicitó vivamente por el pase de la Trocha, advirtiéndome, sin embargo, que la guerra se iba poniendo muy dura y que las dificultades mayores serían las del problema de la comida. El era pariente de las señoritas Sánchez, de Ibor-City; era también hermano del jefe de la Sanidad Militar, Eugenio, que luego fue Presidente del Senado de la República, y descendía del héroe máximo de la Independencia de Cuba en la guerra precedente, el inmortal Ignacio Agramonte. Como se ve, al ir a unirme a la fuerza del General Máximo Gómez, la primera figura de esta guerra de 1895-1898, ya no era yo un anónimo extranjero alimentado por un bello ideal, sino un hombre útil a la revolución, a quien se confiaban documentos importantes y que era tratado de igual a igual por los hombres más respetados.

Después de haber comido con el General Sánchez Agramonte unos boniatos y unas malangas que había preparado su asistente, nos separamos siguiendo nuestro viaje a paso rápido a fin de alcanzar la columna del General en Jefe, la que según se me había informado no estaba a gran distancia. En efecto, la alcanzamos pronto y entramos en ella por su retaguardia. Pasamos primero por un grupo de seis hombres que marchaban a unos cincuenta metros de la *impedimenta.* Luego venía ésta, compuesta por los asistentes y unas cuantas acémilas. Pero al acercarnos a las fuerzas de la *escolta,* un oficial, el Jefe de la misma, nos ordenó situarnos entre la *impedimenta* y sus fuerzas, informándonos que al llegar al lugar donde se acampara, él nos llevaría a la presencia del General en Jefe. No acababa de pronunciar sus últimas palabras cuando oímos, casi sobre nuestras cabezas, una terrible descarga de rifles, seguida por otra. Era una emboscada.

Nos desparramamos todos por la llanura y aún más allá. Gómez, con unos pocos de su Estado Mayor, una parte de la escolta y la vanguardia, siguió velozmente en línea recta hacia la finca *El Blanquizal*. Yo también llegué con Sonville y los dos *números* a eso de las tres de la mañana después de haber dado muchas vueltas.

Naturalmente tuve que esperar algún tiempo, hasta que un ayudante me llamó a presencia del General en Jefe, quien manifestó en seguida "que recibía por mi conducto un pliego del Gobierno, llegado a sus manos más rápidamente que ningún otro". Luego me interrogó sobre la Trocha, preguntándome si estaba cansado. Y después en voz alta como para que lo oyesen todos los que estaban allí, dijo:

—Tenía que venir un italiano a enseñarnos a pasar la Trocha.

Saludé y me retiré. Eran entre las tres o las cuatro de la mañana. Entonces caí entre los brazos de un grupo de desconocidos que me felicitaban con entusiasmo. Despradel, un valiente joven de la República Dominicana, me dijo:

—Usted ha sido admirado por Gómez, y esto no es cosa habitual. El General es muy severo y exigente. La frase sobre "el italiano que viene a enseñarnos a pasar la Trocha", indica gran aprecio.

Agradecí a los nuevos amigos, y a Despradel especialmente, su gran amabilidad, pero debo confesar que este grupo alrededor de Máximo Gómez no me fue simpático. Descubrí que los de Camagüey, incluyendo a los asambleístas de la Yaya, estaban más en armonía con mis ideas liberales y democráticas, con mis sentimientos de solidaridad humana, con mi concepto del revolucionario puro de la época. En mi nueva sede no sólo la disciplina era mayor, sino que la franqueza criolla, que tanto me había agradado en los ya largos meses transcurridos en Cuba, se perdía detrás de recelos recíprocos. Empecé a sentir el peso de estos recelos, pues me era imposible acercarme al gran Jefe que, aun antes de conocerlo personalmente, admiraba desde mis tiempos en Italia más que a cualquier otro héroe cubano. El Teniente Coronel Boza, jefe del Estado Mayor, era el primero en ponerme dificultades. Debo advertir, sin embargo, que mi paso audaz de la línea militar fue admirado por todos, y que pronto oí que para indicarme decían: "El que primero pasó la Trocha".

A su vez el General Máximo Gómez, en las pocas entrevistas que me concedió, me trató con excesiva benevolencia. Desgraciadamente caí enfermo. En el Cuartel General me habían dado como asistente a un joven español que se pasó a la insurrección porque, como él decía, sus jefes se habían olvidado de su existencia. En efecto, las columnas encargadas de abastecer el pequeño fuerte en que él estaba encerrado con otros pocos compañeros, cesaron de visitarlo. Terminadas las provisiones para comer, el joven soldado no había tenido más remedio que presentarse a las filas cubanas. El Coronel Gueren, por orden del General Gómez, me ayudó a montar a caballo y en compañía del soldadito me llevó a un monte, en donde me internó. El veterano organizó la manera de cómo podíamos vivir, y se fue para volver cada tres días trayéndonos trozos de carne molida. Mi enfermedad se agravó y Gueren me aseguró después que yo había estado cerca de la muerte. Lo cierto es que en los últimos días del año salí de aquel lugar de penas en un estado de impresionante delgadez, con una debilidad que me impedía caminar.

Gueren, dos o tres días antes, en compañía de unos hombres que estaban a sus órdenes, había enterrado al españolito afectuoso y bueno que por casi dos meses no me había abandonado ni un segundo. Nunca he sabido la enfermedad que tuve, nunca supe tampoco de qué murió mi compañero de infortunio. Lo que sé es que yo vertí, sobre una tumba improvisada, una de las pocas lágrimas de mi vida. Todos murmuraban que habíamos tenido fiebre amarilla, pero los síntomas, que yo recordaba de manera imprecisa, no coincidían con los del terrible flagelo.

Gueren, como era natural, me llevó otra vez al Cuartel General. Gómez y su Estado Mayor me recibieron mejor que antes. En esta segunda etapa trabé algunas amistades que luego han resistido a los embates de las luchas civiles y de los odios políticos. Me fui reponiendo poco a poco y sin tener mucho que hacer junto al General en Jefe, estaba triste. Un buen día fui enviado al campamento del General José Miguel Gómez, en aquel momento a unas veinte o treinta leguas de distancia. Este era un premio por los sufrimientos y las dificultades que había superado.

Se me entregó un nombramiento de auditor en la Segunda División del Cuarto Cuerpo del Ejército Libertador, con el grado de Teniente Coronel. Sin embargo, el verdadero premio fue para mí el ser destacado a las órdenes del General José Miguel Gómez, la persona moralmente más elevada, más digna y más seria que se puede uno imaginar. José Miguel Gómez era un hombre de cultura general, clara inteligencia, dominado por un concepto de humana justicia. Su actitud revelaba el señorío campestre, al hidalgo de la pequeña ciudad, al hombre bien nacido. Su voz bien timbrada y fuerte ayudaba a sus dotes de mando. Conocía la guerra. Muy joven aún había estado en la contienda precedente; había respondido al llamamiento que se le hizo, teniendo para ello que separarse de una mujer joven, virtuosísima, patriótica como él, y de sus numerosos hijos, los que todos, como su descendencia en los años posteriores, han probado que la formación familiar, sombra amparadora de los padres, es todavía lo más útil para el espíritu del hombre.

Mi dicha fue aún mayor, porque al lado de aquel personaje descubrí una cohorte de jóvenes valientes, todos intelectuales. Yo vine a situarme entre ellos como entre hermanos. No sé si hubiera sido más útil para la suerte futura del país, haber impedido que tantos de ellos sucumbieran en las contiendas bélicas o víctimas de los sufrimientos de la vida particularmente dura que llevábamos.

Enrique Villuendas, a quien como ya he dicho había encontrado antes en la finca *La Gloria*, después de pasar la Trocha, era ahora el Jefe del Estado Mayor. Su hermano Jorge, de menos años que yo, un verdadero talento, al punto de que el Jefe le había confiado la redacción de sus más importantes documentos, estaba allí. También los cuatro hermanos Pina, grandes propietarios de la zona en que ahora peleaban. Uno de ellos murió, el otro recibió un balazo en la cabeza, sobreviviendo milagrosamente. Tomás Armstrong llevaba el despacho de los asuntos ordinarios, aún encontrándose cojo de un balazo que le había partido una pierna hacía pocos meses. El Doctor Matías Duque, más vivaz que todos y valiente hasta la temeridad, era el médico de nuestra columna. Con Matías, como con Villuendas, me ligué en una amistad fraternal que duró hasta la muerte. Luego estaban Regueira, gruñón como los veteranos de Nápoles; Solano, de sólo dieciséis años, que combatía siempre en primera línea; Vivanco, el que como Ruperto Pina había recibido un balazo en el cráneo; Manuel Betínez, que a los catorce años ya tenía dos balazos en el cuerpo. En este grupo había también unos estudiantes como yo, todos de cultura, que me recibieron con una mezcla de afecto y de curiosidad. El General José Miguel, que así lo llamábamos familiarmente, me dijo muchos años después que él y todos los demás habían quedado impresionados por los conocimientos que yo ya tenía, dados mis pocos años. Digo esto para que los jóvenes comprendan que el único bagaje que no se pierde es el que se lleva bajo el cráneo.

No eran solamente estos jóvenes los que rodeaban al General José Miguel Gómez. Había muchos otros que la situación de la guerra en la región occidental de la Isla había impulsado hasta nuestros parajes, con la esperanza de poder reorganizarse. El plan desvastador del general español Valeriano Weyler había dado resultado en algunas provincias, salvo algunos puertos valientemente defendidos. En La Habana se había llegado a algo parecido. Rendir las armas al enemigo, lo que entonces llamábamos *presentarse*, era una suprema vergüenza. Así es que no había más remedio que replegarse hacia la provincia colindante, Las Villas. Pero, ¿dónde situarse? En el Cuartel General del Ejército el General Máximo Gómez recibía a estos desdichados como desertores. Los injuriaba y les ordenaba volver a Matanzas o a La Habana. Todos sabían esto. Y por lo tanto se mantenían en grupos, vagando por la manigua, huyendo de Máximo Gómez y de los españoles a la vez. Algunos se quedaban en un bohío, un monte virgen cualquiera, con los sobrevivientes de una familia de antiguos campesinos a la cual prestaban servicios, trayendo agua, buscando jutías y cultivando alguna pequeña zona de frutos menores más escondida en el bosque que la pequeña choza en donde se dormía. Y eso sólo ya probaba que entonces se cuidaba más el cultivo que la vida.

Al lado del General José Miguel Gómez "caían", podríamos decir, algunos de estos refugiados muy distinguidos. Máximo Gómez respetaba lo que hacía José Miguel. Así, en mi nuevo puesto conocí a un número considerable de personas pertenecientes a la intelectualidad o de la mejor sociedad de Cuba. Entre otros muchos, al Coronel Raúl Arango que, en competencia con Néstor Aranguren, se había batido en La Habana con gran admiración de todos; a Juan Antonio Lasa; al gran pintor Armando Menocal; a Rodolfo Reyes Gavilán, a Pepe y Nene Torriente, y muchas otras personas que ocuparon más tarde puestos importantes. Conocí también a los hermanos Mendieta, al poeta Díaz Silveira, al farmacéutico Otazo, a Gómez de Olmo, a Panchitín Argüelles; y a tantos y tantos más.

En este grupo de jóvenes se reclutaron luego las grandes personalidades de la República, pudiendo afirmarse que durante un largo período, buena parte de los altos cargos públicos se cubrieron con personas que habían actuado en el campamento de José Miguel, o también, es preciso añadirlo, con otras procedentes del Campamento de Calixto García. Estos dos Estados Mayores fueron los más ricos en personalidades republicanas.

Con un grupo tan numeroso de hombres cultos el debate era inevitable y agradable. Aquellas noches de blanca luna y estrellas relucientes, bañadas en una atmósfera serena en que el "terral", viento tenue y fresco, sucedía a la brisa matinal, nos reuníamos, sentados en el suelo alrededor de la hamaca del General José Miguel, siempre tan cordial como respetado. No había orden de fila: tres o más cerca del jefe, diez por la izquierda, algunos más aislados, silenciosos, otros formando grupo aparte, pero todos a distancia fácil para dialogar. Los pareceres se oían y discutían, sea el que hablara un joven universitario casi acostado en el suelo, o un campesino analfabeto sentado sobre el tronco de un árbol.

La civilización humana es producto de las ideas contrastantes, pensaba yo entonces, como aún pienso ahora. Maquiavelo atribuye la grandeza de los romanos a las guerras civiles. Y Marx concibe la lucha de clases como un factor de avance. Toda la historia es, en realidad, un gran conflicto de ideas. El progreso mismo es un producto de continua lucha de superaciones entre el individuo y el ambiente.

Nosotros discutíamos, hasta nos peleábamos. Algunas veces el enemigo estaba a poca distancia, operando en diferentes columnas y sin

Cap. IV. *Dura campaña*

embargo, la sesión parlamentaria continuaba, aunque cada cual teniendo a la vista su propio caballo, para montarlo en el minuto preciso. El porvenir político de Cuba era nuestro tema favorito. Yo, que todavía atropellaba el idioma, me entusiasmaba previendo para mi nueva patria todas las quimeras de libertad y orden con que me habían nutrido en mis años universitarios. Algunos de mis compañeros se entusiasmaban con mis cantos a la Libertad, única reguladora del bien político y de los intereses de todos y cada uno.

Insistía, en estas noches memorables, en que la forma administrativa y las mismas instituciones del Estado no podían ser absolutas sin el ejercicio de la más completa libertad. Monarquía o República, decía, son términos de poco valor. La misma democracia, aseguraba, puede considerarse como una base gubernamental menos incómoda, pero no absolutamente buena. Añadía que la igualdad era una filfa, aunque debía usarse como expresión de solidaridad humana. Y sostenía que sólo la libertad aplicada sin límites produciría el orden armonioso. Para justificar estas ideas, que a muchos les parecían herejías, me apoyaba en la evolución constitucional inglesa y en los éxitos exteriores e interiores de Inglaterra. Muchos me combatían.

Mis jóvenes compañeros no tenían más horizontes que los dejados por la Revolución francesa de 1793. Desconocían en gran parte la Revolución americana de la Independencia, y en total el poderoso movimiento jurídico y político de Inglaterra que había creado sus instituciones, culminado en 1688.

Algunas veces resbalábamos al campo artístico. Una noche Armando Menocal, queriendo buscar amable querella, me interrogó con vehemencia:

—¿Cuál es la forma musical que usted aprecia más?

Yo, como buen italiano, contesté rápidamente que la Opera.

—No, —replicó él abriendo más sus ojos brillantes— la suprema expresión musical es la Sonata.

Defendí mi punto de vista haciendo resaltar los múltiples elementos artísticos que concurrían en la Opera y que están ausentes en la Sonata. Hablábamos los dos con violencia, entre las carcajadas de los campesinos. El jefe de la escolta, ante aquella escena encrespada, se acercó al General José Miguel y le dijo, con toda seriedad al oído: "General, disuelva usted esto porque van a volverse locos." El buen *guajiro* que se llamaba Echemendía, creyó efectivamente que no estábamos del todo en nuestro juicio. José Miguel aprobó al jefe de escolta, y alegando que ya era muy tarde —eran apenas las nueve— nos invitó a irnos a nuestras "camas". La mía era el suelo bañado por el rocío tropical, cuando no por aguaceros. No tenía ni hamaca.

Los combates eran frecuentes pero no muy intensos, con excepción de algunos en que se corría el peligro no sólo de morir de bala, sino al filo del machete. Nuestros combates, en efecto, eran casi siempre a corta distancia. En el primer período de mi incorporación al Estado Mayor de José Miguel Gómez fuimos atacados en un lugar llamado Bacuino, que precisamente era una de las propiedades de la familia Gómez. Estábamos preparando la comida, asando sobre una parrilla de madera, carnes de res a la manera de los árabes, cuando oímos tiros en nuestro mismo campamento. Habíamos sido sorprendidos. Como en todos los casos en que aparecía el enemigo, cada uno de nosotros corrió a su caballo, que siempre manteníamos amarrado a poca distancia. Yo, para salvar mi carne, por poco dejo la vida. Corrí a la hoguera, pero no queriendo bajarme, por habérsele roto los estribos, acerqué el caballo al fogón, pero la llama y el calor hacían más prudente al animal que a mí. Por fin me la llevé y me salvé, pero confieso que exclusivamente debido a mis espuelas.

El General y la escolta, reunidos rápidamente, hicieron frente al grueso de la columna. Y nosotros los rezagados acudimos de todas partes y conjuntamente nos retiramos como era nuestra costumbre, rápidos pero en columna y en perfecto orden. Todos los *agregados,* o sea los oficiales llegados de las provincias de La Habana y Matanzas, elogiaban al General José Miguel Gómez por la maestría de sus retiradas, que valían tanto como sus acometidas.

Pocos días antes habíamos tenido un combate en el cual el peligro que corrimos fue mayor. Aquella vez nosotros atacamos a una columna española en marcha. Aprovechando una separación entre las distintas fuerzas de la columna, el General José Miguel, a cuyo lado cabalgaba yo, gritó al clarín: "Toca a degüello." Los caballos, tan habituados como nosotros a aquel sonido, se lanzaron con ardor. La caballería enemiga frente al ataque, sorprendida viró grupas. Dos de los miembros de la escolta alcanzaron a unos retardatarios y los mataron al arma blanca.

Pero súbitamente tuvimos que virar grupas nosotros también, al aparecer la infantería enemiga desplegada. Oí, en esta ocasión, la voz del enemigo. Un oficial probablemente, clamaba por la infantería, gritando: "Esa infantería..." y luego siguió una palabra obscena, que usaban corrientemente los españoles como interjección, para dar fuerza a lo que ordenaban. Palabra de género igualmente obsceno usaban también los cubanos, con la diferencia de que los unos apelaban en su expresión al sexo femenino y los otros, lo nuestros, al masculino.

La infantería apareció en efecto, cubriendo el terreno con cargas seguidas, y la caballería, que había huido en el primer momento, volviendo grupas nos persiguió. Mi caballo estaba ya cansado. También lo estaba el de un soldado nuestro llamado Echevarría. Ambos, situados entre los nuestros y los enemigos, nos íbamos acercando a un bosque limítrofe

CAP. IV. *Dura campaña*

que se extendía a la derecha. La avanzada española, que nos perseguía machete en mano, gritaba: "Dale, dale..." Yo disparé en dirección de ella mi revólver tres o cuatro veces sin saber con qué efecto, porque seguíamos huyendo con la eficacia de mi pobre caballo extenuado. Echevarría disparaba también con su rifle, continuamente. El General José Miguel, que se retiraba uno de los últimos precedido de su escolta, al pasar por una estrecha cañada ordenó a Caravero, un magnífico joven oficial: "Pie a tierra con cinco hombres." El mismo General, buen tirador, desde el caballo hacía fuego contra los que avanzaban sobre nosotros. Tanto Echevarría como yo, entonces en lugar de refugiarnos en el bosque, abandonando los caballos corrimos a engrosar el número de los que estaban en la cañada. El pequeño núcleo enemigo, que ya estaba cerca de nosotros, se detuvo y no nos siguió más. Nuestra fuerza pasó el río Zaza y acampamos al otro lado.

Desgraciadamente tuvimos bajas. Recuerdo que uno de los heridos apodado *El Vueltabajero*, extendido en el suelo y mientras el Doctor Duque le curaba las heridas de tres balazos, repetía en diferentes tonos: "Compadre, hay que ganar, y para ganar hay que saber morir." Yo sufrí la pérdida de mis alforjas, caídas en manos del enemigo. En ella tenía algunos papeles que hicieron creer en mi muerte. En efecto, la noticia llegó a algunos periódicos, y sobre todo al Ministerio de Asuntos Exteriores italiano, y hasta a mis pobres padres, al resto de mi familia y a mis amigos. Por primera vez se escribió en letra de molde mi elogio fúnebre (hecho repetido luego en otra trágica ocasión, pero igualmente exagerado). Las alforjas fueron tiradas por mí en la manigua por donde corría previendo que al saltar del caballo y correr al bosque no tendría tiempo para salvarlas. Pensé que más tarde, una vez retirados los españoles, yo, al salir del bosque las recogería. Un combate de envergadura mayor tuvimos otro día cerca de Arroyo Blanco, pueblo situado en el centro geográfico de la Isla, entre las provincias de Camagüey y Las Villas, que formaba parte del territorio en el cual operaba el General Máximo Gómez.

Debido a un acontecimiento del cual hablaré luego, referente a la *presentación* al enemigo del brigadier Massó Parra, el General José Miguel quiso dar un buen golpe. Pensó atacar Arroyo Blanco, que estaba en la parte más oriental de su División y así atraer a las tropas españolas hacia aquel lado, mientras él, a marchas forzadas, invadiría el valle de Trinidad.

Marchamos de noche y sigilosamente hacia Arroyo Blanco. El Brigadier Tello Sánchez, recientemente ascendido a ese grado, hermano de Serafín Sánchez, valeroso general que había caído en el campo de batalla, tenía bien preparada la operación.

Por la noche llegamos a la vista del poblado. La operación militar consistía en sorprender, en una emboscada las fuerzas de caballería del pueblo, tanto las españolas como las cubanas al servicio del Gobierno español, diezmarlas y caer luego sobre el mismo pueblo. El brigadier Sánchez sabía que la caballería que acampaba en el pueblo, salía todos los días a una distancia de media legua, para que pastaran los caballos y volver con yerba cortada.

Nosotros, durante la noche, nos emboscamos a la derecha y a la izquierda del pequeño pero feroz potrero. Desgraciadamente el proyecto tan cuidadosamente preparado no pudo ser llevado a cabo. Aquella mañana precisamente la caballería no bajó, porque esperaba la llegada de una numerosa columna que venía a relevar la guarnición y a dejar víveres al poblado. Los de la ciudad no sabían que nosotros estábamos emboscados a corta distancia, pero sí conocían, por el heliógrafo, que una gran columna llegaría al amanecer. Por nuestra parte nosotros nada sabíamos, y esperábamos confiados cuando en lugar de venir el enemigo por el lado derecho, o sea desde el poblado, vino por el izquierdo, procedente del occidente de la Isla. La entrada en contacto de aquella columna, muy superior en fuerzas a las nuestras, se iba a hacer precisamente frente al sitio en donde estaba emboscado el Estado Mayor del General José Miguel.

La fortuna, que reparte sus favores sin mucha reflexión, se presentó aquella mañana en forma de mujer, a la que acompañaba un ordenanza. La mujer era la amante de un oficial que compartía con él las horas aburridas en el solitario pueblo. Estando a media legua del lugar de su destino, el oficial, que quería presentarse al público con serenidad castrense, envió delante a su amante y le dio como guía a su soldado de ordenanza. Nosotros, que estábamos emboscados desde hacía largas horas, comprendimos que algo pasaba y fuimos saliendo del bosque. Yo estaba situado en el lugar más avanzado de la izquierda, o sea, el más cercano al punto de llegada de la inesperada columna.

El General José Miguel, que dirigía personalmente esta zona, había salido hacía rato acompañado del brigadier Tello Sánchez, para comprender mejor lo que pasaba, pues resultaba extraño que la guarnición de Arroyo Blanco no saliera a su habitual faena de la mañana. Al ver pasar a una mujer y a un soldado desde mi escondrijo, avancé hacia ellos. De la izquierda y de la derecha muchos otros me habían precedido o me imitaban. Los detuvimos a los dos, y antes de que pudiesen hablar fueron internados en el bosque. El grueso de la columna española, ignorante de todo, avanzaba. A falta del General José Miguel y de Sánchez, el coronel Sorí, tomó el mando, desplegando a las fuerzas por el lado de una loma cercana, en campo abierto. Todo este movimiento se hizo con ra-

CAP. IV. Dura campaña

pidez vertiginosa. Los que estábamos más cerca de la columna enemiga chocamos con ella en una zona estrecha sumamente peligrosa para nosotros. El oficial Melitón Yznaga, de Trinidad, y yo organizamos a una veintena de hombres, y con descargas continuas logramos contener la avanzada de la caballería, que se preparaba a atacarnos al machete. Me vi aquel día en verdadero peligro, pero nuestros soldados, a pesar de la pérdida de algunos caballos, resistieron, pudiendo retirarnos y alcanzar en veloz carrera al grueso de la tropa, en cuyo seno seguimos peleando más de dos horas.

La tropa española no quiso perseguirnos más y entró en el poblado. El General José Miguel, a su vez con fuerzas mejores, todas de caballería, llegó en dos o tres días de marcha hasta el valle de Trinidad donde se le esperaba y realizó la bella hazaña del Ingenio Cañambo.

La operación de Arroyo Blanco, frustrada en su propósito original, resultó eficaz, pues llamó doblemente la atención de los jefes españoles con el audaz ataque a la columna convoyera.

No es mi propósito escribir la historia militar de la guerra que con sangre me bautizó cubano. Sólo me permito describir algunos casos de esta lucha original, en la cual menos de treinta mil hombres, impulsados por una esperanza de vida libre que embelleciera doblemente a la Patria, luchaban contra doscientos mil adversarios venidos de la Península Ibérica, y unos cincuenta mil españoles y cubanos, organizados como *voluntarios* o *guerrilleros,* enrolados en la Isla misma.

Los que no han asistido a ella encontrarán difícil comprender cómo pudimos resistir tal lucha, y más aún al pensar que nunca tuvimos un promedio de municiones *per capita* superior a las veinte cápsulas. Mas la explicación existe, y la conocen todos los que entienden de guerras coloniales. Nosotros, bajo la dirección de Máximo Gómez, que comprendió y aplicó esta táctica mejor que nadie, debíamos en primer término saber atacar, hacer el mayor daño posible y retirarnos con la mayor rapidez. Debíamos, en un mínimo de tiempo, hacer muchas bajas al enemigo, no cosechar grandes victorias. El tiempo, las dificultades de la vida, la fiebre amarilla, y por último las finanzas deficitarias públicas y privadas de la Metrópoli debían ser nuestros aliados. La tierra calcinada y la multiplicación de los cementerios debían ser la prueba de nuestros sacrificios. El bosque era nuestra residencia y el hambre nuestro heroísmo.

España por su parte, cometió el error común a los otros países colonizadores; es decir, quiso pelear practicando los métodos de las guerras internacionales. En realidad, hizo esfuerzos sobrehumanos para vencer; dio, se puede decir, vigencia a la conocida frase, "hasta el último hombre y la última peseta." Sus hombres murieron a millares y sus riquezas fueron dilapidadas. Tuvo en tres jefes militares, tres políticos diferentes

El General Martínez Campos pensó que debía combatir siguiendo la táctica de los tiempos insurrectos; Valeriano Weyler, que dejó en Cuba una triste celebridad, concibió el sistema de atacar a sangre y fuego a los rebeldes y a los no rebeldes, instituyendo los campos de concentración para la población civil; el General Blanco, en fin, aplicó un método más diplomático, haciendo la guerra y predicando la paz. Ninguno de los tres métodos dio resultado, aunque es preciso afirmar que tanto el primero como el tercero no tuvieron tiempo para aplicar sus ideas íntegramente. Presumo que Martínez Campos habría quizás podido conseguir una tregua.

Lo cierto es que la guerra siguió sin posibilidades de victoria ni de derrota. Por ambas partes había pasión y desconfianza. El margen de victoria necesario lo vinieron a dar los Estados Unidos después de su intervención directa y decidida.

Yo, que no tuve oportunidad de tomar parte en la operación llamada de Cañambo, me reuní de nuevo con las fuerzas del General José Miguel, el día 19 de marzo de 1898, día de San José. En aquella jornada, llena para él de recuerdos familiares, el bravo soldado se batió con la Legión llamada Cuba-Española, en la Crisis, al sur de Sancti Spíritus, y en otros terrenos extensos de su propiedad. Fue un combate brioso, movido, en el cual la mayoría de los combatientes eran cubanos en ambos lados. A Carlos Mendieta, que con su hermano Pablo mandaba una parte de la infantería, una bala le atravesó el sombrero. Por la noche tuvimos una especie de banquete, pues en homenaje a José Miguel, los *comunicantes* trajeron de las poblaciones vecinas algunos víveres, que devoramos alegremente sin preocuparnos del mañana. Recuerdo que en aquella memorable noche yo pronuncié mi primer discurso en español, afirmando mi afecto por la tierra a la cual ofrecía a diario mi vida, y mi admiración por el gran soldado y futuro gran estadista que esa noche festejábamos, y al cual los dioses benévolos debían brindar larga existencia. El banquete fue un paréntesis entre períodos de hambre, pues ésta siempre fue aumentando hasta lo indecible.

Durante el tiempo que estuve a las órdenes del General José Miguel, me vi obligado a dar continuos viajes al Cuartel General de Máximo Gómez. De estos frecuentes contactos vino mi amistad con esa alta personalidad de la historia de nuestros países, amistad que fue larga y sincera, y que terminó sólo con su muerte, sin haber llegado nunca a la familiaridad. El tuteaba a todos los que no fuesen ancianos, pero conmigo siempre usó el usted. No era extraño escuchar en sus labios palabras agresivas aun con las personas que más distinguía o que ocupaban posiciones, pero a mí nunca me dijo nada que fuera ni remotamente molesto. Por otra parte, tampoco oí nunca de sus labios una palabra de halago después

CAP. IV. *Dura campaña* 95

de su primera frase a las tres de la mañana, la primera vez que le vi: "Debía venir un italiano para enseñarnos a pasar la Trocha."

Como he dicho, yo había sido nombrado auditor de la Primera división del Cuarto Cuerpo. Un día llegó una orden al General José Miguel, de enviar al Auditor Teniente Coronel Ferrara al Cuartel General, acompañado por la misma pequeña fuerza que traía la orden. "¿Qué sucede?" fue la pregunta general de mis compañeros. Alguien exclamó en voz baja: "¿Qué le van a hacer al italiano?". La noticia de que un italiano, Angiolillo, había matado en Madrid al Primer Ministro español, Cánovas del Castillo, se prestaba a una insinuación malévola. En realidad, como veremos, se trataba en cambio de un gran honor, pues el General Máximo Gómez me elevaba al puesto de Consejero suyo en todo lo relativo a lo judicial. En aquella ocasión se trataba de un proceso importante y difícil. Después me llamó en dos ocasiones más: para el proceso que se inició contra el General Bermúdez, y el que concernía al Capitán Johnson, jefe de una fuerza americana puesta a las órdenes directas del Jefe del Ejército cubano. Me llamó también otras veces más para consultarme en varios casos, al punto de que, ya en los últimos meses, yo me pasé en el Cuartel General de nuestro Ejército más tiempo que en el del General José Miguel Gómez. Un día, ya al final de la guerra, el viejo guerrero que había luchado con las armas en las manos durante quince años pasando una existencia llena de peligros, de miserias y de achaques, explicó el porqué de la predilección con la cual me honraba: "A este —dijo— a pesar de que estropea el español, lo entiendo, mientras que a Fulano y a Mengano (dio los nombres de dos abogados que él había consultado), no los entiendo".

A mí, en efecto, me entendía, porque yo desconociendo el léxico forense español no usaba el lenguaje técnico, florido y ampuloso de los demás, sino el del campamento. En el curso de mi vida he podido luego constatar que al público, y a los jóvenes a quienes uno enseña, no hay que decirles todo lo que uno sabe, sino presentarles con la mayor sencillez los argumentos, aunque esta sencillez redunde en demérito del conocimiento propio.

Los viajes de ida y vuelta entre el Cuartel General y mi residencia eran peligrosísimos, pues las columnas españolas, por decirlo así, se paseaban por el territorio, y encontrarlas sin estar precedido por una *descubierta*, una vanguardia o por parejas laterales, suponía chocar con ellas inesperadamente. Más de una vez estuve en azarosas situaciones pero la habilidad de los *números* que me acompañaban, me sacaban siempre incólume. A pesar del conocimiento que yo mismo había adquirido de los vuelos de las auras, que como he dicho, eran reveladoras de la situación de los campamentos; y no obstante las veloces y nerviosas patas de los caballos criollos, algunas veces creí que había llegado mi hora fatal.

Volvamos ahora a la primera llamada a que antes hice mención, la que se debía al proceso iniciado contra los dos excelentes jefes, que habían tenido la desgracia de no haber podido impedir que el Brigadier Massó Parra, jefe de la Brigada de Trinidad, se presentase a los españoles, con casi cuatrocientos hombres. Se trataba del mayor descalabro de ese género sufrido por la Revolución. Al llegar al Cuartel General, ya había sido yo informado de todo por el Brigadier Alfredo Rego, uno de los encartados. Pero corrí a la tienda del General en Jefe como si lo ignorase todo. Me cuadré delante de él, que estaba irritadísimo. Sin responder a mi saludo me gritó, con su voz de bajo: "¿es usted competente?" "General —le repliqué— si usted se refiere a competencia general, le diré que lo soy en algunas cosas y en otras no. Si se refiere a competencia judicial, lo soy, si el delito se ha cometido en el territorio de la Primera División del Cuarto Cuerpo."

—Todo es difícil con los abogados —añadió— Manuel María dice que es competente y no lo es.

Se refería a un ilustre compañero, Manuel María Coronado, que después de la guerra desempeñó altos cargos. Se sentó en la hamaca y yo naturalmente en el suelo, al lado suyo. Me explicó que Massó Parra había cometido un nefando delito, y que el Brigadier Alfredo Rego y el Coronel Juan Manuel Menocal no lo habían impedido, a pesar de que les había enviado órdenes precisas de apresarlo.

El General Gómez decía exactamente la verdad, pero olvidaba que mientras Massó Parra tenía cuatrocientos hombres, o más, a sus órdenes, Rego y Menocal no tenían ni un solo rifle. Fue realmente un milagro que a Massó Parra no se le ocurriese apresar, él, a ambos emisarios, y entregarlos a los españoles. Claro está que en todos los actos humanos no realizados, las hipótesis sobre lo que se hubiera podido hacer se presentan en grados de posibilidad; pero lo cierto es que en este caso si algo hubo, sólo fuera alguna indecisión por parte de Rego.

El juicio, llevado a cabo con ecuanimidad y calma, se resolvió con ligeras penas. Gómez, que todas las tardes generalizaba sus conversaciones con atentos oyentes, siguió anatematizando a Massó Parra y a los que no se atrevieron a darle muerte.

Otra de las referidas ocasiones en que fui llamado nuevamente, esta vez con extrema urgencia, me obligó a caminar día y noche. El General en Jefe ya me trataba con benevolencia, pero seguía siendo de carácter muy difícil, violento, impetuoso, agresivo y duro. Era el tipo auténtico del guerrillero.

La lucha continua había curtido su carácter en forma tal, que no se

CAP. IV. *Dura campaña* 97

soportaba su presencia sin que el corazón alterara sus contracciones. Por suerte mi manera de proceder, clara, firme y sin ambages, le agradaba:

—Siéntese, que vamos a hablar —me dijo— ¿Conoce usted al General Roberto Bermúdez?

—No lo conozco, pero he oído hablar de él.

—Es un asesino. Habrá que fusilarlo dentro de pocos días.

—¿Se trata de un proceso?

—Hay hombres que no merecen ni el proceso. El proceso es una precaución para no caer en el error. Pero a éste, a pesar de ser un notorio asesino, habrá que hacerle el proceso, la ley lo exige. Le llamo a usted para que estas formalidades se cumplan rápidamente. Creo que la paz no está lejos y hay que dar un buen ejemplo. El cubano debe ver, en el fusilamiento de un General, que el patriotismo debe estar hermanado con la virtud. No basta ser patriota, hay que ser un buen ciudadano...

Yo le advertí que Bermúdez debía ser juzgado por personas de su graduación. El agradeció el consejo y ordenó que algunos generales del Cuarto Cuerpo fuesen convocados.

Bermúdez fue condenado a muerte. Este general, de muy modesto nacimiento, era probablemente el hombre más arrojado del Ejército Libertador. En los combates había sido también poco afortunado, porque casi siempre salía herido, y herido grave. Tenía el pecho, los brazos, las piernas acribillados a balazos. Caminaba con enorme esfuerzo. Montaba una mulita que corría como el más veloz de los caballos, y acudía a todos los combates en condiciones físicas deplorables. Su pequeña escolta lo adoraba y se paseaba por las provincias de Las Villas, Matanzas o La Habana sin tomar precauciones y sin miedo. Pero era más asesino que guerrero, a pesar de ser un gran guerrero. Había matado a mujeres, niños, hombres y últimamente a un antiguo amigo suyo. Desgraciadamente, sin ser el único asesino que servía a la Revolución, era sin duda alguna el que había cometido mayor número de delitos.

Para la ejecución de la sentencia, Máximo Gómez hubiera preferido que presidiese el acto algún general de los presentes, pero todos se excusaron con distintos motivos, y la mayoría por haber sido miembro del Tribunal que juzgó el delito. El General en Jefe entonces resolvió mandar él mismo la ejecución. Yo me había esforzado para que condenasen a Bermúdez, y por eso tampoco quería asistir al cumplimiento de la sentencia.

Pero Máximo Gómez, irritado por las negativas a que he aludido, me dijo con dureza:

—A usted lo quiero ver allí, y mandaré yo mismo el cuadro. ¡Cuánta flojera!

Ocupé el puesto principal en aquel dramático espectáculo, frente al

General en Jefe. Recuerdo que era un día espléndido, cálido y sin embargo animado por la fresca brisa cubana. La yerba, en el suelo, se agitaba como agitadas estaban nuestras almas. En la estrecha llanura en la que se situaron en doble fila la caballería y la infantería, se formó amplio cuadro militar, roto por el lado en el que se iba a cumplir la ejecución. La propia escolta de Bermúdez fue llamada para ejecutar a su jefe, Máximo Gómez entró solo en el cuadro, al galope de su caballo y se situó en el centro, de cara a la caballería, que era el arma más numerosa.

Bermúdez entró poco después, pasando a unos veinte metros de nosotros. Cabalgaba con cierto desequilibrio su mulita habitual poniendo en evidencia su cuerpo estropeado por las balas enemigas. Le seguían sus fieles asistentes. Llegado al lugar fijado, se apeó con dificultad, acarició a su mulita, saludó a sus soldados y escogió él mismo a los que debían formar el pelotón. Le oí exclamar:

—Tú, tú, ven tú que eres buen tirador.

Máximo Gómez, erguido sobre sus estribos, espada en mano, pronunció un bellísimo discurso, ensalzando primero los méritos del patriota, y estigmatizando después sus actos feroces y sanguinarios. A continuación lo declaró degradado y ordenó el fusilamiento con voz abrupta: "Fuego".

El grupo de los que debían ejecutar a su general estaba alineado ya, pero sólo en estado de atención. Parece que algunos hasta no habían cargado el rifle. Máximo Gómez, al querer mandar al pelotón de ejecución, debió primero gritar: "Prepárense", después: "Apuntar", y por último: "Fuego". El resultado de este olvido fue que los disparos se siguieron unos a los otros, dando al condenado una muerte más terrible que si hubiera sido una carga cerrada.

Pocos días antes de la de Bermúdez tuvimos otra ejecución del mismo género, aunque menos aparatosa. En esta ocasión no hubo discursos, y el cuadro fue menos numeroso. Yo tuve, con gran pena de mi parte, la misma función al acompañar, desde el inicio de las actuaciones judiciales hasta la muerte, al delincuente que se fusilaba.

Con tales espectáculos, y con el juego completo y trágico de estos acontecimientos, la fantasía juvenil se debilita cediendo el paso al raciocinio reflexivo. El carácter se iba formando, poniendo una mordaza severa a los sentimientos. No se trataba sólo del rápido heroísmo cuando se brinda la vida en un momento de ebriedad moral, sino de una realidad inflexible que forja el espíritu a golpes continuos del dolor ajeno y del propio.

La guerra iba rápidamente hacia su término. El hambre ya nos acosaba de manera definitiva. Los españoles habían comprendido que nuestra mayor debilidad estaba en la deficiencia de víveres y destruían todas las

CAP. IV. *Dura campaña*

cosechas que nuestros viejos campesinos penosamente cultivaban en los bosques. La fiebre palúdica, además, se apoderaba de nuestros cuerpos enflaquecidos y hacía estragos en nuestras filas. Por las tardes empezábamos a sufrir los ataques de temblores que ésta provocaba. Si estábamos en marcha sobre los caballos, dábamos un espectáculo macabro; si nos encontrábamos hablando en el campamento, nos íbamos gradualmente separando del grupo para situarnos a poca distancia los unos de los otros, en continuo temblor todos, cada cual esperando que pasara su fiebre. Yo, después de la enfermedad que me atacó estando en el Cuartel General, tenía ya un aspecto muy distinto al de mi llegada a Cuba. De fornido y robusto, podría decir de atlético, pasé a una extrema delgadez. Recuerdo que un día, Jorge Villuendas, mirándome fijamente me dijo: "Amigo Ferrara, qué feo es usted." Y comentó "que mi nariz ocupaba toda mi cara." Y en efecto así era, porque ya mi persona no se componía más que de piel y huesos, mientras se conservaban prominentes los cartílagos de la nariz. El pobre Jorge, que murió pocos meses después, tenía razón por lo menos en cómo yo lucía durante aquellos tiempos de hambre y de enfermedades. La extrema delgadez ponía en evidencia los rasgos sobresalientes del rostro, como si la naturaleza quisiera hacer nuestras caricaturas. Enrique, el hermano de Jorge, con su gracejo habitual se puso a gritar, uno de los primeros días de la paz, coreado por los compañeros:

—Con tres italianos se hace un monstruo: reúnan la nariz de Ferrara, los ojos de Falco y las orejas de Petriccione y tienen al monstruo.

Meses después, terminada la guerra, cuando creí que estaba ya del todo y disfrutando de mi antigua prestancia, envié una fotografía a la familia, en Italia, y al contestarme me dijeron que habían llorado todos al verme en tan precario estado de salud.

En los últimos meses de la guerra, todos, tanto mis compañeros como los soldados no comíamos más que unas frutas de los bosques o jutías, así como animales repulsivos. A veces las mejorábamos con carne de caballo, pero a menudo debíamos acudir al *majá,* una culebra sin veneno, bastante gruesa. En una ocasión, cerca de la costa norte a la altura de Yaguajay, durante diecisiete días, comí sólo mangos verdes, a veces fritos con el aceite del *majá.* En una misión que cumplí por orden del General Máximo Gómez, yendo hasta el río San Juan, entre Trinidad y Cienfuegos, después de haber cocido las carnes enjutas de una yegüita, que se había podrido por las lluvias y la falta de sal, a pesar de haberlas rechazado dos veces seguidas terminé devorándolas. La falta de comida llegó a tal grado, que yo oí en la campamento hablar de la necesidad de replegarnos a Camagüey porque allí todavía se encontraba algún ganado en los campos. No se puede afirmar que el hambre afectara nuestro patriotismo ni disminuyera nuestro entusiasmo por la causa, pero lo que pasaba era que estábamos en condiciones tan precarias que teníamos un desfallecimiento general. Y sin embargo, cumplimos todas nuestras misiones y las órdenes que se nos daban; estábamos en marcha horas y horas, y combatíamos días y días. Esta situación era casi general en las provincias de La Habana, Matanzas, Las Villas, y según supe después por Petriccione, también en Oriente, sobre todo en los llanos.

En tal estado verdaderamente penoso, recibimos la noticia de la intervención americana. No puedo explicar el júbilo intenso, enloquecedor, que se apoderó de los cubanos. Corríamos por el campamento, nos abrazábamos y el grito común era: "Al fin libres"... Nuestra bella bandera flotaba elegante y ligera al soplo de la fresca brisa. Reíamos, llorábamos. Cuba era verdaderamente libre. El viejo Gómez se había alejado de su tienda mezclado en todos y sonreía, sonreía quizás por primera vez después de tres años de constante tragedia. Vitoreado por sus soldados, seguía mirando a aquellos jóvenes ebrios de alegría, y de tiempo en tiempo miraba a la bandera que estaba por la fuerza del viento, tan alegre como todos nosotros. En un momento dado gritó:

—Eh, cuidado, que no se ha acabado todavía. Hay que pelear aún y hay que seguir muriendo.

Y se retiró a su tienda. El oleaje del entusiasmo siguió por largo rato, hasta transformarse en satisfacción razonadora.

El 19 de abril de 1898 las dos Cámaras de los Estados Unidos habían votado la *Joint Resolution,* en la cual afirmaban, al Mando y a ellos mismos, que "Cuba era libre e independiente, de derecho". Y así lo será de hecho, repetíamos nosotros.

Nuestras opiniones, sin embargo, en el curso de los días que siguieron, empezaron a discrepar sobre el tiempo que se tardaría en alcanzar esta solución definitiva. Un grupo sostenía, con Villuendas a la cabeza, que España era una nación marinera, dura en la pelea y resistente, opuesta a aceptar transacciones, y mucho más a declararse vencida. Otros afirmaban que un solo barco de los Estados Unidos poseía instalaciones artilleras superiores a los de todos los barcos de la Península juntos. Yo pude notar a través de las discusiones el afecto por la Madre Patria que volvía a los corazones cubanos al acercarse la Independencia. Y es que en el fondo muchos de mis compañeros deseaban una España vencida, pero no humillada.

Una cuestión más vino a dividir los espíritus. ¿Debíamos seguir peleando, como había dicho Máximo Gómez, o sólo continuar lo que podríamos llamar una guerra de brazos caídos? El doctor Duque escribió una carta al General José Miguel Gómez, diciéndole que ya habían muerto muchos cubanos y que era inútil sacrificar más, ya que la victoria estaba asegurada. Yo sostenía la opinión opuesta. Pasados más de sesenta años,

Cap. IV. *Dura campaña* 101

veo lo que nadie vio entonces: que nuestra actitud debió haberse adaptado a la que asumió el Ejército español, definitivamente bloqueado en nuestro país, o sea pelear sólo si él peleaba, combatir sólo si él combatía. En cambio, prevaleció el criterio de pasar a la ofensiva. El General José Miguel, una vez recibidos unos originales cañones que disparaban contra el adversario bombas de dinamita, atacó primero el Jíbaro, poblado situado al sur de Sancti Spíritus, y luego Arroyo Blanco. Los cañones de dinamita vinieron en una gran expedición desembarcada en Palo Alto. En ella llegaron a Cuba muchos distinguidos jóvenes cubanos que habían estado esperando largos meses algún barco *filibustero* que los trajera.

Vinieron también personalidades americanas, entre otros un Astor Chandler, con el cual hice una amistad, que después de su muerte, he conservado con su familia.

Esta expedición nos trajo sobre todo abundantes provisiones de boca, las cuales fueron devoradas con tanta furia, que podemos afirmar que murieron miembros de nuestra División por haber comido opíparamente en aquellos días, más que por los tristes ayunos precedentes.

Arroyo Blanco fue la última operación importante de la guerra en el Occidente de la Isla. Yo, que me había reintegrado a mi fuerza, pedí permiso al General José Miguel para unirme a las fuerzas que debían asaltar la ciudad después de haberla debilitado con nuestros cañones dinamiteros.

José Estrampes, un valiente compañero nuestro de Nueva Orleáns, que había llegado a Cuba voluntario como yo, mandaba la artillería de la parte baja de la ciudad. Pero es preciso confesar que ésta era mala. Se trataba solamente de probar los efectos de nuestros nuevos cañones que enviaban bombas de dinamita a corta distancia, y nuestros artilleros, aunque muy valientes, eran poco prácticos. Nuestros proyectiles rápidamente disparados no llegaban al fuerte que teníamos delante, a la distancia ridícula de unos cuatrocientos metros. Yo quería que alguien viese, por lo menos, donde caían nuestros proyectiles. En definitiva, salí de la trinchera y trepé un árbol cercano. Exageraría si dijera que los silbidos de las balas de los rifles enemigos me ensordecían, pero puedo afirmar que las sentí pasar muy cerca. Al fin pude señalar a Estrampes donde caía su dinamita. Este rectificó y el próximo disparo dio al fin en el fuerte. La explosión fue terrible. Las bombas anteriores no habían hecho explosión por haber caído en unos fangales que precedían a las trincheras. Al ver llamas y humo en el fuerte, me tiré del árbol gritando: "Al asalto. Al asalto".

Comprendí que la victoria sonreía al combatiente que poseyera aquella posición, ya fuéramos nosotros, ya fueran los españoles. Yo no confiaba mucho en un nuevo acierto de nuestra artillería. A mi grito, sin embargo, respondieron todos los que estaban detrás del cañón. Yo entré en el fuerte el primero por el hueco abierto por la misma bomba, tropezando y cayendo sobre un cadáver.

Pronto, en la euforia del rápido asalto, estuvieron a mi lado Rodolfo Reyes Gavilán y el Coronel Jiménez, de la brigada de Remedios. Detrás venía Antonio Duque, con un buen refuerzo de soldados. Los españoles intentaron un contraataque, pero ya nuestras fuerzas eran superiores. Casi al mismo tiempo de nuestra acción cayó el fuerte superior donde estaba situado el heliógrafo. Dirigió el ataque, el Coronel Alonso, un asturiano que había desposado nuestra causa republicana, y que en aquel día se colocó a gran altura.

Pronto una bandera blanca indicó que los sitiados pedían parlamento. Antonio Duque avanzó. El General José Miguel, personalmente, convino luego con el Jefe español las modalidades de la rendición. Al día siguiente el General Máximo Gómez entró en el poblado a la cabeza del Estado Mayor, seguido por su escolta. Los españoles, alineados, le presentaron las armas. El viejo guerrero al pasar los saludó con su machete y gritó: "Vivan los valientes".

Más tarde me mandó a llamar y me dijo, con la falta de preámbulos y de fórmulas que le era habitual:

—Usted vino a mi Estado Mayor después de haber pasado la Trocha, ahora termina su misión en una batalla, sobre un árbol. Cuba no se puede quejar de usted. Retírese.

Me retiré muy orgulloso. Algún tiempo después recibí mi ascenso a Coronel, a propuesta de Máximo Gómez, pasando del Cuerpo Jurídico a miembro del Estado Mayor. El General José Miguel y mis compañeros me felicitaron con gran afecto. Mi satisfacción fue más grande por las palabras amables de nuestro severo jefe y de todos ellos, que por el ascenso en sí. En aquel tiempo el grado no era tan deseado como lo ha sido después. Bastaba pertenecer al Ejército Libertador.

La guerra entre España y los Estados Unidos se desenvolvió rápidamente conforme a los planes americanos, reduciéndose a un bloqueo de nuestra Isla. España envió una escuadra a romper este bloqueo, pero aquella escuadra se componía de sólo cuatro unidades, y a pesar de un nuevo barco comprado a Italia, que llevaba el nombre de *Cristóbal Colón*, no tenía suficientes cañones ni apropiado blindaje para luchar con los acorazados americanos. ¿Qué puede el corazón de los hombres y las cualidades marineras en tales casos? La burla de los periódicos españoles contra los malos navegantes americanos (se les consideraban simples salchicheros de Chicago), resultó una ingenuidad cuando empezó a tronar el cañón. El almirante Cervera, Jefe de la flota española, conocía perfectamente su situación. Marchó a la derrota porque creyó

CAP. IV. *Dura campaña*

que debía ofrendar su vida y la de sus hombres al honor de España y también al mantenimiento de las instituciones monárquicas. Cuando recibió las instrucciones (que leídas *a posteriori* parecen fantásticas) de seguir a Cabo Verde, pasar por Puerto Rico, entrar en Santiago y luego en La Habana, para amenazar desde esta ciudad a la vez a Nuev Orleáns y a Nueva York, manifestó que las autoridades que dictaron tales instrucciones no estaban en su juicio.

Y en efecto, después de una frustrada tentativa americana de embotellar en la bahía de Santiago de Cuba, a la escuadra española, ésta salió con audacia, viró a la derecha como para recorrer la costa de la Isla, pero fue detenida en el empeño por el fuego de los cañones, que alcanzaban las mayores distancias de la época. Esta victoria, seguida de la amenaza de un ataque a la Península misma, hizo fácil la propuesta y la aceptación del armisticio. En tierra, donde España era considerablemente más fuerte pues podía contar con cerca de doscientos mil hombres, se peleó poco. Los americanos enviaron algunos millares de soldados, audaces y valientes también, pero mal organizados y peor dirigidos.

Las fuerzas cubanas, por otra parte, después de declarada la guerra hispano-americana, se duplicaron en número. De unos treinta mil, llegaron a unos sesenta mil. Solo que después de tres años de campaña, y dadas las terribles circunstancias en que la hicieron, tampoco los cubanos tenían ánimo de empezar una guerra de maniobras. Los españoles ni siquiera intentaron concentrar sus tropas, sino que quedaron en sus cuarteles defendiendo a la población civil que vivía a su lado. Salvo un aislado intento del General Pando, que quiso ir a atacar a las tropas cubano-americanas que rodeaban Santiago, frustrado por las tropas cubanas que le salieron al al paso, los españoles que ocupaban las ciudades quedaron a la defensiva esperando los resultados de la lucha naval.

En nuestras discusiones en el campamento, yo sostenía (erróneamente, lo reconozco) que España prolongaría su resistencia en tierra. Villuendas, aseguraba que ganaría en el mar. El General José Miguel era del parecer que la antigua Madre Patria lucharía, no para alcanzar un éxito, sino solamente como cuestión de honor. La mayoría seguía esa opinión.

De la deficiente organización del Ejército americano desembarcado en Cuba, yo tuve una prueba directa. El General Miles, Jefe de las operaciones militares de los Estados Unidos, envió, como ya he dicho, un núcleo de soldados a las órdenes de su capitán, llamado Johnson. Después de él había un teniente, segundo jefe, que nosotros considerábamos como alemán, como en efecto lo era de origen. Las tropas eran de color y ascendían a unos cincuenta hombres. Su utilidad era mínima, porque no estaban acostumbrados a la técnica de nuestras luchas, ni a nuestro género de vida necesariamente duro. Máximo Gómez en cuyo honor habían venido, después de una molesta experiencia se deshizo de ellas, y las puso a las órdenes de José Miguel Gómez, quien los llevó al ataque del poblado de Jíbaro. El capitán Johnson, tras haber los cubanos tomado todas las posiciones, fue a una de ellas, a la principal, y bajó la bandera cubana sustituyéndola por la estadounidense. La prudencia de los jefes cubanos evitó ese día un grave incidente. El General José Miguel hizo poner a todas sus fuerzas en plan de combate y luego parlamentó con Johnson. Este aceptó las condiciones impuestas por el jefe cubano, alcanzando él mismo la bandera cubana y saludándola con tres descargas cerradas de sus tropas.

Otro incidente, más grave que el primero, perturbó la alegría de la victoria del Jíbaro. Los dos jefes americanos atacaron recíprocamente a sus respectivas tropas. Fue preciso arrestarlos, privarles del mando y enviarlos bajo proceso regular al Cuartel General de Máximo Gómez. Con ellos fui enviado yo también, pues se trataba de un caso judicial. Máximo Gómez el oír el relato de lo acontecido, exclamó: "A estos hay que fusilarlos".

Yo pude, al fin, convencer al General de que el Capitán Johnson y los suyos constituían una unidad aparte de nuestros ejércitos, y que por tanto gozaban del derecho de extraterritorialidad. Las lecciones del erudisto Pasquale Fiore resonaban todavía en mis oídos. De acuerdo con mi criterio resolvió que una comisión militar llevaría a Johnson y a su teniente a la jefatura del Ejército americano, en Santiago de Cuba. Quien estudie las peripecias de las fuerzas de los Estados Unidos en Cuba, en 1898, y piense en la participación de los americanos en las últimas guerras mundiales, se verá obligado a exclamar con Virgilio: "*Quantum mutatus ab illo*".

Así como nos había sorprendido y alegrado el anuncio de la intervención de los Estados Unidos, con bastante sorpresa y alegría nos vino también el de la paz. Las poblaciones cercanas literalmente se desbordaron en nuestros campamentos. Qué días más bellos fueron aquellos. No se trataba solo de la paz: era toda la estructura de la civilización la que volvía a nosotros. De nuevo penetrábamos en nuestras costumbres medio olvidadas. Mi pantaloncito roto, solo suficiente para taparme mínimas partes del cuerpo, fue sustituido por un traje completo y nuevo que me hacía presentable a los visitantes. Era un regalo de la familia a José Miguel Gómez. En las comidas volvieron a aparecer el tenedor, el cuchillo y la cuchara, que ya habíamos olvidado. Volvimos a ver sillas. Más tarde gozamos de la voluptuosidad del lecho. Los libros volvieron a alegrar nuestros ojos y nuestra inteligencia. Los rostros de las mujeres, sus maneras, sonrisas, trajes, deleitaban nuestras almas. Las pocas muje-

Cap. IV. *Dura campaña*

res que yo había visto en algún bohío tupido eran escuálidas sombras del dolor y de la muerte. Y a las puertas de la paz nuestros campamentos se disolvían como por encanto.

"He recibido una carta de casa, me voy mañana" —decía Regueira—. A su vez Thomas Armstrong desapareció de nuestra vista. Jorge Villuendas, moribundo terminó su vida en La Habana, mientras Enrique estaba muy grave. Los acompañamos hasta Tunas de Zaza, como en una especie de entierro anticipado. Los supervivientes de la cohorte de los Pina se perdieron camino de Sancti Spíritus. Llegada la paz los Pina eran todavía una cohorte, pero cubiertos por la tierra húmeda quedaban los restos de algunos de ellos en los bosques de Cuba Libre.

Matías Duque corrió a encontrar a su esposa. Casi todos mis compañeros fueron marchándose. Yo me quedé de Jefe de Brigada, pero de una Brigada esquelética, ¿qué hacer? —me preguntaba—.

Un aviso, uno más del Cuartel General de Máximo Gómez, vino a sorprenderme, ordenándome trasladarme allí. Esta vez el General en jefe dormía tranquilo por la primera vez en tres años y bajo techo. Estaba en el Central Narcisa, de los hermanos Fowler, descendientes de padre inglés, muy cubanizados ellos y que habían contribuido generosamente a la causa de la Independencia.

Esta última visita al Jefe supremo tuvo tres objetivos. El más importante era el de no dar más licencias a los soldados, mientras no se conociesen las intenciones exactas de los Estados Unidos sobre Cuba. El segundo se refería a una apremiante súplica que yo le había hecho, de la cual había tratado en el pequeño periódico que publicaba con el título de *La Nación*, referente a las múltiples defunciones por hambre, pues todavía la sufríamos en plena paz como durante la guerra. y el tercero se relacionaba con la visita a Gómez que le hizo Francisco Federico Falco, el joven doctor que en Roma representó a la República en armas.

El primer punto fue aceptado por mí como una orden. Y el tercero se había solucionado mientras yo estaba en camino, o sea antes de mi llegada. Falco creía estar en el Ingenio Narcisa como en el Café Aragno en Roma, cuando discutía con algún camarada brillante polemista como él. No conocía a este hombre curtido en el caldero de todos los peligros y educado en la escuela de todas las violencias. Tratar con el viejo guerrero era inconcebible. Falco colmó la copa pidiéndole un día le dejara tomar sus medidas craneanas para hacerle un estudio psíquico. En aquel tiempo, como es sabido, dominaba Lombroso con su escuela, de la cual el joven doctor formaba parte. Máximo Gómez echó a Falco de su Cuartel General. Más tarde Falco, con la elevación de un intelectual serio, escribió un magnífico estudio laudatorio titulado *El Jefe de los mambises*.

En cuanto al segundo punto, el del hambre que prevalecía, el viejo hombre de guerra se enterneció por el relato que le hice de la que continuaba sufriendo nuestra Brigada. El cuadro de este contingente de fuerzas, aunque disminuido, era extremamente patético. Yo le repetí al General la frase que había usado en mi artículo del periodiquito *La Nación*: "Mientras en La Habana se bebe champagne al grito de 'Viva Cuba Libre', en Sancti Spíritus sigue muriéndose con este mismo grito".

Le referí que esta ciudad, el nuevo Alcalde, un compañero nuestro se había negado a mandar víveres y que solo había enviado unos pocos cuando le previne que me preparaba a saquear algunos barrios.

Oído todo, el General resolvió darme una carta-orden para una casa importadora de víveres de La Habana, a fin de que me abasteciera de arroz, frijoles y algunos otros productos por valor de cuatro mil dólares. Y exclamó: "Ahora se puede ir".

Salí de la casa principal del Ingenio muy preocupado. "Ahora me puedo ir", pero ¿a dónde? —A La Habana, evidentemente... Lo malo era que no tenía un solo centavo en el bolsillo. Volver atrás a pedirle a Máximo Gómez que me diera dinero para hacer el viaje, significaba perder la buena reputación que se había formado de mí. El concepto del viejo rebelde era: "Cuando se recibe de mí una orden, hay que cumplirla sin pedir auxilio ni poner condiciones; el jefe no debe pensar en esto; el que debe actuar tiene que buscar los medios".

Por otra parte yo me hubiera muerto de vergüenza antes de ir en busca de dinero. Es una cosa que no he hecho nunca, en ninguna circunstancia de mi vida. Decidí entonces actuar como suponía que se actuaría en una sociedad comunista. Digo esto porque he estado en una nación comunista y he podido ver que en ella el dinero tiene el mismo atractivo que en una sociedad capitalista.

Pues bien, fui al tren de pasajeros después de haber usado el pequeño tren del Ingenio. "Soy Coronel del Ejército Libertador, en misión del Cuartel General" —dije al conductor— Me saludó con todo respeto. En el tren me encontré con el Teniente Coronel José Miguel Tarafa, quien por mis explicaciones al conductor dedujo que yo no tenía dinero y me lo ofreció. Me negué aceptarlo. En la estación de Santo Domingo, pequeña población de Las Villas, mientras todos pedían unas *jabas* preparadas que costaban sesenta y cinco centavos, pedí un sandwich pequeño, y alegué mi condición de miembro del Ejército Libertador. Igual saludo respetuoso y hasta un sonreír amable. Los dueños del kiosko de venta eran, por añadidura, españoles. En La Habana llegué a casa del doctor Duque, en el Cerro. Al día siguiente hice todo: comí, dormí en La Habana una segunda noche, siempre con los bolsillos vacíos. En este segundo día salí en tren para Cienfuegos, con la mercancía que me había

CAP. IV. *Dura campaña* 107

dado el almacenista, sin pagar nada a nadie y sin que nadie me hiciera una sola pregunta.

En Cienfuegos, ayudado por el doctor Escobar y el abogado Dámaso Pasalodos, tomé el vapor que me llevó a Tunas de Zaza, que es el puerto de Sancti Spíritus. En esta ocasión empecé a amar a la ciudad de Cienfuegos, que luego adopté como si fuera el lugar de mi nacimiento. Los dos amigos de ocasión (por el momento, pues los encontré en la calle) me llevaron al Liceo y me presentaron a muchas personas que luego fueron mis fieles electores y constantes compañeros de luchas políticas.

En Tunas de Zaza, en donde antes había fijado la jefatura de la Brigada, y ahora fijaba la de la División por ausencia del General que la mandaba, me encontré con la más agradable sorpresa: Petriccione, que había terminado la guerra de Santiago de Cuba después de mil peripecias y había recibido de su casa una buena suma de dinero. Una vez más este hermano del alma puso todo lo suyo a mi disposición. Yo, como en el primer caso, no abusé. Con Petriccione tuvimos conversaciones. ¿Qué haríamos? Quedarnos en Cuba estaba fuera de nuestros propósitos. Sería considerarnos mercenarios, decíamos. Nuestro acto perdería toda su alta y pura significación. No. Iríamos a las Filipinas a continuar la lucha. Y durante numerosos días estudiamos los medios para trasladarnos a tierra tan lejana. Pero muy pronto las Filipinas fueron cedidas por España a los Estados Unidos. Decidimos entonces volver a Italia. Debo echar una mirada retrospectiva sobre este propósito.

Tan pronto como pudimos tener relaciones fáciles con Sancti Spíritus, pensé dar más vida y fuerza a mi periódico que estaba saliendo en forma pequeña. Los Morales-Díaz, dos excelentes personas, se prestaron a hacérmelo imprimir y a pagar ellos la impresión en Sancti Spíritus. Como yo todavía conocía el español rudimentariamente, me ayudó básicamente el doctor Fernando de Zayas, entonces poeta de tonos amables y luego severo magistrado de Audiencia. *La Nación*, el pequeño periódico, publicó artículos del General Máximo Gómez y de muchos otros jefes. Yo escribía continuamente bajo la corrección gramatical de Zayas. El programa enarbolado y seguido por mí era el de "paz y concordia". La Revolución no debía hacer de Cuba un campo de explotación de los que la habían hecho, sino una patria para todos, incluyendo hasta los guerrilleros y los españoles que habían peleado contra nosotros. El concepto de la Revolución bienhechora, favorable a todos, a amigos y a enemigos, lo había anunciado proféticamente José Martí en sus escritos, en sus versos y en sus acciones, y lo había hecho proclamar por el pueblo cubano sublevado en armas, con el *Manifiesto de Montecristi*, que firmó también Máximo Gómez. Y Martí, para que el hado protector de los pueblos libres lo elevara por encima de otros nobles libertadores que han ilustrado la historia del mundo, cayó en pleno campo de batalla. Con vista a todo ello, el pueblo de Cuba estaba doblemente preparado para una paz altruista y generosa, esencialmente humana.

Al armisticio siguió la paz. El Senador Proctor había limpiado de toda duda la mente de Máximo Gómez en cuanto a las ambiciones americanas sobre Cuba. Una Asamblea cubana reunida en Santa Cruz del Sur había enviado una Misión a los Estados Unidos, la cual negoció un arreglo práctico sobre la disolución del Ejército Libertador que a su regreso trajo con la convicción de que la Independencia sería un hecho.

Con vista a todo ello nuestro grupo de Tunas de Zaza, espectro de una antigua División bélica, no tenía ya razón de permanecer donde estaba, y Petriccione y yo preparamos, pues, nuestra vuelta a Italia.

Segunda Parte

CAPÍTULO V

EL CAMBIO DE CIUDADANIA

Cuando Petriccione y yo nos preparábamos a salir de Sancti Spíritus a fin de iniciar, vía La Habana, nuestro regreso a Italia, se anunció públicamente la llegada del General José Miguel Gómez. La Asamblea de Santa Cruz del Sur, de la cual formaba parte, le había enviado, con otros cuatro de sus miembros, en una misión a Washington, la que presidía el General Calixto García, ya considerado como futuro Presidente de la República. El General García, atacado por una pulmonía fulminante debida a los fríos del norte, murió en la capital americana, y José Miguel le sustituyó en el alto cargo. Cumplida la misión con éxito, el pueblo de Sancti Spíritus preparó el recibimiento al ilustre compatriota, quien habiendo alcanzado los más altos grados militares en la guerra, ahora sobresalía en la carrera de los honores ciudadanos. El Estado Mayor de José Miguel (menos Enrique Villuendas y el doctor Duque, quedaron en La Habana) se reunió para recibirlo con la pompa que se merecía.

Debemos aclarar que la Isla de Cuba durante la Colonia se dividía en diferentes zonas en cuanto a comunicaciones, y por tanto también a las relaciones entre vecinos. El Occidente terminaba en Placetas. El Centro lo constituían Sancti Spíritus y todo el Camagüey. Y por último estaba la provincia más grande, llamada Oriente. Para trasladarse por tierra de La Habana, que era la Capital, a Santiago de Cuba, había que hacer un viaje de muchos días, fatigoso e inseguro a causa del estado de los caminos, que eran intransitables en el período de las grandes lluvias. Esta situación había creado un fenómeno muy conocido: que muchas familias ricas de Oriente y de Camagüey (más de la mitad de Cuba) frecuentaban Nueva York, París y Madrid, y no La Habana, debido a que ésta más que una capital constituía una dificultad administrativa.

Ciertamente se habría atenuado aquel desequilibrio de la vida común estableciéndose más líneas marítimas, pero éstas eran lentas e incómodas. Además, por las continuas etapas intermedias, en el conjunto resultaban poco eficientes.

El General José Miguel Gómez tuvo que hacer la última jornada a caballo. Reunidos sus antiguos colaboradores antes de que llegara, decidimos ir a Placetas a darle escolta de honor hasta Sancti Spíritus. En la casa de la familia Gómez, aquella memorable noche de su llegada hubo un gran banquete. Esta era una de las mansiones tropicales que podían albergar a numerosísimas personas, así como a una tribu de protegidos y sirvientes. Allí estaba, anciano y venerable, el padre del festejado, los hermanos Joaquín y Mariano, la esposa Doña América Arias, cuyas cartas, que habíamos oído leer durante la guerra, daban aliento para mayores audacias al marido, aun siendo en otro sentido dulces y benévolas.

También estaba jovencito, todavía un niño, Miguel Mariano Gómez, el hijo amado que luego sería destacada personalidad en la vida republicana, llegando en buena lid electoral a la presidencia de la República, de la que fue destituido por el Senado a influencia de la fuerza militar sobre el Congreso.

Esa noche memorable se produjo el momento decisivo de mi existencia. Después del banquete, al final del cual brindamos por su gloria y formulamos augurios sobre su porvenir, que luego se realizaron, el General José Miguel se retiró a una de las habitaciones laterales y me hizo llamar, rogando a todos le esperaran un momento. Al quedar solos, nos sentamos y me dijo, con aquella voz grave, que a pesar del tono bajo resultaba hasta acariciadora.

—Lo que que le digo a usted ahora, en esta casa no lo sabe nadie, pero después de haber hablado con usted lo haré público. He sido nombrado Gobernador de Las Villas. Este cargo me honra mucho. Será uno de los seis cargos más importantes del período sin duda breve, de la Intervención de los Estados Unidos en Cuba. Yo deseo vivamente que usted sea el Secretario del Gobierno que, como usted sabe, es el funcionario que sigue en importancia al Gobernador, y lo sustituye en caso de ausencia.

— General —le contesté, terriblemente emocionado— si acepto ahora un cargo cualquiera, borro de mi conciencia y del aprecio universal la noble aventura de haber peleado por la independencia de un pueblo.

—No, Ferrara, porque ésta es ahora su patria. A ella no le puede negar su talento y sus esfuerzos. Vuelto usted a Italia no se adaptaría a las viejas costumbres, que fueron la causa íntima que le impulsaron a venir a Cuba. Volvería usted a ser el rebelde que lucha por un lejano ideal, gastando la vida en infructuosa palabrería. ¿Ha pensado usted en lo que haría en Italia? Quedaría de abogado en un ambiente que ya no es el suyo. Usted sabe, en cambio, lo que puede valer a su espíritu la labor intensa de ayudar a crear un Estado. Piense en nosotros, que después de haber destruido todo, debemos crear una nación con un Poder Ejecutivo eficiente, con un Parlamento ilustre, con una judicatura completa y competente. Debemos organizarlo todo, lo grande y lo pequeño: las Escuelas, los Correos, los Hospitales, en fin, debemos elevar la vida colectiva a la altura de la de los grandes pueblos. Esta obra es más noble aún que la de pelear. Y solamente con ella justificamos el hecho de haber peleado. El guerrero se diferencia del asesino por las finalidades creadoras a que aspira y que realiza.

—General —le interrumpí— Usted tiene toda la razón, pero no puedo, no puedo. Le ofrezco volver a Cuba, pero más tarde. Yo sé que me sería imposible borrar a Cuba de mi porvenir, pero por ahora no puedo...

—Muy bien, muy bien. Veo que su decisión es irrevocable. Para mí y para sus amigos cubanos usted siempre será uno de los más agradables recuerdos de nuestra guerra.

Quedó un momento pensativo y luego agregó en tono mayor pero más serenamente:

—Escríbame entonces una carta dirigida al Gobernador americano General Brooke, diciéndole que, aunque lamentándolo mucho, razones familiares me impiden aceptar el cargo de Gobernador de Las Villas que se me ofrece.

Yo me quedé anonadado y le repliqué:

—General, por ningún concepto debe usted tomar esta decisión, mil veces no. En ese caso le prometo quedarme a su lado.

Y es que todo, en efecto, me invitaba a quedar en Cuba. Cuanto me había dicho aquel hombre ilustre, equilibrado, ecuánime, que tenía delante, era cierto. ¿Qué iba a hacer yo en Italia? ¿Graduarme y luego ir a los Tribunales o dedicarme al Profesorado universitario? En ambos casos quedaría encerrado en un rígido sistema de vida tradicional en el cual toda rebeldía era un cuchillo que se interpone entre el padre y el hijo, y también entre el éxito y nuestra conciencia. En cambio, en Cuba la revolución continuaría en su más bella fase. ¡Cuántas reformas humanas había yo soñado leyendo a los clásicos de la Política y de la Economía! En la Italia de entonces, pensar en su adopción resultaba falaz. En los países viejos toda reforma provocaba batallas infinitas, arguyendo cada uno a su manera para llegar a transacciones absurdas. Además yo sería un *Don Nadie*. En Cuba, que se libraba del sistema colonial, podría actuar con plena libertad y con voluntad decidida. Y había aún algo más: la promesa hecha a la señorita María Luisa Sánchez, que ya se había trasladado a La Habana, ciudad en la que sus dotes le habían formado un ambiente que espoleaba mis aspiraciones matrimoniales. Y, en tesis más general, no me era agradable abandonar ahora las infinitas amistades formadas en la defensa común durante una larga guerra, y robustecidas por los enormes sacrificios comunes.

El General José Miguel tenía razón. Yo probaría más tarde que no era un mercenario ni un emigrante. Daría a la nueva colectividad mi corazón, lo mejor de mi cerebro y mis más activos esfuerzos.

Petriccione, siempre amable, estuvo de acuerdo. Yo fui Secretario del Gobierno Civil de Las Villas y mi buen compañero fue primeramente Administrador del Acueducto de Cienfuegos y luego, al establecerse la República, entró en el Cuerpo Consular representando a Cuba primero en Marsella, más tarde en París y, después de un período de actividad mercantil, volviendo al servicio consular, por muchos años Cónsul en Barcelona. El respeto público acompañó siempre a este hermano mío, cubano de adopción como yo, hasta su muerte a la respetable edad de los 86 años.

El General José Miguel y yo, después de pasados algunos días nos trasladamos oficialmente a Santa Clara, capital de Las Villas.

El investigador histórico de este período cubano advertirá fácilmente que el único gobierno civil verdaderamente autónomo fue el de esta provincia. La causa inicial se debía a que la sola capital en que la Intervención militar americana no nombró un jefe superior del Ejército ocupante, fue la ciudad de Santa Clara. Nosotros, dependíamos de Matanzas, donde el General Wilson tenía el gobierno civil de esa provincia. Es preciso advertir que la organización militar americana que debía gobernar a Cuba se mostró tan deficiente, como durante la guerra terrestre. Todo fue confuso, sin reglas, sin orden. Los jefes de Regimiento, más que militares, eran hombres civiles que querían hacer del territorio que ocupaban, una imitación reducida del Estado del cual procedían. Me bastará con dar un ejemplo para explicarme mejor.

El señor Cordell Hull era Coronel Jefe de Regimiento N.º 4 de Tennessee, a quien más tarde encontré en Washington como presidente de la Comisión de Relaciones Exteriores de la Cámara. El me había nombrado, antes de ser yo Secretario del Gobierno Civil de Las Villas, miembro de un Comité de Estudio para redactar los Códigos civil y penal, que debían aplicarse a los entonces pequeños y poco poblados municipios de Sancti Spíritus y Trinidad. Los otros compañeros nombrados en el Decreto eran Penadés, un médico; y Sánchez, un gran propietario y abogado de Trinidad. Inútil decir que ni siquiera nos reunimos

Cap. V. *El cambio de ciudadanía* 115

una sola vez, a pesar de haberse publicado la Orden en los periódicos locales y notificado a nosotros.

Por culpa de este completo desorden jurídico, de hecho, hubo en Las Villas dos gobiernos: uno formado por las fuerzas de ocupación, bastante imperativo: y otro por el Gobierno Civil cubano, compuesto, por personas respetables. El General Brooke, persona honorable y jefe supremo, apoyaba a la rama civil cubana porque estaba convencido de que la intervención se retiraría lo más pronto posible, dejando a Cuba independiente. En cambio, el General Wilson en Matanzas, trató de someternos a su autoridad, lo cual no consiguió precisamente por el apoyo que el Gobernador José Miguel Gómez recibía del General Brooke a través de su consejero el doctor Domingo Méndez Capote. El Gobierno Civil villareño tuvo un choque decisivo con el General Wilson, en el tiempo en que yo había asumido, *ad interim,* la jefatura del Gobierno, por ausencia del General José Miguel.

En Sagua la Grande una fábrica de alcoholes evacuaba sus mostos en el río Sagua. Los mostos envenenaban las aguas, provocando enfermedades, y mataban al ganado que las bebía. Habiéndose quejado, con harta razón, los propietarios de las riberas del río, envié una comisión de personas respetabilísimas y competentes para estudiar el caso, y por recomendación de la misma ordené que los mostos fueran depositados en fosas *ad hoc,* pero en ningún caso desahogados en el río.

El propietario del alambique acudió al General Wilson, quien me ordenó revocar la orden. Repliqué que no podía hacerlo. Wilson me llamó entonces con urgencia a Matanzas. Fui en cambio a La Habana, presenté el caso al Secretario de Gobernación, y éste me dio la seguridad de que mi punto de vista sería apoyado por el Gobernador General Brooke.

Al día siguiente me dirigí a Matanzas, encontrándome frente a frente con Wilson. La escena no fue agradable. En el curso de la conversación (ya de tonos vivos, pues él insistía en que debía primero cumplir la orden y luego discutir) yo replicaba que nunca cumpliría una orden errónea. El General norteamericano hizo alusión entonces a la posibilidad de que hubiera corrido algún dinero entre los empleados del Gobierno Civil. Le contesté con mucha frialdad: "Garantizo con mi cabeza a todos los empleados cubanos. Pero es muy probable que usted tenga razón y que haya un delincuente. Búsquelo usted entre los empleados norteamericanos que le rodean".

Wilson se puso de pie y me ordenó con voz y ademanes descompuestos que saliera inmediatamente. Le advertí que me tratara con respeto, pues en caso contrario olvidaría yo también que estaba hablando con un alto funcionario de la Intervención, y salí lentamente de la habitación, satisfecho de que las cosas no tomasen un peor rumbo. En definitiva, la orden mía se cumplió y no volvimos a oír hablar del General en Jefe de Matanzas por largo rato, pues ya no tuvimos comunicaciones continuas con él. Supimos más tarde que un funcionario a las órdenes directas del General Wilson había sido enviado a los Estados Unidos y procesado. El General Brooke, por otra parte, aprobó cuanto había hecho el Gobernador de Las Villas, ordenando a Wilson que no se mezclara en los asuntos cubanos de esta provincia, los cuales pasaron al Coronel Bates. Muchos años después, Wilson, retirado en Washington, me invitó a su casa y recordamos las horas buenas de Cuba, olvidando las malas. La amistad surge también de las contestaciones. El americano del Norte borra sus defectos con espíritu de justicia y sobre todo de tolerancia.

He traído principalmente a la luz de estas memorias aquel enojoso incidente, porque deseo poner en evidencia que el cubano era en aquellas horas primeras de la libertad política, de una pureza intachable. Salía de una lucha ideal dispuesto al sacrificio y estaba animado de una noble dignidad. El americano, en cambio, aunque cubierto de galones y de cruces, era un exponente político de algunos Estados, teniendo de militar nada más que la graduación adquirida en las milicias locales y elevado por una guerra en la que no combatió. Es harto conocido, gracias a la literatura propia de los Estados Unidos, que a fines del siglo pasado y a principios del presente, la moralidad de las administraciones públicas en muchas ciudades de aquella nación, no eran muy de admirarse. Poco antes yo había escrito en la *Revista Popolare Italiana,* dirigida por el profesor Napoleón Colajanni, un artículo bastante severo sobre este argumento, trabajo que fue luego citado por el propio Colajanni en un libro que gozó de alguna celebridad bajo el título de *Latini ed Anglosassoni*. Pero debo hacer constar que al escribir la verdad establecí un cierto antagonismo que por largo tiempo quedó vigente entre los funcionarios estadounidenses y mi persona.

De todos modos, con la mayor libertad el General José Miguel organizó la administración de Las Villas. Para los municipios se sirvió del personal cubano dejado por los españoles, así como de un buen número de miembros del Ejército Libertador. Yo le asistí en esto, y también en la organización de los hospitales, de las cárceles y de algunos asilos. Como puede verse en la memoria completa que dejamos del primer año de gobierno civil, como también por la del segundo año, nuestro gobierno provincial tuvo todas las facultades y las usó con acierto.

Yo serví la secretaría y sustituí al Gobernador en varias ocasiones, y más tarde, habiendo sido el General José Miguel Gómez elegido miembro de la Convención Constituyente, ocupé su cargo por Decreto del Gobernador General Norteamericano. Mas, yo también, como lo explicaré más adelante, me vi obligado a ausentarme algunas veces, y a poco de mi re-

Cap. V. El cambio de ciudadanía

greso tuve que dimitir, a causa de mi inconformidad con la política del nuevo Gobernador Militar de la Isla, el General Leonard Wood.

Pasemos ahora a explicar estas dimisiones, que estimé necesarias. El cuadro de Cuba, al terminarse la guerra, no puede comprenderse considerado a distancia. La miseria era general. Los profesionales en su mayoría ganábamos menos de cien pesos mensuales en las provincias. Los sueldos de muchos funcionarios no llegaban a los 40 ó 50 pesos. El Gobernador alcanzaba los trescientos y yo solo ciento sesenta y seis, con una afortunada excepción. Los obreros técnicos no pasaban de un salario de cuarenta y, en raros casos de cincuenta centavos. En Las Villas el hambre era general. Virtualmente se continuaba dando el espectáculo de la manigua africana y de los campos de concentración de Weyler. Por las calles de nuestra capital de provincia, entonces en horrible estado, los pordioseros rivalizaban en número con los otros peatones. Las estadísticas de mortalidad presentaban un porcentaje casi triple del actual, que, dicho sea de paso, es el más bajo de las Américas.

Yo había hecho estudios económicos bastante buenos y de amplia tendencia. No le temía a las palabras. Mis profesores en esta materia habían sido Maffeo Pantaleoni y Francesco Saverio Nitti, y al dejar la Universidad aparecía la famosa teoría de los altos salarios, que me sirvió luego como tema básico para una de mis tesis de doctorado. Así, aquel espectáculo de dolor me parecía doblemente inútil y fácilmente remediable. Había que redimir a Cuba aumentando los salarios, a pesar de todos los pesares.

Me puse entonces a la cabeza de un movimiento de este género. En Cienfuegos encontré algunas facilidades para mi empresa. Los hombres que se calificaban de ricos ya en aquel tiempo y que, en el fondo no lo eran, me ayudaron mucho. Sus apellidos han sido célebres en la economía cubana, entre otros: Castaño, Suero Balbín, Gutiérrez, Falla Gutiérrez, Cardona, Nazábal. Eran todos españoles, menos Cardona, y tenían interés y placer en que prosperase la tierra que habían adoptado como propia. Sus fortunas no eran muy extensas. Una liquidación hecha entonces de la riqueza cubana a los precios de pocos dólares por caballería de tierra, con ingenios de azúcares que no valían nada porque se hallaban en todo o en parte en ruinas, con vías de comunicación intransitables, con alquileres de casas ridículamente bajos y que por añadidura pocos pagaban, una liquidación en esas condiciones, repito, hubiera sido irrisoria.

Estos hombres que luego, al morir, cada uno dejó varios millones de dólares, no poseían un capital de muchos miles de pesos. Castaño, que en aquel entonces se consideraba el más rico, me dijo cinco o seis años después, cuando el cuadro cubano había ya perdido los oscuros colores de la miseria:

—Mire usted, se comenta por ahí mi habilidad en hacer dinero y dicen que yo aprieto al deudor, como un judío. Nada de eso. Yo tenía unos cuantos *centenitos* guardados. No crea usted que eran muchos, sólo que nadie o casi nadie tenía un centavo. Yo hubiera podido hacerme dueño de toda esta jurisdicción cienfueguera y no lo hice, no porque no lo quise, sino porque saqué el cálculo y me reservé siempre algún dinerito para afrontar los acontecimientos imprevistos. Lo que invertí después se centuplicó repetidas veces. Pero no ha habido en ello ni habilidad ni judaísmo.

Y tenía razón, ya que cuando se le podía pagar el dinero prestado, facilitó siempre la devolución de la propiedad gravada. Esos españoles fueron buenos compatriotas de los cubanos, y fueron queridos y respetados desde el comienzo de la República.

En Cienfuegos, de acuerdo con la petición de los obreros, los salarios fueron aumentados a satisfacción de ambas partes. Yo gané popularidad en esta zona, que luego fue mi habitual distrito electoral. Mas en Sagua, segunda ciudad de la Provincia, las cosas pasaron de manera distinta. En ella residían la Dirección y los Talleres del Ferrocarril provincial de Las Villas. El Problema allí era más complejo.

Frente a la resistencia patronal usé la agitación de la plaza. La fisonomía económica de Sagua era distinta de la de Cienfuegos. En ella había un buen número de cubanos cultos, destinados a actividades económicas, como los Machado, los Tomasino, los Gutiérrez Quirós, los Alfert. Había también españoles con negocios abiertos, quienes después de la guerra se habían retirado de toda función pública. Sagua además era más industrial que Cienfuegos, si de industrias se pueden calificar unos cuantos talleres. Repito, el problema se presentó más difícil, por lo cual libré la batalla con más vigor. El acto más importante fue una declaración de huelga de muchos obreros. La Compañía de Ferrocarriles era inglesa, su director también, y sufrieron las consecuencias. El jefe acudió rápidamente al General Wood. Acusó al Gobierno Civil, ya calificado de *anarquista*, de agitador de oficio, sin mencionar los mezquinos salarios, ni la vida miserable de sus obreros en huelga. No valía el argumento poderoso de que las entradas de los capitalistas, después de unos dos años, habían aumentado el doscientos por ciento. Wood, que como casi todos los gobernantes prefería la paz a la justicia, me mandó llamar para que le visitara en la vieja "villa" de Trinidad. Era largo el camino de Sagua a Trinidad. Hice el viaje a caballo y empleé algunos días en la jornada. Fui, porque había que obedecer, pues lo ordenaba el General Gobernador,

Cap. V. El cambio de ciudadanía

y además porque esperaba convencerle fácilmente en favor de la causa obrera.

Yo no conocía al General Wood, quien después de haber sido médico de la familia Mac Kinley, Presidente de los Estados Unidos, fue militar en la época de la guerra Hispanoamericana. Ascendió más tarde hasta General en jefe de los ejércitos americanos y llegó a ser hombre civil de gran resonancia, al punto de recibir muchos votos en la convención republicana llamada a escoger el candidato del partido a la presidencia de la nación.

Pero mi viaje fue inútil. El General Wood no quiso recibirme. Es más, pasó delante de mí, mirándome por encima del hombro y haciendo sonar las espuelas. Afuera le esperaba su escolta y montó a caballo saliendo al galope. Yo no me quedé callado, y algunos calificativos desagradables le fueron comunicados. Volví muy molesto para Santa Clara, pues por la primera vez en mi vida sufría de preminente humillación. Escribí un artículo violento, de esos que no se perdonan, en un periódico local llamado *La Perseverancia*. No lo firmé, pero al remitirlo autoricé a la imprenta, que pertenecía a los Quiñones, a "que pusieran mi firma si fuera necesario o lo exigiesen las autoridades militares", como igualmente a revelar el nombre del autor. No podía quedar en el puesto, y hasta comprendí que debía irme rápidamente de Cuba.

En Cuba, después del Gobierno del General Brooke, vinieron ocurriendo algunos actos de represión violenta contra supuestos culpables sin llegarse a los tribunales, lo que tuvo repercusiones adversas en nuestra República, de tiempo en tiempo, en lo moral y en lo material. Ya para esta fecha de la Gobernación del General Wood, los hornos del *Narcisa*, el ingenio de que he hablado y en el que tiempo atrás me entrevisté con el General Máximo Gómez, habían servido de hornos crematorios para hacer desaparecer los cadáveres de dos miembros del Ejército Libertador, uno de ellos, el del Coronel Legón. Ambos habían sido acusados de no sé qué delitos. Debo advertir que mis encuentros con el General Wood no se limitaron a la huelga de Sagua. Yo había protestado enfáticamente cuando él destituyó la Sala de lo Civil de la Audiencia de La Habana. Y repetí igual protesta cuando retiró el reconocimiento que el pasado gobierno metropolitano había otorgado al Colegio de Abogados. El General Wood tomó esta decisión a causa de la actitud asumida por el Colegio frente al acto arbitrario de la destitución aludida. También yo había presentado una fuerte queja cuando se exigía a los funcionarios cubanos que rindieran recibos múltiples por gastos mínimos, mientras que para los americanos bastaba su declaración personal de haber efectuado el pago. A este desacuerdo entre el Gobierno supremo y omnímodo del General Wood, y el de la Provincia de Santa Clara, le di publicidad en la segunda Memoria Anual del Gobierno Provincial.

Un tercer incidente grave se presentó debido al nombramiento de un juez en la ciudad de Santa Clara. Esta población, por motivos que yo consideré justificados, se opuso a la toma de posesión del cargo por la persona nombrada, la que tuvo que regresar en el mismo tren a La Habana. El General Wood, muy irritado ordenó a su Jefe de Estado Mayor, que formara expediente contra los culpables de tanta osadía. Yo recibí al importante investigador en las Oficinas del Gobierno, las que puse a su disposición. Debo aclarar que nunca he visto en mi vida una manifestación cívica más enérgica de la que se formó espontáneamente en la ciudad villareña. Se presentaron a declarar, con pruebas fehacientes, los comerciantes, los abogados, los notarios, y todos los hombres importantes, con el Alcalde a la cabeza, que lo era a la sazón el General Gerardo Machado, quien, como es sabido, años después fue Presidente de la República. El Delegado del General Wood se retiró poco satisfecho, pero convencido de que era preciso rectificar la medida. Lo que su jefe hizo también de muy mala gana.

A estos incidentes se añadió mi actitud política en un sentido más general. En Las Villas concurrí eficazmente a organizar el Partido Republicano, el cual se extendió fácilmente a la Provincia de Matanzas. Fui a Pinar del Río, a interesar en ese propósito a mis colegas Sobrado y Caíñas y dejé puestas las bases de la primera comunidad de pareceres sobre las necesidades públicas. En La Habana, Méndez Capote, Párraga, Fonts* y otros me siguieron a instancias del General José Miguel. Lo mismo hicieron en Santiago de Cuba los Castillo Duany y Juan Gualberto Gómez, este último santiaguero de ocasión. En la campaña política que una tal organización requería, mi argumento político era que los interventores americanos estaban de más. En ellos veía numerosas deficiencias, debidas principalmente a su educación social y política, que a menudo los llevaba a no comprender al pueblo cubano tan distinto del norteamericano. En particular el General Wood no creía que podíamos gobernarnos por nosotros mismos. Y en efecto, hasta el mismo día en que se embarcó, el 20 de mayo de 1902, al cesar la intervención, manifestó a algunos de sus íntimos que se iba, pero que quizás tendría que volver dentro de unos seis meses.

A pesar de tantas deficiencias, reconozco que Leonard Wood fue el más popular de los gobernantes americanos en la Isla de Cuba. El más querido por la llamada sociedad y hasta por los de condiciones modestas.

---

* Se refiere a Carlos Fonts Sterling.

CAP. V. *El cambio de ciudadanía*　　　　　　　　　　　　　121

Pero, en realidad, no sabíamos qué cuerpo dar a esas bases de lucha cívica ya que todos queríamos quedar cultivando nuestros ideales. En un principio germinó la idea de formar un solo grupo de Veteranos. En Las Villas especialmente apuntaron esta idea los Generales José de Jesús Monteagudo y Gerardo Machado, pero Martín Morúa Delgado que era entonces secretario del Ayuntamiento de Palmira, y yo, la combatimos enérgicamente. A sesenta años de distancia, en esta hora filosóficamente sosegada en que escribo, mi conciencia queda tranquila y satisfecha al afirmar, que si bien se había registrado un desagradable incidente contra Máximo Gómez, en la Asamblea de Santa Cruz del Sur, quedaba intacta una solidaridad cubana que Wood había hecho vanos esfuerzos por romper. No quiero juzgar con un análisis pormenorizado el período de la intervención americana, pero puedo afirmar que no nos hizo bien más que en la espléndida campaña de higiene que llevó a cabo. Sin duda grandes sabios cubanos como Guiteras y Agramonte, aunque ambos educados en los Estados Unidos, fueron después de Finlay (el descubridor del agente transmisor de la fiebre amarilla), los grandes actores de la época en materia de higiene pública. Pero reconozco que fue la energía del gobernador americano la que hizo bajar de manera considerable el penoso cuadro de mortalidad pública.

En todo el resto de su actuación Wood probó una vez más que gobernar en tierra extraña resulta una invitación al abuso y al fraude. Estoy convencido de que el impulso patriótico de los cubanos de la Independencia hubiera sido suficiente para organizar nuestro Estado y darle desde el inicio un empuje más honorable y de mayor cooperación ciudadana.

Para terminar con mi período breve de funcionario administrativo, diré que renuncié el cargo por conducto del General José Miguel, a la sazón miembro prominente de la Convención Constituyente que ya estaba en funciones. Mi razón ante el público fue escuetamente: "que no quería continuar a las órdenes del General Wood". No recuerdo si después presenté algo más formal por escrito, pero no lo creo pues prudentemente me apresuré a salir de Cuba por consejo de los amigos, temiendo los famosos hornos crematorios. Sin embargo Wood cambió de actitud y hasta quiso "protegerme". Poco antes de terminarse sus funciones, o sea el 20 de mayo de 1902, me ofreció el cargo de Fiscal de la Audiencia de Las Villas. Tenía yo 24 años. Le contesté verbalmente, en amable entrevista, que le agradecería su oferta, sobre todo teniendo en cuenta mis pasadas *majaderías*, pero que deseaba ejercer mi profesión de abogado libremente. Me replicó "que hacía bien". Le vi años más tarde, en los Estados Unidos, en el viejo hotel Waldorf Astoria, rodeado de militares, cuando ya era Jefe del Ejército de su País, y después cuando la Convención del Partido Republicano discutió su nombre como candidato presidencial. En ninguna de las dos ocasiones pareció recordar su violento acto de Trinidad, ni el artículo mío del periódico de Santa Clara.

Si al retirarme de Las Villas quedé satisfecho de mi deber administrativo, y contento de mi apoyo a los desheredados, más lo estuve por mi intervención enérgica en la organización de la vida política de Cuba. Mis esfuerzos sumados a los de muchos hombres de valía, proporcionaron a nuestra Provincia un puesto de primer orden en el conjunto político de Cuba. Nosotros, en efecto, organizamos desde temprana hora el primer partido político de la República, con el nombre de Partido Republicano, si bien en La Habana los emigrados de Cayo Hueso y Tampa, vueltos a la patria, se reunían a su vez para hacer política, pero sin la amplitud doctrinal nuestra. Lo hacían como una consecuencia natural de la vida del exilio. A tantos años de distancia me parece que la constitución de los partidos políticos, por tratarse de un Estado nuevo nacido en plena civilización, estaba en el orden natural de los acontecimientos. Y quizás fuera fácil, en teoría al menos. Pero el hacerlo requirió mucha habilidad y una acción persistente, especialmente por la forma en que se hizo, o sea, sustrayendo toda la influencia personal, lo que resultaba arduo en un siglo en que todavía, en Europa como en América, muchos países estaban sometidos a la nefasta acción de las camarillas, y no a la voluntad popular. Nos ayudó mucho el grado de progreso en que ya se encontraba Cuba.

La Revolución de la Independencia no se hizo con un solo criterio político, pero en la organización del Estado los criterios diferían profundamente. Recuerdo que Aurelio Hevia un día planteó el problema con brusca claridad en su oficina de la Secretaría de Estado, de la cual era alto funcionario. Dijo, estando yo presente, que la conquista común era sólo la Independencia, no la Democracia o la libertad. Él creía en algunas libertades, pero no en todas. Y explicó el criterio que sobre este extremo tenían los conservadores en los países americanos, o sea que la libertad es un premio que se concede a los pueblos desarrollados, preparados y altamente educados. El Coronel Manuel Sanguily, que frecuentaba estas tertulias de la oficina de Hevia protestó recordando la evolución de las ideas políticas en la manigua cubana, especialmente en las asambleas de la Guerra de 1868-1878. Yo ataqué el aserto de Hevia, diciendo que la libertad no era un premio, sino un derecho innato, y que no podía dar frutos sino con su ejercicio constante e integral. Ni Sanguily ni yo decíamos nada erróneo, pero Hevia tenía razón en replicarnos que podía ser cierto cuanto afirmábamos, pero que también era cierto que los cubanos, y especialmente la masa cubana de 1895, en su mayoría, había tenido en cuenta, al luchar contra España, la Independencia y no la libertad.

Más tarde, en mi cátedra de Derecho Político de la Universidad, pude comprender bien esta realidad, la que, en labios de Hevia libertador, nos había parecido una herejía. Constaté que los cincuenta o sesenta alumnos que asistían a mis clases, en su casi totalidad eran contrarios al sufragio universal y al *Habeas Corpus*, como lo eran, de este último, casi todos los Magistrados con la excepción del señor Cabarrocas, del Tribunal Supremo.

La realidad es que, como explicaré luego, en 1898 nuestros revolucionarios sentían aún los ecos liberales mundiales de 1848, mientras que en 1895 triunfaban la Rusia zarista como potencia de primer orden, la Alemania militarista, Austria-Hungría que seguía siendo centro oligárquico con su respetable Casa reinante e Italia, todavía autocrática se debatía entre una Derecha ilustrada y una Izquierda de débil cohesión. Los Estados Unidos mismos, si bien se enorgullecían de sus éxitos internos, en América en general representaban una reacción que pronto debía desembocar en la política del Dólar y del *big-stick*.

Al General José Miguel Gómez y al grupo de jóvenes que le rodeaba, así como el doctor Alfredo Zayas, a Juan Gualberto Gómez, y a la cohorte habanera llegada de Cayo Hueso y Tampa con el Mustelier a la cabeza, se debe el hecho de que en Cuba se haya formado una corriente de opinión democrático-liberal, que se afirmó luego con la revolución de agosto de 1906.

Para que se comprenda este problema, con el cual toda la América Latina se ha enfrentado al alcanzar su emancipación, es preciso partir del supuesto de que el contraste entre la Libertad y la Independencia surge de la dificultad de armonizar los hábitos ancestrales con las nuevas instituciones. Se añade a esto la general limitación constitucional de las Repúblicas Americanas, que queriendo imitar a los Estados Unidos, desembocan en un Ejecutivo poderoso y un Parlamento ineficaz. Se debe sumar, entre otros múltiples factores que podrían analizarse, la forma militarista de las revoluciones, causa inmediata del caudillaje. En Cuba tuvimos la gloriosa figura de José Martí, el estructurador idealista y de acción de la Revolución de 1895, que a mi modo de ver fue el liberal más grande de todos los grandes agitadores de pueblos, muerto en el campo de batalla al iniciarse la guerra de independencia.

Yo soy un postrer testigo, si bien sólo de referencias, de este espíritu de libertad integral que animó a Martí. Le conocí de cuerpo entero en el recuerdo sagrado que se mantuvo en el hogar que formé en Cuba, pues mi mujer y sus hermanas, niñas aún le reverenciaron en vida, atendiéndole en todo, y lo adoraron después de la muerte El cantó versos gentiles a mi futura esposa, la que recuerda sus frases, sus conversaciones, sus discursos. Le conocí también a través de un grupo de italianos revolucionarios que se reunían con él en un restaurante Riverside de Nueva York y le invitaban a comer con ellos para escuchar su palabra cálida, vibrante, exacta siempre y evocadora, en una especie de comunión humana elevada y perfecta. A diferencia de muchos cubanos cultos, Martí luchaba por la independencia convencido de que era camino de la libertad. La independencia era para él un medio y no un fin. El *Manifiesto de Montecristi* es la más bella página, la más honorable y justa que se haya escrito para hacer una declaración de guerra. Pero Martí había muerto. Nosotros, en la provincia de Las Villas supimos interpretar lo que había de fundamental en la revolución histórica cubana. Y contra toda la incapacidad del ambiente lanzamos las bases de un libre programa político. Del programa del Partido Republicano que redactamos en el Teatro Marta Abreu, en la ciudad de Santa Clara, fundido más tarde con el dictado en La Habana por el Partido Nacional, surgió el Programa del Partido Liberal. Desgraciadamente, la primera Constitución de Cuba, modelo de Constituciones, fue borrada de nuestra vida pública por repercusión lejana de un oleaje autoritario.

En 1899, de pueblo en pueblo, el general Machado, Morúa Delgado y otros fuimos organizando las asambleas primarias para constituir las provinciales, y luego más tarde la nacional. La fusión del Republicano con el Nacional, que según he dicho creó el Partido Liberal, se hizo bajo la inspiración de Máximo Gómez, jefe-símbolo, y de los jefes efectivos que responden a los nombres de José Miguel Gómez, Alfredo Zayas, Monteagudo, Pelayo García, Juan Gualberto Gómez y yo mismo, entre otros.

A la hora de dictarse la primera Constitución yo no me encontraba en Cuba. Mis dificultades con el General Wood y mi deseo, sobre todo, de doctorarme, como lo hice, en la Universidad de Nápoles, de donde había salido para la revolución en Cuba, me retenían en Europa. Recibí dos amables cartas invitándome a volver rápidamente, pues se requería incluir mi nombre en la candidatura de nuestro grupo político de Las Villas. Una la firmaba José Miguel Gómez y la otra el General José de Jesús Monteagudo, que había sido jefe de la Segunda División del Cuarto Cuerpo del Ejército Libertador durante la guerra. Ambos firmantes eran los grandes electores de Las Villas.

El General Carrillo, que había mandado el Cuarto Cuerpo del Ejército, era el jefe del bando contrario. Pero José Miguel y Monteagudo ganaron por gran mayoría. Yo no pude aceptar el interesante ofrecimiento que se me hacía porque no tenía la edad legal de 25 años exigida por la ley. Enrique Villuendas ocupó, después de haber renunciado a la fiscalía, el puesto que los dos jefes me reservaban a mí. Lo hizo con gran brillantez y adquirió un enorme prestigio no obstante su juventud.

Mi actividad política en la organización del Partido Republicano, repito, me dio una gran popularidad. En este período surgió mi nombradía de convencido liberal, que me hizo ganar el favor de las masas.

Cap. V. *El cambio de ciudadanía*

Durante el período de la Intervención americana, que va de 1898 a 1902, yo había tenido mi domicilio oficial en Santa Clara. Dos veces me ausenté: la primera para integrarme como miembro de la Comisión Cubana en la Exposición Universal de París, y la segunda para alejarme de la Isla en virtud de mi conflicto con el jefe absoluto y omnipotente, General Leonard Wood. Este período, breve en la existencia de un pueblo, me fue más útil sin embargo que todos mis estudios de sociología. La vida económica y social crecía como las hojas de los árboles en primavera, casi a la vista del hombre. A medida que se iba restableciendo el orden, normalizando las instituciones, instaurando los servicios públicos, se diseminaba otra vez la población por todo el territorio y las casas quemadas o destruidas volvían a ser ocupadas, algunas de ellas por familias más modestas. El ganado se iba aumentando gradualmente en los vastos potreros. Las siembras salían de sus escondrijos en los bosques de la Revolución, para rodear ahora las moradas levantadas como remozado campamento de las nuevas batallas de la vida. Los antiguos señores, casi feudales, que habían abandonado la Cuba agrícola para refugiarse en Tampa, Nueva York o París (los emigrados buscan siempre las ciudades más bellas para pasar sus horas de dolor), volvían a sus dominios ancestrales. Así los Terry, descendientes de Don Tomás Terry, que fue considerado por algún tiempo, con razón o sin ella, "el hombre más rico del mundo", se instalaban otra vez en el Ingenio Caracas. Los Ponvert, emparentados con los Terry, entraron en el suyo ubicado en la zona de Cienfuegos. Los Estévez y los Abreu reocuparon sus posesiones de Santa Clara. Don Luis Estévez, que llegó a ser vice-Presidente de la República, hombre de gran cultura, se había casado con la célebre benefactora Marta Abreu. Su hijo, educado en París, volvía a pisar el suelo patrio. Y asimismo los hermanos González Abreu, Rafael cuidando su gran fábrica cerca de Ranchuelo, Vicente señoreando en la suya a la entrada de Santa Clara. En ambas partes de la Provincia los hermanos Fowler, cubanos y patriotas aunque hijos de un inglés que había sido cónsul de su país por largos años, extendían sus tierras por todas partes. deseosos de ofrecer al trópico fecundo las energías nórdicas. Los Oña se fortalecían en la zona de Sagua. Y por donde quiera se encontraban los Berenguer, los Albarrán u otros retoños de robustos árboles de la familia cubana.

Mas todos no se aparecieron a la vez ni lo hicieron ruidosamente. Fueron abriéndose camino paso, a paso, con alguna timidez, los unos después de los otros. Allí estaba la tierra, allí quedaban en gran parte, las maquinarias, algunas de ellas amparadas por los escombros de los techos caídos, pero pocos tenían el dinero para emprender la reconstrucción. Como testigo ocular de aquella hora, recuerdo que el gran impulsor lo fue el bodeguero español, o sea el hombre que al decir de Don Nicolás Castaño, tenía algunos *centavitos*. El bodeguero tuvo fe en la reconstrucción, en la prudencia y desinterés de los libertadores, en la generación de los cubanos que asumieron el Gobierno, creyó en el éxito y dio todo lo que tenía o pudo amasar dentro y fuera de Cuba. Su energía de hombre de negocios se reveló, pero por desgracia al mismo tiempo que su codicia grande y devoradora. Con esta energía y con esta codicia, la libertad económica dio sus frutos una vez más. El Estado, más honorable y sano entonces que ahora, no intervino en nada; la burocracia, más avara que toda bodega e infinitamente menos capaz, por suerte de Cuba, no ofreció sus servicios a la economía de nuestro resurgimiento. Y así, de un movimiento anárquico, bajo el aguijón del interés individual, vino el bien colectivo, la famosa riqueza de Cuba, aunque hubo de sufrirse un período de usura durante el cual cayeron algunos, mientras indebidamente se enriquecían otros. Al recordarlo, una vez más me convenzo de que el Estado debe y puede servir a los individuos exigiendo para ellos un tratamiento de justicia, pero no debe mezclarse en los asuntos económicos.

Con las puertas abiertas a la reconstrucción avanzaba la vida normal, y con ella aparecían otra vez las relaciones sociales, saturadas de afecto y de alegría. La dura guerra de tres años había eclipsado la sonrisa en la cara del criollo. Ahora esta legendaria sonrisa apuntaba nuevamente. En Santa Clara, que era más pobre y menos poblada que La Habana, el nuevo estado de ánimo se revelaba en la plaza pública, por la noche, mediante un continuo paseo circular de hombres, mujeres y niños, como en un carrusel, durante horas y horas. Allí, en efecto, podían verse dando vueltas en compañía de distinguidas y bellas cubanas, jovencitas la mayor parte, a los jóvenes libertadores Gerardo Machado y Roberto Méndez Peñate, unidos ambos por un afecto entrañable.

Allí se hallaban Cordovés, Ibrahín Consuegra, Enrique Pina, Espinosa y muchos jóvenes que durante la guerra habían permanecido en las ciudades; entre ellos recuerdo a algunos españoles como Amado Alvarez García (luego hecho Conde Real Agrado, por concesión del Rey Alfonso XIII).

Cubriendo mi cargo de gobernador interino, yo no podía unirme a ellos y daba pocas vueltas. Prefería encerrarme en mi oficina del Gobierno Civil, cuyos balcones dominaban a todo lo largo la bella plaza. Durante el primer período villaclareño viví en el Hotel Santa Clara, pero luego, con Cosme de la Torriente y con Enrique Villuendas, alquilamos una casa que había servido de residencia al General Luque, jefe español de toda la provincia. En ella residimos bastante tiempo, en cordial y afectuosa compañía. Luego se nos unió el doctor Alberdi, coronel de Sanidad, un distinguido sagüero que me sustituyó más tarde en el cargo de Gobernador interino. Nunca hubo, entre nosotros cuatro, desagradables diferencias de opinión, ni siquiera un discusión acalorada. La jovialidad de Villuendas animaba a Torriente, a veces melancólico. Mis actitudes en todo, provocaban las cuchufletas de Alberdi. Nuestras comidas del mediodía y de la noche eran animadas y cordiales, especialmente debido al carácter alegre de Villuendas. El y yo, sabiendo que Torriente era un *malade imaginaire*, muy a menudo inventábamos algunos síntomas de supuestas enfermedades, de las cuales nos considerábamos víctimas, simulando los efectos con todo lujo de pormenores. Torriente, silencioso por algún tiempo, acusaba luego los mismos síntomas, entre las risotadas generales, a las cuales él mismo terminaba por unirse. La fraternal unión fue disuelta por culpa de las exigencias matrimoniales de algunos de nosotros, especialmente de Torriente, y luego de Alberdi. El primero que debía casarse era Villuendas, pero le pasó una cosa muy curiosa. Se le ofrecieron banquetes y fiestas, despedidas y manifestaciones de simpatía, a las cuales se unieron los libertadores, los funcionarios públicos, los magistrados y el mismo pueblo de Villaclara. Villuendas se fue un viernes para La Habana... y volvió el lunes, sin haberse casado. Villuendas era tan inteligente, tan agradable, tan bueno y tan amable que nadie se atrevió a criticar ni burlarse de aquel matrimonio frustrado.

En aquel período yo me sentía atraído por la vecina y simpática ciudad de Cienfuegos. Quizás haya sido el mar, o porque era más grande y más ciudad que las otras de Las Villas; quizás también por inquietud, o por mi deseo íntimo de vivir en un lugar distinto de mi residencia habitual.

Cienfuegos no ha progresado mucho, como otras ciudades cubanas. Pero entonces, era con Santiago de Cuba, la única capital de provincia que después de La Habana merecía el nombre de ciudad. En Cienfuegos las fiestas se sucedían frecuentemente. Los paseos en barco nos llevaban por la ancha bahía, desde la entrada de los ríos. Los almuerzos opíparos en el campo o en los ingenios cercanos eran frecuentes.

Recuerdo una noche, una magnífica recepción, en el ingenio de los Ponvert, que se daba en honor de la señorita Natalie Terry, más tarde casada con el Conde Stanislao Castellán, la que había venido a visitar sus propiedades. Fue la primera vez que vestí el *smoking*, después de la guerra. El cielo de Cuba desplegó aquella noche todo su maravilloso espectáculo, y a pesar de que la luna estaba en todo su esplendor, las estrellas no apagaban el suyo. La temperatura, como en todos los incomparables inviernos cubanos, era tan suave que se identificaba con la temperatura de cada cual. La humedad favorecía los esfuerzos del baile. La brisa agitaba ligeramente los árboles y vivificaba a todos los concurrentes. En mi recuerdo aquello tiene el valor de un paraíso terrenal.

Pero precisamente, pocos días después de la fiesta en honor de la señorita Terry, terminó mi vida villareña. Terminó de golpe. El General José Miguel, como he dicho antes, fue a visitar al General Wood y le dijo:

—Siento mucho cumplir esta penosa misión. Lo siento por usted y lo siento por el Coronel Ferrara. Pero éste me encarga decirle que en efecto el artículo aparecido en *La Perseverancia* —a que antes he hecho referencia— lo escribió él, y presenta su dimisión del Cargo de Gobernador interino.

Wood replicó:

—Acepto la dimisión del Coronel Ferrara; ya era tiempo.

CAPÍTULO VI

MIS PRIMERAS ACTIVIDADES POLITICAS

DURANTE este período da funciones administrativas en Las Villas, hice dos viajes a Europa, de varios meses cada uno. Es preciso que vuelva hacia atrás.

El objeto principal del primer viaje no era otro que el de ir a abrazar a mis padres y a mis hermanos. A pesar de mi fuga que, en apariencia, me hacía pasar por hombre poco afectuoso, yo estuve siempre unido a los míos con fuerte vínculo sentimental, aún después de su deceso. He sido hombre "carnal", como se decía en el italiano antiguo, y una víctima voluntaria constante de los lazos familiares. Siempre consideré que la parte buena de mi carácter se formó en las largas sobremesas familiares, cuando la palabra de mi padre y las observaciones de mi madre imperaban sobre nuestro entendimiento y sobre nuestros corazones.

En Cuba igualmente multipliqué mis afectos con los parientes adquiridos y durante largos años viví en casa del Coronel Charles Aguirre, casado con Fredesvinda Sánchez, hermana de mi mujer María Luisa, y tuve de compañero en mi oficina de abogado a otro cuñado, Julio de la Torre.

En febrero de 1900 salí de La Habana por la primera vez después de la guerra, en un vapor que hacía la ruta Veracruz-Habana-Saint Nazaire. Muchos años después, el célebre hombre público y gran orador francés Arístides Briand, oyéndome recordar el hecho, me decía que habiendo vivido sus primeros años en Saint-Nazaire, venía a los vapores que llegaban de la Gran Antilla, para beber un poco del ron que en grandes barriles de madera traían a Francia. El futuro gran parlamentario, con otros jovenzuelos audaces, penetraba en la estiba de los barcos, y mediante diminutas perforaciones practicadas desde abajo, chupaban el rico líquido. En una de las breves suspensiones de los debates de la Sociedad de las Naciones, recordó otra vez el hecho y con el armonioso tono de su voz me repetía al oído: "Nunca el ron me ha sabido mejor".

La tarde antes de embarcarme fui a ver a la señorita María Luisa Sánchez y le reiteré mi propósito de casarme con ella. Le expliqué que mi viaje duraría algunos meses, pues quería ver a mi familia y terminar mis estudios de Doctor en Jurisprudencia, en la Universidad de Nápoles donde los había empezado. Debo hacer notar que, como tantos otros, yo pude obtener el título en La Habana, pues la Universidad fue erróneamente generosa otorgándoselo a los que habían iniciado cualquier carrera profesional antes de incorporarse a las filas revolucionarias. Además, María Luisa sabía ya, por haberlo publicado los periódicos, que me habían nombrado miembro de la Comisión de Cuba en la Exposición Universal de París.

Esta nueva declaración de amor fue el segundo paso, el decisivo, hacia mi matrimonio cubano. En esta ocasión fui a verla por dos imperiosos motivos. Uno, porque no quería irme a Europa sin sentirme ligado a ella espiritualmente. Confiar en sí mismo en un gran bien, pero resultaba más útil reafirmar los propósitos honorables no sólo en la mente, que a menudo sigue las contingencias del voluble acaso, sino en nuestra conciencia, que es más firme y severa. Otro, porque en aquellos días, al preparar mi viaje a Europa, sufrí una fuerte crisis de pasión por mi nueva Patria. Probablemente mi edad (no tenía 24 años aún) ayudaba a ennoblecer mis sentimientos. La guerra de Independencia también actuaba como un volcán en mi ánimo. Sin contar con que los compañeros de la lucha heroica, por naturaleza tan vivaces, tan espontáneos y sinceros, me trataban como hermano. La distancia que debía recorrer entre La Habana y Europa, me hacía más dura la separación. Un no sé qué de incierto, de inseguro, me hacía dudar y temer. Dos años antes, en 1898, estuve a punto de marcharme por razones de dignidad, o de lo que yo creía ser dignidad, y lo hubiera hecho seguro de mí mismo. Ahora, en cambio, me dominaba el cariño, este sentimiento que de por sí solo justificaría la existencia de la comunidad humana.

El clímax de esta crisis la tuve al tomar el tren en Santa Clara para dirigirme a La Habana. Me vinieron a despedir a la estación todos los amigos, con el General José Miguel a la cabeza. Algunos, como Villuendas, Cosme de la Torriente, Alberdi y otros me acompañaron en el mismo tren hasta la estación de la Esperanza y Santo Domingo. Yo no recuerdo haberme sentido en toda mi vida tan emocionado. Cuando fui abrazado por uno después del otro, sentí que las lágrimas oscurecían mis ojos,

Cap. VI. Mis primeras actividades políticas

cosa que no me habría ocurrido fácilmente en el pasado, ni aún siendo niño. Es que en mí había nacido ya el cubano, y no me había ligado solamente a amigos del alma, sino a la naturaleza misma. Las pequeñas ciudades de Santa Clara, Villa Clara y Cienfuegos, me hablaban al corazón. El aire que respiraba, el cuadro majestuoso y lleno de alegría que constantemente miraba y admiraba, el sol tropical con su luz intensa y las noches incomparables en que las estrellas acercándose más a la húmeda tierra parecían dialogar entre sí con lenguaje resplandeciente, me decían que mi patria estaba en aquel ambiente. Los compañeros muertos, desde sus tumbas me retenían. Todo lo que en Cuba existía me indicaba que otros sentimientos se enfrentarían con estos y que, posiblemente, yo traicionaría todo lo que en este momento dominaba mi espíritu. La verdadera tragedia surge con el contraste de dos legítimas pasiones.

De todos modos, emprendí el viaje. El barco, al salir de la bahía de La Habana, navegó lentamente frente a la casa de la señorita Sánchez, que estaba en el viejo y grande edificio colonial llamado la Audiencia, edificio que presidió por largos años, alto, sólido y severo, la entrada de la bahía. Un emocionado saludo dirigí a los balcones lejanos y me dije, confiado, que ya tenía la patria y la familia.

Llegué a París, que ya conocía bien por mi breve residencia durante la hora de los ensueños. Pero en esta ocasión mi campo de acción no fue en la rue Montmartre, o en el Faubourg Montmartre donde pululaban las redacciones de periódicos y los restaurantes italianos. Ahora me encontraba en otra zona. Los campos Elíseos, entonces poco poblados y sin las tiendas atiborradas de objetos de lujo de ahora, alegraban mis paseos diarios, a pie o en coche, yendo de la rue Tronchet, casi esquina a la plaza de la Madeleine, donde yo vivía, al Trocadero, en el que nos habían concedido unas vitrinas bien situadas para exponer los productos de Cuba. Los restaurantes no eran los mismos que yo había frecuentado en 1896, por haber cambiado yo de barrio y situación. Ahora alternaba el restaurante de primera categoría con el de tercera, de acuerdo con los días del mes. Al comienzo, iba al Chez Durand que estaba en la plaza cercana, al empezar la Rue Royal; al Chez Paillard, que se hallaba en los comienzos de la Chausse d'Antin; al Café Riche, más adentro de los grandes Bulevares; y a veces más arriba aún, llegando hasta el Café Anglais. Luego al avanzar los días y al disminuir el dinero, caía de nuevo en los Duval, lugares simpáticos y populares, que aun no ofreciendo una comida excelente, alegraban el espíritu, a causa de su abigarrada y divertida concurrencia. Al final del mes me marchaba a la estación de Saint-Lazare, y en otras ocasiones hasta acudía a una bodega y compraba sandwiches, que devoraba sin rencor ni tristeza, en mi modesto apartamento de dos habitaciones en la Rue Tronchet.

Sin embargo, mis entradas no eran muy limitadas para aquella época. Yo contaba con mi sueldo de 166 dólares, más 150 dólares de suplemento por la comisión que desempeñaba. Manejaba así unos 300 dólares. Creo que en ningún siglo como en el nuestro se ha asistido a un mayor aumento de los precios, del servicio, de los valores en general. En el siglo XVI sucedió algo parecido, pero creo que nos hemos mantenido en la vanguardia de este dinamismo, que por su rapidez trae siempre algún desorden y no ciertamente los beneficios que las cifras dejan suponer.

En 1900, aún en el tiempo de la Exposición Universal, cualquier persona ordenada hubiera podido vivir bien en París con mis 300 dólares, pues un buen almuerzo o una buena comida valían ocho o diez francos, precio fijo, en el Hotel Continental, con diez o quince francos se comía en el Café Riche o en el Durand; y eran módicos los aperitivos, como también los fiacres y los ómnibus. Pero yo llegaba siempre al fin del mes con un seguro déficit que resolvía con ayunos monásticos.

Nuestra Delegación en la Exposición no tenía oficina, o por lo menos yo nunca fui invitado a visitarla. Era nuestro representante superior, el conocido patriota Gonzalo de Quesada, el Secretario de la Comisión otro caballero, Albertini, también de gran presencia y de buenos modales. Pero la vanidad de ambos los ponía frente a frente al extremo que el uno ocultaba al otro sus invitaciones a los actos oficiales y ambos impedían, casi materialmente, que nosotros fuésemos invitados a cualquier recepción.

Yo por mi parte no tenía interés en separarme del ambiente literario e intelectual que me había creado en los días que pasé por París, en tránsito para Cuba, en 1896. Al mismo tiempo que yo asistía a las reuniones matinales del Trocadero, únicas funciones oficiales nuestras, acudían a las mismas dos miembros más, Eulogio Horta y Manuel Márquez Sterling. Este era el cargo que he servido con menos eficiencia en mi vida, pues, evidentemente, me lo había conseguido el General José Miguel con el único fin de que pudiera ir a visitar a mis padres.

Mencionaré como gracioso el caso del agregado a la comisión, Eulogio Horta, literato simpático que escribía "desde" otras ciudades sin haber puesto nunca los pies en ellas, con lo cual complacía al mismo tiempo a sus lectores y a su férvida imaginación.

Terminados los cuatro meses que se me habían ordenado quedar en París, preparé mi viaje a Italia.

De este paréntesis francés recuerdo una anécdota muy curiosa de algo que ocurrió en París, pero que no tenía nada que ver con mis funciones, ni con Cuba. Como era natural, de vuelta a la *Ciudad Luz* después de haber sobrevivido la guerra de Cuba, fui a visitar a las personas que había tratado antes, en 1896, cuando me disponía a emprender la

Cap. VI. *Mis primeras actividades políticas*

empresa lleno de ardor juvenil. No me fue fácil encontrarlas. Ya no tenía yo el emblema que los antiguos ponían sobre las sienes de los que iban a morir gloriosamente. Era ya un hombre igual a otro cualquiera que luchaba por la vida y por el éxito. El sacrificio ya no existía. Empezaba ya, y se afirmaba la crítica. Un día alguien ponderó a Amílcar Cipriani mis acciones de guerra y él contestó: "No se diría al verlo." Es que Cipriani, que entonces estaba coronado con los laureles cosechados en Domokos durante la guerra greco-turca de 1898, no admitía competencias y criticaba hasta mis trajes bien cortados y de buena tela. Creo que mi manera de vestir le impresionó. Y no sólo a Cipriani, sino que un día, en 1894, en la Universidad de Nápoles, el excelente profesor Nitti me dirigió estas palabras: "¿Cómo usted tan risueño y bien trajeado dice cosas tan terribles?." Y más tarde en Cuba, un periodista de gran ingenio pero deplorablemente maldiciente, Ricardo Arnautó, me aplicó la calificación de "elegante anarquista". A pesar de la actitud cortante que mencioné había asumido, Cipriani me invitó a almorzar, cosa que me dijeron sus íntimos era rarísima dados sus escasos recursos, y me trató de "glorioso camarada". Vi también a Rochefort, como siempre amable, pero ya poco dispuesto a una larga conversación. Y visité a muchos otros miembros del antiguo Comité Pro-Cuba. Entre otros me interesó mucho un miembro de la redacción de *L'Intransigeant*, Charles Malato, quien un día me dijo inesperadamente: "La ex-Reina de Nápoles, María Sofía, desea verle."

—Cómo, ¿a mí? —le repliqué más que sorprendido— ¿Es que la bavaresa vive todavía?

—Sí —me respondió Malato— le han hablado de usted y desea verle. Yo le puedo acompañar.

Se trataba de la esposa del Rey Francisco de Borbón, princesa de la Casa de Baviera, hermana de Isabel, esposa de Francisco José, emperador de Austria. El único recuerdo que tenía de ella venía por mi padre quien siguiendo a Garibaldi después de la toma de Capua se había aproximado a Gaeta, donde estaban encerrados los jóvenes soberanos napolitanos, llegada su última hora del trono. Mi padre me decía que la reina, de poco más de veinte años, netamente perfilada como estatua ecuestre, se paseaba a caballo por la costa que une a Gaeta con la península. Nos describía cómo a la caída del sol, apenas apagado su resplandor, clara y diáfanamente se destacaban la amazona altiva y el soberbio caballo. A la Reina no se le reprochaba nada, a pesar de su enorme impopularidad durante el poco tiempo que se había sentado en el trono de Nápoles.

De acuerdo con la invitación, un día Malato y yo entramos en la villa que María Sofía habitaba en Neuilly. Un criado de librea nos recibió y en cuanto le dimos nuestros nombres nos dijo: "Su Majestad los espera." Era la primera vez que yo escuchaba la palabra "Majestad", en mis relaciones personales. Debo confesar que me pasó por la mente algo parecido a una nube: "¿Estaré cometiendo alguna traición? ¿Traición a mis ideas, a mis principios republicanos...?". Mi espíritu rechazaba aquel acto... Luego con más experiencia, pude saber que República y Monarquía, en la vida institucional de los pueblos no representan exclusivamente ni el bien ni el mal; y si la República responde más a algunas circunstancias de nuestra modernidad, en la práctica produce resultados disímiles. Así en Italia se traduce por clericalismo; en España responde a una gradual desintegración nacional; y en Inglaterra, de quererse aplicar resultaría en la descomposición del grupo magnífico de Estados que constituyen el Commonwealth.

Llevados por el aparatoso sirviente, subimos al primer piso y entramos en un salón elegante, aunque no regio. Al poco rato apareció "Su Majestad"; una señora alta, delgada, con una enorme trenza de cabellos negros, propios o ajenos, no lo supe, que a guisa de corona, le adornaban la cabeza. Nos saludó con extrema amabilidad, dándonos las manos, teatralmente, a uno y a otro. Malato, como buen francés, le prodigaba el título de "Majestad", yo en cambio, recién republicano, me aferraba al de "señora". La conversación se desenvolvió sobre un tema que me era agradable: la revolución cubana.

María Sofía tomó mucho interés en lo que yo decía, y nos detuvo cerca de una hora con atinadas preguntas. Su interés se circunscribía a la capacidad del pueblo en materia política. Al tratar este tema se hundía en dudas, que luego atenuaba con palabras de esperanza. El pueblo entiende bien lo que le interesa, pero tiene dos grandes debilidades: acepta fácilmente la palabra del charlatán, y en cambio a menudo varía su propósito. Yo defendí mi causa replicándole:

—No puede calificarse de charlatán el que ofrenda la vida por una causa que no le beneficia.

—No hay duda, no hay duda... —me interrumpió ella, y luego añadió: El caso suyo da buenas garantías de éxito.

Y como hablando consigo misma repitió dos veces seguidas: "Por esto usted sería tan útil."

No comprendí la frase y la dejé pasar. En todo caso se trataba de un cumplimiento. Al final, antes de irnos, me dijo:

—¿Por qué no pone usted su experiencia al servicio de Italia?

No sabiendo qué contestar, inicié una sonrisa vaga que se transformó en mueca.

—Vuelvan otra vez, deseo hablarles de nuevo —nos despidió.

Al salir me sentí satisfecho de haber hablado con una persona que por su alcurnia exigía especiales cuidados en el trato, sin haber caído en

Cap. VI. Mis primeras actividades políticas

la adulación. Así se lo manifesté a Malato, el cual en cambio, a pesar de sus ideas más radicales que las mías, parecía estar en éxtasis.

Unos quince días después la reina pedía, a través del mismo Charles Malato, que yo fuera a verla, pero solo. Fui, y por cierto, antes de verla sucedió un pequeño incidente que le proporcionó a ella la ocasión de conocer mi temperamento y de saber que yo no me atemorizaba delante de una reina de carne y hueso. Un incidente sin importancia, pero significativo.

Llegado a la puerta de entrada, di mi tarjeta al criado que me abrió. Me senté, y no recibí contestación a lo largo de cinco o seis minutos. No es que pretendiera ser recibido al momento, pero sí esperaba una palabra sobre mi presencia. Al verme solo y sin respuesta, tomé el sombrero y me fui. Habiéndome alejado más de cien metros en dirección a la estación del pequeño tren que entonces iba de Neuilly a París, el mismo criado que me había abierto la puerta venía corriendo detrás de mí en bicicleta, me alcanzó y con toda reverencia me dijo:

—Su Majestad le espera.

Volví sobre mis pasos en dirección al elegante, pero no suntuoso chalet.

De las cinco o seis entrevistas que tuve en los primeros años del siglo con la enérgica dama bávara, ésta fue la más importante y la más larga. María Sofía estaba dispuesta a ayudar con dinero cualquier revolución en Italia. Las informaciones recibidas le habían convencido de que la expulsión de los Saboyas no sería fácil. Naturalmente ella no sugería una restauración borbónica, sino una república de instituciones sociales a la altura de los tiempos. En su conversación, la dama de rostro enérgico y segura de sí misma, hacía notar que ella no asumiría ningún papel, porque la intervención suya hubiera debilitado el movimiento revolucionario, y también porque no entendía de revoluciones, conociendo sólo la que presenció en 1860, en su propio daño. La ex-Reina llegó aún más lejos, al pasar el tiempo, pues en una entrevista que tuve con ella después del asesinato del Rey Humberto, habiendo yo deplorado el acto, ella se atrevió a atenuar la responsabilidad del regicida. Me extrañó tanta audacia mental, y por la costumbre que he tenido siempre de pasar a la ofensiva en las polémicas, le dije:

—Recuerdo el vil asesinato de la Emperatriz Isabel, su hermana, caso análogamente cruel e inútil.

Ella, manteniendo una extrema frialdad en la expresión, replicó con palabras entrecortadas, que no pude comprender, pero no la vi afectada por el terrible recuerdo.

Repito, estas conversaciones fueron varias y algunas distanciadas por los años. A ella parecía gustarle hablar de las cosas de Italia. Yo me veía obligado a repetirle los mismos argumentos. Mis jóvenes años me hacían ser espontáneo y por lo tanto, poco respetuoso. Cuando declaraba que ella ni siquiera podía provocar la sospecha de su intervención en nada, yo en vez de dejar consignada su declaración, insistía diciendo que, en efecto, cualquier intervención suya iría en contra de todos los italianos. Estuve brusco pero sincero con ella. Le manifesté ante todo que yo era un hombre inexperto en revoluciones ciudadanas, pues en Cuba había tomado parte en una guerra civil, con encuentros de fuerzas organizadas de un lado y del otro, lo que no es lo mismo. Si dominaba en esa lucha la guerrilla, era una guerrilla que tenía como campo de acción el bosque, la manigua, la montaña, el llano, el espacio abierto sin que se confundieran los beligerantes. Fuera de esto no tenía conocimientos especiales de luchas armadas y en Italia no era posible una revolución de aquel género. Mi única transigencia con la ex-Reina estuvo en que pasé largas horas tratando sobre una revolución que no quería hacer y que no encontraba a propósito, por no creerla oportuna. Si a casi sesenta años de distancia tuviera que juzgarme, diría que el amor al tema planteado y el espíritu polémico, siempre vivos en mi cerebro, me llevaron por *diletantismo* a tratar con ella de una cosa inimaginable.

No engañé, sin embargo, a la ilustre dama. Desde mi primera visita le fijé bien mis puntos de vista. En Italia la revolución podía hacerse sólo al presentarse una grave crisis económica. Por la densidad de la población era fácil reunir masas, pero por la diferencia psicológica de las provincias, que antes habían sido Estados independientes, una facilidad inicial podría dar lugar a confusión entre los rebeldes. La tradición clerical a su vez resultaría un peligro. La monarquía de Saboya todavía representaba el único poder laico no sometido al poder eclesiástico, y cuando se dice "poder eclesiástico", debe tenerse en cuenta su fuente mística que, en lugar de agotarse con el tiempo, sube de grado y por tanto en exigencias. Yo le decía que en el momento de la agitación habría que apoyarse en algún partido político, y en Italia no había ninguno que deseara la revolución. Los socialistas, únicos en considerarse fuera del sistema político, estaban satisfechos de continuar propagando la rebeldía y tener las espaldas apoyadas sobre el poder constituido. Los republicanos, en número limitado, prestaban entonces más apoyo a la filosofía que a la República.

La última vez que vi a María Sofía le dije francamente que había quedado admirado de la actitud de Víctor Emanuel II, quien sobre el cadáver ensangrentado de su padre había aceptado una organización política verdaderamente demócrata y liberal. Estábamos en 1904. Yo creo que en aquella época la ex-Reina se había ya dado por vencida y sus deseos de vengar la antigua afrenta habían perdido todo vigor. No la vi más. Pero en aquel mismo año, en París relatando mi extraña aventura al pintor Vezzani (un exiliado de la escuela de pintura de Bolonia), me contestó, inmutable, con su cara de santo:

— Sí, ella se ocupaba con interés de esta revolución hasta el punto de que hace algún tiempo tuvo contactos con Malatesta, que vino de Londres a París, y residió en la casa de Neuilly.

Enrique Malatesta era un conocido anarquista, persona respetada por muchos, entre otros y especialmente por Benito Mussolini. Esta noticia, que me llegó accidentalmente, me ha convencido luego de que en el pensamiento de la ex-Reina de Nápoles había algo más que un vago deseo de tratar un asunto en abstracto.

Charles Malato y luego otros me aseguraron que María Sofía trató con Enrique Malatesta y que éste penetró furtivamente en Francia, de la cual había sido expulsado años antes. De esta hospitalidad arriesgada se deduce el propósito de la ex-Reina, que debía ser vehemente, al punto de hacerla correr el peligro de enfrentarse con la justicia francesa. A menos... que el Gobierno francés de aquel tiempo no viera con disgusto un movimiento revolucionario en Italia... Quien puede decirlo... Yo digo lo que interpretaba mi espíritu, que se inclinó de creer más en algo dictado por la fantasía que por un firme propósito. Y sin esta revelación de Vezzani, yo hubiera considerado las conversaciones referidas como mero *diletantismo* de una soberana en exilio.

Tanto en el año 1900, como en 1901, volví a Italia para residir allí una larga temporada. Era, en efecto, la época de los exámenes universitarios y yo deseaba vivamente terminar la carrera de Jurisprudencia en Italia. Se trataba también de complacer un vivo deseo de mi padre, quien no podía creer en la realidad de mi abandono de la patria de nacimiento. En el mes de octubre de 1902 conquisté el grado de Doctor en Derecho, y quedé en Nápoles un par de meses más, a fin de terminar un libro que había comenzado a escribir en Boston, sobre la reorganización de las ciudades del occidente europeo después de las invasiones barbáricas.

Debo advertir que al retirarme del Gobierno civil de la Provincia de Las Villas después de mi renuncia, me dirigí a los Estados Unidos, precisamente a Boston, en donde la señorita Sánchez había ido a completar sus estudios. En Boston estuve tres meses y allí recibí los primeros dineros debidos a mis esfuerzos intelectuales. Con ellos no solo pagué mis gastos diarios, sino que ahorré alguna cosa. El mayor provecho lo saqué de las tesis del Doctorado sobre cuestiones históricas y literarias, que escribía para los que iban a graduarse. Estas tesis no eran fáciles de redactar, pues las resumía de algunos libros poco conocidos que me brindaban las maravillosas bibliotecas bostonianas. En esta época, yo conocía ya cuatro idiomas, lo que me permitía hacer traducciones que me eran pagadas con generosidad.

Mis propósitos arriba indicados de permanecer en Italia algún tiempo más quedaron, frustrados por un cable que me envió el General Máximo Gómez, quien me llamaba a fin de que lo acompañara en la propaganda presidencial de don Tomás Estrada Palma.

Debo consignar, a pesar de ser esto históricamente harto conocido, que el pueblo cubano deseaba que fuese elegido Máximo Gómez y no Estrada Palma, pero el viejo guerrero rehusó los más entusiastas ofrecimientos, sugiriendo el nombre de Estrada Palma. El candidato había vivido muchos años fuera de Cuba, o sea, desde la paz del Zanjón (de 1878) y no conocía el país, ni el país lo recordaba ya a él. Pero la voz de Gómez repercutió en el ánimo de la gran mayoría del pueblo cubano. Contra Estrada Palma, un grupo bastante numeroso presentó como candidato al General Masó, que había sido Presidente de la República en la última guerra liberadora, como Estrada Palma lo había sido en la primera. Masó, persona del mayor respeto, no gozaba ya de la plenitud de sus facultades mentales. No era ya el vigoroso rebelde que, en 1895, cuando se consideró fracasado en los primeros días su intentona revolucionaria, y acosado por los amigos y correligionarios para que depusiera las armas, los echó a un lado fieramente, gritando: "Sí, sí, está bien, pero, ¿y mi dignidad?". La dignidad era en el viejo rebelde una cosa superior a la victoria. La frase se hizo célebre. El concepto entró en el espíritu de todos. El revolucionario no debía pensar en el éxito o en la derrota, sino en su dignidad. Este noble sentimiento dirigió los pasos del cubano durante cuatro años.

En esta hora, sin embargo, Masó no tenía ya capacidad psíquica para la campaña electoral y menos para ocupar, en caso de victoria, el alto cargo de Presidente de la República. Lo apoyaban y hablaban en su nombre un orador cubano, Rafael Fernández de Castro, sereno y talentoso, y un periodista vivacísimo, gran patriota, Juan Gualberto Gómez. Pero la popularidad del ex-general en Jefe del Ejército Rebelde era avasalladora y dominaba dos partidos organizados, el Republicano de Las Villas y Matanzas y el Nacional de La Habana. La victoria, en efecto, resultó fácil.

Obedecí la orden de volver a Cuba. La propaganda electoral fue un paseo agradable en todas partes, menos nuestra llegada a Camagüey. Los que componían la comisión que acompañó a Gómez en Santa Clara y Camagüey, eramos José Lorenzo Castellanos, Mario García Kohly, Enrique Villuendas, Felipe González Serrain y yo, así como otros que se nos unieron en algunas ciudades por un breve período. En Camagüey sostuvimos una batalla campal, realmente inesperada para nosotros. Es pre-

CAP. VI. *Mis primeras actividades políticas* 139

ciso decir, para que se vea cómo las contradicciones dominan los acontecimientos humanos, especialmente los públicos que la provincia de los amores de Máximo Gómez era precisamente Camagüey; su escolta en la guerra estaba formada casi íntegramente de camagüeyanos; un regimiento que lo acompañaba siempre y que operaba bajo sus directas órdenes era mandado por Armando Sánchez Agramonte, ilustre hijo de esa tierra; los más serios combates Gómez los había dado en Camagüey y en fin las personas de su mayor confianza eran de esta Provincia. Pero la querida Provincia nos trató mal.

A nuestra llegada a Puerto Príncipe, capital de Camagüey, se cerraron las casas en su gran mayoría, muchas se mostraban enlutadas y las calles estaban desiertas. Sólo habían venido a recibirnos jinetes del Ejército Libertador del campo, bien organizados pero sin entusiasmo. Se ordenó la marcha, montando nosotros en coches, a caballo el General Gómez. Fuimos de la estación de ferrocarril de Nuevitas a la Plaza Pública de la ciudad, en donde estaba el Club llamado El Liceo, como si fuéramos a un entierro de tercer orden. Después de tanta apoteosis en Las Villas, aquella frialdad absoluta provocaba las chufletas de Enrique Villuendas y los insultos malhumorados de Felipe González Sarrain. En la plaza había un público de lo más distinguido; lo mejor de la sociedad camagüeyana esperaba sin agitarse mucho. Gómez salió al balcón para dirigirles la palabra, pero después del primer párrafo, la voz siempre venerable del jefe fue apagada por fuertes gritos hostiles. Gómez les lanzó entonces palabras despectivas y se calló. Pero los de abajo, no obstante su vestimenta elegante (pues se trataba de Juan Ramón Silva, del hermano del General Lope Recio, de los Varona y de los más antiguos apellidos cubanos) se agitaron grotescamente y nos lanzaban injurias a los que llenábamos los balcones del Liceo. Yo perdí la poca serenidad que entonces me gobernaba y lancé una serie de improperios contra el grupo principal, que se había colocado frente al General Gómez. Como habíamos comenzado por pedir un poco de calma, sin resultado, acabamos por perder la paciencia y yo empecé por calificarlos de borrachos, continuando por calificativos más enérgicos.

Mi intervención puso fuera de sí a los de la plaza. Oí entonces, por primera vez, y con insistencia, la injuria de "italiano aventurero". Nos retiramos del Liceo hacia el Hotel, protegidos por la caballería. Pero no todos tuvimos tiempo de ser cubiertos en la retirada. Villuendas y yo quedamos fuera y fuimos objeto de injurias, a las cuales contestábamos con un estentóreo "Viva Estrada Palma". El jefe de la policía municipal y yo tuvimos un fuerte altercado frente a nuestro hotel, pero gracias a la intervención de un familiar de Lope Recio, y de Manuel Ramón Silva, los energúmenos se disolvieron. Se discutió hasta muy tarde en el seno de nuestra comisión, si debíamos retirarnos o si dar un *meeting* en el Teatro Principal. Yo sostuve con energía esta solución. Y así se acordó. Nos quedamos, pues, en la tierra de las hazañas legendarias de 1868-1878, toda la noche de Navidad y el día siguiente, celebrando luego nuestro acto público tranquilamente en el Teatro Principal. En Camagüey, Estrada Palma perdió las elecciones. Fue la única de las seis provincias que nos falló. Las otras, por haberse retirado de la contienda el General Masó, las ganó Estrada Palma con abrumadora mayoría. El triunfador fue el único cubano que no participó en la campaña electoral porque vino a Cuba sólo después de haber sido electo Presidente. Histórica y moralmente podemos decir que el electo fue Máximo Gómez.

El comienzo de mi vida civil, o sea del hombre que depende de su voluntad y que vive por sus esfuerzos, se inició pocos meses antes de la inauguración de la República, que fue el 20 de mayo de 1902. Abrí mi bufete de abogado, y después de tres meses de absoluta ausencia de clientes, me encargué de un caso rehusado por todos los penalistas de La Habana. Se trataba de un joven tabaquero de apodo *Manda-Manda*, que el 20 de mayo de 1902, fecha solemne por la inauguración del nuevo Estado, había asesinado alevosamente a un oficial de policía, antiguo miembro del Ejército Libertador, cuyo apellido Collazo recordaba los numerosos Collazos que se batieron por la Independencia. *Manda-Manda,* con una navaja barbera, detrás de Collazo que discutía con unos alborotadores, le seccionó la garganta con tal violencia, que más que navaja la suya resultó una guillotina.

Las autoridades judiciales, respondieron al clamor de indignación del público, llevaron el proceso con mucha rapidez fijando el juicio oral sólo diecinueve días después del delito, lo que resultaba ser el lapso de tiempo más breve que se recordaba en la historia judicial de Cuba. Como los familiares del procesado pensaban en los mejores abogados, yo quedaba excluido. Joven de menos de 26 años y habiendo tan recientemente incorporado el título en la Universidad de La Habana, no fui requerido más que, *in extremis,* sólo dos o tres días antes del juicio. Acepté diciéndome a mí mismo la frase de Virgilio en la *Divina Comedia,* al propio Dante: *"Qui si parra la tua nobilitate".* Pero todo estaba en contra mía: la legalidad, porque había un homicidio confesado con dos agravantes, alevosía y nocturnidad, lo que exigía la pena de muerte; la pasión del ambiente; el deseo de probar las virtudes republicanas; y lo espeluznante del acto. Todo este conjunto de realidades tenía sublevada a la población. Basta decir, para comprender el deseo de hacer justicia sumaria, que a mí, al ser designado defensor, se me dieron los autos de instrucción sólo durante una hora, y se mantuvo al lado mío el abogado de oficio. Con esta evidente violación de los principios del Derecho se quería evitar que yo provocara una suspensión del juicio, alegando alguna causa o pretexto. El *Manda-Manda* como todos lo esperaban, fue condenado a muerte por el Tribunal. Yo me había entregado con todos mis esfuerzos a su defensa. La tesis mía era que no había alevosía y tampoco nocturnidad. Un gran público asistió a los debates. Al darse a conocer la sentencia comprendí que había salvado la vida del culpable, pues el Tribunal se había equivocado al apreciar la tesis de alevosía. Al discutirla demasiado había caído en un fórmula errónea.

Aparentemente invité a discutir en público la cuestión. El Tribunal Supremo borró la sentencia y dictó una nueva de homicidio con una sola agravante. *Manda-Manda*, pasados algunos años, recobró su libertad. La resolución del Tribunal Supremo, como sucede a menudo con los favores de los dioses, hizo recordar a todos que la Facultad de Derecho de la Universidad de Nápoles era la más famosa de Italia, y que yo había revalidado un título italiano en la Universidad habanera con la admiración de los mejores catedráticos. Se repitió la frase gentil de Ricardo Dolz, profesor de "Procedimientos": "Ferrara, con sus exámenes, ha confirmado la grandeza tradicional de su Universidad". El bufete forense se llenó de clientes, y yo estaba contento, especialmente por mis entradas, pues entonces circulaba el oro, y aquellos relucientes *centenes* que pasaban de mano en mano en paquetes de cien cada uno, estimulaban la imaginación más que los áridos cheques de hoy, a pesar de representar éstos sumas mayores. En septiembre de aquel año inicial de mis actividades libres, me casé con la señorita Sánchez, a la cual, como he dicho ya, después de una conferencia que di en Ibor-City, en la Florida, había prometido matrimonio "si es que salía con vida de la contienda libertadora".

En los dos primeros años mi clientela y mi fama eran las de un penalista. Algunos casos civiles o internacionales que me vinieron, constituían una excepción. Mis clientes estaban siempre en la cárcel o encartados para ir a la cárcel, y yo consideré después de reflexionar, que sería más prudente y acertado reclutarlos en los Bancos. Presentí que los Estados Unidos vendrían con sus millones a Cuba, para hacerles producir mayor rendimiento y que Cuba, favorecida por el dinamismo económico de afuera, aumentaría considerablemente sus riquezas. Había observado, con el método que la naturaleza me ha dado de separar mis deseos de lo real, que no obstante el agravio manifiesto de las Compañías mercantiles al comprarnos extensiones de tierra fructíferas por pocos pesos, el resultado era que las extensas llanuras triplicaban su valor. Combatía a un pequeño núcleo de personas que, teniendo a la cabeza a Manuel Sanguily, pregonaban días de atroz miseria para las masas cubanas, cuando estaba entrando el oro en abundancia. Liberal no sólo en política sino también en Economía, yo propagaba la tesis y actuaba en el sentido de que la aportación de la riqueza extranjera en nuestra economía enriquecería en primer término al cubano, poseedor indiscutible de la mayor parte de la tierra, y después al que venía de fuera.

En muchos casos el aumento que provocaba el nuevo capital fue excesivo, respondiendo más a las ilusiones de los interesados que a un factor económico colectivo. Yo no deseaba que el cubano siguiera en la administración pública un raquítico sistema racionalista, encerrado voluntariamente en su miseria y dejando infecundas sus tierras formidablemente productivas. Ciertamente, como ahora y como siempre, se cubrían de popularidad los tontos e incapaces alegando inexistentes peligros políticos, como si la riqueza pudiera ser causa de debilidad. Pero los hechos prosiguieron su camino. El buen juicio de los inmigrantes del Norte de España, alentando por el vecino ejemplo de los Estados Unidos, ayudaría a consolidar nuestro estado político y a completar nuestra economía, llevando a Cuba a la cresta de una inesperada y fabulosa riqueza. Para concurrir a este desarrollo en beneficio propio y ajeno, habría que saber armonizar la legislación americana basada sobre todo en los *truts*, en las hipotecas colectivas, en las amplias delegaciones de poderes, etc..., con la cubana de origen español, de tendencia individualista y poco elástica.

Busqué un momento oportuno para estudiar bien todo eso. Fui a Nueva York y en un corto lapso de tiempo comprendí donde estaban las dificultades jurídicas que impedían la fácil contratación entre los dos países. A mi regreso a Cuba abandoné a mis antiguos clientes en la jurisdicción penal y formé la Firma de abogados que primero se llamó "García y Ferrara", y más tarde "García, Ferrara y Diviñó". Pelayo García era un distinguidísimo y honorable abogado, que fue presidente de la primera Cámara cubana. Luis Octavio Diviñó vino a unírsenos luego, renunciando al alto puesto de magistrado del Tribunal Supremo, que desempeñaba. Este bufete, con un buen número de abogados auxiliares, se situó pronto entre los más respetables y productivos de Cuba. Los norteamericanos en pocos años invirtieron en el país cerca de mil quinientos millones de dólares, dinero que tenía un contacto constante con abogados honorables y capaces.

Dos años después de haber pasado mis exámenes para incorporar mi título italiano y obtener en la Universidad de La Habana los títulos de Doctor en Derecho Civil y de Doctor en Derecho Público, me presenté a un concurso de oposición para profesor en la Universidad. Se trataba de la cátedra auxiliar de la Facultad de Derecho Público. Gané el concurso que representó un éxito intelectual, y que tuvo alguna resonancia por haber asistido como espectadores a los ejercicios de oposición los más altos exponentes de la intelectualidad cubana, como Manuel Sanguily, Antolín del Cueto, Rafael Montoro, Ricardo Dolz, Octavio Averhoff, entre otros. Pronuncié después en diferentes ocasiones, conferencias históricas sobre la Revolución Francesa, otras puramente literarias, y concurrí a certámenes y debates políticos, como por ejemplo los que se dieron sobre la ilustre figura de José Antonio Saco y sobre el sufragio universal. Al mismo tiempo, redoblando mis esfuerzos, batiéndome con las dificultades del idioma, sin parientes, sin amigos de infancia o de colegio, sin ninguno de los apoyos naturales que las comunidades humanas ofrecen en el inicio de la vida, fui ganándome la estimación pública. En Santa Clara y en Cienfuegos, durante los primeros años, me había sido fácil relacionarme bien, cooperando en mi favor el cargo que desempañaba. Pero ahora, en una capital bastante grande, frente a hombres benévolos y malévolos, la lucha era más libre. Era una lucha que exigía severa disciplina, mayor estudio y una gran rectitud. La Habana, por otra parte, en la formación de una nueva nacionalidad daba un espectáculo muy interesante. Mientras todo era original en la vida pública, en las relaciones privadas triunfaba la tradición. Las costumbres cubanas durante el siglo que acababa de cerrarse, habían sido copiadas en gran parte a España, y, dentro de ciertos grupos, de Francia. Algunos estudiantes y no pocas familias habían residido en París y Madrid. El paseo por algunas calles con el simple objeto de ver a los amigos, y de ser visto, era una costumbre traída de fuera. La pequeña calle de Obispo era el centro del visiteo matinal. En la tarde, el lugar de cita era la Avenida del Prado. Por la noche, después de las funciones teatrales, la sociedad cubana llenaba los bajos del Hotel Inglaterra y del Hotel Telégrafo. Un cierto grupo se extendía a la calle de San Rafael y a la acera del Louvre. Los teatros principales rodeaban el Parque Central. El Tacón (después Teatro Nacional) sobresalía. Luego venían el Payret, bajo el cuidado y vigilancia constante de su propietario, el doctor Saaverio. Y por último el Albisu, que se dedicaba a la zarzuela, mientras su vecino Payret abría las puertas a las grandes compañías dramáticas y a la Opera Cómica. El Tacón, salvo excepciones, se honraba exclusivamente con la gran Opera, en lo que La Habana había precedido a Nueva York, instaurando temporadas invernales famosas. En efecto, el Metropolitan Opera House de Nueva York empezó sus actividades recibiendo después de La Habana, la Compañía que se organizaba anualmente en Italia para actuar en el teatro habanero.

En tiempos recientes, como sucede a menudo, cambió el orden de los factores y una parte de la Compañía Metropolitana se trasladaba todos los años a La Habana, cosechando triunfos en nuestro teatro resplandeciente de luz y de belleza. Los habaneros y los cubanos en general tuvieron así el privilegio de escuchar a las mejores voces del mundo: las de Caruso, Titta Ruffo, Lázaro, Mardones, la Tetrazzini, la Galli-Curci y la Poncelle entre otros.

La de principios de siglo fue la época que me dejó más agradables recuerdos en estas presentaciones líricas y dramáticas encarnadas por los mejores actores italianos, españoles y franceses, tanto en Nueva York como en La Habana. La etiqueta era rigurosa para estos actos en Cuba. Había que vestir el frac. Las señoras iban siempre maravillosamente ataviadas. En aquel entonces hubo como una excepcional explosión de belleza física. Basta hojear las fotos publicadas en las revistas literarias (*El Fígaro*, de manera especial), para darnos cuenta de aquel esplendor. En cierta ocasión un frío extranjero procedente de un país anglosajón, al asomarse el palco de Unión Club en el Teatro Tacón exclamó: "Me parece estar en el paraíso".

En efecto, las amplias proporciones del teatro, el poco uso que se hacía del adorno a base de terciopelo que da a muchos teatros famosos una solemnidad innecesaria, los palcos todos llenos, la vivacidad sonriente de todo el mundo, daban un conjunto en que la admiración rivalizaba con la alegría del espíritu. Tanto el amigo inglés aludido, como los mismos artistas (con los cuales por mi origen italiano hacía fácilmente contacto) me decían y repetían:

—En verdad no hemos visto en ninguna parte nada nuevo, pero todo es atrayente y bello.

Un día, Armando Falconi, hombre agudísimo en la escena y en la vida, marido de Tina di Lorenzo, la perfecta actriz y bellísima mujer, declaró a un grupo de amigos:

—Los aplausos, en Tacón, se reciben con mayor agrado que en otros teatros del vasto mundo, porque la vista se recrea delante de este copioso mar de bellezas.

En los salones privados, los días de fiesta se estaba como en un pequeño Tacón. La sociedad no era muy numerosa pero sí muy refinada. La mayoría la formaban las antiguas familias coloniales que pasaban largas temporadas en París. Circulaban algunos títulos españoles, tres o cuatro "grandes" de España, muy apreciados. En este primer período republicano, sin embargo, no se hacía ostentación de nobleza debido a la reciente guerra de la Independencia. Era usado el título sólo cuando lo llevaba una mujer excepcionalmente bella y popular, como era el caso de la Condesa Josefina Fernandina, o cuando lo hacía valer un joven caballero cubano, como el Conde Romero. Después, con el desarrollo económico iniciado vigorosamente durante la presidencia del General José Miguel Gómez y continuado bajo el gobierno del General Mario Menocal, hubo una ascensión rápida de familias enriquecidas y una gradual retirada de

CAP. VI. *Mis primeras actividades políticas* 145

los nobles de menor fortuna. Debo hacer notar que los favorecidos por el dinero sobrepujaron por su auténtica elegancia al antiguo elemento. Los ágapes y las recepciones de los primeros tiempos eran más familiares, menos numerosos y mucho menos ruidosos. El centro de la riqueza cubana se sentía candente en el rápido avance de la gente rica. El consumo de vinos era de las bodegas españolas, pero con el aumento de las fortunas se desplazó a las costosas y añejas de Burdeos, de Borgoña o del Rin. Al principio las formas sociales eran superiores; la educación era de tipo ancestral, y la discusión respetuosa y gentil. Luego, en la segunda época, quizás se gritaba y se gesticulaba con exceso, pero el champaña y los licores finos a menudo eran servidos por la señora de la casa, con agradable sonrisa. Para mí, que luego he tenido que vivir con un protocolo duro y costoso, el primer período ha sido el tipo más elevado de las costumbres señoriales cubanas. La vida de la colonia, a pesar de sus múltiples defectos, usaba formas que deleitaban el espíritu.

Pero la incapacidad política, de la cual los españoles acusaban a los cubanos al defender sus derechos metropolitanos, se presentó con toda clase de perturbaciones. El presidente Estrada Palma no estuvo a la altura de las circunstancias. Vivió como si estuviera fuera del país que gobernaba. Hoy, al escribir con el aporte de los conocimientos adquiridos, no puedo culpar a los hombres que lo rodeaban, como lo hacía entonces. Por experiencia sé que el que tiene el mando se impone a sus consejeros, y no pasa lo contrario como se supone siempre. Estrada Palma tenía sin duda alguna la buena ejecutoria de su vida transcurrida en los Estados Unidos. Había bebido en buenas fuentes los derechos ciudadanos, pero también había conocido otros países de América, que él consideraba más afines con el que ahora gobernaba.

A pesar de todos los ejemplos vistos, no era el hombre apropiado para el puesto. Su incapacidad se desdoblaba con una extraña obstinación. Patriota de buena cepa sin duda, lo vimos terminar su vida de servicio de la patria realizando en Cuba el acto más vituperable: el de pedir al Gobierno americano que interviniera con sus fuerzas para mantenerlo en el poder contra la voluntad del pueblo.

Mi función en la lucha contra Estrada Palma fue la más importante que desplegué entonces. Pero es preciso que indique algo de lo que hicieron los cubanos, muy acertado por cierto, para echar las bases iniciales de su nueva situación política, no obstante el abandono (es la palabra exacta en este caso) en que los mantenía su Gobierno.

Las dos Cámaras, creadas por la Constitución de 1901, empezaron a funcionar con orden ejemplar. La Constitución fue respetada como un arca santa. Aquel noble documento, bien pensado y bien redactado, merecía el mayor respeto, porque ha sido el único que ha respondido a sus fines gracias a la precisión de sus normas, a la brevedad de su texto, a la uniformidad de sus criterios, y por no haberse desvirtuado como ha sucedido después en nuestra vida política nacional.

Las desviaciones ulteriores a que me refiero fueron debidas a una serie de conceptos menores, propios de reglamentos o leyes secundarias. La forma perceptiva desembarcada en una colección de generalidades impropias de documentos que requieren rígida aplicación. Una tendencia vaga en los comienzos de la República hacia un federalismo y un provincialismo exagerados se fue disipando gradualmente en la conciencia pública. El concepto de libertad se afirmó en la pequeña aldea como en la gran ciudad. El espíritu popular se compenetró con el del Libertador civil, José Martí. Martí dejó a sus compatriotas nobles y elevados escritos, producto de su pluma fecunda que los estimulaba a seguir el camino de la libertad integral. Los cubanos, apenas retiradas las tropas norteamericanas, el 20 de mayo de 1902, iniciaron su estructura política propia. Cuba se había dividido en fracciones desde antes y durante la guerra de 1895-1898. Había habido integristas, reformistas y rebeldes. Ahora era indispensable que surgiera el ciudadano con derecho pleno. Teníamos ya la estructura jurídica, pero nos faltaba la estrictamente política. Había que crear dentro de la variedad de principios e intereses, los canales por los que discurría la opinión pública.

He dicho ya que durante la lucha presidencial, culminada en la elección de Estrada Palma, los dos partidos bien organizados eran el Republicano y el Nacional, el uno nacido en Las Villas y el otro en La Habana, con sus respectivas ramificaciones en las demás provincias. El Republicano inició, por conducto de algunos afiliados residentes en La Habana, una concentración de fuerzas, llamando de paso a la política activa a los antiguos autonomistas. Yo formé parte de la Comisión del Programa que patrocinó dicha unión. Otros miembros de esa Comisión eran autonomistas distinguidos como el doctor Rafael Montoro, orador máximo de Cuba; Miguel Gener, que durante el Gobierno del General Wood había contribuido notablemente al progreso de las instituciones jurídicas, entre otras la adopción del *Habeas Corpus*. Se contaba también con Eliseo Giberga, antiguo miembro del Parlamento español en el que había representado a Cuba. Se llegó a redactar un programa, pero este se inclinaba mucho a la derecha. El Partido Republicano, en definitiva, aceptó la petición de Morúa Delgado y mía y desechó la coalición con el Partido Moderado. En solemne asamblea fui encargado de presentar nuestro punto de vista y anunciar la definitiva separación.

Poco a poco, después de esta importante decisión, se fue abriendo paso la idea de crear una unión de elementos de izquierda, concurriendo a ella, como factores primordiales, el Partido Nacional de La Habana y el Republicano de Las Villas. El General Máximo Gómez presidiría esta reunión como jefe supremo en el orden moral, pero sin funciones.

Fueron nombradas las habituales comisiones. Por el Partido Republicano éramos Morúa Delgado, Martínez Ortiz (representate a la Cámara y luego Ministro de Hacienda y de Estado y más tarde Embajador) y yo. Y por el Partido Nacional, Juan Gualberto Gómez, Alfredo Zayas, Gonzalo Pérez y otros. La redacción del programa fue fácil. Los dos grupos eran afines, pues el de La Habana contaba en su seno buen número de antiguos exiliados que habían seguido a Martí, y el de Las Villas se componía básicamente de elementos de la Revolución Libertadora. Así surgieron tanto el Partido que poco después se llamó Liberal, como el que en una primera fase se tituló Moderado y más tarde Conservador. La constitución de aquellos Partidos sirvió mucho para fijar el camino que iba a seguir la República.

Debo hacer notar que yo colaboré en la redacción de los programas de ambos partidos. No fue por confusión mental, ni por falta de principios bien definidos. Fue simplemente porque yo, como la mayoría de los Republicanos de Las Villas, preferíamos unirnos a los hombres de mayor categoría intelectual que acudieron al Partido Moderado. Pero como estos no quisieron ceder en los principios programáticos, buscamos un pretexto para romper los débiles lazos que nos unían, y a pesar de no sernos simpáticos muchos jefes del Partido Nacional, preferimos sus principios más ampliamente liberales. Entonces creía, y con razón, que sólo dos partidos favorecen el uso de las libertades públicas. Lo cual *grosso modo* sigo creyendo, ya que la multiplicación de los partidos trae la confusión de las ideas, así como el triunfo de la minoría que da el margen electoral necesario a la victoria, y no da la victoria misma.

Como ya he dicho, la guerra de Independencia reunía ideológicamente dos elementos no opuestos, pero distintos. Uno aspiraba a la Independencia como medio para disfrutar la libertad pública: el otro dejaba la libertad a las contingencias del tiempo, exigiendo solo la elevación de Cuba a Estado con derecho y deberes propios, o sea la liquidación completa del régimen colonial.

En este primer período republicano la diferencia ideológica, que apenas se notaba durante la guerra y durante la intervención americana, se cambió en cuestión palpitante, y más tarde en batalla campal. Así, mientras los dos partidos se organizaban con vigoroso interés, los problemas planteados se multiplicaban. España a pesar de su administración defectuosa, nos había dejado una política seria, con un alto gusto oratorio, con pulcritud de formas, ayudada por organizaciones intelectuales, un buen grado de libertad mental superior a la de la propia Península y una prensa bastante libre. En los primeros años republicanos, este viejo bagaje se manifestó en el Ateneo de La Habana. En una gran reunión, que duró muchos días, los oradores debatieron si se debía adoptar el sufragio universal o el restringido. La gran mayoría de los que hablaron y de los que aplaudieron estaban por el sufragio restringido. Si mis recuerdos son exactos, creo que sólo el doctor Alfredo Zayas y yo sostuvimos radicalmente la universalidad del sufragio. Los doctores Hernández Cartaya y Octavio Averhoff se inclinaron a lo mismo, aunque con menor entusiasmo, seguido por el entonces muy joven Luis Mariano Pérez. El resto, capitaneado por Enrique José Varona, en falange compacta que comprendía entre otros a Giberga, Lanuza y Ricardo Dolz, se manifestó, con decisión, por las mayores restricciones. Es increíble, por cierto, que en aquel tiempo la mayoría de los cubanos de cultura propendía hacia la restricción del sufragio, y a muchas otras restricciones de orden político.

Al partido Liberal se le debe la libertad política de Cuba. Por esa victoria se le aplicó el apodo despectivo de *Partido de los Chancleteros*. En un país en donde se acababa de derramar tanta sangre por la libertad, resultaba un crimen, en ciertos ambientes, hablar de unión ciudadana y de libertad política. Atribuyo el que Cuba se haya situado entre los países teóricamente libres, al rompimiento realizado entre el grupo villareño y el Partido Moderado, más tarde Partido Conservador.

Yo recuerdo que hasta 1916, en mi Cátedra de Derecho Político de la Universidad trataba este sistema con imparcialidad de profesor y al final de la clase preguntaba a los jóvenes su propia opinión. Las cuatro o quintas partes eran contrarios a toda amplia libertad popular. Más increíble, pero más cierto aún, resulta ser que al cambiar en años recientes la mentalidad estudiantil los profesores más estimados no han resultado ser los que predicaron los ideales de un pueblo libre, sino los que se opusieron a los principios de la libertad cívica.

Es muy difícil, al dar una vista de conjunto sobre una época, mantener la cronología. Mientras se iba preparando el choque entre dos principios fundamentales, surgían luchas menores, dificultades diarias, rupturas entre amigos y antiguos compañeros. Debido a mi carácter agresivo, me encontraba siempre en donde había alguna batalla enconada. Uno de los momentos más peligrosos de mi vida lo pasé en el Teatro Martí, en una reunión de Veteranos convocada para defender un ley, sobre el pago del Ejército Libertador. Yo era contrario a que el libertador recibiera salario alguno por su heroísmo y sus sacrificios. Había otros compañeros de armas que pensaban como yo, pero no querían oponerse a la gran mayoría. Obligados por una atroz miseria, apreciaban el acto de generosidad del pueblo cubano como la única salvación de sus hogares. Fui a la reunión para oponerme a que se tomara un acuerdo favorable al

Cap. VI. Mis primeras actividades políticas

pago, pues decía y repetía que no podíamos borrar en un momento la larga obra del patriotismo desinteresado. En la reunión escuché a los que hablaban con prudencia, pero un cura de nacionalidad chilena cuyo nombre no recuerdo, que había estado en nuestra guerra, al dirigirse al público atacó con ruda palabra al General Betancourt, héroe nuestro que comandó el ejército de Matanzas. No pude resistir tanto agravio a la honorabilidad del héroe. Me lancé a la tribuna, saqué de ella al titubeante orador, y en violenta arenga me declaré abiertamente contrario a la paga, como en días precedentes lo había hecho el General Betancourt. Mi desaforada actitud provocó una reacción brutal. Mi exaltación no pudo ocultar a mis ojos los revólveres y los cuchillos que salieron a relucir, y sobre todo el avance simultáneo del público al escenario. Mi suerte fue favorecida por el valor de los que presidían el acto, todos amigos míos. Al comprender lo que iba a pasar se tiraron con impulso común hacia el público para detenerlo, mientras el General Sánchez Figueras, el Comandante Alberti y el Comandante Manuel Secades se apoderaron de mí y me arrastraron entre bastidores. La tranquilidad se restableció sólo después de algún tiempo, al grito mágico de "Viva Cuba Libre". Sin embargo, yo tuve que refugiarme en la parte trasera del teatro y deslizarme a la calle a través de una ventana, usando una fuerte soga. Fuera ya del edificio me dirigí rápidamente hacia mi casa.

Este incidente tuvo considerables repercusiones. Al día siguiente muchos veteranos de la Independencia dirigieron cartas a los periódicos, atacándome con dureza. Pensé que debía detener aquella ola de insultos desafiando en duelo a tres miembros, los de mayor prestigio, que formaban parte del Comité gestor de "la paga". Busqué sobre todo el prestigio de la valentía bélica, que en aquella hora era todavía aplicada. Los tres miembros eran: primero el entonces Coronel Manuel Piedra, después General, cuyo heroísmo era conocido, pues siendo ayudante del General Antonio Maceo, once veces fue herido. La última bala, de la que quedó cojo, fue en una pierna, en la acción de Victoria de las Tunas, no lejos de mí, por cierto; el segundo era el General Enrique Loynaz del Castillo, legendario también por su audacia en los combates; el tercero el General Bernabé Boza, jefe del Estado Mayor de Máximo Gómez, conocido además por ser el mejor tirador de arma de fuego del Ejército Libertador. La agresión que sufrí por parte de la masa favorable a "la paga" pudo ser apagada solamente por haberme batido en duelo con tan valientes y distinguidos jefes de luchas por la independencia.

El duelo era entonces muy perseguido, pero el atrevimiento vence toda ley. El primer encuentro fue con Piedra, amigo queridísimo. Como la policía, enterada de los preparativos, había ocupado el camino y las carreteras, tuvimos que desviarnos mucho y perder toda una mañana. A la hora del almuerzo los dos contendientes, con sus respectivos padrinos, médicos y amigos nos sentamos a almorzar en una bodega extraviada, todos en la misma mesa. Piedra y yo nos servíamos recíprocamente, conversábamos y nos tratamos como siempre, sin que esto llamara la atención de los presentes. El almuerzo aquel, por su alegría y por la calidad de los concurrentes, parecía un campamento *mambí*, como todavía se calificaba todo lo revolucionario. A las dos nos batimos. El acto no fue cosa muy formal, pues los padrinos nos separaron de un violento cuerpo a cuerpo, cuando notaron una pequeña herida en uno de los combatientes. El General González Clavel, compañero de Piedra del Estado Mayor de Antonio Maceo, se abalanzó sobre nosotros para que nos abrazáramos, lo que hicimos con mucho gusto.

Con Boza la cosa cobró mayor formalidad. Su bala la oí muy próxima. La mía, parece que le rozó ligeramente la americana. Pero no hubo sangre. Boza era pariente cercano de mi mujer y decía siempre que ésta se parecía muchísimo a su madre. Quedamos también buenos amigos, aunque me dijo:

—Oye, Orestes, tú morirás con los zapatos puestos.

Esta frase camagüeyana quiere decir que moriría a manos de alguien.

Más tarde me batí con otro querido amigo, Loynaz del Castillo. Hubo alguna sangre. El encuentro fue a sable, que es el arma que presenta menos peligro mortal, aunque es más aparatosa y en cierto modo más eficaz. Con estos tres encuentros resolví una cuestión que hubiera podido ser grave. Desde entonces me separé de los Veteranos organizados y mantuve siempre esta separación. Más tarde aún tuve otro encuentro desagradable con ellos, del cual felizmente salí vivo y con los zapatos puestos.

En este período tuve un cuarto duelo, esta vez con el señor Armando André. Nos batimos en casa de Enrique Villuendas, en un pequeño apartamento que daba frente a la Casa de la Maternidad, frente al Parque Maceo. André había sostenido varios duelos antes del mío. Al batirse con Carlos Mendieta una vez, siendo yo juez de campo me vi obligado a pedirle "que no insistiera en considerar terminado el encuentro". No me lo perdonó y un día me provocó en el Hotel Telégrafo, al encontrarme por casualidad. Este duelo no tuvo solución grave, pero mi espada tocó la última costilla derecha de mi adversario, y se dobló en arco, causando una herida que parecía de sable y no de espada. Así la calificaron los médicos en el juicio penal que se nos siguió. Si la punta no se hubiese incrustado en la costilla que la detuvo, hubiera penetrado más allá del hígado, con efectos mortales. Años después, tuve un segundo duelo con André a sable, con consecuencias de mayor importancia, pues tuvieron que darle siete o más puntos en dos heridas en la cabeza. A mi primer

Cap. VI. *Mis primeras actividades políticas* 151

duelo con André, siguió otro con el director de La Discusión, Manuel María Coronado, compañero de la guerra con el cual sostuve siempre buenas relaciones de amistad. Coronado era "segundo premio" de tiro, en el Club de Cazadores de La Habana. No nos tocamos.

Estos incidentes armados y otros peores en número de doce, teniendo por campo de batalla algún escenario de teatro, un café o los salones de un periódico, o la calle pública, indicaban la existencia de un estado de excitación ciudadana no del todo normal.

No era fácil crear un equilibrio estatal para nuestra Cuba. A mi parecer el desequilibrio que nos afligió en el período 1904 a 1906, se debió a que, formados los partidos políticos, el Presidente Estrada Palma decidió gobernar con el Partido minoritario, o sea con el Partido Moderado, constituyendo una camarilla palaciega de los jefes de este partido, e invistiéndola de todo poder, por encima del partido mismo. Estrada Palma era personalmente un hombre de orden, pero inactivo y hasta despectivo y aislado. Sus amigos eran caballeros perfectos, como los Zaldo, los Lores, los Párraga, los Dolz, los Font y otros. Muchos de ellos le habían venido obedeciendo en sus decisiones y en sus caprichos de anciano, desde los tiempos en que él era presidente de la Delegación Revolucionaria cubana de Nueva York. Por otra parte, la masa popular se creía defraudada en sus aspiraciones a fundar una República con el disfrute de todas las libertades.

Empezó la lucha. El grupo gobernante consideraba que era preciso unirse al viejo Presidente, formar con él un Gobierno de autoridad inflexible, limitar el sufragio y, en definitiva reelegir a la fuerza a Estrada Palma, por otros cuatro años más. Se presentó el fenómeno habitual de todos los llamados gobiernos de fuerza —el nepotismo— y como corolario se usó el favoritismo en todos los actos gubernamentales. Los grandes bufetes de los abogados amigos del Presidente disponían a su antojo de la administración del país.

Fue así que entre liberales y moderados empezó la lucha. Los primeros, favorecidos por el número, los segundos por el Gobierno. Mientras vivió Máximo Gómez, Estrada Palma no se atrevió a entrar en la lucha personalmente, aún cuando las relaciones entre los dos viejos no eran del todo cordiales. Estrada Palma nunca consultó a Gómez en asuntos de Gobierno, mientras que en cambio Gómez puso su popularidad al servicio del país y del orden.

La impresión que se tenía en el público era que Estrada Palma, contrariado por la opinión de que su triunfo era en realidad una victoria de Máximo Gómez, ahora quería probarle su independencia de criterio en la gobernación. En una huelga general que los obreros presentaron en forma revolucionaria, Máximo Gómez resultó ser el gran pacificador, lo que aumentó el recelo del Presidente. Casos de menor o mayor importancia se repetían a diario, produciendo reacciones rencorosas. En un gran *meeting* celebrado en el Teatro Tacón bajo la presidencia de Máximo Gómez, hablamos en el siguiente orden: Mario García Kohly, joven orador muy apreciado; yo; Manuel Sanguily; y por último José Antonio González Lanuza. Asistieron Estrada Palma y su familia. Los aplausos atronadores fueron todos para el viejo jefe del disuelto ejército libertador.

En otra ocasión, un 7 de diciembre, Estrada Palma llevó en su coche al General Gómez, al acto de conmemoración de la muerte de Antonio Maceo. De nuevo todos los aplausos fueron dirigidos a Máximo Gómez. No sabemos si por error o si quizás por irritación, Estrada Palma se retiró, dejando en pie al aclamado General Gómez. El incidente sirvió para que el público criticara a Estrada Palma, con justificada razón pensamos nosotros.

Lo cierto es que al poco tiempo del hecho se formaron dos facciones con opuestos principios y opuestas pasiones.

En 1904, afrontándose la impopularidad creciente, empezaron los *slogans* engañadores que caracterizaron la campaña reeleccionista: "Don Tomás (Estrada Palma) se llevará la República en el bolsillo"; "Nuestra República es una república sin ciudadanos"; "Los Estados Unidos reconocerían solamente a Estrada Palma como Presidente". De ese modo se inició una propaganda bien llevada, determinándose que el Presidente iría a la reelección, a pesar de que su manera de gobernar y su apartamiento de todo lo que era actividad y convivencia cubanas parecían indicar una decisión contraria.

Era perfectamente constitucional que el Partido Moderado llevara al primer Presidente de la República nuevamente a las urnas. Pero se murmuraba en el país y en el pueblo que Don Tomás sería reelegido de todas maneras; y que se acudiría a la violencia electoral si el Partido Liberal no se aviniera a presentarlo también como candidato suyo. Todo esto era síntoma inequívoco de inquietud ciudadana. Los designios para la lucha electoral, banales en un principio, fueron convirtiéndose en acción. Estrada Palma cambió el Gabinete, retiró del mismo a los hombres pacíficos y de serenidad espiritual, y los reemplazó por hombres apasionados y exaltados, decididos a todo. Para mayor muestra de las intenciones del grupo que entonces manejaba la política debo señalar el hecho de que hubo una reunión en el Palacio Presidencial en la cual se acordó que era necesaria la reelección de Estrada Palma de *cualquier manera* que fuera, y cambiar el Gabinete, lo cual significaría "Salvar la República".

Fui uno de los primeros en conocer el hecho por boca de Oscar Fonts Sterling y de Ricardo Dolz, quienes habían asistido a la reunión. Todo, en fin, se propagó bien pronto sin la menor prudencia. El cambio minis-

CAP. VI. *Mis primeras actividades políticas* 153

terial se hizo abiertamente. El Gabinete, que en su última contextura se llamó "Gabinete de Combate", al reunirse en Palacio donde se encontraban presentes las personalidades de mejor nombre en la política, dejaba conocer sus acuerdos y revelar las resoluciones en todos los ambientes. No hubo ni siquiera las habituales "desmentidas formales". Los reunidos deseaban que fueran conocidos sus acuerdos, para evitar la lucha. Era un *bluff* urdido para que el adversario se rindiera a discreción antes de la contienda. Y en efecto había muchos motivos para que un buen patriota abandonara una victoria electoral a fin de preservar la independencia de la nación. La famosa *Enmienda Platt* levantaba la cabeza, y los reunidos en la Presidencia contaron con ella. A pesar de todo, contra esta actitud surgieron no sólo protestas sino contraataques. Las fuerzas populares son siempre difíciles de controlar, sin contar con que aún vivía el General Máximo Gómez, hombre de autoridad suprema, que era a su vez poco controlable. Aunque callaba en los primeros momentos, el venerado General al ver la decidida actitud y el sentir popular exclamó que "sentía latidos de revolución". Infortunadamente Gómez murió poco después. Su muerte le impidió que prestara un nuevo y gran servicio a la patria.

En cuanto a mí, abracé desde los primeros días la causa del partido Liberal, cuyo programa y estatutos había ayudado a redactar. Atravesaba el mejor momento de mi vida familiar y de mi desenvolvimiento profesional. Comprendía que la obra de la Revolución Libertadora corría un gran peligro y que Cuba entraba en el cielo turbio de las dictaduras, de los golpes de Estado y de las revoluciones armadas, como ya pasaba en las hermanas repúblicas latinoamericanas. Además todos mis amigos, menos Cosme de la Torriente, estaban contra Estrada Palma, encabezados por mi antiguo jefe directo, el General José Miguel Gómez. Es preciso advertir que durante el gobierno de Estrada Palma, José Miguel Gómez había ido creciendo en la simpatía y en el respeto públicos. Hombre sereno, equilibrado, demócrata sin teatralidad, amigo de todos aunque no muy pródigo en abrazos (que en conjuntos humanos a veces preceden a la puñalada trapera), y conocedor sobre todo de los asuntos públicos, José Miguel Gómez había continuado siendo Gobernador de Las Villas por elección. Ahora intervenía con los otros gobernadores, *primus inter pares,* en problemas nacionales de gravedad. La muerte de Máximo Gómez lo llevó a ser la primera figura de la política cubana. Se puso frente a Estrada Palma, y el público, tanto partidarios como adversarios, lo consideró por espontánea opinión, como el candidato presidencial que debía ser postulado contra el de reelección.

Debo aclarar que el General Máximo Gómez había pensado en un candidato de oposición, el General Emilio Núñez, en el cual el viejo guerrero tenía extraordinaria confianza. Pero, la muerte inesperada de Máximo Gómez hizo que la candidatura de Núñez, no fuera mantenida. Núñez era un buen patriota, hábil político, y más tarde ascendió a la vice-Presidencia de la República, pero en aquellos momentos no tenía la popularidad necesaria para combatir a la que ya podemos llamar "camarilla" gubernamental.

Ni mi mujer, ni mi hijo (el que luego perdí en momentos de grave agitación política), ni los deberes contraídos con mis clientes pudieron impedir que ante la situación creada, yo actuara con la violencia extrema que lo hice, y en primera fila. El "Gabinete de Combate" arreciaba sus ataques, y nosotros respondíamos con crecida audacia. Enrique Villuendas, Carlos Mendieta y yo actuamos juntos. El notable periodista Aniceto Valdivia, que escribía bajo el pseudónimo de *Conde Kostia,* nos dedicó un artículo elogioso titulado *Los Tres Mosqueteros,* nombre que tuvo tanta resonancia popular que no nos daban otro en las grandes manifestaciones públicas.

En esta época yo seguía viviendo en Columbia, la llamada ciudad militar de La Habana, por cierto poco apropiada para residir en tiempos frondosos, especialmente para un adversario declarado. Las relaciones políticas se fueron agriando hasta llegar al crimen. Mi valerosa mujer ponía la cuna de nuestro niño entre dos planchas de acero, para protegerlo de las balas que por una u otra circunstancia o intención entraban por la ventana de la casa en altas horas de la noche. Mi compañero del Estado Mayor de la Guerra, del General José Miguel Gómez, Tomás Armstrong, quien ahora era comandante en jefe del ejército regular, me aconsejó en varias ocasiones mudarme con toda rapidez. Pero el doctor José Antonio González Lanuza, que se condujo como un hermano en ésta como en otras ocasiones, puso su gran influencia en favor de mi hogar, recibiendo de los jefes militares continuas declaraciones de que en lo sucesivo se evitarían los disparos. Las cosas, sin embargo, siguieron de mal en peor y compulsivamente nos obligaron a desalojar la casa. Mi mujer tuvo que hacerlo un día en que yo estaba fuera de La Habana. Nuestro interés en quedar en Columbia era debido al aire que allí se respiraba y porque nuestro hijo no estaba bien de salud. En efecto, poco después lo perdimos.

Un incidente grave se presentó como consecuencia del estado de ánimo de los dos bandos. En el "Gabinete de Combate" había dos compañeros de la guerra, que añadían a sus caracteres enérgicos una impetuosidad irreflexible. Habían sido colocados en sus altos puestos precisamente para ganar la batalla electoral. Uno de ellos, Fernando Freyre de Andrade, era aristocrático y mandón. Le hacía la corte al pueblo, pero no le era sinceramente solidario. El otro, Rafael Montalvo, muy joven aún, era de mucha

Cap. VI. *Mis primeras actividades políticas* 155

menor cultura, y bastante decidido. Su carácter violento era conocido por todos. En la guerra fue valiente y en la paz agresivo. Parco en palabras y espontáneo en el agravio, su cargo anterior era el de jefe del Presidio Penal. Los dos personajes respondían también a una política de amenazas, para amedrentarnos. Pero nosotros teníamos en nuestro seno la flor del Ejército Libertador, los guerreros de mejor nombre.

Estaban con el Partido Liberal, además de Mendieta, que con razón era considerado "el que más machete había dado", Manuel Piedra, Pino Guerra, Enrique Villuendas, Casimiro Naya, Charles Aguirre, Eduardo Guzmás, los dos Collazo, el General Loynaz del Castillo, Manuel Secades, Ernesto Asbert y muchos otros más dispersos en todas las provincias.

Una vez tomada la posición de combate, los incidentes se presentaron espontáneamente. La primera decisión de Freyre, secretario de Gobernación, fue apoderarse de las Municipalidades (las cuales eran en gran mayoría liberales) empezando por la de La Habana. El método para alcanzar ese propósito era amedrentar, creyendo poder así sumar adhesiones a la candidatura de Estrada Palma. La reacción nuestra fue impedir, con la ley y fuera de la ley, que las amenazas se tradujeran en hechos, y probar de antemano que obligaríamos al Gobierno a actuar dentro de la Constitución.

Máximo Gómez había muerto, pero los latidos revolucionarios se trocaron en sacudidas violentas. Piedra se puso fuera de ley. Una noche el Coronel Aguirre y yo evitamos que cayera en manos de la Policía. Se había refugiado en una villa de La Chorrera y nosotros lo supimos por aviso nada menos que de los empleados del teléfono oficial (o sea el teléfono privado del Gobierno). En pocos minutos nos lanzamos hacia el lugar señalado y llevamos al amigo a un almacén italiano de ropas de la calle O'Reilly. La policía, llegó tarde, como los carabineros de Offenbach, y sólo pudo constatar que Piedra había estado allí, pero que había volado. Mendieta a su vez, habiendo sabido por confidencia de amigos liberales que el expediente incoado para destituir a la Municipalidad habanera salía del Gobierno Provincial, lo arrebató de las manos de los que lo llevaban. Mendieta tenía una fuerza hercúlea.

En Cienfuegos sufrí un incidente personal. Una noche di una conferencia a los obreros de los muelles, siendo la asistencia numerosísima. Al terminar, la muchedumbre quiso manifestar su fuerza y provocó a la policía que a pie y a caballo nos seguía. Un grupo de policías procedió a detener a uno de los que gritaba más. Yo intervine y lo liberé a la fuerza. Al poco rato dos policías se abalanzaron sobre mí y sobre Vicente Martínez, un amigo que me acompañaba. Pero Martínez, hombre decidido, echó mano a uno de los esbirros y lo arrodilló, y yo tiré al otro contra el saliente de una bodega que estaba a pocos pasos. Los dos quedaron fuera de servicio. Pero la caballería dirigida por el segundo jefe de las fuerzas, que era persona correcta y honorable, avanzó machete en alto. Yo le grité estentóreamente:

—Comandante, soy Orestes Ferrara y estoy en sus manos.

Mi voz se oyó por todas partes. El Comandante, segundo jefe de la policía local, correctamente me dijo que estaba preso y me puso bajo la custodia de cuatro miembros de sus fuerzas. Pasé la noche en la Jefatura del Cuerpo de Seguridad del Municipio. El Alcalde de la ciudad me visitó y ordenó se me diera una buena cama. En cambio, el juez Cubas me procesó y lo que es más, me negó la libertad provisional. Inmediatamente interpuse un recurso de *Habeas Corpus* y me defendí personalmente. Gané el caso, y todo aquello nos sirvió de favorable propaganda. Probé además que el Gobierno no tenía la fuerza necesaria ni la habilidad para imponer unas elecciones fraudulentas.

El acontecimiento importante de este período preparatorio de las elecciones tuvo lugar en Vueltas, otra cabeza de término municipal de la provincia de Las Villas. Freyre de Andrade envió una comisión de su Secretaría para instruir un expediente, terminarlo rápidamente e inutilizar a toda la municipalidad. El Alcalde de la ciudad era un compañero de la guerra, Manuel Herrada, hombre sereno, habitualmente silencioso, pero decidido y sin miedo. En lugar de esperar a la Comisión, reunió a la policía local, llamó a alguno de sus fervientes partidarios y desapareció, internándose, armado hasta los dientes, en los mismos parajes en donde había hecho la guerra de Independencia.

Muchos jefes liberales acudieron a Vueltas en defensa del derecho. Los últimos en llegar fuimos Villuendas y yo con Mendieta. Nuestra demora se debió a que deseábamos coincidir con la llegada de la Comisión del Gobierno. Cuando llegamos, la situación era ya trágica. De un lado la Guardia Rural, compañeros nuestros ellos también, y del otro un pueblo numeroso venido de todos los alrededores, mal armado pero en fin armado y formado en gran parte por veteranos. Nosotros los reunimos a todos y dimos repetidos mítines en la Plaza Pública. El pacto de honor que los inspiraba y que brotaba de los labios de los oradores, y coreaban los oyentes, era: "La Comisión inquisitoria no entrará en el Ayuntamiento".

Mendieta, Villuendas y yo visitamos a la Comisión a su llegada, en el Cuartel de la Guardia Rural donde prudentemente, fue a cobijarse. Debo hacer notar que mis dos compañeros eran representantes a la Cámara Nacional por Las Villas, y muy admirados ambos en toda la República. Los comisionados no tenían motivos para negarse a la celebración de una entrevista, y en efecto, el Presidente de la Comisión, un viejo de mucha edad pero enérgico y hasta insolente, al anunciarnos nosotros gritó con

CAP. VI. *Mis primeras actividades políticas*

voz nasal: "Que los dejen pasar". Estaba rodeado de soldados y decía con claridad que la investigación al Ayuntamiento empezaría al día siguiente, "aunque se caiga el firmamento".

Inútil decir que contestamos adecuadamente, asegurándole yo que el firmamento caería sobre el Ayuntamiento. Estas palabras mías no respondían a ningún propósito, por el momento al menos. Salimos de la entrevista desconcertados. Nos habíamos empeñado en algo que significaba una revolución inmediata, para lo cual ni estábamos preparados ni teníamos autoridad suficiente. Por el momento no podíamos ni siquiera pensar en lo que debía hacerse, pues el pueblo nos exigía que diéramos cuenta del resultado de la vista a la Comisión. En la Plaza celebramos un nuevo mitin durante el cual todos, oradores y oyentes, nuestra irritación llegó al paroxismo. Terminado el mitin, se había preparado una especie de banquete popular en honor nuestro. El diligente alcalde interino, Quintero, canario de origen, se había ocupado de esta gentil manifestación de cortesía, en una hora trágica. A la derecha de Quintero estaba Villuendas, a la izquierda Mendieta. Yo seguía a Mendieta; la mesa se extendía bastantes metros. Pensé durante toda la comida cuál podía ser una buena solución para evitar tanto un estallido revolucionario como someternos a un abuso envilecedor. La *Enmienda Platt* exigía no tomar las armas en una lucha abierta. ¿Qué hacer? Mendieta estaba silencioso como yo. Sólo Villuendas, alegre y despreocupado, animaba nuestro grupo.

Analizando la situación, con lógica pueril me vino a la mente la solución del caso, que a pesar de su sencillez para mí fue como una revelación. Me dije a mí mismo que si la Comisión llegara a visitar el Ayuntamiento, habríamos perdido el primer encuentro; pero al propio tiempo si impedíamos por la fuerza la entrada, quizás estallaría la guerra civil. Saqué entonces la consecuencia de que era preciso quemar el Ayuntamiento, evitando de ese modo la investigación. Toda mi vida, tanto en la juventud como en la vejez, la duda ha sido para mí el mayor tormento; la realidad, aunque fuera dolorosa, no me ha abatido nunca. Ya decidido, hice señas a Villuendas deciéndole: "¡Eureka, eureka!". La comida terminaba. Saliendo de la fonda expliqué a Enrique mi pensamiento: "Esta noche —le dije— hay que incendiar el Ayuntamiento". Siempre rápido, Villuendas contestó: "¿Cómo no habíamos pensado en esto?". Informado Mendieta, le pareció que era una barbaridad, pero prestaba su acuerdo y su cooperación personal. Nadie debía sospechar nada, excepto Quintero y el gallego Fernández, jefe de la policía. Consultados los dos, estuvieron de acuerdo. El incendio debía provocarse a las doce de la noche, más o menos.

Los tres estábamos parando en la casa del Alcalde Herrada, quien, como he dicho se hallaba prácticamente alzado a corta distancia del Ayuntamiento. Me acosté y dormí profundamente. Cuando Fernández vino a mi cuarto, para recogerme como habíamos convenido tuvo que despertarme sacudiéndome con violencia. Y yo, medio dormido, para comprender lo que pasaba tuve que concentrar mis recuerdos: "Ah, si, es verdad...". Quintero estaba ya afuera de la casa. Mendieta y Villuendas, vestidos ya, me esperaban. Al poco rato los cinco, precedidos por Villuendas, entramos en el gran caserón que contenía desde largo tiempo todos los archivos del Municipio. Recogimos muchos legajos y los colocamos en el centro de la habitación principal. Luego Fernández trajo un recipiente de petróleo, que esparció sobre los legajos y se les dio fuego. Nos retiramos todos rápidamente y otra vez nos metimos en nuestras camas. Por mi parte, aseguro que dormí un buen rato hasta que los vecinos de la ciudad vinieron a dar fuertes golpes en las ventanas y en las puertas. El incendio había destruido casi todo el edificio, amenazando las casas cercanas. Con mis compañeros, y confundidos con la Guardia Rural, "hice todo lo que pude", hasta con peligro de mi vida, para apagar el incendio. En el auto de procesamiento, el juez dijo que yo lo había hecho por mera forma.

La visita al Ayuntamiento, pues, no pudo tener lugar. Habíamos ganado. Nosotros tomamos el tren de las nueve para La Habana y la Comisión lo hizo más tarde. No estalló la Revolución. La sangre no empezó a correr sino hasta algunos meses después.

Capítulo VII

UNA LUCHA CIVIL NECESARIA

En pocos años la facción había sustituido a la solidaridad. Grupos de campesinos asalariados por el Gobierno, machete en mano, entraban en las bodegas de los pequeños pueblos gritando: "Viva el Partido Conservador", y los choques sangrientos se repetían. Las municipalidades en gran parte, se mantenían en conflicto permanente con el Gobierno Central. Otros, acaso presionados por la fuerza rural, abandonaban sus derechos. Pero, en lo general, el pueblo se mantenía fiel aunque irritado hasta la desesperación, mientras la burocracia gubernamental y los grandes intereses rurales se ligaban con el "Gabinete de Combate". Los tribunales, las oficinas del fisco, los empleados del Poder Ejecutivo, diseminados en toda la República, llegaron a formar una "falange macedónica" decidida a rechazar los asaltos más cruentos.

A causa del incedio de Vueltas fui detenido y llevado a la cárcel de Remedios, centro del Distrito Judicial en que estaba enclavado el Ayuntamiento quemado. Se me acusó de incendiario junto con Quintero y Fernández. Los indicios acusatorios que se esgrimían contra mí eran: a) un telegrama de mi cuñado, el Coronel Charles Aguirre, no llegado a mis manos, que decía: *"Urra tea salvadora Vueltas"*; b) el discurso que pronuncié al anochecer, antes del incendio, en el cual afirmaba, como lo habían hecho todos los oradores, que la Comisión Ministerial no entraría en el Ayuntamiento para la visita, y c) la actitud *aparatosa* (según la Guardia Rural) que había tomado en la extinción del incendio. Como se ve, los indicios, al menos por el momento, eran débiles. Sólo Fernández parecía comprometido porque se descubrió que en su pantalón había manchas de petróleo. Pero diré, adelantándome a los acontecimientos, que esta prueba fue combatida con un nuevo examen químico, el cual desmintió el primer aserto. Los tres estuvimos sujetos a la pena de muerte. En Remedios, con anterioridad al incendio, se había fijado un mitín para días después de mi encarcelamiento, en el cual yo estaba anunciado como uno de los oradores. Con insistencia corrió entonces la voz de que sería asaltada la cárcel para liberarme. Yo empecé a escribir mi discurso aprovechando aquellas horas de inactividad obligatoria, con la idea de enviarlo a Villuendas para que lo leyera en la gran reunión popular que se preparaba. En mi celda ya había penetrado el inevitable fotógrafo, sorprendiéndome delante de la máquina de escribir. La prisión mía produjo una considerable impresión general en todo el país. Y en todas partes, para el domingo de la semana en curso, día del gran mitin, se esperaban graves acontecimientos. Pero el juez García Ramos me puso en libertad el sábado por la noche. La reunión tuvo lugar y mi presencia no provocó desórdenes, aunque resultó muy tempestuosa. Por el inexorable camino del tiempo las elecciones se acercaban y la revolución avanzaba, por desgracia vertiendo más sangre. Esta vez la sangre fue la del alegre, genial, bueno y de superior intelecto, Coronel Enrique Villuendas.

Dos noches antes de las elecciones, un grupo de jefes del Partido Liberal se reunió en el Gobierno Civil de Las Villas. Nos preparamos para ir el día siguiente a dirigir a nuestros correligionarios en las distintas zonas. Villuendas y yo debíamos situarnos en Cienfuegos, donde ya había actuado intensamente durante la campaña electoral. Dormimos en el mismo edificio, todos en camas de ocasión. Muy temprano me despertó la voz robusta del General José Miguel Gómez. Con él estaba Enrique Villuendas. El General me dijo que yo por múltiples motivos no debía ir a Cienfuegos, sino a la zona que va de Cifuentes a Remedios. Contesté que lo sentía mucho pero que no podía acceder, considerando necesaria mi presencia en Cienfuegos porque era la ciudad en la que se esperaba un conflicto. Y añadí que, además, era una cuestión de honor ya que la noche anterior había invitado a José Antonio Frías, Jefe de los moderados, a acompañarme todo aquel día. José Miguel insistió y refiriéndose a Frías añadió que yo debía desconfiar de la actitud traicionera de éste. Villuendas a su vez me decidió a cambiar de ruta, al manifestarme que yo le sería un estorbo en lugar de un beneficio dada la actitud violenta que se había asumido en aquella ciudad los días precedentes. Acepté de mala gana, casi ofendido, y sin embargo aquellas dos nobles personas me salvaron la vida en aquella ocasión.

El senador José A. Frías había organizado un numeroso grupo de asesinos y una policía de la cual el único hombre de honor era el segundo jefe, al que me he referido en el capítulo precedente. Los apoyaban un

Cap. VII. *Una lucha civil necesaria* 161

verdadero ejército pagado por el Gobierno y compuesto de los peores delincuentes de la ciudad. El 22 de septiembre de 1904, Villuendas llegó solo y se hospedó en el Hotel La Suiza, en el que nosotros parábamos habitualmente. Allí convocó el directorio del Partido. Mientras se celebraba la reunión en que se perfilaba la idea de la retirada de las urnas dado el estado de terror que dominaba, llegó el jefe de la Policía, Comandante Illance, acompañado por un solo miembro del Cuerpo. En la puerta de entrada del hotel había otro, pero en toda una amplia zona no se encontraba ninguna fuerza armada. El caso resultó sintomático por lo que aconteció después.

Illance, que conocía a todos los presentes, pues eran notables personalidades de Cienfuegos (entre otros un célebre médico, el doctor Perna, y un distinguido banquero de apellido Cardona), no saludó a nadie y ordenó a los reunidos que se retirasen porque iba a registrar el apartamento del representante Villuendas. En sus deseos de evitar violencia, Villuendas también invitó a sus amigos a que se retirasen. Generoso error de Villuendas. En las horas difíciles hay que buscar siempre la publicidad. Entre los concurrentes se hallaba un joven que frisaba en los veinte años. Se sabía que a los catorce se había enrolado en el Ejército Libertador y que luego había sido oficial de Policía; se llamaba *Chichí* Fernández. Era famoso por su indomable valor y lo reconocía así Illance que había sido su jefe. *Chichí* Fernández se retiró a un cuarto que comunicaba con el dormitorio de Villuendas. Illance penetró en el de Villuendas, para iniciar aquel registro de carácter tan original, pues era llevado a cabo sólo por el jefe de la Policía. Como había un revólver sobre la mesita de noche, Illance lo cogió y se lo metió en el bolsillo. Villuendas, que era miembro del Congreso de la República, ya había protestado por la perquisición de su habitación y exclamó: "¿Va también con mis armas?" "Va con todo" —respondió el interrogado.

Chichí Fernández, comprendiendo que iban a detener a Villuendas y a él, avanzó rápidamente revólver en mano, y disparó sobre Illance, que cayó muerto. Villuendas intentó interponerse entre Fernández y el policía que había quedado en el pasillo, pero éste se lanzó contra Fernández y lo abrazó en duro forcejeo. El policía que estaba en la entrada del hotel, al oír los tiros subió corriendo por la escalera y encontrando a su compañero que forcejeaba con Villuendas, le tiró por detrás a Villuendas a la altura de la nuca, matándolo de golpe. *Chichí*, herido a su vez, huyó por los tejados. Mientras, llegaban desde el puerto cercano muchos trabajadores de los muelles, enrolados por el Administrador de la Aduana, quienes, armados, se esparcieron por la ciudad sembrando el terror y la muerte.

Después la policía "hizo el resto" para vengar a su jefe. ¿Quién tuvo la culpa de tan horrible acontecimiento? A tanta distancia de tiempo yo afirmo, sin odios ni rencores, que lo tuvo la persona que puso en contacto a Illance con Villuendas, quien pocos días antes, en una carta dirigida a un periódico, para protestar por la prisión villana del Coronel Sixto Roque, había ofendido grave y personalmente a Illance que era violento y atrabiliario. La acusación no era nueva pues se tenía esa misma opinión de Illance desde la Revolución Libertadora. Había sido ayudante del General Bermúdez, a quien un consejo de guerra condenó al fusilamiento precisamente por delito de asesinato. Illance tenía buenas relaciones conmigo, y aún habiéndome llevado él mismo a la cárcel sólo unos días antes, me trató con todo respeto. Que el Gobierno contara, principalmente con él para inclinar a su favor las elecciones de Cienfuegos, no cabe duda alguna. En los días que precedieron a esta dolorosa tragedia, el Presidente de la República lo había sentado a su mesa, hecho que mereció el honor de la publicidad. El senador Frías, y nadie más que él, era el animador de lo acontecido, y lo acontecido fue la causa primera de la Revolución de 1906.

Al día siguiente recibí la noticia de la muerte de Enrique, por un telegrama que Carlos Mendieta me envió desde Sagua y que decía: "han matado a nuestro querido Enrique". En la zona en que yo actuaba, a pesar de todo, ganamos las elecciones. Pero en la mayor parte del país no se celebraron. Un informe que hicieron más tarde los expertos del Gobierno americano consignaba que "habían votado los muertos, los ausentes y los inexistentes". En efecto votó a favor de Estrada Palma, que en realidad contaba con sólo una ínfima minoría del electorado, mayor número de habitantes de los que tenía toda Cuba.

Yo, en la tarde del 23 de septiembre de 1905, día de las elecciones, descorazonado y triste volví de Camajuaní a Santa Clara a fin de estar en aquella hora al lado del General José Miguel Gómez, pero al llegar a Placetas me esperaban unos treinta soldados. Salí del tren con un soldado que me apuntaba al pecho y otro a la espalda. Ambos me gritaban: "Arriba los brazos". Sin que yo lo hiciera. Bajé del vagón en situación tan peligrosa y enfrente se encontraban el jefe de los soldados y el General José de Jesús Monteagudo, que era la segunda personalidad liberal de Las Villas y senador de la República. Este me pareció muy exaltado y me dijo:

—Coronel, el Capitán Casanova es un compañero de la guerra y hombre de honor. Lo acompañará a usted como detenido que merece todos los respetos. Pero hoy se ha escrito una página luctuosa en Cuba: han matado y han herido a personas que estaban a mi lado. Yo mismo vivo por milagro.

—Gracias, General —le contesté—, Comprendo lo que usted me dice, o sea que no me asesinarán, pero sepa que no me considero de la facción contraria.

Monteagudo se despidió de mí con un abrazo diciéndome: "No lo matarán". El Capitán Casanova, de la familia de los Sánchez, de Sancti Spíritus, al parecer le había comunicado haber recibido órdenes de extrema violencia contra mí, pero también su decisión de no cumplirlas. Lo cierto es que al salir nuestro grupo camino de la ciudad, en lugar de seguir recto, dimos vueltas a la derecha o sea hacia la campiña despoblada. Yo no veía ningún soldado delante de mí sino que todos, en pelotón, marchaban detrás. Sólo el Capitán estaba a mi lado, pero ambos, obligados por los fangales de aquel septiembre lluvioso, nos apartábamos a buena distancia el uno del otro, por todo lo cual yo esperaba de un momento a otro recibir un tiro por la espalda. Siempre he pensado que las situaciones definitivas son las mejores para tomar decisiones. Uno se acostumbra al bien y al mal y conlleva ambas cosas con igual tolerancia. Sólo la incertidumbre no es soportable largo rato. Hice un esfuerzo de reflexión sobre mí mismo y convencido que me iban a matar cambié de actitud y me dirigí al Capitán Casanova y a los soldados:

—Ustedes son unos cobardes —les dije—, mátenme ahora; ahora mismo. ¿Qué significa esta comedia de llevarme por estos fangales? Entiérrenme como quieran y donde quieran. Ustedes lo pagarán. El pueblo de Cuba me vengará.

El pobre Capitán me repetía:

—Tranquilícese Coronel, yo no soy un asesino...

Sus palabras no alegraban mis oídos. Pero en un momento pensé que él era cuñado o pariente de Serafín Sánchez, el gran libertador caído en el campo de batalla, y me dije a mí mismo: "Quizás éste no mienta". Y no mentía. El camino se dirigía hacia una casa de campo en la que brillaba una opaca luz. La noche, después de un día de lluvia y... sangre, era bella, luminosa, serena. Las velas de sebo, temiendo a las estrellas relucientes, alumbraban aún con mayor timidez.

Cambié de lenguaje rápidamente: el bohío había sido tomado... para "hospedarme" durante mi detención, pues temían que se renovara la amenaza de Remedios, o sea el asalto de la prisión. Lo que puedo decir es que si cuando llegamos al bohío a las ocho, yo estaba rabioso, a las diez ya estaba conversando con el grupo de soldados reunidos todos alrededor de una mesa, relatándoles anécdotas y peripecias de la guerra de Independencia.

Pasé todo el día siguiente en aquel tugurio casi africano, que me habían dado por cárcel. Un abogado y notario de Placetas vino a visitarme, lo que significaba un acto de gran valor. Me narró los abusos cometidos en toda la Isla, a pesar de la declaración pública hecha a cierta hora de que "los liberales se retiraban de las urnas". El abogado se llamaba Miguel Suárez *, y llegó a representante y fue largo tiempo amigo mío.

---

* Se trata de Miguel Suárez Gutiérrez, padre de Miguel Suárez Fernández. Este, como su padre, fue también representante y Senador de la República.

—Estamos, me dijo, en plena insurrección de un Gobierno.

La frase me impresionó porque en aquella época, que ya era plenamente civilizada, no concebíamos que un Gobierno constituido, obligado a mantener el orden, todopoderoso dentro de la legalidad, pudiendo hasta cambiar en pleno derecho las reglas fundamentales y los principios constitucionales, acudiese al asesinato y a otras violencias. Aquella misma noche constaté *de visu* las escenas relatadas por Suárez, que evocaron en mi mente las lecturas de los días tempestuosos de la Revolución Francesa.

De Placetas a Santa Clara la distancia es breve. Al anochecer salí en tren acompañado por cuatro policías y un cabo, y buenos amigos todos. En aquella época de extrema violencia el número más o menos alto de soldados no era una garantía. La llamada "ley de fuga", aplicada ampliamente, provocaba escalofríos al detenido a que los soldados precedían a algunos pasos. Yo en este caso estaba seguro. Mis compañeros provenían de la guerra de Independencia. La costumbre era atar las manos de los presos que conducían. A mí me respetaron. Llegamos a Santa Clara. De la estación a la cárcel adonde me conducían, había un buen trecho. El cabo tomó un gran coche y los seis nos metimos en él. Al subir al coche y al oír los primeros gritos hostiles, el noble cabo me dijo:

—No se preocupe, Coronel, que si le atacan mato a todos los que estén a nuestro alcance.

Los grupos conservadores en estado de increíble alteración mental, y en libertad de cometer cualquier desmán, habían sido advertidos de mi llegada.

Los jefes liberales habían sido perseguidos como fieras o encerrados en las cárceles; los amigos estaban refugiados prudentemente en sus casas, o carecían de ardor por la derrota sufrida y la sangre derramada; los indiferentes se habían pasado a la vanguardia de los gubernamentales. Gritos de "Muera Ferrara" repercutieron en la plaza y en las calles. Una vez más yo, prefiriendo la muerte a la injuria, apostrofaba no sin insolencia a la muchedumbre soez. El cabo, a medio camino, o sea en el Parque Central, frente al Gobierno Civil y a la Iglesia Principal, ordenó en alta voz a los soldados que cargasen las armas. Los rifles estaban ya cargados, pero los cuatro soldados se pusieron de pie, amenazando con tirar, a los que gritaban. La muchedumbre, prevenida con energía se fue retirando, y nosotros pudimos llegar a la cárcel que por aquel entonces estaba fuera de la población.

En la cárcel cambió la situación. Centenares de personas herían con gritos mis oídos. El General Gerardo Machado, alcalde de la ciudad y futuro Presidente de la República, fue el primer preso en abrazarme... El jefe de aquella penitenciaría había sido un subordinado suyo en la guerra y compartía las ideas de la multitud de presos que habían puesto

CAP. VII. *Una lucha civil necesaria*   165

bajo custodia durante esos últimos días, los que pertenecían a la más alta posición social e intelectual de Santa Clara.

El juez que instruía el proceso colectivo me mandó a llamar para interrogarme. Como tenía que salir de la cárcel y atravesar un largo trecho oscuro para llegar a la Audiencia, todos los presos me previnieron: "No vayas, no vayas". Yo repliqué al alguacil, un pobre hombre enclenque, designado para acompañarme, que él y el juez "se fueran a freír espárragos". Pero el propio juez vino, a tomarme la declaración pertinente en la cárcel misma. Contesté con insolencia a sus preguntas. Muchos años después he leído mi declaración en su original, y me he quedado impresionado de que el juez consignara todo lo que dije. A pesar de la hora avanzada, los presos me pidieron que les dirigiera la palabra. Así lo hice y al terminar mi discurso la cárcel estaba transformada en un cuartel en rebeldía. El jefe mismo, los soldados de guardia, los presos, todos unidos gritaban, gesticulaban, como en un verdadero motín. Al día siguiente se produjo la misma escena. El General Machado era el más cuerdo entre todos nosotros y frenaba nuestros impulsos, que eran nada menos que atacar la ciudad. Al tercer día el juez, comprendiendo el peligro de la situación, nos puso en libertad a todos, con gran dolor de los presos de delito común, los cuales durante tres o cuatro días habían compartido la esperanza de una pronta liberación. Cuando salimos de Santa Clara, la ciudad había perdido el aire de estupor, de amenaza y de crimen. Me paseé por la ciudad y a la hora de los adioses, fui calurosamente despedido en la estación por el General Machado, el futuro senador Berenguer, un notable villareño llamado don Francisco López Leyva y seis o siete amigos más.

En La Habana estaban reunidos, en permanencia, los jefes liberales. La revolución estaba ya decretada. Algunos proyectaban asaltar el Palacio Presidencial, tirar bombas, asesinar a tales y cuales gobernantes. Pero nosotros, los más jóvenes, y especialmente Mendieta y yo, nos opusimos. Por primera vez en la República en Cuba se practicó el terrorismo, pero éste fue vencido. Fue vencido con noble repugnancia.

Durante los meses sucesivos se organizó un Comité Central Revolucionario compuesto por José Miguel Gómez, Pelayo García, Alfredo Zayas, Juan Gualberto Gómez y tres o cuatro más. Los nombrados firmaron un documento en el cual afirmaban por su honor que ninguno de ellos aceptaría cargo alguno de la revolución victoriosa. Las reuniones se celebraron en el bufete que teníamos Pelayo García y yo, y el documento referido, que contenía además los principios democráticos y liberales del movimiento armado, quedó depositado en el Archivo notarial del propio Pelayo García.

En el país, la situación se hacía cada vez más peligrosa. A pesar de haber cometido un escandaloso fraude electoral, evidenciando por su propia magnitud (pues, como he dicho, hubo más votantes que habitantes) el Gobierno estaba irritado, casi ofendido, porque la oposición no aceptaba la derrota. Hubo momentos en que del lado liberal, temiéndose que los Estados Unidos, al amparo de la *Enmienda Platt* intervinieran en la contienda, se propuso un arreglo. El General Monteagudo, de parte de los liberales, fue a entrevistarse con el doctor Ricardo Dolz, vocero del Presidente Estrada Palma, pero sin éxito. Dolz pedía rendición incondicional y que los más rebeldes fuesen excluidos de toda actividad política. Comprendimos que ninguna rectificación mejoraría los métodos del Gobierno. Por otra parte, Fernando Freyre, el Ministro de la Gobernación, trató de una posible "entrevista amistosa" entre el Presidente y el General José Miguel Gómez. Pero Estrada Palma contestó a Freyre que él no estrecharía la mano a Gómez. Freyre, que tenía la lengua ligera, replicó: "Pues yo me honro siempre que me saluda." Lo más extraño es que el Gobierno asumía esta actitud de intransigencia sin prepararse ni realizar el menor esfuerzo para evitar la catástrofe que se le venía encima.

La revolución debía estallar en la noche del 22 al 23 de septiembre de 1906. No escribo la historia de estos acontecimientos, sino sólo mi participación en ellos. Por eso diré que había ido a los Estados Unidos para enviar a mi mujer a Italia, cuestión de ponerla al amparo de mi familia, temiendo un mayor agravio que el que la obligó a salir con nuestro hijo de la casa de Columbia. Yo no sabía si de esta lucha saldría vivo y quería alejarla de todo peligro, a pesar de su entereza de carácter y de su valentía. Con todas estas precauciones y un poco desmoralizado llegué de Nueva York a La Habana, algunos días antes de la fecha secretamente convenida. Sólo que Quintín Banderas, Pino Guerra, Loynaz del Castillo, Eduardo Guzmán, Ernesto Asbert, Casimiro Naya y otros, se levantaron en armas la noche del 18 al 19 de septiembre, pese a que el Gobierno llegó a apresar en sus casas a los jefes principales. La opinión pública se decidió con rapidez por los *alzados*. Al llegar a La Habana constaté que el pueblo, con nuevos y dinámicos jefes, tenía la moral alta y avanzaba.

¿Cómo llegué al mismo campo de la lucha? Esta es la aventura más tragi-cómica de mi existencia. En Nueva York, el 19 de septiembre tomé un vapor de la *Ward Line,* línea que mantenía servicio continuo y eficiente entre Nueva York y La Habana. Sus barcos empleaban sólo tres días en el trayecto. Como todavía no existía la radio, no tuvimos a bordo información de ninguna clase durante la travesía. Se llegó a La Habana en las primeras horas de la mañana, anclando el vapor en la bahía, frente a la Capitanía del Puerto, en donde permanecía durante su escala, como todos los vapores de esa época. Yo ocupaba un camarote que daba del lado de la ciudad y, por tanto del lado del desembarque. Para efectuarlo venían el remolcador principal de la Compañía y otros barquitos y lanchas, oficiales y privadas. En mi camarote venía también el doctor Octavio Averhoff, profesor de la Universidad, más tarde rector y Secretario de Gobierno. Al prepararnos para el desembarque charlábamos sin preocupación cuando quedamos estupefactos, cortada la respiración: una voz aniñada decía: "Chica, ha estallado la revolución." Corrí al puente en donde se reunían ya los pasajeros. En el vapor de trasbordo de la Compañía que maniobraba frente al nuestro, llegaba mucha gente, casi toda silenciosa. Entre otras personas reconocí al amigo Antonio Berenguer, quien al verme me hizo señas vehementes de no bajar del barco de ninguna manera. Luego, con una piedra entre las páginas, me tiró un periódico de la mañana. Lo cogí al vuelo. Devoré el periódico entero. Dolorosa noticia: todos los Jefes detenidos. Pero también noticia reconfortante "El General Quintín Banderas marchaba sobre La Habana". Comprendía, por la rápida lectura de los pormenores, que el país había respondido al llamamiento.

El doctor Castellanos, médico sanitario oficial, un viejo de bigotes blancos y amable figura, subió el primero a bordo. Al verme y sin preocuparse de que lo oyesen, al estilo criollo, me dijo: "Oiga, no baje usted de ninguna manera." Le siguió el agente de la compañía, amigo mío también, quien me murmuró al oído la misma frase. Yo di unas vueltas por el puente, miré al mar, a la derecha, y el puerto a la izquierda; vi algunos botes dispersos y me dije a mí mismo: "Si no bajo es muy probable que me prendan de todas maneras... La revolución avanza rápidamente, mis mejores amigos están detenidos y yo debo llegar a Las Villas, donde me han destinado mis jefes, lo más pronto posible. Llegar o morir en el camino."

Entre las hipótesis que relampaguearon en mi mente surgió la de tirarme al agua y llegar a Regla nadando. Había sido en mi primera juventud, y lo era aún después, un atlético nadador. Había llegado el momento de la acción, pero temía a los tiburones feroces que infectaban la bahía. Pero prefería desafiarlos antes que dejarme apresar. Corrí al camarote, saqué mis maletas, fui hacia la escala del barco, llamé al agente del hotel Miramar a gritos que cubrían los de los otros y le dije que me llevara el equipaje a mi apartamento en el hotel. Le añadí que antes iría a mi oficina pero que luego le vería en el Hotel. Le recomendé mucho "la maleta pequeña" porque en ella iba un reloj de Fernando Freyre de Andrade.

Siendo yo tan conocido y sabiéndome revolucionario, tanto el nombre de Freyre de Andrade en mis labios como los gritos desaforados que lanzaba, llamaron la atención de todos, especialmente de la Policía, que se mostraba en una lancha que el buen camarero de a bordo me había señalado. Mi última mirada fue para aquella embarcación que, en mi espera, se balanceaba dulce, y confiadamente. Creían tenerme ya en sus manos. Sin ser visto desaparecí, bajando por una escalera de dentro sin encontrar a nadie, pues, todos me esperaban por la escalera exterior. Seguí por el lado opuesto de donde se desembarcaba. Abajo, a flor de agua, había dos o tres chalanas, listas para recoger el equipaje de los pasajeros y la carga general. Salté sobre una de ellas y sin preocuparme de los marineros que parecían extrañados, hice señas a un remero que iba en un bote vacío. Lo llamé con gesto enérgico. Durante un minuto mi suerte estuvo pendiente de este hombre. Cuando le vi dirigir la proa hacia mí, la sangre hervía nuevamente en mis venas. Me quité la americana, salté en el bote y tomé yo mismo los remos. Prudentemente coloqué al alcance de mis manos el revólver, que llevaba a la cintura. El santo varón que había encontrado se sentó en la popa y yo llevé al bajel salvador al muelle de Luz, en navegación afortunada. Al llegar me puse la americana, guardé el revólver, me sosegué. Al poco rato, en el centro de la plazuela colonial vi a un policía, me dirigí a él, le saludé. Me dijo: "Coronel, creí que estaba usted en el extranjero". Contesté con displicencia: "Volví hace cuatro o cinco días". Le di la mano y en su presencia tomé un coche de alquiler, dándole la dirección de mi hotel. Sólo que a medio camino cambié las señas, haciéndome conducir a la consulta del doctor Matías Duque, uno de mis mejores amigos de todos los tiempos. Duque, llamado con urgencia a su casa por un empleado, se sorprendió al verme. Por aquel entonces él no se ocupaba de política y en cierto modo no era favorable a la revolución. Pero su lealtad, su nobleza, su hombría de bien eran tales, que hubiera dado su vida por salvar la mía.

Le rogué que me procurase un medio de salir para Las Villas; en aquel entonces, sin muchas líneas de comunicación, no había más que el tren, y un solo tren al día. Volvió dándome la noticia que él creía buena: se trataba de reunirme con Carlos Mendieta y con el Coronel Aranda, que tenían el mismo empeño que yo. En efecto, ellos le habían encargado darme cita en una iglesia cuyo nombre olvido ahora, aunque la veo con los ojos del recuerdo. Al oír a Duque, comprendí que había hablado, olvidando mi encargo especial de no decir ni siquiera que conocía mi regreso a Cuba. Por otra parte, siempre he creído que los riesgos que producen éxitos son los que se toman solos. El éxito depende de las decisiones maduradas con cuidado y rápidamente ejecutadas. En efecto, Mendieta y Aranda fueron reconocidos y detenidos en Santa Clara pocos días después.

CAP. VII. *Una lucha civil necesaria* 169

Pero no comuniqué a Duque mi disgusto. Al contrario, fingí aceptar sus consejos y cuando salió para cumplir con sus compromisos profesionales, me quedé en la consulta, a la que pronto vino el farmacéutico doctor Juan Mencía. Era precisamente la persona que necesitaba. Amigo de absoluta confianza y, al mismo tiempo, prudente y valeroso, respondía a todas las exigencias del *contact-man*. Sólo él podía conectarme con las personas capaces de facilitar mi salida para Las Villas. Personalmente me era difícil pasear mi silueta por la calle, pues todos conocían al orador que tantos discursos había pronunciado en el período electoral. Sin que Duque lo supiera, abandoné la oficina de mi fraternal amigo y en compañía de Mencía me dirigí a la casa de unos italianos llamados Bettinetti. Estuve allí sólo una noche, pues habiéndose enfermado uno de ellos y temiéndose fuese fiebre amarilla, la Sanidad debía venir a aislar aquella zona.

Al anochecer de mi segundo día de llegada me "hospedé" en casa de otro italiano llamado Carone. Fui de allí a la de Madonna, negociante de Maddaloni, cerca de Nápoles. La casa de éste, en La Habana, tenía la particularidad de encontrarse frente a la Oficina de la Policía Secreta, que era virtualmente Policía Política. Como Madonna era importador de tejidos y abastecía a los vendedores ambulantes, había que ver cómo llevaba yo la cara cubierta por dos grandes bultos que me eché sobre la espalda.

Los bultos en cuestión me los había dado Carone, cuya casa se hallaba frente al Palacio Presidencial. Conmigo, igualmente cargados de bultos, vinieron dos italianos más. Madonna no me esperaba, pero me recibió con los brazos abiertos. "Doctor —me dijo aquella figura de hércules, envuelta en abundante carne— aquí todos nos dejaremos matar por usted".

Con Madonna vivía un grupo de italianos que iban acumulando su pequeña fortuna, sometiéndose a enormes sacrificios y duro trabajo. Mencía llegó después y me contó que en toda La Habana había movimiento incesante de policías. Me estaban buscando. Con su habitual y serena audacia Mencía había visitado las oficinas de la la Secretaría de Gobernación, situadas cerca de la casa en donde me encontraba yo. Desde el balcón de la casa yo podía observar los movimientos de la Policía Secreta, cuyos rostros y nombres conocía perfectamente. Esto me convenció de que necesitaba un mejor disfraz que el de vendedor ambulante para salir a la calle. Mi única preocupación era la de llegar a Las Villas, mi campo favorito, por haber hecho allí gran parte de la guerra de Independencia, y de estar identificado con el grupo político de aquella región. Pensé entonces en vestirme de cura. Un joven sastre, italiano recién llegado, fue llamado por Madonna. Yo le expliqué que mis baúles por error habían seguido hacia México, en el vapor que vine, y que debiéndome presentar al Obispo, necesitaba con urgencia un hábito talar. Aquel joven era católico y bueno. Me hizo el traje en día y medio y me besaba la mano al llegar y al irse, naturalmente, sin querer cobrarme su trabajo.

Mencía realizó una buena labor; me puso en contacto con la Oficina del Teléfono Oficial. Por ello supe que la orden de prisión mía emanaba... del Palacio Presidencial, y que había sido dada en la madrugada del día de mi llegada, con las siguientes palabras: "Deténgase al doctor Orestes Ferrara que viene en el vapor de la *Ward Line,* y tráigase vivo o muerto". Supe algo más grave, que el General Quintín Banderas, traicionado por alguien, hecho prisionero aquella misma tarde, sería fusilado. Por intermedio del valiente Mencía hice que el General Banderas se enterara de su situación exacta. Avisé a Felipe González Serraín, que en cierto modo representaba a los revolucionarios de La Habana y a otros de menor categoría, pero nos faltó tiempo. La primera noticia la recibí a la una de la tarde, y a las cinco, Banderas, que había jugado un gran papel en la Guerra de Independencia, ya no existía. Pero en contraste, mientras Banderas caía frente al pelotón de fusilamiento, la revolución crecía en todas partes.

Los días pasaban. Mencía descubrió por fin de qué modo pudiera yo salir hacia Las Villas. Un señor García, que después fue alto funcionario municipal, era entonces jefe del telégrafo de los Ferrocarriles Unidos. Convenientemente disfrazado, yo podría ser enviado por él a cualquier parte de la Isla, para reparar las líneas telegráficas que los revolucionarios destruían. Un anochecer poco después del asesinato de Quintín Banderas, Mencía, con su buen humor que contrastaba con su extrema seriedad facial, me dijo:

—Padre, vístase usted para ir a casa de García. Mañana usted irá a reparar unas líneas rotas en el territorio de Las Villas.

En el instante tomé el aspecto de todo un señor cura y con Mencía salí de la casa. Pasamos por la acera opuesta a la de la Policía Secreta, en donde algunos de sus miembros se balanceaban en sillones de mimbre. Pasamos también por delante del portón de la casa del doctor Ricardo Dolz, cuartel general del Partido Moderado, y asimismo al cruzar la plaza de la catedral, por frente al periódico gubernamental *La Discusión.*

Precisamente, casi a la puerta de este periódico, tomamos un coche de alquiler que nos llevó a casa de García. Durante el trayecto a pie o en coche, a veces yo pronunciaba vagas palabras y Mencía me decía rumiando: "Padre, no hable; padre, no hable". Temía que me denunciase mi prosodia, todavía bastante italiana. En casa de García encontramos a unos españoles en compañía de una locuaz señora periodista, española también que por suerte no me conocía. Por sus artículos esta dama se había he-

Cap. VII. *Una lucha civil necesaria*

cho popular en Cuba, pero sólo ahora visitaba nuestra patria. Más tarde tuve que rechazar un ataque brutal de esta señora, por haber dicho yo que el Rey Alfonso XIII era muy inteligente. En esta ocasión fui presentado como el "padre Moreno". Todos me besaron la mano, inclusive una criadita que además me pidió la bendición, que le di.

Al día siguiente quedó preparada mi salida. A las cuatro de la tarde, con un terrible calor, García hizo salir a todos los de su casa. El, Mencía y yo, efectuamos la metempsícosis de un cura a obrero tiznado, lo que no era fácil. Pero hicimos la transformación lo mejor que pudimos. Salí de manos de García y de Mencía cargado con pesados rollos de alambres y con un pequeño saco, en el que llevaba un revólver disimulado, entre los utensilios de mi nuevo oficio. En la puerta tomé un coche de alquiler y me dirigí a la estación del ferrocarril, que estaba entonces en el centro de La Habana, exactamente en el sitio que hoy ocupa el Capitolio.

Me situé en una zona solitaria, y siguiendo las instrucciones que me habían dado, entré en un tren de mercancías que estaba preparado para salir. Me metí en un vagón vacío, lo cerré y creí que ya todo estaba resuelto. Pero, como dice Dante, se presentaron *nuovi tormenti*. En lugar de salir a las seis de la tarde, salimos por la noche, y al llegar a Aguacate se quemó el vagón posterior al mío y hubo que reorganizar el tren. Así, en vez de estar a las once de la noche en Matanzas (que sólo dista de La Habana cien kilómetros), llegamos a las nueve de la mañana del día siguiente. Yo, a pesar de las maniobras del tren y de los gritos de los maquinistas y fogoneros, no me moví del sitio donde me había acostado. Estaba al tanto, por habérmelo dicho García, de que uno de los empleados del tren, un viejo español, me conocía y sabía que yo iría en ese viaje, pero que sólo en caso de necesidad me dirigiría la palabra.

A las doce del día llegamos a Cárdenas. A pesar de una larga demora en esta estación, no me moví, esperando que seguiríamos hasta Santa Clara. Cárdenas era un feudo del Partido Moderado y yo, unos veinte días antes había pronunciado allí un discurso que provocó protestas entre el público. En ese momento nadie se había levantado en armas en la provincia de Matanzas. Sólo se encontraba en rebeldía, por ese lado de nuestra Isla, la parte que va del pueblo de Colón hasta Las Villas. Mi deber era llegar a la línea de Santa Clara-Cienfuegos. Pasó una buena media hora y el tren no se movía. Abrí un poco la puerta corrediza del compartimiento, y descubrí a un viejo de unos sesenta años, prematuramente encorvado. Me habló, comprendí en seguida de quién se trataba. Bajé. Como estábamos bastante lejos de la estación, fue a traerme una taza de café con leche.

Al volver me dio la noticia de que nuestro tren no seguiría para Las

Villas, porque la revolución había avanzado mucho. La noticia era para mí mortal. La distancia a recorrer para alcanzar la línea que va a Cienfuegos, de unos cien kilómetros o más en una zona no favorable a los liberales. En todo momento corría el peligro de ser reconocido. Tomé por fin la resolución de despedirme del viejo español. Por suerte, a los dos kilómetros me alcanzó un tren que arrastraba sólo carros vacíos. Subí a él. Pasamos por Colón, entramos en Las Villas. Y en el pueblo de Santo Domingo decidí que me bajaría en el próximo, o sea, en Esperanza. Pero me encontré con una Esperanza ocupada por un fuerte contingente de milicianos, enemigos nuestros. Nuestro tren además siguió sin parar, pero ya entrábamos en una zona de menor peligro. Yo no podía dejarme ver en Santa Clara sin ser inmediatamente reconocido. Y no tuve más remedio que lanzarme del tren, cuando éste pasaba por una curva situada cerca de una finca que entonces llamaban "de Arencibia". El tren iba despacio al parecer, pero lo cierto es que di dos o tres volteretas en el aire, y en la pierna derecha, a la altura de la rodilla me hice una herida que me acompañó toda la vida.

Estaba ya en tierra libre. El maquinista del tren, temiendo una desgracia, frenó de pronto. Pero de lejos, con el brazo extendido, a la manera usual en las estaciones ferrocarrileras le hice señal de que siguiese. Mientras tanto, me alejé de la línea férrea diagonalmente. Ya eran cerca de las seis de la tarde. Conocía bien aquella zona que se hallaba a pocos kilómetros de Santa Clara. A poca distancia vivía el hermano de un gran médico cubano, el doctor Albarrán, que ejercía su profesión en París con universal aprecio y admiración. Pero no me interesaban las personalidades en aquel momento; buscaba más bien un hombre de campo. Dando vueltas por los potreros reconocí, aunque sin estar seguro, el paraje en el cual algunos años antes había permanecido breve tiempo; se trataba de la humilde casa de un empleado del Gobierno civil de Santa Clara en la época en que yo era gobernador interino. Me fui por el trillo que llevaba a la casa y en efecto se me presentó el joven Soto, ordenanza mío que fue durante un par de años. Exclamó:

—Coronel, pero ¿qué hace usted por aquí? ¿Está usted herido?

—Tranquilícese, Soto —le contesté— Usted puede serme útil. Tiene que ir a Santa Clara y decirle a Rubén Montero que avise al General Guzmán (ya en los periódicos lo llamaban "General" en lugar de Comandante, que era el grado que tenía en la guerra de Independencia) que estoy aquí y que deseo que me envíe a algún *práctico*.

Soto quedó encantado de llevar el mensaje, pero antes, con el auxilio de su mujer, me curó la herida.

En las guerras civiles es preciso ser muy precavido, por ser frecuente la traición. Cuando Soto se fue abandoné el bohío. No quería que al volver

CAP. VII. *Una lucha civil necesaria* 173

tratara de encontrarme durante la noche, pero sí que viniera a buscarme, al amanecer, cerca del río que se hallaba a un kilómetro de su casa. Pedí que me trajera él mismo un café con leche. Durante la noche me fui a acostar en un lejano potrero muy enyerbado, durmiendo con la tranquilidad espiritual de un franciscano. Antes de que desapareciesen las estrellas ya estaba trepado sobre un árbol alto, al borde del río, a bastante distancia de la ciudad, vigilando los parajes cercanos. Una hora después, en la alborada, vi aparecer a Soto con un vaso en la mano. Escruté a derecha y a izquierda. Nada sospechoso. Soto seguía siendo el mismo joven honorable y bueno que había conocido. Me esperó pocos minutos, llegué por el camino del pequeño río, me dio el café y buenas noticias. Montero en efecto estaba ya en contacto con el General Guzmán, a quien le envió el recado mío la misma noche.

—Todo está bien —exclamé— después de mi desayuno ¡pero ahora mismo me voy de aquí! ¿Tienes un caballo?

—Yo no, pero mi vecino tiene uno muy bueno. ¿Se lo traigo?

—¿Y el vecino?

—No se preocupe, estamos en revolución.

Con el caballo sustraido de mala manera y un rifle de la guerra de Independencia, del padre de Soto, pasé el arroyo después de decirle a Soto: "Cualquier comisión que me envíe Guzmán, cuando la hayas reconocido bien, me la mandas en dirección de Cienfuegos dejando a la derecha Esperanza y Ranchuelo, porque no voy a pasar por esos lugares".

Estas zonas ya estaban alzadas contra el Gobierno de Estrada Palma. En el camino fui comiendo las frutas que encontraba, pues el día anterior no había comido nada. A mediodía pasé por un bohío. Pregunté si la revolución se había extendido por aquella zona. La mujer de la casa me contestó que sí, pero que todos los alzados habían seguido rumbo a Cienfuegos, su marido, uno de ellos. Me causó mucha pena ver a aquella persona escuálida, palúdica, abandonada en una zona deshabitada. Le di unos cuantos pesos y seguí, sin atreverme a pedirle nada de comer.

Caminé algunas horas más, paso a paso. Al anochecer encontré otro bohío de un conocido liberal, situado no muy lejos del pueblo de Cruces, ya en tierra totalmente sublevada. En aquel pequeño lugar mal encubierto encontré una de las Comisiones que rápidamente había organizado Guzmán. La mandaba Olaya Acosta, antiguo policía de Cruces, a quien yo conocía bien, y que luego ocupó el puesto de guardia de la cárcel de La Habana hasta su retiro. Al día siguiente entraba yo en Cruces, alegre y despreocupado. Había alcanzado mi vehemente deseo de saltar del centro de la bahía de La Habana al centro de la tierra firme de Cuba. Muchos factores concurrían a darme aquella indecible satisfacción, pero uno no ciertamente el menor, era el común a todo violador de la ley que sale impune: el haber vencido al poder público. Había llegado, y llegado a tiempo. Sí, al minuto preciso, como se verá. "Coronel", me gritó un desconocido en el momento en que entraba en Cruces, rodeado de un numeroso grupo: "Tinito Cruz está en el andén y se lleva un papel en el que consta que se ha pactado la paz. Pronto tomará el tren para La Habana."

Al oír semejante noticia, que hablaba de paz, indagué entre los que me rodeaban si era cierto; sí, Cruz, íntimo compañero mío y miembro del Partido Liberal, estaba en efecto allí en misión de paz. Las respuestas, aunque inseguras, confirmaban en gran parte la noticia del joven anónimo. Dejé a todos y a caballo corrí a la estación. Encontré a Tinito que era un valeroso miembro del Ejército Libertador, villareño de nacimiento, que tenía una página resonante en nuestra historia. Herido gravemente en una pierna, que se le gangrenó, decidió, por ser él médico, que se debía operar rápidamente. No había la asistencia debida; no se encontraba un solo médico, como tampoco existían los instrumentos del oficio. Faltaban anestésicos y personas para suministrarlos. Con cuchillos comunes bien afilados, Tinito Cruz se hizo cortar toda la pierna por manos inexpertas guiadas por él mismo, soportando los más agudos dolores. Todo aquello parece leyenda, pero es histórico. Ahora Tinito había llegado con una misión de paz. Se aceptaba una transacción salomónica. Como al niño de la leyenda bíblica, las elecciones fraudulentas del 23 de septiembre del pasado año se dividirían por mitad. La elección del Presidente Estrada Palma y las de los senadores, quedarían convalidadas. Mientras que las de los representantes a la Cámara serían anuladas, así como algunas otras de interés popular.

Este pacto, preparado por el Senador Frías, había sido aceptado ya por el General Guzmán y los otros jefes de Las Villas, pero no había sido ni siquiera presentado y menos aceptado en Pinar del Río ni en La Habana, provincias con fuertes columnas rebeldes bajo el mando de Pino Guerra, de Enrique Loynaz del Castillo y de Ernesto Asbert. Cruz había llegado como intermediario en unión de Francisco López Leyva, también libertador muy estimado. Ambos se habían comprometido a presentar la proposición, pero no a recomendarla. En el campamento de Guzmán aquello pareció bien a todos, pesando en el ánimo de muchos el peligro de una intervención americana. Yo rogué a Cruz que me diera aquel papel y, asumiendo una peligrosa responsabilidad, lo rompí. Le expliqué entonces que los levantados en armas, inclusive el mismo Guzmán que lo había aprobado y firmado, no lo respetarían. Y que tampoco el Gobierno de Estrada Palma lo cumpliría.

La razón estaba de mi parte. Al llegar al campamento, Guzmán y los otros jefes estaban más que nunca dispuestos a luchar, y cuando les dije

CAP. VII. *Una lucha civil necesaria* 175

que yo había roto el papel de marras me abrazaron y me invitaron a que yo mismo lo anunciara a los soldados. En efecto, ante una caballería bien ordenada de casi mil hombres, y entre aplausos aprobadores, hablé rechazando el pacto y declarando que yo no aspiraba a ningún mando, siendo nuestro jefe común el General Guzmán.

Diré sumariamente que tuvimos un combate cerca de Cienfuegos, en el cual los héroes fueron los cocineros y los asistentes de los oficiales. En una concentración tan numerosa y en un movimiento de masas tan espontáneo no había ni tiempo ni capacidad para organizarse. Nuestro campamento estaba mal cubierto, sin contar con que nos hallábamos a pocos kilómetros de Cienfuegos, en donde el Gobierno tenía una guarnición bastante numerosa. Tenía además el Partido Moderado un grupo de adeptos feroces, como se pudo apreciar a la muerte de Enrique Villuendas. Por un lugar sin vigilancia apareció un centenar de hombres que se lanzó contra nosotros. La suerte quiso que se estuviese preparando la comida de la una, precisamente en el lado por donde venía el inopinado asalto. Los gubernamentales, debido a los accidentes del terreno así como a su excesiva confianza, no habían advertido que su ala izquierda quedaba expuesta a los ataques de la impedimenta numerosísima que llevábamos: diez veces más hombres que rifles.

Al oír los primeros tiros, nuestros hombres, casi sin armas de fuego, con los cocineros a la cabeza, cargaron de flanco con sus machetes sobre los audaces guardias rurales del Gobierno. Guzmán, a su vez, con los que estaban cerca de él, cargó de frente con buenos caballos. Los gubernamentales, según se dijo entonces, perdieron diecinueve hombres y fueron perseguidos hasta la entrada de Cienfuegos. Escaramuzas no menos importantes siguieron, y la guarnición cienfueguera se encerró en la ciudad, dejando libre casi todo el territorio que se extiende hasta Santa Clara y Santo Domingo.

En vista de ello nuestras fuerzas se situaron cerca de Camarones, pudiendo así vigilar cualquier fuerte ataque que procediese del oriente o del occidente, e impedir cualquier sorpresa que viniese del norte o del sur. Sólo que en lugar de fuerzas armadas que esperábamos, llegaron nuevos emisarios. El General Menocal, como hicieron otros jefes de la Guerra de Independencia, intervino en esta lucha en calidad de mediador. Pero encontrando al Presidente Estrada Palma decidido a no transigir sobre su cargo presidencial, pronto desistió del empeño pacifista. Antes de renunciar había enviado al General Gerardo Machado a conferenciar con nosotros en Las Villas. Machado se encontró con la mayoría de sus antiguos subordinados de la Independencia y también con muchos otros que no habíamos estado a sus órdenes, pero que sí éramos de sus mejores amigos. El entusiasmo que provocan las rebeldías cuando responden a nobles y desinteresados sentimientos, atrajeron a Machado a nuestra causa a tal punto que estuvo por quedarse con nosotros. Creyendo yo que esto no le favorecía, le aconsejé que regresara a La Habana, diera cuenta del cumplimiento de su misión, y ya libre del compromiso contraído, volviera a nuestro campo.

Así lo hizo y lo esperamos con los brazos abiertos. A su vuelta Guzmán y él convinieron en que se formase una columna fuerte que marchara sobre La Habana, cuya jefatura se me confió. Guzmán quedaba como jefe de la zona, y Machado como jefe de la Provincia. Yo formé entonces el Estado Mayor de mi columna del que nombré jefe a Roberto Méndez Peñate, coronel de la Independencia que fue luego juez en Santa Clara, Gobernador, Ministro de la República y siempre respetado en la vida nacional.

Como he tenido por costumbre en todos los cargos que he desempeñado, empecé a actuar rápidamente. Me deshice de todos los que estaban mal armados, diseminándolos por extenso territorio, a fin de que guardasen el orden público. Con un grupo de doscientos hombres armados, salí hacia Lajas y destruí la estación que los gubernamentales querían transformar en fuerte. Avancé sobre el río Salado y rechacé un fuerte grupo que había enviado el jefe militar del Gobierno en Las Villas, el teniente coronel Amiel. Seguí a Santo Domingo donde tuve el encuentro más importante, rechazando al propio Amiel hacia Sagua. Para no entretenerme en acciones menores, volví hacia Lajas, incendiando todos los ferrocarriles y destruyendo los puentes. Para esta operación, como no tenía dinamita, usé un método que, sin gran motivo, impresionó al Gobierno y al pueblo: hacía avanzar, de un lado y del otro del puente, dos locomotoras con algunos vagones, lanzados a una velocidad que las haría chocar violentamente al encontrarse en medio del puente, determinando considerables desperfectos en el material. Quedaban fuera de uso no sólo el puente, sino las máquinas, y los vagones totalmente destruidos. Los periódicos de Cuba publicaron las fotografías de dos puentes destruidos y, exagerando, aseguraron que yo había incendiado tres ingenios. Según se puede ver en los periódicos de la época, desde que se difundieron en la isla estas noticias, verdaderas unas, falsas otras, se pensó en todos los ambientes que la presidencia de don Tomás tenía los días contados.

Después de estos encuentros y destrucciones volví rápidamente al campamento principal y emprendí una marcha sobre Santa Clara para tomarla y seguir luego hacia La Habana. Nuestras fuerzas pasaban de mil quinientos hombres, armados todos de rifles. Pero yo no tenía mucha confianza en su resistencia frente al peligro. Sin embargo, desfilaron bien frente a Santa Clara y ocuparon los sitios designados. Mi idea, con-

Cap. VII. *Una lucha civil necesaria*

sultada con Méndez Peñate, Machado, Guzmán, los Collazo, Portela y otros jefes, era la de atacar por la noche a Santa Clara. Todo estaba listo, cuando, dos horas después de haber acampado, recibí la visita de los doctores Leopoldo Figueroa y Domingo Urquiola, ambos de Cienfuegos, quienes venían a comunicarme oficialmente la dimisión de Estrada Palma y el consiguiente armisticio.

—¿Qué había sucedido?

En primer término, la insurrección se había generalizado. Luego, en la provincia de La Habana, se peleaba cerca de la capital. Las noticias de Las Villas, principalmente la de la destrucción de puentes y material ferroviario, y las falsas de incendios de ingenios, dieron esperanzas a Estrada Palma de que el Gobierno Americano, si él lo pedía, enviaría armas y cuadros armados para combatir la Revolución.

Decidido pues a solicitar la intervención de las fuerzas americanas, lo hizo por conducto del Cónsul Steinhart. Pidió que desembarcaran fuerzas en Cienfuegos y cerca de La Habana. Pero los americanos, que no daban esperanza de respuesta favorable, provocaron con sus reticencias el colapso del Gobierno fraudulento. Días después Estrada Palma dejó vacante el poder, en lugar de entregarlo al vice-Presidente o, a falta de éste, al que designara la ley. Y pasó una cosa muy original: que las renuncias, en lugar de proceder de arriba para abajo, se presentaron y fueron aceptadas, de abajo para arriba. Renunciaron primero los Secretarios de Despacho (ministros), luego el vice-Presidente, y por último el Presidente de la República. *Ex-profeso* fue anulada toda sustitución legal, y por lo tanto toda posibilidad de formar un Gobierno constitucional. Veremos luego cómo se actuó de manera distinta en 1933.

El Gobierno del primero de los Roosevelt, autorizado por la *Enmienda Platt*, y más aún por la manera que en aquel entonces era interpretada la *Doctrina de Monroe*, envió a Cuba a William Taft, que luego fue Presidente de los Estados Unidos. Taft era un hombre alto, estatuario, corpulento, y en lo moral sencillo, inteligente y gentil. La bondad emanaba de aquella cara inmutablemente risueña. Propuso a los cubanos que la Cámara de Representantes y el Senado nombrasen un sustituto provisional del Presidente Estrada Palma. Por un grave error y una inconcebible falta de patriotismo, se hizo todo lo posible para que el intento de crear un Gobierno fracasara. Con las amenazas y el despliegue de fuerzas se dificultó la reunión del Congreso. Los Estados Unidos intervinieron al fin, pues no les quedó más remedio, y enviaron en el mes de octubre como Gobernador General provisional a Charles Magoon. Yo me entrevisté con Taft, cuya amistad debía serme útil más tarde durante una importante misión que desempeñé en Washington.

Taft me dijo, con esa sinceridad espontánea que es una de las mejores virtudes americanas:

—Usted no nació en Cuba, yo tampoco. ¿No le parece un acto loco oponerse a la elección de un cubano?

—Sí —le contesté— Es la lógica misma. Pero si usted hubiese dicho: "El gobernante interino debe ser un cubano, y si no lo indican los cubanos, lo indicaremos nosotros", todos se hubieran puesto de acuerdo.

—No comprendo— me replicó.

—Mister Taft, nosotros actuamos inspirados por el odio ciudadano y ustedes por el amor —le repliqué amargamente—. Pertenecemos a dos razas distintas, o más bien, en el presente sentimos la proyección de dos historias diferentes. Ustedes llevan siglos en la práctica de la ciudadanía, nosotros apenas unos pocos años.

Así terminó la revolución de agosto de 1906. La revolución sirvió para aplastar la tendencia política reaccionaria, surgida a raíz de la Independencia. Sin ella la proverbial convivencia entre el negro y el blanco hubiera sufrido un retraso, a pesar de la importancia que la clase de color había alcanzado en la guerra; el sufragio universal hubiera resultdo una quimera; la ocupación de los puestos públicos, por capacidad, habría sido anulada por las exigencias del nepotismo, y el ciudadano no habría empezado a ejercitar sus derechos. En suma, la colonia sin el espiritualismo español, se habría enseñoreado en nuestro porvenir con el nombre de República.

La ironía del destino nos ha mostrado que la juventud surgida cincuenta años después de estos acontecimientos, y aún menos, glorifica a los que precisamente la hubieran aplastado aún antes de nacer. La revolución de 1906 sin duda, realizó una buena labor ciudadana, y casi no derramó sangre. Fue una especie de tragedia sin muertos ni dolores; desgraciadamente no se ha registrado otra parecida en tiempos posteriores. El nuestro es el mismo error de toda la América Latina: que de fantasmas crea héroes. Error que no cometieron los americanos del Norte, quienes se batieron bien en su guerra perdiendo seiscientos mil hombres, para quedar definitivamente curados de todas las aspiraciones retrógradas, al mismo tiempo que del reaccionarismo infecundo.

Yo cumplí con mi deber, pero desde luego no era comparable en la grandeza y en su fuerza a la heroica guerra de Independencia. A la terminación de la lucha fui nombrado General de División. No acepté el cargo y nunca usé el título.

Capítulo VIII

HACIA EL DOMINIO POLITICO

El movimiento revolucionario de 1906 me devolvió a la vida política doblemente respetado y querido. A pesar de reconocer entonces y aún ahora, el resultado favorable de aquella lucha civil en la evolución histórica de mi país, salí de esta aventura con grandes decepciones. Mi ilusión era ver la formación de un Gobierno moderno, pero sobre todo de un pueblo de virtudes excepcionales, que llegara a ser algo así como una pequeña Inglaterra. La realidad me presentó un Estado más de la América Latina, que por motivos ancestrales repetía una vez más la larga dominación de generales importados, de políticos sin cultura, de héroes sin hazañas, de batallas sin peligros. Era muy triste además ver sentado en la silla de Estrada Palma a un gobernante extranjero, mediocre, como lo era Magoon, que el pueblo cubano no había elegido, y que, por añadidura estaba poderosamente influido, podemos decir intervenido o dominado por dos extranjeros sedientos de dinero, uno americano y el otro español. Empecé por protestar contra el resultado negativo de esta revolución, rechazando el Generalato que Eduardo Guzmán me entregó con mucho afecto, rogando yo a todos los soldados el favor de no darme ese título. No quise formar parte en ningún acto de desarme del ejército revolucionario y, protesté violentamente por la forma en que se hacía. Me reintegré ese mismo día a mi bufete dedicándole todos mis esfuerzos y vida. En política procuré poner de nuevo de relieve la figura de José Miguel Gómez, a quien los partidarios del doctor Alfredo Zayas querían privar los laureles del pasado por el solo hecho de haber sido encarcelado durante la última insurrección. En un mitin que se organizó en el Teatro Payret hice el mayor esfuerzo en favor de mi antiguo jefe, obteniendo un éxito completo. Desgraciadamente la división liberal entre los llamados "Miguelistas" y los "Zayistas" fue mácula de nuestras ambiciosas pasiones políticas y vino a dividir las masas liberales en dos bandos opuestos. Si por un lado la revolución de 1906 sirvió, sin duda alguna, a la causa de la libertad, por otra parte provocó una fuerte baja de la moral política de nuestro pueblo, que había animado noblemente los primeros años de la República.

Como mi mujer seguía en Nápoles, en el hogar de mis padres, preparé un viaje a Europa. Y como los favores del acaso se alternan con las tristezas, al fijar los pasajes La Habana-Nueva York y Nueva York-Nápoles, recibí una llamada del secretario del Gobernador Magoon, quien me invitaba a ver a su jefe al día siguiente. Mister Magoon, con una amable sonrisa, me ofreció el cargo de Secretario de la Comisión Cubana, en la segunda Conferencia de la Paz que debía celebrarse aquel mismo mes en La Haya. La Comisión la componían Antonio Sánchez de Bustamante, Manuel Sanguily y Gonzalo de Quesada. Mi nombramiento fue recomendado por la Comisión misma, y creo que se debió especialmente a Manuel Sanguily. Acepté con júbilo y, dada la fecha de la convocatoria de la Asamblea, cambié la ruta Nueva York-Nápoles por la de Nueva York-El Havre.

La América Latina era llamada por primera vez, a participar colectivamente en una Conferencia Internacional. Hasta entonces sólo una que otra de sus Repúblicas había sido invitada a participar a reuniones de ese género, pero el término de "igualdad de las naciones" no se le aplicó a la América Latina hasta ese año de 1907. Sin embargo, si comparamos las Asambleas de nuestros días con ésta de principios de siglo, vemos que la igualdad era del todo formal. Estábamos muy lejos de las discusiones sinceras y libres. Yo no aplaudo las formas groseras, la falta de cortesía y las deficiencias culturales que distinguen el presente de aquel tiempo que en el fondo está tan lejos. Quiero afirmar, simplemente, que entonces las grandes potencias apreciaban más que ahora su propia grandeza y que Europa todavía era considerada como el continente de la máxima civilización. La América Latina envió, en esta primera oportunidad, congresistas, no hombres de popularidad callejera ni personas cargadas de años, sino a cuantos con más distinción honraban a sus Repúblicas. La organización de esa Conferencia fue más severa de lo que han sido después las reuniones del mismo género, especialmente por la moderación del lenguaje y por su disciplina. Para explicar nuestra situación debo hacer notar que no nos enterábamos de nada durante las sesiones y lo único que en ellas hacíamos era aplaudir, de tiempo en tiempo, como respondiendo a una consigna. El *plaudite cives* del tiempo romano me

CAP. VIII. *Hacia el dominio político*

parecía estar en pleno vigor y debo declararlo, no me gustaba que nosotros lo aceptáramos con tanta sumisión como regla internacional.

Pero algunos jóvenes como Gómez Carrillo, de Guatemala, Cesteros, de Santo Domingo, y yo, nos compensábamos acudiendo al *Circle de la Conference* para hablar amplia y libremente. Allí adquirí cierta popularidad en los primeros días. Me hice buen amigo de William Stead, director de la *Review of Reviews*, de Londres, quien había impulsado la convocatoria de la Conferencia, recorriendo en noble peregrinación las capitales europeas y entrevistándose con los hombres de Estado más importantes. Pero esto no bastaba para satisfacer mi interés por aquella Asamblea. Por suerte, las reuniones generales no eran numerosas y, en cambio, las de las Comisiones, realizadas en ambientes menos amplios, resultaban más interesantes. Al final de cada semana gozábamos de la suspensión de trabajos, lo que nos facilitaba un rápido viaje a París. Un tren cómodo, con camas reservadas, nos llevaba a orillas del Sena en una noche. Naturalmente aproveché estas ocasiones. En París me reunía con amigos, especialmente con los hermanos Alberto y Rafael González Abreu, de antigua familia cubana. Un domingo determinado se efectuaba en Longchamps, el *Grand Prix* de las carreras de caballos. Los Abreu y yo íbamos con sombreros de copa, chaqueta y pantalón de rayas, a la manera de la época. Caso raro: aquel domingo ganamos todas las apuestas, y particularmente en una la utilidad se elevó mucho. Como por la mañana había sido invitado por los Abreu, por la noche los invité yo, agregando al diplomático español Jesús Castellanos. Fuimos al restaurant Fouquet, que ya estaba en los Campos Elíseos, aunque no rodeado de tantas plantas ni circundado como ahora por el tránsito trepidante de los automóviles. Como anfitrión que era, llegué a la cita algunos minutos antes que mis invitados y me senté cerca de la puerta del restaurant, con un aperitivo delante. Compré el periódico de la tarde, y al ojear las primeras páginas mis ojos cayeron sobre un título de proporciones, si no espectaculares, por lo menos bastante visibles, que decía: "UN ANARQUISTA EN LA CONFERENCIA DE LA HAYA". La noticia no añadía mucho más al título, y venía de Londres. ¿Quién sería aquel anarquista? Entre los delegados, Enrique Gómez Carrillo pasaba en verdad por un rebelde. Nuestro Manuel Sanguily a su vez se resistía a disfrazarse con la indumentaria protocolar. ¿Quién podría ser? De pronto llegaron mis amigos y entramos a cenar, no a la manera sobria de ahora, sino honrando a los numerosos platos habituales en los viejos menús. Hablamos de todo, pero mi *leitmotiv* era la noticia de *Le Temps* y el anarquista de la Conferencia. Es preciso considerar que en aquella época, a pesar de que el anarquismo militante se hiciera repulsivo con sus atentados terroristas, el vocablo se aplicaba a hombres de respeto y consideración.

Para no citar muchos nombres, había dos anarquistas muy conocidos, Elysée Reclus, gran geógrafo, y el príncipe Kropotkine, lejano pariente del Zar, hombre estudioso, de grandes alcances, de cuyos labios escuché algunas conferencias en Boston, en 1901. Había además, grupos de literatos muy conocidos, que se titulaban a sí mismos "anarquistas", pero solo por *snobismo*, como también vimos a hijos de millonarios o millonarios mismos llamarse comunistas a fines del siglo pasado. Y aún, a principios del nuestro, hemos conocido a hombres de letras y a estudiosos de cuestiones científicas, adjudicarse con deleite el epíteto que tanto impresionaba a la sociedad burguesa. Esta tendencia, a usar una denominación, a la cual, el Estado le negaba beligerancia, hay que relacionarla con la mentalidad política de aquel período, que era adversa a las funciones estatales que no fuesen estrictamente indispensables. Una numerosa bibliografía prueba mi aserto; pero más que la bibliografía, lo prueba la forma de gobernar de aquellos tiempos.

Al salir del Fouquet, yo iba pensando que quizás el anarquista de la Conferencia fuera yo, y cuando un rayo de luz mental me hizo notar que la noticia venía de Londres, quedé convencido de la hipótesis. En Cuba un inteligente panfletario, podríamos decir más bien un libelista famoso, Ricardo Arnautó, me llamó en diferentes ocasiones "el anarquista elegante". El General Monteagudo, en carta al doctor Martínez Ortiz, que yo leí, decía: "No se deje influenciar por ese anarquista italiano" Durante la Guerra de Independencia, cuando Angiolillo asesinó en Madrid a Cánovas del Castillo, se llegó a pesar que yo había ido a Cuba a matar al General Máximo Gómez. De esto me enteré solamente después de la guerra. Pero ahora me venían a la mente todos estos hechos, y recordaba lo acontecido, solo el año pasado, durante la revolución de 1906, cuando había quemado las estaciones ferroviarias y los trenes de una compañía inglesa, y en la quemazón también se hizo cenizas una bandera inglesa, plantada como símbolo de defensa suprema de sus intereses. Había algo más. En muchas ocasiones, al defender la causa de los desheredados, había usado un lenguaje que invitaba a los intelectuales anarquistas a hacer una obra de cooperación y establecía así una solidaridad, si no substancial, por lo menos formal. Dejé a mis amigos a una hora muy avanzada de la noche.

Al día siguiente tomé el tren para La Haya y al segundo o tercer día ya mi hipótesis resultaba cierta. El anarquista era yo precisamente. Los periódicos así lo publicaban en artículos firmados por periodistas que habían llegado a La Haya en tan importante ocasión.

Mi fotografía apareció en todos los periódicos de las grandes capita-

Cap. VIII. *Hacia el dominio político*

les y hasta en las capitales de provincia. Con desagrado la encontraba en todas partes, en la prensa japonesa como en la de Chile y en la del Africa del Sur. Lo que más me molestaba era lo que acontecía diariamente en La Haya. En las reuniones de la Conferencia, en el Círculo, en el Hotel, en la calle, en todas partes, y por todos los sitios en que yo aparecía, se levantaba un murmullo indagador y los ojos de los grupos se fijaban sobre mí. Esto no tiene mayor significación en tiempos normales, pero siempre resulta un tormento sentirse el blanco de una popularidad indeseada.

La realidad es que mis propósitos de vida fecunda no armonizaban con las rebeldías de mis jóvenes años. En 1907 ya tenía treinta y un años; ejercía la profesión de abogado con mucho éxito, era uno de los políticos más influyentes de mi nueva patria y aspiraba a ser un factor serio y útil en la vida internacional. Todo esto no coincidía con lo que me estaba pasando.

Debo declarar, sin embargo, que los comentarios de la calle no me eran hostiles, y menos los de los miembros de tan ilustre Congreso como el que se celebraba en La Haya.

Los periódicos mismos procuraban no mortificarme. Ciertamente yo no parecía un anarquista, según la moda de entonces, pues iba de frac a los banquetes. Uno de mis colegas italianos, el profesor Fusinato, a la sazón sub-Secretario de Estado, se acercó en plena Asamblea a mi pupitre y me saludó en nombre del profesor Francisco Nitti. La delegación de la República Dominicana, que estaba presidida por el Dr. Henríquez Carvajal, notable personalidad, y más tarde respetado y querido Presidente de su nación, me ofreció una comida de desagravio. Gómez Carrillo, por su lado, reunió un grupo de literatos en un simpatiquísimo almuerzo, para festejarme. Y entre otras múltiples muestras de amistad apareció un artículo de William Stead, en un *Journal* de la Conferencia, titulado: "Poignardó par les deux", de tono favorabilísimo a mí.

De la actitud de mi delegación tampoco podía quejarme, pues habiendo insinuado que iba a presentar mi renuncia, se precipitaron a disuadirme. Sanguily sobre todo se mostró amigo fraternal. Pero envié la renuncia al Gobernador Magoon, renuncia que no fue aceptada. El General José Miguel Gómez, en respuesta a una carta que le escribí, me refirió que Magoon se había reído mucho al recibir la noticia. Sin embargo, repito, ni entonces, ni después, me llegó contestación a mi comunicación, lo cual me mantuvo intranquilo aquellos días.

Una noche quise desafiar los acontecimientos y asistí a una fiesta, a la que había sido invitado. Las consecuencias fueron funestas, porque lo que era para mí trágico, se trocó en ridículo. Tuve que retirarme al cuarto de hora porque era el objeto de espanto de todo el mundo. Llegado a mi hotel, que era el Kursal de Scheweningen, preparé mis maletas y al día siguiente salí de viaje para los *fjords*, a lo largo de la costa norte de Noruega. En lugar de mi primer apellido, que andaba en todos los periódicos, hice válido el segundo, o sea Marino. Y con ello estuve tranquilo, si exceptúo el curioso incidente que me pasó con una joven vendedora de tabaco en una elegante tienda de la ciudad de Bergen. Habiendo pedido una determinada marca de cigarrillo, la vendedora, con flema nórdida, trataba de combinar unas palabras en inglés, y como si las deletreara me dijo: *"I know you"*. Entonces sacó un periódico local con una enorme fotografía mía. La fotografía era perfecta. La saludé y con sonrisa forzada me retiré. Con más ganas se rieron dos o tres personas que por la curiosidad se habían detenido. Y así terminó mi anarquismo.

El viaje a Noruega hubiera sido tranquilo e instructivo si mi irreflexiva pasión por lo arriesgado no me hubiese llevado a una excursión en la montaña. La tarde anterior un alemán tocado con sombrero tirolés me invitó a ir con él y otros amigos de a bordo, dejando el vapor en un puerto para tomarlo en otro la noche siguiente. En lugar de preguntar los pormenores de una ascensión de este género, a la cual no estaba acostumbrado, acepté inmediatamente. "¿Cuántos seremos?". El me contestó que siete: tres alemanes, dos noruegos y yo, además del guía. "¿A qué hora saldremos del barco?". "A las doce y media de la noche". Esta hora tan inapropiada tampoco dijo nada a mi espíritu irresponsable. Me fui sin embargo a acostar temprano, y dormía sabrosísimamente cuando fui despertado por el joven tirolés. En un inglés confuso me dijo precipitadamente que el vapor se iría dentro de pocos minutos y que me vistiera pronto. Me ayudó a ponerme mi indumentaria habitual. El, en cambio, iba como si fuera de excursión al polo norte. Yo ni siquiera tenía zapatos especiales, indispensables para defenderme de la nieve. El guía noruego me arregló un poco para defenderme del frío. Mi constante audacia no me hacía comprender aún que iba a hacer algo que no había hecho antes.

Al empezar la marcha me puse a la cabeza de todos con alegría y entusiasmo juvenil. Nunca en mi vida había escalado una montaña; lo más que había hecho era una pintoresca excursión al Vesubio, y en Cuba, aún cuando hay montañas como la Sierra Maestra y la Cordillera de los Organos, nunca las había visitado pues en la guerra de la Independencia eran el refugio de los que no querían combatir, y en la paz, en mis tiempos, no eran considerados paisajes dignos de un viaje molesto. Yo era y siempre seguí siendo hijo de la llanura.

Comenzamos a subir en la penumbra veraniega de la noche nórdica. El paso llevaba una cadencia fácil de seguir, pero era continuo. Yo me

Cap. VIII. *Hacia el dominio político*

decía que habría horas de descanso, las primeras las del almuerzo. Nada de esto. Andar y siempre andar. A las nueve de la mañana me sentí agotado, pero seguí sin revelar mi tragedia interna. Lo que más me aterraba era que no veía más que subidas. De bajar no aparecía ningún indicio. El hielo redoblaba mi fatiga porque bajo el sol del verano había disminuido su consistencia invernal. A las diez confesé al guía mi penosa situación. Admitía hasta la posibilidad de que me abandonaran. Imposible me sería referir el calvario de aquel día en que un mar de hielo me anonadaba, subiendo, sin tener fuerzas para ello, montañas y más montañas. A las doce flaquearon los noruegos y uno de los alemanes. Pero a esta hora divisamos el mar otra vez, ya del lado del descenso. El guía nos señaló el sitio donde debía recogernos el barco. Este pequeño mar dentro del *fjord* era un augurio. Pedí un reposo de media hora, que fue bien acogido por todos. Luego, otra vez la marcha que por ser de bajada resultaba más penosa aún, especialmente para mis rodillas. Juzgué que debíamos estar a unos mil metros del barco y tal confianza me devolvió algunas fuerzas, aunque marchaba penosamente colgado del brazo del guía. Al pasar las horas el cansancio se generalizó en el grupo y tuve menos vergüenza. El noruego experto, sintiendo agotado el ánimo, adoptó un método de descanso peligroso: que nos tiráramos todos por las laderas heladas de la montaña, como si calzásemos esquíes. Pero con excepción del guía y uno de los alemanes, que parecía muy hábil, el resto de nosotros, yo en primera fila, resbalábamos dando vueltas de carnero. Con tal de salir de aquel infierno sin fuego, yo estaba dispuesto a cualquier forma de marcha suicida. Avanzábamos, sí, avanzábamos, y mucho cuando terminó la costra de hielo. Pero la última fase de tan estúpida aventura fue terrible. Había que bajar por pendientes muy inclinadas y por trillos poco firmes. Las caídas eran continuas. Nos caíamos todos como muñecos. Hicimos una nueva parada, y como dominábamos el *fjord*, vimos llegar lentamente a nuestro barco al lugar de espera. En fin, ya reconciliados con la vida, puedo afirmar que estas últimas tres horas de la triste excursión fueron físicamente las más penosas. Todos nos tirábamos al suelo a cada rato. Ya no había dignidad ni diferencias. El cansancio nos había vencido a todos. El guía, que había hecho múltiples veces ese trayecto, estaba tan agotado como nosotros. El alemán-tirolés, tan resistente, había bajado su bandera. El cansancio general, se nos explicó después, era debido a que el hielo se había aflojado prematuramente, por culpa de una temperatura anormalmente cálida, y el pie al caminar, profundizaba el doble de lo normal, reclamando un doble esfuerzo. El hecho cierto es que llegados a la orilla del mar y faltando por recorrer solamente unos doscientos o trescientos metros para alcanzar el barco, ninguno de nosotros pudo hacerlo. El capitán tuvo que enviar a un oficial con numeroso personal para llevarnos cargados a bordo.

Depositado en mi cabina, y otra vez dueño de mí mismo, ordené que trajesen una botella de vino de Burdeos. Momentos después no quedaba ni gota. Estuve en cama dos días. Cuando leí el *Baedecker*, descubrí que lo que tan imprudentemente había hecho, era una excursión difícil, que podían hacerla sólo los alpinistas especializados y sólo en determinadas épocas del año. Para mi asombro, el *Baedecker* fijaba también la enorme altura que alcanzamos. Para mí, habitante de un país donde en aquel entonces las casas más altas eran de dos pisos, el caso era extraordinario. El epílogo fue que a los otros cinco pasajeros que habían ido a la excursión, se les llenó la cara de unas pústulas, que luego se abrieron en pequeñas llagas, afeando el rostro por varios días. Yo no tuve nada. Probablemente el benéfico sol de Cuba, si no me había preparado los nervios para el asalto de las montañas, sí me había curtido la piel contra los fríos rigurosos. Este desagradable incidente me hizo abandonar el viaje, y al llegar a Oda volví hacia Bergen y Stavanger, y de allí a Hamburgo y a La Haya. He relatado las peripecias de esta excursión para dar una idea de mi atrevimiento insensato. Lo desconocido a veces me atraía más que hasta lo útil, lo bello y lo bueno.

En La Haya encontré que la cuestión de mi anarquismo había sido olvidada. Volví al Círculo de la Conferencia; asistí a algunas reuniones y cuando llegó la hora crepuscular de la Asamblea, como muchos del alto personal que la formaban, no esperé el cierre formal de la misma. Desaparecí un buen día dirigiéndome a Nápoles, de donde poco después tomé de nuevo el camino de Cuba, vía París y Nueva York, acompañado de mi esposa.

Esta experiencia de la vida internacional me fue muy útil en años posteriores. La diplomacia requiere orden mental, buen gusto para las formas y, sobre todo, un dominio de sí mismo para enfrentarse continuamente a circunstancias inesperadas. Son pocos los hombres que tienen estas cualidades. La diplomacia limpia el espíritu, como ya he dicho, cuando no existen deficiencias de naturaleza, carácter y capacidad.

Mi interés en llegar a Cuba era grande, porque se acercaban las elecciones. Las de Alcaldes y Gobernadores con sus respectivos Consejos debían preceder a las generales, o sea a las del Presidente y del Cuerpo Legislativo. El Partido Moderado había desaparecido y el Liberal se había dividido en dos, uno que se denominó "Liberal" a secas, o Liberal Nacional: y otro el "Liberal Histórico". Yo consideraba como cosa indispensable la unión de estas dos ramas, pero me inscribí en el Liberal Histórico. En sustitución del Moderado ya se había creado otro partido con el título de Conservador, integrado también por elementos de valía.

Cap. VIII. *Hacia el dominio político*

Desde mi llegada, pues, comencé una propaganda en favor de la unión de los dos partidos liberales, la que no tuvo eco. Los acontecimientos, sin embargo, pudieron más que todos los llamamientos a la razón, y más tarde se efectuó la unión. En las primeras elecciones, o sea, las de Gobernadores y Alcaldes, los liberales de las dos ramas tuvieron, en conjunto una fuerte mayoría, aunque separadamente fueron vencidos en la Provincia de Las Villas por un centenar de votos, saliendo electo gobernador el brigadier José Luis Robau. Pero los votos de los dos candidatos liberales, Machado y Guzmán, pasaban en muchos miles a los del candidato conservador. Lo mismo puede decirse de los resultados en otras provincias.

Los tres partidos concurriendo por separado a las urnas presidenciales, nos hubieran dado un poder ejecutivo de minoría electoral y un Congreso ampliamente liberal. A pesar de reinar en el ambiente la pasión y muy poca sabiduría política, los dos grupos liberales nombraron una comisión para encontrar una solución al problema. El Partido Liberal nombró a José Manuel Cortina y a Ezequiel García. El Liberal Histórico a su vez designó a Pelayo García, que había sido el primer presidente de la Cámara de Representantes, y a mí. Ambas representaciones recibimos la consigna oficial de no abandonar los respectivos candidatos presidenciales, que eran José Miguel Gómez por los Liberales Históricos, y Alfredo Zayas por los otros. Pero existía el hecho de que en las elecciones que acababan de celebrarse los liberales históricos habíamos tenido un número de sufragios muy superior a los obtenidos por los liberales de Zayas. El pueblo había ya fallado el pleito en favor de Gómez. Sin embargo, éste, espíritu equilibrado y sereno, patriota de pura cepa, nos comunicó que él no debía ser el candidato *afortiori*, y manifestó a Pelayo García, delante de mí, que prefería ser sustituido por él en una candidatura de transacción. García explicó lealmente que en ningún caso aceptaría, pues no existía ningún motivo para que Gómez no fuese el candidato, y que rechazarlo hubiera sido un capricho al cual él jamás prestaría su nombre.

En una larga entrevista, los dos interesados discutieron amistosamente. Yo apoyaba los argumentos de García e invitaba, al que había sido mi jefe, a que nos dejara libres de actuar. Más tarde, pasados muchos días, en un momento en que parecía que las negociaciones iban a fracasar, José Miguel escribió una noble carta a Pelayo García insistiendo en el propósito indicado. No sé si esta carta fue contestada por escrito o sólo de palabra, pero puedo asegurar que mi compañero de bufete rechazó con mayor vigor aún, el ofrecimiento que se le hacía de la candidatura presidencial. En definitiva, los cuatro delegados nos pusimos de acuerdo sobre el nombre de José Miguel Gómez. Los conservadores por su lado designaron a otro general de la Guerra, Mario García Menocal.

La lucha fue activa y cívica. Gómez venció con abrumadora mayoría. Yo salí electo Representante a la Cámara, por contar ya con las condiciones legales requeridas, las cuales exigían una residencia de ocho años después de haber adquirido la ciudadanía. Mi votación fue muy abundante, especialmente en la jurisdicción de Cienfuegos, por lo cual desde entonces me sentí doblemente vinculado a ella, aun respetando el justo criterio de que todos representábamos a la Nación. Estábamos en los últimos meses de 1908. Un honor todavía más grande debía recibir poco después. En la primera reunión de la Cámara se me eligió Presidente de ese cuerpo legislador. En el fragor de la lucha, mirando más al conjunto de los acontecimientos, animado por el entusiasmo de que Cuba volvía a ser de hecho y de derecho independiente, feliz porque mi partido y mi antiguo jefe estaban en el poder, no aprecié en toda su importancia el honor que me hacía el pueblo de Cuba llevándome al segundo puesto político que tenía la República, ya que el vice-Presidente era, virtualmente, un heredero aparente, y el presidente del Senado, sólo un presidente *pro tempore* de aquel organismo; o sea, sin funciones continuas. Hoy, a distancia de más de medio siglo, me doy mejor cuenta de que a los treinta y dos años alcancé la cumbre de los honores en mi patria, pues constitucionalmente resultaba haber llegado al más alto peldaño posible de mi vida pública. Que yo entonces no lo comprendiera plenamente, me lo prueba el hecho de que en los primeros momentos me resistí a aceptar la candidatura. No fue por modestia real o falsa, no por dudar de mi capacidad, ni por motivos de orden personal, sino porque entre nosotros se hallaba el señor Spotorno, quien durante la primera guerra de la Independencia (1868-1878) presidió en determinados períodos la Asamblea revolucionaria. Me parecía que elegir a aquel anciano resultaba un bello enlace de los tiempos y de los triunfos, una armonía entre el sacrificio y la gloria. Pero Felipe González Serraín, con ruda palabra que interpretaba el sentir de la mayoría, me dijo:

—Aceptar o renunciar. Es lo único que puedes permitirte.

El Representante Federico Lores, de Oriente, más amistosamente exclamó:

—El doctor Ferrara también lleva a las elecciones una alta interpretación moral.

Hacía alusión a mi ciudadanía conquistada en el campo de batalla. Y Carlos Mendieta, quien hubiera sido el Presidente de esa Asamblea en caso de no aceptar yo, pronunció una breve alocución apelando a mi espíritu de disciplina política.

Es así que fui Presidente de la Cámara, y lo fui en varias ocasiones

CAP. VIII. *Hacia el dominio político* 189

más, y por mucho tiempo. En la hora en que escribo he sido el que más tiempo ha ocupado este alto sitial. Pero, en realidad, mi satisfacción no era tanto por presidir la Cámara popular cubana. Mi orgullo era aquella Cámara misma. En el período de catorce años que fui miembro del Congreso, éste gozó de plena autoridad. La época de los Presidentes omnipotentes vino después con Machado, y luego con la revolución de 1933, que acrecentó los poderes presidenciales. En el período del General Gómez (1908-1913) la constitucionalidad fue absoluta. La Cámara, durante casi la totalidad de este período, le fue muy favorable al Presidente, no sólo por ser en su mayoría del mismo partido, sino por adhesión personal a aquel hombre justo y respetable que presidió la nación. Pero conste que ese cuerpo legislativo mantuvo siempre sus derechos con celo y vigor. Para comprenderlo mejor basta decir que en una ocasión, habiendo enviado el Secretario de Hacienda un informe directamente a la Cámara, ésta se lo rechazó y devolvió con votación casi unánime, dándole así una fuerte lección de formalismo constitucional, pues los informes del Ejecutivo debían venir directamente del Presidente. Por otra parte, que yo recuerde al menos, la oposición nunca le hizo crítica alguna al General José Miguel Gómez en relación con la constitucionalidad de sus actos. Esto cuando la oposición llegó en aquel período, a franquear todas las barreras, hasta las de la decencia verbal. Una muestra más de la constitucionalidad de su gobierno es que, en una ocasión, desoyendo a numerosos amigos que le pedían en Palacio y estando yo presente, que pusiera en libertad a su hijo, detenido por un incidente personal con Armando André, se negó en lo absoluto. Antes, al contrario, advirtió al juez actuante que, como cubano, le instaba a que hiciera justicia sin tomar en cuenta la personalidad de los actores.

La Cámara, por sí misma, imponía el respeto que el Ejecutivo le tuvo. Los mejores oradores de Cuba, si se exceptúan Montoro y otros, se sentaban en ella. Hombres como Lanuza, Cortina, Mario García Kohly, Roig. Eduardo Dolz, Vera Verdura, Horstman, Fernández Guevara, y también otros que sin ser oradores magnielocuentes, eran vigorosos polemistas, como Enrique Collazo, Carlos Guas, Campos Marquetti, Cancio Bello, Fuentes, el insigne Miguel Viondi, colega de José Martí, Fernando Freyre de Andrade, para no citar más que algunos. Teníamos además miembros que, no hablando a menudo, gozaban de gran prestigio, fuera y dentro del Parlamento, tales como Mendieta, Bruzón, Raúl de Cárdenas, el General Cebreco. En suma, de aquella Cámara podrían citarse todos los nombres, pues todos habían ganado un prestigio político y popular, evidenciado por el interés que los periódicos ponían en los debates y la afluencia del público en las tribunas. Yo tuve que tomar algunas medidas para que el hecho de que asistieran señoras de la sociedad habanera y un público excesivo no distrajese a los representantes en el ejercicio de sus funciones, aun cuando éstas no requirieran discursos de gran estilo. Durante meses y meses mantuve la orden de no facilitar permisos de entrada sino en el momento mismo de abrirse las sesiones. Debo explicar que Cuba es tierra de oradores y que en aquel primer período de nuestro siglo la mayor seguridad física y el sosiego espiritual facilitaban la formación de una sólida cultura.

Los discursos de las grandes ocasiones resultaban en su conjunto una fiesta del espíritu. Ciertamente el discurso es una composición literaria de ocasión y mientras que en el leído resalta la parte positiva, cuando se improvisa es el tono polémico el que interesa. Aún hoy, y no obstante la deficiencia de los estenógrafos de los primeros tiempos, los discursos de entonces se pueden apreciar como instructivos, y muy interesantes por su vivacidad y vigor. La política de la nación se hacía en los pasillos de la Cámara y no en Palacio, como ha sucedido después. Desde el Presidente Machado, *volente o nolente*, todos los que siguieron formularon la política nacional en los salones del Palacio Presidencial, cuando no en cuartos más privados del mismo y, por lo tanto, menos accesibles a otras influencias.

Este elogio de aquel Parlamento no se extiende a toda la actividad legislativa, ni al comportamiento de cada uno de los representantes. Desgraciadamente, los vicios que después se fueron revelando a plena luz, tenían su embrión en nuestra política de entonces. Se cometieron errores que dieron pie al inicio de la corrupción parlamentaria y administrativa, que, como yo lo denuncié en los periódicos, llegó a superar, con el andar de los años y de las revoluciones, a todo cuanto se había presentado en los siglos, desde Verres, que Cicerón pulverizó, hasta el *affaire* del Canal de Panamá, que nos hizo ver, en los bancos de los acusados, a muchos ilustres personajes de la ciencia y de las finanzas. Pero lo cierto es que se trataba de pequeños fraudes aislados que se fraguaban subterráneamente, no relacionados con la legislación que en la época fue tan estruendosamente criticada por los periodistas venales, que vociferaban precisamente porque el Parlamento no se sometía a sus concupiscencias. Las calumnias de estos periodistas fueron recogidas por escritores extranjeros muy ligeros y de poco espíritu crítico. Las insinuaciones cayeron principalmente sobre la parte constructiva del programa parlamentario. Entonces nadie pensaba todavía especialmente en América, en el monstruo actual en que se ha convertido el Estado. Esta desgraciada concepción política del Estado más o menos totalitario, que debe poseerlo todo, dirigirlo todo y dominar lo más posible, en la que se inspiran los sistemas comunistas y fascistas, y hasta a veces el democrático, según tendencias que van predominando ahora, no era concebible en aquella época. Y cons-

CAP. VIII. *Hacia el dominio político* 191

te que me estoy refiriendo a los años que precedieron inmediatamente a la guerra de 1914. Todo lo que era un servicio de interés general, y no de naturaleza exclusivamente estatal, era entregado a la libre competencia de los ciudadanos, o se confiaba en forma de concesión bien definida a fuertes concentraciones de capitales. Todavía el ciudadano no había abdicado ante el Estado todopoderoso, y todavía el sentido común nos decía que la administración pública no es tan rígida como la privada, a menos que utilice medios brutales como los que convierten en una peligrosa esclavitud el servicio que el hombre presta a la sociedad.

El Parlamento cubano de este tiempo dirigía las finanzas con una parsimonia que rozaba en la mezquindad. El presupuesto de gastos se movía alrededor de los treinta millones al año, y nunca los acreedores del Estado fueron pagados con mayor puntualidad. Claro está que la oposición de la Cámara, muy viva en aquel período, criticaba hasta esta cifra tan exigua. A medio siglo de distancia, recuerdo con claridad meridiana un discurso de Fernando Freyre de Andrade atacándonos a los que constituíamos la mayoría porque no veíamos, alegaba, el abismo que abríamos a los pies de la República. Yo, que con frecuencia bajaba de la Presidencia para intervenir en los debates, generalmente ocupándome de materia presupuestal, lo hice también en esta ocasión para probar la moderación y la alta prudencia de los gobernantes en el poder.

Los tres proyectos de ley que envenenaron aquel período y que a distancia de años prueban la buena inteligencia de la acción del Parlamento, fueron los relativos a: 1) concesión para establecer y ejercer el servicio telefónico en toda la Isla, inexistente a la sazón; 2) traslado de la estación harto provinciana del ferrocarril, llamada de Villanueva, que se hallaba en el centro de La Habana, donde hoy está el Capitolio Nacional, a los terrenos del Arsenal, cerca del mar, en que todavía se encuentra; 3) concesión para limpiar las bahías, canalizarlas y resecar las marismas limítrofes. La primera concesión, o sea la telefónica, ha quedado en vigor desde entonces, y la Compañía concesionaria en varias ocasiones ha solicitado el aumento de las tarifas. *

En el caso del canje de los terrenos ferroviarios, por cuestión de principios voté contra la ley, dado que concedía cierto privilegio y yo siempre he sido liberal íntegro en cuestiones económicas. Mi propuesta de que en condiciones idénticas podría darse a otros la misma concesión, no fue aceptada por mis colegas, lo que me obligó, como dije, a votar en contra. Así debe estar consignado en las actas de las sesiones de la Cámara en que se debatió el caso. Pero sería locura negar la utilidad de la

---

* Al tiempo que Ferrara escribía era así. Hoy, la red telefónica de Cuba pertenece al Estado, por confiscación sin indemnización, del gobierno Castro-Comunista.

ley. Debo dejar constancia de que el cambio de ubicación de estos terrenos fue hecho después de una valoración cuidadosa, realizada por tres ingenieros honorables: Primelles, Guastella y Chalons; y que el examen de los títulos se llevó a cabo por dos prestigiosas figuras de nuestro foro: Diviñó y Barraqué. El Estado cubano recibió los terrenos del centro de la ciudad y además dos millones de pesos (dólares), poco más o menos, que fueron invertidos en fabricar muelles de cabotaje.

La ley de ampliación y arreglo de los puertos respondía a un interés imperioso. Esta concesión a una compañía inglesa no era del todo indispensable. Consistía en el cobro excepcional de un tanto por tonelada del comercio internacional, que en Cuba, por ser isla es del todo marítimo. La compañía concesionaria se obligaba a atender el acondicionamiento y mejora de los puertos. Esto lo hubiera podido hacer el Estado, pero todavía no disponía de oficinas técnicas competentes. Los voceros de la oposición dijeron entonces que la Compañía ganaría cantidades enormes, pues el tonelaje se multiplicaría al infinito. Pero no sucedió así. Y más tarde se probó que la Compañía hubiera perdido todo su dinero y hasta hubiera quebrado, de no haberse anulado la concesión por el nuevo Gobierno electo, con el consiguiente reembolso a los banqueros ingleses, del dinero aportado por ellos. Yo creo que desde entonces los ingleses cerraron su bolsa a Cuba, porque si el abuso de los grandes resulta desagradable, el de los pequeños resulta insolente. La América Latina, tierra fértil y ambiente propicio a las inversiones, por culpa de estos juegos de dar y quitar que dicta la pasión del abuso, a veces ha obligado al capitalista honrado a retirarse de su suelo, dejando solo al especulador que liquida rápidas ganancias en juegos malabares.

Estos tres proyectos de ley que he citado encontraron la oposición de Antonio San Miguel, gran propietario de periódicos, llegado de Cataluña a Cuba durante la época colonial. Sus comienzos entre los cubanos no fueron brillantes. No explico estas palabras por no ser mi intención el revolver antiguas lacras de las personas sobre las cuales me veo en la necesidad de hablar, y sólo diré que, después de la Independencia, San Miguel obtuvo el apoyo de muchos cubanos patriotas, no obstante su anterior posición ferozmente adversa a la Revolución libertadora.

En cierta ocasión, y es de interés mencionarlo en relación con incidentes ocurridos en nuestro parlamento, San Miguel hablaba con Lanuza y Enrique Collazo cerca de una de las puertas que daban al salón de sesiones. El representante Federico Lores, creyéndose ofendido por lo que decía, le disparó un tiro de revólver que felizmente fue desviado por el doctor Lanuza, aquel gran erudito pacífico y siempre de buen humor, mientras el General Collazo, hombre robusto, impedía a Lores la repetición del disparo y se lo llevaba, casi arrastrándolo, hacia adentro. Yo

CAP. VIII. *Hacia el dominio político* 193

estaba en la Presidencia, preparando la sesión, oí el ruido y vi a los pequeños ordenanzas correr de un lado para otro, como ratoncitos que buscaban un hueco por donde meterse. Primero el ujier, hombre de mi confianza, llamado Fonseca, y después un español, me dieron la noticia en forma exagerada: "El Representante Lores ha matado a San Miguel". Bajé a la carrera. Encontré a San Miguel amparado por el representante Enrique Roig y la policía de la Cámara. Se encontraban en el piso que da a la calle, donde estaba situada la oficina de los taquígrafos del *Diario de Sesiones*. Yo presenté al agraviado las excusas de la Cámara. Pero mientras trataban de explicarme lo que había pasado, se oía arriba un gran ruido cerca de la escalera que comunicaba el salón de sesiones con el de los taquígrafos. En efecto, un grupo de Representantes jóvenes y belicosos, ofendidos en diferentes ocasiones por el principal periódico de San Miguel, llamado *La Lucha*, forcejeaban con los ujieres y policías de la Cámara para enfrentarse con él. Confieso que me vi en condiciones difíciles y precisado a usar palabras fuertes para prevenir la agresión abusiva que los ánimos excitadísimos provocaban. Sin embargo, maniobré de tal manera con los funcionarios que logramos desarmar al violento grupo de Representantes. En seguida abrí la sesión como todos los días y rogué a todos la mayor prudencia respecto al grave hecho ocurrido.

Esta no fue la única vez que nuestro templo legislativo se transformaba en campo de batalla. El incidente Sánchez Figueras-Moleón, iniciado un día en la Cámara, fue continuado en la vida pública, precisamente cerca del periódico *La Lucha,* instalado entonces en la calle O'Reilly. Severo Moleón era un joven tranquilo sin grandes cualidades para el cargo que desempeñaba. Un día, instigado por un colega, criticó mi dirección parlamentaria, en términos desconsiderados, y yo le desafié a un duelo a espada. Pero confieso que nunca le tuve mala voluntad, ni antes ni después de nuestro encuentro. Sánchez Figueras era un general de la guerra de la Independencia muy difícil de tratar por su carácter violento y a veces atrabiliario. Moleón se le enfrentó en una reunión de la mayoría, pues ambos pertenecían al Partido Liberal. Presidía Mendieta y yo estaba a su lado. De pronto sonó un tiro. El olor a pólvora enardeció los ánimos. El Coronel Naya, un valerosísimo jefe de la infantería de nuestra Independencia, saltó sobre la gran mesa, alrededor de la cual algunos de nosotros estábamos todavía sentados. Trataba de calmar los ánimos, pero nadie le oía, y muchos se precipitaron hacia las otras salas. Con bastante esfuerzo unos cuantos de nosotros logramos separar a Sánchez Figueras y Moleón. No sé cómo aquel día no hubo muertos ni heridos. Pero poco tiempo después los dos se encontraron en la calle, cerca del ya mencionado periódico. Sánchez Figueras, gravemente herido en el vientre, tuvo fuerzas para seguir a Moleón más de un centenar de pasos y matarlo de un tiro en el cráneo. Moleón había agotado sus balas desde el primer momento.

Mientras el público condenaba estas luchas bajas, cruentas al mismo tiempo que vulgares, la Cámara discutía con elevados discursos, ya fueran los Presupuestos anuales, ya fuera la Ley del Divorcio o la Protección al nuevo invento de la Aviación, o bien el derecho a la huelga y tantas otras cuestiones que se presentaban en la alborada de la República. Lo bueno y lo malo, lo bello y lo feo, lo honorable y lo ilícito. En fin todos los opuestos sentimientos, pasiones, principios, virtudes y vicios se confundían en ese caleidoscopio que se agita aún más en tiempo de revoluciones y llega a perturbar hasta la exacerbación el juicio de todo observador imparcial.

Una de mis grandes batallas la tuve que librar, una vez más, contra los compañeros veteranos de la guerra de la Independencia. Durante uno de mis viajes al extranjero, estando cerrada la Cámara se formó un movimiento casi insurreccional que exigía que los puestos públicos, ocupados en el momento por los que no habían servido en la Independencia patria, fuesen dados a los que, en cambio, la habían servido con las armas en la mano. Como yo llegué con atraso de algunos días, la Cámara abrió sus sesiones para discutir tan explosivo proyecto. Durante más de una decena de años habíamos trabajado precisamente para borrar las diferencias entre los cubanos, y sobre todo para crear una República democrática y liberal, basada sobre la igualdad de los derechos ciudadanos. Y ahora se presentaba, en la forma más peligrosamente revolucionaria, una revisión que olía a reacción mercenaria. Los jefes de este movimiento eran hombres de valor probado y de gran audacia bélica. El hecho es que al llegar yo a La Habana, me encontré con que el Presidente Gómez estaba a punto de aceptar la formación de un nuevo Gobierno, compuesto sólo por veteranos de la Independencia, y que el Congreso había delegado en un grupo de los mismos veteranos la redacción de la ley que debía llevar a cabo la reforma de los cargos públicos.

Los amigos políticos que vinieron a recibirme a bordo me dieron cuenta detallada de la situación. En lugar de ir para mi casa, desde el muelle caminé hasta el entonces vecino Palacio presidencial. Encontré al Presidente consternado. Me explicó que para evitar una revolución que tomaría sus fuerzas entre nuestros más respetados y queridos compañeros, no había más remedio que aceptar sus demandas. ¿Cómo reprimir con mano dura a tan notable elemento como el que figuraba a la cabeza de este movimiento egoísta? Su dilema, desde los primeros momentos, había sido o ceder o renunciar. La renuncia en este tiempo de expectación pública resultaría un remedio contraproducente y hasta antipatriótico.

Así, habiéndose decidido a formar un Gabinete con veteranos de la Independencia como se le había solicitado, tenía preparado el Decreto necesario con los nombres.

De sus antiguos consejeros, Gómez conservaba sólo al General Machado, según mis recuerdos, pero no quedaba ninguno de sus mejores colaboradores. Yo tenía por el Presidente la admiración y el afecto que se le tiene a los padres, y él me guardaba el cariño que se tiene a los hijos. Le expuse francamente que en el solo espacio de una hora íbamos a destruir el ideal de José Martí y de todos los grandes patriotas. Después de examinado el problema y de quedar yo convencido de que no podíamos contar ni con la fuerza pública, ni con la opinión popular que estaba aterrorizada, le pedí que aplazara la publicación del Decreto hasta el lunes. Se trataba de saltar el sábado solamente, que entonces aún era día de medio trabajo para la Administración.

Por la tarde, antes de las tres, fui a la Cámara para presidirla. Al entrar me encontré con la Comisión de los Veteranos, cuyas oficinas, situadas en la Avenida del Prado, estaban concurridísimas y en fermentación. El General Núñez, que presidía esta Comisión, seguido por sus amigos queridísimos —cuanto de más valiente había tenido el Ejercito Libertador— me entregó un número de hojas mecanografiadas, diciéndome:

—Estos son los diferentes proyectos de ley que ha redactado el Consejo de Veteranos y que venimos a entregarle a usted para que se aprueben hoy mismo, tal como convinimos con el Presidente de la Cámara que le sustituyó a usted.

Por algunos minutos guardé silencio, miré uno a uno a todos los comisionados, sonreí para borrar el aire de tragedia que llenaba el corredor principal, repleto de representantes y empleados, y contesté diciéndoles que "les recordaba que nosotros teníamos unas instituciones que eran sagradas, siendo hijas de la sangre de nuestros hermanos muertos en la guerra, instituciones que no permitían rápidos cambios como este de sustituir a la Cámara popular por el Consejo de Veteranos".

El General que actuaba de vocero, buen dialéctico, me replicó:
—Esta no es una sustitución. Nosotros hemos actuado de acuerdo con la mayoría de los Representantes y del presidente en funciones en sustitución de usted. Y explicó después los pormenores de las gestiones hechas. Mi réplica fue decisiva:

—Mientras yo sea Presidente de la Cámara no aceptaré ninguna imposición de este género por la sencilla razón de que las facultades constitucionales no se pueden regir por acuerdos privados. Tengo el mayor respeto a mis compañeros los Veteranos, pero considero las instituciones de la República superiores a todos los Consejos de Veteranos.

Perpleja, la Comisión se retiró. Nos saludamos con un movimiento de cabeza poco acentuado. Franqueé rápidamente la distancia y también rápidamente tomé posesión del sillón presidencial. Abrí la sesión con la Cámara repleta y pronuncié un discurso de tonos violentos, muy agresivo, relatando lo que había pasado. Ataqué con dureza a lo que llamé "facción" veteranista de la calle del Prado. Al afirmar la soberanía del Poder legislativo con enfáticas palabras, toda la Cámara me aclamó puesta en pie. La sesión resultó breve. Por la tarde, en horas tempranas, salí para Batabanó y luego para la Isla de Pinos, en donde los padres de mi mujer hacían una cura de aguas. No habiéndolos visto por algún tiempo, íbamos a saludarlos y a pasar el fin de semana con ellos, y en la noche del domingo tomar todos el vapor de regreso.

Mientras tanto, en La Habana, todas las iras estallaban en contra mía. Una manifestación al grito de: "Muera el italiano", bastante numerosa por cierto, se organizó el sábado. Algunos llevaban sogas con el nudo corredizo, que se usaba en nuestra guerra para ahorcar a los traidores. En aquel entonces, no teniendo las informaciones simultáneas que después han vencido el espacio, yo me paseaba tranquilamente por las calles de Santa Fe. Pero el lunes por la mañana a la llegada a Batabanó, del barco en que viajaba, cuando todavía estaba yo durmiendo tocó a la puerta de mi camarote el coronel Aguirre, entonces jefe de la Policía, que era además mi cuñado por su matrimonio con Fredesvinda Sánchez, una de las heroínas de Ibor-City y Tampa. En pocas palabras Aguirre me explicó la situación, añadiendo algunas noticias exageradas que había recibido la policía sobre el levantamiento en toda Cuba y especialmente cerca de La Habana, en donde una partida me esperaba para ahorcarme. *Sic et simplicitur.* Nada de esto me podía ser agradable. Me ocupé primero de que mi mujer, que en todos los peligros ha querido estar a mi lado, fuese a La Habana con su hermana mientras yo con Aguirre y Francisco Regueira, viejo compañero mío en el Estado Mayor de José Miguel Gómez y ahora ayudante de Aguirre, seguiríamos despacio y por diferentes caminos.

En La Habana, a donde llegamos sin dificultad, Aguirre, por disposición del Presidente de la República, destinó dos policías vestidos de paisano para que me siguiesen y me protegiesen. Noté con suma satisfacción que todos a quienes encontraba me saludaban con afecto, como para darme mayores alientos. En algunas calles estrechas salían los que estaban en tiendas, a demostrarme su simpatía. Sin descartar la hipótesis de un atentado, pensé que la causa de la democracia una vez más se imponía en un noble país. Pero había que ser osado. Los dos policías, que me seguían y que todo el mundo reconocía como tales, no acreditaban mi habitual intrepidez. Pensé que debía deshacerme de ellos. Entré en la muy conocida barbería Dubic, de la calle Obispo. Me hice cortar el pelo y afeitar; luego, en lugar de salir por la entrada principal, en donde estaban los dos buenos guardias, me escurrí por detrás, saliendo a otra calle. Los policías siguieron esperándome y, pasado el tiempo, se enteraron con sorpresa y desagrado que me les había ido por el lado opuesto.

Me fui a almorzar a un restaurant no lejos de la Cámara, y a la hora habitual me dirigí, con un bastoncito que llevaba siempre a la manera inglesa bajo el brazo izquierdo, a la zona de los muelles en donde estaba el viejo edificio que entonces albergaba a los Representantes del pueblo. No me sorprendió la muchedumbre que vi de lejos. Me aproximé a ella lentamente, dando a entender que leía la edición del mediodía del *Diario de la Marina*. Al verme empezaron los gritos. Continué mi marcha. Coléricas, pero todavía respetuosas, unas dos mil personas me increpaban... pero me abrían paso. En el sitio de la Cámara encontré a Aguirre al frente de un gran número de policías. Me habló en nombre del Presidente de la República, diciéndome que estaba dispuesto a disolver aquella manifestación hostil. Yo le respondí que se retirara y no subí la escalera del edificio hasta que vi que la policía se dispersaba. Cuando salió el último de ellos ordené que se abriesen las tribunas y dando libre entrada a todos, situándolos no sólo en las tribunas públicas sino también en las privadas y en los pasillos. Los Representantes, que aquel lunes habían llegado en gran número y a primera hora, penetraron en el Salón de Sesiones y yo con ellos. Abrí la sesión y en poco tiempo agoté la orden del día, pues no pidió la palabra, ni en favor ni en contra, ningún Representante. Terminado el acto, las tribunas lentamente se vaciaron. La cuestión de los Veteranos se siguió tratando pero sólo en el edificio de la calle del Prado. Y sólo allí. El Presidente rompió la lista preparada para el Gobierno veteranista. Con esto creo haberle prestado un gran servicio a la Revolución Libertadora. En esta época del gran José Miguel Gómez, los puestos públicos se cubrían por dos terceras partes con miembros del Partido Liberal y por una tercera vez por los del Partido Conservador.

Este incidente de la masa irritada que cede ante el trato cortés y la voz firme, fue comentado luego, aunque en épocas diferentes, en dos artículos que agradecí mucho, de don Nicolás Rivero y de don José I. Rivero, en el *Diario de la Marina*.

Un eco de este veteranismo trasnochado fue mi duelo con el teniente Santiago Rey. Nos batimos a pistola. Rey precisamente había ganado aquel año el premio de los tiradores del Ejército. Yo, en cambio, nunca había practicado ninguna arma de fuego. Pero salí ileso. Rey recibió una herida en la frente, ligera, aunque provocó su caída al suelo. Parece que fue "de rechazo". Por haberse batido en duelo se vio obligado a salir del Ejército. Entrando en la política y gracias a su inteligencia y a su vigor, ascendió fácilmente los peldaños electorales llegando a ser alcalde de Cienfuegos primero, y Representante de la Cámara después. Durante el resto de su vida fuimos muy buenos amigos.

Los duelos al arma blanca que yo prefería, tenidos con Armando André y con el representante Moleón, del cual ya he hablado, fueron consecuencia de estos debates parlamentarios. Yo, en realidad, me entendía bien con mis compañeros, fueran de mi partido o del otro, pero en aquel entonces cualquier pequeño antagonismo preferíamos resolverlo ante cuatro amigos y con armas iguales. Había exceso de amor propio, quizás, pero éste era compensado por las buenas maneras. El Representante Eduardo Dolz, gran orador, que hizo sus primeras armas en el Parlamento español —aquel Parlamento del tiempo de Castelar, considerado con el inglés el centro de los mejores oradores de Europa— escribió un artículo en *La Discusión*, llamándome el "Domador de Fieras", y explicando a sus lectores mi método suave y fuerte a la vez.

Otros casos difíciles se registraron, como el de los soldados del Ejército regular, que, vistiendo sus uniformes se presentaron en masa en la tribuna pública, para obtener la aprobación de una ley que les favorecía. Yo les advertí con duras palabras que guardasen la compostura debida y los amenacé con echarles de la Cámara. En otra ocasión me vi obligado a amonestar a los periodistas, más audaces que los soldados, para que guardasen la debida compostura. Se enfurecieron y abandonaron la tribuna. Un buen número de Representantes solicitaron que los invitase a volver. Me negué, diciendo que el Parlamento era un espectáculo gratis y no necesitaba ninguna *réclame* de prensa. A los siete u ocho días del conflicto, me honraron otra vez espontáneamente con su presencia.

Al acercarse la terminación del período presidencial de Gómez se planteó la cuestión de si debía reelegirse o no. Esta noble persona se negó rotundamente, a pesar de que su reelección hubiera sido fácil. No quiso. Los liberales apoyamos entonces al doctor Alfredo Zayas. Y los conservadores al General Menocal. Pero una parte de nuestro grupo, con el General Monteagudo a la cabeza, nos abandonó. El resultado fue que ganó el candidato conservador, no por muchos votos, y con alguna presión dirigida por el propio Monteagudo a la cabeza, que era el jefe de las fuerzas armadas. Yo luché en favor del doctor Zayas, pero no me disgustó el éxito del General Menocal, porque el hombre venía aureolado de muchas cualidades. Sin embargo, me equivoqué. En efecto, el General Menocal tenía buenas cualidades, pero no las de político: era un excelente ciudadano, pero no un director de pueblos. Formó un Gabinete con grandes nombres, que no supo aprovechar. Los Cancio, los Desvernine, los Montoro y otros, eran hombres que hubieran podido hacer mucho en favor de Cuba, pero no hicieron más que administrar con prudencia.

Cap. VIII. *Hacia el dominio político*

Yo seguí de Presidente de la Cámara y al poco tiempo llegué a un acuerdo con el Presidente de la República, siendo intermediario el doctor Eugenio Sánchez Agramonte. El acuerdo era que los dos partidos abriesen las puertas a los hacendados, colonos y banqueros para completar nuestra representación política, casi toda compuesta de médicos y de abogados, y que el Gobierno no favoreciese con prebendas a los Representantes de menor valía. El General Menocal, que no amaba los asuntos públicos, después de aprobar trece leyes que yo redacté bajo el título general de "Defensa Económica", nada hizo, y yo me retiré después de notificárselo a Sánchez Agramonte.

Yo añadía en aquella época, a la palestra cameral, la del periódico *Heraldo de Cuba,* que tuvo su hora de celebridad. En efecto, este órgano de la prensa cubana, durante la época que estuvo en mis manos, no recibió otras entradas que las de los centavos que valía cada ejemplar, y la de los anuncios limitados a los almacenes de productos industriales. El público premió su honorabilidad y mérito, elevándose su circulación a cifras considerables, fantásticas para esa era. En no pocas ocasiones superamos la tirada de cien mil ejemplares. En un tiempo que hizo una fuerte campaña por la honorabilidad administrativa, el Gobierno sintió sus efectos, dado que a la salida del periódico, entre las doce y la una del día, se promovían verdaderos tumultos en las calles de La Habana.

Ya terminados los períodos presidenciales de José Miguel Gómez y de Menocal, la moral administrativa había decaído mucho, y la opinión pública estaba sumamente irritada. El *Heraldo* era el centro de la agitación. Había que silenciarlo de algún modo. El Gobierno del momento no tenía como método la violencia, ni el asesinato. Estos nos vinieron más tarde. Pero un día, mientras escribía a la carrera mi artículo casi diario, que aparecía en la primera plana, el administrador, un santo hombre, don Marcial Hernández, vino con su habitual sonrisa para decirme, estado de pie al lado de mi secretaria:

—Sentado en mi despacho se encuentra el Secretario de la Gobernación (don Fulano de Tal), que no desea hablar con usted aún, pero pide una moderación de la campaña de oposición y denuncia que hace el periódico. Me dice que entre los distintos Departamentos (Lotería, Impuestos sobre las Ventas, Aduanas, etc.), se le podría recoger una suma de cincuenta mil dólares al mes, y que como primer pago se le darían quinientos mil dólares...

—Don Marcial —le interrumpí—, cállese. No hay que tentar mi virtud. Dígale que el *Heraldo de Cuba* no se vende ni por todo el dinero del Tesoro público.

Don Marcial se retiró, respondiéndome, con la misma serena imperturbabilidad de siempre:

—Ya lo hice. Ahora se lo repetiré...

El Ministro se fue furioso y amenazador. Nosotros continuamos nuestra tarea diaria, aunque sin denunciar la tentativa de soborno de que habíamos sido víctimas y que era método conocido y generalmente aplicado. Debo advertir, de todos modos, que este último incidente y otros más, ocurrieron con posterioridad a la época que vengo tratando o sea, años después de la presidencia del General Menocal. Es deplorable que este distinguido General de la Guerra de Independencia cometiera el error muy común en la América Latina, de ir a la reelección. El General José Miguel Gómez había afirmado, cuando todo le favorecía, que aunque toda Cuba votara por él, no aceptaría la reelección. Una segunda edición de José Miguel era muy difícil de producirse. Menocal, en cambio, decidió declararse victorioso después de haber perdido y de haber reconocido personalmente su derrota.

Capítulo IX

SEGUNDA ALTERACION POLITICA

La República sufrió un grave ataque en sus instituciones por la decisión del General Menocal de presentarse a la reelección. Si éste hubiese imitado a José Miguel Gómez, tengo la seguridad de que hubiéramos navegado en la política por mares tranquilos. La campaña electoral de 1916 fue muy viva. Y como ocurrió en tiempos de Estrada Palma, la teoría del hombre indispensable surgió una vez más. Y a la par se irguió feroz la oposición contra lo que calificaban de hombre funesto. A distancia de años yo considero que Menocal no era el hombre indispensable y mucho menos hombre funesto. El tenía buenas intenciones y cualidades en otros campos que no fuesen los de la vida pública. Amable, frío, generalmente despreocupado e indiferente, se sentía en su ambiente al hablar de la guerra de la Independencia, o de agricultura, también de cacerías, perros, buenos caballos, etc. Pero tan pronto se planteaba un problema de interés público, guardaba silencio, casi podríamos decir que se entristecía. Si se le invitaba a intervenir con interpelación directa, contestaba con algunas palabras que probaban su desconocimiento del asunto y su desinterés casi orgánico. En un artículo que escribí en *Heraldo de Cuba* expresé la duda que mantengo con fría conciencia después de casi medio siglo, de que el Presidente Menocal nunca leyó un solo Decreto antes de firmarlo. A pesar de esta aversión al oficio, aceptaba ser Presidente de la República. La campaña fue dura. El doctor Ricardo Dolz movía los hilos del Partido Conservador y declaraba que los liberales hasta entonces no habían dejado de ascender, que ahora debía tocarles el turno a los conservadores. Invitación imprudente a la violencia que en efecto fue ejercida.

No obstante todos los esfuerzos realizados, entre los cuales hubo la colaboración del Ejército en el interior de la República, la victoria electoral sonrió a los liberales hasta el punto de que Menocal ordenó se le enviase un gran cesto de flores a la señora del doctor Alfredo Zayas, elegido Presidente. Pero una escena algo ridícula vino a jugar con el respeto de nuestras instituciones. Unas señoras, muy respetadas por todos, se presentaron en Palacio y ante el Presidente, que mantenía más que nunca su sangre fría y su actitud señorial, protestaron de lo que ellas llamaban "el abandono de la Presidencia". Atacaron vivamente al Ministro de la Gobernación, Aurelio Hevia, por no haber manipulado mejor las elecciones e hicieron alusión a la necesidad de llevar bien los pantalones, atributo de varones fuertes. Menocal resistió al vigoroso empuje femenino, que por aquel entonces resultaba una novedad. Pero un alto funcionario amigo del Presidente y miembro del Ejército Libertador, Charles Hernández, intervino manifestando "que se le diera autoridad y que él traería la victoria conservadora con números bien claros y en pocos días". Menocal suspendió el envío del cesto de flores.

Desde este momento, en Palacio se cambió de lenguaje, se empezó a decir primero que se estaba en dudas, y luego que se había ganado. Una noche encontrándose un gran número de señoras y de caballeros en una de las amplias salas de la Presidencia, en uno de los momentos de silencio tan frecuentes en las reuniones solemnes se oyó la voz de una niña de la casa: "Mamá ¿cómo es esto, que habíamos perdido y ahora hemos ganado?" Una sonrisa afloró a los labios de todos. La contestación fue: "Vamos, niña, vete a acostar." Este hecho, absolutamente cierto, me fue referido por cuatro o cinco de los presentes y se propagó por toda la sociedad habanera.

El distinguido prestidigitador que ofreció el cambio pensó que era fácil trocar los paquetes de votos que los distintos colegios electorales enviaban a sus Juntas. Las oficinas de correos, en efecto, cambiaron en parte al personal y con gente que creían fieles empezaron la manipulación sacrílega.

Nosotros los liberales lo supimos y empezamos la batalla. Los periódicos del tiempo daban cuenta de esta lucha que fue intensa. Yo tomé gran parte de ella, pero mi razonamiento, en síntesis era que a pesar de lo repulsivo del fraude, por pocos miles de votos no era útil llevar el país al caos. Nosotros teníamos mayoría en la Cámara, y las instituciones públicas, con excepción de las elecciones, eran respetadas. En los numerosos discursos que pronuncié en nuestras reuniones secretas, insistí en que un fraude electoral, que no iba acompañado por la supresión de la Constitución no debía provocar un movimiento revolucionario que además aumentaría la violencia gubernamental y el odio entre cubanos. Pero fuera de las reuniones privadas yo luchaba como todos.

Una parte del Ejército envió parlamentarios al General Gómez. Yo creo firmemente que fueron las insistencias de esa parte del Ejército las que impulsaron a Gómez a la guerra civil. Pero lo curioso del caso es que todos los que se comprometieron con él no cumplieron su ofrecimiento, y en cambio se levantaron en armas dos regimientos, uno en Camagüey y el otro en Oriente, que no habían conspirado, ni habían sido siquiera interpelados.

Dos incidentes poco conocidos merecen ser redactados en estas *Memorias*, porque se relacionan conmigo directamente. Una noche estaba en el Teatro Nacional asistiendo a una *soirée* de Opera, en un palco con mi mujer y algunos amigos que no se ocupaban de política. Durante el segundo acto un criado de casa vino a prevenirme que mi querido suegro don Federico Sánchez, estaba grave.

Avisé prudentemente a mi mujer y salimos dirigiéndonos a la casa de Sánchez, cercana a la nuestra. A las dos de la madrugada un sargento de policía que yo conocía me pidió que lo viera con urgencia. A pesar de la gravedad del momento, fui a verle. Me dijo que un capitán de la Guardia Rural y un político de Holguín habían llegado al teatro para asesinarme. Estos dos sujetos eran capaces de tal acción. Pero añadió que había llegado un capitán ayudante (un joven de una de las mejores familias de La Habana) y que se los había llevado a Palacio por orden del General Menocal.

Los asesinos habían tenido tiempo de entrar en el teatro y de constatar mi ausencia. A los pocos días el hecho me fue confirmado por el General Rafael Montalvo.

Lo original es que el Presidente de la República me pagaba cortésmente un acto de igual índole. En mi bufete de abogado trabajaba un joven de Las Villas, quien tenía un hermano teniente en el Regimiento que se acuartelaba en La Cabaña, a la entrada del Puerto de La Habana. Ambos eran miembros de una numerosoa familia liberal de Las Villas, situada en la jurisdicción de Sagua la Grande. No menciono aquí los nombres porque, a tanta distancia de tiempo, no interesan, y desde luego resulta inoportuno recordar cosas pasadas a los descendientes, que podrían ser malignamente interpretadas. Mi sagaz empleado me comunicó que su hermano había sido invitado a formar parte de un complot para asesinar al Presidente Menocal. Precisaba que todos los oficiales y jefes del regimiento de La Cabaña estaban en la conspiración, menos el Jefe Superior. La noticia me impresionó por ella misma y por sus consecuencias, pues las luchas revolucionarias, virtuales en importancia, y permítaseme decir que en cierto modo aparatosas, pero no eficientes, me preocupaban sólo en cuanto a que habían de terminar por crear en nuestro noble país las odiosas facciones, como en efecto aconteció.

Le dije que deseaba ver a su hermano y que si no podía venir a mi casa, yo iría con gusto a verlo donde él quisiera. Y en efecto, nos vimos en un apartamento de una casa de huéspedes situada en la calle del Prado por dos veces seguidas. No solamente le convencí de que debía repudiar toda idea de cooperación en este acto tan repugnante, sino que obtuve la promesa formal de que se abandonara tan condenable propósito. Y es curioso recordar que, de todos los Regimientos, el que sirvió de base para que el Presidente Menocal venciese a la revolución que luego estalló, fue precisamente éste que se hallaba estacionado en La Cabaña. La práctica en estos asuntos me ha convencido que las rebeliones militares dependen mucho del lugar en donde se encuentran situadas las tropas en relación con los grandes centros ciudadanos de fermento y agitación. Al actuar como lo hice, respondí al estado del ambiente cubano que si bien justificaba las luchas locales y los encuentros de armas, por caballerosidad innata heredada de la guerra de la Independencia repudiaba todo lo que no fuera noble y digno. El asesinato era antagónico en la lucha política.

El Gobierno no podía ganar de ninguna manera las elecciones salvo como lo hizo llenando las urnas totalmente con votos suplantados. Los Liberales tenían tal mayoría que de haberse efectuado elecciones legales, habrían ganado ampliamente. Pero ya no había dudas de que los soldados y la policía eran los únicos que llenarían las urnas con votos a favor de candidatos designados por el Gobierno. En Washington, que entonces practicaba una política de intromisión en nuestros asuntos, se favorecía a los conservadores. Y había porqué: es que éstos eran, en efecto, sus mejores amigos. Más tarde el Ministro González, descendiente de una familia cubana emigrada a los Estados Unidos, que representaba a la vecina gran República, probó la existencia de esta política tendenciosa con palabras y acciones.

Los jefes liberales, alentados por los militares, decidieron ir a la revolución. Los jefes conservadores, aunque parezca increíble, los excitaban públicamente a que acudiesen a las armas, pues pensaban que si en el terreno cívico eran débiles, en el militar eran fuertes. El choque estaba preparado. El General Gómez, que conocía mis ideas y que estuvo a punto de aceptarlas me pidió que me trasladara a los Estados Unidos para representar a los Liberales e impedir que aquel país se inclinara hacia la minoría de los cubanos y los hiciera triunfar con su gran influencia. Mi mujer y yo partimos, pues, hacia el Norte, después de tomar parte en dos grandes fiestas sociales: una dada en nuestra casa y otra en el

CAP. IX. Segunda alteración política

Teatro Nacional. Se trataba de dos actos de beneficencia en favor del pueblo belga, entonces bajo el talón del ejército alemán.

La propaganda de los aliados había hecho creer a todos que el invasor, perdiendo toda sensibilidad humana, se había dedicado a cortar los brazos de los niños. Sobre estos bracitos ensangrentados lloraron nuestras mujeres cubanas, siempre tan sensibles, y nos irritamos los hombres hasta el paroxismo. La causa de los belgas se trocó así en la causa de la humanidad y Cuba respondió con su entusiasmo y con su dinero. Luego, terminada la guerra mundial en 1918, se vio que los niños belgas, ya crecidos, tenían los brazos sanos, y que tan villana hazaña no había existido más que en la propaganda. Pero no cabe duda que el resultado que se perseguía había sido alcanzado. Lo más curioso es que todos rectificamos pero nadie alteró sus sentimientos formados en el fragor de la contienda.

En aquellos días pude una vez más constatar lo difícil que es formar juicio sobre las cosas humanas, pues éstas, a diferencia de las de la naturaleza, no responden a ninguna regla. Tanto en mi casa como en otras fiestas, mientras yo bailaba con mi exuberante alegría, las más distinguidas señoras, especialmente las que pertenecían a la buena sociedad colonial, me incitaban a la revolución.

—¿Cómo? ¿Se dejará usted burlar e injuriar con tanta felonía...? ¿La edad le habrá hecho perder la vergüenza viril...? Se explica tanta intransigencia: ahora todos ustedes son ricos...

Contestaba como podía, desarrollando mis tesis de que por un margen de votos relativamente pequeño, no se hacía una revolución. Pero no convencía a nadie. Y llegué a creer, en los últimos días, que el país unánimemente apoyaría la causa liberal ya que todas estas señoras pertenecían a familias afiliadas al Partido Conservador. Breve ilusión la mía, pues estallada la revolución y conocida la firmeza del General Menocal, con sólo leer las crónicas elegantes de los periódicos de La Habana tuve que registrar muchas rectificaciones.

El día siguiente a la fiesta en honor de los belgas, María Luisa y yo, sin que nadie supiera nada, salimos para Nueva York vía Cayo Hueso en el vaporcito de las diez. Al llegar a Nueva York pedí al Secretario de Estado, Mister Lansing, una entrevista, que me fue concedida rápidamente. Pero como dos días después estalló la revolución, me fue cancelada aunque con grandes miramientos para mi persona. Al fin de explicar la actitud del General Gómez al enviarme a Washington y la de Mr. Lansing al abrirme las puertas de su despacho en el primer momento con tanta solicitud, debo volver hacia atrás y referir cuáles habían sido mis relaciones con los Estados Unidos, que tanta influencia tenían entonces sobre Cuba y sus gobernantes.

Ya he dicho que fui un admirador del General Brooke, Gobernador militar de Cuba a raíz de la guerra hispanoamericana, porque este General comprendió su misión propia así como la de su Gobierno en las relaciones con Cuba.

Igualmente he referido que combatí al General Wood (que sustituyó a Brooke), por su poco respeto hacia el pueblo cubano, manifestado en su tratamiento respetuoso hacia los funcionarios norteamericanos y despectivo en relación con los cubanos. Y he presentado las razones de mi renuncia obligada del cargo honrosísimo y excepcionalmente deseado, dada mi edad, de Gobernador Civil de Las Villas, razones que explican con claridad mi antagonismo con el jefe estadounidense.

Después de estos hechos, mi pensamiento político siguió siendo muy favorable a la independencia absoluta, y en consecuencia contrario a la *Enmienda Platt* y a todas las interferencias irracionales, meras acciones abusivas y descorteses de burócratas con traje diplomático. Estos deseos de lograr relieve mediante el escándalo público son una plaga de las democracias en general, y de los Estados Unidos de manera muy particular. Sin embargo, yo me mantuve siempre muy lejos de la cursilería patriótica que consiste en negar a los Estados Unidos su noble acción bélica desplegada en favor de Cuba.

El recuerdo de la alegría que cundió en los campos libres de la Revolución cuando se nos anunció la intervención de los Estados Unidos, tan importante para la vida de la República y para las nuestras personales, no se había borrado de mi mente; al contrario, había crecido con los actos posteriores realizados por el Gobierno de Washington, retirando sus tropas de nuestra Isla. La *Joint-Resolution*, del Congreso de los Estados Unidos que afirmaba nuestra independencia de *hecho y de derecho*, consignada con letras dictadas por el honor y la gloria, quedaba estampada en mi corazón. Mi política la había sintetizado en varias ocasiones públicas con la frase siguiente: "Agradecimiento eterno, lazos de amistad continuos, siempre más independientes en lo político y más ligados en lo económico".

En Cuba, sin embargo, a los que pensaban como yo, se les presentaba el obstáculo de un buen número de personas que, sobre todo en el período de 1910-1912, conservaban su tendencia anexionista esgrimiendo los mismos argumentos nuestros, del agradecimiento por la intervención y de la favorable comunidad de intereses económicos. Por culpa de ellos yo me veía obligado a usar ciertas estridencias verbales, a fin de no confundirme con los que, si bien no hablaban en público, sí actuaban en privado. En resumen: yo sin serlo, pasaba en la opinión pública como un antiamericano. Se añadía a esto que yo no había frecuentado el Palacio Presidencial cuando fue ocupado por Brooke, Wood y Magoon; que

Cap. IX. *Segunda alteración política* 207

no visitaba a los ministros de los Estados Unidos; que yendo a los Estados Unidos no pasaba por Washington; y en fin, que no me presentaba en los actos de confraternidad oficial que de tiempo en tiempo se llevaban a cabo en Cuba. Pero, repito, yo no era antiamericano sino un amante ferviente de la independencia de mi país, y creía que ni la amistad ni el agradecimiento debían confundirse con el servilismo hacia el poderoso vecino.

Además siento el deber de presentar los hechos precedentes para insistir en explicar los motivos que me ligaron a los Estados Unidos y que constituyeron las razones por la cual el ex-Presidente José Miguel Gómez me enviaba ahora otra vez en misión suya. Me refiero a más de cuatro años atrás.

En aquella época un grupo de personas de la raza de color, dirigido por dos amigos míos, el capitán Evaristo Estenoz y el general Ivonet, ambos del ejército libertador, se levantaron en armas en la provincia de Oriente. La República tembló de un extremo al otro. Si el movimiento quedó localizado a Oriente, fue gracias al prestigio del General Gómez. Este, que nunca aduló a los blancos ni a los negros, más aún, que nunca hizo diferencias de color, había apoyado vigorosamente la candidatura de un distinguido hombre de esa raza, el señor Martín Morúa Delgado, para la presidencia del Senado, quien había obtenido el triunfo. Además, invitaba a sus fiestas a los hombres de ambas razas y era acusado de favorecer a los empleados negros en los puestos públicos. La realidad era que Gómez, con toda imparcialidad, realizaba una política de solidaridad ciudadana. Estallada la revolución de la raza negra, Gómez se puso a la altura de las circunstancias. Ordenó que si un negro atropellara a un blanco, fuese rápidamente castigado, pero que si un blanco atropellaba a un negro, lo fuese más rápidamente aún, ya que el negro estaba en minoría y necesitaba mayor auxilio. Esto fue ordenado con toda seriedad. En La Habana se registró algún intento de violencia contra los negros, el que capitaneaba un compañero mío en el asunto de Arroyo Blanco, gloriosa operación registrada al final de la guerra. Gómez lo llamó y lo reprimió severamente. En otras provincias hubo también algún temor.

Pero pronto la raza de color se sintió garantizada: el Gobierno defendía al ciudadano sin detenerse a mirar el color de su piel.

En cambio Gómez ordenó en Oriente una vigorosa campaña de represión. Envió al General José de Jesús Monteagudo, y puso a sus órdenes un numeroso contingente. Entonces el Ejército, a pesar de no ser perfecto como después de todo no lo son los ejércitos, y hasta de haber tenido máculas perturbadoras, era infinitamente superior a los que hemos tenido después. Pero en Oriente los ciudadanos de color, como he dicho, organizaron un movimiento formidable.

Los Estados Unidos, alegando la defensa de sus intereses, empezaban a exigir una rápida solución del conflicto. No pensaban, sin embargo, en que no había llegado la era de las guerras-relámpago ni podían constatar que esas guerras-relámpago, anunciadas solamente para las de 1914 y en 1939, se prolongaron más que las guerras usuales. Una tarde estábamos en el Palacio Presidencial, con el General Gómez, el Secretario de Estado Manuel Sanguily, Pelayo García, Diviñó, algunos funcionarios superiores y yo. Se esperaban noticias de Monteagudo. De pronto un ayudante vino a anunciar que el Ministro americano, Mr. Beaupre, pedía cita inmediata al Presidente, por tener que hacerle una comunicación urgente. Gómez, que conocía el oficio, sin consultarse siquiera con su Secretario de Estado, ni con los otros que estábamos allí, ordenó al ayudante:

—Dígale que vea mañana al Secretario de Estado, que le recibirá a las diez.

Todos asentimos. Pero súbitamente de vuelta, el ayudante comunicó "que el Ministro debía cumplir una misión del Presidente de los Estados Unidos y que era de suprema urgencia". Réplica de Gómez:

—Ahora voy a cenar, podré recibirlo a las nueve de la noche.

Nos quedamos todos a comer en Palacio, pues comprendimos que se trataba de algo grave. En efecto, Beaupre, seguido por el secretario, que luego sería Embajador en Bélgica, fue recibido en el gran salón por Gómez solo.

De una parte y de la otra hubo un saludo glacial.

El Embajador leyó un papel en el que se exigía el cese de todo peligro para las propiedades americanas, y prevenía que de no ser así, se llevaría a cabo el desembarco de fuerzas armadas en defensa de esos intereses. Gómez recibió el papel que se le había leído y metiéndoselo en el bolsillo dijo que contestaría oportunamente. Saludó con un movimiento de cabeza y se retiró; los otros dos altos funcionarios de los Estados Unidos hicieron lo mismo.

Se comprenderá nuestra desilusión, pues desde la habitación inmediata lo habíamos oído todo. Gómez dijo, al sentarse, que por culpa de Beaupre sufriríamos pronto una intervención armada.

Beaupre tenía muy mala fama en la América Latina por algo que había hecho en Colombia, y además estaba animado de un aversión irrefrenable contra nuestro Presidente, quien por su parte no lo estimaba. A continuación Gómez sugirió que Sanguily debía ir personalmente a Washington. Este contestó que de ninguna manera iría, y explicó sus motivos. Nueva designación: Pelayo García. Más éste rehusó por razones de familia, y por no conocer bien el inglés.

Diviñó entonces aventuró el nombre de Montoro. Pareció a todos un hallazgo. Mas no recuerdo por qué razones esta otra personalidad de

Cap. IX. *Segunda alteración política*

nuestra vida pública tampoco pudo aceptar. Entonces Gómez, sin interrogarme siquiera decidió:

—Irá Ferrara. Partirá mañana mismo, a las diez.

Quedé frío. Pensé: ahora todos mis adversarios, cubanos y americanos, se acordarán de que nací en Italia, volverán a tildarme de antiamericano, dirán que soy un violento, que no tengo personalidad suficiente y hasta probablemente volverá a reproducirse el escándalo de La Haya. Pero no alegué motivo alguno en contra.

Revivió en mí la disciplina de la guerra de la Independencia. A las diez del día siguiente partí con mi mujer. En la estación anterior a la de Washington bajamos del tren y seguimos en automóvil. En el hotel de Washington usé mi segundo apellido, Marino. Con estas maniobras evité el siempre penoso y peligroso encuentro con los periodistas, quienes en efecto me esperaban en gran número en la estación de la Capital.

Como era indispensable, mi primera preocupación fue ponerme en rápido contacto con nuestro ministro en Washington, Martín Rivero. Este, me vino a ver logrando desorientar a los periodistas que, siguiendo sus pasos, querían conocer la dirección de mi hotel. Debo recordar con honor a este funcionario, que, sin celos de ninguna clase, se puso a mis órdenes con un entusiasmo eficiente, digno del mayor aprecio. Al invitarlo a que comiera con nosotros en nuestro apartamento, me dijo que aquella noche el jefe de la Oficina Panamericana, doctor Rowe, ofrecía una comida en un salón privado del hotel, en honor del Ministro de Relaciones Exteriores de Guatemala, que estaba en Washington en visita oficial. Yo le manifesté que no debía excusarse, que al contrario debía aprovechar aquella ocasión para tratar durante la comida el problema nuestro.

Por el momento le encargué de presentar en el Ministerio de Estado mis credenciales y solicitar una entrevista con el Ministro Knox, si posible para el día siguiente antes del mediodía. Al poco rato de haberse retirado, Rivero me llamó por teléfono y, probando que era hombre diligente, me anunció que el Ministro de Estado le informaba que Knox me recibiría a las once de la mañana del día siguiente. Magnífico. Pero había algo más. Mister Rowe, sabiendo por Rivero que yo me encontraba en Washington, me invitó a la comida en honor del Ministro de Guatemala. Nadie me vería, pues la reunión sería íntima y en el mismo hotel donde estaba hospedado. Acepté con gusto. Comprendí que era una buena oportunidad para tratar del delicado asunto nuestro con los altos funcionarios que asistirían al acto.

A las nueve saludé a Mr. Rowe, me presentaron al Ministro de Guatemala, así como a los demás invitados, que eran unos diez. Es decir, que todo salía como yo lo deseaba. Sabía que, gracias a mi voz frecuentemente timbrada, a mi actitud un poco imperiosa, a mi enorme interés en salvar a mi país, a la importancia del caso en sí, y también por mis hábitos parlamentarios, los que cuando no nos llevan a la pedantería son muy útiles, yo pondría cátedra a los diez Ministros allí reunidos. No había más que dejarme llevar, pues sentí que la suerte me favorecía y me empujaba con sus nobles alas.

A mi lado estaba el presidente de la Comisión de Relaciones Exteriores de la Cámara, Mr. Sulzer, el cual me conocía muy favorablemente a través de un cliente común que mi bufete representaba en Cuba y el suyo en Nueva York. Conocía mi *curriculum vitae,* principalmente mi salida de Italia para actuar en la revolución cubana, y se sentía doblemente satisfecho de conocerme, pues agregó que sus "electores de Nueva York eran en parte italianos".

Mientras tomábamos el cocktail de pie, estuve hablando con Sulzer, y viví una hora interesantísima. Sulzer se parecía a los retratos de Henry Clay reproducidos en las anillas de los cigarros habanos de ese nombre, con un mechón de pelos en la frente, ancho cuello almidonado y una actitud hierática. Animado de una audacia infantil común a muchos americanos, se fue a la mesa y cambió su tarjeta con la del que estaba a mi derecha. Mister Rowe le vio y, comprendiendo el gesto, desde lejos le dijo: *"All right".*

Yo estaba encantado. Los marinos, preparados para ir a Cuba según lo reportaban los periódicos, no irían. Conociendo muy bien a los norteamericanos así como sus fáciles y nobles entusiasmos, sabía que Sulzer me ofrecía un apoyo y hasta haría suya nuestra causa.

El reservado Ministro de Guatemala, que tenía todo el derecho a monopolizar las conversaciones de la mesa, mostraba un carácter muy opuesto al mío. Era comedido, prudente, reflexivo y protocolar. Me fue fácil abusar de sus buenas cualidades. Por otra parte, la revolución racial de Cuba era la preocupación mayor de aquellos días, de manera que durante la noche pude explicar a algún senador, a dos o tres miembros del Departamento de Estado y, sobre todo, al presidente de la Comisión de Asuntos Exteriores de la Cámara, el error que cometerían los Estados Unidos al intervenir en una cuestión doméstica tan delicada, y la responsabilidad que ello acarrearía a su ejército y a su marina de guerra. El primer resultado práctico que alcancé aquella noche fue que Sulzer se me ofreció para presentarme al Secretario del Estado, Philander Knox, y que los senadores y representantes presentes me invitaron a que fuera a visitarlos al Capitolio a fin de que explicara personalmente a sus colegas lo que había analizado con ellos en la plática de aquella noche.

Yo estaba contentísimo con lo que iba alcanzando, pero la reflexión, terrible fuerza de inercia, me hablaba a cada rato a los oídos. "No va-

CAP. IX. *Segunda alteración política*

yas tan lejos —me decía— probablemente al Secretario de Estado no le guste que tú hayas comunicado a Sulzer el objeto de la entrevista que vas a tener con él... Tampoco el Presidente Taft querrá que tú le fuerces la mano con una acción directa sobre el Congreso..." Estas ideas a la verdad enturbiaban la limpidez de mi alegría. Sin embargo, resolví las dificultades con esas rápidas centellas que en los momentos de fogosidad acuden a la mente. A Sulzer le dije que yo estaría en el Departamento de Estado, a las doce, y no a las once; y a los senadores y representantes que iría a verlos, pero después de haber visitado al Presidente de la República.

Al día siguiente a las once menos cuarto, ya estaba en la antecámara del Secretario de Estado. Knox me invitó a pasar antes de la hora fijada. La entrevista duró hasta las doce y media. El ministro era frío, serio, con los músculos de la cara muy estirados, de manera que la piel parecía cubrir directamente los huesos. Había sido un gran abogado y ciertamente conocía la forma de interrogar, que es el arma más poderosa de que dispone el abogado americano. Al explicarle la situación, durante los primeros diez minutos me pareció que no prestaba la debida atención, por lo cual presenté mi situación personal, ya que consideraba entonces, como siempre lo he considerado, que el *argumentum ad homines* es el más llamativo y fuerza la atención del desinteresado. Le dije que la situación del cubano patriota y honrado era tristísima, pues no hacía mucho que habíamos peleado por la independencia, y que ahora los rebeldes negros levantarían nuevamente la bandera independentista al desembarcar las tropas de los Estados Unidos. Nuestro pueblo aceptaría esta nueva fase que tomaría el movimiento revolucionario negro, y hombres como yo, que agradecíamos a los Estados Unidos su intervención en 1898 y que amábamos a esta gran República por sus grandes virtudes y su amor a la libertad, nos veríamos obligados a luchar en contra de ella, porque, en realidad, una intervención armada, dictada en los primeros momentos de un trastorno interno, tan habitual en la América Latina, significaría que no debíamos considerarnos libres e independientes, y que nuestra República no sería más que una burla internacional, proclamada sólo para satisfacer el orgullo de América. No me había equivocado. Knox se iba interesando en mi exposición. Al oír mis últimas palabras me interrumpió rápido:

—Usted se equivoca. Los Estados Unidos han sido muy benévolos con Cuba y esperamos que en el caso actual Cuba sepa gozar de su régimen libre. La independencia supone no sólo derechos, sino deberes. La cuestión es estar en la misma altura moral al exigir los primeros y al cumplir los segundos.

—Sí —le repliqué— usted tiene razón, pero usted también sabe que hay desvíos en todas partes y que para volver al camino derecho se necesita tiempo. Le ruego perdonarme por lo que acabo de decir, pero mi deseo es demostrarle a qué absurdo se podría llegar si de nuestra conversación no saliese una solución justa y ecuánime.

Satisfecho de la reacción del Secretario de Estado, le expliqué con detalles lo que se había hecho y lo que se iba a hacer. La paz reinaba en toda Cuba a pesar del gran número de personas de color, menos en un reducido territorio. A éste el gobierno cubano había enviado la mayor y la mejor parte de las tropas, suficientes para vencer con rapidez cualquier levantamiento, y nuestro jefe militar el General Monteagudo era muy conocido en los Estados Unidos por su capacidad y su energía, ya que había rendido útiles servicios bajo los generales Brooke y Wood. La revolución, en primer término, no se había extendido como sucede habitualmente en los inicios, y el tiempo transcurrido era tan limitado que ningún ejército, por aguerrido que fuera, hubiera logrado obtener un resultado definitivo.

Comprometiendo todos los recursos de mi audacia le dije, olvidando voluntariamente toda fórmula diplomática:

—Mr. Knox, permítame que le hable con toda espontaneidad. La cuestión en debate se sintetiza en esta frase: De no rendirse los negros ¿quién los va a matar? ¿El soldado americano que asumiría, quiéralo o no, y de manera categórica, la apariencia de un invasor; o el soldado cubano que es su connacional y que en la mayor parte de los casos es de su misma raza? Al anunciarse una intervención americana ¿cree usted que los otros hombres de color de la Isla quedarán, como ahora, en sus casas? ¿Por qué hacer de esta cuestión, difícil de por sí, algo infinitamente más complicado, confuso o insoluble? ¿Y por qué provocar un baño de sangre doblemente penoso? Que se nos conceda el tiempo necesario y se verá que nuestro Gobierno no sólo reclama sus derechos, sino que sabe cumplir con sus deberes. Knox me hizo algunas preguntas que me indicaron su conformidad con mis argumentos. La discusión descendió a pormenores relacionados con las propiedades americanas en la zona de la revolución. Yo ofrecí todo: lo que se podía hacer y lo que no podía hacerse. Mi objetivo único y urgente era el de demorar lo más posible todo acto militar por parte de los Estados Unidos en nuestro territorio. Habíamos hablado más de una hora. Knox se levantó y con serena familiaridad me dijo:

—Ahora vamos a ver al Presidente.

Yo guardé silencio, pero después de algunos minutos, sonriendo le repliqué:

—Señor Secretario, naturalmente que deseo saludar al señor Presi-

CAP. IX. Segunda alteración política

dente Taft, que ya conozco y admiro mucho, pero mañana y no hoy. Le ruego me permita la franqueza.

—Yo creo que usted está convencido de que lo que pido en nombre de mi Gobierno es justo, y preferiría que usted primero hablara a solas con el Señor Presidente.

Knox me clavó los ojos. Luego sonrió. Con la peculiar y fría bondad americana me respondió:

—Usted tiene razón, lo llamaré a usted esta tarde.

Justo en el momento en que nos despedíamos apareció Sulzer. Con el pecho más que nunca en evidencia, la mecha frontal de su rubio cabello más aparente que la noche precedente, la voz sonora, los brazos en alto, el Presidente de la Comisión de la Cámara saludó a Knox de la misma manera de como debía pronunciar sus discursos públicos. Se veía que era orador siempre, aun para dar los buenos días. Y oportunamente dijo, al despedirse:

—Me llevo a este amigo *(this fellow)* al Capitolio.

A partir de ese momento yo fui para Sulzer *"my friend Ferrara"*.

Es así que me presentó a sus colegas. En el Capitolio hablé con todos los grupos y con personas en aquella época de influencia decisiva en el Gobierno, entre otros con un senador y el diputado de Nueva York, Mr. Martin Littleton, orador y jurista. Mientras me encontraba en mi labor de propaganda apareció Sulzer, invitándome a ir con él al Salón de Sesiones. Noté que los anchos pasillos se iban vaciando, yendo todos al anfiteatro antes o después de mí. Sulzer me sentó en un escaño de los diputados: "¿Qué va a pasar aquí?" —me pregunté yo. Primero habló Sulzer y luego el jefe de la minoría democrática. Comprendí que se hablaba de mí, pero no entendía bien, un poco por la emoción y un poco por la amplitud del ambiente. Por último el *speaker* Champ Clark, con voz sonora invitó a Sulzer y al jefe de la minoría democrática a que me acompañasen a la Presidencia. Vinieron a donde yo estaba y cogiéndome cada uno por el brazo me instalaron en la tribuna. Yo murmuré al oído de Sulzer:

—¿Qué es lo que tengo que hacer?

—Hablar —me contestó.

Yo me preguntaba si lo haría en español, y recordando Nueva Orleáns me dije que quizás sería mejor en francés.

—*You must speak in English* —me aclaró él.

Clark era muy alto, fuerte, francamente gigantesco. Yo no era ni débil, ni bajo, pero me sentí un poco deprimido por la vecindad de aquel dominador de tan alta tribuna. Por añadidura no tenía una sola idea en la mente que estuviera a la altura de la circunstancia, ni quería repetir los pormenores que había dado en los pasillos. El *speaker* hizo mi presentación en forma muy elogiosa y se retiró. Dejado solo frente a tan numeroso y elevado público, recobré todas mis facultades de osadía y todas mis habilidades de parlamentario. Mi esfuerzo mayor fue el tener que decir: *"Mr. Speaker, Gentlemen"*. Pero después todo vino fácil, seguido, como si lo fuera leyendo en una enorme pizarra colocada frente a mí.

Recordé que aquella Asamblea, ante la cual hablaba, había dado a Cuba el bautizo internacional con la *Joint Resolution* que la declaraba libre e independiente de hecho y de derecho. Dije que pedíamos el cumplimiento de este alto documento, el cual había sido santificado con sangre de americanos y de cubanos en los campos de batalla: recordé la batalla de la Loma de San Juan, y terminé diciendo que pedir el respeto de tales factores históricos era un acto justo que los Estados Unidos cumplirían, porque Justicia y Estados Unidos eran términos sinónimos.

El discurso fue breve y figura en el *Congressional Record*... Yo pensaba seguir en el uso de la palabra, pero el entusiasmo provocado por mis últimas frases fue tal, que creía debía reposar sobre mis laureles. El espectáculo de aquella Asamblea, toda de pie, con las tribunas abarrotadas de público que la habían seguido en los aplausos y vítores, los hombres de mayor respeto y compostura gritando con juvenil alegría, y en primera fila el viejo Joe Cannon, ex-Presidente de la Asamblea por largos años, llenó todas las ambiciones de mi espíritu. Además la batalla estaba ganada. Ya los marinos no marcharían a Cuba, no obstante los intereses de algunos y los temores de muchos. Por una coincidencia de la suerte, mi mujer pudo asistir a esta hora de triunfo mío. Triunfo nuestro, mejor dicho, ya que ella me ha acompañado siempre con devota asistencia en todos los momentos tristes y eufóricos de mi vida. Ella había ido con el Ministro Martín Rivero a presenciar una sesión del Parlamento, pero ignorando lo que debía ocurrir.

Con el Presidente Taft tuve dos entrevistas, una en su oficina y otra en la noche del banquete que nos ofreció, en compañía de su amable y gentilísima señora, que era modelo de virtudes públicas y privadas, y de un buen número de hombres públicos y miembros de la sociedad de Washington. A la izquierda de Mister Taft estaba la señora del Presidente de la Cámara, y a mi derecha la señora de Knox, que ya nos había honrado recibiéndonos en su casa, en distintas ocasiones. Parece que el acaso, que impera en las cosas humanas, quiso castigar aquella noche mi excesiva locuacidad de los días precedentes, ya que mientras la señora Knox, no oyendo bien, no podía hacer más que darme sus impresiones y la señora Taft, a cuya derecha me encontraba, por culpa de una reciente enfermedad tenía algunas dificultades en hablar.

Frente a mí, mi mujer se permitió cierto gracejo algo atrevido. Durante aquel banquete oficial, el excelente Presidente Taft, que tanto en La

Habana como en Washington había mostrado a mi observación su equilibrio sin par, recibió la noticia de que Theodore Roosevelt, desuniendo al Partido Republicano, se presentaba como tercer candidato a las elecciones presidenciales. La sede de la Convención Republicana era Chicago, y los telegramas volaban de un lado al otro de la vasta mesa.

La señora Champ Clark dirigía la palabra excitada al Presidente, y las conversaciones de todo el resto de la mesa demostraban que no había más argumento que éste. En un momento de mayor excitación María Luisa se permitió decir a Knox, que al parecer era el menos interesado en el asunto:

—Oiga usted, señor Secretario, ustedes deben tener cuidado con estas noticias, es preciso que no vayan muy lejos, porque producen *great concern* al Gobierno de Cuba.

El *great concern* era la fórmula habitual que los Estados Unidos usaban a menudo para indicar a los otros países, en forma amenazadora, lo que no era de su gusto. Knox refirió al Presidente, en voz alta, la frase sentenciosamente pronunciada, provocando la hilaridad general. La doble humanidad de Taft se sacudía de risa, probando una vez más que el ciudadano de los Estados Unidos lucha en política con denuedo, pero sin las pasiones de nuestra raza.

Al final de la comida pasamos de un extremo al otro de la Casa Blanca, en un ambiente cómodo y fresco. Allí, respondiendo al brindis que había pronunciado el Presidente (y que a la verdad me sorprendió, pues no lo esperaba y contenía palabras de agradecimiento personal) agradecí la amabilidad que se reservaba a mi patria, y a mí que venía en misión especial de nuestro Presidente. Además comprendí el resultado favorable obtenido, ya que el Gobierno americano vería con gusto una rápida solución de las actuales dificultades. Por ello, aun sabiendo que era preciso un cierto tiempo para vencer la insurrección, dije que el Gobierno de Cuba ponía en acción todos sus medios disponibles a fin de restaurar la paz y evitar que los ciudadanos americanos sufrieran daños en sus intereses en Cuba.

El Presidente entonces me hizo una alusión a la muerte de Estenoz e Ivonet, que eran los dos jefes revolucionarios cubanos. Me dijo más o menos:

—Ahora que usted me dice que los dos cabecillas han muerto, las cosas serán más fáciles de arreglar.

Yo no había afirmado tal cosa, sino sólo que ello podría resultar de un momento a otro, que no es lo mismo. Pero pensé que era mejor no rectificar en el momento en que recibía la promesa de que los Estados Unidos confiaban en Cuba para la solución de los problemas presentes.

Sin embargo, hice todo lo posible para dejar alguna duda en el ánimo de Taft, sin tener éxito. A la salida mi mujer me dijo:

—¿Te ha dado Taft la noticia de la muerte de Estenoz e Ivonet? Entonces todo se habrá acabado ya.

Mi contestación la dejó sin resuello:

—No. En esta ocasión he sido yo el que los ha matado.

En realidad, estos buenos patriotas, descarrilados en aquella ocasión, pues ambos habían sido héroes de la guerra de Independencia, acababan de perecer en duro combate. Con mi silencio o con errónea expresión inglesa, simplemente yo me había adelantado a un hecho que, aunque fácilmente previsible, no había ocurrido en ese momento.

A la vuelta a La Habana, debido a la bondad del Presidente José Miguel Gómez, a la nobleza del criollo abierto y franco que había en él, fui recibido en el muelle por el Presidente mismo rodeado por todo su Gabinete, por el Congreso en pleno y el Tribunal Supremo. Yo considero este momento el más feliz de mi vida.

Me he permitido relatarlo minuciosamente no sólo por este motivo personal, que a muchos años de distancia y con los cambios políticos no resulta tan importante como en aquella hora, sino porque de éste dependió toda mi vida diplomática posterior, especialmente la Misión de 1916 que he referido precedentemente. El discurso en plena Cámara de Representantes, el banquete en la Casa Blanca, los paseos en coche que daba invitado por el Secretario Knox quien venía a recogerme a mi hotel, y el éxito final, me habían dado a conocer en Estados Unidos, a través de su activísima prensa, y en Cuba me habían elevado en el concepto de mis conciudadanos, descubriendo en mí un buen diplomático, no obstante mis algaradas políticas. Yo había saltado de la política a la diplomacia sin someterme a la tortura de una aparatosa y enervante prudencia. A este antecedente atribuí la rápida contestación de Mr. Lansing, accediendo a recibirme ahora que iba a Washington enviado no por el Presidente oficial, sino por el Jefe insurrecto. Y sobre todo a esta *ora beata* que he explicado con tantos pormenores, le debo los éxitos míos de Nueva York en campos más personales.

Tercera Parte

Capítulo X

UN PRIMER EXILIO

Cuando Míster Lansing canceló tan bruscamente la visita que me había concedido por haber estallado la Revolución contra el Presidente Menocal, al no poder yo volver a Cuba me instalé en Nueva York.

Sin duda el Gobierno del General Menocal se había hecho culpable de una grave falta, pero, quien como yo hubo de cursar sus primeras armas políticas en un país europeo, no podía impresionarse mucho ante una falsificación electoral. En aquellos tiempos, gran parte de las campañas electorales, especialmente en España y en Italia (sin contar las de muchos otros países más pequeños) se planeaban en el Ministerio de la Gobernación. El fraude obligaba a los partidos de la oposición a redoblar sus esfuerzos legales, pero no lo autorizaba a subvertir la vida civil de la nación. Los pueblos cometen el error de saltar fácilmente las fronteras del orden, y la pasión los conduce a cometer excesos. Cuba, más que ningún otro pueblo, lo ha exagerado en casos análogos, confundiendo la resistencia cívica con la rebeldía; la batalla diaria para defender la libertad de que habla Goethe, con la eterna protesta armada; la mesurada y constante reacción ciudadana contra los abusos de un Gobierno, con la rebeldía ciega que es fuente de mayores abusos.

Yo he considerado siempre que si somos miembros de un Partido debemos defenderlo, y que después de luchar por nuestras ideas propias debemos aceptar las que el partido dicta. Por eso defendí la revolución de 1917, cuyo estallido, más rápido de lo que se esperaba, me fue comunicado, como he dicho ya, por el mismo Secretario de Estado de los Estados Unidos.

Durante los meses que duró el movimiento armado, que fue verdaderamente popular, me batí furiosamente en los periódicos, como podrá verse en los de Nueva York, especialmente en las columnas de *The Times* y *Tribune,* de aquella época. Decidido en mi actuación, en algunos casos llegué a pasar el límite de la legalidad, dando noticias a las tropas que luchaban por el Partido Liberal sobre los movimientos del ejército regular cubano, y hasta ordenando combates. Por suerte, en aquel entonces los Estados Unidos no habían modificado su política tradicional sobre los prófugos políticos. Nuestra revolución fue vencida. Las causas principales de la victoria del Gobierno, no obstante los esfuerzos en contrariar la voluntad popular, fueron tres: *primera:* el incumplimiento por la parte del Ejército, que había comprometido su cooperación al General José Miguel Gómez (mientras se producía el caso curioso de que se levantaran en su favor las guarniciones de Santiago de Cuba y de Camagüey, que no habían ofrecido nada); *segunda:* la capacidad, la decisión y la constancia del General Menocal; *tercera:* el hecho de que si bien el pueblo pedía a gritos justicia y honorabilidad electorales, no estaba dispuesto a arriesgar la vida por ellas. El desgano de pelear, que yo había notado durante la revolución de 1906, me lo explicaba el General José Miguel Gómez después de esta revolución. Y el pueblo tenía razón: la vida no debe sacrificarse sólo para rectificar un conteo electoral.

En cuanto a la capacidad de Menocal, pude recoger de labios del General Emilio Núñez un relato entusiasta sobre la formación de las tres columnas que envió contra las fuerzas rebeldes, fogosas pero desordenadas, de Gómez; y sobre el embarque de otras tres dirigidas por el mar a las provincias de Camagüey y de Oriente. Núñez, hombre serio, capaz y enérgico, aunque flemático, en un relato admirativo no se cansaba de repetirme, refiriéndome a Menocal: "Este hombre tan apático y desdeñoso en todo lo que se refiere a la política, se cambia en afanoso, rápido y clarividente cuando aborda lo militar".

Y en efecto venció. Pero en su segundo período presidencial nos dio un gobierno pésimo, cuando el primero, sin ser completamente bueno, había sido ordenado y en alto grado competente.

Después de nuestra derrota, pensé que no podía volver a La Habana. Y no me equivoqué. A una exploración confidencial y discreta que hicieron dos amigos personales míos, el hacendado azucarero Miguel Arango y el General Rafael Montalvo, cerca del Secretario de Gobernación, Charles Hernández, éste les contestó: "Al desembarcar se le fusilará". Lo curioso del caso es que los que se habían batido en campo abierto estaban ya en La Habana, debido a una amnistía general, y algunos representantes a la Cámara del Partido Liberal, decididos rebeldes de ayer, ya se entendían con el Gobierno secretamente.

La realidad es que el Presidente Menocal había vencido en Cuba y dominado a todos, mientras yo lo desacreditaba en los Estados Unidos, donde disponía de buenas amistades. En mi audacia había llegado a pedirle, desde las columnas del *Times,* de Nueva York, que renunciara, y también a combatir al Ministro americano en una página entera del *New York Tribune.* Ayudado por la gentileza americana, no dejé, aun después de la pacificación de Cuba, de poner a Menocal bajo el prisma que me había forjado de él, tan adverso a su persona.

Durante esta batalla abrí una oficina en Nueva York, tomando un departamento en el edificio señalado con el número uno de Wall Street. La posición era magnífica. Mis ventanas se abrían sobre Broadway y Wall Street, las dos calles más conocidas de Nueva York. La vista desde ella se extendía, de un lado hasta la estatua de George Washington, y del otro al Trinity Church. Esta iglesia surge en medio de un cementerio que aún conserva sus tumbas, las cuales, *horresco referens,* sirven al mediodía de comedor a las empleadas que traen de sus casas ya preparado el almuerzo, en sus bolsos de mano.

En esta oficina instalé mi revista titulada *La Reforma Social,* que tenía como jefe redactor a un ex-diputado venezolano exiliado entonces, llamado Jacinto López, hombre laboriosísimo e inteligente, y como la gran mayoría de los latinoamericanos, pasional y rebelde. En la sección de mis asuntos políticos tuve cerca de mí a Tulio Cestero, valioso escritor y luego Embajador de la República Dominicana. A jefe de la oficina, que se ocupaba también de la parte económica de mis negocios en Cuba, llamé a un viejo garibaldino que conocía múltiples idiomas, quien, a pesar de su edad avanzada, disfrutaba de una juventud que hacía agradable su trato desde los primeros momentos. Se llamaba Alejandro Oldrini. Había actuado bajo las órdenes de Garibaldi. Recordaba con orgullo haber recibido de Víctor Hugo un beso en la frente, cuando era muy jovencito, después de recitar una poesía del inmortal escritor y patriota francés. Más tarde, habiendo tomado parte activa en la Comuna de París, fue condenado a muerte, escapando primero a Londres, donde vivió dando lecciones de francés, y trasladándose después, ya definitivamente, a los Estados Unidos. Los italianos de Nueva York lo estimaban mucho. Elegante y pulcro, todas las mañanas venía a mi hotel, entrando a mi habitación a las siete y media en punto, llevaba con elegancia su habitual chaquet de tela color claro, aunque fuese e invierno. Derecho, elástico a pesar de su edad, el bigote y la barba recortados y de un blanco nítido, esculpido el conjunto a lo mosquetero. Siempre fue optimista y alegre, aun cuando caía la nieve del cielo de Nueva York. Su internacionalidad en idiomas era seria. Hablaba a la perfección, con acento de origen el inglés, el francés y el español. A pesar de haber vivido en Italia sólo hasta su primera juventud, era el italiano más apasionado que recuerdo. Años después de trabajar conmigo en Nueva York, la suerte le deparó el favor de terminar su vida en la misma habitación en que había nacido, mientras realizaba un viaje a Milán, pasados ya los noventa años.

Los demás empleados que ocupaban el amplio departamento eran cubanos, y entre ellos había siempre uno o dos juristas, que llegaron de mi oficina principal de La Habana.

Antes y después de la primera guerra mundial, Nueva York fue durante largo tiempo la metrópolis del mundo. De todas partes llegaban misiones, refugiados políticos, hombres de Estado y militares de alto rango. Esperanzas de ayuda económica y vehementes deseos de observar de cerca el mecanismo de los Estados Unidos en lucha, atraían a otros. El pueblo americano estaba en constante efervescencia, maniobrado por agitadores geniales no exentos de nobles intenciones, lo que a los observadores les daba la sensación de presenciar un gran espectáculo. Recuerdo una noche en casa del célebre financiero Bernard Baruch. Este opinaba que la entrada en la guerra de los Estados Unidos era una necesidad imperiosa, no sólo porque así lo reclamaba la civilización, sino por el interés de los Estados Unidos mismos. Recuerdo que de las diez o doce personas que allí se encontraban invitados a comer, cada una tenía una opinión diferente. La mayoría se inclinaba a que los Estados Unidos limitaran su intervención a una ayuda monetaria y al abastecimiento de armas y municiones. La minoría creía que la entrada en la guerra era inevitable. La mesa de Baruch era el reflejo de la opinión pública.

Interesado yo en la situación política del mundo, consideraba que sería más conveniente una neutralidad americana benévola, y no su beligerancia guerrera. Pero deseando vivamente su intervención rápida, sobre todo porque veía en peligro dos naciones latinas, Italia y Francia, a las cuales se inclinaba mi corazón, me di a estudiar en serio la situación y ponerme para ello en relación con los círculos favorables a la guerra. Mi interés sentimental en este asunto había ido creciendo cada día, desde mi último viaje a Europa, y llegó a ser tan grande, que asistí a la Convención del Partido Demócrata, que se celebraba en Baltimore. En esa convención iba a elegirse el candidato presidencial y el Partido esperaba además su victoria. El futuro Presidente decidiría nada menos que la paz o la guerra en nombre de todos los ciudadanos americanos.

Estas asambleas son las más interesantes y originales de la Democracia de los Estados Unidos. Cada una de ellas se compone de delegaciones estatales del partido que las celebra. Los delegados presentes suman muchos centenares, y son todos políticos de preeminencia popular, acostumbrados a la amabilidad, a la locuacidad, al optimismo. En un salón amplísimo, reproducción de un circo romano, bajo la égida de cada Estado de la Unión, sus miembros discuten, sudorosos, en alta voz, olvidando la compostura que la alta posición social de cada uno les obligaría a mantener en otro ambiente.

En este campo la Democracia toma su forma más efusiva, cercana a la demagogia. Ella impera, ya que están en la hora previa en que el pueblo va a ser el verdadero soberano de la República, por única vez cada cuatro años. Los más poderosos, los pulcros y atildados señores de Wall Street, de los Clubs aristocráticos de Filadelfia o Baltimore, los banqueros de Chicago o los tradicionalistas orgullosos del Sur, se quitan el saco, se soplan la nariz ruidosamente, gritan en tono destemplado, como malos actores, hasta algún *"My God"* se escapa a medio tono de sus labios, y como en los juegos de fútbol abandonaban al "míster", interpelándose todos por el primer nombre los unos a los otros.

Yo estaba en una de las tribunas y conocía a algunos de los concurrentes, especialmente a los de las Delegaciones de Cleveland, de Filadelfia, de Nueva York y del Sur. La casi totalidad de los que me saludaban eran simples conocidos. Sin embargo, nunca he sido tratado más fraternalmente. De lejos o de cerca alzaban los brazos agitándolos en el aire, y los más próximos sobre mi cuerpo entumecido por las largas horas de inmovilidad. Mi apellido había sido, al parecer, olvidado: todos me llamaban "Orestes", acentuando la *e* final cambiada en una *i*, excesivamente fuerte. Simulando el mismo entusiasmo, yo debía hacer un doble esfuerzo: enterarme de lo que se decía y enterarme del nombre de cada cual. En casos difíciles aplicaba al amigo delegado que pasaba cerca un *Jimmy*, un *Joe*, un *Benny*. Agravó esta situación mía un abogado de Tennessee que había pertenecido al 40 Regimiento de ese Estado en la guerra de Cuba, amigo mío mientras residió allí en la época de la Guerra de la Independencia. Era capitán, lo que no le impedía estar siempre borracho. Me tenía escogido como testigo de su hazaña en la hora en que la Patria había tenido necesidad de sacrificio voluntario por parte de sus hijos. Pero el bebedor de whisky era amable, quizás excesivamente amable, como lo son las personas correctas cuando se exceden. En general, encarnan la teoría del "buen hombre primitivo". El mío se manifestaba espontáneo, mejor de como estuvo arraigado en la mente férvida de Juan Jacobo Rousseau.

Los días se sucedían a los días en un *caravanserrail* de discursos, de anotaciones, de aplausos interminables, mientras en las habitaciones de los hoteles se alternaban combinaciones frustradas. Como en los Cónclaves en que algunos cardenales intentan de tiempo en tiempo sorprender a la mayoría con la llamada elección por adoración, consistente en el acto de arrodillarse a los pies de un cardenal preferido, así, en este ambiente, más espontáneo que el del Cónclave, se espera el nombre de un candidato probable para armar una batahola con la consiguiente procesión, que dura un tiempo indefinido, a veces horas, interrumpiendo siempre los discursos, las declaraciones o cualquier otra cosa de mayor eficacia. Amigos intelectuales de Baltimore nos invitaban a almorzar, celebrándose estos ágapes casi siempre en los clubs o en los grandes hoteles. No esperé que la asamblea designase el candidato presidencial, me fui antes, satisfecho de haber presenciado la grandiosa *mise en scene*.

Wilson, el vencedor, que aceptó un programa de paz, entró luego en la guerra por el camino derecho: probablemente procedió en armonía con los deseos de aquella asamblea, inclinada a la guerra, aunque proclamara la paz. Las hipocresías son inherentes a la naturaleza humana. Los americanos se entienden entre sí maravillosamente en este campo. Su psicología funciona, no por arraigadas convicciones heredadas de los siglos, sino mediante necesidades ocasionales que les pone a todos de acuerdo. Cada hora tiene sus sentimientos propios, que todos aceptan con tácita resignación. El ambiente manda con mayor imperio que el raciocinio y el juicio personal. Como la guerra debía ser revelada a la hora oportuna y con pretexto bien justificado que no podía dar una asamblea eufórica, se formuló el programa y se eligió a un candidato, en nombre de la paz. Lo contrario vendría después, y todos lo sabían. Pero por el momento un pueblo consciente de sus deberes debía hablar de paz. De esta *forma mentis* proceden los errores que cometen los extranjeros al hablar de los propósitos del gobierno o del pueblo americano.

En Nueva York, nosotros habíamos entrado en la sociedad americana. María Luisa, mi mujer, había nacido en los Estados Unidos, y no había pisado otra tierra hasta los veinte años. Por añadidura había estudiado en Boston, ciudad en la que se concentraba la aristocracia intelectual de aquella nación. Le fue fácil entrar en los salones principales. En aquella época brillaban los del entonces Coronel Cornelius Vanderbilt, luego General, y los de la señora Wilson, nacida Astor, hermana de John Jacob, desaparecido en la catástrofe del *Titanic* *. Mis relaciones personales de Wall Street armonizaban con las de mi mujer, pues banqueros y *brokers* son los elementos básicos de la llamada Sociedad neoyorkina. Además, yendo de La Habana, nosotros visitábamos la gran ciudad todos los años, a veces por razones de negocios. El que conoce la hospitalidad americana, sabe que no podría serle difícil a una pareja joven penetrar en esa sociedad, ya que hablaba bien el idioma y que en sus actos y en la conversación reflejaba su cultura.

---

* El Vanderbilt a que se refiere Ferrara es descendiente del famoso magnate ferrocarrilero muerto en 1877. La señora Wilson era una líder social. Y en cuanto a John Jacob Astor, cuarto de este nombre, es bueno añadir que peleó en Cuba a las órdenes de Teddy Roosevelt, cuando éste fue a la Isla con los famosos Rough-Riders.

Cap. X. *Un primer exilio* 225

En nosotros concurría otra casualidad favorable en aquel momento. La guerra, estallada en el año catorce, había atraído a Nueva York un gran número de extranjeros prominentes. Se trataba, en primer término, de personas que huían de la invasión de los ejércitos triunfantes, en los días del conflicto. En los primeros años se encontraban allí misiones importantes, más o menos auténticas, así como delegaciones políticas, diplomáticas o de simple propaganda. No faltaban emisarios comerciales y hombres de negocios con sus familias, llegados para contratar empréstitos o para asegurar abastecimientos de productos necesarios para la guerra. Nuestras relaciones en Italia y Francia nos convirtieron desde los primeros momentos en el centro de esa sociedad europea que se desenvolvía en los hoteles, en los bares, en los clubes nocturnos, en los restaurantes a la moda. Nosotros conocíamos esta sociedad que al avanzar la guerra, y más tarde durante los primeros años de la paz, se hizo numerosísima. Dominaban en ella los ingleses, los franceses y los rusos a quienes la revolución bolchevique había dispersado por los caminos del exilio.

A Europa íbamos todos los años, sin excluir los de la guerra. En 1915 embarcamos en el trasatlántico italiano *Dante Alighieri*, que iba abarrotado de reclutas italianos. Durante el viaje se organizaron fiestas y conferencias. Yo pronuncié una de éstas. El *Dante Alighieri* fue echado a pique por los alemanes en la siguiente travesía. Luego, pasando de Italia a Francia en los primeros días de noviembre, obtuve del Ministro de Negocios Exteriores, M. Pichon, el permiso de ir a visitar las trincheras. Y en efecto, acompañado por Víctor Marguerite, hijo del famoso general del mismo nombre, del cual se recordaban sus famosas cargas de caballería de 1870, fui a Reims y luego a Betheny. Víctor Marguerite, autor de *La Garzone,* novela que por aquel entonces metía mucho ruido, era capitán.

Hombre de bella figura y conversador erudito, hizo que aquellos días fueran para mí inolvidables y agradables. Estuvimos en Reims, como he dicho, viviendo, por decirlo así, bajo un constante cañoneo. Después de mi primer almuerzo en una casa derrumbada en gran parte, en la compañía de un capitán y de un teniente de apellido Dupaty, salí a la calle por un portón casi campesino que cerraba un gran patio, creyendo hacer con eso un acto heroico. Mas perdí toda ilusión al ver en las callejuelas laterales numerosos niños, no mayores de diez años, jugaban y alborotaban con alegría y despreocupación. El hombre se acostumbra a todo. Llegado el momento, es probable que resista hasta a las llamas del infierno.

En Betheny estuvimos cerca del enemigo. Acompañado por el teniente Dupaty, de trinchera en trinchera llegamos cerca de unos treinta metros de los alemanes. El cañón tronaba, aunque no en nuestra dirección. Sólo un tiro, quizás perdido, vino a perturbar nuestra retirada. Pero al pasar por el cementerio del poblado encontramos grandes hoyos abiertos por las bombas caídas dos días antes, el día de Difuntos. Los alemanes creían con esto diezmar a la población civil, que iba a rendir a sus muertos piadoso tributo anual. Tierra revuelta. Huesos y flores salteados se entremezclaban, unidos por los dos sentimientos que dominan el alma humana: el odio y el amor. Al volver a París, el periódico *Le Matin* me pidió mis impresiones, que fueron publicadas como artículo de fondo con el título de "Une neutralité qui est un crime". El director propietario de *Le Matin*, Buneau-Varille, hermano del ingeniero del Canal de Panamá, me invitó luego a un *week-end* en su casa de campo, en la Vallee de Chevreuse, en donde pasamos horas deliciosas. La atmósfera está allí impregnada de un perfume que suaviza la vida.

A la vuelta a Nueva York tomamos otro barco que, como el *Dante Alighieri*, en otro viaje fue a parar al fondo del Océano. Más tarde, mi amigo el escritor Gómez Carrillo, al imprimir su obra sobre la guerra, me dedicó la edición francesa, recordando mi visita a las trincheras, así como una famosa cena que un grupo de escritores latinamericanos me ofreció con ese motivo en un restaurant de la Plaza Gaillon, y durante la cual, por cierto, escuchamos el estallido de las primeras bombas lanzadas por los Bertha sobre París.

El interés mío por la guerra sufrió una marcada evolución. Yo la consideré como una prueba de mi equilibrio mental, pues cuando disfrutaba de una interesante posición en el mundo, me dio un juicio sereno (aunque no del todo imparcial, dados mi origen, mi actuación política en una República de América y mis principios ultra liberales). En los comienzos consideré aquella guerra como un error inspirado por el patriotismo francés y por los intereses británicos. El Káiser Guillermo II, por otra parte, no me era simpático, y menos el prusianismo militar. La cultura alemana, maravillosa en aquel período, hacía inclinarse la balanza lo suficiente para repudiar la guerra. Pero, poco a poco, observando la sucesión de los hechos, comprendí que los llamados "aliados", con su difícil victoria encarnaban la mejor solución para el interés general. Escribí entonces mi primer libro, *Causas y Pretextos de la Guerra Mundial*. Mi obra alcanzó un éxito inesperado, siendo publicada primero por la Casa Appleton, de Nueva York, en español, y después en la misma Nueva York en inglés (mientras en Madrid se hacía otra edición en español). Yo digo ahora, después de tantos años de su publicación (1915-1916), que guió mi pluma el equilibrio moral, porque no obstante las revelaciones que han aparecido con el tiempo, no tengo nada que alterar de cuanto consigné en aquel volumen. Sobre esta primera publicación mía guardo dos recuerdos de orden privado (además de las referencias de los periódicos, que fueron muchas). El primero es una frase de Norman Davis: "su libro ha sido el abecedario de mi vida diplomática".

Davis vivía en La Habana desde su primera juventud. Llamado por un pariente, atrevido y desordenado, fue puesto a los veinte años, más o menos, a la cabeza de un Banco creado sin fondos. El pariente desapareció al poco tiempo y el joven Norman, con un trabajo de muchas horas al día, con una honorabilidad susceptible y severa, con una inteligencia matemática, llevó aquel mal negocio por caminos tan acertados, que poco a poco constituyó el capital básico y luego cosechó provechosísimas ganancias. Tuvo el acierto de dar la presencia de su institución, que llevaba el nombre de "Trust Company of Cuba", a un ilustre cubano, el doctor J. A. González Lanuza, igualmente de acrisolada honradez. Más tarde, Davis fue el representante de los Bancos norteamericanos, con Morgan y Co. a la cabeza, así como de los de Londres. Abandonó Cuba en 1915 ó 16, y trabajando para la guerra conquistó los más altos grados públicos, admirado y respetado por todos. Yo estuve ligado a él por una gran amistad.

El segundo recuerdo se relaciona con el General Dawes, quien una noche, uno de aquellos domingos en que iba a comer en familia a su casa durante la época que fue Vice-Presidente de la República, me dijo: "Sólo después de haber leído su libro comprendí bien la cuestión balcánica". Del General Dawes diré que se trata de una personalidad que merece especial respeto. A diferencia de Norman Davis, era imaginativo, a veces hasta la imprudencia, y audaz. En la concepción de los asuntos políticos tenía rasgos geniales. Era igualmente banquero respetado y persona muy querida en Chicago.

La edición inglesa de *Causas y Pretextos de la Guerra Mundial* la dediqué a Niel Primerose, hijo de Lord Roseberry, muerto en Egipto durante la campada del Oriente mediterráneo. Envié a su padre el modesto homenaje, pero el volumen no pudo entrar en Inglaterra, a causa, según se me dijo entonces, del capítulo laudatorio que dedicaba en él a la cultura alemana. Yo no hice ninguna investigación, de manera que no puedo asegurar la certeza del hecho. Lo único que sé es que el libro no entró en Inglaterra.

Esta obra había circulado ampliamente. Los periódicos la habían comentado y hasta me fue de gran utilidad en el ambiente de la babilónica ciudad neoyorkina. En Wall Street sentí sus efectos. Cuando me presentaban a otros amigos, los míos solían decir: "Este señor acaba de publicar una obra interesante", etc., etc...

Generalmente, el hombre de negocios es tímido ante la publicidad personal, y hasta la teme; pero hay quienes la buscan, pues les sirve para conquistar primero una sólida posición económica y después para conservarla. Un Lamon, de la Casa Morgan; un Morrow, de la misma casa; un Bernard Baruch, un Schwab, presidente de la Bethlehem Steel, y algunos otros eran muy admirados por sus colegas del sector mercantil, porque sus nombres despertaban ecos en el mundo. Resultaba siempre una agradable puerta de entrada oír decir: "De nombre le conocía mucho, y ahora me satisface estrecharle la mano". Confieso que en ese sentido mi libro sobre la guerra me fue muy útil.

Poco a poco me identifiqué en Nueva York con los dos centros principales; el de *"Down Town"* y el de la Quinta Avenida encerrada entre la calle 42 y la 70. Cuba entonces era amada en los Estados Unidos. Cada día se popularizaba más, sobre todo en Nueva York, y tanto en la Bolsa como en los negocios industriales. Los americanos veían prosperar los suyos en nuestra Isla, y los desarrollaban. Yo recuerdo numerosas organizaciones de negocios creadas por cubanos y por españoles que habían hecho sus fortunas en Cuba. Don Manuel Rionda era llamado "el rey del azúcar"; Godoy, Marimón y otros, entre los cuales me encontraba yo mismo, poseían un astillero no lejos de Nueva York, y una producción de pintura en otro Estado. Fonseca, y no pocos otros, trabajaron intensamente en la producción del tabaco manufacturado, y en el campo bancario encontramos a la familia Zaldo. Del sector americano necesitaría páginas y más páginas para consignar los nombres de los que tenían intereses en Cuba, pero daré una idea al lector diciendo que ya en aquel período (1916-1920) se puede calcular que Cuba había absorbido para su desarrollo más de mil quinientos millones de dólares. Dólares sanos, bien contados y mejor apreciados, invertidos en una tierra fértil para desarrollar negocios útiles y bien concebidos.

Yo me encontraba, en cierto modo, en el centro de este abrazo fraternal que justificaba el recíproco interés. El americano daba facilidades al cubano que escalase la difícil cima del gran capitalismo, y por su parte el cubano permitía al americano que recibiese un rédito superior al habitual por sus riquezas disponibles. Cuba, a causa de esta reciprocidad de beneficios, ha sido el país que hizo más progresos en el continente desde el año 1910 hasta 1920.

Es cierto que en la base de esta prosperidad estuvo el alto precio del azúcar, que fue consecuencia directa de la primera guerra mundial. Pero por muy alto que fuera este precio, si no hubiésemos tenido el azúcar que vender, no lo hubiéramos podido aprovechar. De nación infinitamente pobre, con salarios que se calculaban por centavos, con fortunas individuales que ni las más altas y envidiadas llegaban al millón de dólares, pasó a estado de riqueza superior al de las otras naciones de la América Latina. Como he dicho ya, por mi posición en Cuba, tanto en la política como en los negocios, me vi situado en el mejor terreno y en las mejores condiciones para impulsar mis actividades. Y después del éxito que agradecía a Cuba, pude obtener uno más, no del todo esperado, en otra tierra.

Muy pronto fui elegido para desempeñar algunos puestos de responsabilidad en grandes Compañías. "La Cuban Cane", por ejemplo, que era la más importante productora de azúcares, fue la primera en llevarme a su Directiva. Recibí el encargo de estudiar casos legales cerca de algunos bufetes de gran importancia, entre otros, el de Cromwell, de la firma "Sullivan and Cromwell". Este distinguido letrado tenía una noble figura física, como arrancada de un cuadro del siglo precedente al suyo. Nos habíamos conocido en París, en donde él pasaba largos meses, muy admirado por todos los que se le acercaban. Sus servicios profesionales fueron requeridos cuando la Compañía francesa del Canal de Panamá cedió los proyectos y el negocio a los Estados Unidos. Cromwell poseía gentileza espiritual y gran modestia, con un sentido humorístico muy agudo. Un día que tenía cita con él en mi bufete, habiendo debido ausentarme con urgencia (otra cita que tenía con el doctor Aldrich, vicePresidente de la "Equitable Trust" de la época), a la vuelta me encontré a Mister Cromwell que se reía a todo trapo con los chistes que le relataba un joven empleado mío. Al presentarle mis excusas por la demora, me contestó:

—Y ¿por qué no le ha retenido más tiempo Mister Cooper? Esperándolo he pasado un rato delicioso. Le aconsejo tomar en cuenta a este joven, en lo que vale.

Yo seguí el consejo. Julio de la Torre, que era el joven en cuestión, era excepcionalmente simpático. Entró en mi bufete de La Habana como abogado y luego me sustituyó en el mismo. Se casó con una hermana de mi mujer, y más tarde sirvió de intérprete en una comida que el Presidente Coolidge dio al Presidente Machado en Washington. En aquella ocasión, por sus brillantes y espirituales observaciones, arrancó algunas sonrisas al más hermético Presidente que han tenido los Estados Unidos. De la Torre era sobrino de Carlos de la Torre, uno de los hombres de mayor valer de las dos Américas.

Con el tiempo organicé con Sosthenes Behn la "Internacional Telephone and Telegraph". Antes del año catorce, cuando estaba tratando con Eugene Meyer y Bernard Baruch, en Nueva York, sobre un préstamo de unos pocos millones para la "Cuban Telephone and Telegraph", el señor Bruce, jefe de la sucursal de "Royal Bank of Canadá" en Nueva York, me presentó a Sosthenes Behn. Como era sábado y tenía un almuerzo en la parte alta de la ciudad, tuve que despedirme rápidamente, pero como me interesó, le invité a tomar el *breakfast* el día siguiente en el Hotel Plaza, donde yo vivía. A los diez minutos éramos amigos. Poco después de esta primera entrevista le invité a transferir su residencia de Puerto Rico a Cuba, y Behn aceptó. Cuando los Estados Unidos entraron en el conflicto mundial, él fue a la guerra, alcanzando el grado de Coronel. Juntos constituimos la Compañía, que dirigió con acierto durante años, hasta su muerte, y juntos también fuimos a México y a Madrid, obteniendo las concesiones telefónicas de esos Gobiernos *. En Italia tratamos de organizar el mismo servicio, creando una compañía nacional. Fui nombrado miembro de un Comité de Estudio, junto con el profesor Motta, con Giovanni Agnelli, de la Compañía Fiat, con Pirelli y Feltrinelli. Fue en esta ocasión que conocí a Benito Mussolini. Eran los días en que llegaba al poder e iniciaba su dictadura fascista, que a la larga sería coronada por el desastre.

Volviendo a mi período neoyorkino, debo recordar que la prosperidad de mis negocios se debió principalmente a mi encuentro con el italiano Amadeo Giannini.

A la entrada de Italia en la guerra y después de la de los Estados Unidos, yo, que me había señalado como aliado convencido, entré en un período de actuación casi oficial en la organización de la propaganda bélica. Gracias a mi facultal poliglota tuve ocasiones de dirigir la palabra a portugueses, franceses, españoles y especialmente a italianos. Yo conocía a muchos de los italianos de mayor renombre del momento, por ejemplo, al alcalde neoyorkino La Guardia, al juez Freschi, al activo comerciante Portofolio, a Lionelo Pereira, a Granata y a tantos otros. Pero ahora me encontraba como formando parte de la gran colonia italiana de Nueva York, la que numéricamente equivalía a una enorme colectividad. En otras palabras, era el mayor número de italianos reunidos dentro de los muros de una ciudad. En esta materia mis relaciones se extendían a otros estados, y reanudé íntimas relaciones con Joseph Di Giorgio, con D'Antoni y con los hermanos Nacarro, de Nueva Orleáns. Estos nombres que menciono a vuela-pluma eran todos ciudadanos prominentes, con situaciones muy destacadas en la política y en el comercio. Algunos eran millonarios y otros iban en camino de serlo.

Amadeo Giannini era una personalidad sobresaliente entre todos ellos. Nuestra amistad se hizo íntima. Me pidió que fuera a San Francisco para colaborar con él, pero me excusé, considerando que ya poseía lo suficiente para llevar una larga vida cómoda. Me reprochó el quererme retirar de los negocios a los cuarenta y dos años, teniendo abiertas las puertas de las mejores casas bancarias de los Estados Unidos. A mi teoría del desinte-

---

* El retrato que Ferrara dedicó a Sosthenes Behn vino a parar a manos de Carlos Márquez Sterling cuando murió este inteligente hombre de negocios, y es el que aparece en su *Historia de Cuba*, editada en 1967.

rés, Giannini, carácter magnífico de generosidad y desprendimiento, me opuso la suya:

—Yo no ambiciono —me dijo— ser multimillonario. Mi actividad bancaria se dedica más a organizar la riqueza de los demás que a crear la mía.

Aquel rudo descendiente de genoveses, que parecía por su fuerza y constancia un ejemplar ligur del Renacimiento, me amonestaba en esta forma:

—El que abandona un éxito que está a la vista destruye bienes que son de todos, porque el éxito es consecuencia de las circunstancias más que del valor individual de cada uno. Su retirada de los negocios es el acto de un loco que rompe lo que tiene a su alcance.

A poco más de 40 años ya había decidido no ocuparme más de pesos y centavos. Quería retirarme, pero poco a poco, invirtiendo lo que tenía de manera que no me procurara muchas preocupaciones y sin que peligrara por falta de vigilancia. Desde entonces tenía la opinión, confirmada después, de que una fortuna en nuestros tiempos es más fácil hacerla que conservarla.

Acepté por fin participar en algunas de las empresas de Giannini. Una de ellas fue la compra de un Banco de Nueva York, el "East River Bank" el que según vi más tarde, quería enlazar a su cadena de Bancos organizándolos sobre una base popular. En mi apartamento del Hotel Plaza, a donde me había mudado después de dejar el viejo Waldorf-Astoria, nos reunimos repetidas veces Gianinni, Di Giorgio, Lionelo Pereira, Portofolio, Granata y otros. Todos pidieron que yo presidiera la reunión, la cual tuvo lugar en la Cámara de Comercio Italiana.

Giannini sugirió que las suscripciones no pasaran de diez mil dólares, poniendo en práctica su criterio de organizar la riqueza de los demás. Se decidió que compráramos el mencionado Banco ya activo, en lugar de abrir uno nuevo. Con él también organicé la "Trans-América", y más tarde acudió a mí para la formación del "Banco de América y de Italia". Le sugería en esta ocasión que enviara a Italia a uno de sus colaboradores de California, al cual yo daría instrucciones y cartas de presentación para personas que pudieran ayudarlo en el campo legal y económico. En 1920 ó 21, Giannini insistió para que yo cooperase más activamente con él, pero tampoco en esta segunda ocasión acepté las proposiciones que me hacía.

Amadeo Giannini tuvo en mí, hasta su muerte a edad avanzada, un admirador sincero. Su férrea energía, su inflexible constancia y su honradez acrisolada me parecían asumir rasgos homéricos en esta vida de los negocios (que algunos estiman erróneamente ser "oportunista y vulgar", además de "egoísta y mezquina"). Giannini ennoblecía cuanto hacía, movido por su desinterés. El éxito, inconstante en la mayoría de los casos, le siguió fiel y sumiso, consagrándolo con la organización bancaria que lleva su nombre en la hora en que escribo, y que es la más grande institución de su género en el mundo.

Nueva York, al terminarse la guerra, estaba casi "ocupada" por extranjeros que provenían de todas partes. Gentes venidas de Dantzig, Fiume, del Cairo; polacos a cuya cabeza se hallaba la bella figura de Paderewski; checoslovacos capitaneados por Masarik; y rusos en enormes cantidades, que aparecían en todas partes como por encanto, entre los cuales figuraban Grandes Duques de nombres conocidos o hijos de familias ilustres como Grisha Isvolskji, hijo del famoso embajador y ministro de Relaciones Exteriores del Czar; el joven y sereno Makaroff, hijo de aquel almirante que se hundió con sus barcos acorazados a la salida de Puerto Arturo, cuando la guerra ruso-japonesa. Por algún tiempo estuvo en Nueva York también el banquero Riabuslunkij. Los italianos, como ya dije, eran muy numerosos y conocí entre otros a Vigelli, a Attolico, que serían andando el tiempo Embajadores de Mussolini. Conocí también al clarividente Conde Carlo Frasso, que previó el grandioso desastre del facismo, y otros muchos más. Y dos amigos del alma que no puedo olvidar, el Príncipe Francesco Rospigliosi y el Conde Mario Caracciolo di Melito. A estos dos me unieron vínculos de íntimo afecto. Yo tuve en la pila bautismal al hijo de Mario, trágicamente desaparecido en el mar de Túnez durante la segunda guerra mundial. María Luisa, mi mujer, fue madrina de la primer hija de Francesco. Con las familias de ambos hemos conservado el antiguo afecto, ese puro sentimiento que levanta y ennoblece el espíritu.

Los ingleses eran, en general, banqueros y hombres públicos. Tuve entre ellos buenos amigos, especialmente un canadiense "anglisado" por completo: James Dunn, de la "Casa Dunn and Fisher", de Londres; y Guthbertson, un escocés lleno de bondad, el que amaba con vivaz entusiasmo a un hijo que en la guerra había sido maestro de audacias en el cumplimiento de un sin número de misiones peligrosas realizadas con éxito a espaldas del enemigo. Los franceses aparecían y se retiraban rápidamente. Eran en su gran mayoría escritores y periodistas que venían a descubrir América. Resultaba curioso que nosotros conociéramos a estos extranjeros en una ciudad tan poblada y siendo nosotros igualmente extranjeros. Es que concurrían una serie de razones. Sobre todo se debe a que habiendo sido los primeros en llegar a Nueva York en el período bélico, estábamos situados en la zona principal, en la misma que iban a parar los extranjeros de alta posición social. Además nos buscaban muchos europeos que venían con una carta de presentación en la mano, de parte de amigos comunes del viejo continente. A veces se hospedaban en el mismo hotel nuestro, lo que facilitaba las cosas. A su vez, estos nos presentaban a los que llegaban más tarde, formándose así una especie de comunidad y hablándoles yo a cada uno en su lengua. Mi mujer y yo frecuentábamos clubs, teatros, conciertos, conferencias, restaurantes. Era condición de suma importancia también mantener las amistades americanas. Y es así que conocíamos a las personalidades más renombradas, interesantes, célebres y populares que pasaron por la gran ciudad. Todo ese mundo participaba en los actos de beneficencia pública, en procurar diversiones a los soldados que iban a la guerra, etc. Yo hablé entonces en banquetes y tribunas, peroré en distintos idiomas al lado de los más importantes personajes americanos y de renombradas *vedettes* del momento.

Cuando se trataba de reuniones italianas, invariablemente se invitaba a Caruso, la más bella voz del mundo y de todos los tiempos. Nosotros le conocíamos mucho. Una noche, en uno de esos banquetes conmemorativos, hablé sobre Nápoles, cuna común de él y mía. Evoqué la belleza de la Colina de Santo Elmo, sobre la cual se extiende la ciudad, el declive de Posillipo, y, naturalmente, el humeante Vesubio, con las islas de Capri, de Ischia, en la distancia. Aludí al canto magnífico del tenor que expresaba en dulces notas vocales los colores de aquel ambiente y la armonía de sus líneas. Caruso, delirantemente aplaudido, saludó emocionado con lágrimas en los ojos. Años después, casado con una distinguida señora de Washington, nos invitó a que oyéramos su *Martha*, desde su palco personal en el Metropolitan Opera House. En el entreacto fuimos a visitarlo al camerino, en compañía de su mujer. Fue la última vez que lo vimos. Al día siguiente fue a cantar a Brooklyn y durante la función se sintió mal. Vuelto a Italia, enfermo ya, se refugió en la bella Sorrento, que tanto amaba. La muerte lo arrebató allí.

En el ambiente artístico Caruso no era sólo festejado y admirado por los que amaban el *bel-canto* o por la voz que la naturaleza le había dado, sino por ser muy querido debido a su extrema bondad, su carácter cordial, su gentileza espontánea. Nacido en pañales humildes, tenía, sin embargo, una nobleza natural. Era también un buen caricaturista, y en el libro suyo de caricaturas andaba la mía. Nosotros no sólo éramos amigos de Caruso, sino de muchos otros cantantes de la época, "monarcas del Metropolitan", como se les llamaba. A Lucrezia Bori la conocimos en Cuba, en los días en que siendo todavía muy joven se revelaba gran artista en la escena y cantante insuperable. A Titta Ruffo, barítono jamás igualado, no sólo por la interpretación emocionante que hacía de los personajes, sino por la robustez sonora de su canto. Scotti, napolitano como Caruso, más natural si se quiere que Titta Ruffo, más adaptable al tipo que personificaba, era muy querido por el público del coliseo neoyorkino, del cual era el benjamín. A éstos y a muchos otros los veíamos a menudo, los invitábamos a nuestras comidas, y de tiempo en tiempo íbamos a algún restaurante bohemio y típico. Estos artistas despertaban apasionado interés en la vida de la ciudad. El americano comprendía la personalidad que tenían y el don maravilloso que habían recibido de la naturaleza. En Europa el artista, como el médico, "presta servicios". A ambos se les trata bien, pero estableciendo distancias. (Yo he oído en múltiples ocasiones a honorables damas explicar: "Es de la clase media, nos presta excelentes servicios, nosotros le queremos mucho". O también: "Debo decirle que hemos invitado a la artista X. Yo quería que viniera después de comer, para que nos deleitara con su canto, pero mi marido ha insistido para que viniera también a la comida... Después de todo se trata de una bonita mujer...". Esta tradicional reticencia para con estos seres privilegiados va terminando. En cambio, en los Estados Unidos se glorificaba a un Toscanini, maestro incomparable de la batuta, y a todos los cantantes internacionales organizados por la mano sapiente de Gatti Casazza, Director del Metropolitan.

Mi existencia en estos años fue activísima. Si por la noche íbamos María Luisa y yo al cabaret, al teatro, a la sala de conciertos; por la mañana, desde la llegada de mi secretario Oldrini, estaba ya en pie para la batalla intensa de la vida. En el primer período, que dura hasta 1917, luché en los periódicos por la causa de mi partido, justificando la revolución que había estallado contra el Presidente Menocal; pero después me dediqué de preferencia a mis actividades financieras. Cuando la revolución fue vencida llegaron a Nueva York los "supérstites" que la habían capitaneado. Sin embargo, un hombre bueno como el General Caballero, que había sido Gobernador de la provincia de Camagüey, fue asesinado. Rogerio Zayas Bazán, con más suerte, logró refugiarse en territorio norteamericano. De rica familia camagüeyana, con hijos pequeños, se había lanzado a la guerra para instaurar las libertades de Cuba. Al llegar refugiado a los Estados Unidos, como sus propiedades no le daban ninguna ganancia, no sé si por estar abandonadas o si secuestradas por el Gobierno, acudió a mí para que le buscara trabajo. Le ofrecí dinero. Me lo rechazó inmediatamente, malhumorado. Aceptó en cambio un trabajo mecánico en la construcción de barcos, en un astillero en el cual yo estaba interesado. Ganaba veinticinco dólares semanales. Debió trabajar a la intemperie de un clima crudo, él, que nunca había abandonado la zona tropical. Pero a su regreso a Cuba recibió grandes honores; después fue Ministro en el Gabinete del Presidente Machado. El también debía morir trágicamente, asesinado por un adversario político. Triste destino de algunos hombres públicos en Cuba.

Recibí con los brazos abiertos a todos los exiliados, pero de manera especial a Carlos Mendieta y a Roberto Méndez Peñate. Carlos, como ya he dicho, era uno de los tres mosqueteros que, con Enrique Villuendas y yo, formamos el famoso "trío de Dumas". A él se le llamaba Porthos, por

Cap. X. *Un primer exilio*

su fuerza hercúlea. No solía usar los puños. Al contrario, era amable y cortés. Pero cuando se enojaba era terrible. A Gonzalo Pérez, que luego fue presidente del Senado, político activo y de ideas liberales, lo desplomó un día con una sola bofetada, dejándolo por largo rato sin sentido. A Manuel María Coronado, que lo había injuriado en *La Discusión*, periódico conservador de gran autoridad, al encontrarle una tarde le propinó dos bofetadas que lo mandaron por varios días a la cama. Mendieta, sin embargo, evitaba en lo posible los incidentes, y cuando se batía en duelo no era impetuoso, por temor, decía, a matar al adversario. Yo fui a veces su padrino y él lo fue mío. Presidente de la República, ya entrado en años, lejos de ser, como se temía, un hombre violento, fue sereno y justo. De estatura normal, de espaldas y tórax abultados, el rostro colorado, los cabellos con ligera tendencia a ser rubios, parecía venir del tipo vasco.

Roberto Méndez Peñate, en cambio, era de facciones y cuerpo menudo, pero valientísimo durante la guerra de la Independencia. Fuimos igualmente muy amigos, especialmente durante el tiempo que estuvo en la carrera judicial. En política no coincidíamos, a pesar de militar en el mismo partido y de tener nuestros electores en la misma provincia, lo que no alteró el afecto que nos teníamos. Pero Méndez Peñate era absoluto, a pesar de su aparente serenidad. Fue el primero en promover, siendo Gobernador de la provincia de Las Villas, la candidatura del General Gerardo Machado para la Presidencia de la República. Pero, disgustado luego con éste, le declaró una guerra feroz. En cambio Machado le demostró su afecto entrañable hasta la muerte. En efecto, cuando se le comunicó a Machado, caído ya y en el exilio, el suicidio de su antiguo compañero, comentó:

—Lo siento, fue un guerrero. Lo fue tanto como Maceo. Adonde éste llegaba con su valor, Roberto se le adelantaba con su dignidad *.

Machado había probado con los hechos su admiración y afecto por Méndez Peñate, desde los días de la guerra. Roberto recibió tres balazos en el asalto de la población de la Esperanza, y quedó caído en el suelo, abandonado, mientras nuestras fuerzas se retiraban al galope bajo las balas enemigas. Facilitaban la puntería de las tropas españolas las llamaradas del incendio de la población. En el camino nocturno se veía como de día. Machado. jefe de la operación, al notar su ausencia ordenó volver atrás, y con pérdidas de otras vidas salvó al compañero querido, cargándole él mismo sobre su caballo.

Al lado de estos tres jefes llegaron a Nueva York, en aquella ocasión,

---

* Méndez Peñate se suicidó siendo Ministro de Justicia en el Gabinete del Presidente Mendieta, después que triunfó la revolución de 1933, a la cual se sumó aquel hombre público.

muchos combatientes de la revolución vencida. Procuré ocuparme de todos. A muchos les ayudé ya que podía hacerlo, pues ganaba dinero con enorme facilidad.

Después de la derrota revolucionaria, ya más o menos bien acomodado el contingente de prófugos llegados a Nueva York, aumenté mis actividades en el campo jurídico y en el financiero, como entre mis amistades en el grupo de "formidables inteligencias", que dominan Wall Street. Comprendí que la severidad del rostro de los llamados "barones de las finanzas" es consecuencia, no de un temperamento altanero y malhumorado, sino de una disciplina impuesta. Mister Morgan, por ejemplo, que había sucedido a su padre, el famoroso Pierpont Morgan, de una amabilidad exquisita. Su aerópago estaba compuesto por Lamont, Stettinius, Dwight Morrow (luego Embajador), quienes lo acompañaban y lo secundaban. Yo fui admitido en diferentes ocasiones a los almuerzos del *"corner"*, como se llamaba a la Casa Morgan, debido a su situación entre Wall Street y Broadway. En estos almuerzos se podían encontrar a los principales personajes de la Casa (los socios), que se iban sentando uno después del otro, como los monjes en el refectorio de un convento, bajo la mirada vigilante de Morgan. En algunas ocasiones el poderoso Stettinius, al salir de su oficina se detenía llamándome para acompañarme hasta la puerta de mi hotel. Con Dwight Morrow mi intimidad era mayor, y a menudo nos dedicamos los libros que escribíamos.

Mis relaciones se extendían a muchos otros Bancos. Ya he hablado de mis relaciones con Giannini y otros italianos que financiaban los grandes negocios. Debo añadir que teniendo entonces participaciones en cuatro ingenios de azúcar, *Algodones, Ciego de Avila, Vega* y *María Luisa*, en la provincia villareña, y dos más en La Habana, llamados *Güira* y *Alquizar*, frecuentaba la oficina de Rionda, en la que imperaba don Manuel, pero dirigía su funcionamiento el sobrino Braga Rionda. Una de las ciencias más delicadas del negocio del azúcar era la de saber vender, función que requería dos cualidades principales: ser previsor y no tener codicia. Mi principio se basaba en que había que ganar y dejar ganar. Los que esperaban alcanzar el precio máximo se enfrentaban casi siempre con una caída precipitada.

En realidad, a años de distancia, yo atribuyo mi relativo acierto al estudio que hacía del movimiento económico mundial en las revistas técnicas generales, mientras los otros se limitaban a tener en cuenta sólo los boletines mercantiles. El cuadro económico, como el pictórico, para apreciarlo bien, no hay que verlo tan de cerca.

Es preciso en todo examen estudiar el conjunto para interpretar los pormenores, o mejor dicho, el valor de las diferentes partes. Si un Boletín nos indica carencia de azúcar en un año determinado, no debemos deducir por eso que el precio deba subir, pues si se trata de un año de depresión económica, la carencia del azúcar será compensada por un menor consumo, que a veces deprime el mercado no obstante la escasez del producto.

En este tiempo tuve grandes aciertos, y, como ha sido mi costumbre, no los exploté en mi exclusivo interés. En mi periódico *Heraldo de Cuba,* cuando el precio del azúcar empezó a subir, publiqué bajo mi firma un artículo diciendo que preveía una subida excepcional. "Quizás —dije— llegaremos a un precio de 20 centavos por libra". En aquellos tiempos nuestros azúcares difícilmente llegaban a los tres centavos, y este precio era considerado como una bendición del cielo. Mi previsión provocó estupor: "Ferrara está loco". Y en efecto, Miguel Arango, gran amigo mío, director general de la "Cuban Cane", la mayor compañía productora de Cuba, me escribió cuando llegamos y pasamos los veinte centavos: "Querido Ferrara, yo creí que usted había perdido la razón; ahora desearía saber por qué fijo la cantidad de 20 centavos con toda exactitud".

Yo le contesté explicándoselo y añadiendo que tendríamos una caída igualmente vertiginosa. Y así fue. Como con la subida del azúcar tuve la oportunidad de hacer bastante dinero, lo que cambió el camino de mi vida, cuando la caída tuve la oportunidad de salvar el dinero de los demás. El Central Algodones había vendido a una Compañía americana cincuenta mil sacos de azúcar de 350 libras cada saco, al precio de 22 centavos y una fracción. La Compañía americana, con la baja de los precios perdió mucho dinero. Apeló a no recuerdo qué truco y no pagó. El presidente de *Algodones,* al llegar el azúcar ya vendido a Nueva York, me envió un cable: "Compañía, etc..., rehusa pagar azúcar comprado, alegando que la entrega se hizo un día más tarde. Rogámosle hacer almacenar azúcar y encargarse del pleito consiguiente. Van poderes; etc..." Al minuto fui a ver al mejor abogado de asuntos mercantiles. Me dijo: "Doctor, sus clientes tienen toda la razón, pero no hay un solo tribunal americano que ordene a nadie que pague el azúcar a 22 centavos la libra". Corrí a informarme con dos abogados más, de gran reputación. Igual respuesta. Tomé una decisión, con la vehemencia que siempre dominó mi carácter cuando he creído hacer el bien.

Vendí el azúcar a 15 centavos la libra, precio del día, y cablegrafié al Presidente del Ingenio Algodones: "Vendido azúcar a quince centavos, precio del día. Si no están de acuerdo, lo repondré. Eminentes abogados consultados dicen que ningún tribunal americano resolverá asunto en nuestro favor".

Aquella noche no dormí. Al día siguiente se me felicitaba de La Habana, aprobando todo lo que había hecho. El azúcar había cerrado el día con un precio de 13 centavos, había abierto el siguiente con 12 y seguía precipitándose.

La sociedad de Nueva York de aquel período, internacionalizada por los elementos que de todas partes del mundo vinieron a confundirse con ella, era sumamente agradable. Si debo fijar en mi existencia una cumbre feliz, es la de esta época, en la Sexta Avenida y sus calles laterales, con aquellos hoteles elegantes y refinados, algunos de ellos ya desaparecidos. Diré que a esta alegría del vivir se añadía la satisfacción que traen las ganancias haciendo que uno pueda estar despreocupado y seguro de su éxito. El poder adquirir, aun cuando no se adquiere, es por sí solo un goce no sólo material, sino también para el espíritu. Yo no he corrido nunca en pos de las ganancias, pues las he considerado como una consecuencia, no como una causa. He perdido sumas enormes, o porque me las han robado, o porque las he abandonado. En ambos casos he sonreído con desprecio. Pero sentí que penetraba bien a fondo en la psicología americana al comprender por qué aquellos multimillonarios se afanaban en rudo combate para acumular mayores y al parecer innecesarias ganancias. George Baker, que al morir, pasados los noventa años, dejó más de quinientos millones de dólares yendo a su oficina toda su vida, no pensaba en las fabulosas entradas que le traía cada hora, sino en el poder que se centraba de su persona y en las organizaciones que su dinero alimentaba. Señor feudal de unos tiempos de libre industria, de libre trabajo, de libre iniciativa, se sentía en su oficina superior a todos, mientras en la calle se sentía un mortal no diferente de los seres útiles o inútiles que le rodeaban. Nombro a George Baker, pero podría igualmente referirme a toda la larga legión de los archimillonarios ancianos de Wall Street.

El último saludo afectuoso que me dio Wall Street, pudo ser más definitivo para mi bienestar material si yo no hubiera mezclado en todas las épocas, como lo hice, el trabajo y la diversión. Un día un respetable y opulento hombre de negocios que me había invitado a comer en su residencia, hablando con un amigo que estaba allí le decía:

—Puede estar seguro de que al empezar a moverse "Crucible Steel", no se sabrá hasta dónde podrá llegar; alcanzará cifras escandalosas.

Al día siguiente me informé con mis amigos más competentes. En principio las opiniones eran concordes sobre el estado próspero, muy próspero de la Compañía, pero no todos creían que empezaría a interesar la Bolsa muy pronto, y menos que llegaría a ser un valor muy popular debido a que no tenía margen de acciones para inversiones sólidas. Estas fueron las opiniones que recogí, mientras corrían el whisky y el champagne. Mis corredores eran entonces de la Casa de Morgan y de Livingstone, y yo trataba directamente con Forbes Morgan, quien siendo cuña-

Cap. X. *Un primer exilio*

do del Presidente Franklin Delano Roosevelt, ocupó después un alto cargo público. Forbes era un hombre excelente que trabajaba con tenacidad y mantenía, como buen corredor, una sonrisa continua de optimismo en los labios. Le telefoneé diciéndole que vendiera todo lo que tenía de valores míos en su cuenta, y comprara con el producto nada más que "Crucible Steel". Terminé pidiéndole su opinión sobre lo que yo iba a hacer. Me repitió siete u ocho veces la palabra *well*, y luego añadió: "No hay que poner todos los huevos en una sola canasta". "Es verdad —le contesté— pero haga lo que le he dicho". Mi corredor me consideraba como un buen burgués que poseyendo una fortuna, debe manejarla con prudencia. Yo, en cambio, consideraba que mi voluntad era la única fuente de mis éxitos.

Para terminar le agregué: "Sepa que yo sé lo que hago (en verdad yo sabía muy poco); cómpreme por lo menos doce mil acciones, pues mañana me voy al *match* de boxeo entre Willard y Dempsey en Toledo". "¡Oh!, cómo le envidio —me contestó—. ¿Quién cree usted que gane?". "Creo que Dempsey, y lo creo así porque asistí al *match* de La Habana, que dio el campeonato a Willard, y no me gustó aquella victoria". Forbes Morgan desarrolló toda una larga teoría sobre la fuerza y la habilidad. Y olvidamos las "Crucible Steel". A los cuatro días, mi corredor me había comprado, por una razón u otra, sólo cuatro mil acciones. Y yo con la cabeza ya más fría, no puse todos los huevos en una sola canasta, perdiendo varios millones de dólares, porque las "Crucible" subieron, de cien dólares por acción, a más de quinientos. En cambio me divertí mucho en la excursión de Toledo. Dempsey ganó, y yo gané sólo unos miles de pesos jugando contra algunos compañeros de viaje.

Este viaje fue una de las manifestaciones más generosas que recuerdo de la hospitalidad americana durante la bella época. Mi mujer y yo, por el año 1913 conocimos a una inteligente y enérgica dama de la Casa Roland Cockling (organizadora del Banco Nacional de Cuba), a la sazón institución privada, propiedad de Cockling y Jarvis. Estos dos pioneros fueron a levantar a Cuba de una atroz miseria. A enriquecerse ellos mismos, no cabe duda, pero a enriquecer también a la isla. La señora en cuestión se llamaba Laura Mac Martin y vivía en Chicago. La conocimos una noche en una comida en Nueva York. De tiempo en tiempo la encontrábamos y cambiábamos cortesías rituales. Un buen día la señora Mac Martin nos comunicó la noticia de que se había casado, y ahora ya no era Mac Martin, sino Corrigan. Añadió que había encontrado la felicidad definitiva y que esperaba al marido en aquellos días para presentárnoslo. Y en efecto, un día nos encontrábamos en la Fifth Avenue y conocimos al señor Corrigan. Cambiamos cumplidos con él y nos hicimos amigos, yendo los cuatro a almorzar juntos al Colony Restaurant. Habitualmente vivían en Cleveland, donde tenían sus fabulosos negocios. James Corrigan era propietario de una de las fábricas de acero más grandes del mundo. Su riqueza alcanzaba cifras astronómicas. De esa amistad precisamente salió la invitación de ir a Toledo para asistir al *match*. En efecto, familiarizado ya con la sociedad de Nueva York, James Corrigan, de Ohio, había invitado a numerosos amigos para ir a Toledo, al *Prize Fight*, y pasar luego a Cleveland en un tren especial. Eramos todos hombres. Tuvimos los mejores puestos en el estadio. Las comidas eran dignas de Lúculo. Los cuartos en los hoteles eran suntuosos y el tren especial comodísimo.

No me he cansado nunca, a lo largo de mi no corta vida, de cantar loas en honor de la hospitalidad americana, la cual he disfrutado en todos los órdenes, pero en aquella ocasión realmente todo fue excepcional. Más tarde, los Corrigan tuvieron fama de ser los anfitriones más cumplidos de la época; James murió prematuramente y nuestra amiga Laura heredó toda la fortuna, gozando de ella a conciencia y en las esferas más altas. Volveré en estas *Memorias* a hablar de ella, pues nuestra amistad duró por largos años. No obstante alternar con cabezas coronadas de Europa, tanto a mi mujer como a mí nos trató siempre con esmerada cortesía. Esta gentileza, que era propia del espíritu de Laura, creció con un afortunado consejo que le di, en una situación crucial para ella. Cuando se inició la crisis que puso término a lo que llamamos la época feliz, Laura, engreída en sus éxitos financieros y sociales, había decidido conservar la fábrica de acero. Me consultó. Un día, en París, telefoneó a mi mujer invitándola a almorzar y pidiéndole "que me llevara de todos modos". El lugar del almuerzo fue el antiguo Ciro, entonces en gran boga. Laura llevó también a una hermana suya que vivía en California, casada entonces con un profesor universitario.

Le habían ofrecido muchos millones por la enorme fábrica, en la cual el marido había poseído una mayoría decisiva de acciones, y que ahora constituía la base principal de su herencia. Confiada en sus capacidades pretendía dirigir el negocio personalmente. El almuerzo debía servir, además de cariñosa reunión, de consulta: quería que le diera mi opinión sobre el asunto. Yo le di el consejo de "vender pronto y a cualquier precio". Reconozco que lo hice con indebido énfasis, pues le aseguré que el negocio en sus manos resultaría un desastre y que ella estaba bien en un salón, pero no en una oficina. Exageré de intento, con el propósito de hacer el bien a una persona amiga. En el Ciro no nos pusimos de acuerdo. Ella se reía de mis ideas, que encontraba demasiado categóricas; pero al salir del restaurante, en lugar de despedirse nos invitó con insistencia a continuar nuestro coloquio en su apartamento del Ritz. Fuimos, y después de una hora más de conversación, de pronto ella reconoció: "Sí, tiene usted razón, ayúdeme ahora en los detalles".

Lo hice con buena voluntad. Vendió la fábrica. Poco después vino la gran crisis que culminó en el desastre de 1929. Un día, estando ella en mi Embajada en Washington, le dijo delante de mí a Willis, de la fábrica automovilística "Willis and Overland" (si no me equivoco al dar este nombre) que tanto ella como Willis, luego embajador de Estados Unidos en Polonia, eran los únicos que habían sabido vender a tiempo. Y añadió señalándome: "Yo vendí, pero lo hice por la presión de este hombre". Una declaración de tal género no se repite. Yo mismo felicité en público a la señora de Corrigan "por haber sido juiciosa y previsora, vendiendo sus acciones a tiempo, conservando así su fabulosa fortuna". Lo hice, porque sabía que esa felicitación pública le agradaría.

Pero volvamos al relato principal. Yo había entrado en el negocio de vender azúcar en tiempo oportuno y hubiera salido en tiempo igualmente oportuno. Pero los amigos que no querían separarse de mí me rogaron que quedara con los Ingenios Algodones, Vega, Ciego de Avila, Güira, Alquízar y María Luisa, negocios en los cuales me había metido poniendo relativamente poco dinero. No me gustaba la agricultura porque nunca la estudié. Me vi incluido sin embargo en la organización de dos grandes Compañías, una en Cuba, la "Cuban Cane", y otra en los Estados Unidos, la "Di Giorgio Fruit Company". Hubiera podido ser director de una de plátanos, más grande que las dos citadas, pero resistí a los ofrecimientos con todas mis fuerzas. Se trataba de reunir a los productores e importadores independientes de plátanos. Los que entraron en el negocio de este producto ganaron fortunas astronómicas debido a la guerra y sobre todo al crecimiento del consumo. No me arrepentí, pues tan pronto pude vendí aun con pérdidas lo que tenía de negocios agrícolas, conservando sólo mis acciones de la "Di Giorgio Fruit Co." y de la "Cuban Cane".

Esta última quebró y yo más tarde invertí el producto de sus acciones, o sea la parte que pude salvar, en la Compañía sucesora, "Cuban Atlantic Sugar Co.", que rindió buenas utilidades, centuplicando la inversión. Y hubiera continuado, pero un Gobierno de mi país, sin duda para premiar mi entusiasta y voluntario cambio de nacionalidad, sustituyendo a una nación secular en tradiciones por una todavía *non nata*, y para premiar también mi vida ofrecida al lado de los héroes de su Independencia, me confiscó todo lo que poseía. Pero de esto hablaremos al llegar la hora oportuna. Baste decir por ahora que este período de mi vida en los Estados Unidos, el que se debió a que un Secretario de Gobernación cubano me había prometido "que de volver a Cuba no pasaría el muelle de desembarque" (me refiero al Coronel Charles Hernández), fue el más feliz, alegre y próspero que recuerdo. Y lo cerré, voluntariamente, para volver a Cuba, desde donde me llamaban tantos afectos. Volví escoltando el cadáver del General José Miguel Gómez, el más elevado de los jefes cubanos por su equilibrio, dignidad y valor. El también estaba exiliado en aquellas horas tristes.

Durante mi ausencia, y a pesar de dos años de exilio, el fiel pueblo de Las Villas me había elegido otra vez representante a la Cámara. Cerré mi Oficina de Nueva York, abandoné a los amigos de las casas más importantes de Wall Street, cerré también mi cuenta del "Guaranty Trust Company" y me embarqué rumbo a La Habana, el corazón emocionado y hasta con lágrimas en los ojos.

Capítulo XI

NITTI — D'ANNUNZIO — MUSSOLINI — PRIMO DE RIVERA
CALLES

En el período posterior a la primera guerra mundial se inician mis amistades con los hombres de Estado europeos. En Nueva York y en París, durante la contienda armada, había conocido a algunos desterrados muy notables, como Masarik y Paderewski entre otros. Sobre todo había estado en contacto con mi ilustre profesor Francesco Saverio Nitti, el hombre político más culto de su época. Este, a pesar de su juventud, había editado muchos libros, algunos de sabor local italiano, otros de interés universal, como *El Socialismo Católico* y la *Ley de la Población*. Fue en este período postbélico que establecí también buenas relaciones con el insigne sabio Guillermo Marconi. Años más tarde debíamos frecuentarnos siendo yo una vez más un desterrado y controlando él unos trabajos técnicos que realizaban empleados suyos en las habitaciones de su apartamento, cercano al mío, en el Hotel Ritz de Nueva York.

Nitti, que me conocía desde mi primera juventud, llegó a Nueva York en una Comisión presidida por el Príncipe de Udine, hermano del Rey de Italia. No fui a visitarlo sabiendo la multiplicidad de sus compromisos oficiales. Pero dos días después me llegaba un telegrama suyo de Washington: "Venga a verme a la Casa Blair, puedo dedicarle el tiempo que guste".

Acudí enseguida. Recuerdo, que habiéndosele advertido a Nitti, en los apartamentos superiores, que yo estaba en los Salones del piso principal, tardó unos diez minutos en bajar. Yo no podía estarme tranquilo; me puse a caminar por los amplios salones de recibo de esta residencia señorial, propiedad de una rica familia americana, convertida ahora en mansión oficial del Gobierno. Mientras daba vueltas sin fijarme en nada, ni siquiera en el adorno de las piezas, un hombre elegante, serio, delgado y de mediana estatura me miraba con insistencia y casi me invitaba a que le hablara. Ambos estábamos de pie, pero yo no le veía mucho porque esperaba con ansias la llegada de mi profesor y amigo. Sin poder controlar mis nervios regresé a la entrada del salón. Nitti en ese momento bajaba. Me siguió. Pequeño, rápido, vigoroso, con sus grandes ojos fijos y penetrantes, me dijo con naturalidad: "Ferrara, le presento al Príncipe de Udine". Mientras yo saludaba con respeto al personaje, famoso explorador, título para mí suficiente para rendirle homenaje, Nitti continuó.

—Le he reservado todo el día.

El Príncipe se retiró y yo sugerí diéramos un largo paseo en automóvil por el Rock Creek Park, bello pulmón que Washington ha colocado a sus espaldas.

Hablamos de los americanos del Norte, de su optimismo innato, de su candor reflexivo. Le dije que los americanos no eran consejeros idóneos para establecer una paz permanente. Sufría yo en aquel momento la influencia del tema esencial de mi segundo libro, titulado *Problemas de la Paz*. Le expuse que para eliminar un elemento preponderante en Europa había dos soluciones, o bien unificarla o bien dividirla, siguiendo la "línea divisoria religiosa", esto es, unir a Baviera y a otros pequeños Estados a Austria, y el resto organizarlo en República federal, o mejor aún, confederada. Nitti veía la federación europea con mucha suspicacia, y la división de Alemania con carácter permanente como irrealizable. Su tesis era la siguiente: Debemos reconocer que, dadas las divisiones del viejo Continente, el nuevo, representado por los Estados Unidos, podría alcanzar una grandeza nunca soñada, si comprendieran que debían ser generosos en todo y ayudar a todos.

—La guerra —me decía— ha empobrecido al mundo y, en cambio, los ha elevado a ellos a una riqueza inesperada. Su misión es la beneficencia, porque la redención económica de los demás será el mejor sostén de la grandeza propia.

No voy a extenderme aquí sobre sus ideas, porque él las vertió luego en sus numerosos libros, especialmente en *Europa sin Paz* y en *La Tragedia de Europa*. Libros que, a sólo cuarenta años de distancia y a la luz de los hechos acumulados en tan corto período, deben calificarse de proféticos. En aquel tiempo empezaba a germinar en las masas europeas el odio al americano, sólo porque era rico; y en los Estados Unidos una fuerte corriente materializaba la teoría washingtoniana de no mezclarse en los asuntos europeos.

Recuerdo que Nitti y yo, tanto en aquella conversación como en las que siguieron, comentamos claramente la política italiana.

—Debo hacerme cargo del Gobierno a mi regreso a Italia —me dijo— y siento toda la responsabilidad de tal empresa. Quiero gobernar con la verdad. No podemos al mismo tiempo soñar y ser un gran pueblo.

Sobre este argumento insistió mucho. Había que evitar ilusiones, no permitir que la grandeza reposara sobre los monumentos antiguos y los castillos fabricados en la mente de cada ciudadano. Yo no comprendía bien su preocupación sobre esto de "decir la verdad". Pero, naturalmente, me declaré de acuerdo con él, señalándole el ejemplo del pueblo inglés. Me parecía excesivo el hecho de preocuparse tanto por aquello de decir la verdad a un pueblo desde la silla rural del gobernante. Pero después comprendí toda la importancia de aquellas vagas, aunque insistentes palabras. El veía anticipadamente a una Italia fantástica, que marchaba disciplinada detrás de un poeta: Gabriele D'Annunzio, y profetizaba una Italia ingenua e irracional, sometida a la dictadura de Mussolini. El, tan liberal en política, tan competente en economía, olfateaba en el aire la política que iba a instaurarse, mezcla de fanfarronería, de sacrificio y de gloria falsa; y la política del egoísmo, que lleva al aislamiento, al abandono y a la miseria.

Al volver a Italia, en efecto, asumió el Poder. Compuso su Gabinete con excelentes elementos intelectuales, entre otros mis admiradores maestros Croce y Scialoia. Pero luego el gobierno de Italia se desplomó bajo el ruido de las fanfarronerías, entre aspiraciones irrealizables del elemento nuevo, sin cultura ni práctica gubernamental. Mi amistad se acrecentó ante tanta capacidad no comprendida. Le vi más tarde con más frecuencia, y tuve mil motivos para hablar de él con entusiasmo cada día más razonado.

Los momentos más fervorosos de mis relaciones con la Comisión italiana presidida por el Príncipe de Udine, a la cual he aludido, fueron los de Filadelfia durante un almuerzo que reunía alrededor de una enorme mesa a todos los Delegados con sus principales secretarios. Yo era el único extranjero. Cuando tuve que relatar mi aventura juvenil, explicar el salto que di de la Universidad de Nápoles a la manigua cubana, Nitti aclaraba temas, que yo eludía, sobre mi actividad política en Italia. Todos sentíamos que aquella reunión de italianos era una de las últimas manifestaciones del espíritu del "Risorgimento".

Siendo Primer Ministro, Nitti concurrió en Londres a la reunión de los tres "grandes" de entonces: Los "premiers" de Inglaterra, Francia e Italia, respectivamente Lloyd George, Millerand y él. Como mis negocios de aquel período me llevaban con frecuencia a Londres, coincidimos allí, yo como modesto viajero, él rodeado de uniformes y libreas. Vivía en el Carlton y yo en un hotel cercano. Cosa no habitual en él, en esta ocasión Nitti me vino a ver acompañado de su séquito, una hora antes de reunirse con Lloyd George. Mi hotel se revolucionó. Conversamos largamente. El estribillo de esta hora resultaba precioso: "No quiero nada que no sea italiano." Yo serví al maestro y amigo, en cierto modo, de Sancho Panza.

—Todo lo italiano. ¿Y cree usted que sean útiles estos extremos?

—A la larga sí —me contestó, y reflexionando añadió—. Pero el problema no está en esto de lo útil o lo inútil. Si usted va a Italia lo verá. A un pueblo victorioso no se le puede negar lo que es suyo. Yo he rechazado lo ajeno; al subir a la presidencia del Gobierno encontré una expedición militar preparada para marchar al Oriente, con la bendición de las otras potencias, que me autorizaban a ocupar lo que aún quedaba por ocupar en la zona turca. Disolví la expedición y rechacé el generoso ofrecimiento.

Le recordé a Nitti que un cuarto de siglo antes yo había sido *irredentista* militante, y había llorado por Guillermo Oberdan, sacrificado por los verdugos austríacos. Me dijo:

—Me gustaría presentarle a Lloyd George, otro *irredentista*. ¿Quiere usted venir? Después podrá retirarse. Es un hombre excelente. Defiende los intereses de su país, pero responde a todo noble sentimiento humano. Su cultura es grande, pero su inteligencia es más viva que la de todos los hombres de Estado modernos. Después añadió con una sonrisa cáustica:

—Salvo Venizelos, cuya inteligencia es peligrosa.

No quise acompañarlo y le dije el motivo:

—Al cambiar de nacionalidad lo hice con toda sinceridad y con toda seriedad. Y estoy muy lejos de encarnar ahora al joven *irredentista* que en otra época hubiera encontrado bello el camino del cadalso en honor de Trieste o de Trento.

Con mucho ruido de caballos y traqueteo de sables, Nitti salió para ir a entrevistarse con los otros dos "grandes" de la hora. Algunas noches después, Nitti, el Embajador Giocomo de Martimo, mi mujer y yo íbamos, democráticamente a pie, de mi hotel al suyo o del suyo al nuestro.

Mi firme propósito de no actuar en las cosas de Italia respondía al deseo de no confundir la nacionalidad de origen con la que había conquistado en ruda guerra, de la cual estaba orgulloso. Era una cuestión más jurídica que moral. A pesar de haber abandonado Italia a los veinte años, me había formado allí un serio bagaje intelectual. Mi cultura era de carácter universalista, pero su base era italiana, y yo creo que ha quedado así, en cierto modo, a todo lo largo de mi vida.

El amor por una tierra pródiga en grandezas no puede desarraigarse del espíritu. Los lazos de familia son indestructibles y sirven de eterno recuerdo. Un habitual "deje" y una expresión verbal original me han quedado para siempre, reveladores no sólo del italiano sino del napolitano, con todas sus cadencias dialécticas. Detalle revelador: nunca he podido apreciar íntimamente otra poesía que no sea la italiana, y sin embargo, la lengua italiana ha estado lejos de ser la dominante en mí. Lo único que he querido evitar, rehusando mezclarme en las cuestiones locales de Italia, ha sido el egoísmo de la doble nacionalidad y la confusión moral que ella supone. Decidido como estuve siempre a crearme una conciencia sin intrincados problemas íntimos, una conciencia, llena y fácil, capaz de responder a las dificultades de la vida, me esforcé por mantener a Cuba como mi patria absoluta, y ver a Italia como una atmósfera cultural superior y protectora de mi mente.

En Italia, el poeta D'Annunzio, inmaculado en su prosa y en su verso pero poco riguroso en la vida diaria, se había apoderado del espíritu de las masas. Estas se sentían ofendidas por la actitud despectiva que mostraban sus aliados después de la victoria común. El tema *irredentista*, que estaba en el ámbito de todos, D'Annunzio lo monopolizaba con el tacto usado a menudo por los que aspiran a dominar un país o una situación, o a adquirir una gloria fácil. Italia era presa en aquellos días de un agitación continua. El poeta, heroico sin duda, en un delirio de discurso y actitudes marchó sobre Fiume, tierra que Italia reclamaba y que los aliados le negaban. Lo original del caso es que estuvo a punto de estallar una lucha entre italianos, pero las tropas del Gobierno no se opusieron a los voluntarios. Estos, en cambio, muy numerosos, se unieron a los de Fiume. El todo se resolvió favorablemente, salvo algunas injurias de D'Annunzio contra Nitti.

Yo me encontraba en Europa en aquellos días, y si bien ignoraba el proyecto de conquistar por la fuerza la tierra propia, que el *diktat* de las Potencias victoriosas le negaba a Italia, quise pagar un tributo de solidaridad a mi pasado italiano. Corrí a Fiume después de comunicarle mi proyecto a Nitti. Siempre amplio en sus ideas, éste me facilitó los medios para travesar la "frontera", es decir, las líneas que ocupaba el ejército legal italiano.

Fiume era una grandiosa ciudad, italianísima, más italiana que muchas otras que se enorgullecen de serlo. En el corto número de días que pasé allá, me sentí aún más *irredentista* que en mis años de juventud. Se hablaba italiano en todas partes. Literalmente no se oía una sola palabra en otro idioma. Los húngaros, que eran numerosos, según mi apreciación personal, hablaban italiano. Yo no sé si era debido a la exaltación del momento, o si había sido siempre así, lo cierto es que todos admitían la posibilidad de la anexión de Fiume a Italia. Encontré en ella a un señor de apellido D'Antoni, que creo llamaban Senador, quien habiéndome conocido en Nueva York, en una de sus misiones patrióticas, se puso a mis órdenes y me fue muy útil. Traté al Secretario General Giuffrida, de la parte administrativa, y tuve una larga entrevista con D'Annunzio. El poeta era calvo y delgado. Hablaba en voz baja, confidencial, con el acento suave que se emplea en las salones aristocráticos, y sus maneras eran gentilísimas. En el conjunto no parecía un *condottiero,* pero era atrayente como lo son los hombres de actitud elegante y de palabra perfecta. El me invitó a una visita de un cuarto de hora y me quedé dos horas largas. Cuando venían a prevenirle que "le esperaban" y yo me ponía de pie para despedirme, él se levantaba igualmente, pero con voz meliflua decía a los unos: "Explicad el motivo"; y a mí: "Le ruego sentarse, quiero llegar al fondo de esta cuestión."

El argumento que más le apasionaba era el de la revolución de la Independencia de Cuba, y el problema que más le intrigaba era la figura enigmática de Wilson. Yo le hablé con mi entusiasmo cálido de Máximo Gómez y de sus victorias en la guerra de guerrillas. A él le interesaba la mágica influencia de Gómez sobre sus soldados. En un momento, cuando le dije que Gómez a menudo desarrollaba argumentos bélicos y cívicos, me interrumpió diciendo: "Allí está todo; elevar el espíritu es la misión del jefe."

Mi opinión sobre Wilson era más respetuosa y más verídica que la que sostenía él, pero en el fondo igualmente adversa. Coincidimos en que la actitud profesional y su poco conocimiento de la psicología de los pueblos europeos no podían hacer de ese norteamericano el gran dictador de aquella hora tan difícil. Wilson, en efecto, no se equivocaba por falta de conocimientos, ya que los que tenía sobre Europa eran mejores que los que hubiera podido tener cualquier otro Presidente de los Estados Unidos, pero lo malo era que todo lo resolvía *prima facie* y siempre más de acuerdo con sus principios que con las imperiosas circunstancias del período "americanista".

Yo no me equivoqué en la apreciación de la figura dominante de aquella época. Más tarde el Embajador americano Norman Davis, que vivió en Cuba algo así como quince años y que fue fraternal amigo mío, me decía era preciso rogarle a Wilson que en las Conferencias no interviniera siempre el primero, sobre todo cuando se trataba de cuestiones no americanas. Otro día, comiendo juntos en un restaurant de Colonia (Alemania), Davis me describió la reunión de los tres "grandes" de su época y decía que Lloyd George mantenía por lo general los ojos medio cerrados, como preso de somnolencia continua, pero tan pronto surgía algo que tocaba los intereses de Inglaterra, saltaba como movido por un resorte y no se tranquilizaba hasta que obtenía plena satisfacción.

Clemenceau, viejo, distraído y confuso, daba muestras de su antiguo y genial destello, pero sólo cuando, ensoberbecido, trataba de alguna antigua cuestión.

Wilson era lógico, claro, inflexible y deseaba que todo fuera hecho a su imagen y semejanza...

No pude decir todo esto a D'Annunzio porque yo mismo lo supe después. Pero muy enterado de la política americana, le traté otros asuntos. Recuerdo que el poeta se interesó mucho cuando le hablé de Charles Evans Hughes *, una de las figuras más extraordinarias de los Estados Unidos, que fue vencido por Wilson en la campaña electoral por un margen de pocos votos. Le sorprendieron sobre todo ciertos contrastes que había observado y que tienen apariencia errónea. Le dije que la libertad en los Estados Unidos existe más que en otros países, por su régimen federal. De ser unitario, el ciudadano resultaría esclavo de la Administración pública. Cuando el pueblo de esa nación al elevarse a Estado independiente se opuso a toda centralización estatal y se decidió por el régimen federado, le asistía toda la razón.

Las disposiciones del poder central sobre el comercio, por ejemplo, son rígidas en extremo para que el beneficio de algunas zonas no dañe a las otras. Los primeros ciudadanos de esta nación temían que la capital llegara a ser más que el centro vital de comunes intereses, una metrópolis dominando un extenso territorio colonial. De esto los Estados Unidos se han salvado milagrosamente. Por otra parte, le hice notar a D'Annunzio que, habiendo en los Estados Unidos doble administración de justicia en cada Estado, la federal resulta casi siempre superior a la local por capacidad y hasta cierto punto por honorabilidad.

Impresionaron a mi atento interlocutor dos cosas que le dije para probarle que los americanos obedecían más a principios morales que a reglas formales. A saber: la primera, que por muy estrictos, perentorios y exigentes que fueran los Tratados Internacionales firmados por los Estados Unidos, esta nación no está obligada a cumplirlos si su Poder Legislativo dicta una disposición contraria que los modifique, si esta disposición es sancionada por el Ejecutivo; y la segunda: que *stricti jure* la Constitución americana, en su parte inicial no debería estar en vigor, porque no fue aprobada de acuerdo con los requisitos dictados al reunirse la Asamblea Constituyente.

En cuanto a los Tratados, le expliqué que el motivo de tan extraña situación radicaba en el hecho de que eran documentos aceptados y aprobados solamente por el Ejecutivo y el Senado, mientras que las leyes eran disposiciones aprobadas por los dos cuerpos legislativos y sancionadas

---

* Candidato a la presidencia de Estados Unidos, por el partido Republicano, en 1916.

por el Ejecutivo. A pesar de esta anomalía, no se recuerda en la historia de los Estados Unidos un solo caso en que hayan faltado a sus obligaciones suscritas. En lo que se refiere a la anomalía constitucional, el hecho me fue de más fácil explicación. Las antiguas colonias del Norte de América acordaron que los pactos constitucionales que surgiesen de la Constituyente debían ser ratificados por referéndum popular. Las ratificaciones de todos los Estados, menos el de Virginia, obtuvieron mayoría absoluta. Virginia era el Estado dominante por múltiples motivos; y lo fue también por ser el que debía decidir sobre el porvenir de la nueva nación. La lucha dentro del Estado fue intensa, y en lugar del referéndum popular, se resolvió el asunto por sus poderes locales.

Como se ve, nosotros estábamos muy lejos de Fiume y de su derecho a ser italiano. Casos de este género se me han presentado muchas veces.

Al volver a la cuestión italiana, me costó hasta cierto trabajo convencer al caudillo-poeta que yo había sido *irredentista* en una época en que, por serlo, en Italia se iba a la cárcel y en Austria a la horca. Y más trabajo aún pedirle que en caso de combate me permitiera ser soldado de fila. Al final, siempre con modales supergentiles, se levantó y cogió un libro suyo, escribiendo la siguiente dedicatoria: "*A Orestes Ferrara, constante difensore della Civilta Latina contro la barbaria, in un solo afetto e in un solo amore,* Gabriele D'Annunzio". Me dio el libro y me invitó a que por la noche, en una reunión que tenía en el Teatro principal de Fiume, asistiera al lado suyo, en su palco. Fui con gusto. El pronunció un bello discurso, por cierto con una voz que me recordaba la del actor francés Mounet Sully, entonces adorado por el público. No hizo ninguna referencia al Jefe del Gobierno italiano, del cual él sabía que yo era amigo íntimo.

Mi último día en Fiume lo pasé con el Secretario General Giuffrida, un conocido nacionalista italiano, cuyas ideas no compartía yo por haber sido siempre enemigo de todo nacionalismo. Pero admiré mucho su persona, y la manera de cómo veía el asunto de Fiume dentro de la confusión internacional provocada por la guerra. Su teoría era: "Esta ciudad será italiana ahora, o no lo será nunca, por tanto toda audacia está justificada." Se rio mucho de una anécdota que le conté y que por aquel entonces no había sido publicada. Era un miembro de la comisión americana en la Conferencia de la Paz, el General Bliss, había confundido Fiume con Dantzig. Le añadí que conocía personalmente al General Bliss, por haber estado él en Cuba como alto funcionario, y que merecía respeto y admiración por su capacidad y su laboriosidad: pero que el siglo pasado había sido el de mayor ignorancia en materia geográfica, al extremo que muchos hombres ilustres, cuando yo volví por primera vez de Cuba a Europa y les hablaba de mi nueva Patria, me decían: "¡Ah!

Sí, Cuba, cerca de las Filipinas...". Y un gran escritor francés me sorprendió una vez, al confundir el Perú con Bolivia. Cuando traté de aclararle el error, me cortó: "No importa, no importa, es lo mismo..."

Esas gentes suponían una vecindad que había existido solamente en las columnas de los diarios y su confusión venía de que ambos países, Cuba y las Filipinas, habían luchado en el mismo período y contra la misma madre patria, España, para alcanzar su independencia. La ignorancia geográfica era general. Yo mismo he sufrido incertidumbres para recordar el nombre de alguna capital nueva. La de Noruega, por ejemplo, pues Oslo no quería entrar en mi cabeza. Y me refiero a Oslo solamente para limitarme a lo más fácil, porque los nombres de algunas ciudades, hoy célebres, de Asia o de Africa, sencillamente los desconozco. Y sé que hay otros nombres que no recordaré durante esta mi encarnación presente. Si me reí de Bliss era para autorizar a los demás a que se rieran de mis peliagudas confusiones geográficas.

Salí nostálgico de Fiume por no haber podido arriesgar la vida en aras de esa ciudad que para mí encarnaba un viejo ideal. Un ideal que entre las cosas nobles del pasado, vivifica y que sin sentirse vivamente, todavía acaricia a ratos las soledades del espíritu. El regreso me pareció más peligroso y pintoresco que la ida, porque lo hice algo tarde, y la oscuridad, sobre todo cuando atravesamos sitios desconocidos, ya se sabe que aumenta la aprensión. El chófer me contaba anécdotas de bandidos que operaban en la periferia, lo que me hacía suponer que él mismo estuviese en connivencia con los bandidos de aquel rincón fronterizo. Pero llegamos a Trieste sin tropiezo y al día siguiente mi mujer y yo seguimos hacia Venecia primero, y hasta Roma después. Nitti, a quien repetí las conversaciones que había tenido con D'Annunzio, me preguntó:

—¿Es que me ha insultado al hablarle?

—No —le respondí—, ni una palabra sobre usted.

Nitti replicó, con su lengua acerada:

—*E'estato per la prima volta un gentilomo* (6).

No tuve más oportunidad de encontrar a D'Annunzio. En cambio, a su hijo mayor, que durante un largo tiempo residió en Nueva York, sí le vi a menudo. Aunque según se decía que padre e hijo no se llevaban bien, me fue posible enviarle mis saludos por su conducto y recibir los que él me enviaba. También conocí a la suegra del poeta, el cual, como es sabido, estaba separado de su mujer. Era la suegra una señora Condesa que, a pesar de su avanzadísima edad, se interesaba mucho de política y frecuentaba los debates parlamentarios y las conferencias de oradores de

---

(6) "Por primera vez ha sido un caballero".

renombre. Con ella hablé del yerno. Un día, sin que la frase viniese a propósito, me dijo: "Debido a su genio es preciso perdonarle."

En mi primera juventud leí con agrado e interés sus novelas y sus tragedias. Algunos de sus poemas los sabía de memoria, y aún los recuerdo en mi edad avanzada. Mas en verdad no he tenido excesiva admiración por el artista, y ninguna por el hombre. Poseía una vasta cultura y una fertilísima inteligencia, pero le faltaba seriedad espiritual especialmente en el trato social, que sin ser yo formulista ni moralista, lo considero básico en las relaciones entre los hombres. La verdad, las buenas formas, un poco de piedad y de amor para el prójimo (sin llegar al desdoblamiento, a la suprema espiritualidad de San Francisco), la tolerancia que no debilita las creencias propias, un freno moral para todos los excesos pasionales y, como consecuencia, un respeto para el amigo y aun para el desconocido como ayuda mutua en caso de necesidad, me parecen bases esenciales e indispensables para la vida común. No quiero juzgar a D'Annunzio, que apenas conocí, pero en el escenario de aquel tiempo, él no se mostraba con los rasgos de normalidad que yo aprecio sobre toda otra cosa.

Como se verá en el capítulo próximo, durante este período postbélico yo me alejaba de la actividad política cubana, pero no del todo, como muchos hubieran querido. Según he indicado, a pesar de mi larga ausencia de Cuba, había sido reelecto representante a la Cámara y continuaba escribiendo en el *Heraldo de Cuba,* el que seguía siendo de mi propiedad, aunque dirigido por Carlos Mendieta y animado por Aldo Baroni, inteligente y activo periodista italiano que después se hizo mexicano por haber peleado en favor de las libertades de ese país. Pero si en el pasado me apasionaba la política local, ahora la veía con cierta indiferencia. El mundo mío se había ensanchado, lo que no quiere decir que había dejado de ser hombre público, ni menos abandonado los deberes ciudadanos como cubano.

Precedentemente había colaborado para que la Sociedad de Sosthenes Behn, que controlaba también los teléfonos de Puerto Rico, entrara en la Compañía Cubana de Teléfonos, y después apoyé su nombramiento a la Presidencia de la misma. En esa época Behn había delegado sus poderes en su hermano Hernand, al irse al frente europeo, donde ganó el grado de Coronel, regresando después a la vida de los negocios con nuevas energías.

La unión de las dos compañías... fue un acto espontáneo. En efecto, se reunieron en una *holding company,* y le añadieron el cincuenta por ciento del capital de la Compañía del cable submarino que va de Cayo Hueso a La Habana.

Como ya para entonces me había creado una estructura jurídica aplicable a negocios más vastos, aumenté mis actividades en la nueva Compañía. Fuimos a establecer redes nacionales de teléfonos en México y en países de la América Latina, como también en España y otros llegando hasta Rumania. En algunas partes se tuvo éxito, en otras no, pero se formó una empresa que hoy es de gran importancia. También en Francia llevamos a cabo gestiones y compras de participaciones en compañías ya existentes.

En España, que fue uno de nuestros principales campos de acción, acababa de darse un original golpe de Estado. Un cambio radical, pero sin convulsiones y sin sangre. El General Primo de Rivera, situándose entre el Rey y el Parlamento, se hizo dictador. Al llegar yo a la Península, tan diferente de los otros países europeos, encontré una placidez pública que ya había olvidado. Se hablaba de "cambios radicales". Estos cambios significaban un cierto eclipse, no sólo de las instituciones llamadas populares, sino de la máxima expresión de la tradición: la Monarquía.

Como nunca hice caso a las palabras, sino que examino los hechos en su efectiva realidad, me fue fácil comprender que la supresión de un Parlamento no salido del voto popular, sino prefabricado en las oficinas del Gobierno, no tiene ecos en el ánimo de las masas. España, sin tradición parlamentaria (las Cortes nunca se organizaron en Parlamento, pero, seguramente lo hubieran hecho si la Revolución Comunera de comienzos del siglo XVI hubiera triunfado) y sin elecciones legítimas en el poco tiempo en que el Parlamento existió, no podía estremecerse el día en que le quitaban un bello entretenimiento, o sea un espectáculo de superior calidad con discursos soberbios, pero simple espectáculo al fin. Por otra parte, el Rey era un joven inteligente y simpático, pero la Constitución alfonsina le retiraba facultades gubernamentales importantes. Ciertamente Alfonso XIII deseaba gobernar y no tolerar que don Antonio Maura lo guiase. Se contaba entonces que el Rey, con su astucia borbónica, un día en que Maura había ido a pedirle la firma de un decreto que le confería amplios poderes, le obligó a presentar su dimisión. El primer Ministro, asumiendo la actitud dramática de las horas en que se hace algo impuesto por los acontecimientos y no por nuestra voluntad, empezó a sacar del bolsillo interior un gran papel diciendo: "Majestad, muy a pesar mío me veo en la necesidad de..." El Rey, que excepcionalmente daba a Maura el "usted" y no el "tú" habitual en los labios de los reyes españoles, lo interrumpió: "Ya lo sé y lo deploro, me viene usted a presentar su renuncia."

Ante tal interpretación arbitraria, Maura volvió a meterse en el bolsillo el decreto, y salió con la satisfacción de quedar libre de responsabilidades. El rey era muy querido por el pueblo, pero se le amaba más cuando se presentaba en funciones solemnes o cuando era motivo de anécdotas, que cuando quería gobernar provocando con habilidad alguna crisis o alguna insubordinación en los partidos muy bien constituidos en España, como en toda la Europa de aquel tiempo.

Primo de Rivera era el tipo de hombre muy a propósito para una dictadura suave. En primer lugar porque no siendo hombre de gran cultura, ni de gran práctica administrativa, ni orador, ni escritor, sino sólo persona extremadamente simpática, resultaba ser el hombre ideal para esa clase de empresas. Primo de Rivera era modesto pero firme, afable con todos, pero intransigente, de atractiva figura y de carácter alegre. Tenía siempre una palabra oportuna en los labios, lo que lo hacía seductor. Era además Capitán General respetado y lleno de buenos propósitos. Madrid, en los días de mi llegada para tratar los negocios de la Compañía Telefónica, estaba más divertida que nunca. Yo tuve la suerte de encontrar un excelente informador en mi íntimo amigo Mario García Kohly, que desde algunos años era Ministro Plenipotenciario de Cuba en España. Mario había sido orador en nuestros grandes mítines y en la Cámara de Representantes, durante mi presidencia. Su oratoria gustaba por el timbre de voz, por el gesto sobrio y el adjetivo abundante y apropiado.

El General Primo de Rivera era uno de sus admiradores, a tal punto que, saltando por encima de las barreras protocolares, lo invitaba a hablar en actos que no eran propiamente diplomáticos. El Ministro de Cuba no tuvo nada que ver con mi misión de negocios. Un ofrecimiento cortés de presentar al General antes de que yo lo viese oficialmente, fue rehusado por mí, con el doble motivo de no confundir un asunto privado con uno público, y para evitar que la sombra de un posible favor pudiera desagradar al Gobierno español. Mi propósito era brindar a España un utilísimo servicio de comunicaciones, perfeccionado con los últimos progresos alcanzados por la ciencia y por la técnica.

Nuestras intervenciones gubernamentales las iniciamos con el concurso de banqueros y abogados. A los dos hermanos Behn y a mí se añadió otra persona que debía quedarse en España en caso de que el negocio obtuviera favorables resultados. Pocos días después de nuestra llegada recibimos una invitación para visitar al Jefe del Gobierno, General Primo de Rivera *. Hora de la cita: las nueve de la noche. Lugar: el Ministerio de la Gobernación, situado en la plaza de la Puerta del Sol. Nos pareció extraña aquella cita de negocios a las nueve de la noche. Más extraño se nos presentó el caso cuando llegamos al Ministerio y encontramos, repartidas en diferentes grupos, unas doscientas o trescientas

---

* Don Miguel Primo de Rivera y Orbaneja, como militar español había peleado en Cuba, en la Guerra de Independencia. Pero se interesaba mucho por nuestros problemas y simpatizaba con los cubanos. Se trata del padre de José Antonio, fundador éste de la Falange.

personas. En aquel primer tercio del siglo, en ninguna otra parte del mundo trabajaban las oficinas públicas durante la noche. Al ser instalados por el ujier en una esquina del gran salón, nos miramos consternados, preguntándonos a qué hora de la noche seríamos recibidos, y si no sería mejor echar antes un sueño en algún sillón. El ujier nos abandonó y nos olvidó. El General Primo de Rivera, cuya silueta reconocíamos, confirmada luego por un vecino nuestro, saltaba de grupo en grupo, sonriente, amable e infatigable. Nosotros pensamos que allí, entre tanta gente y mayor confusión, no se podía tratar nada serio.

El tiempo pasaba. Después de una hora de espera pensamos que por lo menos debíamos darnos a conocer. Habíamos descubierto un oficial del Ejército con una lista en la mano, que se acercaba con frecuencia al General. Era un capitán, no muy alto, sesentón, con vientre generoso, cara ancha y honrada. Usaba lentes cabalgando en medio de la nariz que le obligaba a echar la cabeza para atrás cuando quería leer el papel que agitaba en su mano. Me acerqué, pues, y sin oír lo que le decía, me preguntó:

—¿Ustedes son de la Comisión de Valladolid?

—No, señor, nosotros somos...

En este momento me interrumpió con un "Espéreme" y fue lo más pronto que pudo a entrevistarse con su General. Minutos después volvió, e igualmente sin dejarme hablar añadió:

—No, no creo que podrán ser recibidos esta noche, hay mucha gente. Las comisiones todas del Norte de España serán recibidas mañana.

—Pero, señor —le dije entre burlón y molesto—, no somos de ninguna parte de España, venimos de los Estados Unidos.

—¿Cómo? ¿Cómo? ¿De los Estados Unidos? Y ¿por qué no me lo ha dicho antes?

Y mientras le explicaba que él no me había dado tiempo, sin oír siquiera mis palabras, como hablando consigo mismo y consultando la lista en sus manos, dijo:

—¡Ah! Sí, sí, aquí; Telefónica Estados Unidos.

Me volvió las espaldas y fue otra vez a hablar con el General.

La decoración cambió. Diligentes ujieres limpiaron un extremo del gran salón, reunieron unas grandes butacas, alejaron a prudente distancia a los que todavía esperaban y nos hicieron sentar. Pocos momentos después, fresco, sonriene y sereno, nos estrechaba la mano cordialmente el General Primo de Rivera. Pidió mil excusas, dio largas explicaciones. Probó, iniciando la conversación, que estaba al tanto de nuestros propósitos. Y después de fijar las posiciones nos despidió, señalando él la fecha en que iríamos a tratar todo el asunto con el Ministro de la Gobernación. Con la franqueza del hombre seguro de sí mismo nos declaró que el asunto le parecía interesante y que si la Compañía que representábamos venía con buenas ideas, España le otorgaría la concesión.

Quedamos encantados del General. El espectáculo de aquella sala nos había hecho temer una repetición de la visita para otro día, pero ahora la rectitud del gobernante nos hacía sentir en el camino del éxito. Después vi muy a menudo a Primo de Rivera, tanto en los salones madrileños como en los restaurantes públicos, a los que acudía frecuentemente sin ninguna escolta. Su figura dominaba en todas partes. Se rumoreaba que se casaría con una señorita Castellano, de origen cubano y con grandes intereses en Cuba, cuyo hermano era íntimo amigo mío. Frecuentaba, además, la casa de la Marquesa de Argüelles, dama muy activa en la sociedad madrileña, lo mismo que en la de Sevilla. En Nueva York yo había estrechado amistad, durante algún tiempo, con un joven miembro de la familia real, hijo de un general Borbón muy conocido a fines del siglo pasado. Además en España, para las personas correctas, la amistad es fácil, las puertas se abren con amable hospitalidad. Como yo era no sólo hombre de negocios sino también escritor, pronto estuve en contacto con Gregorio Marañón y Eugenio d'Ors, entre otros. Y como al mismo tiempo había ocupado la escena política con altos cargos, me encontré en bastantes ocasiones con personalidades de estas disciplinas, tales como el Conde de Romanones y el Conde de Atarés.

Después de sentirme en Madrid como en mi propia casa a pesar del corto tiempo de mi residencia, me llevaron a visitar a don Alfonso XIII, quien seguía gozando de una enorme popularidad, no obstante lo que podemos llamar el *shogunato* de Primo de Rivera. El Rey era hombre todavía esbelto, alto, delgado, con ojos sonrientes y llenos de vida. La quijada conservaba la marca distintiva de la Casa de Austria. Su conversación se tornaba fácil, diría íntima, al poco rato de dialogar, pues no sólo contribuía a ello con espontaneidad amistosa, sino que su voz misma, sonora y típicamente madrileña, invitaba al contacto humano. En una primera ocasión le visité en compañía de Sosthenes Behn, y la entrevista sólo tuvo por objeto la concesión telefónica. En esta ocasión Alfonso XIII se mostró más inteligente que todas las personas con las cuales habíamos tratado el asunto. No entró en tecnicismos, ni en pormenores que él desconocía, pero nos previno:

—Yo quiero asegurarme de tres cosas: que nuestra red de teléfonos sea igual a la mejor de Europa; que ningún empleado español sea declarado cesante; y que el dinero español tenga puerta abierta para entrar en esta Compañía.

Behn contestó que la nueva red sería la mejor de Europa, pues aplicaría todos los inventos conocidos hasta entonces, y que en lo relativo a los empleados, la planta no sólo mantendría asistentes, a pesar de su carácter automático, sino que dentro de un año o dos doblaría su número. Agregó que la Compañía reservaría un tanto por ciento para la dirección técnica y suscribiría sólo aquella parte de capital no suscrito en España. El Rey replicó:

—Pues considere que ya tiene la concesión en su bolsillo.

Esta frase era demasiado optimista, pues entre la concesión y nosootros estaba todavía Primo de Rivera, gobernante efectivo, y toda la Administración pública con sus habituales dificultades. Pero se debió a que el Rey no acusaba el golpe recibido, que yo califico de *shogunato* de Primo de Rivera. Como en el pasado, el Rey no hacía muchas referencias a la total autoridad parlamentaria de la Constitución alfonsina. Yo vi al Rey otras veces, especialmente en Sevilla, donde yo estaba acompañado de mi mujer. Su amabilidad en varias ocasiones hizo que fuéramos a las casetas donde bailaban los asistentes a la feria. Una tarde, a instancias de María Luisa, el Marqués de Viana quiso llevarme a presencia de la Reina para que la invitara a bailar.

—Mi querido Marqués —le contesté—, este acto suyo supera a toda cortesía imaginable, pero no puedo aceptar. Yo sé bailar bien, pero no con una reina, pues la única que he conocido en el trono es la de España. Si al dar vueltas de vals piso el pie real y Doña Victoria Eugenia lanza un grito, quedaré consagrado para el resto de mi vida como un campesino. Lo siento infinito, pero vamos a evitar peligros irreparables.

Viana, antiguo y fino cortesano, se rio mucho y se lo dijo a la reina. A lo largo del tiempo, María Luisa y yo la conocimos mejor y la hemos apreciado mucho.

Volvimos a España varias veces y los lazos de amistad de la primera época se reforzaron y ensancharon a tal punto que, durante la larga etapa que vivimos en Madrid, ya en nuestra edad madura, la consideramos como nuestra propia tierra. A la bondad proverbial de los españoles se unía la identidad de costumbres, de idiomas y de ideas.

Una vez nos pasó una aventura muy curiosa. Viajando en tren al ir al vagón-restaurante nos encontrábamos con el Rey, quien iba hacia el Norte de España. Nuestro vagón tenía comunicación con el vagón real, pero Alfonso XIII, por tener invitados, quiso comer en el comedor general. Los funcionarios habían reservado para el Rey y sus invitados las tres cuartas partes del vagón, cerrándolo además de manera que no podía verse en un lado lo que pasaba en el otro. Al entrar nosotros no había ninguna señal de presencia real. Pero al salir tuvimos que atravesar el carro pasando frente al rey y sus invitados. Alfonso XIII nos reconoció y saludó a cada uno de nosotros por su nombre.

El primero que rompía la marcha, pues nos dejaron salir a todos juntos, fue el actual duque de Maura, hijo de don Antonio. El rey agitaba la mano diciendo: "Adiós Gabriel". Luego a los Behn y a mí pronunciando en alta voz nuestros apellidos. Entre los numerosos invitados del Rey estaba la señora de Hearst, esposa del gran periodista americano (que por cierto ¡oh ironía! fue el que más agitó la opinión americana contra España cuando la guerra hispano-americana en 1898). Como yo conocía mucho a esta dama a la que había encontrado en varios salones de Nueva York, la saludé discretamente. Pero ella, todavía menos habituada que yo a frecuentar a la realeza, me saludó con efusión: "*Hello, doctor Ferrara. ¿Usted aquí?...*"

La concesión telefónica que nos llevó a España, una vez que actuaron los técnicos fue otorgada sin tropiezos. Más tarde dos hombres prominentes hicieron alusión a este negocio con poco respeto para ellos mismos, llevados por la pasión política. Uno de ellos, buen amigo mío, el novelista Blasco Ibáñez, habló de "corrupción de altos personajes". El otro, aún más grande señor de las letras españolas, don Miguel de Unamuno, reprodujo, en un libro suyo, unas palabras mías favorables al Rey, pronunciadas en contestación a las de tan ilustre escritor en una comida celebrada en casa del poeta Armando Godoy *. Don Miguel se sintió ofendido, al parecer, de que yo no aceptara su opinión de maestro eminente. Me calificaba, en su libro, de "antiguo anarquista" y hacía alusiones "al negocio de los teléfonos".

Dejando a un lado la opinión que el escritor español tenía de mí, ya que yo perdono a los vanidosos (es la gente que más sufre en esta ya atormentada vida humana), debo precisar que nunca, en ninguna parte del mundo, ha habido negocio más limpio que este de los Teléfonos en España. No solamente ocurrió que España no desembolsó un solo centavo, sino que no hubo ni una sola persona, por alta o baja que estuviese en la categoría social, que insinuara siquiera que se le tuviese en cuenta para algún beneficio o gratificación. Lo digo para rendir pleitesía y homenaje a la España de aquel entonces y a la memoria de los que intervinieron en este negocio.

Más tarde, en París, cuando la International Telephone and Telegraph trataba de comprar alguna fábrica de aparatos y pretendía establecer una red de comunicaciones de larga distancia que enlazara a diversos países, se nos presentó la posibilidad de obtener una concesión italiana. Mussolini había conquistado ya el poder. El Parlamento mismo dependía de él. Ibamos a saltar de Primo de Rivera a Mussolini. Bajo el mando de uno y del otro funcionaba un sistema fundamental de gobierno personal,

---

* Armando Godoy y Agostini, miembro de una distinguidísima familia cubana, fue Vice-presidente Ejecutivo del Banco Español de la Isla de Cuba, cuando José Marimón era Presidente. Al retirarse se situó en París, y se dedicó a la literatura. Era un buen poeta, y dominaba el francés.

pero con la diferencia radical de personas. A la sonrisa cordial se sustituye la mirada truculenta; a la cortesía, la severidad; a la comprensión fácil, la sospecha; al perdón o la cárcel suavizada por el descuido, la sangre y los métodos repulsivos. En fin, el primero un gobierno de tipo paternalista y humanitario, y el otro el del mando total, absoluto, iracundo, que recordaba las más oscuras épocas históricas. Por fin un día los hermanos Behn y yo abandonamos España para dirigirnos a Roma.

Recuerdo que Mussolini nos recibió un domingo de mañana, en el Palacio Chigi, en un salón en uno de cuyos ángulos, cerca de una ventana, estaba su elegante y pesado escritorio. Entramos y llegamos hasta cerca de él, que siguió despachando asuntos con un empleado que afectaba tener prisa. Entonces Mussolini, con mucha calma levantó los ojos y posó una mirada sobre nosotros, que estábamos a unos tres metros de distancia. Saliendo por un lado de la mesa vino a estrecharnos la mano. Los visitantes éramos solamente Sosthenes Behn y yo. Mussolini volvió a tomar asiento. El ujier nos dio dos sillas y quedamos separados sólo por el ancho y solemne escritorio.

Después de exclamar en italiano: *"Ebbene"*. (Pues bien)... siguió en inglés diciéndonos que como nuestro proyecto era de interés común, estaba dispuesto a tratar... Pero en el curso de estos breves momentos cambió el idioma, continuando en francés. Yo reconocí que en esta lengua se desenvolvía con mayor facilidad. Su locución era perfecta, aunque lenta, y tenía en la mano un cortapapel con el que llevaba el compás ordenado de lo que iba diciendo. Hablamos largamente. Sin comprometerse en cuanto a las otras condiciones, él quería que de antemano supiésemos que la concesión de las tres "Venecias" no formaría parte de la concesión general. Justificaba esta pretensión en sus principios antimonopolísticos, y sobre ese tema hablamos en abundancia. Yo le contesté franca y directamente que no creía que su tesis fuera exacta, pues con ella lo único que se alcanzaría sería constituir dos monopolios: uno, el llamado de las tres Venecias y otro, el del resto de Italia.

Entonces empezó a hablar de "dividir en dos la Península". Tanto Behn como yo tuvimos la impresión de que pensaba por la primera vez en el asunto, y que había que presentárselo por medio de técnicos de su confianza, evitando así que se formase un concepto errado que podía mantener después sólo por motivos de amor propio. Apresuramos el fin de la discusión diciendo que todo lo que él decía se podía tomar en cuenta, que tanto él como la Compañía tenían interés común consistente en que se prestase un servicio perfecto, como no lo había mejor en el mundo.

El ya "Duce", llamó a un empleado y nos indicó que el día siguiente viéramos a Di Cesaro, un noble siciliano que era su Ministro de Comunicaciones. Mussolini lo hizo con toda energía y decisión. Entonces salió del ángulo en donde tenía un asiento, atravesó la larga mesa con paso de caballero de alta escuela y vino hacia nosotros. Vi entonces que estaba vestido como para montar a caballo. Creí útil decirle algunas palabras que no fuesen del negocio:

—Excelencia, usted hace el mejor *sport* que existe en el mundo.

—Sí —me contestó—, es útil y agradable. Probablemente usted también.

—Sí, Excelencia, todos los días menos cuando estoy de viaje.

Y al despedirnos, asumiendo una actitud severa, y engolada la voz, nos dijo:

—Nos volveremos a ver.

Estas palabras nos dieron la ilusión de que el negocio sería fácil, pero no fue así.

Las discusiones se iniciaron. Di Cesaro era un perfecto gentil hombre, pero la burocracia técnica contrariaba la operación. Fuimos a Milán y constituimos un Comité de estudio, en el cual yo representé a la International Telephone and Telegraph. Los otros miembros eran Giovanni Agnelli, el creador de la Fiat; Feltrinelli, hombre de enorme fortuna interesado en el negocio de maderas; Piero Pirelli, de la gran Casa de Neumáticos italiana, y estaba presidido por el profesor Motta, presidente de la Edison, Compañía de Electricidad. Pero las sesiones se eternizaban y yo decidí retirarme de la negociación, contra la voluntad de todos mis amigos. Mis aspiraciones se orientaron hacia otras actividades y no acudí más a las sesiones del Comité.

En Roma obtuve una audiencia de despedida con el jefe del Gobierno, yo solo, ya que los Behn habían vuelto a París. Al dirigirme la palabra Mussolini comenzó usando el francés, y seguimos conversando en esta lengua. Tratamos el asunto telefónico, asegurándonos recíprocamente que sería más fácil de negociar dentro de pocos meses. En cierto momento Mussolini me dijo:

—*Lei e italiano. Parliamo italiano.*

—Con mucho gusto.

—Conozco su pasado, sus actividades de estudiante y sus éxitos de Cuba. Conozco todo lo de usted.

—Agradezco a su Excelencia el haberse ocupado de mí.

—Hay que rehacer a Italia. ¿Qué piensa del fascismo?

Esta era la pregunta que no quería que me hiciera ni él ni nadie en Italia, no porque no supiera desviar la dificultad con algunas palabras amables, sino por el temor que tenía a que se exagerase cualquier frase benévola en los periódicos, creándome una posición desagradable con mis amigos de la primera juventud, que yo quería muchísimo, como Nitti, Labriola, Magheri y tantos otros. No obstante contesté:

Cap. XI. *Nitti - D'Annunzio - Mussolini - Primo de Rivera - Calles*

—El fascismo es un hecho nuevo que la historia juzgará.
—La historia lo ha juzgado ya, porque el fascismo es ya un hecho.
—Sí, Excelencia, es un hecho que la historia debe confirmar... y que confirmará probablemente.
—Sí, sí, ciertamente. Ya está confirmado.

Y me saludó repentinamente. Pocas veces, con tan poco esfuerzo, he quedado más satisfecho de mí mismo. Ningún periódico trató de esta visita, a pesar de que estábamos en una época de euforia en la que cualquier frase de un extranjero o persona popularmente conocida, pronunciada en una entrevista con Mussolini, era abultada, cincelada y embellecida. Era el primer período del triunfo fascista.

En los años posteriores he tenido, a través de dos personalidades de la política, la oportunidad de volver a hablar de Mussolini. Fueron Grandi y Ciano. A Grandi lo he admirado siempre. Era hombre amable y de carácter firme. Poseía buena inteligencia, fácil comprensión y recto juicio. Lo observé en diferentes situaciones, cuando venía a la Sociedad de las Naciones, cuando fue Embajador en Londres y cuando fue Ministro de Negocios Extranjeros. Por cierto que recibí de él una notable carta desde Lisboa, a la cual contesté con afecto especial porque era la hora de su caída. Y lo vi por última vez en el Grand Hotel de Roma, respetado por todo el mundo.

A Ciano lo conocí en China, y lo traté ampliamente en la Conferencia de Londres. Más tarde, en rápidas entrevistas, hablamos siendo él ya Ministro de Negocios Extranjeros. Su caída y su muerte me consternaron. Era hombre formado por los acontecimientos. Poseía indiscutible raciocinio y buen sentido. Sin embargo, creo que bajo otro régimen no hubiera hecho la carrera que hizo. Cuando le vi la primera vez, estando yo de paso en Roma, mostraba una sonrisa suave en una cara redonda, que hacía pensar en los *"anglioletti"* con que los pintores antiguos decoraban las iglesias. Cuando le vi la última vez, algunos días antes de la célebre reunión de Munich, él salía de una comida ofrecida a varios jefes árabes. Me saludó con mirada de *condotiero,* el sombrero inclinado a la izquierda, con severidad en el rostro y en el aspecto. No le vi más. Su muerte fue al mismo tiempo un acto de brutalidad alemana y una cobardía incalificable de Mussolini.

Creo que el fascismo fue un gran mal para Italia. Y constituye un error creer que si bien la dañó en lo político, la benefició en lo económico. Las estadísticas no confirmaron los beneficios pretendidos. Fue preciso que volviera la libertad (aunque acompañada por los agravios de una derrota) para que el pueblo italiano emprendiera un vuelo económico caudal, al cual le dan derecho su inteligencia y su actividad. El embellecimiento de las ciudades es un acto de buena voluntad de los dictadores destinado a perdurar su vanidad, pero no un auténtico mejoramiento general.

Durante estos años dedicados a la International Telephone and Telegraph (de 1919 a 1924) realicé otro interesante viaje con los hermanos Behn y con los mismos fines que los anteriores a España e Italia. En esta ocasión no tuvimos que atravesar el Océano. Se trataba de México, durante el período presidencial del General Calles. El país había sufrido constantes revoluciones y se encontraba en el inicio de un gobierno que no podía llamarse regular y normal según los principios democráticos, pero "bastante ordenado". El General Calles era hombre recio, severo y firme. Yo pensé al verle por la primera vez, que física y moralmente era el hombre que México necesitaba. Yo había conocido a muchos mexicanos comprometidos en las contiendas fratricidas, y refugiados en Cuba desde los tiempos de Porfirio Díaz. Los había apreciado a todos. A algunos les procuré trabajo en mi empresa. En los días del viaje a que me refiero, ya hacía tiempo que la vida política no imponía al mexicano el ostracismo o el exilio.

La impresión que me produjo México fue bastante original. Yo comprendía bien al mexicano, con todos los que conocí me entendí como si fuesen de mi propio país. Pero, en conjunto, tanto a la masa popular como a los órganos administrativos, no los entendía. Cuando observé la vida pública, las conclusiones a que llegué no eran las que esperaba. Después, cuando he viajado por las regiones orientales del globo, he llegado a la conclusión de que el mexicano, después del japonés, es la persona que valoriza los sentimientos en la forma más opuesta a como lo hacen las razas que pueblan el Occidente. Cuando trate de mi visita al Japón, explicaré este punto. Por el momento basta decir que cada mexicano de por sí, me encantaba, pero que no me atraía ningún acto colectivo: ni la llamada sociedad, ni los banquetes, ni los hoteles, ni los restaurantes, y menos los clubes o las recepciones oficiales. Yo estaba intrigadísimo para esclarecer este misterio. En la conversación entre dos personas todo era normal, pero en cuanto había varios, siempre surgía la paradoja.

No puedo decir que "conocía" a México esta primera vez que lo visitaba, pero reafirmé todas mis viejas amistades e hice otras nuevas. Encontré allá a hombres de distintas opiniones, de opuesta fe, de criterios disímiles, pero con alta elevación intelectual.

El resultado de nuestra misión fue favorable. México, extraño también en esto, dio dos concesiones telefónicas, pero en tal forma que resultaba difícil hablar por teléfono en aquel país. Sólo después de pasados muchos años las dos empresas se fundieron.

En uno de los viajes que después hice a México, el General Calles ofreció un banquete al cual fui invitado. María Luisa estaba a la derecha del

General Calles; yo con tres personas por medio, frente a frente al General Amaro, Ministro de la Guerra. El banquete se desenvolvía normalmente, los platos seguían unos a otros, cada vez más pimentosos, cuando se sintió el ruido de una silla que se desplomaba y vimos desaparecer de la mesa al General Calles. El General, ayudado por mi mujer, se levantó pronto, pero pensando en un atentado muchos ya habían empuñado los revólveres, de los cuales nunca se desprendían, y estaban de pie, listos a defenderse. El General Amaro, de líneas perfectas, estaba delante de mí con el revólver empuñado en la mano derecha, por suerte dirigido al techo. La risa no habitual en Calles tranquilizó a todo el mundo, los revólveres volvieron a sus fundas y el banquete continuó como si tal cosa...

La concesión mexicana fue de éxito fácil, como había sido la española, y con ella inició la Compañía sus excursiones hacia los países del Sur: Uruguay, Argentina, Brasil...

Yo me retiré de los negocios. Por segunda vez mis amigos me consideraron como un suicida. Había alcanzado los cuarenta y siete años, rebosando juventud, habiéndome labrado una situación privilegiada, de manera que por retirarme de los negocios me consideraban un demente. Yo no sólo tenía aptitudes para tratar, sino que había alcanzado fama de desinteresado y de escrupuloso cumplidor. Pero una mañana descubrí que no tenía más interés en seguir haciendo dinero. María Luisa, mi compañera, era en esta materia aún más recalcitrante que yo, porque pensaba que el mucho dinero tiene influencia deprimente en el campo moral.

En fin, contaba el hecho que después de 1920 dejé de residir en Nueva York, aunque durante cuatro años más gestioné grandes negocios, entre ellos la liquidación de un gran Banco de Cuba.* En la operación perdieron dinero diecisiete bancos de los Estados Unidos. Para mi satisfacción debo decir que el representante americano, señor H. B. Erninger, al retirarse de Cuba, me dijo: "que gracias a las gestiones mías en la liquidación, habían perdido tres veces menos de lo previsto".

Defendiendo a los propietarios cubanos evité que fueran vendidos en pública subasta los bienes de los que acudieron a mi oficina en busca de un defensor. Recuerdo siempre con agrado una victoria judicial en el Alto Tribunal de Justicia, el cual reconoció que el valor dado a los bonos que garantizaban el préstamo representaba el límite máximo que el prestamista podía reclamar si eran adjudicados los bienes gravados por dichos bonos. Con esto se evitaba que la desvalorización producida por la crisis cayera única y totalmente sobre el que había contraído el préstamo.

Cuando me retiré definitivamente de mi oficina de abogado, la dejé en

---

* Banco Mercantil Americano de Cuba. El Banco se vino abajo a causa de la baja del azúcar, que de 23 centavos libra descendió a menos de dos centavos. Se trataba de la crisis de 1930.

plena actividad, a pesar de la muerte precoz de mi ilustre compañero Pelayo García, figura de gran respeto, honorabilidad acrisolada y valiosa práctica forense. Mi otro compañero, Luis Octavio Diviñó, al saber mi decisión me manifestó que se retiraría conmigo. Yo estuve muy ligado a Luis Octavio. Era sobre todo un estudioso. Había salido del Tribunal Supremo, del cual era ilustre miembro, para entrar a formar parte de la firma "Pelayo García y Orestes Ferrara". Al venir él, decidimos que se le añadiera a la firma el nombre muy respetable de Luis Octavio Diviñó. Al retirarme yo, Diviñó se retiró también.

Esta separación de mi Oficina, en la que había pasado tantos años, el decir adiós a tantos compañeros que cooperaron con nosotros y el simple hecho de separarme de los empleados que con el tiempo llegaron a sentirse como miembros de una sola familia, me produjo mucha pena. Del grupo que trabajó con nuestra firma surgieron ilustres letrados y algunos fueron relevantes servidores del bien público. De aquella casa de recíproco amor surgieron un presidente de la Convención Constituyente, un alcalde de La Habana, varios miembros del Colegio de Abogados y hasta un candidato presidencial.* Si no hubo mayores triunfos en el campo de la vida pública, fue consecuencia de la degeneración política de los tiempos que vinieron después.

Al retirarme poseía buena fortuna, suficiente para realizar lo que dijo Schwab, el gran industrial norteamericano: que "al dar no tenía que pensar en el *haber*". Liquidé la mayor parte de mis intereses azucareros y puse en algunas compañías el dinero que cobré, pensando que era mejor darle buenos administradores, y compré otros valores. Cuarenta años más tarde nos despojaron de casi la totalidad de lo que poseíamos María Luisa y yo, sin leyes, sin juicio, sin recibo, sin cuenta, sino simplemente entrando en nuestra casa y abriendo nuestra caja del Banco, apoderándose así de todo lo que contenían. Y para mayor escarnio se quedaron hasta con nuestra morada.

---

* El presidente de la Constituyente y más tarde candidato a la presidencia de la República es el doctor Carlos Márquez Sterling, y el alcalde de La Habana, eminente profesor de Derecho Civil, de la Universidad de La Habana, hoy de la de Río Piedras, en Puerto Rico, es Alberto Blanco.

Cuarta Parte

Capítulo XII

UN PERIODO DE FRUCTIFERA TRANQUILIDAD

Volví a Cuba, como he dicho, acompañando el cadáver del General José Miguel Gómez, mi jefe directo de la guerra, el hombre que he respetado más después de mi padre. Poseía grandes virtudes. Serio, firme y sin embargo tolerante y compresivo, era adorado por su pueblo. Tuvo siempre el apoyo de su mujer, que lo alentó en las horas peligrosas de la guerra y suavizó su espíritu en las difíciles alternativas del gobierno. Vivió rodeado de una familia joven con numerosos hijos, que alegraban su hogar, en el que permanecía todo el tiempo menos cuando el bien público lo reclamaba en actos o excursiones políticas. Sin embargo, sin vanidades, rechazó todas las insinuaciones de los que, o bien por afecto, o bien por interés, querían verlo reelegido. Declaró, con energía que no admitía réplicas, que si todo el pueblo cubano le pidiera fuese a la reelección, se negaría igualmente, porque consideraría al pueblo fuera de su juicio. Murió el 13 de junio de 1921, exiliado en un hotel neoyorquino.

Por pura casualidad yo llegué a Nueva York pocos días antes de su fallecimiento. Y luego seguí para La Habana en luctuosa escolta. Su entierro fue la manifestación de duelo mayor que he visto. En honor de Cuba diré que le acompañaron a la última morada hasta los que habían sido sus peores adversarios. Nuestra Isla no estaba entonces dividida en facciones. Luchábamos con excesiva pasión, pero reinaba en el ánimo de los combatientes el señorío, expresión de la España de los tiempos heroicos...

Sin embargo, no puedo dejar de anotar, con dolor, que no he oído nobles y nutridos aplausos en favor de su antirreeleccionismo, cuando del reeleccionismo han venido todos nuestros males.

Al regresar a Cuba en esta ocasión penosa, me quedé y fui a ocupar mi escaño en la Cámara. Yo había sido elegido contra mi voluntad durante mi estancia en Nueva York, en los comicios de 1918 y, por tanto, me quedaban casi dos años por cumplir en mi cargo.

El Parlamento que encontré no era ya el que me era familiar. Algunos de los principales personajes que habían ennoblecido la Asamblea no habían vuelto. Los nuevos no estaban a la altura de los que sustituían. Las conversaciones amenas y eruditas de Lanuza, de Collazo, de Mario García Kohly, de Bruzón, de Cortina y de tantos otros en nuevos labios se habían convertido en cuentos droláticos. El máximo de mi indignación interna estalló un día, cuando un joven diputado exclamó refiriéndose a una discusión en la sesión que terminaba:

—No me vengan con tanta honorabilidad. La elección me ha costado mucho dinero y yo me tengo que reintegrar.

Decidí firmemente, en mi corazón, no volver a presentar mi candidatura. La Cámara había terminado para mí. Sin embargo, no me retiré al instante porque había en discusión tres o cuatro proyectos de ley con signos evidentes de corrupción. Para combatirlos habíamos formado un grupo de seis o siete miembros, que yo dirigía. No quise abandonar este puesto de honor, aunque de peligro, ya que en efecto, en cierta ocasión fui salvado de la muerte por un joven miembro de la Cámara, quien pocos años después, a su vez, debía morir trágicamente. Me refiero al más joven de los Freyre de Andrade.* El hecho es que un representante conservador que no tenía tranquila la conciencia, tratando de hacer ver que libraba a la Cámara de un adversario político, ya que yo era liberal, daba la vuelta al hemiciclo por la puerta trasera y pasaba a espaldas mías mientras yo pronunciaba un discurso desde mi escaño. Freyre de Andrade lo vio y con rapidez se le echó encima, también pistola en mano. Yo seguí hablando porque no me di cuenta exacta de lo que pasaba. El delincuente, que tenía otros crímenes del mismo género en la conciencia, días después se me acercó, conducido del brazo por Freyre, para pedirme perdón.

Freyre, Miguel Mariano Gómez, hijo del General José Miguel Gómez, Enrique Mazas (luego íntegro magistrado), Raúl de Cárdenas y otros tres o cuatro miembros de la Cámara, me respaldaban en el combate que libramos para impedir el triunfo de más leyes que considerábamos inspiradas por la corrupción. Una sola sesión duró desde las tres de la tarde, sin interrupción, hasta las ocho de la mañana siguiente. Estas largas horas fueron dedicadas solamente a cuestiones previas de orden formal. A las ocho empecé a tratar el fondo del asunto en un discurso movido. El Ge-

---

* Gonzalo Freyre de Andrade, varias veces representante a la Cámara por el partido conservador, hermano del general Fernando, de los mismos apellidos, citado muchas veces en estas memorias.

neral Guas, que en las ocasiones difíciles intervenía para evitar conflictos, pidió la suspensión del debate y la suspensión de la sesión. En aquella legislatura la Cámara no volvió a reunirse. Resulta muy instructiva la lectura de sus últimos debates en el *Diario de las Sesiones.* En este período, de 1920 a 1924, mostró su máscara la corrupción encarnada en un grupo de individuos que no sentían ni el pudor de que otros supieran que estaban vendidos. Ya el predominio de los hombres de la Revolución había terminado. Los descendientes de los viejos reaccionarios, *guerrilleros y voluntarios,* como se les llamaba durante la guerra, vinieron a sustituirlos.

En el año 1922 tuvimos las elecciones parciales de Representantes. Mi mandato venía a término. Carlos Mendieta y yo fuimos a la Asamblea provincial juntos. Una Asamblea en la cual en otras épocas encontrábamos a viejos amigos. En ésta había sólo algunas nobles figuras aisladas. El General Machado, el Coronel Méndez Peñate creían dominar aquel ambiente, pero ambos eran dirigidos por un joven que valía mucho, sobre todo en el arte de la maniobra política: Clemente Vázquez Bello. Hay que saber que Vázquez Bello, con su inteligencia flexible había sometido a su voluntad no sólo a los liberales, sino también a los conservadores. Desde esta época inició la que más tarde se llamó el *cooperativismo,* o sea la unidad subterránea disimulada de los dos grandes partidos cubanos, el liberal y el conservador. Manuel Rivero, por ejemplo, senador y conservador y alma de su partido, se entendía con Vázquez Bello en mejores términos que con sus correligionarios Méndez Peñate y Gerardo Machado.

Aun antes de llegar al local en donde debíamos reunirnos, preconicé que aquella no era una asamblea. En todo el edificio no había una sola habitación que pudiera contener la cuarta o quinta parte de los participantes. En efecto, no se presentó una sola idea. No obstante una antigua querella que yo había tenido con Vázquez Bello, éste vino a ofrecerme todos los votos de la Asamblea y hasta la elección popular. Agradecí aquellos ofrecimientos, así como los de Machado, Santiago García Cañizares (que había sido miembro del Gobierno Revolucionario hasta 1897), de Roberto Méndez Peñate y, en realidad, de todos. A Mendieta no sólo se le hicieron iguales ofrecimientos, sino que Vázquez Bello, Machado y Méndez Peñate le ordenaron que no se mostrara en absoluto, lo que era una conjuración poco apreciable tratándose de un hombre popularísimo.

El incidente mío con Vázquez Bello, del cual había sido yo profesor y amigo, surgió a propósito de la primera elección del joven político, que era joven al punto de no llegar a los 25 años fijados por la ley para poder entrar en el hemiciclo.* Vázquez Bello había sido proclamado por la

---

* El problema de la edad de Clemente Vázquez Bello, era muy interesante. Vázquez Bello no tenía los 25 años el día en que fue electo (1 de noviembre de 1910) pero sí los tenía el día de la toma de posesión (primer lunes de abril de 1911). Con

Junta electoral, pero la Cámara debía resolver su caso, por haberse presentado la consiguiente protesta. Yo presidía la Cámara, y Vázquez Bello, contando demasiado con su habilidad, solicitó defender su caso personalmente. Lo hizo con poco acierto. Atacó vigorosamente a varios, entre ellos a uno de los grandes electores del Partido Liberal, mi amigo, el doctor Sánchez del Portal. En lugar de tratar del caso jurídicamente y con modestia, se mostró incómodo y desdeñoso. Al llegar la votación yo propuse que se votara por partes una moción, la que dicté con la anuencia de la Cámara. Me decidí por tal fórmula porque en la propuesta se alegaba no sólo la cuestión de la edad, sino también la nacionalidad de Vázquez Bello. Pero éste, ofuscado por ser aquel debate su primera prueba, rechazó de pleno mi fórmula. Acepté su voluntad y retiré cuanto había dicho, rogándole que propusiera él mismo las bases sobre las cuales se debía votar. Inexperto y debiendo redactar la propuesta en público y con rapidez, equivocó todo el problema. La Cámara virtualmente votó en contra suya, principalmente por su discurso. El interesado acudió al Tribunal Supremo en recurso de inconstitucionalidad. Este, al enterarse de los "considerandos" de la Resolución, parece que estuvo inclinado a darle la razón. Pero terminó por no hacerlo, debido a que le era imposible resolver el caso dado el voto de la Cámara. Recuerdo este hecho por lo que dijeron los periódicos, pero nunca leí la Resolución del Tribunal Supremo.

La amistad con Vázquez Bello se afirmó después fácilmente y tuve por él simpatía personal y admiración. Era excelente persona, caballero perfecto e incapaz de hacer daño a nadie. Durante años fuimos íntimos amigos. Su asesinato, debido a motivos políticos, fue un acto bárbaro, supremamente injusto. El hecho de que yo fuera adverso a su método de prepararlo todo entre bastidores, no me impide juzgar el vil asesinato de que fue víctima.

Detrás de la Asamblea Provincial de 1922, en Santa Clara, se escondían las próximas elecciones presidenciales. Había que eliminar a Mendieta porque era el candidato de la mayor fuerza electoral. Había que dar popularidad a Machado, que ya la tenía, sólo que nadie recibió con entusiasmo las voces lejanas de su candidatura. Y algo más: había que hacer entrar en la política a Roberto Méndez Peñate, que de fallar Machado, como lo esperaba el propio Méndez Peñate, podría sustituirlo. Me retiré de esta Asamblea después de un duro discurso, en el cual manifesté que no quería de ninguna manera ser candidato a la Cámara. Que me quedaría en el Partido, pero que no aprobaba el nuevo método usado.

El Partido Liberal se encontró muy pronto dividido en dos campos, uno que seguía al General Machado y el otro al Coronel Mendieta. Hasta

---

estos hechos, Vázquez Bello adquirió una gran popularidad entonces, y fue electo dos años después.

a Italia vendrían a buscarme para que declarara a cuál de las dos candidaturas iba mi preferencia. En un artículo en *El Diario de la Marina* salí de apuros diciendo que Mendieta era el más popular. A mi regreso actué en su favor. Es más, fui el Presidente del Comité de esta candidatura. A mí me era muy penoso ponerme frente a Gerardo Machado, no sólo por sus antecedentes de jefe revolucionario, sino por la íntima amistad que nos unía. Sin contar con la particularidad de que vivíamos el uno frente al otro, en un barrio que entonces se iba formando en las faldas de la loma de la Universidad, y que nuestras familias eran íntimas. Para que los lazos que nos ligaban fueran completos, yo era abogado de dos amplios negocios que tenía Machado y él era administrador general de unos bienes míos, consistentes en la Planta Eléctrica de Cienfuegos y de participaciones en otras plantas eléctricas que el propio Machado poseía. En fin, Machado facilitó mis deseos, o sea, favorecer a Mendieta con toda decisión y lealtad, y al mismo tiempo no dañarlo a él. Una mañana, muy temprano, a eso de las seis y media (entonces los hombres públicos madrugaban) vino a mi casa Gerardo Machado, acompañado por el distinguido cubano Jesús María Barraqué, que luego fue su Ministro de Justicia. Tomando el café, yo me deshice en explicaciones sobre mi actitud favorable a Mendieta. Machado me interrumpió:

—No digas una palabra más. A eso vengo. Vengo a agradecerte que tú seas el alma de la candidatura de Mendieta. Esta actitud tuya responde a mis intereses. Yo necesito que, de vencer yo dentro del Partido, Mendieta con su grupo, que en todo caso será formidable, no se separe del Liberalismo ni se retire de la lucha, sino que siga luchando por el triunfo del candidato legal. Y el hombre que sabe hacer esto eres tú.

Yo aseguré a Machado que de triunfar él en la Asamblea preelectoral del Partido, tendría en las elecciones el apoyo más completo. Así sucedió y Machado fue Presidente, derrotando al General Mario Menocal, que se presentaba por cuarta vez como candidato al cargo.

En esta ocasión pude prestar un servicio al País, servicio que ha quedado en la sombra. El doctor Alfredo Zayas, que era Presidente de la República, había sido amigo mío en otros tiempos. Luego yo le combatí duramente en el *Heraldo de Cuba*. La falta de honorabilidad administrativa fue el motivo de mi fuerte campaña. En un momento grave de su presidencia, cuando el Tribunal de lo Criminal debía procesar a su hijo, el doctor Zayas me llamó, encargándome la defensa, acepté. Tuve éxito y rehusé los honorarios. Por todo eso quedamos en buena armonía, especialmente guardándonos respeto recíproco.

En tales condiciones, un día Roberto Méndez Peñate me invitó a ir a ver al doctor Zayas para tratar de las elecciones. Acepté rápidamente porque yo creí que se trataba de conseguir el apoyo electoral de Zayas

Hacía años que no visitaba los salones presidenciales, y menos aún de noche. No se trataba sólo de Méndez Peñate, sino que éramos diez o doce. Empezó la discusión sobre la campaña electoral. Se argumentó sobre la fuerza electoral del General Menocal. Se progresó tanto que en un momento dado fue pronunciado el nombre del propio Zayas como candidato fácil de ganar si fuese esta vez apoyado por todo el Partido Liberal. Cuando comprendí que allí se iba a tratar, en el fondo, de la reelección de Zayas, pedí la palabra y declaré que había un error; dije que yo había ido allí con el propósito de invitar al doctor Zayas a que pasara a nuestro campo, que era el suyo de otros tiempos, pero que la hipótesis de una reelección estaba muy lejos de mí, como del grupo que yo dirigía, y que como allí se trataba de ella, me retiraba. Zayas me rogó que me quedara unos momentos. En los "breves momentos", que fueron largos, me enteré de que había otros *pour parlers* y que yo estaba allí porque el doctor Zayas había dicho "que sin mi presencia en una coalición ampliamente liberal, él no aceptaba la candidatura".

Yo he creído que el grupo liberal que actuaba así tenía ramificaciones con el **Partido Conservador**, que quería una votación en favor de Zayas como candidato único, apoderándose del Poder una camarilla liberal-conservadora a la cual no gustaba la periódica consulta en los comicios públicos. He creído esto porque más tarde los mismos elementos formaron, bajo Machado, el llamado cooperativismo, o sea la unión de los dos partidos. La presencia de Roberto Méndez Peñate, que no fue cooperativista, me la explico por el deseo que tenía de crear confusión, a fin de ser requerido él para unir a las distintas facciones bajo su candidatura. Los hechos son exactamente los consignados aquí, las hipótesis pueden ser inexactas. Zayas cerró la discusión amablemente, diciendo que había error, y con su flema habitual saludó a todos, dedicando a cada uno una frase de cortesía apropiada.

La reelección presidencial es una institución que ha provocado la degeneración política de los países latino-americanos. La renuncia de los cargos, especialmente los electivos, es cosa rara, mientras que en Europa es un acto que podemos calificar de demasiado frecuente. Mi aversión a la reelección la he pregonado en Cuba y la he propalado, especialmente en la América Latina, a través de la revista que dirigí en Nueva York por largos años, *La Reforma Social*.

Las elecciones traen a todos los pueblos un fermento que no favorece ni sus ideas morales, ni su bienestar económico. Pero son una necesidad, y diríamos que como sistema de gobierno representan el menor mal posible. Toda otra forma para cubrir cargos es peor que el sufragio universal. Por esto, cuando en tiempos de Fernando VII se gritaba "Vivan las cadenas", se revelaba una atrocidad. El vínculo del gobernante con

CAP. XII. *Un período de fructífera tranquilidad*

el gobernado, que no logra formarse a través de las elecciones, resulta en cadenas. Y lo mismo sucede cuando se dice: "Elecciones ¿para qué?". Se quiere dar a entender que el Gobierno, o un individuo, goza del fervor popular de tal modo cierto, que resulta innecesario probarlo. En este caso no se toma en cuenta que las elecciones no son una ciega delegación de poderes, sino algo más elevado y complejo, algo que reúne la elaboración de los principios, el examen de las soluciones, el filtro benéfico del técnico, la contienda intelectual que esclarece y precisa, y tantos otros factores concurrentes al acierto. Por esto, las elecciones son elemento primordial de las democracias. Fuera de ellas hay formas impuras de gobierno, que se conocen con los nombres abyectos de Dictadura, Tiranía, Despotismo.

Pero unas elecciones que un Presidente organiza en su favor estando en el poder, o sean las reelecciones, resultan espurias en su propia esencia, ya que siempre dan indebidas ventajas a uno solo de los contendientes. El Presidente Zayas no fue a la reelección, imitando con ello al Presidente José Miguel Gómez, y el público cubano quedó tranquilo, aceptando con beneplácito el resultado de los comicios públicos.

En la lucha entre Gerardo Machado y Mario Menocal concurrí con gran vigor en beneficio del primero, después que éste, dentro del Partido Liberal, derrotó a Carlos Mendieta. Mendieta y yo fuimos a Santa Clara para asistir a la Asamblea con la esperanza de ganar un número equis de los miembros para la Asamblea Nacional que designaba el candidato del Partido Liberal a la Presidencia de la República. Teníamos buenas esperanzas porque el representante de nuestro grupo era nada menos que el Gobernador de la Provincia, nuestro querido Roberto Méndez Peñate. Pero la realidad fue que Mendieta, Méndez Peñate y yo fuimos los únicos, entre los cincuenta o sesenta delegados, que votamos por Mendieta; los demás favorecían a Machado.

Entramos todos a la Asamblea. Saludos afectuosos, Vázquez Bello presidente. Mendieta se sentó en una esquina y Méndez Peñate en otra. Yo me situé frente al Presidente, decidido a no dejar hacer nada, ni a él ni a los demás, en materia de obstruccionismo. Lo digo con dolor, pero yo en este campo era superior a Vázquez Bello y a todos los de la Asamblea. Machado estaba sentado al lado de los delegados más modestos, y su hermano Carlos, un valerosísimo oficial de la guerra de la Independencia, se sentó a mi lado.

Durante cuatro horas no dejé que la Asamblea siquiera se organizara debidamente. Ponía reparos a todo. Una obstrucción demasiado clara. La reunión había llamado mucho público, casi todo favorable a Machado. Al entrar me habían aplaudido, pero ahora, después de algunos gritos entre bromas y amenazas, se empezó a oír el "Muera el italiano", al cual estaba ya acostumbrado. Carlos Machado pidió la palabra, quejándose de mi actitud. Yo contesté que "me explicaba la protesta en el hermano del candidato, pero que estaría mejor en labios menos interesados". En ese momento Gerardo Machado pidió la suspensión del debate por una hora. Cuando Gerardo y yo nos entrevistamos, me dijo riendo:

—¿Qué demonios quieres?

Le contesté:

—Cuatro delegados.

—Cencedidos —me contestó—, dame los nombres.

—Desde luego Mendieta, Méndez Peñate y yo, el cuarto nombre te lo daré luego.

Manifesté a mis dos compañeros de infortunio que había conseguido cuatro puestos, cuando no teníamos derecho ni a uno solo. Yo, en lugar de echarme a reír cuando Méndez Peñate que dijo que era mucho lo conseguido, pero que Mendieta necesitaba siete, le contesté:

—Muy bien, dame los nombres.

No me pudo dar ni el cuarto nombre, porque todos los miembros de la Asamblea declaraban que, de ser elegidos, votarían por Machado. De todos modos, tuve que apelar a un amigo personal, García Santiago, hermano de mi socio de bufete, el cual con permiso de Machado aceptó ser elector de Mendieta.

Como se ve, la situación no podía ser peor para nosotros, y sin embargo creo que, de haber habido una elección popular entre Mendieta y Machado, éste hubiera sido derrotado, especialmente si yo hubiese dado al primero, como estaba decidido a hacerlo, toda la jurisdicción de Cienfuegos, la más poblada de Las Villas, que entonces estaba toda a mi favor. La votación se hizo de acuerdo con el pacto y bien seguro estaba Machado de su victoria en la Isla, cuando nos regalaba cuatro puestos. Las muchedumbres, siempre vacilantes y fácilmente contradictorias, después de haber gritado "Muera el tialiano", me aplaudieron al salir.

Nuestra Asamblea había coincidido con una huelga ferrocarrilera. Mendieta y yo alquilamos un automóvil con la idea de ser llevados a Caibarién, para de allí trasladarnos en vaporcito costero a Santiago de Cuba, en donde se iba a celebrar una de las últimas Asambleas electorales para la elección presidencial.

A mi entender, en Santiago se decidía la victoria de uno o de otro candidato. Todo estaba fijado, cuando Mendieta empezó a quejarse "de haber dejado en abandono a su familia". Habló de Carmela, su excelente esposa, y de su hija Carmita, adorable muchachita. Yo le hice las observaciones del caso y él, con la discreción y la caballerosidad que le acompañaban siempre, apuntó que quizás yo solo haría con mayor éxito todo lo que debía hacerse.

CAP. XII. *Un período de fructífera tranquilidad*

Le hice notar que los pactos electorales hechos directamente podían considerarse firmes, siendo un poco como los de los antiguos Cónclaves, y que cuanto más reiterados, menos creídos resultarían mis ofrecimientos. En la conversación dejó caer el nombre de María Luisa, que también había quedado sola en La Habana. Mendieta insistió en volver a la capital y yo lo hice con él. Fue un viaje original, en auto, a través de caminos que nos hacían añorar las monturas de la guerra. Los dos habíamos sido mambises, y gozamos de aquella original excursión. Mendieta, como Menocal, no tomaba ningún interés en las cuestiones políticas. Fue hombre público porque el viento favorable lo empujó. Con cualquier otro hubiera hablado de la situación electoral, pero con él, durante los tres días que duró el viaje, sólo recordamos nuestra querida guerra de Independencia. Mendieta era un hombre bueno y esto siempre se le ha reconocido por encima de todo. Estaba, sin embargo, dotado de súbitos impulsos y tenía una fuerza hercúlea. Nuestra intimidad era fraternal, nos unió siempre un profundo afecto, en la guerra y en la paz. El había estudiado medicina y se había graduado al terminar la guerra de Independencia. Le gustaba recetar a los amigos las medicinas que creía les eran útiles. A mí me colmaba de recetas. Yo las compraba, pero antes de probarlas le exigía a él que lo hiciera. Se reía mucho y tragaba las píldoras junto conmigo.

Por culpa del descuido que he relatado, Mendieta no salió postulado candidato del Partido Liberal. No se presentó a la Asamblea, en la cual yo me limité a ejercer una oposición meramente formalista, ya que el propio candidato, considerándose vencido de antemano, abandonaba el campo.

Cumplí mi palabra dada a Machado. Todos los liberales nos unimos en un solo haz y le ganamos fácilmente al General Mario Menocal. Yo traté de llevarme al General Machado a visitar Europa. Pensaba que ese viaje le sería muy útil. El conocía sólo los Estados Unidos y México. Pero habiéndome prometido que haría un largo viaje de práctica administrativa, se negó después "por temor a algún golpe de Estado". Hasta entonces yo no había ni siquiera pensado en tal hipótesis. Oírlo en labios del nuevo Presidente me dejó deprimido. Yo me fui a Europa conforme había manifestado que haría desde antes de las elecciones. La política cubana iba decayendo. Nuevos elementos, apreciables sin duda, y quizás más cultos que algunos de los anteriores, ocupaban altas posiciones. En el Partido Conservador ahora brillaban Wilfredo Fernández, Antonio Rivero, Armando André, Lecuona, Vera Verdura, Santiago Rey y otros. Entre los liberales Clemente Vázquez Bello, Roberto Méndez Peñate, Celso Cuéllar, yerno del doctor Zayas, Recio y un número respetable de jóvenes que luego hicieron carrera, como Suárez Rivas, Zaydín y muchos otros que, habiendo estado en segunda fila, pasaban a la primera. En realidad, el nuevo elemento era muy capaz de gobernar el País, pero no tenía la misma fe en los partidos políticos ya creados, que la de sus anteriores dirigentes. Los miembros conservadores no atacaban ya a los liberales y existían ahora entendimientos particulares, que antes hubieran sido considerados una traición. En efecto, empezó el trasiego en los partidos y la política cubana cambió de aspecto.

Desapareció en primer término el lazo de unión entre el hombre público y sus electores. En nuestro tiempo, o sea el de mi generación, conocíamos a las familias de los grandes electores. Era una muestra de cariño y de buena memoria preguntar por la mujer y por los hijos de los que venían a recibirnos al pueblo cercano. El General José Miguel Gómez recorría toda la Isla preguntando por el estado de salud de sus conciudadanos, siendo en esto considerado como Teodoro Roosevelt, que tampoco olvidaba a quienes había tratado, aunque sólo fuera pocas veces. Era casi un deber del candidato visitar casas y bohíos, y a veces quedarse a comer con los más ricos propietarios. Desaparecieron otros hábitos más importantes, como por ejemplo los programas electores. En los tiempos más cercanos a la hora en que escribo, casi no hemos tenido programas, ni siquiera en las elecciones presidenciales. Además, los innumerables mítines de antaño se redujeron hasta alcanzar un número mínimo. Para mayor desgracia muchos hombres de algún bienestar personal, ya sea por su mayor actividad, o para evitar persecuciones del partido opuesto, se fueron retirando, haciendo caer el peso de la política local en manos de pequeños empleados o de algún favorecido del poder central, de la provincia o del municipio. Sin embargo, el golpe fatal fue dado a las Asambleas municipales y provinciales de los partidos cuando, a medida que disminuían de importancia y pasaban a ser de asambleas de ciudadanos a asambleas de empleados, dejaron de celebrar los grandes actos que despertaron la fe de todo el pueblo. Sus reuniones se hicieron en los bufetes o en algunas oficinas públicas, como entre amigos, y se acordaba lo que había dispuesto el cacique local, o el que mandaba desde la capital.

Volví a ver lo que ya había pasado en 1922 y en 1924, y preví el porvenir.

Un día atravesé la calle que separaba mi casa de la de Machado y fui a visitarlo. La sala del piso entrada estaba repleta de personas y subí la escalera como de costumbre, sin necesidad de anunciarme. Fui recibido al instante en la habitación del Presidente electo. Nuestra entrevista fue larga, larguísima, en daño naturalmente de los que esperaban turno. Recuerdo de aquel día todo lo que dije y oí, porque fue mi testamento de político activo. Anuncié a Machado que dentro de pocos días me embarcaba para Europa, e insistí para que, en su propio interés y en el de Cuba, viniese conmigo.

—Ver un mundo que desconoces te será útil para acertar en el gobierno de nuestro país.

Me explicó que el país no estaba tan ordenado y tranquilo como para dejarlo sin vigilancia. Machado pensaba seriamente que Cuba estaba en esas condiciones, pero yo, aun hoy mismo, después de muchas reflexiones, estoy convencido de que sus sospechas eran infundadas y revelaban, desde entonces, la suspicacia que después demostró tener en el Gobierno, y que ninguno de sus amigos le conocíamos. Zayas, con mil otros defectos si se quiere, era un jurista hasta en sus hábitos de vida. Y fuera de Zayas nadie hubiera tenido autoridad para un golpe de Estado. Además hasta este período, las revoluciones o actos de fuerza se habían intentado o llevado a cabo a base de que ninguno de los que concurrían a su realización podía ocupar el Poder. El descaro del asalto directo de la Presidencia vino bastante después.

Mientras yo le insistía que se alejara del país, Machado me manifestó que mi vuelta de Europa debía ser rápida, pues quería que ocupara un cargo en el Gabinete.

—Deseo —me dijo— nombrar Secretario de Estado a Bustamante, Secretaria de Justicia a don Claudio (Mendoza), a ti, Secretario de Gobernación, a Hernández Cartaya Secretario de Hacienda y en otras Secretarías a Averhoff, a Carlos Miguel (de Céspedes), al General Rojas, al General Delgado...

—Yo no puedo aceptar —le dije—, pero tu Gabinete es el mejor que se puede hacer. Temo, sin embargo, que no todos los indicados acepten el puesto.

Con su confianza habitual en lo que debía hacer, me dijo:

—Yo te ofrezco cualquier puesto del Gabinete, el que quieras.

Mi réplica fue literalmente la siguiente:

—Si Carlos hubiera salido electo (me refiero a Mendieta) me hubiera quedado fuera de Cuba más de un año; elegido tú, he decidido quedarme a lo sumo seis meses. Te ruego no me digas sobre este asunto ni una palabra más.

Le confié luego que había decidido retirarme de la dirección política de Cienfuegos. Le expliqué que Vázquez Bello estaba muy interesado en ocupar esa posición, pero que sus métodos no darían resultado allí. Le indiqué que Claret podría servir, pero que había que recomendarle que se mantuviera en contacto con el electorado. A este consejo Machado replicó:

—¿Y qué te parece mi hermano Carlos?

—Peor que ninguno —le respondí—, pues carece de carácter para eso.

Terminé recomendándole mucho que no interviniera en la política hasta ocupar el cargo, y que al ocuparlo se acordara de nuestras promesas electorales sobre la honorabilidad administrativa. Me contestó:

—Oye, Orestes, te aseguro; aún más, te lo juro: durante mi Gobierno ni yo ni nadie se llevará un centavo del tesoro público.

Nos abrazamos. He sido prolijo sobre esta entrevista porque vino inmediatamente un pequeño incidente, y también porque el gobierno de Machado fue objeto de mucho interés, tanto en su tiempo como después.

Mi opinión sobre el General Machado la daré extensamente más adelante. Yo creo que si bien cometió errores, en tesis general no faltó al propósito de honorabilidad administrativa que se había impuesto.

Al día siguiente de esta entrevista, en un periódico de La Habana apareció un artículo alusivo a mí en el cual se hablaba de que "los antiguos adversarios de Machado, ahora se le acercan para predominar", etc. Yo envié los padrinos al director y me batí con él. Era el doctor Santiago Claret. Este fue el último de mis duelos, el duodécimo, si es que no hubo alguno más que no recuerdo ahora. Mi duelo anterior fue con el General Rosendo Collazo, por cierto el único que no fue provocado por motivos políticos sino por noticia aparecida en el *Heraldo de Cuba,* no muy favorable a un familiar de Collazo. Pretendió el General que se hiciera una rectificación, a lo que me negué, por juzgarla injustificada.

Partí de Cuba, pues, una vez más. Atravesé el Atlántico por la vigésima vez. Visité con mi esposa el monumento histórico, de colosales dimensiones, que se llama Egipto, para luego, pasando por Palestina, llegar a Baalbeck, Damasco y los bellos lugares de la Mesopotamia, que proclaman la antigüedad histórica y la prehistoria. Yo no tenía un concepto exacto de la Historia hasta mi visita a este espléndido Oriente mediterráneo. Como la mayoría de los hombres hasta no hace muchos años, conocía el universo limitándolo a nuestro planeta, y conocí el pasado partiendo de los llamados primeros reyes romanos. Naturalmente, había adquirido conocimientos sobre el Egipto, la Mesopotamia, la India y el contenido del Viejo Testamento. Pero no había comprendido el largo período de las instituciones públicas y el vaivén de las ideas y de las acciones de los hombres de otros tiempos. Había, sin embargo, escrito ya sobre asuntos históricos y biográficos, un folleto sobre José Antonio Saco, un opúsculo sobre *Cicerón y Mirabeau* que trataba especialmente del temperamento moral de este último. Preparaba en esa época mi *Maquiavelo,* y como ya he indicado, había publicado *Causas y Pretextos de la Guerra Europea y Problemas de la Paz.* Frente a aquellas ruinas imperiales, al mismo tiempo respetadas y corroídas por el tiempo, hubiera querido tomar la pluma para interpretar su valor, su enseñanza a las generaciones posteriores, y especialmente a la nuestra. Me impresionó sobremanera el informe de un antiguo sacerdote que, dos mil años antes de Cristo, ya hablaba, barajando las mismas ideas y emitiendo quejas en boga después de la paz de 1918, sobre tópicos comunes a todas las sociedades tales como la elegancia cursi de los nuevos ricos, la degeneración de las clases altas y la desordenada audacia de las clases bajas. Los tres templos, cuyos muros sobre un mismo perímetro de tierra resisten en Baalbeck las tempestades de los siglos, perteneciente cada uno a diferente religión: uno dedicado a divinidades romanas, el otro una mezquita musulmana y el tercero un templo cristiano, me hicieron comprender, mejor que las lecturas de muchos volúmenes, la unidad de la religión y de la política, por ser ambas expresiones espontáneas de la cooperación humana. Con cuánto gusto me hubiera dado al estudio de la prehistoria, si no hubiese descubierto que tal estudio se limita todavía, en su mayor parte, a la investigación del conocimiento, que dadas las fuentes limitadas del mismo sólo tiene que ver en muy pequeña parte con las relaciones entre los hombres del presente.

De vuelta a Europa recibí una carta del Secretario de Obras Públicas, mi amigo Carlos Miguel de Céspedes, en la cual me pedía que volviese rápidamente porque él entendía que el doctor Hernández Cartaya abandonaría el Gabinete, y que para este puesto era indispensable un hombre como yo, de ideas nuevas, etc. Al mismo tiempo un amigo particular me escribía que Hernández Cartaya se oponía a los proyectos de Céspedes, considerándolos exagerados, y que Machado, previendo una crisis en su Gabinete, deseaba que yo volviera a Cuba. En toda la correspondencia que recibía de amigos particulares o políticos, los elogios al Gobierno de Machado eran copiosos y espontáneos. Toda la información que me venía de Cuba, tan diferente a la mortificante que he recibido más tarde, me alegraba en alto grado. Cuba, que es tan bella por su estructura geográfica, tan agradable por sus brisas, la hermosura de sus mujeres y el temple moral de sus hombres, se lo merecía. El cubano, en efecto, tiene un temperamento espontáneo, chispeante, alegre, decidido y abierto en todos los aspectos.

Pero yo no quería entrar en el Gobierno y no quería honores que no me viniesen sino de mi cultura. Rechacé todas las condecoraciones que me ofrecieron Países Extranjeros y no acepté más que los títulos académicos. Es por eso que le escribí a Céspedes diciéndole que el mejor Secretario de Hacienda que podríamos tener era Hernández Cartaya y que, en cambio, el peor sería yo. Pero que tenía que volver a Cuba, de todas maneras, porque yo era catedrático de la Universidad. En efecto, volví a La Habana pocos meses después.

Al día siguiente de mi llegada, Rogerio Zayas Bazán, Secretario de Gobernación —luego muerto por mano de un adversario político—, vino a verme para llevarme al palacio presidencial. "Machado te espera" —me dijo. "Pues vamos ahora mismo" —le contesté. Mi entrevista con mi querido compañero, que en aquellos momentos se encontraba en la cumbre de la popularidad, fue agitada pero amistosa. Siempre es interesante oír a un hombre hablar cuando disfruta de un éxito pleno y los vientos de la bienandanza mecen su espíritu y satisfacen su mente. Referiré brevemente lo que me dijo en aquella ocasión y las advertencias, digamos inoportunas, que le hice yo.

—No habrás tenido tiempo de informarte —me dijo—, pero habrás escuchado el aplauso que recibe la gobernación atinada, progresista y justa que vengo aplicando, con firmeza pero con benevolencia, a amigos y enemigos. Hoy no existe un solo oposicionista, todos colaboran conmigo. Ni un centavo del tesoro público se extravía. Ni se comete una sola injusticia. Así lo he ordenado y así se cumple. El Consejo de Secretarios no puede disgustarte. Ocho hombres de bien me acompañan en mis labores, pero yo trabajo más que ellos. De los ocho, hay cuatro que administran sus departamentos libremente, como éste (dijo señalándome a Zayas Bazán); a los otros cuatro los sustituyo por lo menos en la mitad de sus actuaciones. Ellos también son buenos, pero les falta práctica en el manejo de los asuntos públicos. Y para terminar, todos los cubanos saben que tienen en mí un defensor, y la prueba es que acuden a mí todos.

Notando mi silencio, Machado añadió sonriendo:

—Tú no lo creerás, pero arreglo hasta negocios y matrimonios. Yo quiero que Cuba viva en paz. La oposición, con Wilfredo (Fernández), Rey (Santiago), Rivero y otros, no existe porque ellos son mis mejores amigos.*

Y habló largo sobre la utilidad que necesariamente producía la unidad de los partidos, agregando que "su voluntad bien encaminada servía de consejo a todos, y que, cuando el caso lo requería, ordenaba a todos".

Yo continuaba silencioso. Al comprender, por mi silencio, que lo que él decía ser el bien supremo y el paraíso terrenal de los cubanos a mí no me gustaba, me dijo echándose hacia atrás en su gran butaca:

—¿Qué, no te gusta?

Le repliqué, usando la antigua franqueza que nos hermanaba:

—No, no me gusta, verás el porqué. El tuyo es ya un gobierno personal. Hoy las cosas van bien, tú eres el héroe nacional; pero mañana, cuando cambie su cara la Fortuna, tú serás el único culpable. Hoy, como he podido ver, apareces con excesiva insistencia en la prensa diaria, pero si hoy sólo te elogian y te alaban, mañana, en el siempre penoso mañana, también aparecerás, pero con maldiciones.

Le seguí diciendo que en Wall Street reinaba la aversión a la publicidad personal, porque todos temían los cambios de humor del pueblo.

---

* Wilfredo Fernández, Santiago Rey-González y Manuel Rivero, eran entonces los directores del partido conservador. Fueron ellos los propulsores del cooperativismo, doctrina que habría de terminar mal.

CAP. XII. *Un período de fructífera tranquilidad*

Brevemente diré lo que entonces fue largo discurso: que su gobierno personal, presente hasta en los asuntos privados, era el peor sistema que podía utilizar un hombre de Estado. Le recomendé todo lo contrario de lo que estaba haciendo, y le dije algo que en principio debía haber callado, pero que él mismo recordó en los años posteriores, repitiéndolo no sólo a mí, sino a otros:

—Oye, Gerardo, tengo miedo de que tu sistema de gobierno te haga salir un día de tu puesto de manera tal, tan mal, como ningún otro Presidente haya salido de no importa qué país.

Machado se echó a reír y la entrevista, que había durado dos horas o más, terminó allí. Al despedirme me dijo:

—Las puertas de esta casa estarán siempre abiertas para ti, como las de la loma. (Aludía a nuestras casas particulares).

Yo le contesté:

—Si no me llamas no volveré, porque conozco las envidias corrosivas de los que adulan al que manda.

Después que volvimos a atravesar las salas presidenciales repletas de público, Zayas Bazán, con su manera peculiar de hablar repitiendo las frases, me dijo:

—Chico, chico, chico, es mejor que tú no vuelvas, no vuelvas, no vuelvas. Este hombre está ya muy engreído y tú estás fuera de ambiente. Terminarían por pelearse...

Yo no volví a Palacio, ni el Presidente me llamó durante más de dos o tres meses. Machado ascendía cada día más en la consideración del público. Cada vez que aparecía lo aplaudían largamente. En el teatro, especialmente, lo saludaban con ovaciones generales. El pueblo, usando este vocablo en el sentido más amplio, estaba ciertamente contento de un gobierno honrado.

Fue durante este período, en el que yo meditaba una retirada completa de la contienda política, cuando Carlos Miguel de Céspedes, Secretario de Obras Públicas, me comunicó su plan de urbanización con su proyecto de funcionamiento. Confieso que quedé horrorizado. Encontré innecesarios los gastos para la edificación de palacios públicos, y excesivos los de la carretera central. A los treinta y cinco años de distancia, recordando el espanto que me producían las cifras de aquellos gastos, veo con claridad meridiana que yo estaba totalmente equivocado. Y es que mis esperanzas eran las de colaborar al establecimiento de una República severa y modesta, con un mínimum de funcionarios estatales, y de un gobierno con presupuesto de treinta a cuarenta millones de pesos, como en los tiempos de la presidencia del General José Miguel Gómez. Creí, en los días en que estudié aquellos proyectos oficiales, que el público tenía razón cuando llamaba sarcásticamente a mi amigo Céspedes el "Julio Verne cubano".

Le contesté que debía suprimir la mayor parte de los edificios públicos que proyectaba edificar, y que en cuanto a la carretera central, debía hacer ampliar y mejorar la dicha carretera en los tramos estrechos o muy transitados, dejando como estaban los de poca circulación. Hoy pienso, en examen retrospectivo, que resulta incomprensible que aquella espléndida vía de comunicación para beneficio de toda la Isla no se hubiera hecho antes, y no se hubiera construido aun mejor de como él lo hizo. Una nación que no tenga comunicaciones internas, unificadoras de sus principales ciudades, no tiene derecho a vivir. La carretera central, cómoda y majestuosa, era un corolario de nuestra Independencia. Hasta su construcción, en efecto, las ciudades de Camagüey y de Oriente, es decir, la mitad de la Isla, tenían como capitales a Nueva York o a París y no a La Habana. Céspedes me dijo que me agradecía mis observaciones, pero que "si Cuba no podía hacer un empréstito de doscientos o trescientos millones y después pagarlo, sería mejor que no existiera".

Estas palabras hirieron mi espíritu como un sacrilegio. Pero el Gobierno siguió adelante con su promesa. Ni por un momento pensé, sin embargo, iniciar una oposición cualquiera a estas cifras, hasta entonces desconocidas. El favor público estaba del lado del Gobierno. Céspedes era un héroe. Y en verdad ocupaba ya, habiéndolo conquistado por decirlo así, de un salto, el segundo puesto en la Administración general.

No habían pasado tres meses cuando un día, a eso de las doce y media, se apareció Machado en mi bufete. Entró sin hacerse anunciar, recorrió todas las oficinas, abrazó a Antonio, el portero mayor, a las muchachas del teléfono y a las mecanógrafas, saludando a muchos de los abogados. Intrigado por el ruido que hacían me asomé y me encontré frente a frente con el mismo Presidente de la República, cuando creía que había entre nosotros alguna frialdad.

—Te vengo a buscar —me dijo— para que vayamos a almorzar a la casa de Julito de la Torre. María Luisa está avisada también y me ha prometido ir directamente.

Fuimos y almorzamos. De la Torre, por quien sentía yo un gran cariño, me anunció al terminar el almuerzo:

—Gerardo quiere hablar con usted, es mejor que vayan al piso alto.

Así lo hicimos y Machado me explicó largamente cómo él veía la situación del Partido Liberal. De sus observaciones resultaba la eterna historia, sólo que los candidatos a la Presidencia eran muchos y el cargo uno solo. Vázquez Bello, Carlos Miguel de Céspedes, Zayas Bazán, Barceló y otros estaban en plena actuación. Su impresión era que no tendría más remedio que aceptar, a la terminación de su período, la celebración de nuevas elecciones que lo reelegirían para la Presidencia.

Quedé sorprendido.

—¿Cómo? —le interrumpí—. Antes de terminar el año piensas ya en la reelección, que es la peor de las enfermedades de la América Latina?

Con su tranquilidad habitual me contestó:

—Sabía que ibas a decirme esto, pero es preciso que me escuches, pues no se trata de alimentar mi vanidad, ni menos de una prolongación de bienestar. Es algo que mantendré en secreto hasta que me convenza absolutamente de que es indispensable, pero quiero que tú lo sepas desde ahora y lo vayas estudiando día a día como lo estoy haciendo yo.

Y en efecto, me hizo una larga serie de observaciones. El había emprendido unas obras considerables, que no podían terminarse en su período de cuatro años; iba a contraer empréstitos que quería pagar en gran parte antes de abandonar el Poder; se había comprometido con la oposición conservadora a servir de lazo de unión entre los liberales y de tenerla al tanto de su gobernación; y, por fin, notaba que el pueblo cubano tenía más confianza personal en él que en su Gobierno. Todo esto y otras razones que me dio le obligaban a tomar una resolución muy tempranera sobre las futuras elecciones, las cuales vendrían dentro de tres años. En nuestra larga conversación le repetí, usando diferentes argumentos, mi lema electoral durante los períodos de elección de Estrada Palma y de Menocal: la reelección, en nuestras Repúblicas, es un delito de lesa patria. Naturalmente, no nos pusimos de acuerdo. Machado me prometió no iniciar ninguna campaña en su favor, sino, por el contrario, mantener pública su promesa de no reelección; y por mi parte le prometí no revelar a nadie sus proyectos, ni tampoco hacer propaganda contra su reelección, pero quedando yo libre de combatir la idea reeleccionista en tesis general.

Entre las actitudes que me han singularizado en mi país, figura ésta: durante la época inicial de la República, o sea en los primeros treinta años, yo he sido el único absoluto antirreeleccionista que ha habido. Los demás antirreeleccionistas combatieron algunas reelecciones o estaban dispuestos a transigir en otras, como sucedió en el caso de Carlos Mendieta, que en 1912 declaró que votaría por José Miguel Gómez si éste presentaba de nuevo su candidatura; Cosme de la Torriente se manifestó una vez, en el Senado, favorable a la reelección de Menocal; Laredo Bru, más tarde Presidente de la República, apoyó la reelección del General Gómez siendo Secretario de Gobernación, con la sola intención de dificultar la elección del doctor Alfredo Zayas. Y con estos tres nombres se termina la lista general de los grandes antirreeleccionistas cubanos.

Por encima de los políticos de oficio, el País era antirreeleccionista, en primer término, por una ligereza de espíritu que fácilmente lo convertía contra el hombre que se mantenía en el poder; y luego porque siempre los segundos períodos se singularizaban por sus malos gobiernos y hasta por repetidas revoluciones. Yo no pude comprender entonces, ni tampoco comprendo ahora, por qué Machado solamente diez meses después de haber entrado en funciones, y con más de tres años de tiempo por delante, ya pensaba en la reelección.

No obstante mi oposición a su proyecto, él me dio, durante toda su vida, muestras de fraternal afecto, elevándome a puestos de honor fuera de Cuba. Con una habilidad que poseía en máximo grado, combinó una serie de funciones que necesitaban mi presencia en otras latitudes.

Por ejemplo, sin que yo supiera de donde procedía el honor, recibí una vez una invitación de la Universidad de México para dar en ella unas conferencias. Digo de paso que pronuncié aquellas conferencias sintiéndome enfermo, y que no obstante los aplausos con que fueron premiadas, a mi juicio debieron haber resultado pésimas. No las había preparado en Cuba por la mala costumbre de hacer las cosas a última hora, y no pude hacerlo en México por la enfermedad. Dicté solamente dos.

Estando aún en México recibí órdenes de pasar a la Liga de las Naciones. Aquella vez no fui como primer delegado, aunque creía yo que lo merecía, por los cargos que había desempeñado antes. Pero agradecí la amabilidad porque la Delegación cubana estuvo encabezada por José Manuel Cortina, amigo muy íntimo, y Rafael Martínez Ortiz, Secretario de Estado. Mientras la Liga satisfacía mis inquietudes intelectuales, una orden telegráfica del Ministerio vino a despertar en mi ánimo un interés mayor. "El Presidente delega al doctor Ferrara para que lo represente en la toma de posesión del señor Washington Luiz, Presidente electo del Brasil". La aceptación mía voló a La Habana con doble rapidez.

Yo tenía especial predilección por el país que iba a visitar. Múltiples causas concurrían para ello. Se trataba de una nación de enorme extensión territorial, cuya importancia había estudiado yo con detenimiento. Sabía que las riquezas de su suelo y de su subsuelo eran abundantes, comparables sólo con las de los Estados Unidos. Deploraba su distribución orográfica. Al tratar de ella, con esta pasión que he puesto siempre en todas las cosas genéricas o en las observaciones científicas, cuántas veces he repetido: "Ah, si el Amazonas hubiera tomado el mismo rumbo que el Mississippi, qué suerte diferente hubiera sido la del Brasil". En efecto, creo que el Brasil es un continente mal combinado ahora; pero que cuando el espacio no dependa ya de los puntos de agua, ni esté al servicio de los desniveles terrestres, se unirán los productos minerales con los agrícolas, y dejarán de ser inconvenientes los cursos de agua que corren de la periferia al centro, creando la zona tórrida.

Yo admiraba sobre todo su magnífica diplomacia, que indiscutiblemente era entonces la primera de América. El Barón de Río Branco, que inspiró esa organización, merece que múltiples plácemes lluevan sobre su tumba. Conocía además la literatura, tanto la narrativa como la lírica, que comparte con Portugal, y a cuyo servicio está la lengua más plástica y emotiva que conozco. Al recibir la designación honrosa que me hacía Machado, pensé quedar en el Brasil bastante tiempo y luego visitar a mi manera, o sea lenta y detenidamente, el resto de América Latina. Mi residencia en el Brasil duró más de un mes, y hubiera durado hasta tres meses si otro cable de Machado me hubiese dejado *down-found* como dicen los ingleses. Este otro cable era larguísimo. Lo conservé veinticinco años a pesar de las peripecias por las cuales ha pasado mi casa, en la cual han vivido más tiempo mis enemigos que yo. Pero la última violencia, que prueba hasta dónde llega la villanía de un déspota, me la ha quitado, según parece definitivamente.

En este cable Machado me decía que siendo su deseo el que yo recibiera bajo su Gobierno todos los honores que él podría concederme, acababa de nombrarme Embajador en Washington, y que, sin siquiera consultarme, por saber que yo no lo haría quedar mal, había enviado mi propuesta al General Crowder, Embajador de los Estados Unidos en Cuba, y que éste al día siguiente le había dado la noticia de haberse concedido el *placet*. El cable terminaba con palabras de gran afecto y me invitaba a salir para Washington lo más pronto posible.

Por grave que fuera un incidente, nunca me ha impedido dormir. Y sin embargo aquella noche no dormí. ¿Por qué? Pues porque yo, en aquella época —a causa de mis opiniones— no creía estar en armonía con los americanos del Norte. De esto hablaré adelante más extensamente.

Acepté, pues, ante todo, porque no podía hacer otra cosa, y creo que realicé uno de los actos más acertados de mi vida, procurándome una existencia en armonía con mi manera de ser, que me sustrajo de cierto medio vulgar que comenzaba a invadirme y que hubiera por fin llegado a dominarme por completo.

Lo que me preocupó más fue el tener que abandonar la enseñanza.

Debido a mis viajes y a las múltiples ocupaciones de otro género, no era yo lo que se puede llamar un profesor asiduo. Me había desdoblado en dos competentes ayudantes, quienes me sustituían dignamente. Zamora, uno de ellos, con extensa cultura, y el otro con mayor vivacidad intelectual. Ambos cumplieron con su deber de asistencia continua, de diligencia y de estudio. Pero mis conferencias atraían a los jóvenes y a veces a algunas personas que venían de afuera, cosa no habitual en la Universidad de La Habana. Yo trataba a menudo de la política del día, comparándola con la del pasado, y examinaba, de paso, las instituciones de los grandes países. Creo que esto daba a mis clases un interés menos escolar y más general.

En la última época de mi enseñanza —me refiero a la que va de 1922 a 1926— las relaciones con mis alumnos habían cambiado, porque habíamos caído más de acuerdo en el examen de las ideas. Los jóvenes cubanos evolucionaban en gran parte. Mientras diez o quince años antes casi todos, podría decir todos, eran conservadores, ahora empezaban a defender las instituciones democráticas. Yo no me inclinaba a ninguna tendencia especial. Trataba de ser objetivo e imparcial. Hablaba de los conservadores ingleses con respeto y hasta admiración. Trataba de la "derecha" italiana, que estuvo en el poder hasta 1876, con deferencia profunda, admirando sus procedimientos y su pureza administrativa (que, por cierto, después fue perdiendo gradualmente). Al comentar la Revolución francesa, al mismo tiempo que elevaba las ideas de las izquierdas, condenaba su inmoralidad, saludando solamente a Robespierre y a algunos otros, pero muy contados. Los jóvenes también me eran favorables por otros motivos de menor importancia. En la calle cuando alguno venía a preguntarme algo, yo me quitaba el sombrero y no volvía a cubrirme hasta que ellos hicieran lo mismo. Me rebelaba contra las insinuaciones del Rector, que quería vestir a todos los profesores con trajes oscuros (lo que llamaban "estar de ceremonia"). Y especialmente porque no entraba en las pequeñas contiendas electorales del decanato y del rectorado. Debo advertir que la Facultad de Derecho generalmente no se ocupaba de tan pequeñas divergencias. Todavía en aquella época mi Facultad contaba en el profesorado con los hombres de más talento de Cuba. No los nombro aquí uno por uno, por el temor de algún olvido.

Sobre los alumnos universitarios debo añadir una breve observación. Esa época magnífica, libre de verdad, abrió las puertas a algunos jóvenes de ideas radicales, que despertaron el gusto de la política entre la gran mayoría de sus compañeros, pero, desgraciadamente, lo que para unos era fe en los extremistas, para otros se transformó en negocio.

Julio Antonio Mella fue el centro de este politicismo intelectual. Mi opinión es que su sinceridad era indiscutible. De triunfar hubiéramos tenido en la Universidad de La Habana un grupo socialista, comunista y hasta anarquista, como lo tienen las mejores universidades del mundo; allí, donde las ideas tienen libre expresión no se transforman en fuerza destructora. Pero primero los profesores, y luego el Gobierno, creyeron que debían vencer a la juventud estudiantil con la fuerza bruta y cometieron errores sobre errores. Así, el Presidente Machado, que fue elegido Profesor *honoris causa,* pudo leer, el día de su investidura, un discurso de tonos fascistas, entre la delirante aprobación de estudiantes y profesores. Yo, el mejor amigo de Machado, voté contra Machado en la Facultad, cuando se propuso tal elevación, y cuando pronunció el discurso fui el único en decirle que en el mismo había negado todas sus ideas del pasado. La eterna historia de Cuba está trazada sobre el odio de los que inicialmente han sido amigos entrañables.

Los jóvenes, con mayor brío, cambiaron de rumbo desde 1927 en adelante, y aun cuando en los primeros tiempos no se mezclaron en las actividades del profesor como ciudadano, terminaron por querer juzgar sobre su pasado, sobre cuáles eran sus ideas políticas y cuáles habían sido sus actos públicos. En un documento que los alumnos presentaron sobre los profesores, cuando Mella todavía era alumno de la Universidad, la queja que lanzaron en contra mía era en cierto modo honrosa: deseaban una más frecuente concurrencia a la Universidad. Por desgracia, en 1926 y 1927 yo residía en Washington, al frente de otra función pública, y no me era posible cumplir sus deseos. Sin embargo, años después, sin que yo hubiera podido ni una sola vez actuar de nuevo en la Universidad, primero por ser Embajador en Washington y después Secretario de Estado, me destituyeron, junto con otros valiosos profesores, mis colegas. La realidad es que, con excepción de muy pocos meses alternados, no hubo más una Universidad habanera que impartiera un cierto grado de cultura. Nuestra decadencia intelectual ha sido pavorosa, atenuada en pequeña parte gracias a algunos jóvenes que marcharon a estudiar al extranjero.

Capítulo XIII

LA EMBAJADA DE WASHINGTON

En el Brasil, breve inicio de mi carrera diplomática, cometí muchos errores. Entre ellos, algunos que aún hoy me provocan malestar cuando pienso en ellos. Voy a dar algunos ejemplos, no tanto por la humildad que toda confesión supone, sino para que los jóvenes comprendan que para todo es necesario un cierto hábito y una práctica llevada a cabo mediante lentos y meditados estudios. No basta tener inteligencia y poseer conocimientos generales; no basta dar conferencias aplaudidas, ser profesor en varias materias, y ni aun ser a veces —que no era mi caso— un hombre generalmente admirado. Un "gran hombre", necesita ser ayudado por técnicos cuando se enfrenta con algo que ignora.

Yo, por ejemplo, ofrecí una gran fiesta en honor del ilustre Ministro de Asuntos Exteriores, señor Mangabeira, gran orador y hombre respetabilísimo. Se trataba de una recepción y de una comida. Los invitados casi llegaban a mil. Las bellísimas orquídeas brasileñas decoraban, con los tapices que cubrían las paredes, los magníficos salones del hotel Copacabana, donde se celebraba el acto. La cena de tres platos, uno frío y dos calientes, era apropiada para la hora. Al día siguiente los periódicos extremaron su simpatía haciendo comparaciones y diciendo que "la República más pequeña había dado la fiesta más grande". Pero, ¿cuál fue mi torpeza? No señalar los puestos para los invitados. Tratándose de un acto oficial, el caso resultaba criticable, pero hubiera podido solucionarse con una corta explicación y una pequeña solución de última hora. Desgraciadamente, a mí, eterno polemista, me vino a la mente una explicación más descortés que el mismo descuido de la no repartición

Cap. XIII. *La embajada de Washington*

protocolar, y a un diplomático amigo mío, que me lo vino a advertir, le contesté: "Siento que estos respetables señores no estén contentos, pero deben pensar que al dar esta fiesta mi objetivo principal ha sido el de honrar a los brasileños". El diplomático amigo mío tuvo el placer, como buen diplomático al fin, de transmitir mi respuesta en la forma menos respetuosa a aquellos señores irritados. Muchos de ellos se retiraron inmediatamente. Era lógico: "Si es para los brasileños —dijeron—, nosotros estamos demás". Y yo, persistiendo en mi equivocación, al día siguiente ni me excusé, ni visité a nadie.

Una segunda *"gaffe"* cometí con el propio Gobierno del Brasil. Un ayudante que el Ministerio había puesto gentilmente a mis órdenes, vino a decirme, al terminar el período de festejos, que el Gobierno del Brasil pagaría los gastos de residencia de mi misión. Rehusé aceptarlo, y el ayudante, creyendo en un resentimiento mío, se disculpaba. Yo no comprendía su actitud y él no comprendía la mía. No sé, así, a distancia de tantos años, lo que pudo haber habido, pero recuerdo que pagué mi cuenta y que no vi más al ayudante en cuestión, a pesar de haberme quedado en Río de Janeiro muchos días más.

Igual situación se me presentó cuando me ofrecieron una condecoración. En aquella época yo no aceptaba condecoraciones. Era en mí un principio, una íntima decisión moral, decisión que no ofendía a nadie. Y rehusé el honor que se intentaba conferirme.

A pesar de estos errores, hice algo útil. Presenté a un conocido hombre de Estado brasileño un "Memorándum" que había preparado sobre la necesidad de derogar, de común acuerdo los Estados Unidos y Cuba, la llamada *Enmienda Platt*. En un almuerzo con el referido diplomático le di mi Memorándum, escrito un poco a la carrera pero muy bien fundamentado. Más adelante hablaré de mi aversión por la *Enmienda Platt*. Por mi parte, con aquel acto fijaba una explicación de la actitud futura de Cuba, en nada hostil a los Estados Unidos, pero preocupada por nuestra dignidad nacional. Los errores cometidos en el Brasil me sirvieron de constante aviso y de propósito de enmienda.

Yo había visto, aunque sólo desde afuera y desde lejos, esta profesión diplomática que el mundo ha utilizado siempre, desde remotas épocas, para solucionar las dificultades de los momentos difíciles. También había estudiado la formación gradual de la Diplomacia permanente que a imitación de Venecia y de la Iglesia Católica a principios del siglo XVI, constituyó una amplia red de relaciones entre los pueblos. Pero como les pasa a ciertos técnicos, estaba pronto a discutir sobre instituciones cuyo funcionamiento desconocía totalmente. Así, lo que me parecía perfecto, lo que veía con una función ideal, fue poco a poco decayendo en mi admiración. El destino, por su parte, concurrió a provocar mis desencantos.

Un incidente entre Cuba y el Uruguay me probó que los veinticuatro años de República no nos habían educado en esta materia. Se trata de un caso ocurrido en el seno de la Liga de las Naciones, meses atrás, cuando yo estaba en Ginebra. Una noche, a eso de las doce, el teléfono instalado junto a mi cama en el Hotel de Berghes, me despertó. Un periodista amigo me preguntaba si tenía algo que comentar sobre unas declaraciones del doctor Guani, quien afirmaba no ser independiente ni Cuba ni los otros países del Caribe. La pregunta, hecha en esta forma provocadora despertó mi prudencia, y contesté que no conociendo los hechos no podía opinar. El periodista entonces me explicó que el doctor Guani, prominente miembro de la Liga, había hecho unas declaraciones a los periódicos *El Mercurio,* de Chile, y *La Nación,* de Buenos Aires, en las cuales, quejándose de una derrota electoral en el seno de la Asamblea, la atribuía a la inconsciencia de esos países antillanos que, según él, no disfrutaban de plena personalidad internacional.

Repliqué a aquella más clara exposición, que prefería actuar de día y dormir de noche. Una hora más tarde el mismo periodista volvió a despertarme, diciendo que Guani retiraba las entrevistas. "Mejor así" —le repliqué—, y colgué el teléfono. Pero aquella declaración de Guani, verdaderamente extraña, había sido transmitida por tercera persona al periódico *La Estrella de Panamá.* Guani seguía irritadísimo contra nosotros, los cubanos, debido a que nuestro colega, el doctor Arístides Agüero, se había erigido en gran elector con sorprendente éxito, y fue así causante directo del fracaso del diplomático uruguayo, quien por aquel entonces me negó el saludo.

La Estrella de Panamá publicó las declaraciones aludidas, que le enviaron por correo y no por telégrafo, pero haciéndolas preceder por estas palabras: "Mañana, *El Mercurio,* de Chile, y *La Nación,* de Buenos Aires, publicarán la siguiente entrevista". En realidad, *El Mercurio* y *La Nación* no publicaron nada, pues sus inteligentes corresponsales de Ginebra respetaron la palabra empeñada con Guani. Al leer la información en *La Estrella de Panamá,* y sin siquiera averiguar bien las cosas, el Gobierno de Cuba, bajo la influencia impulsiva de Machado, despidió al Ministro de Uruguay en Cuba, retiró al suyo de Montevideo y mandó un ultimátum de tonos que en aquel entonces equivalía a una formal declaración de guerra.

Estando ahora en el Brasil, procedente de Ginebra, donde conocí lo ocurrido, decidí aprovechar el paso por Río de Janeiro del Ministro de Estado uruguayo, doctor Blanco, hombre de reflexión y estudio, para explicar el asunto, y, en efecto, lo aclaramos todo. Informé a mi Gobierno. Pero nuestra Cancillería, en lugar de buscar una solución discreta de repliegue, se dirigió al representante del Uruguay en Cuba, ya de viaje,

Cap. XIII. La embajada de Washington

diciéndole que volviera, y ordenó al nuestro de Montevideo que regresara a su puesto. La Cancillería uruguaya publicó una nota perdonándonos gentilmente tanta torpeza. El poder interno ilimitado crea en el que manda hábitos que aplica luego a las relaciones exteriores, y por esto concluimos que un dictador es un peligroso provocador de guerras.

Mi proyecto de ir a Buenos Aires solamente lo acaricié por algunos días, pues de La Habana me insistían para que fuese lo más pronto posible a Washington. Es bueno advertir que por aquel entonces no había aviones de pasajeros en aquella parte del mundo. Con mucha pena tomé la ruta del Norte en un vapor que iba directamente a Nueva York. En el barco encontré al doctor Gil, un argentino muy amigo mío, hombre de gran cultura, más tarde decano del Colegio de Abogados de Buenos Aires, quien, como todos sus compatriotas, era cantor fervoroso de las glorias de su patria.

Me puse a imitarlo. Nos sentábamos en la amplia mesa del Capitán y no dejé de ponderar las virtudes públicas y privadas que adornaban a los cubanos, los inventos iniciados en Cuba y nuestras ciudades como las extensas y mejor construidas. Gil, hombre fino, como toda gente de sociedad de su país, expresándose con marcada distinción dudaba de mis extravagancias bien simuladas. En cierto momento, el escritor cubano Alberto Lamar Schwayer, que venía como secretario de mi Misión, me decía: "Embajador, no tanto, no tanto". Y yo entonces inventaba algún defecto que a la larga resultaba ser una virtud.

Uno de los últimos días de la travesía, Gil estalló en una larga arenga, hablando de la Argentina, de sus grandezas pasadas, presentes y futuras. Y terminó diciendo: "Esta es una respuesta a mi amigo el doctor Ferrara, que ha pretendido sobrepasarme. Los argentinos somos los únicos que sabemos hablar de nuestro país sin lastimar a nadie".

La mesa, ocupada, además de nosotros, por algunos alemanes y americanos del Norte que conocían el español y que habían seguido nuestra conversación, estallaron en una risotada general. Todos habían adivinado mi broma, pero nadie lo daba a comprender mientras que el brillante Gil no se diera cuenta.

En este viaje aconteció otra confusión de hechos, que resultó ridícula sin quererlo. María Luisa, mi esposa, felicitó en el último día, cuando se hacen las cortesías del adiós, a un señor brasileño que había hablado con ella largo tiempo durante la travesía.

—Muchas gracias —le dijo— por sus interesantes conversaciones. Además, debo agradecerle la práctica que con usted he hecho del portugués, que me ha sido muy provechosa.

—Señora —replicó el prudente caballero—, yo le he hablado a usted todo el tiempo en mi mejor español, aprendido en años de duros sacrificios. Entre los idiomas español y portugués se producen fácilmente estos *quid proquo*.

Sepultado el incidente entre Cuba y el Uruguay, a mi llegada a Nueva York me convencí de que también las Cancillerías, aun cuando sobre ellas no influya la dictadura, no son tan diligentes como deberían serlo. Yo había sido incitado a ir a Washington "con extrema urgencia", y llegando a Nueva York se me reiteró la urgencia, una vez más. Pero por precaución, al saludar telefónicamente a mis futuros colaboradores, entre otras cosas pregunté por las Credenciales. La respuesta fue categórica: "Aquí no ha llegado nada". Avisé inmediatamente a La Habana. Contestación: "Deben estar en camino". Naturalmente, yo no quería llegar a Washington sin las Credenciales. Esperé, insistí después. A los diez días me llegó una revelación anonadante. Las credenciales se habían perdido. A los quince días fueron encontradas en la carpeta de un alto funcionario.

"Aquí hay que ser muy prudente", me dije a mí mismo. Y constaté, en la intimidad de mi conciencia, que yo no lo era. En efecto, la tarde misma de mi llegada, el periódico *The World,* en una simpática información hacía notar que *"the Cuban Ambassador talks too much"*. Así fue que, en lo que se refiere estrictamente a las cuestiones protocolares, me confié en las manos experimentadas de mis colaboradores. Luego, pasados los años, me dediqué al estudio de los agobiantes protocolos y llegué a conocerlos de tal manera, que el Decano, Sir Esme Howard, aconsejaba a sus colegas se dirigieran a mí para resolver sus dudas. El personal de la Embajada me ayudó mucho en todo, estando constituido por funcionarios de primer orden.

Tres funcionarios debo señalar especialmente: José Barón, primer Secretario y después Consejero y Embajador. Era un perfecto hombre de oficina, redactor claro, elegante y preciso, siempre atinado y equilibrado. José Sera, mi secretario particular, honorable, gentil, sincero, llevaba a la Diplomacia las cualidades sobresalientes de un *gentleman farmer*. Y el tercero, el más joven de los tres, Gonzalo Güell, por aquel entonces segundo Secretario, inteligente, trabajador y estudioso, que obtuvo más tarde el alto cargo de Ministro de Estado. Los otros funcionarios también eran trabajadores y competentes.

Al llegar a Washington, los Estados Unidos ya me eran muy conocidos. Podría decir que, para ser un extranjero, me eran familiares. Los años pasados en Nueva York me iban a ser muy útiles en Washington, pues había que precisar las diferencias existentes entre la vida de los negocios y la de los asuntos públicos. Comprendí pronto que era preciso ir más despacio al pensar y al actuar, y que si en Wall Street lo que había que hacer mañana era mejor hacerlo hoy, en Washington lo de hoy era preferible hacerlo mañana. Descubrí fácilmente que las buenas formas se imponían más en la entonces pequeña capital estadounidense que en la desmesurada Nueva York, aunque no había que exagerar mucho. Llegado el momento, un lenguaje directo, franco y hasta duro, pero bien intencionado, y, sobre todo, bien basado en la realidad, sería más útil que todas las prudencias formalistas. El americano del Norte responde más que nadie a los dictados de la verdad. En aquel tiempo se habían reunido en Washington los elementos más notables de la diplomacia mundial. Inglaterra tenía a Sir Esme Howard, de la familia de los Norfolk, luego Lord Howard, diplomático distinguido, de cuyos labios he oído la mejor y más sencilla frase sobre el deber. En el último período de nuestras relaciones me dijo: "Voy a retirarme, he dimitido, porque me asalta el temor de no poseer ya la eficiencia que tenía en el pasado y que siempre puse al servicio de mi Gobierno".

Pocos días después de mi llegada vino el gran poeta Paul Claudel. Francia lo trasladaba del Japón a los Estados Unidos. En el campo literario tuve el privilegio de asistir a su triunfo, cuando el *tout Paris,* llenando palcos, plateas y galerías, lo glorificaban una y otra noche con sonoras ovaciones y verdadero furor admirativo, en la representación de sus obras. Me complace reconocer, una vez más, que el cultísimo pueblo de París abre con la llave mágica de su admiración las puertas del templo de la Gloria a sus mejores cerebros. Pero la época de estas representaciones triunfales a que me refiero era la de los últimos días en la vida del gran escritor, quien sonreía con agrado a pesar de que habitualmente sus facciones eran severas y su actitud pensativa y melancólica. Cuando lo vi por última vez en una comida ofrecida por su noble hijo, al hablarle yo de los preciosos alientos que le daba París con sus aplausos, me contestó con cierto malhumor, destacando voluntariamente las sílabas:

—Si pudiera disponer de algunos años más, correspondería a esa generosidad mejor que como lo hago.

Y a María Luisa, que lo felicitaba por su buena salud, la interrumpió diciéndole:

—Señora, temo que ésta es la última vez que nos veamos.

A diferencia de Sir Esme Howard, que tenía una bella figura de diplomático, alto, delgado, con el rostro adornado de un ligero bigote blanco, sonriente y amable pero en cierto modo distante, Claudel era de estatura más bien baja, de vientre ligeramente abultado, y mirando al aire o por tierra, parecía no ocuparse mucho de lo que le rodeaba. Sin embargo, todo lo veía y todo lo entendía. La persona que más se ha interesado entre cientos del resto del mundo con quienes he hablado de asuntos americanos, ha sido él, demostrándome con sus solas preguntas que ya precedentemente estaba informado de la materia.

Los diplomáticos latinoamericanos de Washington eran casi todos de primer orden. Honorio Pueyrredón hacía gala de un claro cerebro y sin vana ostentación era el que en nuestro Hemisferio mejor había comprendido la democracia. Para él como para mí, la libertad no está solamente en los principios, sino en el método de aplicarlos. En nuestras largas conversaciones sobre los limitados avances democráticos en Hispanoamérica, caíamos siempre de acuerdo, afirmando que nuestros países amaban el régimen libre, pero lo reclamaban por conducto de un solo hombre, cuando debía venir mediante un sistema de gobierno. Pueyrredón no podía hablar largo rato sin hacer observaciones sarcásticas. Criticaba en nuestros colegas de América el lujo de galones y entorchados en sus brillantes trajes de gala. El y yo éramos los únicos en no tener siquiera uniforme diplomático. Lo más notable del Embajador argentino era la extrema claridad de sus ideas. No se abandonaba nunca a ninguna clase de exageraciones. Jefe de una admirable familia que brillaba en los mejores salones de Washington, trataba todas las cuestiones con estilo fácil y llana expresión.

Un día, en el Consejo Panamericano, el estimado Amaral, Embajador del Brasil, se quejaba de la cuota anual impuesta a su país, que estaba basada en el número de habitantes. Pueyrredón intervino en el debate, melosamente, con la plena aprobación de Amaral, proponiendo que en lugar del número de habitantes se tomaran en cuenta los kilómetros cuadrados del territorio. Amaral, que se había distraído un poco después de escuchar el proemio favorable de su colega, fue llamado a la realidad por la risotada general que provocó aquella propuesta, la cual habría aumentado aún más las obligaciones contributivas del Brasil.

Amaral seguía a Pueyrredón en mi afecto. Era un hombre excepcional. Unía a una cortesía inigualable, una actitud de perfecta dignidad. Al verle, uno evocaba el verso dantesco sobre Farinata degli Uberti: "Desde la cabeza a los pies se le veía todo". O sea que se comprendían su manera de ser y su carácter, y que no admitía bromas, ni era capaz de ofender a nadie. Con Amaral no solamente estuvimos en Washington, sino que pasamos unos meses en el Japón, cuando él fue trasladado a Tokio y yo fui a abrir, en misión especial, nuestra primera Legación con el Imperio del Sol Naciente.

Un hombre admirable tenían también los latinoamericanos en el Washington de mi tiempo. Me refiero al Representante de Panamá, doctor Ricardo J. Alfaro que después fue presidente de la República y miembro de la Corte de Justicia de La Haya. A la misma altura aparecían, por sus altos espíritus y sus nobles talentos, dos diplomáticos chilenos, uno de ellos el conocido profesor de Derecho Internacional, Miguel Cruchaga Tocornal, y otro que fue presidente interino de Chile, Carlos Dávila, gran escritor además, que murió siendo director general de la Unión Panamericana.

De los europeos no puedo dejar de referirme al Representante de Holanda, el más fiel sujeto del Protocolo, Embajador Van Royen. Tenía la virtud de fijarse en todo. Admiraba los brillantes de una señora con la misma experiencia que valoraba unos muebles antiguos. Recordaba todos los errores incurridos por los demás, durante su larga existencia en la carrera. Todos los *faux-pas* que se cometían en Washington llegaban a sus oídos. Un día le dijo a Claudel, delante de mí, que su discurso había sido magnífico, pero que el Protocolo había salido maltratado, por haberlo pronunciado antes que los otros. Claudel no comprendió y preguntó: "Y ¿qué error cometí?" El holandés le respondió: "Protocolariamente usted debía hablar el último por su importancia, y le hicieron hablar el primero". Claudel le replicó que ni siquiera había advertido si había hablado antes o después...

El menos protocolar de mis colegas ostentaba una figura muy simpática, me refiero al Conde Szechenyo, representante de Hungría y casado con una Vanderbilt muy prominente en la sociedad whasingtoniana. Con los Szechenyo teníamos amistad más íntima y a veces nos hacían participar en reuniones informales. Para un diplomático, una reunión informal es una gracia de Dios porque le permite más libertad. En los Estados Unidos la alegría sobrepasa los límites impuestos por los europeos. Resulta más suelta y se da en un marco más amplio de voluntad individual. Muchas veces, en ciertos días de fiesta general, observé que el americano, en su eterna juventud, no tiene el sentido del ridículo. Un viejo de 80 años se pasea satisfecho de sí mismo, con un traje de niño o de payaso y con unos gorros impresionantes, figurativos de una vaca, de un perro o de una langosta. Con el agravante de que después de habérselo puesto olvida su monstruosidad, y mientras las señoras, durante la comida, por ejemplo, salen a bailar, ellos se ponen a hablar de importantes cuestiones de negocios, o a comentar la política imperante, como de otras cosas muy poco en armonía con la escena carnavalesca, o con la edad de los que conferencian. Yo recuerdo a este propósito la simpatía del Presidente de la Cámara, míster Longworth, marido de Alice Roosevelt, hija del primer Presidente de este apellido, simpatía que se exaltaba al entrar en contacto con la de Szechenyo. Nosotros a veces éramos invitados íntimos de Szechenyo. No puedo olvidar que el primer radar que vi en mi vida fue en casa de ellos. Se trataba de un instrumento musical que se manejaba a distancia. El jefe de la familia divertía a los suyos tocándolo y sacando de aquellos metales huecos magníficas melodías. Si la memoria me es fiel, el inventor de este sistema era un húngaro. Por lo menos esto me parece recordar que se dijo entonces.

El Embajador italiano, Giacomo De Martino, era en cambio el tipo diplomático clásico. Hablaba con autoridad de asuntos internacionales. No hubiera disimulado por nada del mundo. No era alto de estatura, pero en él todo era armonioso. Conocía las cuestiones que interesaban a su país, y si se interesaba en las de los otros, como todos los italianos de la época, no cencedía mucha atención a los asuntos de la América Latina. Una sola vez me preguntó por el fondo de lo que se trataba en una conferencia de arbitraje y conciliación panamericana, pero en tono despectivo dijo: "¿Por fin harán algo sobre el tan anunciado arbitraje?". Yo acababa de hablar con Charles Evans Hughes, jefe de la delegación norteamericana y gran personaje en el mundo de entonces, quien con toda confianza me había dicho:

—Caminamos por mal derrotero. Todos son buenos propósitos y mejores principios, pero yo acepto comprometer a mi país solamente si conozco de antemano a los jueces. Sin jueces capaces y honorables no comprometo la suerte de un Estado como el mío.

En derecho internacional se pierde mucho tiempo avanzando sobre rutas que no pasan por el lugar previsto.

Pero De Martino era una gran fuente de información. No era un genio, ni quería serlo. Diplomático de pura cepa, no deseaba siquiera que se le admirara. Su trabajo se desenvolvía lejos de los ojos del público, y una vez realizado llegaba cubierto con el manto del anonimato.

Su señora, la embajadora, llevaba a veces un bastoncito estilo imperio, que hacía resaltar su figura arrogante. Yo le dije en tono admirativo que se parecía a Floria Tosca.

Las Embajadas de Italia y de Cuba trabajaban a poca distancia la una de la otra, lo que me daba la impresión que la italiana era para mí una segunda Embajada. Muchos de sus miembros me visitaban a menudo. Todos eran inteligentes y capaces, y alcanzaron los más altos grados de su carrera, tales como Marchetti de Murialto y Mascia. Este último venía además todos los viernes a las sesiones de esgrima que yo ofrecía en los salones de nuestra Embajada. Era el más perfecto tirador de todos los que a ellas asistían. Venía también a menudo el amigo Vitetti, que yo había conocido en Nueva York al final de la guerra de 1914-1918. Con este eterno discutidor tuve conferencias utilísimas. A un joven de apellido Cerbore, a quien se le atribuía gran talento, lo vi en una sola ocasión. Al marqués de Villarosa, agregado naval, le veía a menudo, no sólo en nuestra casa sino en las de todo el mundo, a las que su popularidad hacía lo invitaran. Y algunos otros como Rosso, que con el respeto general estuvo algún tiempo en la dirección de los negocios de su Embajada, cuando yo ya pensaba retirarme a Cuba. Nunca podré expresar suficientemente mis sentimientos de gratitud a todos ellos.

Cap. XIII. La embajada de Washington

La Diplomacia no es la escuela de la bondad, en tesis más o menos general; pero en la Embajada de Italia tuve la suerte de encontrar la mayor benevolencia.

Entre la Embajada italiana y la cubana se encontraba la española. La vecindad topográfica pronto se convirtió en vecindad de afectos. El Embajador español doctor Alejandro Padilla y Bell era muy apreciado por todo el mundo. Su señora le acompañaba con cierta y distinguida modestia, así como sus hijas e hijos, que alegraban todas las fiestas. Mis contactos con Padilla eran casi diarios. Nos comunicábamos nuestras mutuas dificultades. Completábamos recíprocamente nuestras informaciones. Cierto es que nuestra camaradería tenía sus límites naturales, límites que los profanos creen estrechos y que en realidad son muy amplios. No sólo los profanos, sino también muchos hombres del oficio creen que la llamada reserva es base de la carrera. Nunca tuve tal teoría, y el excelente Padilla pensaba como yo. La buena información, que favorece la labor del diplomático, la da el continuo e intenso intercambio de ideas con elementos de alta posición y la mayor aproximación posible a las fuentes de la cual emana, sin contar la confianza que uno llega a inspirar en ese ambiente.

La sinceridad contribuye mucho también, y al ingenio ayuda considerablemente. La mejor prenda de garantía está en informar a los demás de lo que uno sabe, a fin de establecer un *do ut des* espontáneo. Padilla y yo conocíamos fácilmente lo que pasaba en Washington, todo el mundo lo reconocía así. Nuestros ilustres colegas hispanoamericanos confiaban generalmente en el periodista amigo.

Pero este campo de información se limita a pormenores que sólo a veces son interesantes. Con frecuencia di a un periodista que yo estimaba mucho noticias de bastante más trascendencia de las que él me comunicaba. En toda esta cuestión de saber lo que pasa antes de que sea público, vale mucho la prudencia. Saber una cosa significa conservarla para sí mismo, o repetirla sólo a alguna persona muy estimada, no el publicarla y repetirla en los grupos. El día que me despedía de los periodistas destacados en las Embajadas y Legaciones, tuve la satisfacción de oír estas palabras de labios de míster Heath, de la United Press: "Brindo por el hombre que no nos ha negado nunca una verdad, ni ha cometido nunca una indiscreción". Eso pasó durante el *cocktail-party* que yo daba habitualmente al grupo de prensa que me visitaba.

Padilla, en materia de secretos, era una tumba. El colega que lo sustituyó, cuando quedó vacante el cargo por el cambio de régimen político, Juan de Cárdenas, había sido muy amigo mío en el pasado y nuestra larga edad ha prolongado esta amistad, haciéndola pasar de cincuenta años en la hora en que escribo. Pero aun cuando pude verle a menudo, no fue por mucho tiempo, pues fui llamado a dirigir el Ministerio de Estado en La Habana.

Podría usar similares adjetivos para referirme a todos mis otros colegas, entre los cuales se encontraban el Ministro chino Wu, hijo de Wu Thing Fang, el primer Ministro de Relaciones Exteriores que tuvo la República China; el querido y admirado Olaya Herrera, después Presidente de Colombia; y el egregio Massey, más tarde primer Gobernador del Canadá.

Sin embargo, este grupo de personalidades notables no era hijo del acaso, sino que se había formado para enfrentarse a la preeminencia de la política norteamericana, alcanzada después de la Primera guerra mundial. En aquella guerra los Estados Unidos no habían tenido tiempo para poner en evidencia todas sus fuerzas. Demorada su organización por múltiples circunstancias, fueron considerados poco aptos para ocupar los primeros altos mandos. Pero hasta la segunda guerra, que probó lo contrario, no pudieron demostrar plenamente su poderío, debido a múltiples causas, especialmente al factor económico.

En la época que he hecho referencia, inmediata posterior a la Primera guerra mundial, por el motivo que señalé de preeminencia de política americana, todos los Estados del mundo se apresuraron a enviar a Washington lo mejor de lo mejor de su elenco diplomático. Debo decir, no obstante, que la crítica que del Departamento de Estado Americano hacían esos enviados extranjeros, era continua y malévola.

Los que han seguido esta carrera saben que uno de los hábitos en ella es quejarse de todo lo que sucede. En Washington había siempre alguna deficiencia. La principal a mi juicio consistía en la imposibilidad de guardar un secreto. Las prédicas wilsonianas de la Diplomacia abierta y pública, mantenían siempre al funcionario en estado de reticencia. Pero esta publicidad era debida también a otras causas. Una de orden casi constitucional, pues había que tener informado continuamente al Senado, y los senadores resultaban ser los ciudadanos menos discretos que es posible imaginar. Luego venía la prensa omnipresente.

Y, por último, algunos de los mismos funcionarios del Departamento de Estado que se consideraban sólo de tránsito en aquella oficina, aspirando algunos a puestos civiles en grandes Compañías, y otros a funciones en el extranjero.

Yo tuve que tratar principalmente con Francis White, secretario para la América Latina, y con dos Secretarios de Estado, primeramente Kellog y después Stimson. Kellog, de una honorabilidad exquisita, espontáneo, sincero, a veces brusco porque era muy nervioso, ocupaba el cargo por exigencias del Senado. Su conocimiento de las cosas del mundo no era grande, lo que consigno con gran pena, pues persona más estimable que él no he encontrado en la vida. A pesar de esta observación mía, que

CAP. XIII. *La embajada de Washington*

era en cierto modo general y común en todo el Cuerpo Diplomático, fue Kellog un gran factor del pacto Briand-Kellog contra la guerra. Cuando al salir electo Presidente míster Herbert Hoover, tuvo que abandonar el cargo, todos sintieron que no pudiera continuar ocupándolo.

Con el después Subsecretario de Estado Francis White, tuve las mejores relaciones; nunca surgió entre nosotros una sola dificultad. Tratamos entre nosotros la cuestión del Chaco con espontáneo deseo de servir a los países comprometidos en aquella dolorosa guerra. Tratamos asimismo sobre las reclamaciones norteamericanas a Cuba que algunos cubanos querían favorecer para crear antagonismos políticos con argumentos jurídicos. Nunca me vino de esas distinguidas personalidades del Departamento de Estado, directa o indirecta. En las difíciles relaciones económicas de aquel entonces, tuvimos que sufrir el peso de la injusta y poderosa voluntad del Senado.

Y cuando en distintas ocasiones yo insistí en que ese alto organismo legislativo olvidara un poco los intereses de su propio país para favorecer al mío, White y sus colegas del Departamento de Estado apoyaron mi punto de vista.

El mismo Embajador Padilla, me refirió que, en ocasión de habernos ambos pronunciado públicamente en algo contrario a los aranceles, del tiempo de Hoover, había sido llamado al Departamento de Estado y amonestado. Al alegar que su colega cubano había usado argumentos y palabras que atacaban actos más específicos de la gobernación interna del país, y nada se le había reprochado, se le respondió con severidad: "Bien, bien, pero esto no tiene nada que ver con Cuba."

El amigo Padilla ignoraba que mi mujer, siempre interesada como yo en las cosas de Cuba, había hablado con el propio Presidente en la Casa Blanca y le trató el caso de nuestro azúcar, que en un momento de grave crisis iba a ver aumentados sus impuestos.

Este caso merece refirirse con detenimiento, por una curiosa situación de protocolo y otras incidencias. Protocolariamente a María Luisa no le correspondía ocupar el asiento a la izquierda del Presidente Hoover, en el que fue colocada. Doña Antonieta de Martino, Embajadora de Italia, ocupaba con todo derecho el puesto de honor, a la derecha del Presidente. A la señora de Padilla le tocaba la izquierda del Presidente, pero hubiera quedado al lado de su marido, lo que no era aceptado en banquetes formales. El Jefe del Protocolo, míster Robins, que después fue Embajador en el Canadá, hizo que mi mujer, la tercera en el orden protocolar, ocupara la izquierda de Hoover. En mi opinión actuó bien, porque el Embajador tiene honores y privilegios por derecho propio, mientras que la Embajadora los tiene por reflejo. Robins hizo esto también por otros motivos.

Tanto doña Antonieta como doña Carmen no hablaban el inglés, mientras que mi mujer, por haber nacido y por haber sido educada hasta los 20 años en los Estados Unidos, lo hablaba como su propio idioma.

En esta ocasión María Luisa le dijo al Presidente sobre la cuestión azucarera cubana, lo mismo que yo hubiera podido decirle. Con motivo de la tendencia tan exageradamente nacionalista del ambiente en aquella hora y por hallarse el país descontento por una constante crisis económica, Hoover se encontraba apenadísimo, y bien lo demostró aquella noche mostrándose más silencioso que de costumbre. Contestaba con palabras cortantes a las alusiones al escándalo de la economía mundial, a las tendencias del Senado, y a su deseo de que no se alterase la tarifa cubana. Al lado de María Luisa estaba el príncipe Albert de Ligne, Embajador de Bélgica, hombre simpático, expresivo, perfecto en todo salón, y de imaginación aguda, quien usando un tono algo bromista le dijo en alta voz a mi mujer: "Señora, por el amor de Dios, pregúntele al Presidente qué vamos a hacer de nuestro pobre cemento". Hoover, que había oído bien, no esperó que María Luisa le repitiera toda la frase, y con vaga sonrisa la interrumpió diciéndole: "Dígale que se lo traguen."

Este período en que los Estados Unidos ascendían la dura cuesta de la supremacía mundial, no fue en el fondo muy brillante. Coolidge, el antecesor de Hoover en el cargo, favorecido por un bienestar económico fantástico, actuó lo menos posible, recibiendo desde lejos todas mis bendiciones porque dejó a Cuba tal como estaba. ¿Cómo entré en las buenas gracias de este gobernante serio, silencioso e inteligente? Debido en parte a su viaje a Cuba, y en parte quizás a mis esfuerzos. Un día que me recibía en su despacho le pregunté cómo hacía para tener su escritorio tan limpio de papeles. Con su voz nasal y monótona me contestó, rápido:

—Porque trabajo poco.

Le repliqué que el Presidente Taft, a quien había visitado unos quince años antes en este mismo recinto, me había dicho que la vida de un Presidente de los Estados Unidos resultaba un tormento, porque el cumplir con las obligaciones del cargo era trabajo superior a lo humano. Y como Coolidge no respondía a esta observación, prolongando un silencio que yo no podía llamar desagradable porque me mirada sonriendo, aclaré el concepto oído de labios de Taft: que había necesidad de cambiar las instituciones. Y agregué que yo, en la Universidad de La Habana, en mis conferencias sobre los Estados Unidos, había sugerido la idea de que se acrecentara el poder de los Secretarios de Despacho. Coolidge me interrumpió diciendo:

—¿Quién distribuye el trabajo del poder ejecutivo?

—El Presidente.

Él bajó los ojos, hábito que tenía para terminar las discusiones, y concluyó:

—Es lo que hago.

Y en efecto, sus colaboradores me dijeron que él se ocupaba directamente de un asunto sólo cuando el Gabinete no se ponía de acuerdo.

Yo considero que el éxito de ese Presidente, que fue muy grande a pesar de no ser él un político de envergadura, tuvo como base su equilibrio, su falta de vanidad, y su poco o ningún deseo de que lo considerasen un gran personaje. Estaba convencido de que cuanto menos hacía en el poder era mejor, y que por contraste los famosos redentores de pueblos corren detrás de su propia gloria. A Coolidge no le halagaba el aplauso, no le afligía la crítica, no le mortificaba el polemista de mala fe. Encerrado en sí mismo, sincero en sus meditaciones, esperaba servir al país como un funcionario que debe evitarle los males que se presenten y sólo cuando se presenten.

Durante este período de calma en las altas esferas, me tocó asistir a una verdadera revolución en la estructura económica del país. No sé si los investigadores que en el futuro examinen los hechos con las estadísticas a mano y con datos más completos, estarán de acuerdo conmigo. Pero, con todas las reservas que supone una observación directa, y por tanto parcial, yo, que había vivido anteriormente en los Estados Unidos, encontré esta vez en las clases poco afortunadas de los que invierten pocos miles de dólares en los negocios como una insurrección contra los grandes banqueros. En tiempos anteriores el banquero, grande o pequeño, era el gran consejero; más aún, era el padre espiritual del inversionista. "No compre usted ese valor"; esta simple frase, que difícilmente salía en público de labios de un banquero, arruinaba cualquier negocio, y a veces provocaba grandes batallas, con odios más feroces de los que la fama atribuye a los sicilianos y a los calabreses. Ahora, en esta época que precedió a la grave crisis económica de 1929, el pueblo compraba los valores que juzgaba directamente ser los mejores. Se insistía, por ejemplo, en *Corner,* o sea, en la Casa Morgan, y al día siguiente la Bolsa probaba que el dinero de los demás había hecho triunfar otros valores. Y cuando digo el *Corner* me refiero también a cualquier otro de los grandes Bancos.

Una vez Amadeo Giannini se dirigió al público, con su habitual decisión, para advertirle que los valores de sus propias instituciones estaban más altos de lo que en realidad valían. Fue inútil. En los días que siguieron, la inflación se acentuó. Me di cuenta de que la Bolsa de Nueva York se democratizaba y que desde entonces, como en todas las manifestaciones democráticas, dominarían los grandes movimientos pasionales, la voluntad de los pequeños espontáneamente agrupados, y no la de los grandes dictadores financieros que circunscribían sus observaciones a sus intereses privados. El cambio no alteraría la vida económica del país, si bien el juego de la Bolsa sería más vivo, menos acertado y con propósitos de ganancias más inmediatas. En el fondo se había alcanzado un gran beneficio para el interés general, representado por el hecho de que todas las clases sociales y todas las fortunas concurrirían con sus capitales, altos o bajos, a la formación de la gran masa de dinero líquido que amamantaba la industria nacional. Una vez más yo veía, en la práctica, revelarse como justa mi teoría de que la democracia era el sistema más apropiado para la colectividad humana, tropezando con mil dificultades, pero con una solidez fundamental que sólo ella puede procurar.

La política seguía, ella también, la multiplicación de los intereses. Pese a sus pocos hombres aptos para gobernar, los Estados Unidos se veían obligados a intervenir en la vida de casi todos los países. El fenómeno más importante que pudo observarse a raíz de la paz, fue la aparición en cada ciudadano norteamericano, de un "paternalismo" que no tenía bases. El menos consciente de los hombres de la calle, después de haber leído un periódico decía: "Nosotros no podemos permitir esto o esto otro." Y nótese que hablaba de algún lejano país cuya posición geográfica misma desconocía. Los americanos de Norteamérica habían tenido siempre gran orgullo por sus éxitos. Pero no habían comprendido que la paz octaviana de que gozaban no procedía de su propia virtud política, sino de los intereses de la nación más poderosa del siglo pasado, me refiero a Inglaterra, la cual, de completo acuerdo con las recomendaciones testamentarias de Washington, pedía que los Estados Unidos no se mezclaran en los asuntos europeos, ni Europa en los de América salvo en casos de ayuda propia.

Es preciso recordar que en sus inicios la *Doctrina Monroe* fue principalmente inglesa; y vale más aún recordar que Inglaterra sirvió de defensa a los Estados Unidos contra cualquier veleidad de aventura europea. En la guerra hispanoamericana de 1898, a pesar del interés de la monarquía inglesa en favor de España, el Gobierno constitucional inglés, movido por el viejo Chamberlain, convirtió en inocuos los manejos de la Reina Victoria, y en letra muerta la carta que esta soberana escribió a Pancefourte, Embajador inglés en Washington, dejando así al Gobierno de los Estados Unidos con las manos libres para que vencieran a España y dictaran un Tratado a su propio gusto. Y esto a pesar de que cortísimos años antes, debido a la cuestión de límites venezolanos, se temió una guerra angloamericana.

Los Estados Unidos se desarrollaron tranquilamente. Su ejército era minúsculo durante la paz y sus actividades se consagraban al desarrollo económico. Su diplomacia consiguientemente había sido un plácido entretenimiento de eruditos, de artistas, de hombres de sociedad, deseosos de

CAP. XIII. *La embajada de Washington* 303

conocer los países a los cuales se les destinaba, más que a estudiar la política del mundo. Los altos cargos de Embajadores y Ministros se concedían en bastantes casos a los que contribuían con mayores sumas en la campaña presidencial. Pero como los mediocres no aspiraban a vivir largo tiempo fuera de su propio país, encontramos que en aquella época que precedió a la nuestra, quedaban algunos que, si no eran inútiles, no resultaban del todo interesantes.

La guerra de 1914 exigió funcionarios más capaces, pues los Estados Unidos, primero al preparar el Tratado de Paz y luego al defender una política de constante vigilancia, necesitaban hombres de capacidad y de altos conocimientos. Pero éstos no se forman rápidamente. En las profesiones y oficios es necesario, como en todo, el concurso de las tradiciones. Así, mientras crecía en el pueblo y en los gobernantes el espíritu que he calificado de "paternalismo", bajaba el promedio de la capacidad, ya considerable, de los hombres de Gobierno que debían presidir las soluciones de conflictos lejanos y de dificultades ignoradas. En la América Latina, mientras los ciudadanos de muchas de esas repúblicas parecían decididos a marchar por los peores senderos, los Estados Unidos pretendían de ellas, con una inconsciencia incomprensible en ambientes tan elevados, el máximo de perfección. De ello provino una deformación de la *Doctrina Monroe* con intervenciones decididas unilateralmente, que la hicieron odiosa. Por ello y por otras circunstancias como sus riquezas, su poderío, su superioridad, los americanos fueron tratados, y siguen siéndolo, de imperialistas, de autócratas, de dominadores. En realidad, nadie que conozca un poco la política y la historia puede atribuirles actos de dominación permanente en los últimos cien años, o sea durante el período de mayor imperialismo mundial. Yo recuerdo siempre unas palabras de Charles Evans Hughes, al hablar de las ocupaciones de Haití, Santo Domingo y Nicaragua.

"Resolvimos en un momento dado que debíamos llevar, con nuestra intervención, a esos pueblos, la paz, el orden y el bienestar, y hace tres años que queremos retirarnos y no sabemos cómo hacerlo."

Al norteamericano, a la luz de la verdad, se le puede acusar de una excesiva vanidad en materia internacional, pero no se puede afirmar que quiera abusar de nadie, ni ocupar territorios ajenos, ni exigir indemnizaciones indebidas, ni apropiarse de lo que no es suyo. En las relaciones entre las dos Américas, la sajona y la latina, desgraciadamente de ambos lados han surgido malentendidos y se han cometido errores. Cada una de las partes ha sostenido ideas y principios contrarios a los intereses de sus pueblos. Los norteamericanos han levantado la bandera de la intervención, y los latinoamericanos la han repudiado hasta el punto de cerrarle la puerta, cuando el interés de cada uno hubiera sido lo contrario.

Yo traté rápidamente este asunto en la Sexta Conferencia Panamericana. Un poco más adelante explicaré la tesis que sostuve en aquella ocasión, que después de haberla considerado noble y útil en el pasado, los hechos la han confirmado posteriormente. Como sucede en todas las grandes tragedias humanas, ambas partes representaban la razón y la sinrazón al mismo tiempo, según el ángulo visual de cada cual y los infinitos desvíos del espíritu humano.

Durante mi permanencia de cinco años en Washington, personalmente no sufrí ninguna *capitis diminutio*. Además, no he podido criticar, salvo raros casos, los medios empleados, no los propósitos de aquella Cancillería. Tanto el buen Kellogg como el agudo Stimson no tuvieron más propósitos que hacer el bien a la colectividad humana. Nunca les escuché frases tan comunes en otras latitudes, como "nuestro interés", "lo que nos corresponde", "nuestro inalienable derecho de gran potencia", etc. Ciertamente la política de los Estados Unidos no ha sido siempre idéntica a ella misma, ni todos los hombres políticos americanos han tenido las mejores intenciones para con el resto del mundo. Ráfagas de egoísmo se han dejado sentir allí también. Pero con serena conciencia, nosotros, en esta alta hora de la vida, inspirada por la ecuanimidad y la experiencia, no podríamos desear a ningún Estado una mejor vecindad que la de esta Nación americana.

No sé si me repito innecesariamente, pero si lo hago en perjuicio del lector, deseo que sepa es por escrúpulo de conciencia. La impresión definitiva mía en Washington fue que los Estados Unidos no nos harían más agravio que el que pudiera provocar una institución errónea como la *Enmienda Platt* y que, por tanto, debíamos hacerla desaparecer de todos modos. En el resto de mi vida mi convicción ha sido que nuestra riqueza ha subido constantemente en potencial, principalmente por la vecindad generosa de este pueblo activísimo, y que en la Guerra de Independencia alcanzamos nuestro propósito mediante la ayuda más que de sus ejércitos, por la de su marina. En la hora en que escribo estas páginas, agosto de 1960, se oye un griterío ensordecedor, que no puede negarse sale de gargantas cubanas tan sinceras como la mía, proclamando la opinión contraria. Pero a pesar de ello mi criterio sereno y reflexivo me confirma más en lo que pienso, y en honor de la noble y bella emoción que se llama "gratitud", me obliga a insistir en lo ya dicho.

Capítulo XIV

RELACIONES ENTRE CUBA Y LOS ESTADOS UNIDOS. CONFERENCIA PANAMERICANA DEL 29

Durante el tiempo que viví en Washington (1926-1932) dirigí los asuntos corrientes de la Embajada y otros de excepcional importancia, como organizar la visita del Presidente Machado a Washington y la del Presidente Coolidge a Cuba. Siempre en esta época libraba mis batallas, mayores o menores, en favor del asunto tarifario del azúcar.

Como nota desagradable de esta época sólo puedo consignar el incidente surgido a causa de un artículo de la nueva Constitución cubana, cuando las Cámaras fueron convocadas con el propósito de prorrogar el período de gobierno del Presidente Machado.

Los asuntos corrientes de la Embajada los despachaba fácilmente con la ayuda de mis colaboradores. Mi vida era activa pero ordenada. Me levantaba temprano, y a las siete y media mi mujer y yo tomábamos el desayuno en el salón del tercer piso de aquella magnífica Embajada que había hecho construir el entonces jefe de nuestra Misión en Washington, el cuidadoso y ordenado Carlos Manuel de Céspedes, hijo del gran libertador cubano. Luego bajaba al primer piso, en el que se encontraban las oficinas. Naturalmente tan temprano, cerca de las ocho, yo era el primero en llegar, seguido al poco rato por José Sera, mi diligentísimo secretario. Despachaba la correspondencia matinal dando instrucciones sobre lo que debía hacerse, acotándolo al margen de cada documento. Separaba las cartas o notas recibidas que reclamaban estudio y larga contestación personal, para terminarlas por la tarde, y redactaba la guía que entregaba después personalmente a los distintos funcionarios para que la desarrollasen debidamente. A eso de las diez iba a Rock Creek Park, en donde me esperaba mi hermoso caballo de montar. Hasta las once o doce no volvía a mi oficina. Si no tenía algún almuerzo de cortesía, dado por nosotros, o al que nosotros fuéramos invitados, trabajaba hasta la una del día, para subir a esa hora precisa a almorzar, sin cambiarme siquiera el traje de montar. Si tenía que recibir personas de importancia o acudir a alguna invitación, en veinte minutos mi ayuda de cámara, Tomás González (luego afortunado comerciante de antigüedades) me transformaba, y el diligente chófer, Tomy Zumbo, a la hora exacta de la invitación, me dejaba en la casa o en la Embajada en que estábamos invitados. En Washington los *lunches* no se alargaban mucho. Por la tarde podía dormir una hora de siesta, y al despertar acudía a mi trabajo otra vez hasta las seis. A esa hora a menudo Claudel y a veces Pueyrredón, Van Royen o De Martino me invitaban a un breve paseo tomando la calle Dieciséis hacia abajo. Esta agradable distracción muchas veces quedaba frustrada por culpa de las numerosas invitaciones a tés o *cocktails,* o porque teníamos que vestirnos temprano para recibir a nuestros convidados o asistir a una comida fuera.

El trabajo normal era abundante pero fácil, la vida social activísima pero ordenada. Los almuerzos y comidas en honor de los Jefes de Misiones no eran largos, pero muy respetada la puntualidad y la hora de la cita. Los tés sobre todo eran numerosísimos. Nosotros íbamos a la mayoría de ellos y en una hora visitábamos seis o siete casas, lo que hacíamos despachando sonrisas a derecha e izquierda, pero siguiendo el trayecto de la puerta de entrada a la puerta de salida. En Washington había una época del año en que se acumulaban más las invitaciones debido a la presentación en sociedad de las jóvenes debutantes; nosotros agasajábamos a todas aquellas graciosas niñas que naturalmente concedían a tal día una importancia máxima, y las felicitábamos con todo cariño, pero si no había algún personaje en el salón con el cual tratar algún asunto importante, volvíamos al auto y nos marchábamos.

Así se explica cómo haya podido escribir varios libros en Washington, porque de las diez a las doce de la noche nunca me ocupé de poner ni una sola línea sobre asuntos oficiales. En mi dormitorio, consultando los libros que gentilmente me enviaba la enorme, bellísima y bien organizada Biblioteca del Congreso, fue que concebí y redacté *Maquiavelo en la vida privada,* corregí y completé el *Maquiavelo en su vida pública y en sus obras,* además *El Panamericanismo y la Opinión Europea,* que en francés se título *L'Amerique et l'Europe.* Este último libro lo menciono especialmente para agradecer el interés que le prestaron, entre otros, dos ilustres personalidades de Francia: el Presidente Painleve y el Predente Herriot. Repito, este libro fue objeto de tres artículos de Painleve en la revista *El Capital,* y de interesantes observaciones de Herriot.*

Diré que acepté la vida de Embajador, como un esfuerzo máximo a realizar, para hacer olvidar al público que había Embajadas grandes y pequeñas, y dar la impresión de que todos podíamos actuar con la debida diligencia e igual cortesía. Es por esto también que hube de organizar reuniones esgrimísticas todos los viernes, seguidas por un té o *cocktail.* Reuniones además que tuvieron el mayor éxito, concurriendo a ellas aficionados de todas las Embajadas, entre otros mencionaré a Luciano Mascia, entonces joven secretario y después notable Embajador italiano, así como un Bernadotte de la Embajada de Suecia. De Italia también recuerdo a un joven Cerbore, y de España a Linares Rivas, hijo del dramaturgo del mismo apellido. De la Embajada nuestra asistía Güel. Algunas veces fuimos honrados con la visita de tiradores de la vecina Escuela Naval. Lo que recuerdo perfectamente es que todo Washington solicitaba invitaciones para esos "viernes", y que sólo la habilidad de una señora americana que María Luisa había escogido como secretaria social, podía, con arte especial, distribuir las invitaciones, ya que no era posible invitar a más de ochenta personas en cada sesión, al ser esa la capacidad de la Biblioteca de la Embajada donde celebrábamos las sesiones, y de los dos salones contiguos.

Si en la vida diaria todo era fácil, los casos especiales me resultaban agobiadores. Lo primero que alteró el ritmo de mi vida y de mi trabajo fue el viaje del General Machado a Washington, el cual se inició con cierta improvisación y terminó alcanzando gran éxito. Un día a eso de las siete y media de la mañana, me llamó por teléfono el Presidente Machado. Debo advertir que Machado se levantaba a las cinco de la mañana y que dormía muy pocas horas. Con su vivacidad sin par me dijo:

—Salgo para Washington pasado mañana, me quedaré en esa capital dos días, luego seguiré para Nueva York. Vendrán conmigo ocho o diez personas. Si me puedes recibir en la Embajada, encantado, de lo contrario, iremos al hotel.

Yo le respondí:

—Pero, pero esto no creo que se pueda hacer. Y no entiendo bien el propósito del viaje. Siendo tú Jefe de Estado, creo que estas idas y venidas deben estar sometidas a algunas reglas protocolares.

—No —replicó él—, todo está arreglado. El General Crowder* (que

---

* La presidencia a que se refiere Ferrara, cuando menciona a Herriot, es la de Cámara de Diputados.

* El General Enoch Crowder tuvo una larga relación con Cuba. Fue a la Isla, en la segunda intervención, y presidió la Comisión Consultiva, en tiempos de Magoon. Más tarde redactó el Código Electoral, de 1919, asesorado por una comisión fue el Embajador de los Estados Unidos en Cuba) me ha invitado para ir a la reunión anual del "Gridiron Club", y por eso pasaré por Washington. Terminada esta reunión iré a Nueva York.

La alusión que me hacía del "Gridiron Club" me acabó de revelar lo peliagudo de la cuestión, y a mi manera habitual le dije:

—Oye, Gerardo, este viaje no se debe hacer. El General Crowder es un jurista inteligentísimo, pero no un diplomático. Tú no puedes encontrarte con el Presidente Coolidge, que estará en el banquete, sin haberlo visto antes, y te prevengo que en este banquete hay la costumbre de criticar sarcásticamente al mismo Presidente de los Estados Unidos, a los presentes y a los ausentes. Después de Coolidge tú serías el objeto de las mayores burlas. Te suplico esperar hasta más tarde. Te llamaré para comunicarte la opinión del Departamento de Estado, que, después de todo, es el que manda en tales casos.

Yo tenía ya formado mi plan. Quería entenderme directamente con Kellog y no con Francis White, jefe del protocolo, porque temía que éste tomara decisiones que disminuyeran la personalidad del Jefe de Estado de mi país. Hay que temer siempre al que no tiene o no puede tener un concepto definido del asunto que se trata. En general, resultan como los médicos, que al no poder formular en su mente el diagnóstico de la enfermedad, lo disimulan recetando numerosas medicinas al enfermo. Pero Kellog estaba realmente en cama y no me pareció conveniente solicitar una entrevista. Entonces pensé en el Jefe de la Sección Latino-Americana, un señor Morgan, bien visto por el Secretario de Estado. Era un joven de mucho valer y cuya intervención no podía molestar a White. Lo invité a almorzar y después le conté todo mi plan. Primero le planteé los hechos en su realidad. Critiqué la idea de que Machado asistiera al banquete del "Gridiron Club", acto que no era para ser presenciado por un Jefe de Estado extranjero. Pero acepté la idea de que Machado visitara al Presidente Coolidge, con un pretexto que podría traducirse en la realidad, como el invitarlo a que asistiera, en La Habana, a la inauguración de la Sexta Conferencia Panamericana, que debía realizarse dentro del año.

Morgan estuvo de acuerdo conmigo en todo y corrió a ver a Kellog. Una hora después estaba de regreso con la aceptación de Kellog, precisando que "Machado venía a visitar a Coolidge para que éste fuera a La Habana"; sin saber aún si Coolidge aceptaría o no.

---

de senadores y representantes. Fue enviado personal de los presidentes Wilson y Harding, y al fin, se acreditó durante el gobierno de Zayas, como embajador. Cuando Machado tomó posesión de la presidencia, aún se hallaba, en Cuba, con ese carácter. Pero ya no era embajador en esta época. Había cesado en 1927, siendo sustituido por Noble Brandon Judah.

Comuniqué todo esto a Machado, quien quedó profundamente satisfecho. Y ya que había aceptado por conducto del General Crowder la invitación del "Gridiron", a última hora se haría el enfermo y delegaría en mí no sólo para la asistencia al banquete, sino para la lectura de su discurso.

La visita de Machado felizmente se retardó algún tiempo, circunstancia que yo aproveché para tratar todos los particulares del viaje, tranquila y juiciosamente, con Francis White. Hablé de la supresión de la *Enmienda Platt*. La *Enmienda Platt* tenía este nombre por el senador que la redactó* y la propuso, y se refería a deberes de la República de Cuba. Estos deberes consistían virtualmente en los que se deducen de la *Doctrina de Monroe*. El documento en sí valía poco en aquella época de paternalismo o "padre-eternalismo" americano. A otros países, que no tenían como Cuba las obligaciones de esta Enmienda, se les consideraba perfectamente iguales a nosotros. El mal nuestro, la ofensa que sufríamos, estaba en el hecho de que sólo para nosotros regía aquel documento jurídico que podría indicar una *capitis diminutio* en materia de soberanía. Yo había combatido la *Enmienda Platt* desde su origen. Sabía que la primera Convención Constituyente de Cuba la había aceptado porque se enfrentó a este dilema: "o se acepta este contrato, o no hay independencia". Y desde 1912 empecé a trabajar, en los Estados Unidos mismos, contra su mantenimiento. El diputado Martín Littleton me ayudó entonces. Luego en el Brasil pedí a Afranio de Mello Franco que nos ayudara a liberarnos, no de una cadena, sino de una afrenta. Y ahora que tenía yo un puesto adecuado para realizar un buen trabajo, no quería desperdiciarlo. No sé si convencí a Francis White, pero sí recuerdo que lo redujo a mantener un solo argumento en defensa de la Enmienda, consistente en que los empréstitos concedidos a la Nación cubana por ciudadanos americanos habían sido contraídos bajo aquella defensa institucional. Cambiarla ahora, era lesionar esos intereses. Yo no le negué fuerza a su argumento, pero le indiqué que había una solución, pues nosotros pagaríamos esas deudas cuando fuera derogada. Insistí en que la susodicha enmienda era una afrenta moral más que jurídica.

En ocasión de esta visita de nuestro Jefe de Estado pensé que sería apropiado tratar de ella. Machado vino a vivir a la Embajada. Durante los tres o cuatro días que estuvo con nosotros se celebraron banquetes y recepciones. Entre los principales actos hubo el banquete dado por el Presidente Coolidge, durante el cual la silla que ocupaba el notable abogado cubano don Claudio González de Mendoza se rompió, depositando en el suelo al ilustre hombre que, después de todo, no era de peso tan

---

* Orville H. Platt, senador por Connecticut.

considerable. Aquella noche supe que el Presidente Coolidge aceptaba definitivamente ir a Cuba. La noticia me la dio al final María Luisa, ya que el silencioso Coolidge se la había comunicado a ella, y sólo a ella. Una muy rara coincidencia despertó alguna locuacidad en este personaje conocido por su mutismo. Mi mujer, en su juventud, había estudiado en Boston y conocía a la perfección las hazañas de la guerra de Independencia de los Estados Unidos, así como la abundante y original tradición colonial de aquella parte tan distinguida del país. Coolidge, al oír hablar a una extranjera de sus cosas locales, preguntó dónde había estado y por qué había visitado estos lugares. María Luisa, satisfecha de tales preguntas, le dijo que había, entre otras cosas, visitado Swampscott varias veces, siendo huésped de la familia Bond, que allí tenía su casa veraniega. El Presidente, con la cara iluminada, de pronto exclamó: "Yo vivía frente a los Bond". Y cuando empezaron a tratar detalles de aquel tiempo, mi mujer le contó que había cantado en una fiesta de beneficencia, en un gran salón próximo a la casa en que temporalmente vivía. Y después de una intensa explicación de fechas y del objeto de la lejana fiesta, el Presidente de los Estados Unidos declaró: "que él entonces tenía 27 años y había oído cantar... a la Embajadora que estaba ahora a su derecha". Hallazgos de estos hechos tan poco comunes conmueven hasta la naturaleza silenciosa de un Coolidge.

Debo precisar que Coolidge no era hombre triste, sino sólo callado y reflexivo, como se encuentran muchos en la zona de Boston. Siempre recordaré a un estimado amigo mío, Bradley Palmer, abogado de fama y después *Chairman of the Board* de la United Fruit y de otras compañías. Palmer me invitaba a pasar algunos días en su magnífica casa de Hamilton, durante el verano. Por la noche había siempre grandes comidas con trajes y actitudes ceremoniosas que recordaban al Hamilton de cien años atrás. Al mediodía siempre había paseos, excursiones, almuerzos, tés o *cocktails*. Pero Bradley Palmer no hablaba; fijaba los ojos en la frente de la persona que tenía delante y después los bajaba hasta los pies. Si tenía que responder necesitaba lanzar antes dos o tres golpes de tos. Pero con personajes como Coolidge y Palmer uno no se aburría nunca. El *sí* o el *no*, y alguna que otra limitada observación, reforzada por una actitud seria pero agradable, resultaban más elocuentes que la verborrea de tantos otros que comenzando sin saber lo que van a decir, terminan sin saber lo que han dicho.

Aquella noche María Luisa estaba, como he mencionado, a la derecha de Coolidge por no encontrarse presente la señora de Machado, la cual, debido a su noble modestia, era muy poco inclinada a las fiestas oficiales. La izquierda la ocupaba Alice Roosevelt, esposa del Presidente de la Cámara, míster Longworth, e hija del ex-Presidente Teodoro Roosevelt, muy amados ambos, padre e hija, por los cubanos, debido a la participación que Roosevelt tomó en la guerra de la Independencia. Alice era nuestra buena amiga e íntima de los Coolidge. Tenía palabra franca, sus intervenciones eran directas. Al terminar casi la comida le dirigió a María Luisa, por encima del Presidente, esta pregunta:

—¿Qué ha hecho usted para que este hombre hable tanto? A mí ni siquiera me ha dirigido la palabra.

Todos rieron gentilmente.

Años después de este banquete la señora Coolidge nos dijo que al dejar su marido la vice-presidencia para sustituir al fallecido Presidente Harding, descansaron de los continuos y martirizantes banquetes que eran ofrecidos al vice-presidente. Pero Coolidge, una tarde paseando en coche por el parque, le dijo:

—He sentido haber perdido aquellos banquetes.

Tuve otra prueba de su original carácter, aquella misma noche en la que Coolidge pasó un buen rato oyendo a mi cuñado Julio de la Torre, interrogándolo al principio y luego alentándolo a que siguiera, más con la mirada que con la palabra. Machado había traído como intérprete oficial a De la Torre, a quien cariñosamente llamábamos Julito, que era miembro de una familia de intelectuales, la que culminó en el gran Carlos de la Torre, el ilustre naturalista, conocido en el mundo entero. Puedo decir que Julito era uno de los hombres más agradables que he encontrado en mi vida. Relataba hechos curiosos con cara seria y voz cómica pero común. En Cuba había un grupo de hombres de este género, cuya amistad resultaba simpática y alegre. Recuerdo entre ellos a Oscar Font, Regino Truffin, Francisco Arango y otros.

La reunión importante, la única (ya que la visita del Presidente Coolidge a nuestra Embajada era sólo protocolar), puede considerarse que fue la del último día de Machado en Washington. El Presidente Coolidge estaba asistido por míster Morgan, y el Presidente Machado por mí. Después de la invitación oficial para asistir a la Conferencia de La Habana, Machado trató la cuestión azucarera y de la crisis que avanzaba; y por último pidió que el Gobierno de los Estados Unidos, considerando a la *Enmienda Platt* como un documento poco útil y en cambio sí ofensivo para los cubanos, la derogase, bien por convenio entre ambos países, bien unilateralmente. Machado usó en aquella ocasión los mismos argumentos que yo había presentado a míster Francis White. Por sugerencia mía añadió que nunca los Estados Unidos habían invocado dicha Enmienda, ni siquiera en la intervención de 1906 a 1908, porque en este caso el enviado de los Estados Unidos y futuro Presidente de Estados Unidos, míster William Taft, rogó a los cubanos que dejasen libres a las Cámaras para elegir un sustituto al Presidente Estrada Palma, sin conseguirlo, pues el General Rafael Montalvo impidió la reunión amenazando a los miembros del Congreso que concurriesen al acto. Estrada Palma su vez hizo imposible la continuación legal del régimen constitucional, pues en vez de dimitir, o dejar al vice-Presidente que le sucediera, aceptó la renuncia del Vice y, lo que fue aún peor, recibió, antes de dimitir, la renuncia de todos los miembros del Gabinete que eran los llamados, sucesivamente, a sustituir al vice en caso de ausencia, por renuncia o por otros motivos. Fueron algunos cubanos los que provocaron la vacante del poder, vacante que era, dada la época, una invitación a la intervención americana, y en todas las épocas y en todas las partes, una provocación a puros excesos con la destrucción de toda legalidad.

Coolidge en esta ocasión se mantuvo muy reservado. Fue explícito en lo referente a la *Enmienda Platt*: "¿Qué molestia les ha traído esa Enmienda? y si no les ha traído ningún mal momento ¿por qué cambiar?" En relación con su presencia en la Conferencia Panamericana de La Habana, dijo que tomaría alguna resolución en fecha más cercana a su celebración. Sobre tarifas dijo que las Cámaras eran las llamadas a resolver, pero que él prefería el *statu quo*. No salimos muy satisfechos ae la entrevista, pero habíamos cumplido con nuestro deber. Yo acompañé después a Machado a Chicago, en donde el vice-Presidente de los Estados Unidos, míster Charles Dawes, nos recibió espléndidamente. Yo, particularmente, era amigo de Dawes, y María Luisa amiga de su señora. Los domingos a menudo íbamos por la noche a cenar en familia con ellos. El general, en un libro de memorias que escribió sobre su vice-presidencia, me dedica una noble y bondadosa página que me honra mucho.

La visita de Machado, iniciada para reparar un error, fácil en un pueblo nuevo y en América en la cual los diplomáticos se forman demasiado despreocupadamente, resultó útil. Machado se hizo amigo de los muchos personajes que conoció, empezando por el alcalde de Nueva York, Jimmy Walker, y dejó ante todos una grata impresión, a pesar de no conocer otro idioma fuera del suyo.

Coolidge devolvió la visita al reunirse la Sexta Conferencia Panamericana. Se hospedó unos pocos días en el Palacio Presidencial cubano. Era la primera vez que lo hacía un Jefe de Estado norteamericano en territorio extranjero. Tuvo la oportunidad de admirar el espectáculo deslumbrante que dio el Teatro Nacional, el día de la inauguración de la Conferencia. En realidad su presencia a aquel acto no tenía ninguna importancia política. Por su parte, tampoco él hizo nada para dársela. La Delegación era de primer orden y su Presidente, míster Hughes, resultaba ser el personaje más conocido de los Estados Unidos. El horizonte político del silencioso míster Coolidge no incorporaba en el resto del mundo a los Estados Unidos. Resulta difícil explicar a las nuevas gene-

CAP. XIV. *Relaciones entre Cuba y los Estados Unidos* 313

raciones este criterio, en el cual se unían y confundían la superioridad altiva y la bondad benéfica, así como todos los conceptos del bien, indiferentes a las acerbas críticas que se le hicieron, y todavía amando al prójimo. La mayor parte de los periodistas y hombres de Estado que visitaban los Estados Unidos para descubrir las Américas, regresaban a Europa después de haber concebido y publicado libros de caricaturas, y los de la época se extremaban con las de este Presidente.

Yo estimo que Coolidge fue el representante genuino del pueblo americano de entonces. El americano pensaba que podía hacer y deshacer en la vida pública en todos los países, y que éstos debían someterse, para ser felices, a la voluntad norteamericana. Su criterio era que los Estados Unidos pensaban en hacer el bien y que, por tanto, debía acatarse su voluntad.

Durante su estancia en Cuba no cometió un solo error y cumplió con buena voluntad cuanto le fue indicado por los que prepararon el programa de los festejos, que siempre resultan excesivos, y sin manifestar un solo desagrado. El lugar en que lo vi más complacido fue en un almuerzo campestre celebrado en la finca rústica de Machado. Alteró toda la disposición del menú y comió en abundancia frutas cubanas, que él desconocía pero que le gustaron mucho. María Luisa, a su izquierda, servía de intérprete, y dándose cuenta de su curiosidad lo invitó a empezar por la fruta, con el permiso de la señora de Machado. El inmenso "centro" de mesa colmado de frutas fue vaciándose poco a poco, ya que nuestro Presidente y los demás imitaron al gran invitado. El jefe de comedor y los camareros, portando toda clase de platos exquisitos, no sabían qué hacer; sólo pudo organizarse la comida cuando empezaron a ser servidos los extremos de la mesa, viniendo luego, lentamente, hasta el personaje del centro.

Cuando Coolidge abandonó La Habana, la Conferencia funcionó regularmente. Las delegaciones todas eran de primer orden, como la norteamericana. De ésta formaba parte el sistemático y meloso míster Brown Scott, indiscutiblemente el más erudito en materia panamericana, aun cuando Hughes era el gigante tanto por su claridad mental como por la pureza de su palabra. Perú nos había enviado a Maurtua, gran amigo mío y prominente jurista. El Salvador tenía allí a Gustavo Guerrero, decidido antiamericanista y europeísta convencido. En efecto, murió miembro de la Corte de Justicia de La Haya, puesto que si no merecía como jurista de primer orden, lo ilustraba y enaltecía con su penetrante inteligencia. Otro antipanamericanista era Guani, más tarde vice-Presidente del Uruguay. Puyerredón representó a la Argentina parte del tiempo, pero cedió el puesto al final, por no estar de acuerdo con su Gobierno. Podestá Costa era el jurista argentino, y el futuro Embajador Espil representó, desde el primer momento, la voluntad de los gobernantes del país que baña el Plata. Nicaragua, entonces más o menos intervenida, envió a dos hombres de un talento excepcional, los doctores Máximo H. Zepeda y Carlos Cuadra Pazos. Debo declarar que me impresionaron a tal punto que llegué a pensar que eran los mejores negociadores de la Asamblea. Ootro delegado que me llamó la atención y la admiración fue el entonces joven salvadoreño Héctor David Castro, luego Embajador de su país por muchos años. El doctor Yepes, de buena doctrina, representaba con otros a Colombia. Los miembros de aquella Asamblea en general eran todos de calidad excepcional, aunque a veces se enfrascaban en discusiones estériles que interferían realizaciones eficientes.

El momento se prestaba a tal tendencia. Un día, el Presidente Coolidge, al preparar su viaje a Cuba me dijo:

—Europa se entremete demasiado en los asuntos nuestros, especialmente en los de la América del Sur.

Y como notara que yo deseaba saber más lo que era con el propósito de cooperar en honor de la plena libertad de criterio de las Delegaciones que se iban nombrando, me estrechó la mano y sin mirarme murmuró una especie de *"Good Bye"*... Más tarde completé mis informaciones cuando el Embajador Inglés, sir Esme Howard, al comentar "las originalidades de Coolidge" me contó que, cuando para hacer su viaje habitual a Inglaterra, había ido a despedirse del Presidente, éste le pidió que le comunicara al Premier Baldwin "que no se entremetiera en lo que aquí se hacía". Sir Esme añadió que, abrumado por tan abrupta frase, estando ya de pie se detuvo, inquiriendo sobre el motivo de la queja. Coolidge bajó la cabeza y murmuró: "...Ellos sabrán a qué me refiero". Yo relacioné lo que me contaba el Embajador inglés con lo que el mismo Coolidge me había dicho sobre las intrigas de Europa en la América del Sur, pero no dije nada al excelente caballero.

En este grupo de americanos del Norte y del Sur yo me encontraba verdaderamente entre los míos. Conocía los temas, y aun no siendo entusiasta de la política panamericana, que creaba otro bloque político internacional, me satisfacía mucho ver que la América Latina progresaba, pues si las estadísticas anteriores mostraban menos dinamismo latinoamericano en relación con los otros países europeos, las nuevas revelaban lo contrario. Mi concepto del panamericanismo no se basaba en una alianza arbitraria, sino en un ejemplo de armonía y solidaridad humana, que no pudiendo ser mundial se limitaba por el momento a un solo hemisferio. Al mismo tiempo, esperaba que estos países que lo formaban sirvieran de ejemplo a otras regiones del mundo. Y por ello, más tarde, cuando en Europa, bajo la influencia de algunos altos espíritus, entre ellos el notable Aristides Briand, se empezó a hablar de los Estados Unidos de

Europa, yo me alisté en ese ejército de idealistas y escribí artículos y pronuncié discursos, alentando el propósito y pidiendo que no se desviaran por caminos egoístas y mezquinos.

Uno de mis discursos sobre este tema tuvo bastante resonancia y fue comentado en varios libros. También en la Academia Diplomática sostuve igual criterio. Pero lo importante para mi persona no fue la Conferencia en sí, sino una de las cuestiones que se planteó en ella: me refiero al debate sobre las intervenciones. Una noche, en el Comité jurídico presidido por Gustavo Guerrero, y después en la Sesión plenaria, se acaloró de tal manera el debate sobre la intervención, que míster Hughes me envió a decir con el Embajador Noble Brandon Judah, que si continuaban en aquel tono las violentas acusaciones, alentadas por un público, cuyas manifestaciones no se reprimían, él se retiraría de la Conferencia con toda su Delegación. Hay que advertir que la cuestión de la interferencia entre los asuntos internos de los Estados no era entonces una cuestión teórica, sino del día, pues algunos países representados en la Comisión se encontraban intervenidos por los Estados Unidos. El público era cubano, pero la mayoría de los que lanzaban protestas eran unos emigrantes de Repúblicas hermanas, que atribuían a los norteamericanos la situación dictatorial de sus países. Para el desgraciado, el hombre próspero es siempre el culpable de todos los males.

La discusión comenzó por la tarde. Con olímpica serenidad, Gustavo Guerrero preparó las sucesivas explosiones. Las delegaciones fueron haciendo, en declaraciones escalonadas, los más vivos comentarios. La intervención era considerada como un mal supremo, en definitiva como una infamia, y fuera para el bien, fuera para el mal, no debía existir. Era preciso borrarla de las instituciones jurídicas de América. Los discursos sonoros, las interrupciones, los aplausos del público mezclados a voces de protestas en las que en animado conjunto se confundían hasta los severos diplomáticos con la juventud revolucionaria, daba la impresión de que asistíamos a una de las clásicas escenas de la Revolución Francesa. El Presidente de nuestra Delegación lo era el doctor Antonio Sánchez de Bustamante, pero, al ser elegido Presidente de la Asamblea, delegó en mí, segundo delegado, las funciones de su cargo en la Delegación Así, me encontraba en el epicentro de la tormenta, teniendo a Manuel Márquez Sterling al lado, silencioso y triste. Hablé con él, y me aconsejó el silencio. Cuando luego le comuniqué el mensaje de Hughes que nos advertía, como anfitriones que éramos, que de seguir las acusaciones más o menos encubiertas se retiraría con su Delegación, Márquez me indicó que debía pronunciar un discurso moderador.

Mi situación era peculiar. Una vez más, a mí no me importaban la opinión general, ni los aplausos, y ni siquiera me afectaban directamente los penosos casos del momento histórico, lo que no acontecía con la mayoría de los presentes. Yo recogía, en suprema síntesis, todo lo que en pro y en contra de la intervención había en mi mente y en mi corazón. Miraba a la historia de mi país, y también en cierto modo, aunque secundario, a la mía propia. El silencio que guardé en todo el debate fue debido a que yo sabía que mi país se declararía no intervencionista. Pero al fin, sea por el mensaje de Hughes, sea por la insistencia del doctor Yepes, quien gritaba "Que hable la delegación cubana", o también por la instigación de los delegados de Santo Domingo, pedí la palabra. Concentré las ideas en un cuadro que tuve delante de mis ojos con toda claridad.

—Los Estados Unidos de Norteamérica —afirmé— tienen, debido a sus grandes éxitos económicos y políticos, la convicción de hacer el bien y aun de tener derecho a imponerlo. Se les puede considerar como los padres del paternalismo. Mas esto no tiene nada que ver con el problema de la intervención en sí, considerada con institución jurídica.

Y pasé a tratar ese problema con cierta moderación, pero con toda la sinceridad de mi espíritu, a pesar de notar hondo disgusto en las caras de los delegados. Personalmente yo era un intervencionista, porque había salido de Italia para correr a la guerra de Cuba. A su vez Cuba no podía ser sino intervencionista en tesis general, porque su independencia la alcanzó con la ayuda de un esfuerzo intervencionista. A este particular hice alusión, recordando cómo habíamos recibido nosotros, los combatientes de Cuba, la noticia de la intervención americana, que en efecto provocó no pocas lágrimas de gratitud de madres y de hijos, lágrimas que corrieron también por las mejillas, curtidas durante años por el sol y la intemperie, de muchos viejos y jóvenes rebeldes. Explicaba la situación de Cuba, que sería ingrata al sumarse al coro de protestas; elevé el debate al campo de la historia universal. Recordé las intervenciones de Polonia y Grecia, a lord Byron, a Italia y a otros países, como por ejemplo los Estados Unidos de América, aunque en menor grado. Observé que en la historia del siglo XIX no conocía más que la intervención de los Cien Mil Hijos de San Luis que había tenido fines reaccionarios. Este discurso mío terminó la sesión y los entusiasmos beligerantes se desahogaron afuera, en los corredores. Márquez Sterling, que se había alejado de mi lado, hablaba ahora con Cosme de la Torriente, compañero mío y que había tenido una larga vida de honores, culminada en la presidencia de la Sociedad de las Naciones. Les veía en la cara su descontento, el cual, debo advertir fue general. Sólo me felicitó la breve cohorte norteamericana y el doctor Maurtua, pero éste limitó su felicitación a mi valentía.

Al pasar, me acerqué a Torriente para darle la mano y él, sonriendo me dijo:

CAP. XIV. *Relaciones entre Cuba y los Estados Unidos* 317

—¡Qué ganas tienes de hacerte enemigos!
Le contesté:
—Tú lo sabes, por encima de la amistad y de la enemistad, pongo la sinceridad. Además, Cosme, yo no aspiro a la Presidencia de la República.

Estas últimas palabras resultaron una alusión tanto para Cosme como para Márquez, porque ambos tenían derecho constitucional a sentarse en la alta silla curul.

El discurso pronunciado aquella noche, sensata manifestación de la verdad histórica y de la honorabilidad de un pueblo como el nuestro que en su independencia influyó la Intervención, provocó los primeros indicios de la caída de mi popularidad, que hasta entonces había sido verdaderamente grande. Los ecos que me llegaron de todas partes, y que siguieron llegándome mucho después, insistían en que yo había cometido un error. A los ignorantes se unieron los hombres cultos y poco a poco se llegó a decir que yo favorecía la Intervención en todos los casos. Mis amigos desaprobaron lo que ellos llamaban mi cambio de ideas, y sin embargo yo seguía fiel a mí mismo. Había pensado hasta en la creación de una intervención recíproca sólidamente organizada entre los países latinoamericanos, para el mantenimiento de instituciones libres. En el Waldorf Astoria de Nueva York, allá por el año 20, había reunido a un grupo de venezolanos a la cabeza de los cuales se encontraban el doctor Arcaya, alta figura en su país; un ex-Presidente de Costa Rica, hombre probo que había renunciado al cargo y estaba alejado de su patria; el General José Miguel Gómez, ex-jefe de Estado de Cuba y hombre de guerras libertadoras, quien presidió el acto, y otros elementos de distintas nacionalidades. El propósito era fundar el núcleo inicial de los que mantendrían el derecho de las instituciones libres en nuestras veinte Repúblicas, luchando todos sin distinción de fronteras. Para mí la intervención significaba internacionalismo y libertad.

Los que me combatieron entonces y después, no pensaban más que en el fácil abuso del fuerte sobre el débil, olvidando que para ejercer esta dominación la Humanidad no ha necesitado, no necesita, ni necesitará nunca establecer instituciones jurídicas. El principio de no intervención en sentido absoluto, me ha venido después a probar que aumenta el número de dictadores, deja manos libres a las turbas ignorantes y agresivas, momentáneamente mayoritarias, y permite que todas las infamias se perpetúen haciendo víctimas a los mejores, y victimarios impunes a los facciosos. La no-intervención tuvo un gran éxito en 1940, por concesión del Presidente Franklin D. Roosevelt, que la dio a cambio de haber negado el resto de América el derecho verdaderamente soberano de la paz y de la guerra. A aquella Sexta Conferencia Panamericana se puede aplicar el impresionante concepto latino al definir el Senado: *"Senatores Boni Viri, Senatus Mala Bestia"*.

Terminada la Conferencia, volví a Washington. Durante esta estancia mía en Cuba había encontrado a casi todos los periodistas de Washington que habían asistido a la Conferencia. La Conferencia en general resultaba monótona, poco interesante para el gran público. Así, los periodistas se ocupaban también del país, del estado de Cuba. La estrella de Machado ya empezaba a declinar, y el fenómeno de la oposición comenzó a registrarse entre los hombres de cultura. La juventud estudiosa, que a mi entender tuvo en aquella época, desde la Independencia, su hora más alta, fue la que primeramente combatió a Machado. Los periodistas los entrevistaban y más que noticias enviaban *stories,* informaciones impresionantes, sensacionales, sobre algunos aspectos del problema cubano. Todos los que entonces me criticaron a causa de mi intervención en el problema internacionalista, se aprovecharon de los periodistas norteamericanos para fomentar a través de ellos una opinión contra Machado en la vecina y poderosa República. Y alcanzaron fácilmente lo que se proponían. A mi regreso a Washington pude notar que Machado había perdido gran parte de la simpatía de la opinión pública. Casi en seguida vi aparecer sobre el tapete tres reclamaciones de ciudadanos americanos contra Cuba. De las tres, las dos primeras, que tenían poca importancia, surgieron entre ciudadanos americanos y cubanos. Pude arreglarlas fácilmente y debo decir que en ambas los americanos tenían razón. Una de ellas se basaba en un documento fehaciente que probaba cómo un personaje político había invitado a la población a que asistiera al acto de prenderle fuego a la casa de un americano. Esta reclamación, sin embargo, fue sometida a arbitrajes y conseguimos que el árbitro fuese un jurista cubano de los más respetados en aquel tiempo. La parte cubana, naturalmente fue condenada, pero la suma reclamada por el norteamericano se vio reducida a cifras muy modestas.

La tercera reclamación era una estafa evidente. Yo la combatí con mucho brío porque se reclamaban del Estado Cubano cerca de veinte millones de dólares. Esta reclamación estaba sostenida por muchos hombres políticos de los Estados Unidos, senadores y representantes, todos honorabilísimos. El senador Borah, Presidente de la Comisión de Relaciones Exteriores del Senado, defendió públicamente al americano interesado, acusando de defraudador al Gobierno cubano. Yo contesté en el mismo periódico *Herald Tribune,* en el que Borah había hecho las acusaciones, declarando que el ilustre hombre público no conocía las leyes cubanas; y añadí, como advertencia a los hombres honrados, el primero el señor Borah, que los millones de pesos reclamados eran un banderín de enganche de defraudadores profesionales.

Lo peor es que muchos tenían la misma convicción que Borah. Una noche, después de una comida dada por el Secretario del Trabajo, charlábamos en pequeños grupos en los salones de la casa cuando oí a un Senador de los más distinguidos que, dirigiéndose a un colega suyo, le decía: "Figúrate, ha dicho que Cuba tiene la razón, él es un traidor".

Afiné mis oídos para seguir escuchando mejor y comprendí que se trataba del caso a que me estoy refiriendo y que el "traidor" era nada menos que el Embajador de los Estados Unidos en Cuba. Creí que debía seguir el método más eficaz en diplomacia: cortesía extrema y verdad amable como base. Le dije:

—Señor Senador, usted me perdona, pero por la pequeñez del salón han llegado a mis oídos, involuntariamente, sus últimas palabras. No puedo dejarlas pasar como si no las hubiera oído. Yo sé que usted ama la verdad y aún más, sé que su honorabilidad se resentiría si yo no rectificara su error. Así me permito decirle que el Embajador por usted nombrado no es un traidor, porque de serlo, lo serían también todos los Embajadores americanos que han estado en Cuba, los cuales han dado informes idénticos a los de este último.

Yo iba a seguir mi alegato, pero el Senador me interrumpió.

—¿Está usted seguro de lo que me dice?

Le repliqué:

—Más que seguro.

Entonces él deploró haber emitido aquel juicio, y añadió que tomaría informes oficiales. Y a los pocos días se me acercó para manifestarme "que yo tenía razón".

Pero la batalla fue grande. En los corredores del Senado y de la Cámara de Washington hay grupos que representan intereses particulares y que son conocidos bajo el **nombre de lobbies**. Sería largo insistir en este argumento; básteme decir que, no obstante la Constitución atinada de aquel gran país, la que limita las funciones del poder legislativo, la dura realidad es que los Senadores y Representantes se entremeten en todo, y si no tienen una influencia decisiva, tienen la suficiente dentro de sus funciones, y aun más allá de ellas, para intervenir cerca de la Administración. Para convencer, aleccionar y dirigir a los representantes del pueblo, los intereses particulares constituyen (con elementos hábiles que tienen experiencia, amistades, influencias, popularidad electoral en distintos Estados, capacidad jurídica y otras cualidades), los *lobbies*, pequeñas falanges macedónicas que saben atacar y defender. Norteamérica es la patria de la publicidad, y yo aseguro que con estos hombres del *lobby* no se trata del personaje influyente europeo o latinoamericano, ni del abogado elocuente que explica las razones de su cliente al oído de los que van a juzgarlo, sino de un técnico maravilloso, desconocido en otros países; un técnico que trabaja empleando métodos a veces capaces de vencer al más inteligente y al más enérgico. Los Senadores y los Representantes, debido al continuo contacto que tienen con estos digamos "maniobradores" de voluntades, se acorazan con espíritu enérgico y resisten bien, pero los *lobbysts,* si no los vencen a todos, obtienen a menudo el triunfo. Yo he tenido que luchar con el *lobby* de los intereses azucareros locales, o sea con los que aspiran a imponer altas tarifas, y es así que he conocido su apetencia. Como yo buscaba el entendimiento de intereses recíprocos entre los azucareros americanos y los cubanos, tuve que enfrentarme a diez o doce personajes que dirigían la gran maniobra.

En el Congreso americano había hombres de una integridad máxima, interesados en la vida pública al extremo de dedicarle todo su tiempo. Sin embargo, era corriente encontrarnos con un distinguido *lobbista* en su mesa. Las señoras de los Senadores y Representantes, a veces ignorando que yo representaba a Cuba, y como les llevaba con habilidad la conversación sobre el azúcar, me hablaban con tal interés que yo comprendía que se movía algo subterráneo. Y en efecto, escarbando, en algunos casos veía que se trataba de algún valor bursátil relacionado con la tarifa azucarera. El *lobbista* disponía de este medio como uno de los más cómodos.

En la cuestión de la reclamación a que me refiero en esta digresión, también se constituyó un grupo. Según me informaron entonces, era del mismo Estado que el Senador Borah. Pero como he dicho antes, el Senador estaba fuera de toda sospecha. Me encontraba tan convencido de ello que lo probé en una ocasión, por cierto muy molesta para Borah.

Una noche estábamos invitados a una recepción por el Presidente Coolidge y su señora, en la Casa Blanca. Mientras me vestía, recorría con los ojos los títulos de un periódico de la noche. La prensa de Hearst publicaba escandalosamente la noticia de un negocio en el cual el Senador Borah había traficado en algo. La suma ascendía a un millón de dólares. En seguida exclamé: "Falso. Error de Hearst". Al llegar al salón en donde, escalonados por Misiones, vendría a saludarnos el Presidente y su señora, vi a Borah en un ángulo. No había nadie con él. Me separé de los otros colegas y fui a darle la mano con cordialidad y consideración. Creo que fui el único en hacerlo, o por lo menos uno entre los pocos. Al día siguiente Borah recibió una rectificación general. Se trataba de un error enorme. En cuanto al caso nuestro, no obstante la poderosa personalidad del Presidente de la Comisión de Relaciones Exteriores del Senado, el poder oculto del *lobbista* y de la opinión pública que comenzaba a ser adversa a Machado, fue poniéndose bien en claro la ilegitimidad de la reclamación americana, que al final terminó por ser completamente anulada.

Una última cuestión de ese género surgió después, y quedó pendiente

CAP. XIV. *Relaciones entre Cuba y los Estados Unidos* 321

al retirarme yo de Washington. Concernía a una concesión de travesías. Esta vez el reclamante, de origen cubano, había obtenido el apoyo de una comisión de revolucionarios cubanos, parece que por reciprocidad, porque él a su vez favorecía la pequeña organización que se había formado en Washington. Esta reclamación se disolvió fácilmente.

Con estos antecedentes no puedo quejarme de la política americana. Naturalmente yo no deseaba que los americanos, por ejemplo, persiguiesen a nuestros revolucionarios que, refugiados en su territorio, combatían al Gobierno de Cuba. Cuando la Secretaría de Estado, o Machado personalmente, me hacían alguna indicación quejándose de que pudiesen organizarse las revoluciones contra un país amigo como Cuba, respondía que yo había hecho lo mismo en el pasado. Pero afirmo ahora que en mí dominaba no sólo el recuerdo de 1907, sino el relato que oía en casa o fuera de ella, sobre la actitud de Inglaterra en el siglo pasado defendiendo y honrando a los nobles asilados de muchos países, lo cual provocó en la mente de Mazzini el vasto plan de la joven Europa. Aun con los criterios enfermizos que han tenido después, ¡parece increíble!, yo recibía en mi mesa y en la Embajada a los revolucionarios, especialmente a los de primera fila, como el general Rosendo Collazo, y a Bosch, tesorero de la Revolución y luego Secretario de Hacienda. Más tarde llegó Cosme de la Torriente, y al saberlo le rogué viniese a la Embajada. Habiéndose negado a acceder a mis deseos, fui a verle a su hotel, el Shoreham, en el que se hospedaba. Pero de esto hablaremos más adelante.

Si en esta materia política marchaba de acuerdo con Washington, o sea que no podíamos nosotros pedir persecuciones de connacionales en tierra extraña, momento hubo en que discrepamos, aunque sin agraviárseme en nada. Un día el Secretario Kellog me llamó y su voz en el teléfono era seria y hasta severa. Me fijó una hora determinada y agregó "que se trataba de algo grave". A la hora exacta llegué a su despacho. El Secretario estaba ya sentado, y sentados también en larga hilera el general Crowder, el Embajador Noble Judah, el sub-secretario-Adjunto Francis White y míster Morgan. Todos tenían las caras estiradas. Una butaca estaba preparada frente al grupo. El Secretario me invitó a sentarme en ella, casi sin mirarme. Pensé que en efecto había algo grave, pero enseguida rectifiqué: "Aquí —me dije— se trata de un error o de un *bluff*". Kellog, más tembloroso que nunca, comenzó en voz alta e irritada:

—Señor Embajador, esto que hace la Convención Constituyente en Cuba no se puede hacer en ningún país democrático.

Y siguió hablando de democracia y de renovación de mandatos. Cuando terminó le dije que después de haberle escuchado quedaba sin saber por qué me habían llamado, aun cuando quería que supiera que en lo tocante a la libertad y a la democracia, yo pensaba lo mismo que él. Kellog entonces explicó que el Encargado de Negocios que tenían en Cuba había comunicado que la Convención Constituyente, convocada por Machado, elevaba a doce años el período de algunos Senadores. Yo sabía que la información era inexacta, porque recibía y leía siempre con gran atención la Orden del día de la Convención cubana, en la cual no figuraba por ninguna parte tal cuestión. Pero precisamente porque estaba seguro de que se trataba de una tempestad en un vaso de agua, me quise dar la voluptuosidad de divertirme un poco. Así constaté que la información era inexacta, pero que aun suponiendo que fuera exacta, ¿en qué derechos se basaba el Gobierno americano para discutir este punto, que yo, como el Secretario Kellog, consideraba erróneo? Añadí que estaba seguro de que la Convención nunca aprobaría semejante cosa, sin embargo, si se aprobaba, no cometería ningún crimen, porque en algún Estado de la Unión americana se habían registrado casos idénticos sin que se les llamara crímenes. Kellog habló en voz alta con Crowder y después me preguntó:

—¿Qué información tiene usted sobre el asunto?

—Usted me hace la pregunta —contesté— y debo contestar. Usted me permitirá ser explícito. Pues bien, le digo, primero, que su Encargado de Negocios está siempre pésimamente informado, y segundo, que lo que le han comunicado es totalmente falso.

Kellog se levantó irritado, dando órdenes para su Encargado de Negocios en La Habana, y a mí me dijo:

—Deploro haberle molestado.

No se puede negar que es un placer tratar aun con gentes nerviosas, cuando son honradas hasta el fondo del alma.

Tuve otro incidente que me puso en grave aprieto. Ocurrió cuando Washington y París preparaban el Tratado que condenaba las guerras. Uno de los antecedentes de este Pacto, que tomó el nombre de sus dos autores, Briand-Kellog, se encontraba en el "considerando" de un acuerdo panamericano presentado por las Delegaciones de los Estados Unidos y de México en la Conferencia de La Habana, que precisamente condenaba las guerras. Francia y los Estados Unidos, tratando a distancia, no se podían poner de acuerdo porque las dos copias del Acta Final de dicha Conferencia, sobre la cual trabajaban, no coincidían. Hay que explicarse; en las Conferencias panamericanas se hacen dos copias del Acta General, de un solo tenor, que firman al mismo tiempo todos los Delegados. Una copia queda en el país en donde la Conferencia se ha celebrado, y la otra se la llevan religiosamente los Estados Unidos. De la primera copia se sacan todos los ejemplares necesarios para distribuir entre los Estados Miembros de la Conferencia, que los destinan a todos los Gobiernos del mundo. Ahora bien, en el caso que nos ocupa, mientras el Acta reservada a los Estados Unidos contenía la consideración condenatoria de la guerra, la enviada a Francia en pliego certificado por nuestro Secretario de Estado, no la tenía. Era muy difícil averiguar lo que había sucedido. Hablé por teléfono con La Habana: nadie sabía nada. Un alto funcionario, quien resultó ser el culpable, hombre de gran ligereza, empezó a criticar a los *yanquis,* siempre tan quisquillosos y molestos. Contesté con dureza y apelé al Presidente Machado. Pero los días pasaban. Francis White me apuraba. Cuando aún no sabía lo que realmente había pasado, comprendí que la culpa era nuestra, pues yo sabía que en La Habana habíamos condenado la guerra y que ahora, en el Acta certificada por nuestro Secretario de Estado, no aparecía tal condenación. Fui a ver a White, felizmente hombre comprensivo:

—Míster White —le dije—, yo no sé lo que ha pasado, pero sin ninguna duda la culpa es nuestra. Estoy dispuesto a todas las rectificaciones, pero deseo que usted concurra conmigo a fin de evitar un escándalo.

Y le propuse una rectificación o aclaración. White lo sabía ya todo y me manifestó que a pesar de tratarse de una gran ligereza, era mejor dejar las cosas como estaban. ¿Qué había sucedido? Pues nada menos que en la última reunión se habían votado ciertos acuerdos, y para que éstos apareciesen en el Acta General, ya preparada y en vía de firmarse, fueron cambiadas algunas de las últimas hojas, reduciendo el material transcrito precedentemente para insertar el nuevo.

Estos sinsabores y otros de menor importancia me fueron compensados por una llamada del Presidente Coolidge, quien solemnemente me dijo: "que me daba las gracias en nombre del Pueblo y del Gobierno de los Estados Unidos por mi brillante actuación en la Conferencia de La Habana".

El General Machado, a su vez, sin siquiera consultarme, me otorgó la Gran Cruz de la Orden de Carlos Manuel de Céspedes. Yo venía rehusando todas las condecoraciones, entre otras la francesa al principio de mi carrera, consistente en el Gran Collar de Comendador; una italiana de San Maurizio y San Lázaro; y la que ya he referido que no acepté en el Brasil. Esta recompensa de Machado me obligó luego a recibir todas las que me ofrecieron posteriormente, y que a pesar de haberlas agradecido por el gran honor que se me hacía, no las he usado más veces que las que se pueden contar con los dedos de la mano. Mi actitud respecto a las condecoraciones no respondía a una aversión simple contra ellas, sino contra los hombres que las buscan con pasión desordenada y contra el exceso que se comete al concederlas.

Los altos funcionarios de Washington, como los de la Sociedad de las Naciones, y como más tarde los de la UNESCO sabían que mi voto no se obtenía fácilmente en las Asambleas. No rechazaba recomendaciones, ruegos, solicitudes ajenas, pero tampoco realizaba ningún acto que no pasara por el tamiz crítico de mi conciencia, aunque se tratara de cosas mínimas. Nunca formé parte de camarillas ni de grupos. Jamás solicité un cargo en busca de prestigio. Hacerlo me hubiera parecido muy bajo, y, naturalmente, contrario a mi dignidad. El Coronel José Miguel Tarafa, que amasó una enorme fortuna en negocios de servicios públicos y azucareros, decía siempre a sus agentes: "Por Dios, no le hablen a Ferrara, no pretendan instruirlo en la materia". Como Tarafa, murmuraban igualmente algunos Embajadores o Jefes de Misiones. Así, con absoluta imparcialidad, fui miembro de múltiples Comisiones, como la que trató de la cuestión del Chaco, como la del Monumento a Colón en Santo Domingo, y en varias conferencias, siendo la más importante la que trató del Arbitraje y Conciliación Panamericanos, en la cual también estaba míster Hughes, de cuyos labios Olaya Herrera, quien después sería Presidente de la República de Colombia, escuchó esta frase que él mismo me repitió: "Dadme un Tribunal competente y honrado y yo firmaré cualquier tratado sobre esta materia."

Los Embajadores latinoamericanos de Washington teníamos una obligación más: la de representar a nuestros Gobiernos ante la Unión Panamericana. Por lo tanto, debíamos asistir a las reuniones periódicas de la misma. Se trataba de un pequeño Parlamento formado por hombres ilustres. Yo, viejo parlamentario, encontraba gran gusto en los debates. Presidía el Consejo con puntualidad el buen Kellog, que venía periódicamente a aburrirse allí, pues todo se decía en español y a él le traducían sólo lo más importante. Miraba a los oradores con la curiosidad del espectador de un circo acrobático. En nuestras reuniones se registraban casos curiosos.

Aconteció un día que las representaciones de Colombia y Venezuela presentaron múltiples gruesos volúmenes, recientemente publicados por la Institución Carnegie. Todos sabemos el amor y la devoción que estas Naciones tienen por su Libertador Simón Bolívar. Los discursos encomiásticos se sucedían los unos a los otros. Aquellos copiosos volúmenes debían ser considerados como una prolongación de la Santa Biblia.

Yo, sin tener motivos especiales, me sentí inquieto. Es que, por regla general, solía no dar una aprobación indiscriminada a una obra que no hubiera siquiera ojeado. Hablé de esto con mis colegas más cercanos. Me contestaron "que sin duda la habrían leído los interesados", es decir, los Embajadores de Colombia y Venezuela. No me satisfizo la contestación y le hablé al venezolano, que estaba frente a mí, del otro lado de la mesa. Me contestó risueño: "Es una obra colosal." Votamos la aprobación general para la Editorial, importante institución pública, así como para la obra, acordando que fuese traducida al español y hecha circular ampliamente. Al levantarme vi al Embajador de Colombia, Olaya Herrera (Enrique) y le pregunté si había leído el texto que habíamos aplaudido tanto. Me contestó que no lo había leído porque no sabía suficiente inglés, pero prometía hacerlo. Le repliqué que lo hiciera antes de que fuera publicado en español.

Meses después los dos Embajadores vinieron a la reunión del Consejo para declarar que la obra era una infamia, que había que condenarla e impedir que se pusiera en circulación su traducción al español... ya impresa. ¿Por qué la obra era una infamia? Porque dentro de la recopilación de documentos encontrados había muchas páginas nada favorables a Bolívar, escritas desde La Guaira por un Cónsul inglés. Pero, fuera cual fuera el motivo, en aquella ocasión me opuse a que se utilizara el nombre del gran Libertador para suprimir frases históricas. La discusión del Consejo fue acalorada, hasta el punto de que los dos delegados amenazaron con retirarse de la Unión Panamericana, Pueyrredón y Amaral de las Delegaciones de la Argentina y del Brasil, y otros, se pronunciaron para que se meditara mejor el caso, ya que parecía poco serio hablar en forma tan contradictoria. En definitiva, se nombró una comisión de la cual yo formé parte, y con el tiempo se apaciguaron tanto los entusiasmos como los odios. Nosotros tuvimos la impresión de que nuestros dos colegas disidentes reflejaban la intransigencia de sus respectivos Gobiernos.

La razón por la cual expuse con insistencia mi deseo de conocer si alguien había leído lo que debíamos aprobar, era porque yo sabía que un escritor extranjero, cuando escribe sin haber vivido en el ambiente de los pueblos que inclinan apasionadamente la veneración de sus héroes, por mucho que eleve el tono panegírico, no puede satisfacer a estos lectores. Y porque también conocía la vida agitada del gran suramericano. Familiarizado con las investigaciones históricas, subrayo que los gruesos volúmenes eran apreciables y que no podían ser sólo favorables a Bolívar ya que, al mismo tiempo, habrían de consignar momentos adversos en hombres de la dimensión de éstos, que han pasado por las contingencias y avatares de sus relevantes obras. Tenía también como espejo en que mirarme, la copiosa literatura martiana de Cuba. No puede haber dudas sobre la grandeza de José Martí. Pensador de elevada moral y hombre de acción dedicada y tenaz, fue alma del movimiento de liberación de la patria, y después de organizarla con el verbo y la acción, ofrendó su vida en el campo de batalla. Criticar a Martí en Cuba, por cualquier acto humano corriente, de esos que se apartan de la rectitud monacal, causaría horror en la mayoría y sería una deplorable muestra de mal gusto para muchos.

Los Embajadores en Washington, que en aquella hora no pasaban de catorce, teníamos como una pesada misión la de pronunciar discursos en diversos grandes banquetes. Y el caso era más grave, pues debíamos no solamente complacer a nuestros compañeros, sino también a la opinión pública americana. Nueva York era naturalmente la ciudad en que hablábamos con más frecuencia. Estos banquetes que ahora son comunes en todo el mundo, en ese entonces eran muy numerosos en los Estados Unidos. El disponer en estos banquetes de uno o dos oradores de rango diplomático daba mayor importancia al acto. Las invitaciones a veces venían directamente, y a veces por conducto de algún alto funcionario. Para nosotros los latinoamericanos, muy a menudo el intermediario era el excelente doctor Rowe, por largos años director general de la Oficina Panamericana. Este funcionario era muy querido por su constante amabilidad, que marcaba aún más su mirar inseguro de sordo. A tales banquetes asistí muchas veces. Puedo decir que me había acostumbrado a ellos de tal manera, que no necesitaba ni siquiera fijar los puntos esenciales del discurso. Era difícil para los europeos, y aun para los americanos que no habían vivido en los Estados Unidos, acostumbrarse al tipo *after dinner speech* del norteamericano y del inglés. El gracejo necesario para ayudar a digerir una buena comida, o para interesar a un amplio grupo que había ingerido numerosos *cocktails,* y a veces muchas copas de champagne, se perdía al preparar un elevado tema económico, político o cultural. En la mayoría de los casos la reflexión surgida en las horas tranquilas, la laboriosa digestión la hacía degenerar en ese dulce sopor que de pronto se apodera de los comensales en esta clase de reuniones demasiado largas. Generalmente, cuando mejor se preparaba un banquete, peores eran. El orador no podía impedir, a pesar de su pureza de estilo y brillante lenguaje, que los párpados de sus auditores tuvieran una pertinaz tendencia a cerrarse.

Una noche, en ocasión del cincuentenario de una compañía americana que mantenía grandes negocios con la América Latina, mi colega Amaral fue invitado a pronunciar un discurso de pragmática. Presidía míster Merrill, Presidente de la Compañía y Presidente del Comité neoyorquino de funciones panamericanas. A última hora me hizo prometerle que yo también pronunciaría mi discursito si él me lo pedía. Merrill sabía que durante largo tiempo yo había vivido en el simpático ambiente de Wall Street, de manera que acepté sin condiciones. Amaral, como ya he dicho, era el tipo perfecto del diplomático y tenía justificado renombre entre sus colegas del Brasil. Su frac era impecable, su cuello fino y delgado favorecía su blanca corbata, sus mejillas rosadas y sus ojos azules parecían iluminar el ambiente. De él no había que esperar cosas que provocaran risotadas alegres, sino el invariable desarrollo de un tema severo.

Aquella noche nos habló del café, del café en su origen, en su desarrollo como base de la economía brasileña, y creo recordar que al final lo consideró como factor esencial de la utilidad general de su patria. El discurso, que tenía por objeto informar a los grandes banqueros de aquella época, duró hora y media. Para disculpar a Amaral, a quien yo considero como uno de los más aptos colegas que he tenido en mi larga carrera, debo advertir que entonces ese tiempo era el normal que tomaba todo discurso. En eso Merrill, a cuya izquierda estaba yo, se volvió a mí y me dijo: "Ahora usted". Yo, casi desmayado, le respondí: "Míster Merrill..." En efecto, ya empezaban a levantarse los invitados. Pero Merrill, al notarlo, golpeando en la mesa gritó: "Un minuto"; la casi totalidad de los que se habían levantado volvieron a sentarse. Y Merrill siguió diciendo que agradecía el discurso de Amaral "y que ahora oiríamos brevemente al Embajador Ferrara". Yo me puse de pie entre el descontento general, manifestado con la sobriedad del americano, que en esos casos acostumbran no levantar los ojos del plato.

Me puse de pie, convencido que mi papel se reduciría no al de un alegre gitano, sino al de un perfecto payaso. "Señores —dije—, debo referiros algo que os interesa. Amaral y yo somos los mejores amigos del mundo. Tan amigos como no ha habido en el tiempo pasado ni habrá en el porvenir. Por la mañana nos levantamos temprano y nos visitamos invariablemente; andamos más que unidos, confundidos. ¡Amistad entrañable! Sin egoísmos, sin reservas, nos dedicamos íntegramente al bien del género humano, que gracias a nuestra unión saborea los efectos benéficos de un dulce despertar. ¿No lo habéis comprendido? ¡El es el representante, o la genuina expresión del café, y yo del azúcar!".

Naturalmente todos rompieron a reír. Dije al auditorio que podía hacerles la historia del azúcar, pero que retiraba mi propósito frente a la segura protesta unánime que podía estallar. Mi solo deseo consistía en no desagradar a mi noble colega. Y por algunos minutos traté del tema de los largos discursos, que por un lado son indispensables, pero que resultan poco armónicos en las horas que se alargan. Y con algunas frases serias contra las altas tarifas que gravaban productos latinoamericanos en los Estados Unidos, terminé entre risas y aplausos. Palabras así improvisadas y superficiales me dieron el mayor éxito en estos *after dinner speeches*. Al día siguiente aparecieron reproducidas mis alegres palabras en uno de estos boletines seriesísimos de Wall Street. Fueron muchos los amigos que me detuvieron en la calle, tanto en Nueva York como después en Washington, para comentarlas con buen humor.

Mi temor era que Amaral no estuviera muy contento. Por suerte fue todo lo contrario. Al final del banquete me dijo que su discurso, preparado desde hacía tiempo, no tuvo más remedio que leerlo, a pesar de su extensión obligada. Añadió que si mi discursito había hecho reír, contenía una actualidad de gran interés por su ataque a las altas tarifas sobre nuestros productos, lo que sería muy apreciado en su tierra.

En los Estados Unidos estos grandes banquetes son deslumbrantes. No podría decir cuál fue el mejor de aquellos en que me honraron pidiéndome que asistiera. Tanto unos como otros eran espléndidos. Un cierto juicio diferencial podría establecerse por la calidad de los concurrentes, pero habría que conocer de antemano la mayoría de ellos, porque, preciso es reconocerlo, todo norteamericano lleva bien el frac. El yanqui es como el inglés, con su figura da relieve al sastre; mientras el argentino se la da al suyo con la flexibilidad física de su cuerpo en continuo movimiento, con su cabeza erguida.

En el curso de mi vida he asistido a infinidad de grandes espectáculos de ese género en Nueva York, Washington, Chicago, San Francisco, Boston, Filadelfia, y otras grandes ciudades de la Unión. Cuando en esta nación se adquiere cierta notoriedad, no importa de qué género, se le abren todas las puertas. Puedo decir que he asistido a la inauguración de grandes hoteles como el Waldorf Astoria, el Biltmore, el Vanderbilt y otros; a homenajes de grandes hombres públicos y a nobles actos de beneficencia. Recuerdo también haberme encontrado en estos banquetes con personas de gran renombre, para mí hasta entonces desconocidas. Por ejemplo, el viejo Pierpont Morgan en los primeros años de siglo, quien me fue presentado por míster Smith, que a la sazón era Director General de los Muelles de Nueva York; Morgan batallaba con una sopa caliente y en lugar de detenerse siguió sosteniendo la servilleta a la altura del cuello para no manchar la pechera de su camisa, dejando caer la presentación. Pero al final me miró, pues yo estaba frente a él, y me sonrió vagamente. Después hablamos. El cese de las hostilidades que estos grandes hombres mantienen con los desconocidos en los actos públicos, yo lo provoqué diciéndole:

—Míster Morgan, le agradezco mucho en nombre de mi mujer los varios ramos de bellísimas flores que usted en muchas ocasiones le ha enviado a su paso por Nueva York.

Como lo vi algo vacilante, añadí un poco teatralmente:

—No tema usted que le vaya a dar mi nombre, ni a relatar las circunstancias. Bien sé que su nombre en estos casos sólo indicaba una cortesía colectiva de la Casa bancaria que usted dirige.

Morgan hizo caso omiso al argumento de las flores, pues no sabía si decir sí o no, siendo yo un desconocido. Los norteamericanos tienen la costumbre de redoblar las buenas formas cuando tratan con extranjeros,

Y aprovechó la conversación para averiguar quién era yo. Su Casa precisamente estaba haciendo un empréstito a Cuba. Poco a poco llegamos a los postres. Aunque yo tuve mayor amistad con el hijo, que era de acceso más fácil, visité al viejo, que por cierto ostentaba una gruesa nariz, no solamente en Nueva York, sino en Italia, a donde él iba frecuentemente.

A otro gran personaje de la época lo vi por primera vez en uno de estos banquetes gigantescos. No recuerdo en qué ocasión, pero era de gran estilo, de gran importancia, pues estaban presentes muchos Embajadores venidos de Washington. La persona más cortejada era la esposa del entonces Coronel Vanderbilt, *leader* social de la gran ciudad. Mistress Cornelius Vanderbilt tampoco fue fácil de abordar. Pero después de anunciado mi nombre, le dije que conocía el suyo por haberlo leído en su tarjeta de mesa. Luego me referí a nuestras amistades comunes, especialmente inglesas y francesas. Insistí en los *gossips* sociales para probarle que conocía el ambiente en que ella se movía. Le hablé sobre todo de un amigo de la familia Vanderbilt, que lo fue también mío: Niel Primerose, hijo de Lord Roseberry, muerto prematuramente en la guerra de 1914-1918. La distinguida dama se mostró interesadísima durante la *soirée*, lamentándose al final del abandono en que había tenido a su comensal de la izquierda, otro Embajador, y por cierto muy célebre. En realidad no creo que a mistress Vanderbilt le interesaba yo, dado que era representante de una pequeña nación, pero lo que le conté estaba en el orden de su vida diaria, y no podía sustraerse al comentario. Evidentemente, el recuerdo de Primerose la emocionó, ya que este querido amigo era muy destacado por todo concepto. Lástima que la muerte, que se le llevó siendo tan joven, no le permitiera figurar en la política inglesa. Orador de primer orden, diputado en la Cámara de los Comunes, amado por la Casa Real británica y por el pueblo, ya que era un liberal de los más puros, se había casado con una hija del Duque de Derby, otra gran familia inglesa de linaje y gran cultura. Primerose hubiera ocupado indiscutiblemente los cargos más altos en la dirección del período áureo de Inglaterra. La traducción inglesa de mi libro *Causas y Pretextos de la Guerra Europea*, la dediqué a su memoria.

El banquete de los banquetes, en mis recuerdos, es el que se dio en honor de Lindbergh, en ocasión de ofrecérsele el premio de la fundación Wilson. Resulta difícil imaginar el grado de admiración, diría de adoración, que todo el pueblo de los Estados Unidos manifestó a Lindbergh, al realizar éste la hazaña increíble —dado los medios de que disponía— del primer vuelo transoceánico. De no haber vivido aquellos días nadie podrá conocer el ferviente entusiasmo de todos, las demostraciones explosivas de afecto por el joven aviador que, tras cuidadosa preparación y con la mayor modestia realizó con matemática precisión un vuelo de cuyo buen éxito nadie concebía la más mínima esperanza. Lindbergh, en la época en que Hollywood se adueñaba del mundo imponiéndole sus escándalos, llevó a cabo su victoria más completa sobre los elementos. Y después, con elegancia desconocida en este siglo, se negó a toda ostentación del acto realizado y de su persona, así como a todo lucro fácil.

Recuerdo que después del gran vuelo Nueva York-París, Lindbergh voló por toda la América Latina. Su última etapa fue Cuba, cuyo panorama, debido al blanco inmaculado de sus casas, le impresionó de manera especial, según me refirió él mismo. Yo, comprendiendo la repercusión popular de este viaje y con el fin de aproximar con mayor efecto al pueblo de los Estados Unidos con el nuestro, fui a La Habana y me hice cargo de los preparativos para hacer lo más agradable posible la estancia en nuestro país del gran héroe del momento. Consideré que la primera obligación del diplomático es facilitar las buenas relaciones entre los pueblos, y el no continuo fomento de odios bestiales que parecen haberse apoderado de los profesionales de las buenas formas. Tuve que empezar por obtener de la Secretaría de Obras Públicas, por intermedio de mi querido amigo Carlos Miguel de Céspedes, una ampliación de la pista de aterrizaje, pues el aeroplano de Lindbergh era más grande y pesado que los que habitualmente llegaban a La Habana. En esta ocasión me corroboré en mi idea de que el burócrata es el más irracional de los hombres. Tuve que resolver mil pequeñas dificultades. Al llegar Lindbergh lo recibió la población entera. El tuvo que hablar en diferentes ocasiones y yo traducía al público sus palabras, poniendo algún énfasis. Cuando vemos el contraste entre tantos charlatanes paranoicos que en elocuencia interminable no hablan más que de sí mismos, y sopesamos aquellas frases ingenuas y modestas que salían de los labios de un hombre que había marcado una época, nos reafirmamos en el criterio de que los hombres no tienen todos el mismo origen y que, en lejana evolución, descienden de animales diferentes. Bajo el cielo de La Habana volé en el aparato de Lindbergh, conmigo visitó la ciudad y en su compañía comí en diferentes ocasiones, una de ellas acompañados por Hughes, que estaba en Cuba para la Sexta Conferencia Panamericana, durante la cual no supe qué admirar más, si la fresca mentalidad llena de vigor y de precisión del gran estadista, o los relatos espontáneos y sencillos que nos hacía el joven festejado.

En el Teatro Nacional se celebró una recepción en honor de Lindbergh, que resultó bella y conmovedora. Hubo un discurso suyo. Al terminar yo la traducción del mismo, Lindbergh dijo a mi mujer: "Me alegro que el Embajador le esté añadiendo algo más." Yo en realidad no añadía nada, glosaba más que las palabras pronunciadas por él, los sentimientos que las inspiraban. Nuestra amistad continuó; asistimos a su matrimonio con la hija de Dwight Morrow, que era también un admirado amigo mío, y tuvimos el dolor de darle el pésame por la trágica muerte de su primogénito.

Al banquete de la Fundación Wilson, que se celebró en Nueva York, asistió lo más aristocrático de la ciudad. Los invitados eran numerosísimos, pero el público que los rodeaba era mayor; yo tuve el alto honor de ser designado como uno de los dos únicos oradores que hablarían. El otro fue Davis, probablemente el más grande abogado de Nueva York, fundador de la célebre firma, luego Embajador en Londres y candidato del partido demócrata a la Presidencia de la Nación. El discurso debe encontrarse en algún archivo, y existiría también en el mío de La Habana, de no haber sido víctima, en distintas épocas, de bárbaro saqueo. Lo único que recuerdo es que Davis, al hablar después de mí, declaró que yo había reconocido la exacta moral del festejado, que toda ella estaba condensada en una frase mía: "que Lindbergh tenía igual equilibrio en el aire como en la tierra". Le doy importancia a este acto recordando la que tuvo en su tiempo, ya que, examinando mis largos años serenamente, no le encuentro ninguna comparación; tal fue el entusiasmo general en favor del triunfador del espacio. Gocé, en los días que siguieron, el reflejo de su gloria, al recibir felicitaciones de todas partes, por el honor de haber hecho su solemne panegírico. Pero de mi Isla querida ni una sola alusión. Mis compatriotas desconocían lo que cuesta a un hombre público saber destacarse y ser seleccionado entre miles de otros muy importantes en casos como éste, cuando uno sólo representa un pequeño Estado.

Las fiestas, los actos públicos, los banquetes y recepciones necesitan, para celebrarse, reglas fijas y normas protocolares. Durante este período de mi vida en Washington lo comprendí, y recordando mis errores del Brasil, exageraba a menudo diciendo a mis subordinados: "El Protocolo es tan necesario a la vida pública como lo es el Código de Procedimiento al Código Civil". En Washington había un protocolo, pero incompleto. El Departamento de Estado tenía una sección que se ocupaba de ponerlo en práctica y de ayudar a las Misiones extranjeras cuando tenían necesidad, pero no siempre podía dar instrucciones precisas. Había incompatibilidades que sólo una Ley hubiera podido resolver. Ejemplo típico es el caso de los Senadores que representan a los Estados de la Federación americana y los Embajadores de las misiones extranjeras. Hay otro, el de los Jueces de la Suprema Corte de Justicia y los mismos Senadores. Y así algunos otros más. La solución en estos casos la encontraba el anfitrión. La Embajada de México, por ejemplo, en mi tiempo favorecía a los Senadores, mientras las otras favorecían a los Embajadores. Mi ilustre amigo Carlos Dávila, quien era entonces Embajador de Chile, que fue luego por breve tiempo Presidente de su país y más tarde, como premio a su habilidad política y a sus dotes intelectuales, Director General de la Unión Panamericana, ofreció un banquete en honor de un ministro de su gobierno. El banquete era de más de trescientas personas y todas ocupaban altos puestos. Dávila no tomó en cuenta las minucias protocolares y sin preparación previa envió todas las invitaciones. Pero al fijarse los puestos surgieron los tropiezos y las dificultades protocolares. El excelente colega vino a verme. Le presté gustoso mis servicios. Hicimos dos mesas. Pero hubo necesidad de visitar a muchas personas para explicarles ciertas situaciones especiales. No fue fácil satisfacer a todos, y se registró como única anomalía el que un Embajador quedara al lado de su mujer. Y es que este Embajador no quiso ni ceder su puesto, ni el de su señora, aun sabiendo que lo hacía en contra de la regla primera de todo banquete: o sea, la de puestos separados para los cónyuges. Yo personalmente me encontré entre dos señoras cuyos maridos eran ambos Senadores, y ambos no muy amigos de Cuba en la cuestión de la tarifa azucarera que tanto mal hizo a mi país. Las dos buenas señoras no asistían a menudo a actos diplomáticos y sin quererlo me atribuían, en la conversación, distintas nacionalidades. Yo no rectificaba, para no descubrir la mía, lo que hubiera podido provocar en ellas ciertos recelos.

Pero estos incidentes y otros tenían poca importancia y fueron olvidados. No sucedió así con uno que interesó a todo el mundo, especialmente a los Estados Unidos. Para explicarlo debo comenzar por decir que el Vice-presidente elegido con Hoover, míster Curtis, era soltero. También explicaré que en la vida de aquella nación el Vice-presidente tiene que cumplir una serie de deberes sociales innumerables. En el período en que fui Embajador en Washington, el Vice-presidente tenía que asistir a los banquetes que daban en las Embajadas extranjeras y aun a otros ofrecidos por funcionarios locales y distinguidas familias de la sociedad. En materia de cortesía, los Vice-presidentes lo eran todo, pero en la parte política eran *"Don Nadies"*. El General Dawes, que quiso ser alguien, sufrió fuertes ataques, especialmente por parte del Senado. Yo recuerdo que la lucha se mantuvo viva hasta el final, al punto de que Dawes, en la sesión en que se retiraba, saludando a los Senadores, se interrumpió y exclamó con airado ademán y voz estridente después de las frases clásicas que preceden a toda despedida: *"I take back nothing"*.

El nuevo Vice-presidente Curtis no era casado, y escogió, para que le asistiera en las obligaciones formales, a su hermana casada que se llamaba mistress Gann, lo que causó impresión sensacional. ¿Podría ser reconocida por los diplomáticos, el Departamento de Estado, las Cámaras y la sociedad entera, esta nueva figura en forma protocolar? Mistress Gann no tenía *"per se"* ninguna categoría. Luego arrastraba a su marido a todas partes. En los países anglosajones, como es sabido, para justificar algo se acude a los precedentes. Pues bien, había uno. En tiempos pasados, un Embajador ruso, del tiempo de los Zares, elevó a categoría de *hostess* de la Embajada a su hija, a falta de esposa. El embajador se llamaba Cassini. Se dice que Theodore Roosevelt, Presidente entonces, comentó en forma irónica la decisión del moscovita:

—¿Qué podemos hacer sino aceptar que el Embajador haga pasar a su hija como su mujer?

En el caso del Vice-presidente se formó una tempestad por la importancia del cargo, ya que, repito, la mujer del Vice-presidente tenía a su cargo múltiples deberes sociales. Y también porque la que venía en turno era Alice Roosevelt, esposa de Longworth, Presidente de la Cámara de Representantes, mujer de grandes atractivos y que socialmente era muy popular. En su juventud había vivido con su padre en la Casa Blanca, y en ella se había casado. Su marido era la alegría y la simpatía personificada, y por el puesto que ocupaba, y por sí mismo, gozaba de un enorme prestigio. El caso fue comentado en todos los periódicos, con el escándalo que supone. Las revistas trataron el lado jurídico de la cuestión, los diplomáticos se reunieron dos veces —las únicas sesiones que en mis años hubo—, las conversaciones no trataban de otra cosa. Mistress Gann y Alice Roosevelt eran las heroínas de todas las comidillas. Ellas no se parecían en nada. Mistress Gann producía el efecto de una persona modesta, fácil de conceder su amistad, sin pretensiones de superior jerarquía, y su conversación resultaba muy agradable. Para la teatralidad necesaria a las funciones públicas, naturalmente Alice respondía mejor al papel requerido. Pero Mrs. Gann representaba bien el papel de acompañar a un Vice-presidente reservado, serio y tranquilo. Resultaba curioso este detalle: que Curtis tenía algo de sangre india, lo que se le notaba fácilmente en los rasgos, mientras que la señora Gann parecía íntegramente caucásica.

En la primera reunión de los diplomáticos yo opiné que nosotros debíamos provocar una resolución precisa del Departamento de Estado, y seguirla, cualquiera que fuese. Los Ministros Van Royen y Szechenyo se inclinaban a que se formulara nuestra opinión. De acuerdo con mi costumbre yo hablé para decir toda la verdad. Y la verdad era que el Presidente de la República deseaba satisfacer los deseos de su Vice-presidente, aunque el Departamento de Estado sostenía el criterio contrario. Además, la mayoría, la gran mayoría de los diplomáticos y de la sociedad en cuyo ambiente debía actuar la *hostess* del Vice-presidente, eran adversos a la fórmula familiar y querían que actuase la esposa del *Speaker*. Añadí que nosotros debíamos forzar al Departamento de Estado a decidirse, y mientras tanto actuar como actuaríamos en caso de ausencia absoluta de la personalidad discutida. Así se acordó, y el Decano del

Cuerpo Diplomático me encargó tratar el asunto cerca del Departamento. En definitiva, la cuestión se resolvió en favor de Mistress Gann, que llevó a cabo el cometido con gentileza y tacto.

Como lo cómico se introduce *insalutato espite* en todas las tragedias grandes y pequeñas, apareció, de vez en cuando, en esta debatida controversia. Mientras la batalla alcanzaba su momento más álgido, el único error de citas que nosotros cometimos durante nuestra estancia en Washington fue el siguiente: mi secretario, siempre preciso, confundió en esta ocasión la cita de una comida por otra, y escribió en los tres calendarios que llevábamos, la invitación del Almirante Pratt y señora un día después del señalado por los invitantes. A última hora del día de la cita, Alice Roosevelt, que era gran amiga nuestra, nos preguntó si queríamos ir a comer en familia con ella. Mi mujer, el secretario y yo examinamos los libros casi sacrosantos de nuestras citas, contestando favorablemente, y a la hora fijada estábamos en su casa. Pero al llegar a la casa de Alice, el teléfono de la Embajada sonaba con insistencia. Nuestro portero, un catalán inteligente (que años después lo encontraríamos convertido en propietario de un restaurante, en Cherbourgo), respondió. La llamada era de la señora del Almirante, que con voz angustiada preguntaba por nosotros, y deseaba saber si estábamos en camino de su casa. El catalán contestó: "No, señora, esta noche han ido a casa de la señora Longworth, en donde estaban invitados. Mañana irán a la casa de usted, conforme está registrado en el Libro".

La señora Pratt, confusa, volvió a su salón y calló el lugar a donde nosotros habíamos ido. Dijo solamente: "Los Ferrara han ido a comer a otra parte, seguramente por equivocación." El nombre de Alicia le quedó dentro, perturbándola. Sus invitados de honor eran Mrs. Gann y su hermano el Vice-presidente. Y como todas las algaradas sociales, ésta quedó relegada al olvido: ¡El Presidente se había decidido en favor de de Mrs. Gann!

Almuerzos, tés, grandes comidas siguieron como en el pasado. Este período, entre la primera y la segunda guerra mundial, situó a los Estados Unidos en la dirección de los asuntos del mundo. Esta nación lo merecía, no sólo por sus fantásticas riquezas y por la raza de sus grandes hombres de industria, sino por la excepcional situación geográfica, tan favorable a la economía mundial y a la lucha armada internacional. Desgraciadamente, sus hombres de Estado no tenían la práctica necesaria para resolver las controversias que el mundo, fraccionado, desigual en capacidad y potencias, iba fomentando cada día más. El espíritu popular estaba invadido por una propaganda que endiosaba su superioridad, debido sobre todo a una prensa en lo informativo superior a la de los demás países, pero poco educativa, la que alentaba la locura de la notoriedad en sus lectores, hasta en los de último orden social, y más aún en los políticos y en los funcionarios. Todo este conjunto provocó grandes errores que si bien supieron encubrirlos la severidad de un Coolidge o la sabiduría de un Hoover, en cambio la espontaneidad irreflexiva de un Franklin Delano Roosevelt los llevó a crear una peligrosa confusión. De lejos y de cerca yo asistí al nacimiento de esa hegemonía. Vi cómo se fueron creando dificultades. Vi igualmente cómo algunos cerebros equilibrados trataron de moderar los impulsos violentos. Creo que, así como Inglaterra pudo haber impedido la primera guerra mundial, los Estados Unidos hubieran podido impedir la segunda. Pero prevalecieron como sucede en todas partes, los cerebros volcánicos, los consejeros áulicos de aspecto confiado y de azarosa imaginación. Y se impuso lo espectacular, y lo trágico, prevaleciendo sobre el camino de soluciones inmediatas y arbitrarias.

Debo decir que si la época más agradable y de mayores goces delectables para mí fue aquella en que me medí con grandes cerebros en el Parlamento cubano; y si la más alegre y provechosa fue la de mi permanencia en Nueva York (1916-1920); el tiempo que serví en Washington (1926-1932) enriqueció mi experiencia y me procuró una perfecta madurez mental.

La parte económica sufrió en este período. Los gastos fueron altos, según reza en las cuentas que llevaba el empleado de la Embajada señor Cornides. Los ingresos, que se elevaban a mil cuatrocientos dólares mensuales, no eran suficientes ni para pagar a la servidumbre. El Gobierno del Presidente Machado se había comprometido, aconsejado por mí, a pagar dos mil dólares al mes, por un contrato de publicidad. Pero no siempre enviaba los dos mil dólares, lo que me obligaba a ponerlos de mi bolsillo, y esto aumentaba la ya crecida cifra de gastos. Se añadió el viaje al Japón, que me obligó a darle la vuelta al mundo. Y, sobre todo, lo que más me afectó fue la famosa crisis bursátil que me bajó algunos valores que tenía, de 149 a una fracción menor de 6.

Pero el ambiente de Washington me gustaba. Tratar a todo el mundo con fineza y cortesía, y recibir igual tratamiento, mantenía mi espíritu en un continuo estado de elevación. Reconozco que algunas veces he sido agresivo y duro en la vida, pero nunca fui grosero, ni ante la muerte. Sentí mucho, pues, dimitir para ir a La Habana a dirigir la Secretaría de Estado. Lo hice a petición expresa del Presidente Machado y de los *leaders* de la oposición revolucionaria. Se esperaba que yo uniría a las dos facciones. Sí, digo facciones y lo mantengo. Yo cumplí, pero es imposible, como veremos más adelante, unir a las facciones.

Capítulo XV

LA LIGA DE LAS NACIONES

Entre los diplomáticos latinoamericanos había una tendencia muy marcada de limitar sus relaciones internacionales exclusivamente a las de las Américas. Debo aclarar que esta limitación deprimía mi espíritu, mientras que para muchos colegas era un motivo de orgullo. Una señora del servicio exterior de Cuba, que ostentaba un internacionalismo avanzado en su concepción política, al relatarme sus precedentes actividades, muchos años después al período que estoy tratando y precisamente en la oficina cubana de la UNESCO, me dijo, contradictoriamente y con mal velada satisfacción:

—Yo no me he ocupado más que de las Américas.

En gran parte los diplomáticos de la América Latina se relacionaban íntimamente entre ellos, y sólo de tiempo en tiempo recordaban tener colegas respetables, procedentes del otro hemisferio. Y así, como era de prever, los olvidados, con la susceptibilidad enfermiza propia de la diplomacia en general, se vengaban olvidándolos recíprocamente. Esta separación producía hasta consecuencias extremas, provocando un estado de inferioridad por parte de los menos fuertes. Basta decir que en algunas capitales se llegó a crear un decano del grupo diplomático latinoamericano, con gran orgullo de los que formaban parte del mismo, sin pensar que el desdoblamiento no beneficiaba al menor número, y como era de esperarse con tales procedimientos, se fue aceptando el supuesto teórico de un Derecho Internacional Americano, para llegar a la creación de una política americana que limitaba las funciones diplomáticas, relegándolas a los intereses exclusivos de las naciones latinoamericanas.

CAP. XV. La liga de las Naciones

Nunca acepté tal criterio y siempre actué en un campo de dimensiones mundiales, lo que no me impedía ser favorable al mantenimiento de una especie de alianza panamericana, reconociéndole nobles orígenes y muy útil aplicación. Mi criterio sobre el panamericanismo lo consigné en un libro publicado con el título de *El Panamericanismo y la Opinión Europea*, en español, y que fue traducido al francés con el título menos exacto de *L'Amerique et l'Europe*.

Las palabras que pronunció el Presidente de Cuba al abrir la Sexta Conferencia Panamericana en 1928, fueron preparadas por mí, que era a la sazón Embajador de Cuba en Washington y estaba ligado con el Presidente Machado por sólidos vínculos políticos y personales. Machado, que había aprobado plenamente lo que yo había preparado, rechazando otro documento que le presentó la Secretaría de Estado, dijo: "El panamericanismo es labor constructiva que no supone antagonismos, sino, por el contrario, cooperación a la paz universal, mejor entendimiento de todos los pueblos; unidad espiritual y moral de todas las naciones del mundo; que si en algo quiere destacarse, es en el puesto de vanguardia que desea ocupar, considerando que la grandeza en el cambio internacional no debe apreciarse con el criterio que inspira la admiración por la fuerza bruta, sino por el esfuerzo que cada nación hace en los dominios de la civilización".

Para mí, el panamericanismo era un paso de avance hacia una humanidad relacionada por altas miras de bienestar. El mundo era, sin embargo, el campo de acción que mi espíritu daba a todo Estado, y me daba a mí mismo cuando era honrado con la representación de Cuba en asambleas o cargos diplomáticos. En mi actuación en la Embajada de Washington me mantuve fiel a este criterio, y asimismo al formar parte de la gran institución de la Sociedad de las Naciones.

Yo entré por primera vez en esta magna Asamblea aun antes de ser Embajador en Washington. Fui nombrado por el Presidente Machado, también sin consulta previa, respondiendo a una benévola frase suya, que repito con gusto: "Durante mi Gobierno deseo que recibas siempre los mayores honores". En los primeros tiempos la Delegación cubana estuvo presidida por Antonio Sánchez de Bustamante, Cosme de la Torriente, Martínez Ortiz y José Manuel Cortina, todos hombres de buen juicio y elevada personalidad. Luego fui yo el Presidente.

Pero en realidad el cubano que todos los extranjeros consideraron como un verdadero Jefe, fue siempre Arístides Agüero y Betancourt, y en segundo grado un joven muy capaz por su cultura y práctica internacionales: Guillermo de Blanck, que facilitaba la labor del primero. Agüero era un verdadero valor; no era laborioso, pero sí eficaz y activísimo en la hora útil. Hablaba sin énfasis, pero con precisión y fuerza. Era perseverante y audaz como pocos. En las combinaciones electorales fue maestro, y a ellas se dedicó principalmente en los numerosos años que fue miembro de la Delegación. En realidad no amaba la diplomacia, ni le interesaban los grandes problemas internacionales, ni siquiera gustaba del lujo de esta clase de vida.

Si se hubiese quedado en Cuba habría hecho una más elevada carrera y supongo que hubiera alcanzado hasta la Presidencia de la República, pues su habilidad política no tenía límites. En el extranjero alcanzó éxitos que se manifestaban en agradecimientos personales para él y a veces en odios para su país. Jueces en la Corte de Justicia de La Haya, Presidentes de Comisiones Internacionales y aun Presidentes de la Asamblea General de la Liga fueron electos merced a sus esfuerzos. Yo estimo, sin temor a equivocarme, que la doble elección de Presidente de la Asamblea, alcanzada como caso excepcional por Titulesco, se debió a él exclusivamente. En cambio, los que no obtenían la victoria deseada culpaban a Cuba —no a él personalmente— de su fracaso electoral, considerando que Cuba dejaba maniobrar a Agüero de manera muy absorbente. Un día, en la tercera Comisión, lord Cecil nos increpó duramente por estos manejos que calificó de mala ley. Me vi obligado a replicar a este lord que yo también era contrario a las interferencias constantes en materia de elecciones, pero que el noble lord no tenía derecho a quejarse, pues habitualmente acudía a Agüero para que éste favoreciera los candidatos de su propio gusto, y que en esta ocasión debía aceptar la derrota sufrida con la misma alegría de los días en que festejaba sus victorias.

Estas formas no armonizaban con los modales imperantes en aquel período. Pero yo sostenía mi criterio de que la verdad debía imponerse. Sin embargo, la situación de preeminencia alcanzada por Agüero era tal, que superaba curiosamente su propia voluntad, viéndose a veces impulsado a seguir actuando a pesar suyo. La Secretaría General en primer término, las grandes potencias después y los grupos regionales por último, todos acudían a él, y le compelían a formar las candidaturas que podríamos llamar oficiales. Agüero quedó, hasta el final, como el gran elector de la Liga de las Naciones. Ningún esfuerzo mío durante el tiempo que presidí la Delegación cubana, ni mis vivos deseos, le hicieron perder esta función preeminente pero peligrosa. La personalidad de Agüero llegó a tener tal importancia que cuando nuestra Delegación daba una fiesta, los invitados, a la llegada, generalmente preguntaban primero por él, y en una ocasión el ilustre Stressmann, estando yo en la puerta, esperó para entrar hasta que Agüero mismo fue a recibirlo. Ahora bien, si Agüero lo era todo, De Blanck lo hacía todo. Y los dos se conllevaban muy bien. Los demás delegados cubanos, por otra parte, no residíamos en Europa, o los que estaban acreditados diplomáticamente en algún país,

Cap. XV. *La liga de las Naciones* 339

terminado el período de la Conferencia se retiraban de Ginebra, para no volver a aparecer en ella hasta la sesión próxima. Por el contrario, Agüero y De Blanck acudían repetidas veces durante el año, llamados por otros organismos menores de aquella asamblea.

Por todo lo que dejo indicado, yo trataba de poner freno a las actividades de Agüero, pero también reconociendo que yo no tenía ningún interés en las múltiples elecciones de la Asamblea. En cambio, me dediqué la mayor parte del tiempo a los trabajos de la Comisión Jurídica que el profesor Scialoia presidió casi habitualmente durante mi mandato, y a pronunciar un discurso anual en la llamada Discusión General, siempre de tono universalista y favorable a la paz. También serví al Secretario General, Drumont, recibiendo en su nombre a algunas comisiones venidas de lejanas tierras, y a representantes de las corporaciones o asociaciones sociales y políticas. No puedo decir que el Secretario me confió encargos especiales, pero lo cierto es que Benes y yo nos encontrábamos en reuniones de este género, mucho más o menudo que los otros delegados. Puedo afirmar que los elementos llamados liberales, además de acudir a Hambro, el vivaz noruego, se entrevistaban siempre con el laborioso Benes y conmigo.

Así, por ejemplo, el Movimiento feminista que actuaba activamente en los pasillos de la Asamblea, se entendía con nosotros, y conste que en aquel entonces no estaba formado por jovencitas histéricas, sino por reposadas y terriblemente insistentes señoras de saber y doctrina. Muy a menudo igualmente se presentaban elementos pacifistas que resultaban tan belicosos como los belicistas. Sin duda sostenían una causa justa, pero como todos los apasionados, todo lo juzgaban unilateralmente. El mundo es demasiado complejo para permitir a grupos de personas asumir títulos restringidos y absolutos. Yo toleraba con paciencia a estos grupos.

La Liga de las Naciones en el mes de septiembre, cuando se reunía su Asamblea General, era verdaderamente el centro del mundo. En ella dominaba el espíritu de Ginebra, sensibilidad elevada puesta al servicio de nobles causas. En los días en que llegaban las Misiones reinaba una exquisita cordialidad. Los rectores del mundo, al encontrarse nuevamente, se estrechaban las manos cuando no con expresión vivaz, siempre con amable sonrisa. Los representantes de las grandes naciones no eran los últimos en extender la mano amiga. Yo comparé siempre esta animación de los primeros momentos a la que reina en las citas anuales de los clubs deportivos. Mis recuerdos, pasados casi cuarenta años, me hacen volver a vivir aquella alegría general, cuando los jóvenes y los viejos, los ilustres y los desconocidos, corrían a su sitio de la Asamblea, visitaban de nuevo los amplios salones, se reinstalaban en los hoteles habituales como en hogares queridos, saludando a derecha e izquierda a familiares y amigos.

Ciertamente no siempre la alegría era general. Yo disfruté de este ambiente septembrino en sus mejores años, o sea de 1924 a 1931. Pero aun en los primeros años, cuando la palabra "Paz" estaba escrita no sólo sobre el papel, sino en los espíritus, y aun en los últimos años, ya encaminada la dominación alemana de Hitler y la entrada de los rusos en la Liga, las buenas maneras continuaron imponiéndose. Así a la hora en que escribo debo lamentarme de cuánto ha cambiado el mundo.

Al abrirse las grandes puertas de los salones de la Liga, se iban abriendo, también acogedores y elegantes, los salones privados que presidían damas devotas de la política y de la conversación erudita. Una de ellas, de nacionalidad norteamericana, la señora Barton, ostentaba el privilegio de haber sido la primera en recibir a los "grandes" de la Asamblea. En cambio, otra dama, francesa ésta, la Condesa de Crussol, casada con un nieto de la Duquesa de Uzos, en días determinados se veía rodeada por el mayor número de ellos. Muchas otras casas recibían, en días fijados, a los numerosos delegados y secretarios de las Delegaciones.

Estas recepciones eran en cierto modo una continuación de los actos públicos que durante el mes de septiembre se celebraban en Ginebra. Allí se iba a comentar en privado lo que se acababa de hacer en público. Se aclaraban algunos extremos y se corregían errores. Además de los grandes banquetes que se repetían, podríamos decir a diario, este intercambio continuo en casas privadas creaba una familiaridad entre los representantes de los Estados, familiaridad que ni siquiera existía entre quienes ocupaban idénticos puestos en las grandes capitales. En efecto, en un mes, gracias a esta vida común, los diplomáticos se encontraban en mayor número de ocasiones de las que se les hubiera proporcionado en un año en sus comunes residencias permanentes.

Ahora —en mi edad avanzada— muertos casi todos los que entonces estaban en primera fila, mis amigos en la noble carrera son casi todos los secretarios que en aquel entonces veía correr de un lado para otro llevando carteras de documentos, transmitiendo recados, preparando listas de banquetes o distribuyendo los puestos, de acuerdo con el Protocolo en vigor, cuando no ejerciendo cualquiera otra función política o de cortesía, y sirviendo así, con noble sonrisa en los labios, a su propio país y a la comunidad humana.

Hay que aclarar que esta Liga Internacional estaba constituida por auténticos *gentlemen*. En sus discusiones podía surgir alguna alusión poco gentil, pero nunca una ofensa. La vigencia de la aristocracia del pensamiento subsistió aun en los días más ásperos.

En mi época, la Liga se reunía en las grandes salas de un antiguo teatro, y estaba constituida por hombres procedentes de todos los países del mundo. Los recuerdo a todos con respeto, y a un buen número de ellos con veneración. El Conde de Apponyi, el húngaro, paseaba su cabeza de águila, hermosa a pesar de sus 80 años fructíferos; era severo y duro, de una talla que se aproximaba a los dos metros. Si un pintor hubiera querido plasmar sobre el lienzo el tipo de húngaro tradicional, hubiera reproducido aquellos ojos suyos, que centellaban, manteniendo sin embargo una mirada fija; aquella nariz marcadamente aguileña que irrumpía sobre su mandíbula, completando el todo su cráneo poderoso, erguido sobre el pedestal de sus fuertes espaldas y su ancho pecho.

He juzgado siempre en mis meditaciones de anciano, que el discurso más conmovedor, si no el mejor, que se oyó en esta Asamblea en la cual la oratoria predominaba sobre las demás virtudes, fue el que surgió, espontáneo y sin gestos teatrales, de los labios del Conde de Apponyi, el día en que respondiendo a los oradores checoeslovacos, hacía notar la antihistórica que resultaba la palabra "JAMAS", que Osuski * había usado al hablar de la revisión de los Tratados de paz. Osuski había dicho, con poco rigor histórico, que "jamás" se modificarían los Tratados de Paz aprobados, no obstante la facultad reservada a la Liga. El Conde contestó recordando los cambios que en su ya larga y dilatada existencia, aunque no para la sociedad humana, había sufrido el mundo. Se refirió a Napoleón III en su poderosa aventura; a los Hohenzollern afortunados y vigorosos; y, por último, a la Corte de la antigua Viena, hasta algunos años atrás respetada en sumo grado. El anciano orador había asistido a estos acontecimientos de proporciones universales, cuando sonaban a gloria y cuando se precipitaron en ignominiosa caída. ¿Quién podía usar ante el porvenir incierto imposible de precisar, la palabra "jamás"? La Asamblea quedó impresionada. Aquel día fue glorioso para Apponyi, como cuando en época lejana arrancaba lágrimas a Wagner el celebrar con un discurso inimitable los triunfos del mago de la música alemana.

En esta Asamblea los oradores célebres eran muchos, por lo cual resultaba difícil graduarlos, evaluarlos. Pero ciertamente Apponyi no podía competir con Briand, no sólo porque éste era más vivaz e imaginativo, sino que dada la nación que Briand representaba, cuando subía a la Tribuna el escenario se ensanchaba. Los valores humanos se aprecian no sólo por la intrínseca fuerza del que los posee, sino por el papel que desempeña el actor.

Apponyi tampoco era expositor frío y preciso como Politis, ni de razo-

---

* Stefan Osusky, era checo, y vivía, en Washington, exiliado, donde defendía a Cuba Libre, de las garras comunistas. Formó un tribunal, en la Universidad de Georgetown, con el doctor Carlos Márquez Sterling y Emilio Núñez Portuondo, para condenar la ocupación de Cuba por técnicos rusos. Murió recientemente.

namientos claros como Motta, el egregio y virtuoso suizo, ni vivaz como el boliviano Costa de Reis. Apponyi hacía sentir y comprender lo que decía. Al hacer estas comparaciones cito al caso otra ocasión en que igualmente admiré a Apponyi. Debatía el viejo húngaro con Titulesco, el triunfador del momento sobre los asuntos de Transilvania. Batirse con un hombre como Titulesco, sinuoso, audaz, con grandes recursos dialécticos, no siempre exacto en sus informaciones pero sí impresionante y eficaz en la exposición, era difícil, especialmente para Apponyi, que caminaba en línea recta y decía sólo lo que era producto de sus convicciones. Impresionado y admirado, lo esperé a la salida de la sala y lo felicité. Agradeció mis palabras, pero fijando en los míos sus ojos cansados por el largo esfuerzo que acababa de hacer, añadió:

—Gracias por su gentileza, pero el señor Agüero, de su Delegación, no me ha tratado bien.

Agüero había presidido, en efecto, la Comisión y había interrumpido a Apponyi varias veces. Contesté con una frase brusca que no me era habitual:

—Debe pensar usted en las circunstancias...

—No, no —contestó—, las circunstancias no existen para los caballeros. *Au revoir.*

Me dio la mano sin mirarme y siguió andando. Al encontrarme después con Agüro me quejé vivamente de su actitud, pues el húngaro tenía razón. Agüero, buen amigo mío, toleró mi vivacidad y me aplacó, diciéndome: "que mientras Hungría no cooperaba con Cuba en nada, Rumania estaba en todo con nosotros y hasta nos honraba dando banquetes en nuestro honor, sólo por ser cubanos nosotros."

Agüero estaba "en su momento" y yo no me había redimido por completo de mi internacionalismo justiciero, que siempre sitúa lo justo por encima de lo patriótico.

Mi admiración por la oratoria del Conde Apponyi no podía eclipsar el hecho cierto, por todos reconocido, de que el orador de mayor vuelo de toda la Asamblea, durante el tiempo que estuvo en ella, fue sin duda Arístides Briand. Había en sus discursos un conjunto de forma y fondo que impresionaba y convencía a la vez. Briand no era un sabio, ni siquiera un erudito, y aun menos diligente y cuidadoso que Raymond Poincaré, sin embargo era genial e imponía al auditorio sus ideas y su persona, adormeciendo todo espíritu crítico y creando un estado de exaltación siempre creciente.

El modo en que Briand preparaba sus arengas era muy original. Cuando estaba en la Liga la mayor parte del tiempo la pasaba en las antesalas seguido y rodeado de muchos de sus admiradores. Solía apoyarse en los muebles o en las paredes y empezaba a tratar las cuestiones del día que habrían de ser objeto de su propio discurso. No asumía un tono oratorio, ni usaba la pedantería habitual de los oradores. Discurría fácil y suavemente, anticipando en cada esquina del edificio una parte de lo que con gran majestad decía después ante la Asamblea entusiasta. Por otra parte, no llegaba a los pormenores y difícilmente usaba argumentos polémicos. Su oratoria, en cambio, era un canto a los principios del Bien, adornado con abstracciones que alcanzaban el honorable pináculo de lo justo. Su discurso pronunciado para saludar la primera entrada de Stressmann en la Asamblea, después de la guerra, seguido por toda la delegación alemana, arrancó aplausos y aun lágrimas a los más feroces antigermánicos de aquel tiempo. Sus palabras, recordando la sangre secularmente vertida en el Rhin, conmovieron a los más escépticos. Las esperanzas que relampaguearon en su oración al tratar del porvenir, levantaron todos los ánimos. Aquel día la Asamblea sintió latir dentro de lo más profundo de su pecho la fraternidad humana.

Conocí muy bien a Briand en la Asamblea de la Liga, porque durante un cierto tiempo estuvimos ocupando tres sitiales situados en la cabecera, uno detrás del otro, en el siguiente orden: el Premier inglés Mac Donald, a continuación yo y después Briand, el gran orador. La vecindad provocaba la conversación especialmente durante las traducciones enervantes o las votaciones lentas o aun cuando se daba lectura de documentos ya conocidos. El emotivo hombre de estado se abandonaba en la intimidad en las memorias de su juventud y de su niñez. Recuerdo sus cuentos sobre la psicología pasional de los activistas del comunismo, en cuyas líneas militó en corto tiempo, en los comienzos de su carrera política, los que animaban la conversación. Sus primeros años los analizaba con espontaneidad de hombre sin vanidades.

En ocasiones yo tenía el placer de pasar algún recado de Briand a Mac Donald o vice-versa, al punto de que un día, terminada ya la sesión, cuando estábamos arreglando nuestras carteras para retirarnos, al despedirme de los dos les dije: "El Canal de la Mancha se retira..." provocando una carcajada de ellos, y de los otros que me oyeron.

A pesar de los numerosos discursos públicos y privados que le oí en la Liga y en el Palais Bourbon, el sitio donde me interesó más ese notable personaje fue en una casa privada durante un almuerzo que daba un antiguo ministro de la Marina inglesa, llamado Thompson. Eramos alrededor de la mesa unos 14 ó 16 convidados. La señora de Thompson, de soltera Mademoiselle Cremieux, cuyo padre muy conocido entonces, había luchado con eficacia contra el régimen de Napoleón III. Briand estaba a la derecha de ella y entre los otros invitados, además de mi mujer se hallaba también una íntima amiga nuestra americana, la señora Astor Chandler, artista de delicados sentimientos, cuyo marido, ya fallecido, fue compañero mío en la época de la guerra de la Independencia de Cuba y había pasado en La Habana su luna de miel matrimonial. El banquete soberbio, a la manera francesa y de aquellos tiempos, lo realzaban las conversaciones amenas e interesantes. La animación fue *in crescendo*. La comida exquisita de abundantes platos, como todavía se usaba entonces. Los vinos maravillosos, y el *sommelier* al servirlos anunciaba el *chateau* de donde procedían y la fecha en que habían sido embotellados. En la mesa reinaba la cordialidad y la alegría. Briand naturalmente era el centro de la admiración general. En la sobremesa se mostró sublime, habló de las persecuciones de que fue objeto durante el Gobierno de Clemenceau y de la revancha espontánea, impulsiva, que él se tomó cuando su apasionado adversario aspiró a la Presidencia de la República. Arístides Briand, en un momento dado, bajó la voz para contar a la señora Thompson y a un senador francés, cuyo nombre no recuerdo, que estaba a la izquierda de ella, algo en todo confidencial. Yo, sentado inmediatamente después del senador, oía todo fácilmente y al comprender que el relato de Briand era de carácter confidencial, discretamente me puse a conversar con la persona que estaba a mi izquierda. Pero la señora Astor Chandler, probablemente prevenida por un movimiento de ojos de la dueña de casa, quiso oír también, y como estaba en el otro extremo de la mesa, eso obligó a Briand a levantar la voz y a suavizar su agresividad. El hecho se refería a Clemenceau, quien en cierta ocasión, supongo que durante el Armisticio de 1918 o poco antes, encargó a un emisario especial provisto de una fuerte suma de dinero, para que investigara si habían existido unas supuestas gestiones y tentativas de paz, hechas por Briand, y de ser cierto comprara algún documento probatorio de las mismas. La finalidad que perseguía Clemenceau era suprimir a un adversario político y apartarlo de la escena haciendo aparecer un noble propósito de paz como una traición. Todo esto lo oí bien y lo comprendí perfectamente, pero perdí ciertos detalles y algunos nombres no pude entenderlos. Al llegar a la parte que interesaba más a su auditorio, o sea la venganza que justificadamente tomó Briand preparando la derrota de Clemenceau, el orador levantó el tono habitual:

—Clemenceau —dijo— no era amado, pero el bautizo de *"Père de la Victoire"* lo consagraba como el único candidato a la Presidencia de la República. Nosotros sabíamos que la Cámara y el Senado le eran adversarios, sin embargo la respetable fuerza que se llama opinión pública lo había elevado ya al cargo supremo. La elección era considerada como una simple formalidad. Nos fatigábamos el espíritu buscando una fórmula. Antes de designar al Presidente de la República teníamos que dar un paso previo, es decir, debíamos elegir al Presidente de la Cámara. De las urnas salió victorioso Deschanel y de las mismas debía salir el nombre del jefe del Estado. Fue entonces que un grupo empezó a gritar: "¡A *l'Elysée!*

¡A l'Elysée!" indicando todos con gestos airados el Palacio. Pero toda la Cámara, sin temor alguno, creó un segundo candidato, surgido por proclamación espontánea de la mayoría. Aquella manifestación equivalía a una elección. Y es así que el "Tigre" quedó abatido y *"la Victoire sans père".*"

Volviendo a la Liga de las Naciones, recuerdo que en ella había otros oradores en francés que hablaban quizás con mayor pureza oratoria que el mismo Briand, aunque sin provocar la misma admiración. El griego Politis, por ejemplo, poseía una palabra tan fluida como precisa, respaldada por una admirable jurídica. Su carácter ciertamente no era tan firme como el de Briand, y su palabra reflejaba sus dudas internas. Giuseppe Motta, el suizo, se expresaba con franca naturalidad y fuerza, y su análisis era perfecto. Todos sus argumentos brillaban con claridad meridiana. Pero, como Politis, no tenía el fuego sagrado, la fascinación del gran orador que se apodera del espíritu y de la mente de quienes le escuchan. Entre los latinoamericanos estaba Costa de Reis, boliviano de madre francesa, que hablaba el francés en la tribuna y fuera de ella a la perfección. Era un orador de ritmo sonoro y fácil, que de haber tenido larga práctica parlamentaria en un ambiente elevado y con más compleja mentalidad en las ideas públicas, hubiera podido medirse con el mismo Briand.

Yo por mi parte, tenía gran admiración por Barthelemy, que fue Ministro de Justicia de Francia, y por el belga Rollin, que pertenecía a una familia de nobles servidores del bien público, así como por Nansen e Hymans. Evidentemente, en una Asamblea en que predomina el francés, no puedo referirme sino a oradores de este idioma. De no haber sido así tendría que subrayar los fuertes pronunciamientos de Mac Donald ante las sutiles e insinuantes disquisiciones de Titulesco; a la vivaz y sonriente exposición de Procope; como también a la emotiva palabra de mi compañero José Manuel Cortina, que si bien no sobresalió en la Asamblea General, impresionaba en cambio gratamente a todos los oyentes en las reuniones de grupos donde imperaba el español. Titulesco y Procope, con otros, hablaban el francés con precisión y dicción perfectas, pero quienes como ellos hablaban dos, tres o más idiomas, sabían que la tribuna no les era favorable.

Yo consideré entonces, y todavía considero ahora, a Arístides Briand superior a todos. Y creo que lo era debido a sus orígenes políticos muy avanzados en la izquierda, que le permitieron familiarizarse con auditorios y críticos, y planear sobre ellos con soberbia indiferencia y perfecta seguridad. El orador no debe temer, sino sentir el goce del dominio. Esta admiración es tanto más impresionante a mis ojos, porque nunca me han seducido los que han hablado a mi sensibilidad sino a mi mente, pero debo convenir en que no siempre somos dueños de nuestro espíritu.

Con Politis, que aún hoy despierta en mí la misma admiración que en aquellos días, tuve un incidente que trascendió al público por conducto de toda la prensa del mundo. En la Comisión Jurídica se discutió una propuesta de alterar el Estatuto del Tribunal Internacional de Justicia de La Haya. La gran mayoría de los países habían ratificado dicha modificación (no muy importante, por cierto, ya que era meramente reglamentaria). En la vida de los Estados marchan de prisa solamente los asuntos que interesan a las personas, y en este caso había muchos en favor de la revisión. El miembro cubano de este Tribunal, persona de gran cultura e inteligencia, el doctor Antonio Sánchez Bustamante, era adverso a los nuevos preceptos porque entre ellos había uno que no convenía a su salud. Me refiero al que obligaba la presencia en La Haya durante el invierno de todos los miembros del Tribunal. Aun comprendiendo que para un hombre del trópico y de su edad, el ausentarse del clima cubano durante el invierno era desagradable y hasta peligroso, no estaba de acuerdo con que un interés personal dominara un asunto público. Pero yo sabía que otros sentimientos igualmente personales habían inspirado la modificación del estatuto referido.

Al llegar un día, como de costumbre, a la primera Comisión que se reunía a las nueve de la mañana, me encontré con Agüero y con De Blanck a la entrada del edificio. Antes de poder darles los buenos días, Agüero me dijo:

—Pasa algo grave. Politis ha injuriado a Cuba en unas declaraciones que ha hecho a la prensa, convocada por él, las que ha distribuido y están incluidas en el discurso que va a pronunciar ahora, al abrir la sesión.

Blanck me explicó la cuestión con más detalles. En casos difíciles he conservado siempre la mayor calma, y también me he decidido por lo que consideré ser el camino recto, sin detenerme a pensar que fuese suave o difícil. Resolví entonces adelantarme al discurso de Politis, asaltarlo yo, y evitar así que produjeran mayor efecto sus palabras. Expuse lo que había sucedido cuando el Presidente Scialoia abrió la sesión y me concedió el uso de la palabra. Rogué al señor Politis que no pronunciara el discurso anunciado, pues la contestación estaría a la altura del agravio. A pesar de mi advertencia, se puso a discusión la cuestión relativa a la ratificación del nuevo Estatuto de La Haya y Politis, fiel a su proyecto, atacó a Cuba en forma más agresiva de lo que yo suponía. Cuando terminó pedí la palabra. El Presidente Scialoia, mi estimado profesor en otros tiempos, me la concedió, a pesar de que había otros oradores inscritos en la lista antes que yo. El agudo profesor de derecho explicó la causa de esta preferencia diciendo que en realidad la intervención mía era más bien una cuestión de orden, pues yo había indicado mi deseo de que el asunto no se discutiera al abrir la sesión. El respeto de que gozaba este profesor en la Liga era superior a toda comparación. Su dialéctica era considerada invencible.

Mi contestación empezó en tono de burla. "Ni los griegos antiguos, ni los modernos —dije— pueden obligar a Cuba a ratificar un pacto internacional si no es de su gusto. Expliqué que nadie tenía el derecho de obligar a un Estado, ni a hombres privados o públicos a suscribir pactos contrarios a la voluntad de los contratantes. Consideré impropia y fuera de las buenas maneras la actitud de Politis. Negué que Cuba fuera el único país que no había ratificado el Estatuto, y terminé como me lo había prometido a mí mismo, con una fuerte alusión personal contra el ilustre griego. En ella me referí a los abogados que tomaban la Corte como una fuente de riqueza personal, recalcando que los jueces de la misma eran elegibles por nuestros votos, y que esta cuestión era puramente electoral. Cuando terminé, todos los miembros que precedentemente habían pedido la palabra la renunciaron. Hubo algunos momentos de silencio. Luego habló mi colega Wu en mi favor; Wu era un simpático, inteligente, delegado chino, hijo de Wu Thing Fang.

A este último lo había conocido cuando vino a Cuba en misión especial, mientras que Wu lo había tenido como colega en Washington. El Presidente cerró el incidente diciendo que Politis tenía razón en la forma y yo en el fondo. La prensa presentó el caso con buen humor. *Le Journal*, que gozaba entonces de mucha popularidad, comentó la lucha "entre el romano alto y forzudo, y el griego pequeño y ágil". En un periódico japonés vi más tarde una caricatura en la cual yo salía mal librado. Por segunda vez fui objeto de la curiosidad universal, cosa que me disgustó. Opiniones y sentencias dictadas por quienes conocen las cuestiones, resultan más que un acto de publicidad agradable al público, una información justa y serena. Puedo decir que Venizelos, el ilustre estadista griego, algún tiempo después me dijo que había deplorado lo acontecido y que su compatriota no tenía razón. Me dolió que mis palabras hiciesen aparecer como que yo era adversario de Grecia, cuna de una civilización de la cual proceden mi cultura y mis ideas, y por la cual, como yo he dicho, estuve dispuesto a dar mi sangre en la época en que se luchaba por la unidad del mundo griego.

Este período mío de la Liga, especialmente en su segunda parte, coincidió con el movimiento paneuropeo que Briand patrocinaba. Hablar de una coalición de orden económico con ramificaciones políticas en una Europa de tradición bélica y con sus antagonismos inmanentes, parecía una locura. Cuando un principio ideológico tiene por fundamento la utilidad general, arraiga con rapidez en el espíritu público. Yo cooperé con todo mi buen deseo por el triunfo de este ideal, considerándolo un noble esfuerzo, y pronuncié algunos discursos en la Liga y fuera de ella, más tarde reproducidos en libros y revistas por doctos escritores.

Mi libro titulado *El Panamericanismo y la Opinión Europea,* que fue tan bien comentado en Europa, no tuvo esa acogida en América porque en este continente el Panamericanismo no ha obtenido nunca lo que se llama una buena prensa. Además, porque en sus páginas yo me declaraba entusiasta de la *Doctrina de Monroe* y favorable a las intervenciones extranjeras que, en el curso de la historia, han sido el factor principal de la libertad de las naciones, dicho sea sin paradojas. Y conste que en las Américas la *Doctrina de Monroe* y el panamericanismo representan, al sur del río Bravo, los instrumentos del dominio de los Estados Unidos sobre esos países, y en la América sajona, una vergonzosa necesidad.

Un desagradable incidente tuve yo con mi gobierno, debido a una pretensión del Brasil. Este país, fundándose en su extensión territorial y en otros motivos, pretendía obtener un puesto en el Consejo de los llamados semi-permanentes. La delegación cubana era contraria a tal pretensión, y yo el primero. Con nosotros estaban casi todos los delegados latinoamericanos, pues la demanda brasileña introducía entre esos mismos Estados una división demasiado marcada entre los geográficamente grandes y pequeños, cosa que hasta entonces no había existido. Mas he aquí que poco antes de la votación recibimos órdenes de nuestro Gobierno en el sentido de votar a favor de la petición brasileña. La delegación acordó no cumplir las órdenes con esta justificación: "por haber llegado demasiado tarde, cuando ya se había revelado la opinión de Cuba y además asumido obligaciones que no podían dejar de cumplirse sin derogación de nuestro respeto personal". Yo sostuve una opinión diferente: votar de acuerdo con las órdenes recibidas y luego renunciar al cargo. Pero en el último momento se hizo tan confusa la situación, que nadie se dio cuenta de nuestro problema interno.

En cambio, obtuvimos un puesto en el Consejo. Este organismo representaba la suprema autoridad internacional. Sentarse en el Consejo era el más ferviente anhelo de los delegados, especialmente de los nuestros latinoamericanos. En otra ocasión el delegado uruguayo Guani, por no haber alcanzado una segunda elección en el Consejo, provocó un terrible incidente con Cuba, y grave desagrado con otras repúblicas hermanas. Yo, en cambio, lo declaro con mucha satisfacción, delegué en Agüero sin pensarlo mucho. El lo merecía. Una sola vez entré en el Consejo debido a que Agüero no se hallaba en Ginebra. Me interesó el cargo. En aquella sesión se trató del gobernador de Dantzig, acusado por algunos, defendido por otros. Expresé mi opinión de que era necesario investigar las acusaciones antes de resolver. Pero cogido el caso en el engranaje de la maquinaria jurídico-diplomática de nuevo género, se siguió la línea de

CAP. XV. La liga de las Naciones

menor resistencia: esto es, cambiar de gobernador. Y se nombró a un italiano de noble linaje, Gravina, frente a cuyo palacio ancestral de Nápoles, transformado en oficina de correos, nací yo.

Durante el tiempo que me interesé en la dirección de la Liga se me presentó un caso muy original, que al recordarlo en esta época me ha hecho reflexionar mucho. Un día llegó a la Liga el Alcalde, como creo que podría llamarse, de Dantzig, al frente de una comisión de Senadores o consejeros de aquella ciudad libre. Uno de estos señores, alemán puro, yo lo había encontrado ya en un viaje por el Nilo, en una de mis giras por el Oriente Medio. Nos reconocimos durante la sesión oficial. Como en las largas conversaciones sostenidas con él al resplandor de una inmensa y luminosa luna africana había sabido apreciar su inteligencia y su hombría de bien, le había cobrado aprecio y hasta afecto, y al verle fui a estrecharle la mano, interrumpiendo en cierto modo la sesión. Era la época en que todavía constituía un deber mirar al enemigo de ayer con marcada displicencia. Al final de la larga sesión, mi ex-compañero del Nilo se me acercó y me trató largamente del asunto que les interesaba. A la verdad yo no me había preocupado mucho por Dantzig. Consideraba, sí, que Dantzig era tratada con poca justicia y maltratada, provocando con el famoso Corredor, creado contra todo sentido común, la posibilidad de una segunda guerra mundial. Pero a mí me llamaba la atención el interés patriótico de aquel vigoroso y honrado alemán. Lo invité a almorzar y hablamos. A la hora del postre, yo ya tenía la convicción de que los alemanes, en ese momento tan temprano, ya indicaban que habían sido vencidos pero no dominados. Esto no era un descubrimiento de mi perspicaz sentido político, pues estaba a la vista de todo el mundo. Aun estando entre sombras, el futuro me revelaba los métodos de lucha de estos conflictos internacionales. Y quiero consignar el caso curioso: más de veinte años después, concluida ya la segunda guerra mundial, derrotados igualmente los alemanes, aunque no dominados, me encontré otra vez, por puro azar, frente a frente con mi amigo de Dantzig, transformado ahora en un francés absoluto. No le pedí explicaciones, ¿para qué? Como veinticinco años atrás, sobre las riberas del Nilo, pasé con mi amigo y con los amigos de mi amigo, unas horas encantadoras.

Mi presencia en el Consejo fue breve y confieso que sin eficacia. Pero me permitió conocer mejor a uno de los jefes de la Sociedad de las Naciones, a quien yo había encontrado muy pocas veces: me refiero al Marqués Poalucci dei Camboli-Barone. Como él se interesaba en el nombramiento de Gravina, y sobre todo en las reuniones del Consejo, mi contacto con él fue continuo. Lo estimé mucho desde los primeros momentos. Nuestra amistad se afianzó con los dís. En los últimos años de su carrera fuimos, en cierto modo, colegas en Madrid. Era un hombre sereno en apariencia, decidido y firme. Estuve con él en las horas en que Mussolini le ofreció por teléfono el Ministerio de Relaciones Exteriores de la nueva República constituida en el Norte de Italia. Poalucci rehusó con la mayor cortesía, pero con firmeza.

En la Sociedad de las Naciones se respiraba el espíritu de Ginebra. El deseo de conservar la paz era general, podría decirse que era un imperativo categórico de la Diplomacia. Los delegados en su gran mayoría no abandonaban la sonrisa estereotipada en sus labios desde su llegada al Lago Leman. Si se excluyen algunas quejas de países derrotados, o algunas insistentes pretensiones de países balkánicos, o de los recién formados sobre los escombros del imperio austro-húngaro, todo concurría a la glorificación de la paz. La Liga de las Naciones nos dio la posibilidad del pacto Briand-Kellog, que fue la primera fórmula mundial de "la paz a toda costa". Y en esa misma Liga permanecieron firmes los sentimientos de la igualdad de las naciones entre sí. Este nobilísimo espíritu de Ginebra reinó por lo menos durante los años en que el destino me hizo asistir a tan elevada Asamblea. En 1932 no pude concurrir más a la gran Internacional de los Estados como con justicia la llamaba yo. Otros deberes, elevados algunos, trágicos otros, me llamaron a La Habana. Tuve que abandonar la Embajada de Washington y la presidencia de la Delegación que actuaba en Ginebra.

Quinta Parte

Capítulo XVI

LA HORA DIFICIL

La Diplomacia no es una Arcadia feliz, como muchos suponen y algunos la practican. Ella tiene sus momentos penosos, especialmente en una época en que el teléfono permite al Ministerio de Estado dirigir hasta los más mínimos pormenores de los Tratados Internacionales. Yo no sufrí este inconveniente porque el Presidente de la República, en las relaciones con Washington, seguía solamente mis indicaciones. Esta confianza me obligó a trabajar aún con mayor ahínco.

Puedo decir, sin embargo, que si en una época de mi vida me sonrió el mayor bienestar económico, y en otra me asistió el mayor prestigio público, en este lapso diplomático mi ánimo estuvo más tranquilo, más sereno. Ninguna amenaza de muerte planeó sobre mi cabeza; ningún odio partidista me persiguió; ni ningún abuso del Ejército nacional; como tampoco me vi obligado a combatir en Asambleas políticas. En mi casa reinó una paz octaviana. Mis relaciones con los Presidentes norteamericanos Coolidge y Hoover, y sus Secretarios de Estado Kellog y Stimson, se basaron en una perfecta armonía.

Mas todas estas bienandanzas morales se interrumpieron para dar paso a la peor tempestad que es posible imaginarse. Fue cuando entré a formar parte del Gabinete del Presidente Machado, entonces en plena batalla con una oposición, no la legal sino la terrorista, y en plena crisis económica, la más brutal que ha sufrido Cuba.

En múltiples ocasiones me había negado a entrar en el Gabinete, especialmente en el primero de Machado, el de mayor felicidad. La negativa constante respondía al deseo de no intervenir como hombre de partido en las disidencias cubanas. Prefería desplegar mi acción política en una actitud de supervisor que puede decir la verdad a los unos y a los otros. En mis tiempos precedentes, hasta 1922 ó 23, había sido un rudo sectario, en el buen sentido del vocablo, del Partido Liberal, pero ahora sabía que la verdad no estaba de un solo lado y que las graves debilidades eran monopolio común; además que la opinión pública, a la que había siempre monopolizado con mis discursos en el Parlamento o con mis artículos en el *Heraldo de Cuba,* ya no me era tan favorable.

¿Por qué acepté el cargo de Secretario de Estado en 1932? Por primera vez doy una respuesta a esta pregunta. Es necesario que así lo haga por el solo motivo de que el cubano lee poco o casi nada, ya que la razón que me impulsó a dejar Washington por el nuevo cargo había sido difundida por Manuel Márquez Sterling en su libro *Las Conferencias del Shoreham,* libro que trata de las entrevistas mías con los jefes de la oposición al Gobierno de Machado, en el Hotel Shoreham. Mi silencio hasta ahora, sobre estas conferencias preliminares, se debe a que mi espíritu rehusaba explicar, a la revolución que triunfó para desgracia de Cuba, pero con la concurrencia de la mayoría de los cubanos, los nobles motivos que me habían impulsado a entrar en una hora muy crítica, en un Gobierno cuyas responsabilidades y éxitos no podía separar.

Un día recibí en Washington una llamada telefónica de mi amigo de juventud, doctor Cosme de la Torriente. Después de breves saludos le invité a que viniese rápidamente a la Embajada. Al notar en él cierta reticencia, le dije: "Mi querido Cosme, ésta es doblemente tu casa: lo es por ser tú uno de los cubanos más respetables y porque es mi casa". Torriente, en materia de formas, no cedía nunca. Como lo sabía, le dije que el Tesorero de la Revolución había almorzado conmigo, y el general Collazo, Jefe Militar de la misma, también. Como vi que mis razones no vencerían su susceptibilidad, corté mis explicaciones y le añadí: "No hablemos más, yo iré a verte dentro de diez minutos". Aquel día y otros, hablamos largamente y nos pusimos de acuerdo en que por amor a Cuba debía cesar el tipo personal del gobierno inaugurado por Machado, y la revolución terrorista también.

A Torriente y a mí se nos unió Manuel Márquez Sterling, y de cuanto examinamos dedujimos que, para llegar a una solución, yo debía estar al lado del general Machado, y que el mejor puesto para actuar era el de la Secretaría de Estado, o sea de Relaciones Exteriores. Torriente me declaró que hablaba en su nombre y en el de Domingo Méndez Capote, Carlos Mendieta, Federico Laredo Bru y otros. Evidentemente, la oposición, cuyos jefes eran todos amigos míos y antiguos amigos del propio Machado, sabía que pocos días antes el presidente me había ofrecido ese cargo y que yo lo había rehusado. Márquez Sterling entendió que aquella era una

CAP. XVI. *La hora difícil*

buena solución. Debo aclarar que Márquez Sterling era embajador renunciante en México, y se encontraba en Washington porque había pertenecido a la Comisión que conocía de los problemas del Chaco entre Bolivia y el Paraguay. Yo era muy amigo suyo desde la guerra de Independencia; le tenía gran afecto. Márquez Sterling, como diplomático, merecía todos los honores, y estaba a la altura de todas las manifestaciones. Era "frondista" contra Machado, como lo era yo según dijo de mí el famoso libro vendido por millares de ejemplares, bajo el título de *Washington Merry Go Round*. Ambos, sin embargo, no queríamos que Machado fuese perseguido ni humillado, por ser un general de la guerra de la Independencia, y por haber establecido en Cuba un Gobierno que no vendía sus resoluciones.

Terminadas las entrevistas del Shoreham fui a La Habana y di cuenta a Machado de todo lo que había pasado; de las obligaciones que había asumido y mi deseo de actuar para restablecer el imperio de la paz y de la ley mediante la retirada suya de la Presidencia con todos los honores y el mayor respeto; y además, de su sustitución en el alto cargo por una figura de la oposición. Con estas premisas entré en el Gobierno, quedando recíprocamente bien informados él y yo, al punto de que antes de redactarse el Decreto nombrándome Secretario de Estado, discutimos sobre la persona que debía sustituirlo, proponiendo él a Roberto Méndez Peñate, su mejor compañero de la guerra, y yo a Carlos Mendieta.

Instalado ya en la Secretaría empecé por limpiar el terreno de las dificultades ambientales. La que por el momento dominaba era la de los asilados políticos, que se repetían en diferentes Embajadas. El primero y más importante caso era el del General Mario G. Menocal, refugiado en la Embajada del Brasil. Yo no sé cómo, ni por qué se había pensado en obtener la extradición del General Menocal de esa Embajada. Me pareció un enorme error hasta hablar de eso. Yo había sido un decidido opositor del General Menocal, pero me hubiera dejado cortar un brazo antes de pedir la entrega de su persona, alegando el pretexto de un delito común. Machado, que tenía un Consejo de Secretarios de primera clase, y que en lo administrativo gobernaba con él, llevó la cuestión al Gabinete. Yo alegué mis razones. Era adversario decidido a acusar en esta forma a un General de la Independencia y me parecía estulto hacerlo, sabiendo de antemano que el Brasil, supremo juez en el acto de concederle asilo, se negaría a ceder a nuestra demanda. Machado me contestó vivamente, alegando que la Doctrina Gondra, entonces en vigor, no debía ser interpretada en la forma indicada. Yo repliqué que, en materia de interpretaciones legales, era muy difícil que un Presidente de República acertara sin el recurso de expertos, y que yo creía útil en este caso acudir a ellos. El Presidente, rápido me preguntó si yo consideraba como experto al Secretario Averhoff, que estaba sentado dos sillas después de mí; no le dejé terminar, diciéndole que tenía en él toda confianza. Averhoff habló inmediatamente y dejó comprender, desde las primeras palabras, que él no emitía juicios, sino bases para entablar discusiones. Machado, que no era jurista ni hombre culto, pero sí comprensivo y mentalmente rápido, no dejó terminar a su Secretario de Educación y exclamó:

—Esta cuestión la resolveré yo con el Secretario de Estado.

En efecto, al terminar la sesión ministerial, yo, que estaba sentado a su derecha con el expediente del asilo de Menocal en la mano, se lo enseñé, y entonces aquel hombre, de cuyos labios no había oído nunca, en treinta años de amistad, una sola palabra obscena, me dijo una, seguida de la frase: "Haz lo que te dé la gana".

Arreglé este primer asunto. Menocal había prometido, sin que se le exigiera, que iría a instalarse en Francia, alejado de la política cubana. Pero tan pronto se vio libre, hizo todo lo contrario: se estableció en los Estados Unidos y entró en los peores derroteros de la oposición a Machado.

Más tarde me encontré con otros casos de asilo, ya que los cubanos oposicionistas habían tomado las Embajadas por estaciones de ferrocarril. Había asilados por su gusto, porque nadie los perseguía; los había de personas desconocidas totalmente en la política (a éstos individualmente yo los llamaba el Asilado Desconocido). Y había hombres prominentes que se asilaban por un rumor que no tenía más fundamento que una llamada anónima por teléfono, como por ejemplo si alguien preguntaba "¿cómo se encuentra el jefe de la casa?". Un día los periódicos, antes de que lo hiciesen los diplomáticos asilantes, anunciaron que Carlos Mendieta, Méndez Peñate y Aurelio Hevia se habían asilado en la Embajada de México. Al recibir la noticia me espanté, porque eran los momentos en que Machado y yo buscábamos un sucesor a la presidencia, y habíamos barajado los nombres de Méndez Peñate y de Mendieta principalmente. Vi a Machado, que también estaba desolado:

—Tú lo ves —me dijo—, con esta gente no se puede hacer nada.

—Recuerda que son nuestros hermanos de ayer —le contesté.

—Sí —replicó con sólidos argumentos—, pero tú no conoces a tus paisanos. La presidencia los tiene locos y así, cuando estamos para descubrir una solución, provocan casos como éste, que aumenta la confusión. Saben que hay un solo cargo presidencial, y cada vez que uno de ellos ve que probablemente no será mi sustituto, realiza un acto que me deja a mí donde me encuentro, pero en situación más difícil. El cubano quiere ser Presidente por derecho propio.

Al ver que incrédulo yo sonreía, añadió:

—Sé que estás pensando que yo estoy entre estos cubanos. Te diré

Cap. XVI. *La hora difícil*

que lo estuve. Hoy sería feliz fuera de este cargo, y con entradas de 39 millones al año, sin poder pagar los empleados, ni los soldados, cerca de la quiebra total y con la impopularidad y el odio que se notan en todo acto público, he perdido el menor deseo...

Recuerdo esta conversación en el momento en que escribo, como si la estuviera sosteniendo. Le dije:

—Entonces, Gerardo ¿por qué no solucionamos las cosas de una vez?

—Por mi responsabilidad, que es grande, —replicó— yo no veo a quien poner en este cargo, amigo o enemigo. Esta situación tambaleante sólo yo puedo sostenerla, con el miedo o con el engaño, y sobre todo porque ya estoy aquí.

Estas palabras contenían mucha verdad, como se vio más tarde. En esta hora se estaban incubando todas las desgracias que después sacudieron a Cuba. Pero yo no me di por vencido, sin discutirle el punto ni la base de su razonamiento:

—Tú no tienes el deber, ni el derecho de escoger un sustituto, ni tienes por qué considerarte responsable de lo que ocurra mañana. Tú solo deber consiste en enmendar el error que cometiste al ir a la prórroga de poderes, quedándote en la presidencia más de lo debido.

Machado, con incrédula sonrisa admitió:

—Pues bien, busca la fórmula y yo la aceptaré.

Al salir de la Presidencia telefoneé al Embajador de México manifestándole que yo deseaba entrevistarme con los asilados. Los altos empleados que estaban en la oficina quedaron estupefactos:

—Señor Secretario, no haga eso, nunca se ha visto ese caso, usted no puede entrevistarse con cubanos que se acogen a otra bandera.

Yo, que he sido a lo largo de toda mi vida, el único cubano de cierto valor político que nunca se asiló, no obstante estar escritos siniestramente en mi cuerpo los motivos que hubiera tenido para hacerlo, callé a todos:

—Los asilados son amigos míos y buenos cubanos —les dije— aunque equivocados. No me dejo llevar nunca por cuestiones de forma. Si el Embajador de México me autoriza, iré a visitar a esas tres personalidades de nuestra República.

Todos callaron. Y, naturalmente, no les dije que iba a proponer a los asilados el cambio de Gobierno.

En la sala de la Embajada de México me encontré frente a frente con el tercer mosquetero: Carlos Mendieta, y con Méndez Peñate. Nos abrazamos cordialmente. El segundo lo hizo con cierta frialdad. Aurelio Hevia, pasional siempre, no me hizo el honor de salir de su habitación. Sus compañeros lo excusaron con el pretexto de no sentirse bien. El Embajador mexicano no nos dejó solos ni un momento. Mi exposición fue breve:

—Si ustedes quieren salir del territorio nacional, el Gobierno les hará acompañar con honor y seguridad al vapor que va a los Estados Unidos. Pero si se quedan en Cuba, desde mañana iniciaremos conversaciones de paz entre todos los grupos. Machado no será un obstáculo.

Hablamos largamente. Méndez Peñate sostuvo la tesis del engaño, y al cabo de un rato se retiró. Mendieta, el excelente amigo de siempre, me habló con el alma. Me dijo que él estaba dispusto a cualquier arreglo, pero que por un lado no tenía confianza en las palabras de Machado y por otro, ya yo lo había visto; la intolerancia abierta de Hevia y la caprichosa de Méndez Peñate le obligaba a seguirlos. Me confesó que él no creía que lo mataran, y que se había prestado a provocar el escándalo sólo para que tuviera repercusiones fuera de Cuba. Sentía irse de su país. Veinte años más tarde, en mi última entrevista con él, en su casa habanera, viejo ya como yo, me dijo a este propósito unas palabras sibilinas: "Yo aquel día no me retiré de la Embajada mexicana ni por Roberto (Méndez Peñate) ni por Hevia, sino por el Embajador". Yo deduje, no sé si con razón o sin ella, que el alto funcionario mexicano, como a tantos otros, le deleitaba aparecer durante algunos días en las noticias de la prensa internacional.

Mis actividades en favor de una paz cubana, más que con Mendieta, carácter violento que sin embargo rehuía siempre las responsabilidades, y con Roberto Méndez Peñate, hombre perfectamente honorable pero de limitada inteligencia, se habían concentrado en la buena voluntad de dos o tres amigos fraternales como Federico Laredo Bru y Cosme de la Torriente. Torriente era como he dicho, constante, honorable y un buen patriota, pero sus cualidades para una gestión de transigencia quedaban limitadas por sus aspiraciones presidenciales. Laredo Bru no tenía ninguna aspiración y como hombre que amaba su libertad, opinaba que la presidencia era una cárcel demasiado severa. Con estos dos seguí trabajando, continué entendiéndome con ellos y volví, a principios del año 1933, a tener en mis manos la renuncia de Machado.

En aquel período la situación se había agravado. Contaré luego lo que sucedió en el momento en que Machado agobiado por la situación económica y política del país, aceptaba cualquier arreglo. Ahora creo necesario situar al lector en el ambiente infernal que se había creado.

La aversión del pueblo en general contra el Presidente Machado, había aumentado considerablemente. A los políticos, que todavía se dejaban dirigir por hombres eminentes, se habían añadido los neutrales. Los obreros, por ejemplo, que hasta 1928 habían estado en gran parte en favor de Machado, y que después se habían retirado a sus sindicatos; los

CAP. XVI. *La hora difícil*

estudiantes universitarios, que en mi época de profesor habían sido en un noventa por ciento, reaccionarios y hasta contrarios al sufragio universal, favorables al Partido Conservador y defensores de Estrada Palma, ahora evolucionaban bajo la dirección de Julio Antonio Mella, un joven comunista, luego presidente de este grupo; los desocupados de todo género, acompañados por grupos de delincuentes comunes; y, por último, los jóvenes intelectuales que no tenían de qué vivir. En fin, puedo decir que con excepción de unos pocos hombres reflexivos que comprendían que una revolución, sobre todo en un momento de hambre como el que pasaba Cuba, suponía el inicio de un gran desastre, todos eran contrarios al Gobierno constituido y especialmente a la persona de Machado. De la necesidad se pasó a la pasión psicológica, al hambre y a la locura. Yo recuerdo, después de treinta años, frases que he oído y episodios que he conocido, que aún me estremecen. Un día, por ejemplo, un funcionario de la Secretaría de Estado me pidió audiencia. Se la concedí enseguida. Era un abogado joven aún, quien apenas estuvimos frente a frente, me dijo:

—Doctor, yo lo estimo mucho a usted y por eso vengo a hablarle. Soy contrario a Machado, tanto que si pudiera matarlo, lo haría, y si encuentro compañeros audaces, lo haré. Quiero que usted lo sepa y que sepa también que no renuncio al pequeño puesto que tengo, de treinta dólares al mes, porque de estos treinta dólares al mes, viven siete mujeres y yo. Ahora bien, si usted me dejara cesante, se lo agradecería, pues así quedaría roto todo lazo con este hombre infame. Usted realizaría un acto en mi favor, que no realizo yo por cobardía moral.

Le vi las lágrimas en los ojos.

Le contesté que hubiera podido evitarse aquella confesión y que le rogaba la mantuviera como un lazo exclusivo de amistad entre él y yo.

—No lo dejaré cesante —le dije— pero su pasión sobrepasa todos los límites. Usted no debe odiar a un general de la Independencia, que mientras los padres de usted vivían en la mayor seguridad y tranquilidad al amparo de las fuerzas de la Metrópolis, él ponía en peligro su vida todos los días, la vida que usted quiere ahora tronchar.

En el momento me pareció muy confundido, pero sus actos posteriores me probaron que no se había arrepentido.

Otra noche estaba invitado a comer en una casa amiga, con María Luisa. Fuimos a la hora convenida, después de un día de fuertes emociones. Habían estallado unas bombas en el Instituto de La Salle, que hirieron a unos niños. Algunos invitados no pudieron asistir a la comida, precisamente porque eran padres de los heridos. La familia invitante había sufrido también un lógico sobresalto porque sus hijos estaban precisamente en el mismo colegio a la hora de la explosión.

Nosotros no sabíamos nada de lo sucedido y nos sorprendimos al ser recibidos, con lágrimas en los ojos, por la dueña de la casa, la que conocíamos, por decirlo así, desde que nació.

—¿Han visto lo que ha hecho el criminal? A nuestros niños por poco los manda al cementerio.

Creyendo que se trataba de alguna violencia de la policía hice algunas preguntas. En seguida comprendí que el atentado era obra de los revolucionarios. Pero todos afirmaban que el criminal era Machado. A pesar de estar acostumbrado a tales *qui pro quo*, me indigné y contesté acusando a una oposición indigna de un país civilizado. La señora, madre de los niños, justificó a los más jóvenes autores del atentado, por cierto hijos de un compañero de la guerra de la Independencia. Añadiré que aquella madre no era una cubana descendiente de familia española, sino una francesa de lo más amable y tolerante, suave como una seda y católica como la misma Santa Teresa. Sus juicios que ahora resultaban fuera de toda lógica, eran sólo el eco del ambiente que respiraba.

Todos los días se cometían crímenes mientras yo seguía hablando de paz. Laredo Bru y Torriente, no pudiendo a pesar de sus deseos colaborar en un plan de reconstrucción ciudadana, se veían obligados a defender a los terroristas que caían en las manos de la policía, manos que siendo más prudentes que las otras, les llamaban "garras". Diré más adelante lo malo y lo bueno que la policía hacía. Por el momento es preciso referirme a la oposición que, con la excepción honrosa de un pequeño grupo de personas, era efectivamente terrorista y por culpa de ella durante un año vivimos en plena barbarie.

Después de la victoria fácil de Machado en agosto de 1931, sobre una revolución dirigida por el ex-presidente Mario G. Menocal hombre valiente y capaz en materia militar, surgió un movimiento compuesto de intelectuales, dirigido por una formación guerrillera a imitación del partido comunista, y que se llamó el "A.B.C." Esta organización adoptó como medio de combate, el asesinato del adversario, el terrorismo ineficaz pero impresionante, la noticia alarmante y la agitación constante que enerva al Gobierno. El sistema no era nuevo. En mi larga existencia había visto los efectos de su aplicación por obra del anarquismo militante en Francia, allá por el año 1891, hasta la entrada del nuevo siglo. Conocía los actos más recientes del mismo género. Pero lo que yo había visto hasta entonces, o sea hasta 1932, era menos sostenido, y es preciso decirlo, menos bárbaro. Mi relato justificará este vocablo, al cual recurro para presentar los hechos en su realidad.

Los revolucionarios asesinaron al Teniente Calvo, jefe de la Policía Secreta. Calvo no había cometido ningún acto de violencia contra las personas que había detenido por orden superior. Esto lo sabía todo el mundo. Pero como policía agudo y diligente que era, resultaba un enemigo peligroso. Aun cuando un delito de este género no es justificable, llega a explicarse. Pero en septiembre de 1932 el mismo grupo asesinó a Clemente Vázquez Bello, Presidente del Senado. Este no había sido culpable de ningún acto siniestro, antes al contrario, siempre trataba de impedir abusos policíacos. Pero a los ojos de la oposición terrorista era "un alto funcionario del Estado", y por eso sólo merecía un castigo. En la historia del nihilismo ruso yo no recuerdo que se asesinara a ningún hombre público que no se le considerara mala persona o enemigo declarado del progreso. Creo que la organización referida, más que por el asesinato en sí, se llenó de infamia por los motivos que tuvo para matar a un hombre indefenso, incapaz de un acto de violencia, que además acudía siempre en ayuda de cualquier revolucionario si lo consideraba en peligro de atropello policíaco. ¿Cuáles fueron los motivos que impulsaron al A.B.C. a dar muerte a Vázquez Bello?

La prueba de estos motivos la dejaron los revolucionarios terroristas en un trabajo de dimensiones impresionantes y de concepción macabra. Vázquez Bello, Presidente del Senado, era hombre querido, y se consideraba seguro que un día llegaría a la Presidencia de la República. Si se le mataba, su entierro sería solemne y concurridísimo. Los políticos gubernamentales estarían cerca de su tumba, con Machado a la cabeza, el día en que el cortejo fúnebre lo llevara a su última morada. El Cuerpo Diplomático íntegro estaría presente. La muerte colectiva de aquellas personalidades, si eran allí atacadas con bombas de dinamita, llamaría la atención del mundo y el caso cubano se convertiría en asunto internacional. Los hechos que se realizan en Cuba a la hora en que escribo (1961) no se pueden comprender plenamente sin tener en cuenta los que ocurrieron, epicéntricamente, en 1932.

Veamos: *¡horresco referens!* Con anticipación de más de un mes del asesinato se empezó a minar la parte principal del hermoso cementerio de La Habana, tomando como centro la Capilla. A través de las tumbas sagradas se abrieron conductos dinamitados que, al hacer explosión a la hora oportuna, harían saltar por los aires huesos calcinados por el tiempo y sangre todavía hirviente de la vida. La red de comunicación sacrílega se extendía de varios kilómetros. Vázquez Bello debía servir, con su inmolación, de atrayente *vedette* para la infame matanza. Este espectáculo siniestro, que hubiera puesto a Cuba en la cumbre de la delincuencia política de todos los siglos, fue evitado sólo porque la viuda del difunto, recordando un deseo expreso de su marido, decidió que el cadáver fuese llevado al cementerio de la ciudad de nacimiento, su querida Santa Clara, y no al de La Habana. Pero la policía descubrió el plan horrible, ocupó la dinamita preparada en las canalizaciones y verificó las obras construidas. Cosas de este género se mantienen secretas sólo cuando son favorecidas por un estado de demencia colectiva. El jefe directo de las obras que había sido apresado, fue favorecido por un gran diario y por la colonia española de La Habana, logrando que Machado lo pusiera en libertad, pero con la condición expresa de que volviera a España. Más tarde veremos que otro gobernante, Batista, puso en libertad a otra persona, que con loca osadía provocó muertes inútiles.

Al A.B.C., sociedad secreta bien organizada, se había añadido otro grupo, menos efectivo, porque se encontraba desordenado y confuso, pero más peligroso por su número y audacia. Era el grupo universitario, al cual se unían esporádicamente los elementos más jóvenes e inconscientes de los Institutos de Segunda Enseñanza. Estos, por tradición, se consideraban irresponsables, y eran queridos, admirados y justificados, sobre todo por sus acciones violentas. La Universidad habanera, en los primeros tiempos adversa a todo movimiento de masas, se transformó en el ídolo activo de las mismas. Mientras el A.B.C. actuaba en la sombra, los jóvenes estudiantes lo hacían en la calle y abiertamente. Presidía esta rebeldía el recuerdo de Mella, que con ideas comunistas fue a morir asesinado en la república mexicana.

Los asesinatos de Calvo y de Vázquez Bello, del cual trataré más adelante, así como el propósito al que acabo de referirme de hacer saltar en el cementerio habanero la tumba de Vázquez Bello, fueron sólo episodios de la tragedia que todos los días ensangrentaba las calles de las ciudades cubanas. Diariamente estallaban bombas. Desde mi casa, situada en el centro y en lo alto de La Habana, cerca de la Universidad, se oían todos los días explosiones. María Luisa, siempre alerta y temiendo que me pudiera pasar algo debido a mi habitual despreocupación, me despertaba por la noche cada vez que estallaba una bomba. Algunas veces, medio dormido, la invitaba a imitarme, recordándole que esas bombas no eran las primeras y que el hombre se acostumbra a todo.

En el campo contrario a la revolución, formado principalmente por los cuerpos policíacos, la violencia de los actos no era menor. Cuando cayó Calvo, estos cuerpos de policía, de nombre y funciones diferentes, se sintieron todos amenazados. Más amenazados aún se sintieron los altos funcionarios del Estado. En la mañana en que un grupo de cuatro personas ametralló a Calvo desde un automóvil, fui, como de costumbre, a Palacio para someter al Presidente los problemas del día. Al llegar al ascensor que debía llevarme al tercer piso, salían de él dos miembros del Gabinete, Jesús María Barraqué y Octavio Zubizarreta. Estos dos personajes habían sido siempre respetados y queridos, y eran dos caballeros de los viejos tiempos cubanos. Barraqué, notario activísimo, era el consejero más escuchado de numerosos clientes poseedores de grandes fortunas. Y Zubizarreta, muy popular en los grandes bufetes, era en el Foro habanero el apoderado de fuertes compañías de españoles y cubanos adinerados. Pero ahora, el uno era Secretario de Instrucción Pública y el otro Secretario de Gobernación de un Gabinete que presidía un hombre poco amado, como lo era Machado en esta época. Al verme, estos compañeros, agitados, empezaron a decirme:

—¿Tú has visto? ¡Qué infamia! ¡El pobre Calvo, tan respetuoso de la vida humana!

—Deplorabilísimo —contesté—, y por este camino vamos a la perdición de todos.

Zubizarreta llevaba en la mano un papel grande que me enseñó. Era el Decreto presidencial que nombraba al sustituto de Calvo. Quedé anonadado al ver que el favorecido era nada menos que Arsenio Ortiz. Este hombre, de un valor sin par, era conocido por sus instintos sanguinarios y había sido empleado por Gobiernos anteriores para efectuar actos de violencia extrema. Yo mismo, muchos años antes, había escapado de caer bajo el plomo de ese monstruo. Al leer su nombre, me dirigí directamente a Barraqué, porque Zubizarreta refrendaba aquel nombramiento:

—¿Usted cree que esto se puede hacer sin atemorizar no sólo a los malhechores, sino a todos los hombres honrados de La Habana?

Barraqué, siempre tan ecuánime, parecía más excitado que Zubizarreta:

—Lo creo útil —me dijo— y acompaño a Octavio a la *Gaceta* para la publicación inmediata del nombramiento.

Le repliqué con energía:

—Soy miembro del Gabinete, y si se promulga este decreto, dimito de mi cargo, y explico mis motivos.

Bajando la cabeza, Barraqué murmuró:

—Ya esto es otra cosa.

Zubizarreta subió conmigo al tercer piso, donde Machado recibía por las mañanas, y después de haber hablado ambos con el Presidente, el decreto fue retirado.

Pero los métodos de Ortiz fueron tomando cuerpo en la Policía. Yo asistí un día a una reunión que el Presidente celebró con los jefes de todos los cuerpos llamados a mantener el orden público; primero el General Alberto Herrera, Jefe del Ejército; Ainciarte, que dirigía la policía de La Habana; Trujillo, Jefe de la Secreta; Fors, Jefe de la Judicial, y no recuerdo si el Comandante Carrerá también. Machado habló con vigor, diciendo que era preciso mantener el orden público y, en una segunda parte de su discurso, dijo con insistencia que "era preciso no inspirar miedo a los ciudadanos pacíficos, ni tampoco atropellar a los detenidos". Uno después del otro hablaron los presentes, menos yo, que tenía el aire de estar esperando a que terminase la reunión para tratar otras cuestiones con el Jefe del Estado. Pues bien, las manifestaciones que hicieron los que hablaron fueron todas como las siguientes: la primera, que por muy delicados y corteses que fueran los miembros de la policía con las personas acusadas, éstas se quejarían siempre de haber sufrido los peores atropellos, "porque todos quieren ser mártires, recibir el aplauso de sus amigos y del público y esperar la gran recompensa de mañana"; y la segunda, más desafiadora para Machado: que si no se usaban medios enérgicos no se reprimiría el terrorismo y terminarían por rebelarse hasta las mismas fuerzas públicas. Yo quedé aterrado. Luego supe, en otra ocasión, que hasta amenazaron con una renuncia colectiva. Al quedarme solo con Machado, ambos sonreímos con amargura. El exclamó: "Lo peor es que tienen razón". Y yo aproveché la oportunidad para reiterarle la necesidad de que él evitara cargar con la responsabilidad de lo que iba a pasar, presentando su renuncia. Machado me escribió allí mismo, rápidamente, una carta de renuncia. Hablaré más adelante de lo sucedido con esta carta.

Volviendo a los desmanes de la policía, el hecho cierto es que de tiempo en tiempo daban muerte a alguno que otro de los más rebeldes. Yo conocí solamente dos casos de estas muertes, pero hubo bastantes más. Los casos que conocí fueron el de Pío Alvarez y el de Guillermo Rubiera, sobrino este último de un profesor universitario. Una fotografía macabra lo mostraba con los pies atados. Este documento apareció en muchos periódicos del mundo. Lo que aconteció con este joven me lo contó el doctor Matías Duque, mi amigo de la guerra de la Independencia y de largos años de paz, quien contristado y afanoso vino a verme a mi casa.

—La policía va a matar a un joven, sobrino de un buen amigo mío —me dijo—. Sólo tú puedes salvarlo.

Juntos tratamos de hablar con el Presidente por teléfono, pero nos fue imposible saber dónde estaba. Entonces llamamos, en la policía nacional, a su jefe, Ainciarte. Esperamos bastante tiempo: Ainciarte vino al fin al teléfono y nos dijo que no sabía nada, pero ofreció investigar rápidamente. Duque quedó satisfecho, pero yo no, pues sabía que Ainciarte había dicho a sus subordinados inmediatos: "Al italiano hay que engañarlo". Diré de paso que en los días de la muerte de Vázquez Bello, yo tuve un altercado con Ainciarte, y de ahí provino esa actitud suya hacia mí. En efecto, al día siguiente el joven estudiante fue encontrado muerto en la calle. Esta barbaridad me trajo penosas consecuencias, pues por primera vez se me empezó a combatir y amenazar en las publicaciones clandestinas.

La causa de este cambio se debió a un acto espontáneo dictado por el patriotismo. *The New York Times,* periódico con el cual había estado siempre en la mayor armonía, en la época de mi residencia en los Estados Unidos, publicó en primera página que "al joven asesinado por la policía se le había aplicado la ley de fuga", después de haberle atado los pies. El suelto, en medio de tanta tragedia, divertía al público de los Estados Unidos. El hecho real fue que no había tal atadura de pies. Según parece, algún policía piadoso o algún peatón puso el cuerpo en la posición en que se colocan a los muertos para ser depositados en un ataúd: las piernas y los pies juntos. El periódico *El País*, de La Habana, lo fotografió al amanecer, cuando se encontró el cadáver abandonado en la calle, y uno de sus redactores, el señor Pizzi de Porras, revolucionario en secreto, viendo que los calcetines, por estar caídos juntaban la parte superior de los pies unió aún más esta parte, pasándole la uña al grabado, de manera que parecía que una faja ligaba los pies. Pero en los Estados Unidos, o bien porque les llegó el grabado alterado, o porque querían que se viese claro de qué se trataba, periódicos como *The Mirror*, por ejemplo, le agregaron una cuerda enorme que enlazaba a los pies. Esas bromas que aumentaban nuestros dolores aún más profundamente, me obligaron a enviar un cable al *Times*, publicado honorablemente también en la primera plana, desmintiendo tal ligadura. A los revolucionarios no les importaba el muerto, ni su juventud, ni la crueldad policíaca; les importaba más bien la opinión de los Estados Unidos, pues esperaban que de los Estados Unidos vendría, como en efecto vino, el golpe definitivo al General Machado. Yo, desmintiendo la broma trágica, les hacía perder un tanto en el juego inmundo y cruel que hacían.

Por culpa de esta intervención mía, primero tratando de salvar a Rubiera, después evitando que se nos considerara como salvajes, comenzaron a tramarse atentados contra mi vida.

El caso de Alvarez fue más complejo y enojoso. Toda La Habana se movió en su favor, con el Embajador americano a la cabeza. En los años posteriores a la revolución de 1933 he sabido, por personas que habían tenido altos cargos en la Policía, que este joven español era muy valiente y podría considerarse como el terrorista más arriesgado. El concurrió a los asesinatos de Calvo y de Vázquez Bello. Yo tuve en mis manos su hoja histórico-penal, enviada por el jefe de policía judicial, en la cual aparecían algunos delitos comunes antes de que entrara en las filas revolucionarias cubanas. Según el texto que tuve ante mis ojos, la mayoría de esos delitos eran robos. Detenido Alvarez durante una pequeña investigación realizada en casa del doctor Cuervo Rubio, ilustre personalidad cubana, fue llevado a la Jefatura de Policía, ignorándose la gravedad del delito. El declaró ser médico y dio un apellido diferente al suyo. Una persona que ocupaba un puesto de confianza en la Jefatura, me relató años después que Ainciarte le dijo: "A este hombre hay que soltarlo, no tenemos ningún cargo contra él". Y estuvo para dar la orden, cuando un soldado que le había registrado volvió a mirar en los bolsillos superiores del chaleco, y en uno de ellos encontró un pedacito de papel viejo y estrujado. Examinándolo con atención, el papelito tenía un número al parecer de teléfono, y se descubrió que era el del teléfono en donde se encontraba el automóvil, ya identificado, desde el cual fue asesinado Calvo. El testigo ocular de la escena me certificó que el detenido, al verse descubierto, dijo con serenidad: "Bueno, esto se acabó, yo soy Pío Alvarez, el que ustedes buscan".

Ahora bien, ¿qué había pasado durante aquella tarde trágica? Como ya he dicho, muchos se habían interesado por el Doctor Fulano, detenido erróneamente por la policía, y yo era el principal requerido, porque todos sabían, pues se publicaba de tiempo en tiempo en los periódicos, que yo era contrario a las violencias y abusos gubernamentales.

Los primeros en acudir fueron las hermanas María Luisa y Ana María Menocal, hijas y hermanas de dos médicos distinguidos y parientes del que había sido Presidente de la República. Ambas hablaron con mi mujer. Luego vinieron los hermanos Belt*, extrañándoles el haber podido llegar fácil y libremente a mi casa sin encontrar un solo policía. Más tarde vino Pepín Rivero, director de *El Diario de la Marina*. Acudió también María Teresa Freyre con otros, que yo recibí a medio camino, o sea en un jardincito de la casa del Coronel Aguirre, donde vivía temporalmente, pues la mía estaba en reparaciones. Me recomendaron que me cuidara, por ser peligroso para mi vida aquel aislamiento. Yo no sabía que los Belt, la señora Freyre y los otros eran revolucionarios. Lo ignoraba a causa quizás de que había vivido muchos años fuera de Cuba. Lo que sabía era que no les gustaba Machado, y que la mayoría ciudadana había desertado al ídolo de un día, ahora tenido como un demonio, tal cual yo se lo había pronosticado en la primera entrevista que tuvimos siendo él ya Presidente. Las visitas siguieron hasta que culminaron en una conversación telefónica con el Embajador americano, mister Guggenheim. Debo decir que estimaba a este señor porque no era vanidoso ni tomaba actitudes olímpicas, como buen número de sus colegas en el mundo entero. Me dijo saber que había sido detenido un Doctor Fulano, y que estaba seguro de que su vida sería respetada, vida que él me recomendaba con interés. En un libro en que el Embajador relata sus gestiones diplomáticas, dice que "yo le aseguré que no corría peligro la vida de la persona por él recomendada". Puesto que él lo dice, creo que mis palabras debieron ser más o menos como él indica. Según mi memoria, sin embargo, parece precisamente que su intervención pudo costar la vida de Pío Alvarez, porque yo perdí horas y más horas

---

* El doctor Belt, Guillermo Belt, que durante la presidencia del doctor Grau San Martín ocupó con eficiencia el cargo de embajador de Cuba en Washington, publicó en el *Diario de las Américas*, de Miami, el 17 de marzo de 1972, un trabajo muy interesante sobre Ferrara, y en él se refiere a este episodio con los mismos detalles y observaciones.

CAP. XVI. *La hora difícil*

buscando en todos los teléfonos al "Doctor Fulano". Naturalmente, no encontré nada. Nadie me había dado el nombre de Alvarez; todos me hablaban del Doctor Fulano, pero si en boca de cubanos irresponsables yo consideraba que podía haber un error, en una gestión oficial ese error no era concebible.

Pero aún investigando con empleados de la Secretaría de Estado por un lado, y por otro corriendo en automóvil yo mismo, no pudimos encontrar al supuesto doctor. Y debo añadir que tampoco pude dar con el Presidente, porque siendo, si no me equivoco, día de fiesta, había salido de la ciudad.

A las nueve de la noche llamé nuevamente a Machado, que volvía no sé si de su finca "Nenita" o del Mariel, y la conversación me dejó frío. Machado no me dijo que ya Alvarez era cadáver, pero lo comprendí. Me habló de que estaba preocupadísimo con esta nueva noticia mía, me explicó que no existía ningún Doctor Fulano de Tal, que se trataba sólo de un tal Alvarez que la policía hacía tiempo buscaba, y que siendo ya inútil cualquier actuación aquella noche, todo me lo explicaría al día siguiente. Mientras hablaba con él, noté que tomaba algunas informaciones por otro teléfono que tenía al lado. Por ejemplo, cuando me tuvo que decir el nombre de Alvarez, le oí preguntar: "Oiga, oiga, ¿cómo se llama...?" No había ya dudas del triste destino de Alvarez. Por eso durante la noche tuve que contestar con evasivas a todos los que me pedían interviniera en su favor.

Ahora bien, cuando la policía mereció plenamente el rigor de mi crítica, y sigue mereciendo el anatema de la posteridad, fue cuando se cometió el feroz asesinato de los hermanos Freyre y de Aguiar. Estos brutales e injustificados asesinatos, aparte de su inutilidad, desacreditaban en primer término a Machado, y después a Cuba. Fueron una consecuencia de la muerte de Vázquez Bello. Mejor dicho, puedo afirmar que fue la consecuencia directa de aquel otro acto infame. Pero un delito no debe hacer nacer otro, ni una muerte justifica otra muerte. El asesinato de Vázquez Bello precedió de sólo pocas horas al de los hermanos Freyre y al de Aguiar.

Supe las dos tragedias de la siguiente manera:

Almorzaba yo en casa del Coronel Aguirre, almuerzo cordial, como el de todos los días, a pesar de las desventuras del país, porque por extraño que parezca, las desgracias, como las cárceles, son más soportables cuando uno está en ellas que cuando las contempla a distancia.

En un momento dado, sonó el teléfono: "Han matado a Clemente Vázquez Bello —dijo una voz—. El cadáver está en el hospital de Marianao". Corrí, volé a ver al amigo muerto. Le habían asesinado mientras volvía del Yacht Club, solo y desarmado, y se dirigía a su casa. Cuando me retiré del hospital llevaba una tristísima impresión. Todos a mi alrededor hablaban de venganza y, además, noté que dos o tres jóvenes se empapaban las manos en su sangre y después se las restregaban hasta que el noble líquido se secaba en ellas. Me retiré de aquel lugar siniestro y me dirigí a Palacio. Machado estaba en cama, enfermo. Se hallaba deprimido. Clemente era como un hijo suyo, pues no sólo ambos eran oriundos de la misma Santa Clara, entonces casi un pequeño pueblo de campo, sino que en política Machado lo había amparado, formado y elevado a los más altos puestos de la República. Me dijo después que se debían tomar precauciones, que debía redoblarse la vigilancia y otras cosas parecidas. Las visitas aumentaban, pero salían al poco rato, y sólo yo quedé con el enfermo algún tiempo más.

Mientras conversábamos sobre lo que debía hacerse, el Ayudante de guardia se acercó a la cama:

—Presidente —le dijo—, una noticia importante que desean darle por teléfono.

—Tómela usted —respondió el enfermo—. Ya la conozco, se trata de que unos desconocidos han asesinado a los tres hermanos Freyre y al doctor Miguel Angel Aguiar.

Como todos nosotros, Machado quedó anonadado. Yo me decía a mí mismo: "los tres hermanos Freyre, imposible, no los hay...". Pero sí, se trataba de los hermanos Gonzalo, Guillermo y Leopoldo. Yo quería alentarme a mí mismo con la idea de que quizás se habría exagerado al darse las noticias de algo indiscutiblemente grave. Machado ordenó que llamaran a los jefes de la Policía.

Yo le rogué que les hiciera ocupar La Habana militarmente, para evitar desmanes mayores. En el primer momento, cuando el ayudante dio la infausta noticia, recordé a los jóvenes que se bañaban las manos en la sangre de Vázquez Bello. Por algún tiempo tuve mis dudas sobre quiénes serían los autores de esta venganza criminal. Más tarde, ya en estos días lejanos, he llegado a la conclusión cierta que el cuádruple asesinato fue obra de la policía. Sin embargo, desde los primeros momentos supuse que la policía había tolerado los asesinatos. Y por esto, al encontrarme con Ainciarte, que se suponía ser el más agresivo, le dije en ese tercer piso del Palacio presidencial, delante de muchos que nos escuchaban:

—Usted le hace más daño a Cuba que todos los revolucionarios.

A Machado le aconsejé que aprovechara la agitación que reinaba en el país para hacer un serio llamamiento a la concordia y declarar su poco interés en gobernar un país dividido por tantos odios. Se negó, diciéndome:

—Yo tengo el deber de escuchar también el son de otras campanas.

Le repliqué entonces, presentando mi renuncia.

—No, tú has interpretado mal mis palabras. Muy pronto te autorizaré a publicar la renuncia mía que tienes entre tus manos, pero yo conozco a mis paisanos mejor que tú. Si en esta hora trágica levanto bandera de parlamento, me considerarían vencido y esta noche misma mi cadáver saldría de este Palacio.

Tenía perfecta razón. Los terroristas continuaron asesinando a culpables e inocentes, y la policía, por su parte, aumentaba el diapasón. Machado, hombre de suprema energía y muy sagaz, comenzó a deprimirse. La situación económica empeoraba. Perdió a su notable Secretario de Finanzas y acudió a mí para que le defendiera la moneda. Acepté, advirtiéndole que estaría en este puesto por poco tiempo. Salvé el peso cubano que perdía precipitadamente su valor, mediante una simple estratagema: saqué la plata de La Habana y la envié a poblaciones del interior. Para ello llamé al General Alberto Herrera, compañero de la guerra, y le pedí que me prepara unos carros de transporte del Ejército. Le fijé el día que debían encontrarse delante de la Tesorería. Estos carros llevaron a todas partes las relativamente pequeñas sumas que ocupaban el subsuelo de la Secretaría de Hacienda. Como por encanto subió la moneda. Yo así les quitaba a los especuladores la posibilidad de cubrirse, en caso que liquidaran sus especulaciones monetarias. Esta maniobra me la sugirió el hecho de que la moneda de plata circulante era muy limitada; no era suficiente ni siquiera para satisfacer las necesidades de aquel tiempo de crisis. Se añadía a esto que yo ponía en duda la honradez de algunos funcionarios subalternos.

Con posterioridad a esta medida dicté otra, también bajo la impresión de la misma duda, en la que disponía que los pagos atrasados debido a que los ingresos eran mínimos, se hicieran siguiendo el orden sucesivo de la petición de pago de los acreedores. Durante los dos meses que fui Secretario de Hacienda preparé otro proyecto, uno de ellos más tarde aplicado con aplauso general. Me refiero a la unificación de los impuestos sobre la compra-venta. Antes se cobraba este impuesto en períodos sucesivos. Yo sugería que se hiciera de una sola vez, o bien a la entrada del producto si es que procedía del extranjero, o bien en las fábricas y almacenes si era producto del país. Machado no aceptó mi propuesta, más bien digamos "que la dejó sobre la mesa". Después de la revolución de 1933, desde Nueva York recomendé al Presidente Grau San Martín, entre otras medidas de Gobierno, la que Machado había rechazado. Me contestó en seguida diciéndome que "los hechos futuros me probarían que había tomado en cuenta mi sugerencia". Al aplicar mi propuesta, su Secretario de Hacienda y el Presidente mismo, recibieron la aprobación general.

Al dejar la Secretaría de Hacienda y volver a ser sólo Secretario de Estado continué mi política de paz y armonía ciudadana. Al principio del invierno de 1932, una tarde al subir al tercer piso de Palacio, lugar de importantes conversaciones privadas, me encontré a Machado sentado sobre un banco de mármol, más que sentado desplomado. Me dijo que estaba harto de tanto sufrimiento. Convinimos en que había que actuar. El estaba dispuesto a ausentarse de Cuba por algún tiempo, y me indicó que aunque sólo fuera en forma interina, yo podía quedar como Jefe de Estado. Rehusé rotundamente diciéndole que esto sería contrario a la Constitución, y que además limitaría mi posición de mediador. Le añadí que de hacerse pública su idea, la oposición, que ahora lo acosaba con sus diatribas, también caería sobre mí con mayor saña aún, y sin tomarse en cuenta lo que harían los múltiples aspirantes a la Presidencia y los partidos que todavía apoyaban al Gobierno. Machado sonrió y me dijo:

—Tienes razón. Publica mi renuncia y que se arreglen ellos...

Salí de Palacio creyendo que todo estaba resuelto. Llamé a Juan Gualberto Gómez, con quien, como sucedía con Laredo Bru y con Torriente, yo siempre estaba en contacto, le dejé comprender el éxito alcanzado. Juan Gualberto era un patriota notable, el hombre de color más admirado por su talento y su cultura, y un formidable orador y escritor que había polemizado conmigo en los periódicos.

Al decir a Juan Gualberto lo que pasaba le rogué guardara el secreto. Como de antemano debíamos ponernos de acuerdo sobre lo que se debía hacer, Machado y yo fuimos a su casa de Varadero. Al día siguiente de estar allí, empezaron a llegar hombres políticos, militares, funcionarios de todo género, todos impresionados por el rumor de una posible renuncia de Machado. El teléfono transmitía mensajes de todas las provincias. Barceló, miembro del Partido Liberal y aspirante a la Presidencia, unido al Coronel Jefe del Distrito de Oriente, precisaron que no aceptarían ningún pacto ni acuerdo. De Matanzas llegaron amenazas. Luego se precipitaron altos personajes, como Alberto Barreras, Emilito Núñez y la plana mayor de los Partidos Liberal y Conservador, los dos grupos políticos tradicionales de Cuba.

A esto del mediodía el grupo Liberal llegado a Varadero pidió una reunión para tratar formalmente del asunto. Yo me dispuse como en mis mejores días a dar la batalla, y cuando los vi entrar en el salón me uní a ellos no obstante la visible hostilidad de la mayoría.

Cuando estuvimos delante de Machado, éste se dirigió a mí con estas palabras:

—Oye, Orestes, quiero hablar con estos amigos... ¿Puedes esperarnos?

—No puedo esperarte —le contesté—. Te ruego tomar este documento.

Y puse en sus manos la carta de renuncia que traía en la cartera. En cuanto la tomó, salí del salón, llamé a mi mujer que estaba con la señora de Machado, previne a mi chófer y partí para La Habana. Era la hora de mi renuncia.

CAP. XVI. La hora difícil

Aún antes de mi llegada a La Habana, Machado ya me había hecho llamar dos o tres veces, y por el teléfono oficial se recibió la orden de que me comunicara con él tan pronto llegara. Cuando lo hice me dijo "que no tomase ninguna determinación antes de que él regresase a La Habana".

Cuando llegó, fui a Palacio y tuvimos una patética entrevista. Le sentí dominado por una enorme indecisión. Pero con una sola frase me venció:

—¿También tú me abandonas?...

He dicho que lo vi dominado por una enorme indecisión. En efecto, desde aquella entrevista hasta los últimos días de su Gobierno, este hombre habitualmente tan decidido, pasaba las horas entre el sí y el no, entre si dimitía o se quedaba.

Después de la trágica partida de Cuba, en Nueva York, antes de irse, me dijo que Alberto Barreras, un hombre de bien, honorable por los cuatro costados, y antiguo Gobernador de La Habana, le había inoculado el filtro de la incertidumbre precisamente el día de Varadero; le había dicho con el mayor énfasis: "Si te quedas, puedes defenderte y reivindicarte; si te vas, quedarías marcado eternamente por la ignominia". Lo cierto es que yo pasé unos pocos meses más tejiendo y destejiendo soluciones, hasta que tuve que salir temporalmente de Cuba, para presidir la Delegación cubana a la Conferencia Económica y Financiera que se celebró en Londres en 1933. Esta Conferencia fue el mayor fracaso de la historia diplomática, a pesar de que no puede ser discutida su importancia. Mi ausencia coincidió con una nueva situación en las relaciones de los Estados Unidos con Cuba. El Partido Republicano se desplomó ante la demagogia aparatosa de Franklin Delano Roosevelt.

Capítulo XVII

LOS HONORES DEL CAPITOLIO

Antes de emprender mi viaje hacia Londres, para asistir a la Conferencia Financiera y Económica que allí se celebraba, ya habíamos sentido en Cuba las repercusiones del cambio de política de los Estados Unidos, por haber asumido la presidencia el candidato Franklin Delano Roosevelt. El nuevo Presidente estadounidense era el tipo del señorito "politicante", figura ésta poco conocida entonces en aquel país. De aspecto atrayente, de modales agradabilísimos, con voz sonora y con un complejo de familiaridad gentil que cautivaba, podemos afirmar que en él tanto las buenas como las malas cualidades no eran las de su tierra natal. Sus aptitudes, su temperamento, eran muy diferentes a los de sus compatriotas. El tipo de hombre americano está dominado por la espontaneidad.

A este Roosevelt se le encontraba todas las mañanas en el Knickerboker's Club de Nueva York, el más exclusivo de los Estados Unidos, rodeado de un pequeño grupo de amigos pertenecientes todos a lo más selecto de las familias de la ciudad, poco amantes del trabajo y hasta del dinero.

La vieja señora Delano, un día por el año 1934, en casa del Duque de Richelieu, decía a un grupo que la rodeaba "que su hijo no tenía la exacta noción del dinero, la prueba es que ella había ensayado evitar que contrajera deudas, poniendo en práctica todas las fórmulas posibles, sin lograr conseguirlo". Naturalmente, aquella señora de la mejor sociedad de Brooklyn, que con su matrimonio había enriquecido a esta rama de la numerosa familia de los Roosevelt, terminaba encomiando el espíritu de su hijo, ya célebre, sin darse cuenta de que los oyentes, marchando por otra senda, llegaban a conclusiones penosas, presintiendo los peligros que con él podían correr las finanzas americanas.

Cap. XVII. Los honores del Capitolio

Antes de la elección presidencial de Roosevelt yo había escuchado la más severa crítica a este candidato, de los labios de una personalidad muy original de la política de los Estados Unidos: el Gobernador de Nueva York, Al Smith, que anteriormente había sido poderoso candidato al mismo alto cargo, y que ahora tenía las mismas aspiraciones y esperanzas. En casa de Mr. Woodin, presidente de la American Car and Foundry y de la American Locomotive, estábamos, alrededor de una elegante mesa, unos catorce invitados, casi todos pertenecientes a la alta finanza de los Estados Unidos. La atención de todos se concentraba en Smith, hombre que reunía en sí las más opuestas cualidades. Al mismo tiempo que hacía gala de amplios conocimientos y práctica de vida pública, incurría en faltas de lenguaje que provocaban irresistible risa.

Durante aquella larga noche habló casi él solo, contándonos el principio de su modesto origen. Le oí relatar, admirándolo de lo profundo de mi corazón, que apenas salido de la niñez estudiaba y al mismo tiempo vendía todos los días los periódicos. Con gracejo poco común repetía en tono alto, en aquella sala elegante, los pregones que usaba para vender sus periódicos y cómo se dejaba caer de los tranvías en marcha, no obstante la gran velocidad de aquellos vehículos.

La conversación, si se puede llamar así a tan interesante relato evocador, se orientó hacia las elecciones presidenciales, las que se encontraban en fase preparatoria. Con marcado disgusto y airado acento, Al Smith trató a Roosevelt de traidor, justificando su epíteto. He oído repetir la palabra a otros americanos, quienes aseguraban que el éxito en la vida pública de Franklin Delano Roosevelt se debió en gran parte al Gobernador Smith. Lo importante del caso, y por esto insisto en lo que pasó, es que Míster Woodin llegó después a Ministro de Comercio y más tarde a Ministro de Finanzas, nombrado por el Presidente Roosevelt, y que precisamente debido a la amistad entre Roosevelt y Woodin yo recomendé que Oscar Cintas me sustituyera en la Embajada de Washington. Cintas era Vice-presidente de la American Car and Foundry e íntimo amigo de Mr. Woodin, presidente de esa Compañía.

En Washington, cuando yo era Embajador, había oído ensalzar las dotes físicas de Roosevelt. Por cierto que nunca oí hablar de sus dotes intelectuales, si se excluyen algunas alusiones a sus conocimientos de la Marina Mercante, materia que conocía bien. En cuanto a las facultades físicas se hablaba con admiración de tres señores: uno de ellos Franklin D. Roosevelt, otro el *attorney general* (luego Embajador en Bruselas) Míster Davis, y el tercero un distinguido diplomático mexicano que yo había conocido en Cuba. Personalmente yo había tratado a Roosevelt poco tiempo después de la grave enfermedad que lo dejó baldado. El representaba entonces a una Compañía de Seguros.

Como todos los hombres públicos de limitados alcances, al ser electo Roosevelt, anunció cambios sociales y políticos que asombraron especialmente a las mayorías incultas deseosas de cambios y novedades. El *new deal* sirvió de nombre de batalla. Sus letras, indicando los nuevos ideales, aparecían en los escaparates de todas las tiendas de los Estados Unidos. Por la calle se encontraban a menudo grandes grupos de obreros que trabajaban el asfalto para devengar un salario del Estado. El trabajo lo realizaban hombres que usaban sombreros y abrigos, lo que acusaba cierto bienestar, pero, la obra hubiera podido ser llevada a cabo en pocos minutos por cualquier instrumento mecánico apropiado. En este período que va de fines de 1933 a principios de 1934, ya yo vivía en los Estados Unidos y tuve la impresión directa de que si el *new deal* era verdaderamente algo nuevo y excepcional, impresionaba por su carácter antiamericano.

No me propongo hacer aquí la historia de ese período presidencial americano, pero no puedo ocultar que Cuba también sufría las manías de creación que a veces surgen en la mente americana, especialmente en asuntos que desconocen. Antes de que viniese la revolución del 12 de agosto, antes de que Roosevelt fuese elevado a la Presidencia, y encontrándome yo en Inglaterra al servicio de mi país, los revolucionarios cubanos eran muy populares en los Estados Unidos y habían adquirido el apoyo de senadores y hombres públicos que buscaban unir sus propios nombres con los de una causa que hiciera mucho ruido. Después de haber vivido varios años en Norteamérica, llegué a la conclusión de que la mayor parte de las buenas o malas acciones que allí se realizan tienen por causa la gran publicidad que provocan.

La publicidad, en los Estados Unidos de aquel tiempo, servía al prestigio personal más que cualquier otro merecimiento y por encima de toda otra virtud. Viví en esa época en la cual, a pasos rápidos, se obtenían beneficios gracias a la constante ayuda de la prensa o de otros medios de relación pública.

Pues bien, en la época rooseveltiana aumentó mucho este fenómeno creador de buenas fortunas, de respeto general, de ascensión continua, debido casi exclusivamente a los gruesos titulares de la prensa. La agitación cubana, con sus delitos espeluznantes, favorecía a los que de ella se ocupaban. Un Senador se puso al servicio de los revolucionarios, sin otro interés que el de verse nombrado a diario. La señora Eleonora Roosevelt, distinguida dama que reveló más tarde sus tendencias favorables al bien público, y que presentaba su personalidad a los lectores de periódicos con su artículo diario titulado "*My Day*", ofreció su apoyo a los adversarios del Presidente Machado. Esta noticia me fue dada por Miguel Mariano Gómez, que más tarde fue Presidente de Cuba. Un hombre de cultura e

CAP. XVII. *Los honores del Capitolio* 375

ingenio, el señor Berle*, quien fue en diversas ocasiones alto funcionario del Departamento de Estado, dio favorables y decisivos apoyos a los que combatían al Gobierno de Cuba, publicando artículos en los periódicos. En uno de ellos, cuando los terribles atentados, quitándoles importancia decía: "¿Qué pueden hacer esos pobres muchachos tan maltratados?". Penosa situación la de estos pobres muchachos, en un país en que los adversarios se estaban matando recíprocamente. Pero un buen padre de familia, o un educador que maneje la pluma para mejorar las buenas costumbres públicas, nunca justificaría un delito por razón de otro cometido previamente. El Coronel Gimperling, luego General, siendo Agregado Militar de la Embajada Americana en La Habana, invitó a los militares cubanos a la rebelión. Denunciado por algunos oficiales al Brigadier Mola, admitió haber criticado a las autoridades cubanas por no pagar regularmente los sueldos a los militares, pero rogó a aquellos jefes que no le hicieran sufrir la grave humillación de una expulsión, y a fuerza de palabras agradables y sonrisas, la acusación quedó en el aire.

Relato este acontecimiento tal como me lo comunicó el Brigadier Mola, pues a la sazón estaba yo en Londres. Mola añadió: "En aquellos días todo andaba trastornado. El Coronel Gimperling tenía a su favor el haber sido un amable compañero de los oficiales cubanos mientras estuvo en La Habana".

Estos breves aunque deplorables hechos fueron posibles debidos al nombramiento del nuevo Embajador de los Estados Unidos en Cuba. Elegido el Presidente Roosevelt, en general debía cambiarse, según una vieja tradición, todo el personal que dependía del Departamento de Estado, empezando por los Embajadores. Hasta fines del Siglo XIX el aislamiento americano no exigía de sus hombres públicos que tuvieran conocimientos especiales de los asuntos internacionales. Durante, y aun después de la guerra hispanoamericana, fue necesario abrir los ojos bien para defender el presente y prever el porvenir. Sin embargo, los nombramientos de los Embajadores continuaron haciéndose teniendo en cuenta las contribuciones monetarias durante el período electoral, en favor del partido triunfante.

Parece que durante muchos días no fue posible encontrar un candidato para la Embajada en La Habana, barajándose varios nombres. Por fin las dudas se detuvieron en Summer Welles.

Una tarde nuestro Embajador en Washington me llamó por teléfono

---

* Se trata de Adolfo A. Berle. Fue Secretario Asistente de Estado en el gobierno de Roosevelt. Años más tarde, en la presidencia de Kennedy, con funciones también en el Departamento de Estado, tomó parte en la organización de la Brigada 2506, y trató muy de cerca todo este proceso tan desdichado para la libertad de Cuba. Berle fue profesor de Leyes en la Universidad de Columbia.

para decirme que el Gobierno americano le comunicaba el envío a Cuba de Summer Welles, como representante personal del nuevo Presidente. Cintas añadió conceptos corteses en favor del nombrado y recomendaba fuera visto con agrado, dada la amistad personal que le ligaba al Presidente de los Estados Unidos. Yo, sin consultarle al Presidente Machado, y hasta sin detenerme a pensarlo mucho, le respondí a Cintas: "No niego estas cualidades personales, y aun otras del señor Welles, y si lo acreditan regularmente, lo recibiremos con los brazos abiertos; pero como representante personal del Presidente, no, porque esto sería interpretado como un acto excepcional, favorable a los revolucionarios terroristas y provocaría grandes disturbios". Cintas insistió, dándome a entender que la negativa nuestra no impediría la decisión tomada. Enardecido por esta hipótesis, y pensando yo también, como al parecer pensaba Cintas, que nos estaban oyendo por teléfono terceras personas, añadí en voz alta y decidido acento: "Comunique usted a ese Gobierno que si el señor Welles se presenta como representante especial del Jefe de Estado, volverá a los Estados Unidos en el mismo barco que lo traiga. Si, en cambio, trae credenciales de Embajador, como lo exigen todos los protocolos del mundo, será recibido con toda corrección."

Y corté.

Welles vino con las credenciales de estilo, y fue recibido con los honores debidos. Pero a los honores y respetos oficiales se añadió una vileza del público. Para expresar su oposición al Gobierno cubano, muchos jóvenes señoritos y mayor número de intelectuales, la mayor parte verdaderamente intelectuales, y además estudiantes de renombre, agrupados en las esquinas por donde debía pasar el representante oficial del Gobierno amigo, aplaudían al ancho automóvil en el cual, con cara placentera y silueta erguida, saludaba, con ademán de rey, aquel personaje hasta el día anterior totalmente desconocido en Cuba. Yo presencié esta escena desde el Palacio Presidencial, la que me trajo a la memoria el caso de un diplomático francés en los primeros años de la República de los Estados Unidos, el que fue célebre entonces y también muy ridiculizado. Se denominaba el *Citoyen* Genet, y fue aplaudido por los grupos de inconformes, y por motivos análogos a los del caso que vengo a referir.

Welles y yo nos entrevistamos en seguida en mi despacho de la Secretaría de Estado y lo recibí después en mi casa. Le expliqué por qué no habíamos querido que viniera en forma que previamente nos habían indicado. Le dije que nuestra situación era difícil, pues se había iniciado una lucha penosa entre cubanos, y que cualquier acto del Gobierno americano, no bien pensado, podría dar la victoria a uno u otro bando de la oposición, pero que no perdiera de vista que el victorioso se mostraría implacable con el vencido. Welles no hizo ninguna objeción a lo que le dije, repitiéndome que la cuestión era económica y que, mejorando ésta, el resto se resolvería por sí mismo. En efecto, su acción tuvo esta finalidad, y de acuerdo creamos una comisión mixta para el estudio de un trabajo que aplacara los ánimos. Yo fijé nuestros puntos esenciales, que no reproduzco aquí porque después fueron dejados de lado por la revolución, y al final todo lo que se hizo fue dictado por el Gobierno de los Estados Unidos. Welles se mantuvo dentro de las buenas formas diplomáticas, por lo menos hasta los días en que yo iba a salir para Londres. Uno o dos días antes, en la última entrevista que tuvimos, le dije entre otras cosas:

—Tengo que irme a la Conferencia Azucarera de Londres, que es fundamental, y deseo repetirle que la situación es difícil, pero que se puede arreglar; espere usted mi vuelta, entonces la solución será más viable.

Y añadí:

—En nuestros países, la palabra "victoria" significa violencia y sangre, no "abrazo de hermano".

Estas palabras mías resultaron un poco sibilinas para él. Me replicó, como si se refiriera a un mundo confuso y lejano:

—Lo malo es que tengo muchas cosas que resolver, no sólo aquí, sino en Santo Domingo, Haití y Centroamérica.

Al día siguiente nos debíamos embarcar mi mujer y yo para Londres. Welles, ese día, por la mañana muy temprano, me llamó por teléfono pidiéndome que yo felicitara en su nombre al Presidente por su discurso ante la Comisión de los Centros Españoles, contestando uno de Pepín Rivero, director de *El Diario de la Marina*. Esta Comisión había pedido nada menos que la libertad de un ingeniero terrorista de nacionalidad española, y Machado la había concedido, con la condición de que el español se reintegrara a su país. En el discurso, además, había hecho alusión a su deseo de paz y de concordia entre los cubanos.

A mí se me cayó la venda de los ojos. Me dije como ya me habían prevenido desde Washington, que el Embajador esperaba mi salida de Cuba para erigirse en árbitro de la situación. Había recibido la noticia de diferentes lados, especialmente de un periodista honorable de la United Press, que me remitió una información no publicada, en la cual se leía que en unas disposiciones secretas, escritas por el propio Welles, se le autorizaba para intervenir en los asuntos de Cuba siempre que fuese autorizada en cualquier forma por los propios cubanos. Como era natural, ésta y todas las otras informaciones yo las comunicaba al Presidente Machado, sin decirle de dónde procedían, para evitar posibles indiscreciones, que en estos días de guerra civil son reveladoras y constantes.

Aquella mañana contesté al deseo de Welles inmediatamente:

—No puedo comunicar al Presidente su felicitación, por tratarse de una cuestión que no interesa a los Estados Unidos. Esta cuestión es del todo cubana.

Welles replicó:

—¿De manera que usted impide que el Embajador de los Estados Unidos haga llegar al Presidente una manifestación propia?

Con acento determinado añadí:

—Yo no llevó recados de asuntos que no le conciernen.

Welles, con espléndido dominio de sí mismo, se despidió:

—Entonces iré a verlo al vapor de las doce.

Y yo terminé:

—No desearía que usted se molestase, pero si fuera, lo veré con mucho gusto.

Me había despedido de Machado la noche anterior, pero en vista de este incidente me vestí rápido y corrí a Palacio. Machado ya estaba trabajando desde algunas horas antes, y le comuniqué la importancia que yo daba al asunto, pues le relacionaba con noticias recibidas anteriormente y que yo le había comunicado. El Presidente me agradeció la advertencia y me abrazó. Algunos años después, muerto ya Machado, el General Delgado, que era secretario de Gobernación en aquel Gabinete en el cual yo desempeñaba la Cartera de Estado, me contó que aquel día, al salir yo, él había entrado y que Machado, antes de saludarle, le había dicho:

—Ferrara no se entiende con Welles. Con estos americanos no hay que tener carácter fuerte. Ahora va a ver cómo yo me los meto en el bolsillo.

Tres o cuatro días después de mi salida, Machado aceptaba la mediación de Welles. Yo estaba en el mar, a medio camino de España, primer lugar donde debíamos arribar a tierra. Había encargado a José Sera, mi excelente secretario particular, y a los otros funcionarios, no enviaran noticias de ninguna clase. Alberto Herrera, general en Jefe del Ejército, fue nombrado mi sustituto *ad interim,* y aspiraba a heredar el puesto de Machado. Virtualmente continuó siendo Jefe del Ejército. Yo viví dos meses felices, perfectamente felices, hasta que volví a tomar contacto con La Habana.

Antes de embarcarme para Londres, debido al exceso de trabajo, no había podido estudiar el programa de la Conferencia, pero la parte que trataba sobre el azúcar, que sería discutida por ser una de las más importantes, la traté con Viriato Gutiérrez, quien tenía gran experiencia en la materia. A bordo empecé a examinar el resto del material ya más general y menos importante, y el que yo creí para nosotros más útil. La riqueza, dada la complejidad del mundo actual, no puede abundar en un país y desaparecer en otros. Con este criterio me puse a examinar un proyecto que hacía tiempo se insinuaba en mi mente, y que respondía, en primer término, a mis constantes ideas liberales y a mis estudios y discursos sobre América Latina y la Unión Europea. Me refiero a Uniones Aduaneras de los Estados. Mi máxima aspiración había sido siempre una unión aduanera general. Me basaba, más bien digamos mi ideal se basaba, en la libertad internacional en que debían circular hombres, mercancías y créditos. Sin embargo, admitía, y a veces pregonaba, soluciones menos amplias. Por ejemplo, sostuve una unión aduanera entre Cuba y los Estados Unidos y otra en Suramérica, esta última defendida también por el Presidente Terra, del Uruguay. Pensé entonces que era útil presentar un proyecto general, amplio, porque... porque yo no tenía ninguna esperanza de éxito. En estos casos en que no hay una solución favorable a la vista, es mejor abandonar toda transigencia ineficaz y manifestar integralmente nuestros más secretos deseos.

Como había dejado a mi secretario de confianza en Cuba, me había hecho facilitar por la oficina de traducciones a un joven que hablaba a la perfección tres idiomas. Brevemente diré que de La Habana a Inglaterra formulé un proyecto de unión aduanera general muy parecido al del M. E. C., con la finalidad de unir todo el comercio del mundo mediante un método lento y gradual, basado además en algunas reservas iniciales sobre ciertos artículos, y separando en cinco grupos las mercancías. Confieso que el proyecto no había sido madurado, pero su debilidad arquitectónica, en resumidas cuentas, favorecía mi propósito, que era el de abrir una discusión general que serviría para recoger los frutos en años posteriores.

En los primeros días presenté el voluminoso proyecto. Los que dirigían la Asamblea no le hicieron mucho caso. Sólo uno de los funcionarios americanos me habló dándome a entender haberlo leído.

Le agradecí su opinión, pero le advertí que nadie más que él había hecho referencias a mi proposición. El funcionario de Washington sabía lo que decía. La conferencia resultó ser muy elevada en cuanto a ideas y belleza en la forma. A pesar de haber asistido a muchas reuniones del mismo género desde 1907, debe reconocer que ninguna tuvo la elevación intelectual que la de 1933. Los discursos, los documentos presentados, las divergencias mismas, todo está consignado en la documentación y puede examinarse.

Pero el hecho real es que el Presidente Roosevelt, después de haber deseado la celebración de aquel acto internacional preparándolo con conferencias personales, lo hizo naufragar de la manera más original. Su principal representante en la Conferencia era Mister Hull, quien pasó allí días desagradables, constatando una casi total animadversión contra su país, sin que faltaran alusiones irónicas contra su persona. Con su rostro habitualmente afligido, en esos días daba la impresión de un hombre que se prepara a ser sacrificado. En realidad, Hull no merecía tal sacrificio por parte de su Jefe. La Conferencia estaba casi en suspenso porque Roosevelt anunciaba la llegada de otro representante suyo, aún más personal, que vendría a traer la decisión de Washington. Este personaje, por fin, llegó, habiéndose demorado inútilmente por el camino.

Los norteamericanos de la Comisión, hombres de valer y acostumbrados a decir lo que pensaban, no escondían sus críticas. Hull era el único en sufrir y callar. Recuerdo que un día, en uno de los corredores del Hotel Claridge, estaba el entonces representante del *The Times* en Washington, hablando con un Senador delegado. Yo estaba en el grupo, en el cual también estaba el Conde Ciano, hombre joven todavía, a quien había conocido en China. El Senador acababa de tomar un *cocktail* y contestó al periodista "que estaba moribundo", actitud nada habitual en él, pues era conocido su buen humor. A partir de este momento decayó el entusiasmo de los comisionados. Ciano me saludó un día con estas palabras:

—*La conferenza e stata silurata.*

Aquel mismo día regresó a Italia. Me dio la impresión de un muchacho inteligente, valeroso, cortés y gentil, pero no un producto de su propio esfuerzo. La ayuda de Mussolini lo elevó a altos cargos, en los que el aprendizaje resulta más intenso a la vez que más fácil, siempre a condición de que la vanidad, y más aún la soberbia, no ahoguen su desarrollo metódico y continuo.

La Conferencia no podía evitar las brillantes reuniones sociales que, por celebrarse en Londres, su elegancia debía ser mayor, más severa, más uniforme. Al margen de una inútil e ingrata laboriosidad, se palpaba una fecunda alegría, una simpática y más real solidaridad humana. Recuerdo que la presencia del Rey, en dos ocasiones, el día de la apertura de la Conferencia y en una recepción campestre en Windsor, hicieron vacilar ligeramente las ideas republicanas de mi ya larga vida. Cuando George V se presentó, risueño, simple, sin actitudes altaneras, sus maneras apropiadas a la serenidad del acto, y cuando en su discurso se refirió a posibles catástrofes, lo hizo de modo muy distinto y muy superior a como lo hacen ciertos Presidentes de Repúblicas, a quienes había observado en situaciones similares.

El contraste hizo que me preguntara rápidamente, en lo íntimo de mi yo, si para aquellos actos no era necesario una autoridad *ad hoc,* convenientemente preparada. Había visto y oído a personas a quienes estimaba mucho y admiraba más. Ni una sola me había satisfecho como este actor fino de aquel día. Coolidge se dirigía a las masas humildemente, con la voz monótona, con un librito en las manos, que parecía un breviario. La actitud suya era como la de un hombre que va de prisa, y luego terminaba el saludo final, desganado y aburrido. Hoover era más sereno, más lento, con sonrisa menos falsa, pero igualmente indiferente. Al Presidente del Brasil, señor Washington Luiz, no le oí nunca lo que decía, y su falta de gestos me impidieron siquiera interpretar sus locuciones. A los primeros magistrados de mi país no he podido admirarlos, no obstante mis vivos deseos. Un Estrada Palma no era comprendido ni por los más cercanos; un general Menocal temblaba ante la tribuna, y en cuanto a los dos que fueron elegidos por mi partido, José Miguel Gómez se limitaba a decir breves párrafos, y Gerardo Machado, más atrevido, tenía menos en cuenta la gramática, que, sin embargo, había estudiado en las pocas escuelas que existían en la época colonial. Omito hablar de los demás de mi Patria, porque, *incredibilia sed vera,* no los he oído hablar ni una sola vez cuando fueron Presidentes.

El Rey George V, al retirarse a través de sillas y mesas situadas para los trabajos diarios de la Conferencia, lo hizo tan artísticamente, que me dejó admirado. Ni una sola vez dio la espalda al público, ni una sola vez pareció que retrocedía. Símbolo protocolario de la equivalencia de los poderes, parecía que se retiraba lateralmente, hasta que desapareció de nuestros ojos. Después de aquel día, he vuelto muchas veces a meditar sobre los dos sistemas, monarquía constitucional y república, y he llegado a la conclusión de que la diferencia, por la cual hubiera dado la vida en mi juventud, carece de importancia práctica, y a veces hasta tiene desventajas.

La fiesta más alegre y concurrida fue, sin duda, la que se dio en los jardines de Windsor, en la que estaba reunido todo lo que tenía importancia humana. George V recibía, solo, en el centro del *parterre.* En el momento en que María Luisa y yo entrábamos, el rey hablaba con Lloyd George, ex Primer Ministro, gran lector de Biblias y bello desfacedor de entuertos. El rey estaba rodeado de grupos, uno de ellos formado por la familia real (Isabel, la actual reina, y Margarita, eran niñas encantadoras). Yo pasé la mayor parte del tiempo charlando con dos miembros del Gabinete, extremadamente corteses. En mis recuerdos de aquel día no veo la silueta del entonces Príncipe de Gales, pero sí la del hermano que más tarde, como George VI, debía subir al trono de Inglaterra.

Conocí al Príncipe de Gales, luego, por poco tiempo, Rey, Eduardo VIII, y después Duque de Windsor, en una noche de fiesta en casa de mi querido amigo Regis de Oliveira, Embajador del Brasil, y decano del cuerpo diplomático de Londres. Oliveira era un perfecto *gentleman,* y Gina, su mujer, una admirable persona, que sabía mantener vivo el interés entre sus invitados. En los distintos cuerpos diplomáticos de mi tiempo, el matrimonio Oliveira daba al Brasil prestigio, simpatía y cordialidad. Aquella noche, el Embajador y la Embajadora alcanzaron el grado de la suma perfección. La concurrencia era escogida, con el heredero del trono a la cabeza. Naturalmente, encontramos algunos amigos, al antiguo Embajador de Inglaterra en Washington, Sir Esme Howard, acompañado de su encantadora esposa, Lady Isabel, nacida princesa Bandini, y también al Embajador de España, López de Ayala, muy querido por su inteligencia, por su labor literaria y por ser español, ya que los españoles son muy apreciados por su propia personalidad.

La *soirée* de los Oliveira fue una de las mejores a las que asistimos en Londres. Gina, de vez en cuando cantaba trozos de ópera acompañándose al piano; y mi mujer, requerida por el príncipe, cantó canciones cubanas. En un momento noté que el después Duque de Windsor, Gina y María Luisa hablaban en el español más correcto. Las escenas se sucedían en el salón con gracia simple y familiar. Regis me presentó al heredero del trono, quien me concedió más tiempo del que me esperaba.

Dos argumentos dominaron en nuestra conversación: el haber pasado el príncipe algunas horas en Cuba, y el nombramiento de un Ministro inglés en La Habana, luego rápidamente ascendido a Embajador en la Argentina. Y como el príncipe de Gales se quejaba de que en su reciente viaje había sufrido restricciones de libertad debida a la situación en La Habana, María Luisa le dijo:

—Su Alteza tendrá que repetir el viaje, pues mi marido le invitará en nombre del Gobierno para que visite Cuba.

Y añadió todavía:

—Y no debe faltar tampoco el Duque de Kent.

Yo tenía una información precisa sobre el personaje que tenía delante, información que me había procurado Francisco Saverio Nitti, quien lo había tratado en varias ocasiones, especialmente cuando el príncipe vivió en Italia algún tiempo, si no me equivoco, después de Caporetto. Nitti decía con serenidad paternal:

—*E'un giovine dolce e gentile, di vuona volonta e nobile espresione* (7).

Y en verdad ésta era la impresión que daba desde las primeras palabras. Pero yo, sin que pudiera explicarme exactamente la causa, al regresar a nuestro hotel, le dije a mi mujer:

—Me parece que este joven no podrá ser rey de Inglaterra.

—¿Por qué? —preguntó María Luisa, con la inquietud natural de la mujer delante de las anormalidades de la vida pública.

Repliqué:

—Porque trata de sus funciones un poco más allá de sus derechos. En efecto, al tratar del nombramiento del ministro en Cuba, traído

---

(7) Es un joven amable y gentil, de buena voluntad y de noble expresión.

de la Embajada de Washington y con el cual había contraído amistad, sus palabras revelaban un concepto de la autoridad que se halla en los textos y en las fórmulas, pero no en la realidad. Había notado también, a lo largo de nuestra conversación, una amplitud de criterio en política que no respondía a las ideas inglesas de aquella primera mitad de siglo. Así, cuando estalló el conocido drama de amor, que determinó la abdicación al trono, vi resuelta una dificultad funcional del reino británico y del Commonwealth y me reafirmé en la idea de que la realidad está siempre más lejos de lo que parece a simple vista, aun cuando lo que aparece es también real.

Pocos días después fuimos invitados por la duquesa de Ruthland a casa de una hija suya, cuyo marido ocupaba un alto cargo en la Corte. El almuerzo lo calificaba de familiar, pero en él se encontraba el príncipe George, Duque de Kent y luego George VI, quien, al ver a María Luisa, le dijo, muy complacido, que aceptaba la invitación de ir a Cuba con su hermano el príncipe de Gales. Este almuerzo fue delicioso y simpático, diría que hasta bullicioso.

En un momento todos querían hablar al mismo tiempo. Salieron a relucir algunos chistes de salón, y la vieja *lady* hubo de explicar:

—Hablamos de esto ante ustedes, porque, al vernos en estos días casi a diario, hemos empezado a considerarlos como nuestros.

De los inocentes chismes, uno se relacionaba con la fácil aceptación en la sociedad inglesa de las americanas ricas. Y se discutió este argumento tomando en cuenta a una de ellas que se encontraba en Londres. La inteligente Lady Ruthland volvió a sentenciar:

—*Yes, at the begining we were reticent but when she invites us we are mighty glad.*

Entre los invitados estaba también la bella Diana Cooper, hija de la Duquesa, esposa del honorable Duff Cooper, que en cierto modo fue amigo mío durante la Conferencia, y a quien le había dedicado mi libro *Maquiavelo* en aquella ocasión. En Madrid, al encontrarlo de nuevo poco antes de morir, me recordó haberlo leído.

El banquete matinal que nos ofrecieron fue quizás el más simpático, porque la conversación versó sobre algunos temas delicados que no sabíamos abordar de frente. Yo pude admirar el humor inglés y sus conceptuosas síntesis, no ya en los libros, sino en la vida corriente y en las conversaciones menos solemnes. En lo concerniente al tema de la americana rica, triunfadora y dadivosa, comprendí que no se trataba de una generosa transigencia inglesa, sino que una conquista bien merecida, llevada a cabo con medios adecuados y eficaces. Una comensal, comprendiendo que podríamos desviar nuestro juicio, advirtió que no todas las señoras que venían del otro lado del Océano adquirirían una personalidad en Londres, que les permitiera luego triunfar en América, añadiendo que no todas las que llegaban recibían igual tratamiento.

—Es preciso —decía, con la precisión de un cirujano que hace funcionar el bisturí— que no le acompañe una voz marcadamente nasal, que su risa no sea escandalosa, ni las gesticulaciones excesivas, ni muy marcada la ignorancia.

Yo, para reavivar más el argumento de la graciosa señora, añadí a sus observaciones:

—Pero ustedes aceptan que la señora americana limpie, con gestos rápidos y casi involuntarios, un poco de ceniza caída sobre una mesa del cigarrillo de un invitado, o rectifique la posición de una silla que otro ha alejado algunos centímetros.

Todos rieron. Mi alusión a la competencia velada e involuntaria de la dama americana, a sus *maitres d'hotel,* era evidente. La duquesa madre, con su palabra acertada, dijo que muchas americanas llegaban bien preparadas, que recibían con gran dignidad y además acudían a muchos casos caritativos con generosidad ejemplar. Todos convinimos que ésta era la realidad. Yo pensé por mi cuenta que Londres no solamente resulta útil a las familias americanas que allí residen, sino a las de otras nacionalidades, porque la vida social en las casas privadas londinenses tiene un sello de elegancia flexible que mantiene las bellas maneras sin afectar la cordialidad. Este almuerzo ha quedado en mi memoria como la comprobación material de mi juicio sobre las costumbres inglesas.

Otra gran fiesta fue la que nos ofrecieron los marqueses de Londonberry en su magnífico palacio londinense. Por la concurrencia, por la elegancia, por la cantidad de invitados en los salones, por el orden que reinó, puedo decir que fue una de las más bellas de mi vida; en Nueva York, como en París o en Roma, no faltan ni la suntuosidad, ni el buen gusto. Los Wilson (la señora era una Astor), los Vanderbilt (cuya casa hasta hace no muchos años dominó la Quinta Avenida), los Noailles (en su castillo cerca de Chantilly), los Borghese, que impresionaron a Guillermo II por su elegancia cuando éste visitó Roma, y muchos otros núcleos de la nobleza mundial me han producido admiración, pero este caso, por la peculiaridad de unir la política a la nobleza, me produjo una mayor impresión. Yo soy un materialista histórico al revés de Marx. Este estudia la realidad de los ambientes de los siglos pasados, para deducir el porvenir; yo, en cambio, lo hago para explicarme las razones reales de los acontecimientos presentes. Mi deducción histórica me autoriza a creer que aun la esclavitud fue necesaria y sobre todo útil. Doloroso e inhumano fue, sobre todo, el trabajo forzado, pero sin él, sin el gran sacrificio que suponen los servicios todos, desde las labores de la tierra hasta la erección de las pirámides, y sin la subordinación del hombre al hombre, el reloj de la Humanidad no marcaría las bellas horas en nuestra era moderna. De la misma manera, la era nobiliaria y sus hábitos que nos legó, constituyen una purificación de la rudeza bárbara precedente, y un ejemplo de gentileza y dignidad humana en el largo período posterior, ya que la burguesía hizo suyas estas costumbres por lo que encierran de bello, y por las comodidades que facilitan. La nobleza, como entidad política en tesis general, no existe ya, pero como expresión de buenas costumbres, de delicadeza de maneras, de correcto lenguaje y de elegancia de gustos, continúa siendo de gran utilidad y continuará existiendo mientras sean necesarias las funciones que le dieron el favor de la Historia.

En uno de los salones me encontré con Winston Churchill, a quien había conocido en tiempos pasados, presentado por mi buen amigo Mister James Dunn (que no debe ser confundido con el Dunn que después fue Embajador americano y que usaba también el diminutivo de Jimmy Dunn). El Dunn al cual me refiero era canadiense y formaba parte de la casa bancaria Fisher and Dunn, con la cual yo había negociado la compra de los muelles de La Habana, en nombre de un sindicato cubano que formé. Aquel negocio inició una larga amistad. Hicimos un viaje juntos a Ottawa, allí me presentó a gobernantes y oposicionistas, allí mismo encontré a amigos de la Sociedad de las Naciones. Dunn fue luego elevado a la nobleza y entró en la Cámara de los Lores.

Yo saludé al futuro Primer Ministro y famoso gran hombre, y él, al reconocerme, exclamó: *"Oh muy dear friendly enemy!"*. La unión de las palabras "amigo" y "enemigo" venía del recuerdo que guardaba de haber luchado yo por la independencia de Cuba contra España, y él en las filas opuestas. Charlamos, pero sin nada interesante para él ni para mí. Aun cuando buscamos un rincón para estar tranquilos, nuestra conversación banal fue interrumpida por el Príncipe de Gales, que se detuvo a saludarnos, como hacían casi todos los demás. El duque arrastraba un amplio grupo. Al estar hablando conmigo se le acercó la que entonces era Lady Furness, y que yo conocía por Telma Morgan, hija de un Cónsul general americano, la cual le hizo una reverencia tal, que yo, poco acostumbrado a esos actos, temí que se fuera a caer. Al levantarse con rapidez de relámpago me saludó sonriendo, y él me preguntó si la conocía desde tiempo.

Pero la marea humana arrastró al príncipe y a Churchill, lo que me permitió charlar con Telma Morgan, y rememorar los años de La Habana y de Nueva York. Las Morgan eran tres hermanas, una casada en Washington con un joven funcionario del Departamento de Estado, llamado Thow; las otras dos eran gemelas, tan turbadoramente gemelas, que no es exagerado decir que no se distinguían la una de la otra. Si la semejanza física era excepcional, era excepcional también su belleza. En La Habana vivieron en su época juvenil y en Nueva York mi mujer tuvo el placer de invitarlas a muchas fiestas. Telma se casó en segundas nupcias, todavía muy joven, con Lord Furness, y Gloria, la otra hermana, con el neoyorquino Reginald Vanderbilt, que murió bastante joven, provocando un ruidoso proceso sobre la patria potestad de la hija que tuvo el matrimonio Vanderbilt-Morgan. Nosotros teníamos especial afecto por las dos niñas y conocíamos mucho al padre, al Morgan bueno y querido de todos. Pero a Telma no la vimos más, pues poco después partíamos de Londres.

Muy importante fue también el suntuoso banquete ofrecido por nuestra amiga Laura Corrigan, muy conocida en la alta sociedad. Era en honor de Ramsay Mac Donald, y ella me había invitado a presidirlo. En ese ágape figuraban también Guillermo Marconi y el Duque de Alba. Yo había conocido al *Premier* Mac Donald años antes, en la Liga de las Naciones. Para no llegar retrasados al banquete avisé a María Luisa desde la Conferencia que seguiríamos en seguida para la casa de la señora Corrigan. Llegado al Hotel Claridge, apenas pasé por mi apartamento y bajamos, yo ligeramente sudoroso y no tan atildado como para la ocasión. En el ascensor encontramos a un señor elegantemente ataviado. Pantalón de rayas, chaquet de corte inglés, zapatos de charol, corbata clara con graciosa perla, el todo armonizado a la perfección a un tipo nórdico, de mejillas encendidas, erguido y severo. Mi mujer, que venía criticándome por mi ligero abandono (que yo prefería a la impuntualidad) exclamó en voz baja, pero suficiente para ser oída en un ascensor:

—Mira a este hombre, así deberías estar tú.

Poco después, en casa de la señora Corrigan, éramos presentados al Duque de Alba, y la primera palabra que le dijo a María Luisa fue:

—Yo soy el hombre.

Fuimos muy amigos. Recibí de él una carta... después de su muerte, fechada en Bad Nauheim, en la que me anunciaba que pasaría el verano en España. Obligado a someterse a una operación, perdió la vida en ella. Y su carta, dirigida a mi residencia en París, se demoró algunos días en el trayecto, llegando a mis manos al siguiente de ser publicada en todos los periódicos la noticia de su muerte.

En un almuerzo presidido por el *Premier* Mac Donald, en Dowing Street 10, tuve la ocasión de hablarle con objetividad sobre las cosas de Cuba.

—Va mal —le dije—, la revolución triunfará, por la incapacidad física en que se encuentra el Presidente, decidido, sin embargo, a abandonar el poder, y por la incapacidad en que se encuentra la oposición para preparar un sustituto.

Mac Donald me contestó:

Cap. XVII. Los honores del Capitolio

—Esto que usted me dice y algo más lo hemos sufrido nosotros... Pasará... Persevere... La práctica del bien es la única educadora de los pueblos.

Nunca había escuchado esas palabras en labios de ningún luchador político, por eso me dejaron admirado.

Mientras estos saraos y banquetes se sucedían, los trabajos de la Comisión se movían con inteligencia y capacidad, pero sin rumbo fijo. Todos murmuraban que la Conferencia había fracasado. En un discurso yo había usado argumentos que en aquella época salían a relucir a diario. Lo había pronunciado en una de las primeras sesiones de la Asamblea, caso raro, porque los representantes de los pequeños países figurábamos de los últimos en las listas. Satisfecho de esta excepción, hice notar indirectamente, al referirme a Cuba, que, en efecto, se trataba de un gran país en materia de contribuciones arancelarias. En un artículo mío, publicado en la *North American Review,* como ya lo había hecho en otros discursos de la Liga de las Naciones, presentaba las cifras por las cuales quedaba probado que nosotros, los cubanos, pagábamos a los Estados Unidos por nuestras exportaciones a aquel país más de lo que pagaban por el mismo motivo Inglaterra y Francia reunidas. En esta ocasión insistí, añadiendo que el tabaco y el azúcar, nuestros principales, si no nuestros únicos productos, eran víctimas de una universal mala voluntad. En el último período de la Conferencia mantuve la misma tesis con más vigor, recibiendo grandes manifestaciones de aprobación. Aprovechaba todas las ocasiones para insistir en lo que yo llamaba "la economía mundial del bienestar de todos", la cual sólo puede mantenerse dejando producir a cada país lo que más barato le cuesta, bajo el estímulo de una libre competencia.

Un día cometí la imprudencia de discutir una tesis que no había comprendido bien: "los derivados del café". Yo quería hacer, aprovechando el primer pretexto, un discurso preparatorio a la gran batalla que quería dar al día siguiente, cuya Orden del Día incluía la cuestión del azúcar. Se me concedió la palabra, y después de unas alusiones mías, no a los "derivados", sino a las "imitaciones" por medio de la falsificación, entré en la cuestión general apuntada arriba. Me lancé contra las tarifas aduaneras de todo género y la carestía de la vida, su primera consecuencia, para llegar a probar que la reducción de la riqueza era la etapa final. Este particular lo desenvolví con vigor, presentando ejemplos históricos y usando argumentos que me sugería el visible entusiasmo de mis oyentes. Terminé diciendo, más o menos, que los aplausos me habían venido de los que en sus países se ven obligados, contra su voluntad, a hacer política proteccionista. Los aplausos fueron casi generales, por diferentes motivos, principalmente porque estábamos en Inglaterra, país en donde el libre cambio fomenta la riqueza. Mi discurso andaba descarrilado y por eso hizo sonreír a muchos, inclusive a mí mismo, cuando me explicaron que estaba basado en un error de hecho. En efecto, visitando la Cámara de los Comunes, un grupo de sus miembros dijeron a María Luisa, y lo peor del caso, delante de mí, "que les gustaría verme sentado entre ellos, en ese recinto, ya que yo me hacía aplaudir... aun sin conocer el tema". Y era cierto, había estado equivocado, pero había conseguido que el terreno para librar mi amplia defensa del azúcar quedara preparado. Sobre este asunto mis palabras fueron exactas, ceñidas al argumento y convincentes. El primero en felicitarme fue Albert Sarraut, presidente del Consejo de Ministros de Francia en anterior período, Ministro de Gabinete después muchas veces, y, por último, ya avanzado en edad, Presidente de L'Unión Francaise. Al anunciar que yo debía retirarme de la Conferencia para regresar a mi país, que estaba en dificultades políticas, Sarraut pidió a la Comisión Económica que se reuniera bajo mi presidencia aquella tarde, lo cual fue acordado con aplausos generales.

Yo me había ocupado casi exclusivamente del azúcar. Y era el primero en deplorar que nosotros sufriéramos grandes oscilaciones en nuestras fortunas privadas con aquel monocultivo, pero que se trataba ahora de defender lo que existía. Traté de convencer a los holandeses, en aquellos momentos representantes de Java, como Cuba, gran productora de azúcar. Sugerí que durante algunos años se conservase, como producción máxima, el tonelaje de aquel año, hasta que desapareciera el *superávit* que deprimía los precios. Indiqué que no se iniciara la producción del azúcar en ningún otro país mientras los precios no fuesen remunerativos. El señor Viriato Gutiérrez, que estuvo presente en algunas sesiones, pues era uno de nuestros delegados, confirmó mi teoría con su palabra autorizada de gran técnico. El gran industrial italiano Pirelli, que yo había conocido años atrás y ahora encontraba en la delegación italiana, me dijo que "me había apoderado de la Asamblea". Hago constar esto, no por espíritu de vanidad, sino para probar que la "Roca Tarpeya" se halla siempre al lado del Capitolio y que estos honores no tendrían eco entre mis conciudadanos, a los cuales servía, sino que ocasionarían tiros e injurias, peores que los tiros que se reciben cuando con fervor y entusiasmo defendemos a la Patria. En efecto, estas declaraciones sinceras fueron seguidas por el odio y la violencia de muchos de mis compatriotas.

A mediados de julio empecé a recibir cartas privadas del Embajador Cintas, diciéndome que él veía las cosas en Cuba precipitarse hacia una catástrofe, y que consideraba útil mi regreso. A fines del mismo mes recibí un cable de Ramiro Guerra, Secretario de la Presidencia, concebido en términos menores, pero que me obligaban más que las temerosas hipótesis de Cintas. Guerra me decía que el General Machado no me llamaba porque estimaba era útil en la reunión de Londres, pero que él, Guerra, personalmente me declaraba que mi vuelta a Cuba sería muy conveniente. Insisto en decir que no sabía casi nada de lo que pasaba en Cuba, si se exceptúa lo poco o nada que los periódicos ingleses, en su olímpica grandeza, publicaban comentando algunos incidentes propios de los países que ellos no estiman. Mas este cable de Guerra, por la seriedad, ecuanimidad y alto sentimiento del honor que le caracterizaban, me decidió a partir en seguida. El día 9 de agosto debía estar en La Habana, pero dos días antes, desde Nueva York, hablé con Guerra y con Machado por teléfono. Les propuse que, de no ser de absoluta urgencia mi regreso, me permitiesen ver al Presidente Roosevelt y tratar con él sobre la solución del asunto. Y añadí: "No deseo discutir, sino cumplir órdenes". La respuesta fue, sin embargo: "Embarque lo más rápido que pueda".

Entonces encargué a Cintas, nuestro Embajador, que visitara al Presidente Roosevelt y le dijera que nosotros creíamos ser un país libre, que no comprendíamos esta eterna veleidad de meterse en nuestros asuntos, deplorables, era cierto, pero nuestros al fin. Le añadí a Cintas que insinuara al Presidente que la vecindad de la fecha en que iba a celebrarse la próxima Conferencia Panamericana podía convertir el problema cubano, de carácter nacional, en conflicto general. Cintas trató el caso a la perfección, y el Presidente estuvo dispuesto a sacrificar, en una forma u otra, al propio Embajador. En Cuba las cosas se precipitaban, y llegó la catástrofe, no sólo por la caída de Machado y su partido, sino por el triunfo rencoroso de una especie de fascismo, burda imitación del movimiento encabezado por Mussolini en Italia.

Capítulo XVIII

LA INEVITABLE ROCA TARPEYA

Aunque parezca curioso, repito que oficialmente yo no supe nada preciso de lo que pasó en Cuba durante mi ausencia. Es más, hoy mismo no conozco en sus pormenores esta breve página de la historia que tanto me interesa, porque, como veremos más adelante, en ella me sentí a dos dedos de la muerte.

Al llegar a Cuba, el 9 de agosto, recomencé mi vida de siempre. El Presidente Roosevelt había aconsejado a nuestro Embajador que visitara al Subsecretario de Estado, a quien ya se le habían dado instrucciones para que llamara a Welles a Washington con el pretexto de informar. En esos precisos momentos el Gobierno dejaba de seguir bajo la dirección de Machado. Antes de embarcarme para Cuba ya había recibido la noticia directamente de Cintas, y sea porque consideraba que el país estaba fuera de la ley, o bien por repugnancia a las intromisiones de incapaces, o porque lo supuse un engaño, no le di importancia, emprendiendo unas rápidas gestiones para liquidar el asunto entre cubanos. Curioso resulta una frase del Embajador americano, del mismo género que la mía, que él pronunció después de mi partida para Londres. La cosa pasó en casa del Secretario Averhoff, estando presente otro personaje influyente de la situación, José Clemente Vivanco, amigo íntimo mío, como lo era Averhoff. Sonriendo, Summer Welles había dicho a ambos: "Ahora que Ferrara se ausenta, podemos resolver el asunto entre cubanos".

La realidad es que no pude suavizar los odios entre los cubanos, odios que había agriado aún más un Embajador extranjero. Después de una larga entrevista con Machado durante la cual obtuve su firme declaración de renunciar al cargo, aunque no por orden del señor Welles, sino por espontáneo compromiso, vi al Embajador americano. Mi primera pregunta fue del mismo tenor de otra que hice a Mister Kellogg años antes, cuando me llamó para protestar contra una cláusula de la Constitución cubana, entonces en preparación, cláusula que alargaba a doce años el período senatorial.

—¿Con qué derecho y a qué título hace usted estas gestiones? Porque sus demandas no se las autoriza el Derecho Internacional, a pesar de sus innumerables abstracciones, ni la *Enmienda Platt,* a pesar de que nos fue impuesta, ni la *Doctrina Monroe,* noble expresión de libertad unilateralmente puesta en práctica, ni ningún otro precepto o principio político internacional.

Yo creía que Welles me contestaría que actuaba autorizado por Machado mismo, lo cual era cierto, pero en este caso yo estaba preparado a comunicarle que, debido a su indiscreta parcialidad, la autorización quedaba retirada. Welles, sin embargo, no hizo alusión a la mediación más que vagamente, refiriéndose a la paz del continente y también a la paz interna. Viéndole tan inseguro, fui al grano. El mal estaba hecho ya. Le dije que el país estaba en rebelión abierta por su culpa y le invitaba a que ahora concurriera a establecer el orden y a someterlo todo a una solución verdaderamente entre cubanos, de la cual, por voluntad del mismo Machado, surgiera un nuevo Gobierno. Nuestra conversación fue larga y difícil.

Aquel día yo tuve dos propósitos: uno, que el Gobierno de Machado no dejara vacante la Presidencia, ya que el cese del poder en 1906 provocó, de acuerdo con la llamada *Enmienda Platt,* la segunda intervención en Cuba; y el otro, que Welles, ya jefe de los revolucionarios, capitulara moralmente frente a una inevitable hora de sangre.

Yo no estaba muy seguro de la buena fe de Washington cuando dejaba entender a Cintas que, aunque fuera en forma disfrazada, alejaría a Welles de Cuba. Y estaba menos seguro del patriotismo de los revolucionarios, y de que resolverían nacionalmente el conflicto. No quería tampoco que en esta hora intempestiva, con una jugada de palabras o con una falsa retirada, el Gobierno de los Estados Unidos y su Embajador se lavasen de sus culpas tan evidentes. La revolución ya iniciada había enardecido a la mayoría del pueblo, y había debilitado todo, dejando sin protección legal a la gente honrada y a la gran masa de los indiferentes. Repito que temía que con algún juego de palabras, más propias de niño que de hombre de Estado, Roosevelt, en marcha ya la revolución, retirase a Welles momentáneamente para enviarlo más tarde, a la hora verdaderamente crítica, como el salvador. Pero tiempo no me sobraba. El jueves 10 de agosto trabajé sin descanso. A Cintas le ordené que viera a Philip, Subsecretario de Estado en Washington, y me tuviera al tanto de su estado de ánimo, ya que algunos hombres de negocios americanos, que estaban en Cuba, se referían a la opinión del Departamento de Estado creyendo que Welles no estaba cumpliendo con las instrucciones que él mismo se redactó al salir para Cuba.

Es preciso abrir aquí un paréntesis para examinar este punto. En efecto, la Cancillería de Washington y su Embajador en Cuba parece que no estaban muy de acuerdo. Entonces yo solamente lo suponía, debido a que Welles, cuando me hablaba, ya sea para realzar su importancia o por otros motivos, ponía de lado al Departamento de Estado, del cual dependía, y se refería a la figura presidencial. Mi parecer me fue confirmado más tarde por amigos míos del mismo departamento y por otros. Por ejemplo, uno de los delegados de la Conferencia de Londres, años después de la revolución, y estando ambos en México, hablando él ya con la cordialidad honorable y específica del americano, me dijo que Cordell Hull le había dicho: *"The young man (Summer Welles) has made a mess of the Cuban affairs".*

Otros, con posterioridad, me han expresado que la aventura de Welles hizo temer a todos por la armonía de la Conferencia Panamericana pendiente.

Volviendo a lo anterior, después del 10 de agosto y de mis entrevistas con Machado y Welles, traté de entenderme con los amigos que tenía entre los revolucionarios. Los dos en que había pensado primero fueron los que yo había recibido *todos los días,* o casi todos, durante mi estancia última en Cuba: Cosme de la Torriente y Federico Laredo Bru. Cosme, triplemente vivificado por su enorme constancia, a veces me había esperado en mi casa hasta después de las dos de la madrugada. Para ellos no había hora de recibo, comían conmigo, y hasta me hacían despertar si dormía.

En esta hora, al amigo de la juventud no fue posible encontrarle; Laredo, en cambio, vino antes de recibir mi llamada. Le pregunté por su inseparable compañero de gestiones revolucionarias, y me contestó con la claridad relampagueante de su espíritu:

—Chico, no te ocupes de él, ahora tiene otra columna en que apoyarse.

Esto me produjo mucha pena. Pero como yo conocía las buenas cualidades de Cosme, aunque también sus defectos, le contesté:

—¡Lo que puede hacer la aspiración presidencial...!

Curioso destino: de tantos aspirantes a la Presidencia, que preferían la muerte al desengaño de no alcanzarla, ninguno la ocupó, mientras dos que no hicieron ningún esfuerzo para conquistarla, Carlos Mendieta y Laredo Bru, la recibieron luego, por decirlo así, en bandeja de oro.

Vi a Laredo muy decorazonado. Me dijo que después de mi salida para Londres se había revelado el ABC, asociación de jóvenes respetables, pero excesivamente absorbente, y había surgido como elemento directo, la agrupación estudiantil.

—Con esta gente llena de pasiones —añadió— es difícil hablar de paz cubana. A mí quizás podrían oírme, pero no me seguirían en el empeño. A ti, ni oírte... Procura salvar tu vida.

Nos abrazamos como dos hermanos y nos deseamos buena suerte. Siempre estimé mucho a Laredo, quien nunca aspiró a nada público que no constituyera para él un sacrificio en general. Algún tiempo después tuvo la oportunidad de probarme su afecto.

Yo ignoraba que el ABC fuera tan poderoso. En cambio, creía que el público en general, y los hombres de elevación espiritual especialmente, recordarían el terrorismo y el proyecto salvaje de la explosión del Cementerio. Más aún, suponía que se conocía ya, como en efecto se conocía, el programa de esa asociación hasta entonces secreta y de carácter fascista, que pude leer en un folleto que me regaló el Coronel Iglesias. Yo lo comenté al margen, antes de salir para Londres, conservándolo en mi biblioteca.

No sabía tampoco que los inexperimentados muchachos de la Universidad, y hasta los de los Institutos, querían gobernar, en un país y en una circunstancia en las cuales los mismos viejos no sabían hacerlo. Con la entrevista a que he aludido desapareció para mí también Laredo Bru, y con él toda esperanza de contactos con la oposición, pues de Cosme no supe nada más, y de Domingo Méndez Capote, al cual hubiera acudido, sabía que se encontraba en los Estados Unidos. De esta manera no tenía más remedio que tratar a través del Embajador americano. Así lo había querido Machado, aceptando la mediación de éste a los pocos días de haberme embarcado. Así lo quería también la oposición, ya que había establecido fuertes lazos con Welles. Así lo querían los mismos indiferentes que, gente práctica al fin, comprendían que antes de llegar la paz había que ir a una guerra abierta. ¡A tratar, pues, con Welles!

Había que reiterar que Machado se retiraría del poder y que debía señalarse un sucesor. En la biblioteca de mi casa recibí a Welles y le hice ambas declaraciones, pidiendo que la oposición respetara la vida de Machado y que su sucesor fuese el que me sustituyera a mí en el cargo de Secretario de Estado, en virtud de lo que ordenaba la Constitución. A mí, repito, me perseguía el recuerdo de la vacante de poder de 1906 y de la consiguiente intervención de los Estados Unidos en aquel caso del todo legal. Pero, ¿quién sería ese sucesor? Machado había indicado al General Alberto Herrera, jefe del Ejército. Yo apoyaba este nombramiento por múltiples motivos. Primero, debo confesarlo, porque estaba equivocado, creyendo que el Ejército estaba unido. Luego, porque a

Herrera se le consideraba como el más civil de los militares. Y, por último, porque el Presidente lo había sugerido. Pero no lo mencioné y esperé a que al Embajador se le escapasen algunos nombres durante la conversación. Pero Welles, quizás para ganarme moralmente, citó entre los primeros al doctor Luis Octavio Diviñó, mi compañero durante veinte años en el bufete de abogados, antiguo miembro del Tribunal Supremo, Fiscal del Supremo y Secretario de Justicia. Hombre de buena cultura y saturado de principios liberales del siglo pasado, había estudiado en la Universidad de Madrid, siempre con las mejores notas, y al graduarse escogió, en plena guerra colonial, una tesis sobre el derecho de Cuba a su independencia, tesis que fue aprobada y elogiada, lo que honró al graduado tanto como al tribunal graduante.

Contesté a Welles que agradecería aquella selección, pero que Diviñó era demasiado honorable para actuar en una hora de sangre. Seguimos barajando nombres. Citó a Carlos Manuel de Céspedes, le objeté:

—Otro gran hombre, pero este caballero culto, delicado, humano, que honraría a cualquier Gobierno del mundo, en este caso, con dolor de mi alma, yo lo comparo a un cordero puesto al alcance de las garras de los tigres.

Abandonó en seguida la indicación, pero, por lo que sucedió después, parece simplemente que la aplazó. Al citar otros nombres, apareció el de Herrera, que se lo había indicado previamente, como supe después, el propio General Machado. Le dije a Welles entonces los motivos que me impulsaban a aceptar tal designación, pero, como en estas horas turbulentas la locura es contagiosa, cuando le di cuenta al Presidente de lo que yo había aceptado, le noté cierto desagrado en la cara. Mi espíritu se sublevó. Pensé renunciar en el acto. Pero, ¿podía abandonar un puesto desde el cual servía a mi país evitándole una intervención que yo creía segura y fatal? En medio de tanta agitación, frente a un enemigo salvaje, ¿podía realizar tal acto quien creía tener valor suficiente para afrontar la muerte como lo estaba haciendo? Después de algunos minutos de silencio, mirándole con severidad, le dije a Machado:

—No, éstas no son horas de histerismo. ¿No te gusta ahora el que hiciste Secretario de Estado en mi ausencia, precisamente para indicar que querías hacerlo tu sucesor? He venido de muy lejos para arriesgarme por ti, sin tener tus responsabilidades; acepto perder la vida, pero de ningún modo el respeto del público. Herrera debe ser tu sucesor porque así me lo pediste a mí y así lo indicaste a Welles.

Machado se recobró, y con gran tranquilidad replicó:

—No estoy histérico. Herrera me ha traicionado dividiendo al Ejército. Pero, si depende de mí, será Presidente.

CAP. XVIII. La inevitable Roca Tarpeya

Después de algunas frases de amistad personal, le pregunté si podía yo seguir favoreciendo a Herrera. Me contestó que sí.

En la noche del jueves al viernes me llamó por teléfono una voz enérgica, clara y decidida, que me pareció venir de una persona honrada.

—Doctor —me dijo—, soy un miembro del Directorio del ABC, lo estimo mucho a usted y me dolería verle dirigir una contrarrevolución.

—A distancia y por teléfono —le interrumpí— no podemos hablar de estas cosas. Pero yo busco a alguien de la oposición que desee resolver este asunto sin intervenciones extrañas. Si usted pudiera venir a verme a mi casa, o yo verle a usted donde usted me indique, la solución sería fácil de encontrar.

Esperé una contestación; la persona se había retirado. Como ningún acto del ABC ha sido divulgado nunca, sino que han seguido y aún siguen en el secreto inicial, no sé si en este caso se trató de algo serio o si la llamada fue sólo obra de un irresponsable.

El viernes fue una auténtica víspera de batalla. Yo lo había destinado a contestar las cosas pendientes con el Gobierno de los Estados Unidos y a ocuparme de otras comunicaciones oficiales. Como comprendía que ya la batalla estaba perdida, pensé que había que salvar a la República y a nuestro honor. A este efecto cité a algunos empleados de la Secretaría de Estado y al doctor Ramiro Guerra. Desde la mañana empezamos a trabajar en la biblioteca de mi casa, la cual, a pesar de hallarse en el centro de la ciudad, inspiraba serenidad, hundida como estaba en absoluta calma. Sin embargo, los funcionarios y el propio doctor Guerra, al llegar me hicieron notar que en los barrios bajos de la ciudad se sentía ya la revolución. Contesté a todos:

—Vamos a cumplir con nuestro deber. Defendamos la República. Dejemos que los otros defiendan el orden.

Trabajamos con ardor. Todo lo preparamos, menos el último documento. Hice recoger copia de todo, y lo envié a la Embajada de México. El patriotismo, que había desaparecido del alma cubana en aquella triste hora, me hacía tomar aquella precaución, sabiendo que el primer regalo que se le haría a Summer Welles sería una documentación comprometedora, o sea, la que probaría su ilegal intromisión en los asuntos internos de un Estado amigo y soberano.

Cerca de las doce, cuando estábamos por terminar el último documento, o sea, las múltiples renuncias, recibí una llamada telefónica que me ordenaba, de parte del Presidente, ir al Campamento Columbia, polígono Militar, sede del Ejército, que protegía a La Habana, y en donde iba a reunirse el Gobierno. Se añadía que al ir tomara toda clase de precauciones, porque había un levantamiento militar. Todo esto venía a echar por tierra mi última solución preconcebida, o sea, citar para la tarde, en mi casa, a los miembros del Cuerpo Diplomático para que sirviesen de intermediarios entre los jefes revolucionarios y el Gobierno en liquidación. Fui al campamento, solo, sin policía ni soldados que me custodiaran, sencillamente porque no los tenía. Machado y sus otros Secretarios de Despacho estaban allí. El cuartel de los soldados, que se hallaba en La Habana a las órdenes de un comandante de apellido Delgado y de otros cuyos nombres no recuerdo, se habían sublevado. También estaba más o menos sublevado el Coronel Julio Sanguily, hijo del general del mismo nombre que fue héroe nacional de la guerra de Independencia. Sanguily mandaba una incipiente e ineficaz aviación que tenía sus terrenos lindando con Columbia. A esta segunda sublevación, no sé por qué los militares de Columbia, con Castillo, que era su jefe, no le daban importancia. Antes de que yo llegara, Machado había enviado al General Herrera a La Habana, para que dispusiera las cosas de la mejor manera posible.

Mientras esperábamos al General Herrera, Machado y yo nos separamos de los otros y fuimos a conversar cerca de una ventana. Inicié yo la conversación, pues él me interrogó con una amarga sonrisa. Fue la última larga entrevista que tuvimos siendo él Presidente. Mi opinión era: o entregar el mando al jefe del Ejército, con nuestras renuncias, y todo en orden para la sustitución de acuerdo con la Constitución, y después salir del país; o llamar a la fuerza armada, hacerse jurar y aplaudir, cosa todavía fácil, en Columbia; ordenar el estado de guerra, con severas medidas, ocupar militarmente La Habana, único lugar donde había agitación, recoger las armas en las casas, entregarlas a nuestros partidarios (que había muchos todavía, aunque no ciertamente la mayoría) y, en definitiva, expulsar a Welles de Cuba, ya que era el centro de la rebelión y su verdadero jefe.

A Machado le gustaba esta última solución. Objetó algunos puntos. Le vi reflexionar:

—En definitiva —me dijo—, se derramaría mucha sangre.

Le contesté:

—Es muy probable, por eso pongo en primer lugar el abandono del país.

Llamó al jefe de Columbia, Coronel Castillo, y le preguntó por el espíritu de sus soldados. Castillo contestó:

—Presidente, usted sabe mejor que yo que nuestros soldados siguen a sus jefes.

Machado continuó:

—¿Y los jefes?

El antiguo miembro del ejércitor libertador replicó inmediatamente:

—La lealtad mía es absoluta. La de los otros va disminuyendo a medida que pasa el tiempo.

El coloquio cayó en minucias, y yo comprendí que Machado no quería actuar. Herrera regresó con una solución aparentemente favorable. Erasmo Delgado deponía su hostilidad, pero no las armas. Todos regresamos a nuestras casas.

Si bien el Gobierno estaba tambaleándose desde el miércoles, día de mi llegada, y desde aún antes, ahora, después de esta breve comedia, estaba caído. Al atardecer la policía de La Habana abandonó sus puestos, muchos se quitaron el uniforme y las insignias de autoridad. Mi casa estaba menos concurrida. Algunos amigos venían para aconsejarme que me escondiera. Yo, que había redactado ya las renuncias, pero que seguía recibiendo comunicaciones de la Secretaría de Estado, algunas de simples asuntos corrientes, contestaba a todos con la paciencia de un fraile benedictino. Estaba cansadísimo cuando me llamó el jefe del Ejército de la provincia de Matanzas. Muy cortés, pero muy decidido, me dijo que era preciso que los militares conocieran el desarrollo de los acontecimientos. Le dije que tenía razón, tanto más que el pueblo contaba con ellos para mantener el orden, y le anuncié que el General Machado se retiraría del poder. Cuando yo me esperaba una explosión de alegría, el militar contestó fríamente:

—Muy bien, entonces habrá que examinar el asunto.

Esta frase me abrió los ojos. En efecto, diez minutos más tarde el Presidente me llamó y me dijo, con aquella variedad de tonos que animaba sus palabras hasta el punto de que nadie entendía lo que quería saber, que Herrera no estaba nombrado todavía, pues él no había renunciado, tanto más que el Ejército podría opinar, y entonces, ¿qué haríamos de la Constitución? y otras vaguedades contradictorias como ésta. Yo estaba a punto de perder la paciencia. Pero no era el momento, y le expliqué, hablándole con toda claridad, pero sin ninguna excitación:

—Tú no puedes decir más que no vas a renunciar, y el Gobierno tuyo no puede volver sobre sus pasos, pensando en otro candidato que no sea Herrera. Oyeme bien, no pierdas tiempo y deja a los otros que asuman sus responsabilidades, el Ejército el primero.

Machado vio claro, y él mismo me dijo años después que yo le quité la venda de los ojos, la venda de la responsabilidad. Y que una parte de aquella noche la pasó jugando a las cartas con algunos amigos y la otra durmió tranquilo.

Por mi parte, después de la salida del Gobierno de Columbia, vi al Embajador americano, y tras larga exposición sobre el estado del país, los odios, las pasiones, la sangre de los días futuros, le pedí que asumiera la responsabilidad moral de lo que estaba pasando y de lo que iba a venir, que hiciese una proclama pública, exigiese un orden real y el respeto a la ley. Le vi titubeante. Conociendo ya su vanidad juvenil, me extrañó verlo vacilar. Luego, en el curso de la conversación noté que tenía miedo que surgiera a la superficie la realidad, es decir, que él era en aquel momento el Júpiter tonante de Cuba. Me respondió que el sábado, o sea el día siguiente, sería un día de sorpresa, el domingo un día de alegrías, y que el lunes todo el mundo volvería a su trabajo, sosegado y tranquilo.

Welles, en cierta ocasión en la cual yo hice referencia a este erróneo criterio suyo, contrastó vagamente su veracidad. Yo aseguro su certeza, y la frase que usaba la repitió a no pocas personas. Sin embargo, después de reflexionar un poco, me dijo que al día siguiente me daría una contestación definitiva.

Terriblemente cansado, a las diez me fui a dormir. Mi mujer, preocupadísima, pero valiente hasta el heroísmo, era la única que vigilaba en nuestra casa, que era bastante amplia. Los criados dormían en un pabellón aparte, mientras ella recorría con la mirada, desde arriba, las cuatro calles que nos rodeaban: San Miguel, San Rafael, Masón y Ronda. Una llamada de teléfono la sobresaltó: era de la casa del General Herrera. La señora del General suplicaba al doctor Ferrara que acudiera a su morada por motivos importantes. María Luisa quiso impedir aquella salida nocturna, pero no pudo evitar que yo hablara por teléfono. Se trataba de que el Embajador americano, que estaba en esa casa en esos momentos, comunicaba al General Herrera que quedaba excluido de la candidatura presidencial. Le contesté a la señora que iría, pero que la ausencia de toda luz, el no tener chófer, ni siquiera el coche en casa, me ponían en dificultades. Rápida me explicó que enviaba un coche militar a buscarme. Me vestí y llegué a la casa de Herrera en unos minutos.

Sentados, como en tranquila espera, en un salón lateral del lado de la brisa, que soplaba la tierra y refrescaba, no solamente los cuerpos, sino los espíritus, en aquella tremenda noche cálida, estaban el alto y delgado Embajador americano, el General Herrera, nuestro querido Carlos Manuel de Céspedes y, ¡por fin! Cosme de la Torriente. Yo saludé a Torriente antes que a todos:

—Te he buscado por todas partes —le dije—. A ti se te encuentra siempre cuando no se te quiere ver, y nunca se te ve cuando puedes ser útil.

Cosme, tranquilo, hasta imperturbable, comprendiendo mi ironía, contestó que había tenido mucho que hacer, aunque quería verme. Pero mientras él hablaba yo saludaba a los otros. Herrera me comunicó que aquellos señores le habían informado que la oposición, especialmente los jóvenes universitarios, no lo aceptaban como sustituto de Machado, y que a ellos se habían unido algunos grupos militares. La información fue ampliada por Torriente. El Embajador americano estaba silencioso y Céspedes también. Mi respuesta fue: "que había sabido por la tarde que de Miami había llegado una orden telefónica contra Herrera, y que si esto era cierto, el arreglo quedaba deshecho y Machado no renunciaría". Mis palabras generalizaron la conversación y en un momento salió a relucir el nombre del doctor Ferrer, quien, según ellos, debía sustituir a Herrera. Sobre este punto dije que no conocía al doctor Ferrer. Céspedes me apoyó, diciendo que se trataba de un desconocido. Pero Cosme explicó en seguida que no, que no era un desconocido, sino un ilustre profesional, valiente miembro del Ejército Libertador, Coronel y persona de todo respeto. Cosme tenía razón. Por añadidura, Ferrer era considerado amigo personal de Machado. Sin embargo, nadie insistió en el nombre. Con posterioridad, y a pesar de que al día siguiente supe que Ferrer estaba en contacto con el General Menocal, quien había sugerido su nombre desde Miami, me arrepentí de no haberlo aceptado, ya que yo desde el viernes por la tarde había decidido actuar libremente y presentar al General Machado, dentro de la línea general de sus primeras instrucciones, sólo hechos consumados. Pero repito que nadie insistió en favor de Horacio Ferrer.

Al saber que estaba allí el Comandante Delgado, el mismo que por la tarde había provocado la reunión de Columbia (que más bien fue la fuga de Columbia), pedí verle. Yo sabía que Delgado era un protegido, casi un ahijado, de Wilfredo Fernández, periodista, orador, político, todo de primera fila, y que, a pesar de sus antecedentes coloniales, en la República poco a poco había avanzado en autoridad y popularidad. Traté un poco mal a Delgado cuando éste, balbuceante, me habló del patriotismo. Delgado se retiró diciendo que aceptaría cualquier solución. Me dijeron que Sanguily andaba por los alrededores, pero no quiso presentarse. En definitiva, como afirmé que Machado no renunciaría, el Embajador propuso se dejasen las cosas como estaban y que se tratara de convencer a los jóvenes de la oposición de la necesidad que había de elegir a Herrera.

En realidad, tomando en cuenta mi insistencia y la actitud de Herrera, tanto Welles como Torriente y Céspedes convinieron en que teníamos que entendernos con Herrera cuando ya Machado y su Gabinete desaparecieran legalmente. Yo al menos lo comprendí así. No podía ser más herrerista que Herrera mismo, pero, en realidad, después de saber que el Ejército no estaba unido, comprendí que, con Herrera o sin él, iríamos al desorden más completo.

Nos despedimos entre las tres y las cuatro de la madrugada. A las siete ya tenía a Welles en mi casa. Yo estaba a medio vestir. En la reunión había insistido, para evitar sangre y mayores dolores, que se publicara la ya pedida Proclama exigiendo la calma pública para poder llevar a cabo el cambio de poderes. Welles me dijo que traía el documento. Lo sacó del bolsillo y empezó a leerlo, monótonamente, dando a Machado todos los títulos, y añadiendo más o menos: "Usted sabe que no he sido yo el que ha pedido que usted renuncie. Usted sabe que no he sido yo..." Le interrumpí, le quité el papel que tenía desplegado en la mano, y, doblándolo con presteza, se lo metí en el mismo bolsillo de donde lo había sacado, diciéndole:

—Yo no le pedí que se salvara usted, sino que salvara a Cuba.

Desde el comienzo de su lectura había comprendido que el documento iba a ofrecer un cierto apoyo a Machado, a cambio de que quedase borrada la verdad, o sea, que él se había entremetido, y hasta con amenazas, en los asuntos internos de Cuba. En un cable enviado a Washington el Embajador dijo que yo actuaba como un loco. Es posible que se refiriera a ese momento, pues al vernos más tarde nos separamos más bien con cordialidad. Después de haberle metido su papel en el bolsillo, Welles me dijo: "¿No le gusta?" Contesté: "¡Claro que no!" Y él, flemático, cerró el asunto con un "Está bien". Le dije que iba a preparar todas las renuncias, toda la documentación, inclusive las leyes de la Cámara, los Decretos, etc., y nos separamos, prometiéndonos vernos más tarde.

Fui a Palacio poco después de las ocho de la mañana. Las calles estaban insurreccionadas, pero no agresivas. No ha habido revolución como ésta, en la cual el pueblo en un comienzo se reveló abstraído y apático. Desde la mañana del 12 había notado este extraño fenómeno, que avanzando el día se hizo más patente. Para remover las clases bajas hubo que abrir oficialmente las casas y organizar el saqueo. Desde automóviles que circulaban especialmente con este objeto, los miembros del ABC, agitando banderas y con magnavoces, insistían y azuzaban al pueblo a que saquearan las residencias. Llegado a Palacio me encontré con Machado.

—¿Qué haces tú aquí? —le pregunté.

—Y tú, ¿qué vienes a hacer?

Medio en serio, medio en broma, los dos antiguos mambises, que en tantos peligros habíamos arriesgado juntos nuestras vidas, nos comunicamos los planes recíprocos. Le dije lo que pensaba hacer y que luego llevé a cabo, es decir, que completaría la documentación necesaria para la trasmisión de poderes, después de lo cual mi mujer y yo tomaríamos el avión ordinario de las tres de la tarde para Miami, y de Miami nos trasladaríamos a Nueva York. El me confió que no sabía exactamente lo que haría, pero que quizás iría a Las Villas, su provincia, y acamparía en el Escambray, rodeado de un centenar de valientes. Muchos empleados, al llegar, daban una vuelta por Palacio, y constatando que la familia del Presidente ya había desaparecido, se retiraban. Los últimos en irse fueron los antiguos empleados que habían servido a los Presidentes precedentes, y que no pertenecía a ningún partido. Yo insistí, con el todavía Presidente, que se fuese de Cuba y no pensara en el Escambray. A las nueve y media, trabajando yo con altos funcionarios, Machado todavía daba vueltas en el Palacio. A mis vehementes súplicas respondió que se iría con escolta a su finca "La Nenita", donde había pasado la noche. Tan pronto se fue, Ramiro Guerra se puso a trabajar, pero todos los demás habían desaparecido. Dentro del Palacio reinaba un silencio sepulcral, sólo interrumpido, a eso de las diez de la mañana, por una sirvienta de la familia que arreglaba los cuartos interiores. Al preguntarle yo dónde estaban los demás sirvientes, me contestó que todo el mundo se había marchado, y que ella arreglaba aquel cuarto por amor al orden. Le dije que se fuera ella también, inmediatamente. Hasta mis oídos llegaban los ecos del desorden de afuera.

Reunidos en el pequeño salón del tercer piso, en que los Presidentes acostumbraban recibir a sus íntimos, estábamos Ramiro Guerra, Alberto Lamar Schwayer, mi sobrino Rafael Matacena, y yo. Bajamos cuando terminó nuestra labor. Abajo sólo había un viejo policía, que al final dimos con él porque se paseaba de un lado para el otro, hablando y riendo con la muchedumbre.

Nosotros bajamos con la idea de salir por la puerta trasera del edificio, pero al llegar a ella la encontramos cerrada, con un letrero puesto al frente que decía: "SE ALQUILA". Buscamos entonces la salida que daba al Malecón, pero también estaba cerrada. Tuvimos que aceptar la salida que da frente a la estatua del doctor Alfredo Zayas, pero tampoco ésta se abría. El viejo policía, al vernos detrás de las rejas, acudió solícito, y a mí me pareció ver en las caras de los que rodeaban una expresión tranquila, casi amistosa. El policía, que tenía las llaves, abrió. Me dijo que era guardia en Palacio desde la creación de la República, y deseaba servir hasta el último momento. Yo rogué a mis compañeros que me dejasen pasar el primero. Al salir agité en alto los papeles, como para anunciar la dimisión del Jefe del Estado. Un estallido de entusiasmo se oyó de un extremo al otro de la calle. Nada más, a no ser algo que nosotros no conocimos, lo que supimos después era una de las delegaciones del ABC, que venía del Parque Central, y avanzaba con dificultad hacia el Palacio para saquearlo. Nos dirigimos hacia el coche que la noble devoción del chófer de la Secretaría de Estado había situado en la cercana calle derecha de Palacio. Minutos después la misión "abecedaria" llegaba y se inició el más horrendo saqueo de que se tiene memoria.

El coche tomó la calle de San Lázaro, Ramiro Guerra bajó el primero y entró en la Jefatura de Policía de dicha calle. Lamar bajó en la esquina de San Lázaro con calle Infanta, ya cerca de la Universidad. Mi sobrino y yo, llevando los papeles sagrados para mí, pero en los cuales ya nadie pensaba, me acompañó a casa de Herrera, que estaba frente al hospital, casi en la esquina de la calle 23. Yo pensaba entregar los papeles a cualquier oficial y retirarme. Mas al hablar con uno de ellos, el mismo que había venido a mi casa la noche anterior, me dijo que el General Herrera estaba allí, y también el Embajador Summer Welles. El buen humor, que siempre me acompañó en la vida, me hizo exclamar: "¿Ah? Mejor, así la entrega será más solemne". Pero Herrera no salió, pues ya sabía que lo habían derribado de su alto pedestal. En cambio me vi con Welles. Delante de él entregué al oficial toda la documentación, las renuncias, los nombramientos graduales, las leyes, los decretos. Faltaban las firmas de Machado y la reunión de las Cámaras: había que dar vida a un esqueleto, presentado en perfecta forma. Esto no lo podían hacer más que los militares, y así se hizo. Entregada la documentación hablé con Welles. Le dije que yo suponía que las dificultades de la noche anterior habían sido creadas por Menocal. Me dijo que, en efecto, así se lo habían informado. Ciego de pasión yo también lo aceptaba todo, menos una influencia del General Menocal, adversario político mío en períodos trágicos de la República. No veía que podría ser peor que el conservatismo, cuando en realidad avanzaba el fascismo con todo su desprecio por los principios ciudadanos. Mientras me retiraba pensando cómo podría llegar a mi casa, no muy lejana, pero con las calles llenas de asesinos, vi pasar a Carlos Manuel de Céspedes, el compañero de la guerra, el amigo de la paz, y de siempre. Bajó la cabeza y no me saludó. Iba a ocupar el puesto con el cual había soñado durante tantos años. Al poco rato me rodeó un grupo de liberales de la Cámara y del Senado, entre ellos el noble Alberto Barreras. Les expliqué la situación. Creo que en esta ocasión repetí la frase alusiva a Céspedes y al estado de ánimo del pueblo de Cuba: "Un cordero gobernando tigres". Estos amigos me recomendaron que me cuidara, y me dieron noticias precisas sobre los asaltos y asesinatos que se perpetraban en el centro de La Habana.

Me despedí decidido a desafiar los tiros, los grupos facciosos, los soldados de Sanguily que habían ocupado el hospital Mercedes, del cual en un tiempo yo había sido patrono. Al salir de la casa de Herrera mi chófer, sin saco y con el pelo alborotado, me dijo:

—Secretario, es imposible que traiga el coche, nos matarían al instante.

Le contesté:

—Váyase al garaje o a donde pueda salvar su vida, y si es posible salve el coche.

La muchedumbre era inmensa, los tiros continuos. Baje la cabeza y seguí derecho sin mirar a nadie, esperando llegar sano a mi casa. Caminando, mi conciencia me repetía: "Tú no has hecho más que salvar vidas de un lado y del otro". De repente sonó una voz amiga:

Cap. XVIII. *La inevitable Roca Tarpeya*

—Doctor, doctor, ¿dónde va...?
Me volví hacia atrás: era el Coronel Iglesias, hombre decidido, valiente, amigo del alma, con uno de sus hijos y otras personas.
—¿Dónde voy, Coronel? A mi casa.
—Le acompañamos —fue la respuesta.
No sé qué aspecto tenía yo. En un artículo que se publicó en la revista *Bohemia,* revista que hay que considerar como el gran órgano de aquella revolución, se dice que los "abecedarios", que me vieron pasar y se preparaban a matarme, pero viendo mi aspecto tranquilo y mis pasos serenos, cambiaron de propósito. Uno de ellos, Dorticós, y otro cuyo nombre no recuerdo, ambos de familias cienfuegueras, habían votado largos años en mi favor en las continuas victorias electorales mías. Llegamos a mi casa, donde me esperaba un hombre de confianza llamado Mesa. Al salir a recibirme fue asesinado vilmente, a mi lado. Me salvó la vida probablemente el hecho de habermedetenido un momento al reconocer el coche del Embajador español señor López Ferrer, en la puerta de mi casa.
El último acto oficial mío, muy agradable por cierto, por tratarse de un personaje cuyo valer, generosidad y hombría de bien pocas veces tuvieron parangón, fue encontrar a este Embajador. Lo acompañaba, sereno y decidido, el Secretario de la Embajada, señor Espelius, otro amigo mío igualmente admirado por su comportamiento imparcial, encaminado no a ganarse aplausos o explotar momentos de gloria efímera, sino a ayudar eficazmente a un país en una hora extremadamente crítica. Como Secretario de Estado, que lo era aún, le hice el relato de la situación. Le expliqué la interferencia del Embajador americano, la exigencia de la renuncia de Machado, la fijación de fechas perentorias para tales actos, y le comuniqué mis previsiones tétricas. Le agradecí su actitud durante todo el tiempo de su residencia en Cuba y añadí, por último, que no había dado crédito a una afirmación de Welles, de que él le había pedido amparo para los españoles. López Ferrer me negó este punto, y convino no sólo en la gravedad del momento, sino en los peores que vendrían. Con emotiva insistencia me invitó a que fuésemos a asilarnos a su Embajada mi mujer y yo, y que podía usar el automóvil que tenía a la puerta. Ante mis ojos pasó, veloz, la tragedia de mi vida: la llegada a Cuba bajo una bandera todavía no consagrada por el derecho, y ahora, treinta y seis años más tarde, estaría protegido por el ilustre símbolo que había flotado en las batallas de Europa, pero contra el cual yo había venido a combatir. La muerte avanzaba, envuelta en los colores cubanos, y la vida me la daban los colores de España.
—Muchas gracias, Embajador. Usted tiene toda mi admiración por sus actos pasados y por éste. Pero no puedo aceptar. He probado muchas veces que sé morir por un principio.

Los tiros atravesaban ya mi casa de un lado para otro. Mi mujer, imperturbable, volvió de la cocina para estar a mi lado. El Embajador le tomó las dos manos, haciendo un esfuerzo para llevársela.

—Venga usted, señora, mi mujer estará encantada de tenerla a su lado; solo, su marido podrá defenderse mejor.

Había un ansia enternecedora en las palabras que pronunció aquel hombre, recio, firme y decidido, en un momento en que él mismo tenía la vida en peligro. Mi mujer, la más serena de todos nosotros, respondió casi con ligera sonrisa.

—Gracias, muchas gracias, pero yo corro los riesgos de mi marido.

Hablando con afectuosa insistencia, y ella y yo mirándonos recíprocamente con ternura, llegamos a la puerta de la calle. Los disparos eran más frecuentes, alguien cayó muerto cerca del soldado que cuidaba un ángulo de la Universidad, a veinte pasos de mi casa. El centinela volvió la cara del otro lado. López Ferrer y Espelius, ya para subir a su coche, volvieron a detenerse y a suplicarnos:

—¡Vengan, vengan, por Dios vengan!

Ellos siguieron. Nosotros entramos en nuestro hogar. María Luisa me contó que estando yo arriba, hablando con el Embajador de España, ella había ido a la cocina y que el cocinero, que era italiano, mientras tranquilamente preparaba el almuerzo, al verla sin parecer alarmada, hubo de decirle dos o tres veces solamente:

—*Signora si faccia picivicina al muro perche queste pallottole sono mortifere* (8).

Reímos María Luisa y yo. Luego, decidido ya, le dije a mi valiente mujer:

—Me voy a casa de Quirós, a quien descubrí esperándome en ese otro cuarto. Tú tienes al lado la casa de tu hermana. Prepara algo para un viaje más o menos largo, y ven, sin que nadie lo sepa, a casa de Quirós.

Nuestra casa tenía salida por los cuatro costados. Salí por la calle de Ronda, nada frecuentada entonces porque separaba mi casa de la Universidad, ocupada ésta por soldados. Quirós, fiel amigo, hizo venir su coche por allí, nos metimos en él y salimos para el último refugio.

María Luisa me alcanzó más tarde y mientras oímos por radio la más fantástica andanada de improperios, no contra mí, sino contra Machado y sus partidarios, almorzamos. La gentil señora de Quirós nos preparó unos *spaghetti* napolitanos, y dijeron los presentes a coro, unánime, "que comí una cantidad que daba miedo". Pero había que pensar en buscar una solución. Rogué que me dejasen solo. En efecto, decidí irme

---

(8) "Señora, ampárese contra la pared porque estas balas son mortíferas".

en auto abierto y sin ocultarme ni disfrazarme, hasta el muelle llamado del Arsenal, y tomar allí el hidroavión ordinario de las tres de la tarde para Miami... si era posible. Mi mujer dijo que vendría conmigo. El programa no satisfacía a los otros. La segunda hermana de María Luisa, Lillie Sánchez de la Torre, se ofreció a acompañarnos. Mi mujer llamó por teléfono a una amiga suya; le hizo reservar dos billetes para el hidroavión de aquella tarde. No hay que repetir que la valentía de las hermanas Sánchez —que originalmente eran cuatro, pero en esta tragedia ya sólo vivían tres— se debía a que durante toda su vida, desde su nacimiento, habían sido educadas en esta atmósfera, pues las familias paterna y materna habían combatido sin tregua por la independencia de Cuba.

Cerca de las dos de la tarde, algo antes de lo que hubiéramos debido, salí en un automóvil que mi chófer, hombre honrado, pero no muy valiente, se negó a conducir. Un sobrino nuestro, Antonio Montoto Sánchez, de unos 18 años, dijo que él me llevaría. Lillie de la Torre decidió venir a mi lado, así como otro sobrino, Rafael Matacena. Mi mujer iría en otro vehículo, pero pasaría antes por la casa de Enrique Mazas, amigo muy querido, antiguo compañero de la Cámara de Representantes, adversario de Machado pero íntimo mío. Después pasaría por nuestra casa a recoger dos maletas que había dejado preparadas. Todo se hizo como se había previsto, hasta con la reacción que yo esperaba, al principio de variados colores y luego al intervenir el ABC, sólo de tintes negros. Quirós vivía en el Vedado. Yo indicaba el itinerario desde mi asiento, evitando pasar por el centro de La Habana. Tomar la calle de los Presidentes para entrar por la avenida Carlos III. Recorrer ésta a velocidad normal. Pero, al llegar a la calle de Reina, vi que en el primer tramo había humareda de incendio. Matacena me dijo que se trataba de la casa de Wilfredo Fernández. Ordené precipitar la marcha, torcer a la derecha y entrar en una calle más estrecha, paralela a la de Reina. Desembocamos en la calle que va del Parque Central al Arsenal y de allí, a toda velocidad, llegamos donde estaba la estación de la compañía aérea. Durante el trayecto, como el coche era abierto por los dos lados, todo el mundo nos veía, y como a mí todo el mundo me conocía, uno gritó por sorpresa: "¡Allí va Ferrara! ¡Allí va Ferrara!". La señora de la Torre sonreía todo el tiempo. Y el grito se repetía con odio, aunque cosa curiosa, algunos me saludaban con simpatía: "Mira a Ferrara". ¡"Adiós Ferrara!". Mi sobrino, que hacía de chófer, mostraba una sangre fría superior a su edad. Matacena iba decidido y tranquilo. En el Arsenal no había público. A esa hora por ser sábado y estando en agosto, nadie quería sufrir el calor tórrido que hacía. Pagué los dos billetes y me acerqué a los almacenes, por los cuales había acceso al muelle cerca del cual fondeaba el hidroavión. Allí estaba un funcionario cuyo nombre deploro no recordar ahora. Le pregunté si podía entrar.

—¡Cómo no, Señor Secretario! —me dijo.

—Bueno, yo entraré, pero ya no soy Secretario.

—Eso todavía no me ha sido comunicado —replicó— pase usted.

Así, debido a aquel gentil hombre, que no he visto nunca más y cuyo nombre se puede decir que nunca he sabido, estoy todavía vivo. Entré, ocupé mi sitio en el hidroavión que estaba amarrado al muelle. Me senté, y viendo la bandera americana que flotaba sobre la nave aérea, exclamé: "¡Hay que tener fe en el porvenir!". En fin, me creí protegido y a salvo. El tiempo pasaba lentamente. De pronto llegó Matacena. Vino a cambiar su revólver por el mío, pensando que el suyo era más eficaz. Lo cierto es que el suyo, probado días después, no disparó. Le pregunté por María Luisa y me dijo que estaba esperándola, y que no se iría hasta que llegara. En efecto, pocos momentos después llegó mi mujer, aumentando mi satisfacción.

Al poco rato apareció la tripulación. Serios y preocupados, no nos saludaron. El jefe ordenó que la aeronave se separara del muelle y fuera atada a la boya. Se dejó sentir el ruido de una muchedumbre que llegaba y avanzaba, y poco después la voz aterradora de las ametralladoras, aunque no veíamos a nadie, ni oíamos el silbido de las balas. El telón se levantó rápidamente. El muelle vecino estaba colmado de gente, entre la cual se veían uniformes de soldados y de marinos. Los tiros empezaron. Pero por encima de su fragor, la voz del comandante se dejó oír:

—*The motor, the motor!*

Jamás he visto un hidroavión levantarse tan rápido, los tiros sin embargo eran más rápidos que él, ya que una bala de calibre, dirigida por los marinos, atravesó el aparato y dejó medio muerto de miedo al camarero, que creyó haberlo evitado por milagro, como los toreros evitan los cuernos de los toros. El sombrero de mi mujer quedó atravesado por otra bala perdida. Según me dijeron después, habían alcanzado el hidroavión unas cincuenta balas. Yo no me moví de mi puesto. El capitán de la aeronave era un ruso "blanco", que por cierto debía morir experimentando un nuevo tipo de hidroavión en el Pacífico. No tomó la dirección de Miami por temor a que aviones del nuevo Gobierno viniesen a atacarnos en pleno vuelo. Sólo más tarde rectificamos la ruta volando muy alto y descendiendo casi hasta tocar el agua. La inteligencia y el valor de aquel hombre estuvieron a la altura de las circunstancias.

Llegamos a la Florida y vimos pasar, en dirección a Nassau, un avión que supuse fuese el que llevaba a Machado. En efecto, sí lo era. El Presidente dimisionario había llamado por teléfono, como a las once, para pedirme que solicitara de Welles su salida al extranjero, y específicamente alguna posesión británica. Pero no me había encontrado y en mi casa le habían dicho "que acababa de salir". Fue Averhoff el que habló por teléfono, estando presente el general Molinet, Secretario de Agricultura, y varios otros que rodeaban a Machado en la finca "La Nenita".

Welles lo consiguió todo. Tanto Machado como yo pudimos oír los cañonazos del mediodía anunciando la elevación de Céspedes, a la Presidencia de la República, y más que cañonazos encuchamos las injurias al Gobierno en el cual, sin embargo, habían figurado los mejores nombres de Cuba, como después no ha habido más. Un Averhoff, un Hernández Cartaya, un Molinet, un General Delgado, un General Rojas, que en la guerra de la Independencia había resistido a tas armas españolas en el punto más difícil para los cubanos, o sea la zona de Cárdenas; y también un Barraqué, consejero de toda la familia habanera que quisiera hacer alguna inversión, un Ramiro Guerra, un Octavio Zubizarreta, etc.

Los asesinatos, autorizados al amparo del ruidoso júbilo, aumentaban. El Coronel Antonio Jiménez, de la Guerra de la Independencia, que yo había visto pelear en Sancti Spíritus, y era considerado el más valiente soldado de la primera división del Cuarto Cuerpo, cayó uno de los primeros, vendiendo cara su vida. No sé lo que habría hecho Jiménez, pero ciertamente como todos los hombres de armas no creo que haya sido un místico en sus funciones policíacas, que desempeñaba desde los tiempos del General Menocal. El odio se extendía como el aceite sobre el agua. Los asesinatos se sucedían en todas partes. Rencores públicos y privados encontraron el más apropiado ambiente. El hombre se despojó de sus hábitos de civilizado, y con crueldad bestial se reveló en los días sucesivos, cuando ahorcó a cadáveres, ensañándose sobre todo con el jefe de la Policía, Antonio Ainciarte. En el momento en que yo pasaba del Vedado al Arsenal, como la casa de Wilfredo Fernández eran presa de las llamas muchísimas otras, entre ellas las de Averhoff, Viriato Gutiérrez, Carlos Miguel de Céspedes. El espectáculo espuluznante lo dieron las clases acomodadas. El pueblo en general, bastante ajeno a la delincuencia común, se mezclaba relativamente poco en las manifestaciones. Los saqueos en gran parte fueron realizados por las clases ricas, que acudían con la idea del robo. Parecía que los asaltantes conocían de memoria las prendas de vestir de las señoras, porque con voces estentóreas gritaban:

—¡Yo quiero el echarpe de Fulana!
—¡La mantilla de Mengana para mí!
—¡Búscala en la cómoda de la derecha!
—¡La capa de visón!
—¡Llévate los manteles!

Estos saqueos, desconocidos hasta entonces, fueron realizados por gente aristocrática. Los que así actuaban con irrefrenable pasión, ignoraban que estaban abriendo el camino a actos menos alocados que vendrían después: las expropiaciones tan ordenadas como generalizadas.

La naturaleza fue la única en protestar. Mientras Carlos Manuel de Céspedes se paseaba por los salones en su casa explicando "que era natural que estallara un poco de alegría pública", y Welles, más consciente, deploraba que le hubiera caído una mancha de tinta sobre sus planes, el cielo envió sobre La Habana una inesperada lluvia torrencial... durante la cual hubo una tregua. Pero el delirio homicida se reanudó poco a poco, la delincuencia común y hasta una parte del pueblo se unió a la danza infernal. El robo encontró fáciles explicaciones. El asesinato fue justificado, alegando imaginarios, o a veces quizás reales, actos del mismo género. Se vio a un amplio grupo de personas compuesto sobre todo por anarquistas, quienes ante la pulcra figura del Embajador Welles llevaban abierta cierta parte del traje que siempre se lleva abotonada, y le aseguraban que habían sido castrados y que podían probarlo. La impúdica actitud fue fotografiada y reproducida por los periódicos ilustrados. Insistían en que se habían asesinado miles de personas y castrado a centenares. "¿Qué quieren que suceda ahora?" —comentaban los que por ser tontos se esforzaban en asumir una actitud de serenidad imparcial. El tiempo demostró después que no había ningún castrado, como tampoco hubo niños con los brazos cortados en Bélgica, como quería demostrarlo una propaganda bien organizada durante la guerra de 1914. Los autores del obsceno espectáculo delante del Embajador americano, pasados a la posteridad en las páginas de la revista *Bohemia*, tuvieron todos hijos sanos y probablemente más serios que sus padres.

Nuestro vuelo de La Habana a Miami se realizó normalmente. Habíamos conversado con el Comandante casi todo el tiempo. Supimos que pertenecía a la misma rama religiosa que mi mujer, la Christian Science. Por ello eran firmemente optimistas en todo.

Durante aquel viaje medité mucho y me dije que la libertad política naufragaba en mi patria de adopción. Mi impresión, desde entonces hasta la fecha en que escribo, es que el sistema de vida que nos había dado la Independencia, basado en la integridad ciudadana, es el mejor bienestar posible. Ahora venía el triunfo de los antiguos elementos coloniales que antes se agrupaban bajo el nombre de *voluntarios* y *guerrilleros* y después se mezclaban a los emigrados recién llegados, carentes de ideales y sin tradiciones de ninguna clase.

En Miami fui recibido por un numeroso y agresivo grupo que estaba en el entonces pequeño edificio del aeropuerto. El grupo principal se encontraba en la terraza. A las primeras injurias que me lanzaron cuando salí ya, pasadas las formalidades habituales, les contesté de igual modo. Como insistían, me detuve y desafié a los que estaban más cerca, lanzán-

CAP. XVIII. *La inevitable Roca Tarpeya*

dome yo en contra del más próximo de ellos. Pero éste huyó, mientras cuatro fuertes policías, vestidos de paisanos, me agarraron y casi en el aire me llevaron al coche, situado a la salida. Dije que quería ir al Hotel Columbus. Podían ser las cuatro y media del 12 de agosto, día inolvidable por lo trágico, pórtico de todas las violencias, persecuciones y grandes dolores que ha sufrido la pobre Cuba.

En Miami estaba el gran número de revolucionarios: entre éstos había muchos amigos míos, especialmente uno que yo apreciaba como si fuese de mi propia familia: Miguel Mariano Gómez, hijo del General José Miguel Gómez, y que había sido honorable y eficiente alcalde de La Habana. Al saber que yo estaba en el hotel Columbus, me vino a ver y con él pasé toda la tarde hasta cerca de la hora en que salí del hotel para tomar el tren para Nueva York. Nuestra conversación fue interrumpida por las visitas de otros amigos, especialmente por periodistas que en gran número y continuamente venían a verme. No me negué a las entrevistas, como tuve que hacer más tarde en Richmond, y sufrí con paciencia las insistentes y necias preguntas de personas que a veces parecían no entender nada. Sólo me alegraba cuando aparecía un repórter inteligente. Los otros me cansaban. Al día siguiente los periódicos que leí, y no fueron pocos, publicaron largas columnas sobre mi llegada a Miami. Algunos dijeron que no habían visto a un hombre que, sufriendo tan dramáticas circunstancias, estuviese más ecuánime y hasta despreocupado, como yo lo parecía estar. Debo advertir que tal tranquilidad me la daba la idea del deber cumplido y los informes de la radio precisando que había sido puesto en marcha todo el programa constitucional que yo había preparado. Yo ignoraba que todo era una farsa, pues ni la Cámara ni el Senado se habían reunido, y que todo se hizo falsamente, sólo para ir de prisa, temiendo cada cual que la violencia popular le sustrajera la prebenda a que aspiraba. Pero a distancia creí que la República se había salvado y que, con peligro de mi vida, en aquella hora en que se me vilipendiaba había concurrido eficazmente a la solución. Manifesté a los periodistas americanos que la única aspiración en el momento era que el Gobierno de los Estados Unidos retirara su ingerencia en nuestros asuntos y respetara nuestra independencia.

En Miami, mi mujer y yo debíamos recibir un agravio más. La policía nos dirigió a una estación situada a unos quince o veinte minutos de la Central. Cumplimos. Pero a la llegada fuimos víctimas de injurias dirigidar a mí exclusivamente, como había sucedido al bajar del hidroavión. Durante más de diez minutos esperamos a que la policía interviniera. Yo guardaba un revólver en el bolsillo y estaba dispuesto a utilizarlo al menor ataque personal. En realidad, estaba tan apasionadamente en contra de los Estados Unidos por el proceder de su Embajador y las tonterías que publicaban sus periódicos, que no quería deberles ni el amparo de sus fuerzas de orden público. Mi mujer, sin embargo, que tenía valor y además serenidad no alterada por la pasión del momento, se dirigió a uno que parecía el jefe del grupo policíaco y lo recriminó fuertemente. Este reaccionó, echó bruscamente a un lado a las jovencitas americanas que se entretenían acariciándole el uniforme, y amenazando con el bastón a una treintena de cubanos, los disolví. Mi deseo hubiera sido hablar con aquel grupo, pero la mayoría me pareció incapaz de comprender frases patrióticas, ni siquiera de sentido común.

Nosotros no podíamos llegar a Nueva York trajeados como estábamos. Yo especialmente, que durante dos días de continuo movimiento, castigado por el sol de agosto, vestido de blanco como entonces se acostumbraba, me hallaba en un estado deplorable. Los periódicos, que estimulaban los más bajos sentimientos populares, me habían presentado como escapado de una refriega con las masas. Pensamos, después de un recuento en los bolsillos, permanecer en Richmond un par de días y gastarnos en ropa los doscientos dólares que nos quedaban. Así lo hicimos, dejando el tren a una hora avanzada. En el hotel di un nombre que usaba cuando no quería ser reconocido: simplemente mi segundo apellido, Marino. Rogué al conserje nocturno que no nos llamara al día siguiente antes de las once de la mañana y que previniera a los sirvientes "que no estábamos para nadie hasta esa hora". La tranquilidad del ambiente fue reparadora. Dormimos bien y por la mañana pedimos los periódicos para saber lo que había pasado. Leímos todo, enterándonos de las versiones sobre los actos horrendos que habían seguido a nuestra salida. Cerca de las ocho de la mañana el conserje de día empezó a advertirme por teléfono que se sucedían las visitas y las llamadas. Contestación irritada mía: "Les he dicho que no quiero ver a nadie hasta las once". Cerca de las nueve, una voz casi temblorosa nos advertía que tres periodistas habían violado la consigna y estaban subiendo. Cuando tocaron, abrí la puerta con la energía de mis más jóvenes años y recibí a puñetazos a aquellos tres señores, que al ver que la cosa era seria, optaron por retirarse prudente y rápidamente. Por esta reacción sufrí los ataques de la prensa del mediodía.

El 13 de agosto los periódicos de Richmond, con grandes titulares, anunciaban en primera plana "que yo había perdido la razón". Es decir, lo mismo que ellos notificaba en cierto modo a Washington, como aparece en sus comunicaciones del día anterior. Para ciertas personas, la razón consiste en soportar con paciencia las malas acciones. A las once y media salimos para comprar trajes nuevos. A la salida nos encontramos con unos fotógrafos que tenían preparadas sus máquinas para fotografiarnos. Con el bastón destrocé uno de los aparatos, y el que lo tenía enfocado solamente pudo salvarse utilizando su extrema rapidez.

Cap. XVIII. *La inevitable Roca Tarpeya*

Por la tarde los periódicos continuaron sus injurias, y no sé si después. Me trataban de salvaje. Pero nosotros continuamos para Nueva York, indiferentes.

En el Hotel Ritz, en donde desde 1921 habitábamos cada vez que visitábamos a Nueva York, el director, un alemán muy cortés, nos recibió con su tradicional buena educación. Sus palabras me conmovieron y al comentarlas después con mi mujer, agregué: "Ya cambia el rumbo de los acontecimientos", "puede la vida sonreír". Después de saludarnos, el director me dijo:

—Una semana, un mes, un año que sea, no tienen ustedes que preocuparse por el dinero, están en su casa.

Y sacando la cartera de su bolsillo añadió, dirigiéndose a mí:
—¿Tiene usted necesidad de algo inmediatamente?

Nunca olvidaré aquellas palabras; las necesidades eran ciertamente grandes, pero el porvenir, con aquellos primeros destellos, se auguraba risueño. En el bolsillo quedaba algo así como un centenar de dólares. Pero en Richmond recibí el ofrecimiento de la señora Corrigan, que desde Londres, en donde se encontraban, nos mandaba decir que nos diera el Banco la suma de cinco mil dólares. En Nueva York encontré un cheque de diez mil de mi afectuoso amigo Joseph di Giorgio. Como al director del hotel, a estas dos amables personas les agradecimos el acto generoso, pero rehusamos. Yo tenía algunos restos, no cuantiosos, en Bancos de las ciudades en donde había prestado servicios diplomáticos. En el Riggs, de Washington; en la Société des Banques Suisses, de Ginebra; y en un Banco de Inglaterra. No pasaban en total de seis o siete mil dólares, pero me daban tiempo para moverme. Nunca he perdido confianza en mí. El peligro ha sido la audacia de mi cerebro. Y en efecto, también en esta ocasión, en pocos días pude vencer la tragedia diaria en la cual me debatía. Un viejo negocio en el que había colaborado y luego abandonado para seguir mi vida política, aceptó mis servicios profesionales con un sueldo de mil dólares mensuales. Algunos bufetes de abogados me aseguraron otra buena entrada por estudios o informes técnicos, que por cierto requirieron mi presencia ante Jueces y Cortes de Justicia. Esto fue el inicio de mi nueva ascensión en lo económico, que yo había descuidado, y se presentó de modo, puede decirse, hasta fantástico.

Hacía algo así como veinte años que un compañero de la guerra, el señor Pagliuchi, ingeniero de minas, me había pedido unos cuarenta mil dólares para comprar, a poca distancia de la boca del Orinoco, unos amplios terrenos mineros. Concurrieron a la compra de esos terrenos, con una cantidad mayor, el doctor Rogelio Díaz Pardo, antiguo discípulo mío, y un señor Bianco, que nunca conocí, de origen corso, y venezolano de adopción. Yo aporté el dinero, no por la mina lejana, sino por Pagliuchi.

Quien aprecie el valor de la amistad comprenderá lo que quiero decir. Ahora bien, ya había hasta olvidado la inversión, y el tiempo pasado lo justificaba. ¿Qué había acontecido? En los primeros días de agosto de aquel año de 1933, Pagliuchi había ofrecido a la Bethlehem Steel, y precisamente a su director, míster Grace, la mina venezolana. Míster Grace la había aceptado, ofreciendo un buen precio. Pagliuchi pensó primero comunicarme el asunto y pedirme consejo para seguir tratando.

En esa fecha yo estaba en Londres, y Pagliuchi, por consejo de Grace, vino a verme a la capital inglesa. Advierto que yo conocía a Grace personalmente, por haber ganado a la Bethlehem Iron Company un pleito importante sobre la propiedad de las Minas de Moa en Cuba, allá por el año de 1914. Pero cuando mi amigo llegó a Londres, yo estaba de vuelta en La Habana, y cuando él llegó a Nueva York yo estaba en el Ritz, cosa que él supo por los periódicos, donde mi nombre aparecía diariamente. El 15 o el 16 de agosto Pagliuchi, sin que aparentemente le interesara la revolución cubana, ni mi tragedia, se presentó risueño y afable, dándome cuenta de todo con expresión natural:

—¿Qué precio crees tú que podemos pedir?

—Querido amigo, por lo que a mí me toca, yo extiendo las manos y que la Bethlehem ponga en ellas lo que quiera.

Me pagaron tres veces más de lo que yo había puesto, o sea ciento veinte mil dólares. La vida seguía mostrándose risueña.

Sexta Parte

Capítulo XIX

OTRO EXILIO

Como en otras épocas, en Nueva York encontré mi tranquilidad. Desde el año 20 mi situación económica no dependía de Cuba. Pocas entradas me venían del país, donde con tanto éxito había trabajado. Los ingenios de azúcar en los cuales estaba interesado, los había liquidado por sumas insignificantes, cuando no perdido por completo, como consecuencia de la crisis azucarera. El *"Ciego de Avila"* quedó inactivo por algún tiempo. La Compañía, no pudiendo pagar sus deudas, lo entregó al Royal Bank of Canadá. A mí me quedaron unos cuantos bonos, de los cuales me deshice después. El *"Algodones"*, magnífica fábrica de azúcar, cayó íntegro en las manos de los acreedores. En él tenía yo la cuarta parte de las acciones, que dos años antes valían cuatro millones de dólares, habiendo sido ésta la suma por la cual vendió uno de los socios, el señor Aníbal de Mesa, su participación idéntica a la mía. Los ingenios cerca de Vueltas, en la provincia villareña, a todos los cuales, reunidos en uno solo, había dado el nombre de mi mujer, *"María Luisa"*, tuve que venderlos por un puñado de dólares, por culpa de la mala administración de un americano. El *"Alquízar"*, situado al lado de la población del mismo nombre, fue desplomado por un ciclón. Yo liquidé a mis socios y me quedé con las tierras, operación que más tarde me fue útil. El *"Guira"*, del cual era único dueño, lo trasladé a Las Villas. Con el nombre de *"Carmita"* sobrevivió, pero no para mí. En este ingenio yo tenía el 60 por ciento, por haber contribuido con la maquinaria, y el General Machado el 40 por ciento. Mas un buen día, debido a pérdidas continuas, envié a Machado todas las acciones, diciéndole qne no las quería y que el sólo verlas me recordaban

bana, consistente en una constante reducción de la producción con la
en absoluto. Machado además había adoptado la política azucarera cu-
esperanza de aumentar el precio en el mercado mundial. Para incitar
mayoría de los ingenios de aquel período, debía millones, y no los valía
a los hacendados a aceptar tal reducción, daba el ejemplo reduciendo la
producción del *"Carmita"*, fábrica en la cual él tenía sus intereses personales. Por mi parte, yo no estaba acostumbrado a la psicología econó-
las deudas que pesaban sobre ellas. En efecto, el *"Carmita"*, como la gran
mica del hacendado cubano, psicología que lo hacía saltar de la absoluta pobreza a la más alta fortuna, no pagando a nadie, siendo pobre
primero y después despilfarrando sus riquezas. A mí no me importaba
tener dinero, buscaba sólo vivir bien. Y por añadidura, no teniendo otra
obligación que la de dejar a mi mujer, en caso de muerte, una fortuna
suficientemente amplia para una vida como la que hacíamos habitualmente,
no pensaba en altas cifras, sino en alcanzar un porvenir despreocupado. Lo
que hice con Machado lo repetí con otro socio mío, en un asunto de mayor
envergadura, algunos años más tarde.

Habiendo llegado a Nueva York sin un centavo, gracias a la aparición
de Pagliuchi tuve la cantidad que antes mencioné, y de La Habana
recibí, en bonos, unos ciento sesenta mil dólares. Con estos trescientos mil dólares no podía llevar la vida a que estaba acostumbrado. En
aquel entonces un apartamento en el Ritz, de dos habitaciones y un salón,
me costaba veinticinco dólares al día, y el comer, por las continuas invitaciones, algo así como la mitad. Pero en aquel país, y en aquel ambiente
rico, para invitar a los demás había que doblar la suma básica, es
decir, gastar unos mil quinientos dólares al mes. Con trescientos mil dólares se podía "ir viviendo", pero contando el dinero que se gastaba.

Me detengo en estos pormenores para que el lector pueda comparar
la vida de su tiempo con la mía de 1933. Estaba, pues, en la obligación
de ganar algunos centenares de miles de dólares más.

Se despertaron en mí todas las facultades de hombre que sabía penetrar
el secreto de los problemas económicos. En los períodos precedentes, en la
misma Nueva York había aprendido a leer los difíciles cambios de la Bolsa.
Mis primeros estudios financieros los había hecho en la Universidad de
Nápoles, bajo la sabia palabra del profesor Francesco Saverio Nitti, agregando lo que en la mayor intimidad había escuchado en las sobremesas
familiares, de labios de mi padre, hombre de experiencia. Ambas cosas
me ayudaron mucho en esta ocasión. Examiné la situación y comencé mi
nueva ascensión en este campo. Logré una entrada estable, que me permitía no tocar el capital, a fin de que éste aumentara naturalmente.
Conseguí mil dólares mensuales de una gran casa bancaria, en la cual

CAP. XIX. Otro exilio

aconsejaba sobre todos los casos legales que me sometía. Luego tuve varias entradas por otros trabajos judiciales e informes ante los Tribunales. Un abogado de la International Telegraph and Telephone, Míster Pitkein, insistió para que trabajáramos juntos, pero yo me negué, esperando mi fortuna en la inversión que iba a hacer.

Algunas veces dejaba un cierto margen, pero no corría peligro de liquidación obligada. En este caso empleé todo lo que pude recoger en efectivo, cerca de doscientos mil dólares, y con ellos compré obligaciones que estaban muy bajas, a pesar de producir alto interés. ¿Por qué hice esta operación? Yo he creído siempre, a pesar del intervencionismo estatal, que la economía dirige las finanzas. En la segunda mitad de 1933 el mercado de los valores se inclinaba a mejorar. El paréntesis fuertemente depreciado, iniciado a fines de 1929, había pasado su fase aguda en los últimos meses del año 32, y, de manera especial, después del *"Labor Day"*. El 1933 no se presentaba bien, pero presagiaba ya la normalidad. Las obligaciones eran, en todas partes, la vanguardia de la seguridad de las inversiones. Los bonos de los países latinoamericanos, que yo conocía bien, por culpa del doble malestar político y económico que en ellos reinaba estaban sólo al 40 por 100 y a veces hasta menos. Alcancé con ellos un buen éxito y compré otros valores que, gracias a su propia evolución, me dieron la fortuna de que gocé entonces y aún más tarde.

Quiero aclarar que no he sido, especialmente en esta segunda etapa de mi vida, la que arranca de 1922, más que un inversionista. Los valores comprados en años precedentes mejoraron tanto después de la caída (1929-1933) y dejaron un beneficio tal, que a distancia hacen creer en una especulación. En efecto, la mayor parte de los valores que me quedan a la hora en que escribo, o sea pasados los 85 años de edad, los tenía desde el año 20, época de mi mayor bienestar económico. Pero en aquel entonces tenía más, mientras que ahora, me representan una mayor entrada. Un hombre capaz en números puede fácilmente comprobar que así como ciertos valores cayeron de 150 a 10 entre 1929 a 1933, después subieron de 10 a 60 ó 70 en estos últimos veinticinco años, a pesar de haber atravesado otra crisis más rápida pero no menos fuerte, la de 1937-1938. Mis comienzos fueron modestos y prudentes. Pero nunca más sufrí ninguna sacudida.

Como en 1920, ni los familiares ni los amigos impidieron que yo tuviera constantemente los ojos vueltos hacia Cuba. El olor de la pólvora me ha enardecido siempre. Es en este tiempo cuando situado en el Ritz, gozando de todo confort, yendo a los mejores restaurantes, reanudadas las amistades afectuosas de Nueva York, a pesar de que en esta hora no existía ya el ambiente extranjero de la época anterior a la guerra de 1914-1918, yo también me dediqué, una vez terminadas mis ocupaciones mañaneras, reservadas todas a los asuntos que me procuraban el vivir, a inundar mi país con consejos, protestas, amenazas, artículos y cartas personales.

En este tiempo, con zarpazo rápido, Batista había derrocado al débil Céspedes. La actuación del Ejército y la Marina en el golpe, hizo redoblar mis ardores políticos verdaderamente vehementes, como los de mis primeros años. De estos ardores queda una prueba en una publicación de unos adversarios míos, a quienes no vi nunca, sí siquiera conocí sus nombres. Me batí en todos los frentes, olvidando que podía sufrir los mismos males que tocaron a tantos hombres políticos que fueron asesinados sin que se supiera por quien y sin que el asesino conociera a su víctima, como en el caso del Presidente Carnot, muerto a manos de Caserío, que hizo el viaje de Nueva York a Francia para suprimir la vida de una persona honrada, de la cual nada sabía ni siquiera pronunciar su nombre.

El caso de esa publicación no fue trágico para mí; más bien puedo llamarlo beneficioso, al punto de que, de haber podido, hubiera premiado al autor del librito referido y lo hubiera hecho con mucho gusto. Como he dicho, mi actividad era ilimitada. Escribía o dictaba centenares de cartas cada semana, a personas que conocía y a las que desconocía. Unas las calzaba con mi firma, otras iban en forma anónima. A veces enviaba artículos a los periódicos, con el pseudónimo de *Pedro de la Puerta*. Esta labor no debía servir sólo para la defensa de mis principios políticos, sino para llevar a cada uno de mis obligados corresponsales o lectores al goce de la libertad y del orden, y eso por el camino que fuera de su agrado, aunque fuese opuesto a mis principios personales. Me ayudaba en esta labor un joven secretario cubano y miembro del partido liberal, llamado Herminio Fuentes. A este joven le encantaba mi ardiente prosa de entonces y mantenía mi archivo en perfecto estado. Para ponerlo en orden lo llevó a su casa, que estaba menos vigilada que el hotel en que yo residía. En ella se lo robaron unos jóvenes revolucionarios. Fuentes quedó desolado, pero yo me alegré de lo sucedido, no sólo en aquel momento que mis adversarios publicaron muchas de mis cartas que estaban en el archivo, sino aún ahora, treinta años después. El autor del robo parece haber sido un joven de talento y de buena familia, de apellido Torriente Brau, que más tarde acudiría a la guerra española de 1936, combatiendo del lado republicano y muriendo en el campo de batalla.

La reproducción de mis cartas se hizo sin alteraciones. Yo no recuerdo con precisión literal lo que escribí, pero sé lo que he pensado de los problemas políticos y personales surgidos en las diferentes épocas de mi larga vida. A diferencia de mis detractores, siempre he sido y sigo siendo un hombre de principios. Soy revolucionario cuando la época

Cap. XIX. *Otro exilio*

reclama una armonía entre las instituciones jurídicas y las necesidades inevitables de la colectividad. Llamarse constantemente "revolucionario", como lo ha hecho en Cuba cierto partido político, o como se han declarado grupos de estudiantes que así se denominaban, no porque estudiasen sino por haberse inscrito en los planteles de enseñanza con el único fin de asaltar los puestos públicos, o dar libre curso a sus instintos criminales en aquellos momentos confusos y borrascosos. Soy igualmente un sempiterno anti-estatal, por odio intuitivo a la burocracia, especialmente a la de los países latinos. No cabe duda que la limitación de las funciones estatales impulsan la colectividad humana hacia el mayor bienestar. Considero que el orden es la primera necesidad de la vida colectiva, pero cuando es espontáneo, cuando es la resultante del concurso de la voluntad general. El Estado, a mi entender, es indispensable para impedir el abuso, no para crearlo; para reprimir la violencia, no para ejercerla; para armonizar los intereses procomunales, no para dominarlos.

Lo que se reprodujo como producto de mi pluma respondía a este criterio, y Torriente Brau, en esta parte, cumplió honorablemente. El folleto fue publicado con intención de atacar a los machadistas; había que agraviarlos, injuriándolos. Yo no fui nunca machadista, porque no había ido a buscar la muerte a Cuba para someterme a un hombre, y lo que era peor aún, a un nombre. Pero en política uno no se apellida de acuerdo con la realidad, sino como la tonta colectividad lo impone. Cuando se publicó este folleto, no bajo el nombre de su verdadero autor sino como producto de la "Izquierda Revolucionaria", muchos miembros de ésta, que se encontraban en Nueva York, me dijeron que las injurias que contenía no habían sido escritas por Torriente Brau, sino otros miembros del grupo, los que hicieron notar lo elogioso que era para mí el texto en su conjunto. Sea como fuera, releyendo a tantos años de distancia lo que yo fijé y lo que comentaron mis adversarios, si se suprimen cuatro o cinco frases y dos o tres palabras injuriosas, yo no he tenido nunca una propaganda que me haya puesto tan de relieve y con mayor elogio. No pudiendo reproducir toda la publicación, me permito recomendar al historiador de este período republicano, la lectura de esa obra, y creer en lo sustancial que ella produce.

Las cartas que aparecen allí son mías o de algún enemigo que me escribe o me contesta. El título expresa la mala intención de la publicación, y más que el título resulta serlo una caricatura consistente en una sólida mano que controla los hilos de unos títeres que se mueven en la parte inferior. La mano está bajo mi apellido y los títeres son los hombres del momento. El autor de esta caricatura explica en seguida su propósito: la paz ciudadana es condenable; las elecciones honradas, un crimen; los hombres que no quieren la revuelta perpetua son unos pobres desgraciados al servicio de mi voluntad abusiva. A Carlos Mendieta lo califican de "mula dócil del campamento de Columbia", sin recordar que Mendieta esgrimió, yendo a la cabeza en los asaltos, el *machete* más sangriento de la guerra de la Independencia, y que era considerado como el joven más valiente en los campos de batalla de Cuba. Yo lo recuerdo en la "crisis" del combate cuando sonriente nos mostraba su sombrero perforado por las balas. A Batista lo presentan "como la Estatua del oportunismo político". Pero era de un oportunismo vigoroso, decisivo, y en todos los casos un hombre que supo avanzar en la vida, llegando a ser más capaz y más firme que los revolucionarios todos de ese agitado período.

La introducción del folleto, mientras me señalaba a mí como manejador de esos títeres (uno el Presidente de la República y otro el jefe del Ejército, a la par que amo supremo de la Gobernación del país) añade además otros que son nada menos que el Embajador americano Míster Caffery, y a Ramón Vasconcelos que en aquella hora asumió la dirección del Partido Liberal, partido que continuó siendo, después de persecusiones inhumanas, el más numeroso y popular organismo político en Cuba. Yo, desde aquella época reconocí en una de mis cartas publicadas en el referido folleto, que Batista y Vasconcelos son los únicos personajes producidos por una revolución que no tenía hombres. Y hoy, al escribir, ratifico este juicio, añadiendo, en lo que a Batista respecta, que su permanencia en el poder por un período larguísimo, si bien pudo provocar la violación de ciertas disposiciones legales, confirma mi criterio de que el antiguo sargento, campesino conductor de bueyes en su origen, fue una personalidad de primera clase que sabía poner o quitar presidentes, legal o ilegalmente, y subordinar a su voluntad, con simples decretos, los otros poderes del Estado. El folleto, que minimiza a hombres políticos que luego han actuado en primera fila en la política cubana, y a mí me eleva a director general, en sus opiniones se equivoca a menudo. Basta leerlo para comprender a primera vista, sin mucho examen, que en el espíritu de su autor predomina una admiración por mi inteligencia, cultura y habilidad, superior a los ataques que me hace en ese período de terror ideológico, por mi criterio de "volver a la normalidad". El folleto comprende con exactitud mi decisión de laborar para volver a la normalidad. Yo estimo que no existe cubano consciente que luego no se haya avergonzado de aquella época, que va, del 32 al 40, así como tampoco habrá cubano que posteriormente, cuando Cuba vuelva a la civilización, no sienta repugnancia por aquellas horas de asesinatos continuos, agresiones constantes, violencias, latrocinios, infamias. Pregonar entre tanto jolgorio criminal la vuelta de la normalidad sin más abusos, sin más sangre, era lo peor que se podía hacer para un llamado revolucionario de aquel entonces. En una especie de Prefacio, la Izquierda Revolucionaria expone una síntesis de mi labor de aquellos meses:

"A lo largo de este trabajo el lector encontrará astucias magníficas, reveladoras de una inteligencia bien organizada y todavía fresca, pero descubrirá cómo Ferrara no ha cambiado nada y continúa usando los mismos métodos y las mismas mentiras, y que para él no hay, ni remotamente, en Cuba, movimiento obrero y campesino, ni lucha contra el imperialismo opresor, ni alientos de liberación real, ni otra cosa que liberales y conservadores, ansiosos de mítines de barrio, discursos en la Cámara, *chivos* (9) en el Senado y bromas electorales".

Dejando a un lado las palabras "mentiras", y las "astucias", el resto resulta exacto. Y hasta quizás sea exacta la misma palabra "astucia", pues a la manera cubana el hombre hábil es considerado astuto. Yo he sido buen polemista en los Tribunales como en la vida política e intelectual, pero no astuto, porque la astucia tiene por base la reserva, el disfraz de las ideas, y todos han reconocido, durante mi larga vida, que he dicho al público todo lo que he murmurado en la intimidad. La mentira nunca ha rozado mis labios, pues siendo ella el arma de los débiles, nadie que haya seguido mi larga batalla se ha atrevido a calificarme de mentiroso, ni siquiera el folleto de Torriente Brau al analizar mis cartas privadas. Pero el resto es cierto. Cierto es que yo considero que en Cuba el movimiento obrero y campesino, digno de calificarse como tal, no existía. Si el autor de la enérgica y sintética crítica reproducida hubiera sobrevivido, habría comprendido lo que es un movimiento campesino; pero entonces nuestro hombre de campo era simplemente un buen patriota, con el recuerdo de la guerra de la Independencia. Yo pensaba aún en el año de 1933 cuando dejé Cuba, no solamente que no había verdadero y organizado movimiento campesino, sino simplemente que no había campesinos. Quiero decir campesinos que laboran y venden los frutos, que fabrican en su casa, alimentan y reproducen animales domésticos, que intensamente además sufren las oscilaciones de los mercados, aun de los lejanos, y que embellecen con tiestos de flores las puertas y ventanas de sus hogares. Nuestro hombre de campo era simplemente (si se excluye una parte de la Provincia de Pinar del Río) un cortador de caña, dura tarea en la cual por largos años lo sustituyó, o si se quiere ser benévolo, lo ayudó el labrador español que acudía a Cuba en la época de la zafra azucarera, quedando en ella sólo por ese tiempo.

En cuanto a los movimientos obreros, había algunas agrupaciones que intentaban formar un movimiento de clase. En estas asociaciones hablé en distintas ocasiones, me esforcé para que se uniesen creando un

---

(9) En lenguaje criollo popular, quiere decir "negocio escondido".

espíritu solidario que los llevara al merecido bienestar. Pero, ¡cómo alcanzar esta solidaridad, cuando el trabajador de la ciudad, especialmente el del almacén, entonces el más numeroso, vivía en patriarcal dependencia del dueño, sin salir de los grandes depósitos y comiendo en las puntas de las mesas patronales, saliendo a la calle en paseos colectivos por pocas horas a la semana! Había alguna otra asociación obrera, como la de los dependientes de restaurantes y cafés o de la producción de tabaco torcido, pero se estaba muy lejos de un movimiento orgánico. Los jefes de estos grupos no se ocupaban de política. En la Cámara tuvimos, en distintas épocas, a tres obreros, o que así se calificaban ellos. Los tres fueron amigos míos. El más importante fue Ambrosio Borges, que llegó a vice-Presidente de la Cámara siendo yo Presidente de la misma. Otro, liberal también, de apellido Messonier, que visitando el sur de los Estados Unidos había frecuentado las organizaciones obreras de aquel país. Pero poco pudo hacer en Cuba. El tercero, Pardo Suárez, de filiación conservadora, fue secretario de la Cámara. Nosotros sonreíamos del *obrerismo* de estas tres excelentes personas, y a la manera cubana los hacíamos participar de nuestras bromas, a las que ellos hacían eco, porque sabían que los obreros sólo votaban dentro de las líneas de su partido. Se encontrará ciertamente algún que otro discurso de ellos, que recuerdo en tesis general, pero aseguro a la posteridad que estos raros discursos no conmovieron ni a los pocos oradores que los pronunciaron.

Lo que había de alguna importancia, ya con carácter de seriedad, era un grupo de anarquistas capitaneados por un tal Saavedra, que se manifestaban públicamente en un pequeño semanario titulado *Tierra*. En una o dos ocasiones defendí a Saavedra ante los tribunales. En este grupo conocí a un solo cubano, o que yo creía cubano, de nombre Aguiar. El resto hablaba el español de España, por lo tanto eran españoles. Esto viene a explicar por qué en Cuba no había socialismo o movimientos sociales con tendencias izquierdistas. Socialistas y anarquistas estaban unidos y celebraban congresos conjuntamente hasta fines del siglo pasado. Los socialistas estaban en cierto modo, y no en su totalidad, bajo la égida de Karl Marx; los anarquistas admiraban a Bakunin. A fines de 1918 y principios de 1919, los movimientos ideológicos se dividieron, y los de España quedaron en la facción bakuniana.

Estas observaciones corrigen la ignorancia del autor del folleto. Pero donde me veo obligado a admirarlo es en lo concerniente a mi psicología de la época, y en algunas observaciones objetivas que hace a la ligera, pero que resultan profundas. Cierto que a veces sentíamos el imperialismo avasallador de que se habla, pero al deplorarlo procurábamos mejorar nuestros procedimientos. El "tengan cuidado" de no hacer tal o cual cosa, contraria a la *Enmienda Platt,* porque venía la intervención, era frase que se repetía a menudo y ciertamente impidió algunos errores. Para comenzar, evitó que Cuba sufriera hambre y padeciera los horrores en que ha caído en la hora en que escribo. Pensaba entonces, como pienso hoy, que no podemos odiar a los que con su esfuerzo y heroica voluntad nos ayudaron a lograr la independencia y la libertad. Después de nuestra redención política, en su propio interés, que coincidía con el del pueblo cubano, contribuyeron al fomento de nuestras riquezas. En 1933, al salir de Cuba, pensé que la mejor forma de *substratum* estatal se alcanza dividiendo a la sociedad política en dos grandes partidos, y que los mejores nombres son los clásicos, esto es, el liberal y el conservador. No es extraño que pensara así por múltiples razones teóricas, y principalmente por una de orden práctico, esto es porque hasta entonces, con estos dos grandes partidos estuvimos mejor gobernados, y los hombres más capaces eran jefes de las distintas organizaciones públicas. Hoy, un poco más cerca de la tumba que en la época en que el folleto me señala como "una inteligencia bien organizada y todavía fresca", pienso lo mismo. Y estoy más convencido aún de la necesidad de los dos partidos, al ver que nuestras repúblicas hermanas, con sus múltiples grupos y con sus codicias del poder, no tienen en el supremo sitial a ningún presidente salido del voto favorable de la mayoría, sino por acuerdo alcanzado especialmente con los partidos más pequeños, los cuales reciben indirectamente, aunque en parte, los beneficios de una victoria que el pueblo no ha dado. Acertado estuvo Torriente Brau al decir que yo era "ansioso en mítines". ¡Qué gran verdad! El mitin público, cuando respira el mismo aire patriótico del público entusiasta y el orador sincero, ha sido la fuerza animadora por excelencia de todos mis sentimientos. Un día el periodista Aldo Baroni, al salir de los mítines que se celebraban en Cienfuegos, a la entrada del Hotel Unión, en el Teatro Terry y en otras partes, me dijo:

—Rompa usted la pluma, abandone los tribunales, váyase de las asambleas, usted nació para el mitin, usted está bien a la cabeza de las masas.

Yo no estaba muy de acuerdo con este amigo, que siempre aprecié mucho como a un verdadero talento, pero ahora al revivir el pasado en mis largas horas de cavilación, lo que me alienta es el recuerdo de los miles de discursos pronunciados en todas partes, especialmente en Cuba, cuando por un motivo y otro me sentía en comunidad de afecto y de pensamiento con nobles masas o elevadas inteligencias.

De este párrafo del folleto que he comentado, y de otro que escribiré a continuación, me ha impresionado particularmente la frase de *chivos* en el Senado. Dejo de lado la calificación de "broma" dada a las elecciones (en realidad timbre de gloria democrática, que hoy, bajo el régimen de Castro han sido borradas del diccionario) para asombrarse de la pretendida corrupción de la vida cubana.

Pero el pobre joven, fallecido en combate heroico, no pudo ver lo que nos dieron luego los "redentores" en los cuales él creyó. El pequeño grupo que se formó en el Senado para aprobar tal o cual ley *per numerata pecunia,* podría describirse como de unos pordioseros de puertas de Iglesia, en comparación con los rapaces que vinieron después de la "redención revolucionaria".

Esta especie de prefacio, el autor lo termina diciendo: "...Ferrara impone su técnica revolucionaria al mismo Machado; utiliza a Vasconcelos y lo elogia asquerosa y humildemente, mientras por otro lado, al comprobar que éste con todo derecho pretende para sí la mejor parte del melón, anuncia a Felo Guas que es necesario ir preparando mejor el terreno; instruye a Batista en los momentos difíciles y lo mismo a Carlos Manuel de la Cruz; dirige a Guggenheim para socavar a Welles; escribe al Presidente Roosevelt y al Embajador Caffery; y mientras eslabona a los machadistas en el exilio e impone un sistema de lucha reuniendo subsidios para Vasconcelados, por otra parte prepara títulos y escribe cartas denigrando furiosamente a los distintos sectores antimachadistas".

El folleto —repito— es utilísimo para cualquier historiador y también para cualquier cubano que desee conocer los antecedentes de nuestras desgracias. Siento verdadera satisfacción al ver que mis enemigos de entonces hayan permitido a la posteridad parte de mi actuación en este período que va de 1933 a 1935. Perdono sin rencor uno y otro calificativo injuriosos, y deploro lo que deploran también los que dieron publicidad a estos escritos: que no se haya publicado todo lo que escribí. Pocas páginas antes de terminar el pequeño volumen se lee: "este trabajo toca a su fin. Es un poco largo, pero habría podido serlo mucho más. Numerosas cartas, memorandos, documentos y listas quedan sin publicar. Y de las publicaciones, muchas lo son en parte nada más, como se ha visto. Todo, sin embargo, se dará a conocer, antes o después de la revolución". (Hago notar que yo cuando hablo de una revolución en la que he tomado parte la escribo con la R mayúscula, mientras que el folleto la pone con minúscula y... con mucha razón). Pero nadie más que yo desearía la realización de esa promesa de publicación, pues todos mis archivos han sido defraudados, o quemados, u ocupados muchísimas veces, lo que equivale a haber sido destruidos. El que reunía los documentos del año 1933 en adelante, no sé a dónde fue a parar y por ello la documentación que tanto me honra no será publicada por mí, con gran pena, tanto más porque debo suponer que si lo publicado me honra sobremanera, la parte no publicada me debe ser aún más favorable.

Declaro con toda sinceridad que he creído siempre en la buena fe de los Estados Unidos hacia Cuba y los otros países de la América Latina. Pero debo añadir que tienen una gran dificultad en comprendernos: más aún, en comprender a todo extranjero.

Cuando joven llegué por segunda o tercera vez a los Estados Unidos, y practiqué el inglés con dos jóvenes estudiantes de la Universidad de Columbia, muy notables abogados andando el tiempo. Hablando con ellos noté alguna deficiencia de cultura y en ocasión se lo hice ver. Como en la ocasión se trataba de un grave, diría vulgar error histórico, me dieron casi a la vez una respuesta que he recordado siempre: "No se extrañe usted de esto. Nosotros los americanos consideramos que la historia se abrió con Jorge Washington." Esta respuesta no es exacta; sin embargo, lo es psicológicamente. País muy extenso, próspero, independiente específicamente, hasta hace medio siglo, en lo económico y en lo político, dirigido en sus actos más por principios que por reglas, y viviendo en un aislamiento que para ellos significa superioridad, han adquirido una *forma mentis* que sólo desaparecerá con el tiempo, ya que el mundo, por la facilidad de las comunicaciones, se ha unido y se va uniendo cada día más. El norteamericano hasta hace poco, y aun hoy día, frente a un extranjero hábil y de lenguaje respetuoso, puede decirse que hasta pierde su equilibrio.

En Cuba, en 1933, el error fue grave. Factores de distinto género concurrieron, pero el principal era creer que las agitaciones sociales y las cosas proyectadas con lógica y mesura se realizan de acuerdo con lo previsto. En Cuba yo era el que más creía en la necesidad de que el General Machado dejara el poder; pero al desearlo buscaba una fórmula de armonía, porque las victorias completas absolutas y totales, siempre desorganizan a los Estados. Los Estados Unidos pensaron siempre que el remedio consistía en acompañar la ayuda al victorioso con buenos consejos, pero ya sabemos que en casos caóticos el abuso es fácil y el delito queda impune.

Que se me perdone, voy a repetirme, pero el asunto vale la pena: cuando yo hice notar al Embajador Welles que el desorden estaba a la vista me dio la siguiente respuesta que aseguro bajo mi palabra de honor habérmela dicho tal como la escribía informando al Presidente Roosevelt, pero que él, Welles, después negó: "El sábado habrá cambio, el domingo tendremos alguna ruidosa alegría, y el lunes todos irán al trabajo." En aquella ocasión otros motivos agravaron las cosas, y tenemos todavía el 12 de agosto de 1933 alterando la vida del país, al punto de que quedará destruido si no viene un cambio benéfico. El hecho real es que todo marchó hacia al odio y hacia la locura.

En aquellos desgraciados días me sentí más patriota que nunca. Cuando me batía en campo abierto, siempre me animaba el entusiasmo por una noble causa, pero ahora me movía la reflexión, el deber del ciudadano, el amor a la tierra libremente escogida para brindarle mi vida. Me enardecían las noticias que nos llegaban a Nueva York. Los titulados anti-imperialistas actuaban a las órdenes del Embajador Welles; el jefe del Ejército, uno de los revolucionarios, iba a dar cuenta del orden público al mismo personaje que representaba el Imperialismo. Las revistas ilustradas, especialmente *Bohemia,* son fehaciente testimonio gráfico de lo que digo, y de mucho más.

Como he dicho al empezar este capítulo, comencé a luchar por el bien de Cuba. En aquellos días no tenía el mismo propósito que tuve en el exilio político de 1916-1920, o sea codearme con la alta sociedad de Nueva York, que admiraba, dominar algo en Wall Street, ganar dinero y estar reunido con muchos amigos. María Luisa me alentaba en mi actual desinterés.

Con excepción de algunas horas semanales que dedicaba a mi profesión y a mis negocios, me entregué decididamente a la política. Entregarse a una cosa en mi concepto ha significado siempre emprender una dura y larga batalla. El día que di más concisión y fuerza a mis ideas en esta nueva lucha, fue el 24 de febrero de 1934, aniversario de un día heroico en nuestras efemérides nacionales, el del Grito de Baire. Preparé una especie de programa que debía agrupar a los cubanos en la política general y en la administración pública. Como he creído siempre que la multiplicidad de los partidos impide el ejercicio de las ideas democráticas basadas principalmente en el triunfo de la mayoría, aunque dentro de los límites de la era civilizadora que predomina, empecé indicando la necesidad de unir en dos grupos distintos a las fuerzas políticas tradicionales, con las nuevas surgidas de la última contienda cívica. Por un lado indiqué que los liberales, mayoría dominante y constante del pueblo cubano, debían fusionarse con los rebeldes de ayer, conocidos bajo el nombre de "Auténticos" (palabra en realidad que fundamentalmente y por sí sola no significa nada) y por otra parte los llamados "Abecedarios" (otra palabra incongruente en política y de infantil significación) debían unirse con el antiguo Partido Conservador, que a pesar de sus deficiencias por ser antidemocrático, tenía la gloria de haber sido formado por la mayoría de los grandes cerebros cubanos, pasando del Partido Moderado, al que sucedió, con el nombre histórico y coherente que ahora lleva. Para satisfacer a los tontos, que en política abundan más que en todas las otras actividades intelectuales, sugerí ciertas combinaciones de nombres susceptibles de satisfacer a "Auténticos" y a "Abecedarios".

El programa del renovado Partido Liberal o Partido Liberal Radical, en política era el siguiente: "Libertad absoluta. Sufragio universal, rígidamente observado. Orden completo alcanzado más por la armonía de las voluntades, por la expansión de la idea y del bienestar colectivo que por la acción y la fuerza. Control continuo de las finanzas públicas; intervención constante de la opinión pública en la Administración del Estado por medio de Consejos Populares representativos de los grandes intereses generales; respeto a todos los derechos legítimos, y, sobre todo, a cualquier credo, opinión o principio político o religioso."

El lector de hoy no debe extrañarse que yo entonces considerara necesario afirmar la necesidad de aplicar el sufragio universal y otras libertades. Para justificar esta especie de redundancia populachera, basta leer el periódico que en aquellos tiempos, o poco después, se publicó bajo la égida del "ABC", partido que estuvo a punto de ocupar el Gobierno. En este periódico se encuentran frases como la de "Cadáver putrefacto de la Democracia", y múltiples otras que se burlan del principio del mayor número.

Mi Memorándum era la base de un programa para el futuro que armonizaba el campo económico y social. Véase: "En lo social ninguna transformación debe hacerse mediante el sistema de dictaduras, sean proletarias o fascistas, o bien de grupos privilegiados, sino mediante métodos libres".

En consecuencia, abolición de todo monopolio; latifundio sólo dentro de las necesidades propias de la industria azucarera: limitación de las grandes industrias, que siempre terminan por ser monopolistas; distribución de tierras; rígida ley contra la usura, calificando como tal toda ganancia excesiva en relación con el esfuerzo intelectual, económico, y físico que se haya hecho para exigir tal ganancia; organización de las cooperativas de consumo, que dentro del sistema cooperativo son las únicas que se adaptan al individualismo de nuestro pueblo; ley bancaria que considere la libertad de crédito como una cuestión pública; rebaja sensible de las tarifas aduaneras para evitar el encarecimiento de la vida; regularización de las rentas de casas y de las fincas en proporción al valor de la propiedad; impuesto sobre la renta, impuestos racionales, especialmente sobre las riquezas; seguro en favor de los desocupados y de la vejez; disminución, mediante leyes prudentes, de la deuda pública y privada que entorpece la vida del Estado y el desenvolvimiento de la riqueza privada".

El problema planteado por el Embajador Welles había enredado aún más las cosas al exigir la renuncia de Machado. Creyéndolo así, yo introduje en el nuevo programa para nuestra República un párrafo que trataba de su vida internacional. En fin, de acuerdo con una vieja teoría mía, quería aprovechar el horrible desastre moral que los asesinatos recíprocos y los odios mortales habían traído, para desarrollar una reforma previsora y si posible completa. Sacar del mal el bien es obra de los fuertes. Claro está que en esta materia internacional debía procederse con prudencia especialmente al tratar con nuestros vecinos del Norte, que son más vengativos que los sicilianos, aunque usando un disfraz en el cual reinan las buenas formas.

"Si la libertad —escribía— en lo económico y en lo político debe ser mantenida rígidamente, mucho más debe serlo en las relaciones exteriores. Por lo tanto, abolición de la *Enmienda Platt*; impedir en lo futuro la ingerencia exterior en asuntos internos, que eliminaría que un Embajador pueda quitar y poner presidentes; investigación por elementos cubanos de gran responsabilidad internacional sobre los abusos que Cuba ha sufrido durante los últimos treinta y dos años en relación con los otros países; y finalmente la publicación de un libro oficial que reproduzca hechos fáciles de comprobar".

Después de haber fijado estos puntos principales, entraba en la parte metodológica, muy importante en aquella hora confusa. A este aspecto práctico se debe la larga correspondencia que en parte han transmitido a la posteridad, con mi agrado, los furiosos enemigos míos de aquella hora.

Me dirigí a Batista, sin firmar porque no lo conocía; me puse en contacto con Vasconcelos que admiraba más aún por el valor que demostró poniéndose a la cabeza del Partido Liberal en una hora en que los asesinos se consideraban héroes y se proyectaban estatuas y otros honores; con Felo Guas, que estaba en Miami, también me puse en contacto. Mantuve viva correspondencia con Machado, hasta que obtuve que volviera a los Estados Unidos. A Carlos Manuel de la Cruz lo alentaba diciéndole mi esperanza de verlo a la cabeza del antiguo Partido Conservador. A todos me dirigí de acuerdo con las exigencias del momento, y como ha sido mi constante proceder, actuaba con vigor. En el primer período, Ramón Vasconcelos, periodista de superior categoría, fue mi asiduo corresponsal. Luego, insistí anónimamente, sobre el ánimo de Batista. Y conseguí para mis proyectos de no dejar morir al Partido Liberal, la celebración de un Congreso en Miami al cual acudimos de todas partes. Creo que hubiéramos podido dar a Cuba un régimen democrático permanente si Batista hubiera tenido mayor práctica política, como la que tuvo después; y si los llamados "Auténticos" hubieran tenido como director, en tal época, al doctor Prío Socarrás en lugar del doctor Grau San Martín, por ser el primero un hombre cordial, comprensivo de las realidades prácticas, mientras el segundo es muy concentrado en sí mismo y receloso. Grau San Martín era un hombre culto y de superior calidad; sus defectos procedían del carácter poco amplio y de rencores internos que reclamaban venganza.

Mientras en Cuba se alcanzó el triunfo del reconocimiento legal del Partido Liberal (triunfo, grande, si se examinan los acontecimientos políticos de los países de América Latina, en los cuales un Partido en plena legalidad, después de una revolución, es un caso excepcional), en los Estados Unidos creyeron que el Embajador Welles, por su ambición política, no era el hombre del momento. Otro joven de la carrera diplomática lo sustituyó, el Embajador Caffery. Este comprendió que debía entenderse con Batista. Yo creía entonces, y sigo creyendo ahora, que si los Estados Unidos hubiesen hecho un esfuerzo, el futuro de Cuba hubiera sido mejor. Quiero decir que si el cambio de actitud de la política americana hubiera sido abierto y franco, debieron haber prevenido a Batista de esta forma:

—En un país anarquizado es necesaria la fuerza, y usted la representa con bastante prudencia. Pero esta fuerza debe ir sometiéndose a la ley. Nosotros no queremos, como no lo deseaba Monroe, que los vicios de Europa entren en América. Ni fascismos, ni comunismo, ni dictadura, ni desorden: nosotros queremos que en una primera fase, por el camino del orden, se vaya a la libertad, para que luego la libertad dé al orden cimientos aún más sólidos. Si usted acepta nuestros principios, le apoyaremos dentro de las reglas internacionales; de lo contrario, sea cual fuese su éxito, el apoyo sería limitado y de carácter no permanente.

Creo que ni en la Embajada americana en Cuba ni en el Departamento de Estado en Washington se pensó así. No puedo juzgar al gobierno de ese gran país, pero por lo mucho que en él he vivido, por la gran simpatía que le tengo, creo que ese error sobre Cuba, como sobre muchos otros países, se ha cometido por culpa de un método que disuelve excesivamente la actuación y la responsabilidad de los actos públicos.

Las alusiones que se hacen en la hora en que escribo, contra el Departamento de Asuntos Exteriores de los Estados Unidos, son justificadas, porque allí se toman muy a la ligera resoluciones importantes que reclaman reflexión, por funcionarios superiores que no tienen en cuenta los datos esenciales del asunto, y bajo la influencia de empleados de poca importancia que presumen de técnicos. Estos funcionarios comunican al público lo que han resuelto, y para su ejecución lo pasan a funcionarios secundarios, que si a veces son de primer orden, otras son de una pedantería que rebasa todos los límites. En este caso de Cuba, el alto funcionario fue el propio Presidente de la República norteamericana, el técnico Summer Welles, y los funcionarios secundarios todos los del Departamento de Estado, menos el jefe, o sea el Secretario de Estado, Cordell Hull.

Después de mi labor cerca de los cubanos, yo debía moverme en el campo norteamericano, y comencé por escribir al Presidente Roosevelt. Por razón de su importancia decisiva, o como dictador, debíamos reconocerlo *a fortiori* como árbitro de nuestro destino. Tener un árbitro de sus propios destinos es siempre un mal, porque supone una *capitis dimi-*

nutio de nuestra voluntad; pero depender de Franklin Delano Roosevelt era, dado el concepto que he tenido de él, confiar nuestro destino a decisiones arrebatadas, las cuales no procedían ni de madura deliberación, ni de impulsos geniales.

Yo, que había repetido a mis amigos americanos la creencia de que este hombre, elevado a tan alto cargo, no había reflexionado nunca dos minutos seguidos antes de tomar cualquier resolución, cosa que para mí era un delito al tratarse de la cosa pública, me vi en la paradójica necesidad de acudir a él, con la esperanza, frustrada desde luego, de poderle despertar simpatía e interés por mi país.

Mi carta era larga, respetuosa, pero contraria a toda posible intervención de los Estados Unidos; firme y, si la memoria me es fiel, solicitando una concurrencia eficaz y amistosa de su Gobierno para conseguir la unión de los cubanos. Me parece que la tesis básica era: "Si habéis traído el desorden, debéis ahora restablecer el orden". El folleto *Títeres de Ferrara* prometía, en su comienzo, publicar esta carta íntegramente, pero no lo hizo, si bien reprodujo largos párrafos de la misma. Conservé en su tiempo este documento, así como la contestación que me hizo enviar Roosevelt, pero a la hora en que escribo, estas cosas están en manos de Fidel Castro, o en algún recipiente aún más inmundo. Reproduzco la parte primera que inserta Torriente Brau en su folleto:

"El Gobierno *de facto* que rige hoy los destinos de Cuba, al cual tantos beneficios de interés general ha concedido el de Vuestra Excelencia, acaba de negar, por decreto, a los antiguos Partidos Políticos que tenían treinta años de vida, el derecho de concurrir a las urnas electorales con sus nombres y emblemas, por haber comprendido que ellos representan todavía la mayoría de los ciudadanos. Esta actitud dictatorial del presente Gobierno de Cuba, constituido sin el voto popular, es del todo contrario a la finalidad que tuvo Vuestra Excelencia cuando, apoyando toda la acción de su Embajador en Cuba, alentó al Presidente Machado a presentar la renuncia de su cargo para cumplir, según se dijo, los dictados de la voluntad popular. Todo esto resulta del *Memorándum* que me fue dado el 10 de agosto de 1933, (al llegar de Londres), por ser yo Secretario de Estado. Si Vuestra Excelencia pudiera usar sus buenos oficios siguiendo hoy las mismas ideas que inspiraron los actos de Vuestra Excelencia en la primera mitad del año 1933, para evitar la actitud antidemocrática del Gobierno *de facto* de Cuba, hijo indirecto de la mediación del Embajador de los Estados Unidos, las incontables víctimas de la hora presente, privadas de sus propios hogares, algunos hasta de sus tumbas familiares, tratado como nunca lo fueron ni los enemigos políticos de la época romana o en lo más triste de la Edad Media, ni en los tiempos de las luchas religiosas, la inmensa mayoría de los cubanos le quedaría agradecida a Vuestra Excelencia".

Roosevelt ordenó que me contestara el mismo autor de tanto desacierto. Eché la carta de Welles a un lado, ya que sus ideas si usando el vocablo "piso" como medida de capacidad, no eran del tercero, ni del segundo siquiera, sino del último. La carta negaba que Welles me hubiera dicho, lleno de optimismo la frase: "El sábado habrá cambio, el domingo tendremos alguna ruidosa alegría y el lunes todos irán al trabajo".

Esto era lo menos importante de la carta, pero es evidente que el amor propio imponía una mendaz rectificación. La idea de que su *plan* había sido perfecto, en los días del mayor desorden Welles la repetía a todos, admitiendo difícilmente que el plan fuese manchado, pero pidiendo que no se destruyera. Néstor Mendoza, y Barreras me dijeron, cada uno separadamente, la misma frase de Welles: "que sobre su plan había una mancha de tinta". Mendoza, notable abogado habanero que estuvo en casa de Welles, me relató que la señora de éste, con la noble ingenuidad que se le reconocía, le había dicho que Summer estaba jugando una gran partida pues aspiraba a ser Secretario de Estado, senador y luego... quién sabe qué otra cosa".

Sabiendo, no sólo por este acto de Roosevelt, sino desde antes por su política aparatosa, que el interés de Washington era *que se hiciera ruido y se marchara adelante,* cambié de táctica yo también y apelé al mismo método. El "Foreign Policy Association" me pidió contribuyera a un acto público panamericano. Acepté con gusto y escogí como tema de mi discurso "La influencia individual en la Panamericanismo", o sea lo útil que podría ser en la unión de las Américas un diplomático, un escritor, un periodista, etc. La reunión se celebró en la sala llamada Beekeman Hall. Los oradores fuimos cuatro. Habló primeramente el jefe momentáneo de la Asociación. Era hombre culto, bastante joven, con mucho aplomo y mucho desenfado, como pudimos ver aquella noche. Su discurso fue una filípica contra el período republicano de Cuba. No generalizó, sino que atacó a Machado personalmente, a los miembros de la Cámara cubana, a todos, a mí mismo allí presente, alegando, en lo que a mí se refería, que había defendido la "intervención" de un Estado en los asuntos de otro, y que esto no revelaba un acendrado patriotismo. No recuerdo si esta palabra fue pronunciada, pero la idea era exacta. El joven orador terminó entre aplausos. Yo ocupaba el segundo turno. Fui llamado y hablé, no desde la tribuna de mi predecesor, sino cerca del sitio en que estaba sentado. Había hecho mi programa y pensaba que la escena no terminaría serenamente como en efecto terminó, no por mi prudencia, sino por la relativa bondad de aquellos dos mil norteamericanos que me escuchaban.

Empecé diciendo que había preparado un trabajo en el cual trataba de lo útil que podría ser el individuo en cualquier posición, contribuyendo al fin común de las Américas. Hice en dos o tres párrafos una referencia a mi tesis; pero añadí que no podía leerlo porque la media hora que se me concedía no bastaba más que para contestar al orador precedente, que había ofendido a mi patria y a mí mismo. Saludé entonces al público y lo invité a ser paciente, en vista de la necesidad de acudir a una polémica.

Entré en argumento diciendo que era verdad que habíamos cometido un error grave y que no todos nuestros gobernantes habían sido honrados; pero añadí: "Es la eterna historia de los comienzos, generalmente defectuosos. Decidme, ¿cómo fueron vuestros padres de la Patria, a los que tanto honráis ahora? ¿Quiénes fueron los que robaron las tierras de los indios, sino ellos?".

Aquí sonó el primer ulular del público. El pequeño aplauso de un grupo cubano aumentó la reacción. Yo bajé momentáneamente el tono, porque es una variante habitual en mis ataques. Hablé, en tesis general, hice alusión a otros países, pero volví con mayor vigor de voz, de gesto y de palabra, a tratar algunos defectos del mismo Jorge Washington. El director de la Association intervino en mi favor, rogando que se me dejara hablar. Una señora que nunca he conocido por su nombre, se levantó y con gran energía habló al público sobre la libertad de opinión, diciendo que su marido, historiador, fallecido ya, muchas veces le había dicho precisamente lo que estaba diciendo. Se estableció después una relativa calma. Yo expliqué nuestras luchas internas, tratando el problema general y reservándome para el golpe final. Dije que habiendo yo visto libre a mi Patria gracias al concurso de sangre de una nación extranjera, y en este punto elogiaba debidamente a los Estados Unidos, ¿cómo podría ser yo contrario a la intervención? Expliqué cómo había intervenciones buenas y malas, y que en la historia había mayor número de buenas que malas.

Al final, después de otras generalizaciones, volví al tema polémico diciendo que los que habían enseñado a robar a funcionarios públicos cubanos eran los norteamericanos, como lo había explicado en 1901 en la *Revista Popolare* de Colajanni. En efecto, entonces dije que eran ladrones hasta los Generales. El lector puede imaginar en lo que se transformó aquella elegante sala. Me senté, había terminado. Mi mujer se puso delante de mí con algunos cubanos y también la señora viuda del historiador. Yo me quedé tranquilo en la silla que me hicieron ocupar a la entrada, frente al público y de espaldas a la Tribuna.

El orador que me siguió fue Carlos Dávila, ex-Presidente de la República chilena, más tarde jefe de la Unión de las Repúblicas Americanas en Washington, que había sido Embajador en esta ciudad al mismo tiempo que yo. Al día siguiente Dávila describió, en un largo artículo, lo que había pasado, aunque suavizando la escena de la Beekeman Hall, y resumiendo su discurso. Este artículo puede leerse en el periódico *La Prensa*. Dávila me había murmurado al oído la noche anterior: "Esto que usted dijo lo pensamos todos, pero sólo usted es capaz de decirlo". Los periódicos de Nueva York de idioma inglés lo silenciaron, y por mucho que busqué al día siguiente no encontré ni una palabra sobre el asunto.

Otro esfuerzo de publicidad lo hice en favor de nuestra causa, en la revista por cierto muy amiga de Roosevelt, que se publicaba con el título de *To Day*. Era el órgano del *New Deal*. En realidad fue Oscar Cintas el que me abrió ese camino. Mi artículo, al aparecer en *To Day*, caería seguramente ante los ojos de Roosevelt. Su director era un tal míster Morley, que entró en el campo de la celebridad al mismo tiempo que la Conferencia Económica y Financiera de Londres. Allí lo conocí en ocasión de su llegada, anunciada como la del representante personal del Presidente Roosevelt. El Presidente, después de haber deseado y recomendado pública y privadamente la buena suerte de la Conferencia, la saboteó sirviéndose de este señor, persona por lo demás inteligente y honorable. Yo conocía sus buenas cualidades, pero sabía que estaba ligado a Roosevelt por intereses políticos, y rogué a Cintas que hiciera todos sus esfuerzos para que la revista me pidiera directamente el artículo. Temía que la Redacción del *To Day*, al leer lo que yo había escrito, rechazara el artículo por la influencia de Welles y de la Casa Blanca. En efecto, su director hizo mucho para alterar el texto de mi escrito, y cuando no pudieron reducirlo más, se dieron cuenta de que así resultaba más contundente y agresiva mi argumentación. Entonces decidieron publicar el artículo, pero rodeándolo de otros cuatro que defendían la causa opuesta.

Estas habilidades no impedían mi propósito de que el público americano conociera el mal paso dado por su Gobierno. Mi batalla se ganaba con la simple publicidad del vergonzoso hecho. El Embajador de los Estados Unidos en La Habana había creado el desorden con un ultimátun exigiendo la renuncia del Presidente Machado.

El interés de Washington, en esta confusa actitud, residía en mantener el silencio, máxime ahora, que se iba a reunir la Conferencia Panamericana.

Pero al fin el artículo se publicó.

Más tarde apelé a una revista italiana que dirigía un distinguido periodista, corresponsal en Nueva York de un importante periódico de Turín.

En sucesivos números escribí varios artículos, uno de los cuales, según carta del jurista Albert B. Kerz, de la firma de Zibrisley and Kerz, había provocado gran parte del discurso del Presidente Roosevelt en Rohanoke. La carta de Kerz no fue publicada por el *New York Times,* periódico al cual la había enviado. No sé si el jurista norteamericano, que después terminó sus días de profesor en la Universidad de Virginia, tenía razón o no; pero supe, por conducto de un pariente del propio Presidente, que éste había leído mi citado artículo.

No continúo dando aquí detalles de menor importancia relativos a la intensa propaganda que hice entre cubanos y latinoamericanos, porque los resultados fueron nulos. Los cubanos perseguidos estaban aterrorizados por un grupo de delincuentes, cubanos también, que aspiraban a alcanzar altos puestos cometiendo agresiones o alguna que otra *gesta* aplaudida por sus semejantes, triunfadores en la lejana ciudad de La Habana. Tanto era el desconcierto, que a mí me era difícil conocer las direcciones de mis mejores amigos. Como yo sabía que esos delincuentes mataban en Cuba, no en los Estados Unidos, me paseaba por la tarde en los lugares que ellos frecuentaban, especialmente frente a una barbería que había en la parte oeste de Nueva York, hacia la calle 100. Allí estaban los "guapetones", entre ellos uno de mayor categoría en el gangsterismo, del cual se habló al investigarse el incencio del vapor *Habana* frente a las costas americanas, no muy lejos de Nueva York. Tenía un apodo de oficio, y el individuo había anunciado que me iba a matar. Fue esa amenaza la que me llevaba a pasear frente a la barbería. Según lo había previsto, nadie al verme se movía, aunque después de que había pasado lenta y tranquilamente se lamentaban de no haberme agredido. Una sola vez, cuando un audaz me detuvo frente a la vitrina de la barbería, el propietario salió para decirme que allí no tenía amigos debido a la política, pero que él, personalmente, me admiraba. Aproveché la ocasión, entré en la barbería y di a los presentes una conferencia sobre los asuntos de Cuba.

En el ambiente americano me hallaba siempre en cátedra. Algunas veces se cometen *gaffes* irreparables, que provocan algún incidente. Por grande que sea la ciudad —y Nueva York ciertamente lo es—, la llamada sociedad no es tan numerosa como para que uno esté siempre seguro de no pisar un terreno considerablemente prohibido.

Una noche, cenando en casa de los Wilson, encontramos algunos amigos y algunos desconocidos. Los americanos no son inclinados a las presentaciones; este requisito lo llenan espontáneamente. Después de saludar a la señora de la casa, en el grupo que se forma riendo y charlando, los desconocidos se sonríen y se dicen sus nombres, que casi siempre ninguno de ellos comprende En la mesa yo estaba cerca de la señora Wilson, y a mi izquierda una distinguida dama de Filadelfia que conocía desde hacía años. Después de ella venía un viejo señor cuyo nombre ni ella ni yo habíamos entendido. Las conversaciones no se generalizan más que ocasionalmente, cuando los anfitriones llaman la atención de sus invitados sobre determinado tema.

Comimos alegremente y al levantarnos la señora de mi izquierda me dice con discreción: "¡Cuidado... tengo que decirle algo! ¡Qué pena!" Ignorando de qué se trataba, tomé una actitud de curiosidad compungida. La señora había repetido a su vecino de mesa mis palabras sobre Summer Welles, sobre todo cuando yo aseguraba que por culpa de su vanidad no había representado bien a los Estados Unidos. El señor la había escuchado con mucha atención, y mirándola por encima de sus lentes le dijo después de un profundo suspiro: *"Yes... I am the father of Summer Welles..."* El señor la había escuchado con mucha atención y con amabilidad le aseguró que no se sentía ofendido, y hasta llegó a decirle "que quizás en algo podía tener razón". El regreso a nuestra casa lo hicimos en compañía de la señora y del Administrador General del *New York Times,* viejo amigo mío. En el coche nuevamente hablamos de la ocurrido y el Administrador nos contestó que padre e hijo no estaban en buenas relaciones, lo que calmó un poco a la señora de Filadelfia. Pero al despedirse de mí ella me dijo, con la simpática espontaneidad americana: "La culpa es suya, porque a mí qué me importan Cuba y Welles..."

Este pequeño incidente de sociedad lo relato para que se vea cómo en las luchas civiles se entrecruzan las personas, y las pasiones son poca cosa comparadas a la gran batalla pública. Desde Cuba, los que habían combatido a Machado por cuestión de principios, y la delincuencia común que había encontrado en la actitud política asumida su absoluta impunidad, comprendieron que nosotros estábamos vencidos, pero no dominados. Los Estados Unidos, con su elevado concepto de la libertad, no podían callarnos, ni siquiera cuando atacábamos a sus gobernantes, y menos cuando nosotros denunciábamos a los individuos que arrebataban el poder público, sin y hasta contra el voto popular. La manera de combatirnos, estando nosotros en el país de la libertad, era calumniarnos para poder pedir nuestra extradición. Al primero que persiguieron fue a Machado, pero éste decidió no someterse a juicio de extradición, y cuando la policía fue a buscarlo, se marchó de la casa... pasando tranquilamente frente al grupo policíaco.

Yo, al contrario, esperaba servirme del proceso de extradición como de una gran tribuna. Lo que pretendía esconder, o séase que la revolución no había surgido espontáneamente sino que fue fomentada por la Embajada de los Estados Unidos sublevando al Ejército cubano y agravando el caso con el ultimátum contra Machado, nosotros lo releeríamos con todos sus pelos y señales. Este proceso además venía en un momento oportuno, cuando ya desde Cordell Hull hasta la más modesta dama de casa americana exclamaba: "Pero ¿por qué teníamos que meternos en esto y causar tanto desorden?" Periodistas y diplomáticos amigos me habían dicho que la serie de desórdenes y la continuación rápida y cinematográfica de gobiernos risibles, entre ellos uno formado de cinco personas de ideas opuestas, dominados por jovencitos honrados y por conocidos delincuentes, tenían muy preocupados a los funcionarios más capaces del Foreign Office. El momento, pues, era oportuno para poner las cosas en claro.

Gerardo Machado, con su buen sentido común, replicó ante mi insistencia, con este argumento definitivo: "Yo no hablo inglés, no sé de leyes, no soy orador, ni conozco bien estos asuntos internacionales". Pocos días después, como he dicho, se marchaba de los Estados Unidos, a bordo de un pequeño barco que creo nunca había abandonado el río Hudson y que había envejecido sirviendo de remolcador. A poco de navegar hacia el sur, pues Machado había decidido refugiarse en la República Dominicana, aquella constante amiga de Cuba desde los tiempos de la Revolución Libertadora, el barquito quedó parado. Hubo que repararlo. Con el fugitivo estaba un joven enérgico y fiel, Manolo Villapol, además del dueño del barco y un marinero. Tuvieron que carenar en una playa de New Jersey para repararlo. Mientras Machado daba largos paseos contemplando el océano y recordando con melancolía las grandes manifestaciones públicas que poco antes en Cuba se habían celebrado en su honor, el fiel Villapol lo seguía paso a paso, pues no confiaba mucho de la honorabilidad de los dos compañeros de viaje. Se repitieron las paradas y bajadas a playas americanas. Y hasta estuvieron a punto de bajar... en la misma Cuba, pues frente a nuestra Isla el vaporcito se detuvo como para saludar. Por suerte la nueva avería pudo ser reparada a bordo. Machado por fin llegó a Santo Domingo y fue recibido con afecto y consideración. Más tarde, se trasladó al Canadá y, por último atravesó la frontera, unido ya a su familia, para instalarse en Nueva York.

En el segundo proceso de extradición yo defendí al General Alberto Herrera, a pesar de habérsele nombrado un abogado americano. Excelente persona el General Herrera. En la guerra de la Independencia había sido secretario del Doctor y General Domingo Méndez Capote, que puede calificarse como la personalidad intelectual más considerable después de Martí. Herrera no sé por qué llegó a General y a Jefe del Ejército regular de la República. Digo no sé por qué, pues no tenía ninguna de las cualidades arrogantes de nuestros militares latinoamericanos. Ninguna ostentación, ningún énfasis de "orden y mando"; al contrario, era modesto y hasta compasivo. Fue nombrado jefe del Ejército por el doctor Alfredo Zayas, y respondiendo al carácter tolerante y legalista de éste, siguió en el cargo durante la presidencia de Machado, que tenía un temperamento muy distinto. Un día que se retiraba de la reunión habitual que se celebraba en Palacio entre jefes militantes y policíacos, lo abordé para pedirle su aprobación decidida a un cambio de política de fuerza. Me contestó:

—Mi querido Orestes, tú me conoces. No quisiera matar ni a una mosca, y evito actos de sangre. Pero reconozco que es imposible cruzarnos de brazos ante el terrorismo de estos jóvenes que matan por pura locura criminal. ¿Quién hubiera supuesto que hubiesen asesinado a Calvo primero y luego a Vázquez Bello, dos hombres que nunca violaron la ley ni atropellaron a nadie?

Continuamos conversando y deplorando tanta violencia. Y a una pregunta mía, con la cual esperaba conocer la opinión del Ejército en el posible caso de una sustitución de Machado, me contestó:

—Son cosas que no me conciernen, ni me interesan. Los militares nos limitamos a servir a las autoridades constituidas.

Lo abracé, y fue recordando esas palabras que sostuve su candidatura a la caída de Machado. Herrera era, sin duda alguna, el hombre que exigía aquel momento.

Nunca comprendí por qué el Gobierno rebelde de La Habana pedía la extradición de este hombre tan tranquilo, y tan ecuánime, no muy odiado por la oposición "gangsteril", y menos aún por la otra en general.

El representante de los que habían asaltado el poder en Cuba, envió contra Herrera a un abogado que yo conocía, hombre inteligente y enérgico. El juez, de origen irlandés, era hombre de conciencia. Creo que en este proceso, como en el que después se inició contra Machado cuando procedente de Canadá entró en los Estados Unidos, se mantuvo en relación constante con el Foreign Office de Washington. Amablemente me hizo sentar a su lado, en la pequeña sala en que se celebraban las sesiones del proceso. Mis combates los libré a la manera americana. Mucho respeto formalista, pero en el fondo diciendo y haciendo lo que quería. El juez, generosamente, me dejaba actuar. Con el abogado contrario, que me quiso someter a un interrogatorio, el que yo acepté con mucho gusto, estuvimos en constante pelea. Cuando el abogado me preguntó sobre un nombre y una fecha, para disminuir el efecto de un hecho que yo había relatado, antes de prevenirle que no tenía estereotipados en la mente detalles, le dije:

—Yo le conozco a usted, ¿no es cierto? Pues bien, no recuerdo cómo se llama ni dónde le he visto, ni quién es usted, ni si usted es hombre de respeto o no.

Y luego, entre la risotada general, estallaron los aplausos y las protetas. Mientras se reía el juez, gesticulaba el abogado, añadí:

—Mi memoria es fuerte en cuanto a hechos, débil para las insignificancias. Todo cuanto he dicho es la sagrada verdad.

Terminada la sesión, que el juez aplazó inmediatamente, pedí mil excusas al abogado y lo abracé. Quiero aclarar que en estos actos de este género siempre he tenido una gran seguridad sobre mí mismo, y una cierta vanidad de que si estoy diciendo la verdad no hay nadie que pueda enredarme y ponerme en ridículo.

El caso de Herrera no provocó ningún interés en el público de Nueva York, por lo que no pude explotarlo para mi campaña política.

Entre una y otra sesión judicial, el General Herrera enfermó. El juez fue a visitarlo. La esposa del acusado era muy distinguida y hermosa, católica sincera y devota de su marido. Al saber que el juez era de origen irlandés y católico, llenó el apartamento de Vírgenes y Santos con lámparas y velas encendidas.

El juez declaró, en definitiva, que no habría extradición. A mí no me gustó la sentencia, porque no dejaba claramente resuelto el principio de que se trataba de un proceso político en una época de ardor pasional. En aquellos momentos entregar a un hombre perseguido por lo que llamaban revolución, era ponerlo en las manos del grupo de asesinos que no formaban parte del Gobierno, pero que gozaban de absoluta impunidad, como veremos más adelante, siendo la primera víctima precisamente yo.

En Washington se discutieron los derechos y deberes del Gobierno americano en relación con estas peticiones de extradición, y por cierto debo agradecer al Secretario de Estado, o al funcionario que hablaba en su nombre, una declaración especial y deferente que hizo a los periodistas cuando le preguntaron lo que había que hacerse conmigo. La respuesta fue:

—El caso del doctor Ferrara es diferente.

Yo deseaba que se discutiera *coram populi* un caso en que estuviera implicado, para hacer lo que había proyectado cuando se dirigieron contra el General Machado. Pero como en los Estados Unidos tienen la habilidad de hacer gran ruido, o de imponer absoluto silencio, de acuerdo con las conveniencias de la hora, temí que evitasen un examen del caso, quitándole interés.

En Cuba, en efecto, acordaron pedir mi extradición para castigar mi insolente desafío, pero nunca supe si fue tramitada. En una carta dirigida a un amigo, que después fue publicada, yo injurié con palabras fuertes a dos personas que antes y después he estimado. Me refiero a Cosme de la Torriente y a Raúl de Cárdenas. Mi indignación contra ellos, que me llevó a lanzarles al rostro un fuerte adjetivo, se debió a que siendo miembros del Gabinete tomaron parte en la reunión que acordó pedir mi

CAP. XIX. *Otro exilio*

extradición por motivos fantásticos, atrabiliarios y capaces de desacreditar a cualquier hombre.

Aunque ya he olvidado las acusaciones que se me hicieron, sí recuerdo que mi extradición se basaba sobre hechos notoriamente no realizados por mí. La primera acusación me atribuía el haber ordenado con otros miembros del Gabinete de Machado el asalto y la destrucción de un periódico, cuando yo había entrado a formar parte del Gobierno dos años después del hecho. Otra acusación fue que yo, con otros, había ordenado las represalias del 7 de agosto de 1933, cuando en esa fecha yo llegaba a Nueva York en un barco que me traía de Inglaterra, donde había permanecido los dos meses que duró la Conferencia Internacional Financiera y Económica. Pero lo que llegaba a lo sublimemente ridículo, es otra de las acusaciones referente a un pago hecho por el Estado a una sociedad llamada "Mestre y Machado". En este proceso se culpaba al doctor Enrique Hernández Cartaya, al doctor Barraqué y a mí, porque decía el juez que nos procesó, "habíamos hecho un pago ilegal, por ser la compañía, en parte, propiedad del Presidente Machado". *Incredibilia sed vera*. Pero nosotros no habíamos ordenado el pago, antes al contrario, lo habíamos suspendido. El pago había sido ordenado y efectuado después del 12 de agosto de 1933, o sea, después del advenimiento del Gobierno revolucionario, que fue el que lo hizo. El Presidente Machado, quien, según se me aseguró, no tenía intereses en esta Compañía, nada había dicho a los tres procesados que suspendieron el pago, para hacer un mejor examen del asunto. Yo supe del pago hecho por la administración revolucionaria por el señor Mestre, Presidente de la Compañía, que después vino a verme en Nueva York. Por cierto que yo aproveché la amabilidad del señor Mestre para que le llevara una carta al doctor Grau San Martín, en la que le hacía la confidencia de que en Washington se había acordado quitarlo del cargo de Presidente Provisional, como sucedió el 14 de enero de 1934, confirmándose lo que le había referido.

El material que yo había reunido para deshonrar al Gobierno revolucionario era frondoso e impresionante. Pero no pude utilizarlo. Al final nadie fue extraditado, y el plan atribuido a Summer Welles, ya Subsecretario de Asuntos Exteriores, que tendía a obtener del juez la concesión de la extradición para después, por motivos de seguridad personal de los acusados, no ejecutarla, quedó sin efecto. Esta maniobra nos hubiera obligado a agradecerle a Welles la vida, y si no la vida, la honra, cuando había sido precisamente él, con sus errores, la causa de los terribles males que sufría Cuba y los que personalmente sufríamos nosotros.

Al caso de Machado no se le pudo dar una solución jurídica cuando entró por segunda vez en los Estados Unidos, porque en Cuba, bajo la influencia de Batista, de Vasconcelos y de otros, entre los cuales debo mencionar al mismo Embajador Caffery, se dictó una amnistía general que comprendía *todos los delitos* que se suponían cometidos por nosotros, los antirrevolucionarios. Contra su propia voluntad, el juez tuvo que archivar sus queridos expedientes, que ya le estaban dando una popularidad nunca soñada. Desgraciadamente, los americanos a veces destruyen sus mejores virtudes para perseguir una popularidad malsana.

El Embajador Caffery, en su deseo de aparecer como "el Gran Pacificador", quiso atraerme a Cuba y silenciarme por algún tiempo. El Embajador no me conocía. Llamó a Vasconcelos para decirle que si yo abandonaba mi campaña contra Welles y aceptaba no hacer política en cierto tiempo, podía volver a Cuba, agregando que más tarde hubiera podido reintegrarme en todos mis derechos ciudadanos. Vasconcelos y Felo Guas me comunicaron el mensaje en la forma más favorable.

Al mismo tiempo que se tramitaba mi extradición, Mendieta, entonces Presidente de la República, me llamó por teléfono a Nueva York y manifestó a la persona que en mi ausencia atendió la llamada, que no me preocupara del asunto, que él lo resolvería personal y directamente, y de no poderlo hacer, telegrafiaría al juez, diciéndole que las acusaciones de la demanda eran falsas. En el momento no me detuve a comentar el extraño mensaje, pero más tarde, vuelto a Cuba, se me presentó la noble figura de Carlos con lágrimas en los ojos, en mi biblioteca, y lo abracé con indecible afecto. Nuestro nuevo encuentro eclipsó el reciente pasado, para ennoblecer toda una vida.

Durante sus primeros años de Subsecretario, Welles hizo una política de apaciguamiento en Cuba, por conducto de Caffery, y se llegó a las elecciones del 10 de enero de 1936, en las cuales triunfó Miguel Mariano Gómez, hijo del difunto Presidente José Miguel Gómez. La noticia me llenó de júbilo. La victoria se había decidido por un hombre de orden, sinceramente liberal y de personalidad inmaculada en materia de finanzas públicas. En los puestos que anteriormente había ocupado, no se le pudo levantar ninguna calumnia. Además, aunque por el momento no militaba en las filas liberales, era liberal por tradición, pues su ilustre padre contribuyó como nadie a la formación de este gran Partido cubano.

Washington recibió la noticia con gran placer. El triunfador en las elecciones fue directa o indirectamente invitado a visitar al Presidente Roosevelt, cosa que hizo, llevando consigo a varias personas que participaron después, en su breve período de Gobierno, como miembros del Gabinete. Antes de ir a Washington, el joven Presidente electo vino a Nueva York. Una tarde me comunicó que vendría a visitarnos, a María Luisa y a mí, acompañado de su esposa, la señora Serafina Diago. Los recibimos con infinito placer y hablamos desde las nueve de la noche hasta las tres

CAP. XIX. *Otro exilio*

de la mañana, examinando los asuntos públicos, sin olvidar al contrincante Batista.

Recuerdo palabra por palabra cómo le planteé el asunto:

—Creo —le dije— que tú llegas a la Presidencia en mal momento. Y que sin disponer de una fuerte mayoría en la Cámara, estarás bajo el control de Batista, respaldado éste por un Ejército que es el peor de todos los que hasta ahora hemos tenido. Irás a Washington y quedarás satisfecho. Al retirarte creerás que Roosevelt es y será tu mejor amigo. Este viaje te hará perder la exacta noción de la política cubana. Sé que no puedes seguir mis puntos de vista, pero por escrúpulo de conciencia y por el afecto que tuve a tu padre te digo que cuentes con Batista. El día de la toma de posesión de tu cargo, invítalo con su esposa a comer, y sin nadie más que Serafina, en modesta mesa y en la más pequeña habitación de Palacio, a fin de dar al acto mayor tono de intimidad, te mostrarás cordial, sincero y hasta fraternal. Para empezar, le dirás: "Amigo mío, yo sé que estoy aquí por usted, que le ha dado la paz a Cuba, y yo vengo a pactar con usted sobre la paz futura. Yo soy el Presidente, pero usted es mi amigo, mi consejero, mi defensor. Cualquier cosa que esté en mis facultades hacer, pídamela, que yo la haré. De la unión de nosotros dos depende el bien y la felicidad de nuestra Patria. Mi decisión está tomada en el sentido que le he dicho." Luego le hablarás largamente de tus ideas de Gobierno, y al final le declararás: "Como mi padre, no iré a la reelección, así me lo pida de rodillas todo el pueblo de Cuba. Estimo que debemos hacer elecciones escrupulosamente honradas. Y es mi opinión que el caso Batista, ascendido de sargento a la mayor altura moral, deberá liquidarse con una presidencia casi plebiscitaria en su honor".

La joven señora, a la que la futura posición de Primera Dama de la República no se le había subido a la cabeza, oyó con interés mi larga perorata, y de tiempo en tiempo tocaba el brazo de su marido, diciéndole: "Fíjate, Miguel...". A pesar de su gran amabilidad, éste no parecía convencido. Al despedirnos lo abracé con todo el cariño que le tenía, y como última recomendación insistía en que por lo menos oyese los consejos de Luis Octavio Diviñó, antiguo funcionario del Tribunal Supremo, que había sido Secretario de Justicia durante la Presidencia de su padre, y persona generalmente admirada. Como he dicho, a las tres de la mañana nos despedimos.

El grupo de los futuros gobernantes, con Miguel Mariano a la cabeza, fue a Washington. Uno de estos acompañantes, después Ministro del Gabinete, y hombre merecedor de todo respeto, José Gómez Mena, me encontró en el salón del Ritz y me dijo que la visita a Washington había sido un triunfo, y como hablándome en secreto, añadió en voz baja:

—Batista está liquidado...

El pronóstico me hizo el efecto de una bofetada y le contesté:

—Oiga, Pepe, esta presidencia no durará tres meses.

Y mientras tanto el excelente amigo comentaba y peroraba:

—No, Ferrara, usted no conoce la declaración de Roos...

Le corté la frase y afirmé:

—Adiós —y ya alejándome—. No, Pepe, ni tres meses...

Y así fue: Miguel Mariano Gómez fue destituido en forma legal, pero sólo en forma legal. El *deus ex machina* de esta decisión fue Batista. En el viejo derecho romano había una distinción entre lo que debía hacerse y lo que no podía hacerse. O sea, entre lo jurídico y lo político. Batista tenía todo en sus manos, y lo usaba con capacidad creciente. El Embajador Caffery siguió siendo, también en esta ocasión, el confidente del omnímodo Jefe del Estado cubano, un ejército compuesto por miembros que de Cabos y Sargentos se elevaron a Generales.

En Cuba, el que quisiera examinar mi persona encontrará un sinnúmero de caricaturas mías, entre las cuales, cuatro o cinco que me representan como "adivino", capaz, por consiguiente, de prever el futuro y hasta de dar números premiados de lotería. Yo no tuve esta cualidad, pero confieso que sabía analizar las realidades.

Capítulo XX

ACTIVIDADES JURIDICAS

En este segundo largo exilio, que virtualmente terminó en 1938, no obstante algunas interrupciones por visitas a Cuba, me vi obligado a trabajar en mi vieja profesión de abogado, para crearme las entradas indispensables al género de vida que llevaba, y para rehacer un capital que me asegurara su continuación en mi vejez. Una de mis fuentes de ingresos en esta hora seguía siendo la compañía International Telephone and Telegraph, muy bien organizada, y a cuya constitución había concurrido años atrás. Fui su Vicepresidente, y, sobre todo, como he dicho, había concurrido con los hermanos Behn a obtener varias concesiones en países extranjeros.

Debo hacer notar que mis adversarios de todos los tiempos, sin pensar que cuando yo hacía esto no ejercía funciones gubernamentales, confundiendo países y fechas han intentado acusarme de haber realizado actos de orden financiero en mi interés, revestido del cargo de Embajador, y especialmente se han referido al Japón y a Turquía. El hecho real es que estuve en el Japón como Embajador, pero no me ocupé más que de Cuba; en cuanto a Turquía, resulta ser quizás la única nación importante en el mundo que no conozca.

Debido a la obligación asumida con esta Compañía, la ITT, no me era conveniente alejarme de Nueva York. Por otra parte, en Cuba empezaba a germinar la idea de una Convención Constituyente, y se me pedía que concurriera a ella. Pero fui a México primero en una misión de la Compañía. Por cierto que al partir, Pitkein, abogado de la Compañía, me dio una carta y exigió bajo palabra de honor que yo la leería durante el viaje. Cumplí la banal promesa, creyendo que se trataba de algo concerniente a mi misión. ¡Cuál no sería mi sorpresa al leer que Pitkein me ofrecía ser su colaborador en el bufete de abogado, y en condiciones inmejorables para mí!

Mi misión en México, que cumplí siempre acompañado de mi inseparable mujer, consistía en preparar la fusión de las dos redes telefónicas existentes, que dificultaban las comunicaciones por su situación simultánea. Casi todos los que usaban este género de fácil llamada se veían obligados a tener doble servicio. Había que entenderse con la Compañía sueca, llamada Ericsson, de fama mundial, que competía con la International y obtener la autorización del Estado, si ambas partes llegaban a un acuerdo. Los trámites se me facilitaron. Visité al Presidente de la República, que era el General Cárdenas; hablé con algunos ministros y me entrevisté varias veces con los gerentes de la Ericsson. Amalgamar financieramente dos Compañías que rinden el mismo servicio y tienen idénticas funciones era cosa fácil. La valorización de ambas resultaba obra difícil en la técnica, pero como principio general bastaban unos cuantos párrafos, que yo ya había redactado en el tren durante el largo viaje. Sin embargo, en los pocos días que estuve en México no pude lograr que los suecos llegasen a nada concreto. Las psicologías diferentes de los pueblos intervienen mucho en la comprensión de los intereses. La fusión de las dos Compañías en el negocio mexicano significaba casi redoblar los beneficios de cada una de ellas. Pero todos mis esfuerzos mentales chocaban contra un estado de prolongado análisis. Pero si no marchábamos con rapidez, sí hacíamos útiles avances. Del lado gubernativo la cosa se presentaba más difícil. El Gobierno mexicano, gentilísimo, amabilísimo, me dio la impresión de que también deseaba una sola red telefónica en lugar de dos, pero en cierta manera nacionalizada. A pesar de las dificultades, era un placer tratar con los altos funcionarios mexicanos, porque nos entendíamos fácilmente, poseyendo una psicología concordante. Los nórdicos europeos, con excepción de los ingleses, pero incluyendo a los alemanes, me han resultado siempre difíciles. Insisten continuamente sobre lo mismo sin polemizar. El *sí* y el *no* escuetos dominan más que el argumento, el cual a veces sugiere una transacción conveniente. Al hablar con ellos me parecía hacerlo con seres inanimados. Se trataba de personas de la mayor capacidad, más capaces que yo en el asunto a tratar, pero sin ninguna elasticidad. Me recordaban las conversaciones que en mi primera juventud había tenido con un alemán, jefe de la casa bancaria H. Upmann, de La Habana, quien después de una larga explicación sobre un negocio que le presentaba con pelos y señales, escuetamente me repetía cien veces, en un español duro, que parecía hablado a martillazos: "Usted quiere la cantidad tal...". Resultaba inútil explicar una y mil veces los beneficios que se

CAP. XX. *Actividades jurídicas*

reservaban a su casa bancaria y no había quién le hiciera cambiar la síntesis que hacía de todo mi discurso: "Usted quiere la cantidad tal...".

Idéntica actitud encontré en los holandeses de la Conferencia Financiera y Económica de Londres. Lo que a ellos se les concedía en la grave cuestión azucarera, lo consideraban como algo de derecho divino; el resto lo sintetizaban en breve frase que de por sí sola resultaba abusiva.

En la negociación mexicana a que me refería, yo progresaba a través de múltiples entrevistas y a satisfacción de la Oficina de Nueva York, aunque personalmente no estaba muy contento. En esto surgió un grave incidente. El Jefe de Protocolo, el entonces Ministro Almendáriz del Castillo y su señora nos invitaron a María Luisa y a mí a una cena en el mejor restaurante de la ciudad. Eramos un número limitado de personas. Almendáriz era alegre y divertido, y yo he sido siempre considerado lo mismo; los otros invitados y las señoras, todos cultos y locuaces. La comida era opípara y el restaurante estaba lleno de gente. Muy pronto se supo que el Ferrara, del cual hablaban todos los periódicos, era yo, y que la persona que estaba frente a mí era mi mujer. En la sociedad de las capitales, y aun de las mismas provincias, el telégrafo sin hilos funcionaba sin instrumentos, bastaban los ojos. Estábamos en la cumbre de la alegría cuando entraron cuatro o cinco jóvenes, que yo no vi por dar la espalda a la puerta. Según me dijeron después, se apoderaron del teléfono y concentraron sus miradas sobre un señor sentado en una mesa, a poca distancia de la nuestra. Lo examinaron atentamente, y sacando huevos podridos y otras cosas sucias de un pequeño bolso que llevaban, lo bombardearon sin piedad.

Para protestar contra aquel acto villano, los hombres se levantaron y gritaban las mujeres. Yo saqué mi revólver y corrí hacia la puerta, lo mismo hizo un capitán colombiano, miembro de su Embajada. Pero los villanos estaban ya en la calle y habían ocupado un automóvil que los esperaba con el motor en marcha. Al poco rato oímos un tiro de revólver, uno solo. El automóvil estaba ya lejos. Volvimos a las mesas. El señor agredido, estupefacto, se limpiaba como podía. La directora del restaurante se me acercó para decirme que los bandoleros se habían equivocado, pues el ataque iba dirigido contra mí. Le pregunté: "¿Por qué dice usted esto?" Contestó: "Porque esos hombres eran cubanos y lo reconocí en las pocas palabras que cruzaron al entrar y al marcharse". Y así era, en efecto. Al cuarto de hora después, cuando reanudamos nuestra cena, aunque no ya tan alegres como antes, se apareció un policía, que, por cierto, carecía de toda arrogancia y más bien parecía un modesto vendedor ambulante. Tomó algunos nombres, algunas direcciones y desapareció. Llamado a declarar luego por el juez, dio cuenta de su actuación. Del incidente no supe más, ni entonces ni en el resto de mi vida.

Algunos días después, al salir del Hotel París, en que me hospedaba, me encontré con algo más grave. Algunas personas leían con interés un manifiesto impreso en papel amarillo, pegado a las paredes y firmado por una organización obrera. Aun antes de acercarme descubrí en él mi nombre, repetido muchas veces. El contenido del documento me calificaba del jefe fascista enviado a México por Mussolini para organizar la nación mexicana de acuerdo con sus ideas y tendencias. El manifiesto terminaba invitando al pueblo de aquella capital y a los obreros especialmente a evitar tanto escarnio y vergüenza. Quedé confundido. Por lo extraño de la acusación, comprendí que el documento, que llamaba al pueblo a pronunciarse con energía contra Orestes Ferrara, el conocido fascista que Mussolini enviaba a México, no provenía de los cubanos. Conocido en todo el mundo como antifascista, este argumento resultaba risible. Pero mis amigos mexicanos consideraron que el asunto era grave, ya que un sindicato respaldaba la acusación. Mis amigos me prevenían:

—Tome usted la cosa en serio, pues se va a encontrar, cuando menos lo piense, con grupos agresivos a los cuales aquí se les permite todo delito.

Desde los primeros momentos, mi mujer, que estaba en el hotel, recibió dos llamadas telefónicas, una del Embajador italiano y otra del Encargado de Negocios de Cuba. Ambos nos ofrecían su hospitalidad. Yo, que en Cuba había sido contrario a todo asilo, y exponiéndome a graves riesgos nunca me había asilado, agradecí la gentileza, pero rehusé. ¿Cómo podía ampararme en una sede diplomática en México, cuando en Cuba había sido creo que el único que a pesar de las persecuciones no lo había hecho?

Pensé que debía visitar al Presidente Cárdenas, el cual me había tratado con exquisita amabilidad pocos días antes. Y así lo hice, siendo recibido al instante. El Presidente, que respiraba fuerza por todos los poros, me dijo con esa serenidad mexicana vecina de la atonía:

—Déjelo, no se ocupe, pues si se atreven a algo se arrepentirán de sus calumnias.

Yo insistí discretamente, tratando de saber cuáles eran las medidas que se iban a tomar. Cárdenas, ensanchando el pecho y bajando más la voz, me respondió a todo:

—No se ocupe. Ya verán...

Salí del Palacio Presidencial pensando que si se tomaban decisiones, mi nombre estaría unido a cualquier acto de represión, lo que desaprobaba el viejo liberal que hay en mí.

Al volver al hotel, encontré a mi mujer con las maletas preparadas, y a un pequeño grupo de amigos, entre los cuales estaba el querido Ordorica, quien con éxito y ardor había trabajado en mi periódico habanero, el *Heraldo de Cuba*. Las noticias que me daban no eran halagüeñas, pues simplemente el dueño del hotel nos expulsaba del apartamento. Esto sin contar con que los pocos amigos que vi aquel día venían a avisarme que se preparaba una manifestación contra mí. Del conjunto de los hechos comprendía que con una alteración de orden público no me sería posible proseguir un asunto privado de la magnitud del que me ocupaba, y, además, mi nombre quedaría unido para siempre a un acto de represión, cosa que me haría impopular en todas partes. Pensé, en fin, que mi gestión en México había terminado. Yo voy a la batalla cuando las armas son iguales. En esta ocasión todo lo tenía en contra. Haber pasado la vida luchando por la libertad, para ser después calificado de fascista, me resultaba insoportable. No saber de dónde venía el ataque, me exasperaba. Dañar a mis clientes con mi presencia, en lugar de favorecerlos, me deprimía. Escuché el *ritornello* que mi mujer me repetía al oído desde muy de mañana: "Orestes, vámonos". A las ocho de la noche tomamos el tren para Nueva York. Sosthenes Behn estuvo del todo de acuerdo, y aún antes de ir yo a la Oficina del 67 Broad Street, vino a verme al Ritz.

Lo importante en esta pequeña pero extraña historia lo supe después. El factor político fue invocado para esconder turbios intereses. Un General de las múltiples guerras civiles mexicanas había pedido cuatrocientos mil dólares para obtener del Gobierno que "él llevara a cabo la unión de las dos compañías". Mi presencia en México le resultaba el fracaso de sus planes. Frustrada su aspiración, acudió por conducto de un líder obrero a organizar la maniobra que he referido.

En Nueva York me encontré con un caso judicial remunerativo, pues se trataba de un pleito en el que se discutían verdaderas fortunas. Este pleito me hizo olvidar el caso de México. Además, la política cubana, en plena ebullición, absorbió mis pensamientos.

Miguel Mariano Gómez había ocupado la Presidencia sólo durante los pocos meses que yo había previsto, si no se entendía con Batista. Esta vez no hubo violencias, fue un golpe de Estado que podría llamarse legal. La Cámara acusó y el Senado sentenció, sin que se registrara ningún hecho criminal. El más honrado de los Presidentes que hemos tenido fue Miguel Mariano Gómez. No quiero decir con esto que no habíamos tenido otros igualmente honorables, pero él demostró una escrupulosidad no acostumbrada.

De los consejos que le di no siguió más que el primero, o sea, reunirse con su señora en una comida privada con Batista y la señora exclusivamente para suavizar discrepancias y armonizar las relaciones. Pero esto mismo fue incompleto por culpa de una enfermedad inesperada del propio Miguel Mariano. La confianza que el nuevo Gabinete, con el Presidente a la cabeza, ponía en la *amistad* de Roosevelt, preparó la caída, la cual fue súbita por culpa de la inexperiencia de los ministros del Gabinete. La entrevista familiar, en la intimidad de las dos parejas, que debía sellar un pacto de unión fraterna con Batista, no previno el desastre. Miguel Mariano Gómez no escogió a colaboradores incapaces o malos, pero la verdad es que ninguno de ellos, ni antes ni después, llegó a ser considerado como político hábil, aunque todos fueron personas dignas del mayor respeto. El joven Presidente olvidó una recomendación mía muy importante: la de situar cerca de él, en cualquier forma que fuese, a Luis Octavio Diviñó, que había servido a su padre como Secretario de Justicia. Este hombre, descendiente de vascos franceses, superiormente inteligente, mostró siempre una honorabilidad intachable. Una palabra suya podía resolver los más grandes problemas.

Miguel Mariano se rodeó sólo de las personas que le habían acompañado en la época de su Alcaldía de La Habana, y no llamó a Diviñó ni siquiera para que lo asistiera en el proceso de destitución, olvidando que este hombre había ocupado también los cargos de Fiscal y Magistrado del Tribunal Supremo, e inclusive que aún siendo muy joven se había hasta deseado que fuera secretario particular del Primer Presidente de la República.

El 23 de diciembre de 1936, Miguel Mariano cayó con dignidad ciertamente, pero cayó. La historia condenará al General Batista por haber organizado aquella conspiración, pero con el tiempo la víctima resultó ser él. Yo vi a Miguel Mariano en diferentes ocasiones después de este grave hecho, pero no le hablé nunca de lo pasado. Mi afecto por él y por su familia tenían alientos inextinguibles, pues lo presidió desde su tumba mi inolvidable jefe José Miguel Gómez.

Federico Laredo Bru ascendió a la Presidencia, sustituyendo a Miguel Mariano Gómez. Durante cuarenta años nos unió la mayor camaradería y durante su Presidencia empezaron mis nuevas visitas a Cuba. Los años lúgubres me confirmaron su noble amistad en los días en que las amistades y la inclinación favorable norteamericana habían desaparecido. Y se explica: Batista era el triunfador, y triunfaba en buena ley.

En esos días se me presentó uno de los casos más importantes de mi carrera diplomática y jurídica. Debido a las pasiones populares no he hablado nunca de este asunto, para no despertar la vileza humana en las implacables batallas que iba a librar, pues mis enemigos hubieran podido aprovecharlas.

Un día, previamente anunciado, vino a verme al Hotel Ritz el Cónsul General de Santo Domingo. Era hombre de recia figura, de aspecto abierto y franco y de actitud cortés. Después de algunas amables palabras de introducción, muy seguro de sí mismo, me dijo:

—Vengo a verle de parte del Generalísimo Trujillo, o más bien del Gobierno dominicano. Conociendo sus dotes de jurista y de diplomático, deseamos tener su opinión sobre una grave cuestión que se nos ha presentado. Sabemos que usted tiene la representación de algunos bufetes legales de esta ciudad. El Generalísimo Trujillo le conoce a usted a través de mil referencias. El Gobierno dominicano —continuó el Cónsul— se ha visto en la obligación de rechazar a los forajidos haitianos que continuamente penetran en su territorio cometiendo toda clase de depredaciones. Como resistían, hubo que usar con ellos la fuerza y ha habido algunos muertos. Entran ahora en escena los Estados Unidos, México y Cuba, ofreciendo colectivamente sus buenos oficios para arreglar el conflicto. Usted sabe mejor que yo lo que significan esos "buenos oficios".

Sobre esta intervención de los Estados Unidos, de México y de Cuba, el Cónsul extendió sus comentarios con palabras enérgicas. Declaró que todo tenía trazas de una intervención disfrazada; que estaban seguros de que designarían como parlamentarios, para ocupar puestos informativos, a los peores enemigos de la República Dominicana y de Haití. En substancia, el Cónsul afirmaba que los Estados Unidos deseaban aprovechar esta ocasión para dictar la ley a los dos países en conflicto.

Quedé algo confundido. Comencé por aclararle que no podía representar a Santo Domingo en ninguna función diplomática, pero que si se trataba sólo de una actividad jurídica, lo haría con mucho gusto. Entonces el Cónsul extrajo de una voluminosa cartera un fajo de papeles, que ordenó debidamente y me los entregó diciéndome: "Aquí tiene usted todo el asunto."

Naturalmente, yo tenía mi opinión sobre las relaciones de esos dos países que ocupaban una sola isla. Esta opinión no ha variado con el tiempo. Los haitianos sufren el hambre, como ningún otro país del mundo, porque el territorio no produce lo suficiente para alimentar a los millones de habitantes que lo pueblan, y estos no son aptos para ganarse la vida, a excepción de los que trabajan en las pequeñas industrias.

Por otro lado, como en todos los países en donde predomina el analfabetismo, los hombres de cierta posición parecen dotados de una respetable supercultura. He conocido a haitianos de elevado valor intelectual que se movían dentro de la más grande ignorancia. He encontrado entre ellos a oradores que podían competir con los mejores de Francia (y presento esta comparación por la identidad de idioma), pero en el país, con una agricultura pobrísima y sin industria, la vida resulta un problema y el saber una invitación a la rebeldía. Con esta simpatía que viene de la conmiseración, leía en los periódicos las altas cifras de los muertos haitianos caídos en el territorio dominicano. Al mismo tiempo, confieso que amaba a Santo Domingo, debido principalmente a que era la patria del General Máximo Gómez, que murió dentro de su ciudadanía dominicana. Y Máximo Gómez casi puede considerarse como el Padre de la Patria cubana. Peleó por ella desde 1868, durante diez años de lucha y de sufrimientos, y se negó a pactar con España y se retiró de Cuba. En 1895 estaba otra vez en territorio cubano, presidiendo una lucha cruel, junto con José Martí. Martí lo consideraba entonces, como yo sigo considerándolo ahora, casi un siglo después, el alma encarnada de nuestra Independencia. Por eso Martí le consignó la jefatura suprema. Sin él, los cubanos se habrían abandonado a querellas intestinas, debilitándose moral y físicamente. La República Dominicana además había dado el mayor contingente de voluntarios y de muertos entre todos los países extranjeros, en la lucha por nuestra Independencia. Es por todos estos motivos concurrentes que yo deseaba encontrar una solución de armonía.

Los "buenos oficios", a mí también me inspiraban sospechas. Me encerré en mi apartamento del Hotel Ritz, acudí tres o cuatro veces a la Biblioteca cercana, bendición de Dios y delicia de los hombres cultos, coordiné mis observaciones en una solución indiscutible, fácil, casi ingenua, como el huevo de Colón. En efecto, no podían ser aceptados los "buenos oficios", ni rechazados, por la sencilla razón de que el conflicto, si se quiere feroz por las masacres, había sido ya resuelto por las partes interesadas. Los "buenos oficios" suponen más que un litigio, una inminente llamada a la fuerza. Yo opinaba que los Presidentes hubieran podido zanjar el conflicto pagando Santo Domingo una indemnización a Haití. El General Trujillo se apresuró a ofrecer cerca de un millón de dólares al país agraviado. El Presidente haitiano, José Vicent, persona excelente y culta, aceptó y recibió la suma, pensando que si luchaba con los dominicanos, que estaban bien preparados y mejor organizados, no tendría sino mayores pérdidas y descalabros. Ciertamente, la suma no estaba a la altura del daño sufrido, pero por otra parte, entrar en territorio ajeno para saquearlo no era un acto indemnizable. De todos modos, no se podía discutir que un conflicto, evitado por las partes interesadas, no admite la intervención de otras personas o de instituciones extranjeras.

Envié mi informe, que fue del agrado del Gobierno dominicano. Este remitió, a los tres Ministros de Relaciones Extranjeras de los Estados Unidos, Cuba y México, una respuesta negativa, basada en los mismos términos usados en mi argumentación. El Cónsul vino a verme a los pocos días para pagarme los honorarios. En aquel momento yo todavía no balanceaba bien mis entradas con mis gastos, pero las bases de la nueva fortuna estaban echadas con el dinero que la Bethlehem Steel había pagado por la venta que hicimos de una mina en Venezuela, y con un dinero que me vino de Cuba, además de las utilidades corrientes de mi profesión. Los honorarios dominicanos me hubieran venido muy bien. Sin embargo dudé mucho si debía aceptar la fuerte suma que el

Cónsul me ofrecía. Por fin resolví rechazarla. Esta decisión la dictaron mi conciencia y mi mente, no mi interés.

Envié las gracias más expresivas al Presidente Trujillo, a quien no conocía, y le expliqué que mi estado de ánimo me hacía rehusar su jugosa retribución. No olvidé tampoco que él había recibido en territorio dominicano, y protegido con liberalidad, a un gran número de cubanos perseguidos.

El General Trujillo aceptó mi decisión y poco después me invitó a visitar Santo Domingo. Pasado un tiempo prudencial y de haber convenido una fecha con el Presidente de Haití, para visitarle al pasar, acepté la cortesía que iba a convertirse en entusiasta homenaje. Los Estados que habían ofrecido sus "buenos oficios" retiraron su demanda empezando, si no recuerdo mal, por México, seguido después por Cuba, y por último por los Estados Unidos. En síntesis el viaje fue para mí una gran satisfacción. Me fueron entregadas las llaves de la ciudad. La Universidad me proclamó *Doctor Honoris Causa*. Se me otorgó la gran Cruz de Santo Domingo. El Presidente abrió el acto de una conferencia que yo pronuncié. No recuerdo con cuántos otros actos honoríficos fui honrado. Un banquete hizo surgir la nota política que para mí resultó lo más interesante de toda la visita, por las consecuencias que hizo nacer. En esa ocasión comprobé, una vez más, que los dictadores en nuestra América Latina, como los del resto del mundo, son hijos de los pueblos que no saben dar con sereno amor a la Patria, la batalla de todos los días, batalla que se basa en la dignidad personal y la libertad universal.

Naturalmente, el banquete estaba presidido por Trujillo y yo estaba a su derecha. Frente al alto magistrado descollaba la figura del Ministro de Relaciones Exteriores, hombre de gran cultura. De un lado y de otro, los demás Ministros de Gobierno. Al final, el señor Logroño, secretario particular de la Presidencia, se levantó como para brindar, pero en realidad lo animaba otro propósito. Dijo que deseaba aprovechar aquella brillante ocasión para que yo convenciera al General Trujillo de la necesidad en que estaba de aceptar la reelección presidencial, que espontáneamente le ofrecía el pueblo dominicano. Los asistentes sonrieron, y clavaron sus ojos en mí cuando Logroño terminó su larga, clara e inteligente alocución. Pero Trujillo fijaba la mirada en su plato, como hacen los que saben que tienen que improvisar un discurso. Yo también había aprovechado las bellas palabras del orador que adjetivaba superiormente mi persona, para decidir cuál sería mi actitud, algo difícil como se ve.

Me puse de pie. En primer término saludé al Presidente y después a los asistentes al acto, admiré la palabra de Logroño y entré en el tema reeleccionista. Hice alusión directa a los males que la continuación del poder habían traído a la América Latina, como a mi actitud en Cuba, siempre contraria a estos propósitos, y abordé el caso directo de Santo Domingo, presidido por un gobernante útil y capaz que, como algunos otros de nuestra América, merecía ser reelecto para el bien del país que él llevaba hacia el bienestar y la riqueza. Pero que había, no obstante, un servicio más alto, más noble, de superior enseñanza: el de renunciar a una nueva elección, ya asegurada por la voluntad popular. Hice una exégesis de la figura del General Trujillo, propulsor de bienandanzas materiales entre sus conciudadadnos y que ahora, de no aceptar la reelección, se elevaría a la categoría de héroe de la virtud democrática. Dije, por último, que esto no le causaría daño al pueblo dominicano, porque un gran ejemplo elevaría aún más la figura de Trujillo, y de Presidente lo transformaría en guía y maestro de su pueblo. Al sentarme, el Presidente, que había estado todo el tiempo con la cabeza baja, me estrechó la mano y declaró sin énfasis y con voz normal:

—Doctor Ferrara, no iré a la reelección de ninguna manera.

Y, en efecto, en aquella ocasión al menos, se retiró de los comicios.

Durante este banquete tuve la impresión de que en la patria de Máximo Gómez tenía un amigo y un refugio, aunque decidido a aplicar a ellos mi antiguo lema: "Nunca solicitar de nadie un favor, ni acudir a refugios protegidos". Trujillo y yo diferíamos en nuestras concepciones políticas, y si bien la noche del banquete a que me refiero se declaró adverso a la reelección, no dejó de gobernar con acierto algunas veces, con absolutismo dinástico siempre. Su teoría era que los pueblos abusan de la libertad y desconocen el orden político. Yo le manifesté, en las dos ocasiones que nos vimos, que la libertad cura sus propios males y el orden se impone por el interés de todos, dando benéficos resultados sólo cuando responde al interés general.

Pero en homenaje a la verdad, permítaseme decir con toda sinceridad, sin temor a los formuladores de frases mentirosas y a villanos que cuando mandan son fantasmones severos, y cuando hablan, demagogos despreciables, que Leónidas Trujillo era todo un hombre, cualidad que debe preceder al bien y al mal, a lo honesto y a lo deshonesto, a lo justo y a lo injusto. En una era y en un continente con cierta abundancia de simuladores; de algunas mayorías que atacan con crueldad villana y luego huyen cacareando como gallinas; de tantos pobres de espíritus con actitudes heroicas y de antropomórfonos sin solvencia mental, moral ni física, la figura de Trujillo, sus palabras, sus gestos podían ser juzgados hasta con rigor, pero siempre con el respeto que se debe a un producto maduro de la naturaleza.

Esta opinión mía la veré compartida por muchos, especialmente por españoles, a pesar de que, como yo, no aplaudían el personalismo impuesto por el Presidente dominicano. No obstante ser muy posteriores a la era que estoy relatando, deseo consignar algunos acontecimientos de sumo interés.

Encontré a Trujillo sólo una vez más, años después en España, si bien de tiempo en tiempo recibía de él algún mensaje o algún amable recado.

Lo vi en Madrid en un amplio escenario, recibido con mucha deferencia y gran gentileza por el Generalísimo Franco, quien lo acompañaba en tantas de sus visitas y a todos los actos en su honor. Después de una larga permanencia oficial en España, al despedirse, correspondiendo a tantos homenajes recibidos, Trujillo invitó a la familia del Caudillo, con él a la cabeza, y a otras personalidades de Madrid, a visitar la República Dominicana. Yo, que no había siquiera intentado verlo ya que no tenía ningún puesto oficial en Madrid, recibí una llamada telefónica rogándome que no faltara al palacio de la Moncloa, que se había dado como residencia a Trujillo y a su séquito.

A la entrada del Palacio, mientras yo indicaba al chófer que se retirara a donde estaban los otros coches, la policía me dijo que mi coche podía quedarse con el del General Franco y los de algunas personalidades más. Comprendí que me esperaban. Entré al mismo tiempo y del brazo del Conde Vallellano, a la sazón Presidente del Consejo de Estado. Trujillo me vio a distancia, cuando yo avanzaba lentamente en la fila de invitados, abandonó el sitio en que recibía, a la derecha del General Franco, y vino a abrazarme con efusión. Luego me sacó de la fila, me llevó como a un prisionero que puede escaparse, y me puso frente al Caudillo. Hizo de mí muchos elogios en voz alta, pero el General Franco en lugar de sentirse molesto por la manera tan antiprotocolaria de su huésped, dio a la escena un tono mayor exclamando:

—¡Ah!, ¿este es el Dr. Orestes Ferrara que tiene un libro en los escaparates de Madrid, otro, en la imprenta y el tercero listo para enviar al editor?

Una sonrisa general coreó la frase que con original gracejo subrayaba mi fecundidad literaria. Le contesté:

—Excelencia, esta observación denuncia su cortesía habitual.

A pesar de mi larga residencia en Madrid, más de trece años entonces, nunca había encontrado al Jefe de Estado. En aquel momento seguimos cruzándonos frases amables, dominando la voz de Trujillo que no se cansaba de insistir en que yo era un consejero admirable, elogio que no sonaba bien a mis oídos porque habiéndome considerado siempre un hombre de acción, veía este calificativo como de una importancia secundaria. El Palacio estaba atestado de invitados y Trujillo quería seguir conmigo, pero yo le dije al oído:

—Aquí aprecian mucho las formas consagradas. Vuelva al lado del General Franco y no se mueva de allí.

Comprendió bien, y aunque me dijo que no me marchara sin verlo de nuevo, a las nueve abandoné el Palacio. Trujillo regresó a América y no volví a verlo más.

Un último acto de Trujillo relacionado conmigo, me obligó más a la estimación y el cariño que sentía por él. Como veremos en detalle, fui maltratado cuando Fidel Castro asaltó el poder. Desde algún tiempo antes, por varios motivos pensaba reintegrarme a Cuba, por lo que había empezado a enviar mis libros y mi archivo. Al tomar Castro el poder, mi resolución cambió. Los gobernantes elevados por una llamada revolución, que luego analizaremos, me declararon cesante en el puesto que ocupaba: Representante de Cuba en la UNESCO. Pero, ahora, en este 7 de septiembre de 1963 en que escribo, Aniversario de la entrada de Garibaldi, en mi ciudad natal de Nápoles, quiero pagar una deuda de reconocimiento. El General Trujillo pensó en mí, en mi situación moral y monetaria, en el justo momento en que, como a tantos otros, Castro me despojaba de todo.

Un d:a me telefonearon al Ritz de Madrid, desde París, para fijar una hora y recibir al Embajador D'Espaillat, que deseaba entregarme un mensaje personal de Trujillo. Acudí al teléfono, hablé con el Embajador, hicimos una cita para el día siguiente y nos reunimos en el Ritz. Me dijo:

—El General Trujillo sabe lo que le está pasando y desea que conozca usted la actitud que le reserva. Esta será la de un hermano. Nada de preocupaciones, usted tendrá todo lo que tenía hasta ayer.

De antemano sabía que se trataba de ocuparse de mí con todo interés.

En efecto, el Embajador me ofreció, en la UNESCO, en nombre de Santo Domingo, la representación permanente dominicana, en sustitución de la de Cuba que Castro me arrebataba. Mis honorarios serían los mismos que antes devengaba de Cuba. Y añadió que el Presidente pensaba en mí para ponerme al frente de otras funciones retribuidas con sumas adicionales, o sea el doble del sueldo básico que tendría como Embajador ante la UNESCO.

No caí *come corpo morto cade,* como dice el Dante, porque otros afectuosos ofrecimientos me habían llegado de otros horizontes, aunque no tan generosos. Medité un momento y luego exclamé:

—No, Embajador, no. Lo agradezco infinito, pero no y mil veces no. A los amigos nunca les impuse ningún gravamen. Aprecio en alto grado cuanto me ofrece Leónidas Trujillo. Me siento conmovido.

Cap. XX. Actividades jurídicas

Y después le hice una observación que sólo comprenderán los hombres políticos, los buenos:

—Si vivimos en una perfecta honestidad y si los delincuentes nos acusan, no podemos dar pretextos a insinuaciones, tanto más bajas cuanto más bajos son los que las formulan.

En realidad esta frase no se ajustaba rigurosamente a mí, porque yo siempre estaba decidido a no aceptar nada, aun en el caso de ausencia completa de calumniadores.

Después de una larga conversación, quedamos en que el Embajador D'Espaillat comunicaría por cable el resultado de su misión, y que yo escribiría mis motivos, en carta particular, directamente a Trujillo. Así lo hicimos.

Mi carta, copia de la cual conservo, *rara avis,* en el desastre de mi documentación saqueada, fue escrita el 2 de marzo de 1959. Las razones que daba para no aceptar tan honrosa designación, pueden resumirse en este párrafo: "No obstante mi avanzada edad, me consideraría feliz pudiendo aceptar (lo que se me ofrecía). Pero después de un rápido examen de conciencia debo declinar tan alto honor; en la Constitución de mi país, en cuya redacción yo intervine, se consigna un principio que me impide corresponder a la generosidad de la República Dominicana y de usted. No se trata de un pretexto taxativo, sino de un principio *que reclama al ciudadano cubano no aceptar altos cargos de otras naciones.* Yo escogí a Cuba como mi Patria, por impulso de mi corazón; durante sesenta y seis años la he servido sin interrupción, los últimos treinta y cinco en la esfera internacional. Si hoy aceptara representar a otro Gobierno en una posición de tanta responsabilidad como la que usted me ofrece, aun tratándose de Santo Domingo, que para nosotros los cubanos es una prolongación de nuestra Patria, podría dar la impresión de rectificar un acto espontáneo realizado en 1896, cuando me incorporé como soldado del Ejército Libertador. Una injusticia del Gobierno cubano no puede poner en duda este principio. Usted, hombre de decisiones firmes y de energías probadas, comprenderá lo que me exigen las circunstancias de una vida agitada".

Trujillo me contestó rápidamente, el 11 de marzo del mismo año. No argumentó sobre mi decisión, como hubiera hecho un hombre mediocre pensando más en la situación del momento que en los bellos principios. Aceptó con estas palabras sinceras, amables y decisivas: "Las razones en que fundamenta su imposibilidad de aceptar la representación de otra nación ante la asamblea de la UNESCO, son comprensibles, y deploro la decline por lo bien servida que estaría por usted esta función dada su extraordinaria capacidad de internacionalista y su elevado conocimiento de las diversas cuestiones que se debatan en ese organismo especializado de la UNESCO, unido a ello su amor por esta tierra en la que goza de generales simpatías, tanto intelectuales como personales."

Me invitaba después a ir a vivir a Santo Domingo. "Considere, querido amigo, este cordial deseo mío: ¿por qué no viene usted a residir a esta parte de América?". Y no cabe duda de que yo en Santo Domingo gozaba del afecto de Trujillo como del de sus adversarios mismos, especialmente del Doctor Morales, un joven inteligente y culto, considerado en aquellos días como candidato presidencial contrario.

Un buen día leí en los periódicos la noticia del asesinato del Generalísimo Trujillo. Lo deploré, porque como he dicho ya, era un varón fuerte, aunque es sabido que sus ideas de gobierno, no coincidían con las mías. Y también porque he sido siempre contrario a los asesinatos políticos, en nuestra tierra y fuera de ella, ya que no resuelven nada. Un delito llama a otro delito. Y, en fin, porque rebajan y envilecen a las nobles luchas cívicas.

Volviendo a los turbios años que precedieron al 1940, encontramos en Cuba una fuerte tendencia popular en favor de una normalidad constitucional. Machado había cometido el grave error, el más grave aunque no el más combatido, de haber convocado una Convención para redactar una Constitución. El error consistió en dar el ejemplo de que es fácil jugar con los principios sagrados de un pueblo, condensados en una Constitución. Ciertamente Machado lo hizo respetando las formas, llamando al pueblo a elecciones y poniendo, en el gran foro representativo, a hombres de cierto valor, primero entre todos al Dr. Antonio Sánchez de Bustamante, que si bien merecía algunas críticas, no era seguramente en el campo intelectual. La primera ley fundamental cubana que empezó a regir con la instauración de la República, fue un modelo de precisión y un documento que nos honra. La segunda cambió poco o nada las ideas básicas de la primera, si se excluye lo referente a la posición presidencial. Machado obró como un "señor de la Política", que mira abiertamente por sus intereses, dejando intacto lo que no le concierne. No pensó que luego vendrían los "villanos de la Política", que no sólo satisfacen sus ansias de poder, sino que las disfrazan con pretendidas aspiraciones populares. En el período que empieza con el año 1933 vemos desfilar leyes fundamentales con fuerza omnímoda, dictadas por tal o cual gobernante de turno, los cuales derraman en esas páginas sacrílegas su estupidez y su maldad. Así, mientras la primera Constitución se inspiró en los principios adoptados en Inglaterra, Francia y los Estados Unidos, las nuevas a que me estoy refiriendo hicieron caricatura de los documentos mexicanos del período revolucionario y los del mismo género de la República española. Advierto que a estos dos países, México y España, los prefiero y los amo más que a los otros, pero en aquel entonces, por las posiciones imperantes no debieron servir de guía. En cuanto a mí, consideraba tales documentos como la vergüenza de Cuba, y creo que los países democráticos, en general, deben buscar una fórmula que no permita a la exaltación fugaz de una generación, alterar sus leyes constitucionales.

Sin embargo, a pesar de la sucesión ilegal de gobiernos ineptos, reinaba en Cuba una gran aspiración de paz y de orden. Personalmente yo seguía siendo popular y querido por las masas.

En efecto, cuando fui a Santo Domingo desde la Florida, en bellísimo viaje aéreo, después de haber visto desde las nubes "la isla hermosa del ardiente sol", noté que descendíamos a ella. Yo no estaba prevenido de que aterrizábamos en Cuba, pero al poco rato inesperadamente pisaba su tierra. Se trataba de una estacioncita aeronáutica en la parte más despoblada de la provincia oriental. Los primeros campesinos que me vieron se decían unos a otros: "Ese es Ferrara". Luego los empleados de la estación se acercaron a saludarme. Muchos otros los imitaron. Yo no sabía si eran amigos o adversarios, pero sus caras sonrientes fueron como una invitación a conversar. Saludé a todos, abracé a los más efusivos, les hablé. Por poco se improvisa un mitin. Algunos de ellos me habían oído hablar en otros tiempos.

—¡Vuelva, Doctor, vuelva!
—¡Lo necesitamos!

El avión tomó de nuevo el vuelo y yo iba pensando que tenía que volver a Cuba.

Pero, el volver a Cuba significaba para mí, no sólo la muerte segura, sino también que mi asesinato quedaría sin la persecución legal de los asesinos. Yo estaba convencido de que uno de los grupos llamados "revolucionarios", ensuciando así el noble vocablo, me atacaría, y de tener éxito, no habría un solo juez que se atreviera, no ya a castigarlos, sino a llevarlos a un proceso. A pesar de todo esto, yo estaba convencido también de que, como luego se comprobó, mi nombre atraería a las masas cubanas. Y el vehemente deseo de reintegrarme a mi país, de reunirme a mis amigos del pasado, aumentaba con ello.

No me faltaban oportunidades. Pero la eterna historia: mi carácter no admitía protecciones, ni apoyos, ni siquiera defensa. Yo no conozco el odio, pero sí el desprecio, y el desprecio más desdeñoso, más implacable.

La oportunidad mayor me la ofreció el Embajador americano, Míster Caffery, desgraciadamente en forma inaceptable. Ya esto lo he dicho en capítulo anterior, pero me hace falta repetirlo con mayor precisión.

El relato de la intervención del Embajador americano ha sido publicado por mi querido y admirado amigo Rafael Guas. Un día Caffery habló, en entrevista reservada, con Vasconcelos, que en aquellos días dirigía el Partido Liberal, pidiéndole la cooperación para que yo pudiera volver a la Patria. Consideraba fácil todo el resto si yo me comprometía a no continuar mis ataques a Welles y a no hacer política inmediatamente, sino más tarde, cuando los ánimos estuviesen sosegados. Vasconcelos hizo intervenir a Guas, y poco después me comunicaron ambos la propuesta de Caffery. Recibí como un agravio la carta de estos dos amigos, ofreciéndome en estas condiciones mi vuelta a Cuba.

Yo, que había entrado en Cuba con las armas en la mano, a bordo de uno de los barcos que honraron el anterior afrentoso nombre de *filibusteros*; que me había abierto paso entre la metralla; que conservaba los recuerdos aún frescos de Victoria de las Tunas y de la "violación de la Trocha", según la frase del general Arolas; que había recibido el aplauso de Máximo Gómez y las públicas felicitaciones de José Miguel; que en las primeras horas de la República, cuando todavía eran muchos los grandes hombres de Cuba, fui Gobernador de Provincia, Presidente de la Cámara, y Embajador de fama mundial; que, además, había ocupado un asiento en el Consejo de la Liga de las Naciones; ¡ah, no! ¡No sería yo quien volviera a su país mancillando sus propios derechos ciudadanos! Yo había contribuido a crearlos para toda una nación y ahora, ¿se me podía negar a mí su ejercicio? ¡Ah, no...!

Lo referente a Summer Welles, me pareció algo infantil como primera impresión. Luego pensé que podía haber sido inspirado por la próxima campaña electoral, en la que Welles era aspirante senatorial. Precisamente en esta campaña electoral pronuncié un discurso afirmando que el Presidente Roosevelt, con Welles, habían acordado la caída de Machado, ya antes de que el Embajador fuera a ocupar su cargo en Cuba.

Por todo esto contesté a Guas, "que yo era el único en determinar quiénes eran mis amigos y que de Welles no lo sería nunca".

Este desagradable incidente, provocado por la buena voluntad de Caffery (o quizás por órdenes superiores, ya que éste era un funcionario modelo de prudencia), me sirvió para reflexionar y tomar la decisión de volver a Cuba. Yo era el único exiliado que no había regresado. Si deseaba volver a Cuba era preciso hacerlo afrontando los riesgos. "No vengas" —me pedían muchos, mi familia de los primeros, y eso que no eran fáciles de intimidar ya que la rama de mi mujer había sido educada en la palabra heroica de José Martí. Pero, después de vacilar entre las soluciones que se me presentaban, decidí sencillamente aparecerme un día en La Habana a ver lo que pasaba.

Y lo hice a mi manera, recorriendo La Habana solo, yendo por las calles limítrofes de la Universidad, asistiendo al primer mitin que se daba en mi propio barrio, y luego, a otro que se celebró en el Teatro de la ciudad de Camagüey.

Días después, invitado por el Dr. Mascaró, distinguido puertorriqueño que había peleado por la Independencia de Cuba, fui a pronunciar una conferencia en el Club San Carlos de Santiago. Escogí como medio de transporte el avión, y fui sin que nadie me acompañara. Tuvimos que detenernos en el camino por motivos mecánicos, y aterrizamos en Cienfuegos, mi antigua sede electoral. Al saber el ligero accidente, muchos vinieron a saludarme y charlamos hasta que se reanudó el viaje.

La noche de la conferencia, que versaba sobre la "Hegemonía histórica", el conocido Club se llenó con un público de lo más selecto de la ciudad. Pero al empezar, desde la calle, a la que mi voz era llevada por magnavoces, empezaron a oírse las protestas. A ellas siguieron las piedras. El Club cerró las amplias ventanas del gran salón, que daban sobre la plaza. Yo ataqué duramente a la canalla delincuente, lo que hizo aumentar sus iras. Pero seguí hasta el final del discurso que duró una hora. Hubo dos heridos, noble y valiente nadie se retiró, a excepción de los familiares que se llevaron a los dos desafortunados. El Ejército y la Policía intervinieron solamente dando consejos de prudencia. Según me informaron después, ésas eran las instrucciones que habían recibido de La Habana. Un grupo de amigos me hizo salir por una puerta que daba a una calle trasera, hacia la cual en seguida corrieron los asesinos venidos de La Habana, capitaneados por un tipo extraño, llamado *El Colorado*. El Gobernador de la Provincia me recibió en su casa, lo que virtualmente me salvó la vida. Al día siguiente, un largo séquito de automóviles de las más importantes personalidades de Santiago me acompañaron hasta el aeropuerto.

En una calle de La Habana tuve otro incidente por aquellos días. Había ido a pie desde mi casa a mi antigua oficina de la calle Aguiar, casi esquina a la de Obispo. Regresaba por el mismo camino. Durante el largo trayecto, recibí abrazos y saludos afectuosos de amigos a quienes en realidad no recordaba. Poco antes de entrar en la calle de mi casa, y precisamente en la esquina de San Lázaro e Infanta, un joven más bien de modesta estatura, me alcanzó afanosamente. Al detenerme y hacerle frente, con insistencia de niño me preguntaba: "¿Es usted Ferrara? ¿Es usted Ferrara?" Yo le contesté que sí y él me lanzó el puño hacia la cara, pero dada la diferencia de estatura (la mía es de un metro ochenta centímetros) a lo más habría llegado a mi hombro, si no lo hubiese apartado fácilmente con la mano izquierda, mientras con la derecha sacaba el revólver, del cual no me separaba nunca. El joven, que según después me dijeron estudiaba medicina, al verse frente al revólver repetía amedrentado:

—¡No me mate, no me mate!

Con voz sonora y gesto más seguro, un negro vendedor de periódicos se me acercó y me dijo:

—¡Doctor, no le mate!

El joven desapareció. Yo seguí mi camino temiendo que me asaltasen por la espalda. Pero, caso muy original, nadie más se dio cuenta del incidente, a pesar de ser aquel un lugar muy concurrido y de hallarse un policía en el cruce de las cuatro calles.

El mitin de Camagüey tuvo mucha resonancia. Hablé con energía y ataqué de frente. Mi discurso se puede leer en un periódico de La Habana, no completo, pero sí con suficientes referencias. Dije que teníamos dictadores y nombré a Machado y a Batista, pero los califiqué de "dictadores en cuclillas". En efecto, si Machado, el 11 de agosto de 1933 monta a caballo en Columbia y entra en La Habana, no se hubieran registrado ni la habitual traición militar, ni el saqueo de las casas por la plebe. Añadí que yo se lo indiqué más o menos con estas palabras: "O nos vamos ahora mismo en avión al extranjero, o nos ponemos a la cabeza de las tropas del Campamento de Columbia y de las que vengan a La Habana." Pero Machado aplazó el asunto, como lo hacen todos los que se sienten vencidos de antemano.

Ataqué duramente al Dr. Grau San Martín, calificando su actitud como "la de una elegante peripatética de costumbres ligeras, que se recrea en atmósfera de malos perfumes".

Traté duramente a Miguel Mariano Gómez, culpándolo de su mala suerte ya que se había rodeado de elementos sin vigor, teniendo a su disposición tantos liberales que habían seguido siempre las victoriosas cohortes de su padre.

Atropellé a los nuevos partidos y especialmente al "Auténtico", celebrando que entre tanta podredumbre lo calificasen de tal, pues en ese ambiente la expresión le correspondía.

El discurso fue pronunciado desde el palco principal, a la izquierda del proscenio, teniendo yo a mi lado al querido Rafael Guas, quien, como yo, no había excluido la posibilidad de un ataque de ametralladoras durante la violenta diatriba.

Pero las repercusiones que tuvo esta intervención mía, en la lucha que se preparaba, fueron importantes. El entonces Coronel Batista, interrogado por los periodistas declaró que, dada esta actitud mía, al poder público le era difícil garantizar mi vida. Contesté con la misma vehemencia de todos mis actos de aquellos días. Algunos periódicos consignaron mis palabras. Más o menos dije que ya sabía que el poder público no me podía defender, y que ya un día le había dicho al General Monteagudo "que me defendía con mi vida, sin necesidad de policías ni soldados". Mis alardes de vigor cívico, sin embargo, valían muy poco en los días en que las ametralladoras eran usadas impunemente. En cambio, la declaración del Jefe del Ejército era una invitación, probablemente involuntaria, a "matanza libre", como la califiqué entonces.

En efecto, muy pronto asesinaron al portero nocturno de mi casa, cuando a la caída del sol venía a tomar su puesto. Algunos días más tarde asesinaron a un visitante que salía de mi residencia. Luego cayó mi chófer. Algunos amigos me reprochaban el uso de empleados o policías del tiempo de Machado. Yo nunca había visto a esos policías y había condenado sus abusos, como condenaba los asesinatos continuos de la oposición, tanto que el Jefe de la Policía Ainciarte, hombre estrictamente honrado en lo que se refiere al dinero público, pero excesivamente violento, al encontrarlo en Palacio le dije que "él deshonraba al país más que toda la oposición".

Pero ahora, siendo perseguido tan injustamente, no perdonaba a nadie la debilidad frente a unos criminales de la peor calaña. La cadena de delincuentes venía aumentando impunemente. En la Oficina de la Policía de mi distrito se aprobó con énfasis la muerte de mi portero, antiguo policía. Organizaciones conocidas con el nombre de "bonches", habiendo escogido la Universidad como centro de sus fechorías, preparaban y ejecutaban sus delitos a vista y paciencia de las autoridades. Naturalmente, el hombre más odiado era yo. De todas partes me anunciaban atentados inmediatos. Pepín Rivero, director de *El Diario de la Marina* vino a suplicarle a mi mujer que me obligara a salir de Cuba; el Presidente de la República, Dr. Federico Laredo Bru, me pidió que me mudara de casa, pues estaba a la sombra de la Universidad, la que se calificaba de "libre" porque en ella el Poder público no tenía autoridad. El periodista Aristigueta vino a mi casa a pedirme que no saliera a la calle, porque le constaba que me matarían; un joven notario de apellido Romero me comunicó, horrorizado, todo el plan de ataque. Las advertencias eran sólo un pálido reflejo de la realidad y ésta era que en todas partes esperaban mi muerte, lo que provocó lo inesperado: una reacción a mi favor.

En efecto, mientras más determinada y enérgica era mi actitud, más lo era también mi popularidad entre las masas. El pueblo cubano, muy inteligente, sabía que si en Cuba había habido un auténtico y constante antimachadista, ese era yo y yo solo. (Quizás habría que unir a mi nombre al de Laredo Bru, a pesar de que éste no se interesaba entonces mucho en política).

El pueblo sabía también que me había opuesto al régimen unipersonal, a la reelección y a la violencia; y sabía lo que parece estar saliendo a la luz hoy, con la publicación de las cartas que escribía constantemente desde Washington al Presidente Machado, es decir que yo, su Embajador seguía siendo el paladín de toda libertad. Nadie ignoraba que yo, siendo Secretario de Relaciones Exteriores, tenía siempre la puerta abierta y acogía en mi casa a los que se creían perseguidos. Se sabía algo más: que cuando Machado fue a la reelección, casi la única persona política importante que no asistió a ningún acto oficial de los muchos y muy entusiastas que se celebraron, fui yo. Ciertamente se abstuvieron también Cosme de la Torriente y Mendieta, pero ambos aspiraban al cargo que entonces Machado prolongaba por cuatro años más, lo que no era mi caso. Era de dominio público que el Presidente me honraba en la forma más elevada y que toleraba mis exabruptos. Se sabía, en fin, que yo había mantenido intacta mi fe liberal por encima del vaivén de las pasiones; y la persecución de un grupo de delincuentes se atribuía a que, en medio de tanta cobardía, levantara yo mi voz calificando como merecían a esos pseudo-estudiantes habitantes de las escaleras y no de las aulas de la Universidad, carentes de toda cultura y de toda moral, gente inmunda, por lo tanto.

Así, mientras el peligro de muerte se precisaba, crecía mi popularidad. No obstante los grandes males y la decadencia que se han presentado después, debo confesar que el período más bochornoso por el cual ha pasado Cuba y en el cual los hombres públicos fueron más viles, las autoridades más ineptas, las masas llenas de justificado temor y la delincuencia más imperante, fue precisamente el de la época a que me estoy refiriendo.

Obedeciendo a la súplica de mis familiares y de mis amigos, y para rehuir atentados inminentes, hice algunos breves viajes a los Estados Unidos. Mis asesinos, cada uno de los cuales había sido bautizado con un remoquete vulgar, me hubieran podido alcanzar fácilmente, pues yo me quedaba en el Sur, pero nunca lo intentaron. Y había una razón para ello, que en los Estados Unidos se castigaba el asesinato mientras ellos, en cambio, buscaban un premio. Mi muerte hubiera dado a ellos el dominio absoluto de la política cubana del momento.

En uno de estos viajes fui a descansar en Las Carolinas, a un lugar de verano llamado Bluff Point, o algo parecido; allí escribí un libro que apareció con el título de *La última Intervención Europea en América* y que fue traducido al inglés con el impropio de *The Last Spanish War*.

Al amanecer del año 40, fue convocada la Convención Constituyente gracias a los esfuerzos de los mejores elementos de aquella triste hora, entre los cuales se encontraban los que combatieron a Machado, animados de ideas de mejoría; los liberales, que deseaban poder aspirar dentro de principios constitucionales; y Batista que, siendo el responsable del orden público, había comenzado a comprender que de seguir el predominio de los malhechores de oficio, su misión sería estéril.

El doctor Capestany, un liberal de Las Villas, me pidió con insistencia y afecto que fuera uno de los candidatos de aquella provincia. Acepté para tener la prueba de ser todavía amado por el pueblo cubano, como creía haberlo sido siempre. Prometí pronunciar un solo discurso electoral y eso en Santa Clara, capital de la Provincia. Así lo hice, aunque tuve después que pronunciar otro en Sancti Spíritus, en cuya jurisdicción había combatido durante un año.

Salí electo, como siempre el primero de la lista. Sin embargo, manipulaciones sacrílegas de algún jefe liberal, con elementos de otro grupo, hicieron aparecer mi nombre como el segundo, pero yo quedé sumamente satisfecho por las múltiples manifestaciones de júbilo de que fue objeto, no sólo en la Provincia, sino en todas partes. Mi casa estaba llena de amigos y de enemigos, de la mañana a la tarde. Repito, ésta fue una gran satisfacción para el espíritu de luchador que siempre hubo en mí.

Capítulo XXI

LA CONSTITUYENTE
Y
EL COMIENZO DE UN NUEVO EXILIO

Sin mantener mi candidatura en campo abierto, mi elección fue un triunfo como los que alcanzaba en los viejos tiempos. Capestany, que dirigió la campaña liberal, me dio la noticia con efusivo júbilo. Acepté las felicitaciones de mis numerosos amigos, muchos de los cuales, patriotas sinceros, me gritaban con entusiasmo: "¡El pueblo de Cuba es siempre el mismo!". Yo recibía complacido estas manifestaciones, pero en mis adentros había tomado la determinación de renunciar, o más bien de no aceptar el cargo, confesando el motivo que me impulsaba a tomar una actitud aparentemente desdeñosa. En efecto, el día de la convocatoria de la Asamblea, en lugar de presentar mis credenciales envié las dimisiones. Mi carta, redactada con tranquilidad, con serenidad sincera, fue leída en la Asamblea, la cual acordó su reproducción en el *Diario de Sesiones*. La votación rechazando las dimisiones fue total, menos una abstención, la de un delegado que parece haber sido vice-Presidente de un grupo político llamado "Los Incondicionales de Machado", que además había propuesto y alentado la elevación del Presidente Machado a *Doctor Honoris Causa* de la Universidad, y que, ya separado de Machado por motivos profesionales, había escrito en mi honor un artículo en el periódico *El País*, lleno de elogios fervorosos. Pero hubo no sólo el voto favorable, como he dicho, de la totalidad o casi totalidad de la Asamblea, sino discursos en favor de la tesis que yo indirectamente sostenía, o sea la libre soberanía de la Constituyente.

Los jóvenes más rebeldes durante el segundo período de Machado,

CAP. XXI. La Constituyente y el comienzo de un nuevo exilio

período que yo también combatí, me demostraron con su palabra un alto grado de generosidad, que sinceramente agradecí. Tuvo gran influencia en mí la actitud de Eddy Chibás, no porque lo considerara entonces mente de relieve, sino porque era uno de los combatientes más decididos y eficaces que había tenido el régimen que un Presidente extranjero ordenó un día que desapareciera. Chibás era hijo de un ingeniero muy respetado y querido, unido por una gran amistad a Salvador Guastella. Para mí, Salvador era como un compañero de la juventud, y lo había conocido durante la primera intervención americana, a principios del siglo. Un día Guastella, con la cara más estirada que de costumbre, me vino a ver a la Secretaría de Estado.

—Te vengo a ver —dijo— porque la Policía quiere matar a los dos hijos de Chibás, y esto tú lo tienes que evitar de todas maneras.

Le contesté:

—Voy a ocuparme del asunto ahora mismo.

Y después de haber despedido a un diplomático que ya había entrado al salón a esperarme, llamé a la Jefatura de Policía. Imposible hablar con nadie, Ainciarte, según supe después, había ordenado que no me comunicaran con él, dando la consigna de que "estaba ausente". Llamé al Presidente. Este, al oír las indicaciones de Guastella que yo le repetía exclamó:

—Pero, Orestes, ¿tú también crees que mi gobierno es un gobierno de asesinos?

—No —le repliqué— no lo creo, pero no puedes negar que hay algunos muertos de un lado como del otro; es deber tuyo y mío evitar más muertes.

Iba a continuar cuando Machado me atajó:

—Oye, oye, oye, cuando se escriba la historia de estos muertos, se reducirán a muchos policías asesinados y a un pequeño número de muchachos locos.

Y sin que yo pudiera replicar, añadió:

—Oye, dile a Chibás que su primer hijo está ya fuera de Cuba, por mi condescendencia y que al más joven, cualquier cosa que haga, nadie le hará nada.

Quise insistir al replicarle que él bien sabía que los policías estaban irritados y que sería útil... Pero me interrumpió:

—Mi palabra es mi palabra y mi autoridad no es una broma.

Tranquilicé a Guastella y éste, más tarde, al buen padre alarmado. Eddy Chibás nunca supo nada de esta intervención mía. Y sin embargo, con el discurso, en la Asamblea, pagó involuntariamente la deuda que no conocía.

Todo el Partido Auténtico, todos los que habían formado parte en la antigua agrupación llamada "ABC", todos los comunistas y los representantes de los Partidos tradicionales, en fin, toda la Asamblea, teniendo a la cabeza a los que en ocasiones yo había maltratado de palabra, votaron a mi favor. Decidí aceptar ese segundo mandato popular e ir a ocupar mi puesto. Y no recuerdo haber dado las gracias a nadie, ni en público ni en privado. Al contrario, pocos días después tuve un pequeño pero picante incidente con Pelayo Cuervo. Me da pena recordar nombres pues con los incontables martirios que nuestra Patria ha sufrido en aquella hora y más aún después, muchos nombres han desaparecido de la contienda política. El joven Chibás, que llegó a despertar un entusiasmo general poco común en las democracias, se suicidó mientras Pelayo Cuervo parece haber sido asesinado por haber tomado parte en la conspiración del asalto al Palacio Presidencial, cuando en tiempos de Batista, el pueblo estaba verdaderamente decidido a librar una dura batalla.

La Constituyente no me agradó. La mayoría de sus miembros no estaban a la altura de su misión. Los grupos dominantes, por energía y audacia, eran el comunista y los antiguos fascistas. El primero, poco consistente, si se excluían a Marinello y a Agüero, ambos buenos oradores. Estos dos grupos dictaron la Constitución, aunque José Manuel Cortina, viejo parlamentario, le puso sordina a las notas más discordantes. El joven que se evidenció por su hábil y acertada actitud fue Prío Socarrás. Desde los primeros días afirmé: "Este joven irá muy lejos". Y en efecto, llegó a la Presidencia con suma facilidad y precocidad, en una época en que aspiraban a ella hombres como Saladrigas, Alonso Pujol, Rafael Guas y otros. Prío Socarrás, desde el primer momento se hacía fácilmente amigo de los que conocía, por su sonrisa, por su lenguaje poco retórico, pero abierto y franco. Entre los intelectuales de la Asamblea hay que citar al doctor Grau San Martín con quien sostuve, en los primeros días de nuestras reuniones, una conversación muy interesante sobre la evolución política cubana de este último período. El doctor Grau San Martín que se franqueó conmigo por ser ambos profesores de la misma Universidad, aunque pertenecientes a distintas Facultades, no me negó que la hora era crítica y que la influencia militar por un lado, y la juventud por el otro, dificultaban la vida política del país. En el curso de la larga entrevista me dijo con noble espontaneidad.

—El crimen de Machado es el de haber comprometido con subterfugio a los cubanos de más valor.

Seguimos nuestro análisis cayendo de acuerdo sobre todos los puntos, y mi opinión es que, en tiempos normales, Grau San Martín hubiera sido un buen Presidente. Para la hora agitada no le faltaba energía, pero le obsesionaba el temor de caer en la fácil impopularidad de tales tiempos.

CAP. XXI. *La Constituyente y el comienzo de un nuevo exilio* 467

Le faltaba también la concisión de quien sabe mandar y la resolución rápida y vibrante. Había sido precedentemente médico, y simplemente médico. Tenía facultades para convencer y seducir, al mismo tiempo parecía estar seguro de sí mismo y de que sus juicios eran acertados.

Los viejos políticos dominaban la Asamblea en privado, pero no en público. Para Cortina, Guas, Márquez Sterling, Casanova, Hornedo, Miguel Suárez hijo, Zaydín y otros, dotar al país de una Constitución era un trámite para establecer el orden y convivir en paz.

Como ya he dicho, los grupos comunistas y fascistas tenían su programa y coincidían en el mismo, en lo referente a poner en las manos del Estado la totalidad de la vida privada y de la vida pública. Los fascistas del "ABC", hombres cultos y de talento, ya no se llamaban fascistas, aunque lo seguían siendo. En Madrid, años más tarde al pronunciar yo una conferencia (a la cual asistieron el Ministro de Estado, el ilustre y prudente Martín Artajo, el Nuncio Apostólico, Monseñor Cicognani, el jefe de la Falange, luego Embajador y Ministro de Gabinete y con ellos todos lo que de notable y honorable tiene la capital de España), yo condené el trabajo hecho en La Habana en 1940.

¿Cuál fue mi labor personal? Yo me proponía hacer mucho, por lo menos combatir lo que yo consideraba que eran errores. Pero el primero de marzo de aquel año se atentó contra mi vida y, herido, tuve que estar en un hospital durante más de dos meses. Habiendo regresado a la Asamblea todavía sin cicatrizarse mis heridas, encontré cerrado ya el proyecto constitucional y hasta casi terminada la labor de las Comisiones. A pesar de ello, yo me hubiera batido en las reuniones plenarias, para cancelar, o por lo menos para disminuir la estatolatría del proyecto. Pero, el eterno pero, tuve que favorecer el proyecto en lugar de combatirlo, porque el mandato de la Asamblea tenía un tiempo limitado y vencía en una veintena de días. Yo tuve que unir mi voz a la de los compañeros que alegaban ser indispensable, no una Constitución cualquiera, a fin de evitar los abusos militares y neutralizar a los grupos armados. Aun opinando en contra del documento redactado, la necesidad me puso en su favor. Yo consideré como absoluto el plazo fijado y con dos actos decisivos míos hice avanzar el documento aborrecido hacia su terminación.

El primero fue provocar la dimisión del Presidente doctor Grau San Martín y reducir los discursos a no más de cinco minutos; y el segundo aprobar los artículos del proyecto que no tuviesen enmiendas ya presentadas. El doctor Grau San Martín era un Presidente excesivamente amable, y casi aproveché un cambio de ideas entre los miembros de un grupo político, para obtener su dimisión. Hombre de amor propio, provoqué su abandono de la silla presidencial de la Asamblea, recordándole que su presidencia dependía ahora de la voluntad de otros miembros de la Asamblea, o sea, de nosotros los liberales. Carlos Márquez Sterling lo sustituyó.

El segundo punto, que era el más importante, me fue más difícil aceptarlo, pero cuando me convencí, con razón o sin ella, de que la Constitución nacería viciada del seno de la misma Asamblea, cerré los ojos y fui precisamente yo quien propuso la aprobación a la mayoría de los artículos sin enmiendas. De positivo hice poco o nada. Lo que tuvo más importancia en estas rectificaciones fue la anulación de unos artículos sobre la libertad de la enseñanza, que me valió gran número de felicitaciones telegráficas, la primera de ellas firmada por el Arzobispo de Santiago de Cuba. Francamente, confieso que yo no esperaba aplausos de las derechas, ni del pensamiento político y religioso. En conjunto diré que si estuve descontento de la Asamblea, lo estuve también de mí, aunque dejo al lector que formule por sí solo su juicio, tomando en cuenta la obligada y larga ausencia mía, así como las reglas restrictivas impuestas en las discusiones.

En una autobiografía no puedo silenciar el ataque de que fui víctima. El primero de marzo de 1940 mi mujer había invitado a almorzar a un ilustre orador que había venido a Cuba a dar conferencias sobre la llamada Ciencia Cristiana. Asistieron a nuestro almuerzo muchas personas amigas. Las sesiones de la Convención comenzaban a las tres de la tarde, y yo, puntual por hábito, no dejaba de llegar nunca a la hora, así que dándome cuenta de que el almuerzo se prolongaba, al tomar el café me despedí de nuestros huéspedes en lugar de despedirlos yo a ellos. El invitado de honor, al oír la causa de mis saludos anticipados, me preguntó si podía venir conmigo a la sesión de la Constituyente. Le contesté que estaba retrasado, pero que avisaría a la entrada del Capitolio su llegada, con el encargo de que lo llevasen a la tribuna pública. Al bajar, el criado que me acompañó me dijo que el doctor José Manuel Cortina había telefoneado y que me rogaba esperar su llegada. Como sabía que el amigo y colega era impuntual, le dejé dicho que no podía esperarlo porque quería asistir, como siempre, a la apertura de la sesión. Al llegar a la puerta de la casa noté que mi automóvil no estaba allí, y en cambio el chófer se paseaba tranquilamente por el jardín. Le grité: "¡El automóvil! ¡El automóvil!" Me contestó que estaba en el garage porque no tenía gasolina. Sin quedarme a discutir sobre lo extraño del caso, hice llamar a un automóvil de alquiler.

El chófer de este vehículo parece que me conocía, pues me estrechó la mano ya que, según él, no me veía desde hacía algunos años. Lo saludé con simpatía pero le dije que yo estaba con prisa, que bajara hasta la calle inmediatamente y doblara por San Rafael, derecho al Capitolio. La puerta de mi casa que daba a la calle San Miguel, fue por la que salió.

El hombre lo hizo así. Desde mi elección, la Constituyente me había dado un policía para acompañarme, y éste se sentó al lado del chófer, mientras yo me instalé a la izquierda del asiento interior, teniendo a mi derecha al joven Armada, que me servía de secretario. Recorrimos los cincuenta metros que me separaban de la calle Infanta, doblamos a la izquierda en la primera esquina para desembocar en la calle de San Rafael. A los pocos metros de rodar por ésta, oí el ruido de un auto que frenaba con violencia para dar una vuelta inesperada, y casi al mismo tiempo descargas repetidas de ametralladoras o escopetas largas. Un auto desfilaba a la izquierda, haciéndonos víctimas de sus disparos. Lo primero que vi fue el cráneo abierto del pobre chófer, que bajo el sol me hizo el efecto de un crisol en ebullición. El automóvil asaltante hizo las descargas desde atrás y rodó rápido a nuestro lado izquierdo. Yo me incliné hacia un lado y saqué mi revólver, pero cuando pude haber hecho uso de él, los asaltantes estaban ya muy lejos. Armada me tomó por el brazo y me preguntó inquieto y con gentileza:

—¿Está usted herido?

—Creo que no —contesté.

En efecto, no sentía más que un toquecito en la parte alta de la espalda.

Como la calle de San Rafael desciende en aquel tramo, el coche seguía rodando, pero un joven vigoroso subió a él y lo frenó. Abrí la puerta y bajé, sin saber que yo también estaba herido. El policía que nos acompañaba se alejó algo buscando otro policía, pero como no apareciera ninguno, hizo unos disparos al aire para llamar la atención.

La ausencia de guardia del orden contrastaba con la llegada rápida de todos los vecinos. También acudieron algunos automóviles. El primero que llegó me ofreció llevarme al hospital de Emergencias. Le rogué que mas bien recogiera al pobre muerto, que todavía estaba en su puesto.

Además —añadí— yo no estoy herido.

Rectificaron mi optimismo unos muchachos que en numeroso grupo me rodeaba, diciéndome:

—¡Si lo está, si lo está!

Y con sus dedos expresivos y sus ojos compungidos me indicaron la parte izquierda de mi espalda. Y en efecto, yo empezaba a sentirla como mojada. Otras personas que me estimaban, conocidos míos del barrio, me hicieron subir a un auto y me llevaron a Emergencias. Al chófer le pagué un peso, por no tener dinero suelto, pero él rehusó aceptarlo, deseándome una rápida curación. Ningún policía me acompañó a Emergencias, ni siquiera el buen hombre que desde unos cuantos días tenía el encargo de defenderme. Algunos policías que llegaron en ese momento ni siquiera me saludaron.

En Emergencias me abandonaron los tres o cuatro jóvenes que habían venido en mi coche. Subí la escalera solo, pero parece que con fantástica rapidez había circulado la noticia de mi muerte. El doctor que estaba de guardia me recibió con solicitud. Creo que se llamaba Maceo y era descendiente del héroe epónimo cubano. Hecho curioso: María Luisa, que recibió casi instantáneamente la noticia del atentado, transmitida telefónicamente por el inteligente periodista Lamar Schwayer, la conoció después de mi familia, que vivía en Nápoles. La mujer de mi hermano mayor tenía su radio abierto en el salón, cuando oyó que se interrumpía la emisión para dar la noticia de la muerte del doctor Orestes Ferrara en una calle de La Habana.

Vigorosa y fuerte, angel tutelar de todas las batallas de la vida, María Luisa vino al hospital, que ya estaba repleto de gente. Casi todos los miembros de la Convención estaban allí. El director de la institución que me había recibido, un cirujano de gran valer, estaba presente y rodeado de sus mejores colegas de La Habana. Y pronto vino también el Presidente de la República. El General Batista me envió un afectuoso mensaje.

Yo tenía muchas balas en el cuerpo. No comprendí entonces, ni siquiera ahora que escribo veintitrés años después del hecho, cómo pudo ser que ocho o diez balas entraran en mi cuerpo; dos sobre la tercera costilla, tres en el hombro izquierdo, una cerca de la parte más alta de la espina dorsal, y otras más diseminadas aquí y allá, en lugares del cuerpo que parecían peligrosos, pero que la benévola naturaleza pudo detener como en situación de espera. Estuve entre la vida y la muerte. Al mes me operaron en el Hospital Militar. En esta ocasión conocí mejor al General Batista, que iba a visitarme con frecuencia.

Al salir del hospital, dos meses después del atentado, fui a la Convención con el brazo y la espalda voluminosamente vendados, un doctor de apellido García, de nacionalidad española, me aconsejó que me operase y me hiciera extraer una bala alojada en el cuello. La operación se llevó a cabo en España, con perfecto resultado. Y no cabe duda de que por algunos días, en aquel para mí inolvidable marzo de 1940, la muerte me rondaba. Pero yo, al tercer día, me consideré fuera de peligro. Una vez más el peligro fue vencido por mi vehemente deseo de vivir. Hoy podría decir, que como lo dijo en el año 23, en un discurso, el Embajador mexicano Puig y Casauranc: "Todavía este hombre se agita en las contiendas del bien y del mal y avanza con amoroso anhelo en el campo de la cultura".

Pero volvamos a las sesiones de la Convención. Después de algunos discursos de los principales delegados, el último día de las sesiones pedí la palabra, que me fue concedida, pero, debido a una terrible confusión de voces alteradas y de gritos, no me dejaron hablar. Lo que fue un bien para mí. Mi propósito era poner en evidencia los errores cometidos y tratar de algo sospechoso que había llegado a mis oídos, sobre una ley que no tenía nada que ver con la Constitución, aunque sí, y mucho, con los intereses particulares de los miembros.

Días después Laredo Bru, Presidente entonces de la República *in partibus infidelium*, me mandó llamar. Más que cordial, nuestra conversación fue fraternal. Tratamos sobre la vida pública en nuestro país, sobre el desorden traído por la delincuencia común que había penetrado en la política, y de las graves dificultades del futuro. Con su acostumbrada espontaneidad me repetía:

—Esto no lo arregla nadie. Te dije que te mudaras de tu casa para evitar que en la Universidad se organizara un complot, no por los estudiantes, sino por grupos de asesinos en su mayoría extranjeros. No me quisiste oír. El atentado vino y sólo tu clásica buena suerte te salvó. Ahora te advierto que debes abandonar a Cuba por algunos años. Por esto, te hago extender el nombramiento de Embajador en España. Te pido que aceptes en nombre de los cuarenta y dos años de afecto que nos hemos tenido.

Su palabra nerviosa pero penetrante me conmovió. Pocos días después salía para Nueva York a fin de continuar viaje de allí para España.

En el Hotel Ritz, en donde fui a parar como en otros tiempos, encontré al ex-Embajador Oscar Cintas y a la mayoría de mis viejos conocidos de Wall Street. Por la presión amistosa de todos ellos estuve a punto de cambiar el rumbo de mi vida. Cintas me propuso una comunidad de negocios muy remunerativa. Sosthenes Behn me abrió todas las puertas de la International Telephone and Telegraph. Salvador D'Antoni, de Vaccaro Brother, de Nueva Orleáns, con Joseph di Giorgio, de California, vinieron a Nueva York para brindarme su cooperación. Giannini, el héroe económico californiano, no pudo ser más generoso al ofrecerme entrar en su vasto imperio bancario, del cual yo había formado parte en años anteriores. No sigo consignando aquí nombres porque estos bastan para indicar que no habían sido olvidados los éxitos míos de otros tiempos. Sólo diré que en esta hora asimismo se manifestaba la presencia y la amistad de algunas relevantes personalidades, como por ejemplo del ilustre Norman Davis sub-Secretario de Estado en la época wilsoniana, y de un Embajador de alta significación, Mr. Morrow, miembro de la Casa Morgan, cuya inteligente hija había casado con Lindbergh, también con Mr. Stetinius y otros de destacada alcurnia en las finanzas. Estos numerosos contactos míos en el mundo de los negocios hicieron decir a Benny Baruch un día en que yo me calificaba de extranjero:

—No me digas eso, si has nacido en Wall Street.

Resistí a todo y a todos. Quería escribir para la posteridad. Creí erróneamente que mi vida sería más breve, o digamos menos larga de lo que va siendo, y aspiraba a que mis años postreros fuesen dedicados a la cultura, a la mía y a la de los demás. España era el país apropiado para llevar una vida tranquila y activa de lecturas y producciones. La Embajada de un Estado no grande, se puede transformar en un monasterio o en un salón de baile.

Llegué a España, pues, recibiendo una sorpresa que hubiera impresionado a muchos, pero no a mí: el Gobierno español, si bien agradecía, según se afirmaba, que le hubiesen enviado a una persona de antecedentes tan relevantes, no deseaba recibir en aquellos momentos a un Embajador de Cuba, ni tenía la intención de enviar Embajador a La Habana, restableciendo relaciones normales entre los dos países. Decíase que la causa de esta actitud era el haberse dejado salir del puerto de La Habana el vapor *Manuel Arnuz*, de bandera española, a raíz de la guerra civil en España. Yo no sabía ni siquiera que existiera un vapor con tal nombre y además suponía que el Ministerio de Estado nuestro, al enviarme con un nombramiento en regla, contaba ya con el "agrément" del Gobierno de España. Pero no era así. Desde Machado en adelante los errores cometidos en este Ministerio fueron enormes, algunos de ellos dignos de una zarzuela. Recordarlos aquí para condenarlos sería útil, pero la condena caería sobre unos Ministros demasiado condescendientes con Presidentes ignorantes en la materia.

Yo me dije para mí: "Aquí no hay nada que hacer, pero debemos salvar el honor". Y pedí al Ministro español de Asuntos Exteriores, que lo era entonces el General Beigsbeder, una entrevista para tratar del caso del barco. Pensé que una entrevista sobre la cuestión que impedía las relaciones normales no podía ser negada, sin evidenciar que el motivo alegado era un simple pretexto. Beigsbeder contestó que me recibiría con mucho gusto.

Pocas veces había encontrado yo un espíritu más abierto, más agradable y más espontáneo y sincero que el de este señor. Ciertos aspectos de su carácter coincidían con los del mío. Charlamos unas dos horas. Sobre el *Manuel Arnuz* le dije que le daría toda razón si me dijera lo que deseaba que hiciéramos. El Ministro me probó, al contestarme, que conocía la cuestión aún menos que yo. Casi de común acuerdo, dejamos el barco descansando tranquilamente en las aguas de México, país éste al que se había dirigido y que era sede del Gobierno en el exilio de la fenecida República española. Empezamos entonces a tratar sobre la posibilidad de la entrada de los Estados Unidos en la guerra, ya en pleno desarrollo en Europa.

En cierto momento Beigsbeder me dijo:

—La paz es fácil, la guerra es inútil y peligrosa. Que vengan aquí a discutir y yo le aseguro que, mediante nuestra actitud leal, se irían con las bases de un Tratado de buena y larga paz.

A diferencia de su sucesor Serrano Suñer, Beigsbeder se expresaba como un neutral sincero, y yo tenía la impresión de que repetía las opiniones del General Franco. Al final de nuestra entrevista, casi al oído me dijo:

—Lo de Cuba lo arreglaremos usted y yo...

Quedó algún tiempo más en el Ministerio, pero la tendencia de la política exterior de España no iba por el camino de sus deseos. Le vi muchas veces después que dejó su importante cargo. En un banquete, una noche encantó a todos los que estábamos cerca de él, refiriéndonos las costumbres árabes, especialmente las familiares. "El matrimonio múltiple —exclamó en un momento dado— es el peso más doloroso que aflige al árabe". Explicó que normalmente éste se hallaba obligado a la poligamia. Nos trató de las relaciones de los hijos en familia tan complicada, y de la buena amistad que las múltiples esposas mantienen entre sí. Lo que entre cristianos radicalmente sería incompatible, entre ellas se resuelve en armonía. Nos dijo conocer profundamente la parte española de esta raza extensa y compleja...

Por otra parte Beigsbeder había estado algún tiempo de Agregado Militar en Alemania, pero de este hombre tan elegante en lo físico como en lo moral, no pude alcanzar ni la más mínima declaración sobre la guerra. Alardeaba de neutral, pero yo, con razón o sin ella, lo consideraba pro-inglés.

En el trascurso del tiempo estreché mayor amistad con este caballero franco, dominante y sincero. Era un escrupuloso lector de mis libros. Y digo escrupuloso, porque muchos otros leen saltando páginas y hasta capítulos, equivocándose hasta el punto de que opino, que, en estos casos, es mejor no leer en absoluto que leer a saltos. La última vez que le vi fue en la Gran Vía.

—Acompáñeme —me dijo.

Pero al minuto se detuvo:

—A propósito ¿cómo dice usted que la batalla de Rávena la ganaron los franceses? Todos los libros que he leído aseguran que la ganaron los españoles.

Le contesté que muchos historiadores habían hablado de victoria conjunta española e italiana, porque los franceses perdieron en el combate a Gastón de Foix, el jefe de sus huestes. Pero, en realidad, el ejército francés entró en Rávena y los españoles, en retirada, vieron a su jefe salir apresuradamente rumbo a Nápoles.

Beigsbeder murmuró:

—Es exacto...

Y luego, mirándome de reojo:

—Como nos pueda dar un mazazo en la cabeza, nos lo da.

Yo entonces, muy en serio, le hablé de mi teoría sobre la verdad histórica, y terminé diciéndole que tuviera en cuenta que yo era víctima de una verdadera calumnia al achacárseme ser el último y más fervoroso adepto de la Leyenda Negra.

—Es falso, —le repliqué— soy un devoto de España y he defendido a un sinnúmero de personajes históricos. El Papa Alejandro VI, Fernando el Católico, Enrique IV han encontrado en mí a un paladín de la verdad, aclarando y negando ciertos hechos seculares que los difamaban. Y esta verdad es más útil a los pueblos, más que las apologías. Si los historiadores españoles en lugar de hablar de sus grandes conquistas hubieran dicho que su Imperio en Europa es obra de la Casa de Austria; si hubieran hecho notar que el limitado número de hombres armados de su nación que tomaron parte en las grandes batallas en la época de su grandeza, como el caso de Rávena ya señalado, y los de Pavía, de San Quintín, de Lepanto; si se les hubiese hecho ver la verdad a las sucesivas generaciones, esto es, que el soldado español contribuyó siempre con brío donde fue llamado, pero que las deficiencias del transporte marítimo impidieron que concurrieran en número suficiente para calificarse de único vencedor; si en fin, hubiesen analizado las virtudes de los de abajo y se hubiesen condenado ciertas erróneas reglas favorables a los de arriba, como no obligar a los de la nobleza a seguir a su rey en las guerras extranjeras, no hubiera habido Leyenda Negra, pero sí mayor energía en defender las verdaderas conquistas españolas, o sea, las de América y las de Africa.

Beigsbeder me miró de arriba abajo, meneó la cabeza varias veces y se mostró anonadado. Luego, con entonación sibiliana, a pesar de que estábamos solos, me dijo:

—Puede ser que usted tenga razón, pero no hable así con todo el mundo...

Lo saludé con afecto y fuimos rumbo opuesto. No nos volvimos a ver más. Murió en pleno vigor. Fue típicamente español en el porte y en el espíritu.

Esta conversación en plena calle con el antiguo Ministro de Asuntos Exteriores, prueba que la paz espiritual que buscaba era ya una vana aspiración. En efecto, mis palabras respondían a una situación ya creada por un libro que publiqué en España, bajo el título de *Un Pleito Sucesorio*, en la edición francesa *L'Avenement d'Isabelle la Catholique*. La censura permitió su publicación, pero después de muchos titubeos. La Academia de la Historia, en cambio, hizo suyo un opúsculo del académico señor Llanos y Torrijos, bastante duro, pero sobre todo no suficientemente meditado. Mi contradictor, muy mayor en edad y enfermo, al

CAP. XXI. *La Constituyente y el comienzo de un nuevo exilio* 475

punto de que murió al poco tiempo, sencillamente no había leído mi libro. Irritado por la tesis de la usurpación que yo sostenía, dado que Isabel era simplemente medio hermana de Enrique IV de Castilla, cuando existía una hija de este rey, reconocida además como heredera, se lanzó a hacerme algunas acusaciones: la primera, que yo no había tenido en cuenta la importancia de Cabrera y de la Bobadilla, su mujer, pues casi ni los había nombrado; y la segunda, que yo no conocía un libro que figuraba en el Archivo, que él consideraba decisivo... aunque no publicado. La Academia aceptó el adverso opúsculo de Llanos Torrijos por acuerdo unánime, insertándolo íntegro en sus Anales. El opúsculo me trataba duramente, hasta el punto de quererme hacer aparecer como antiespañol.

Yo contesté con otro folleto, a mi manera: cortesía en la forma, pero implacable en el fondo. Entonces, como ahora, dije que mi adversario no había leído mi libro, pues en el mismo yo dedicaba al matrimonio Cabrera muchas páginas, hasta el punto de poderse decir que ellos eran los personajes principales de mi obra. En cuanto al "volumen inédito no citado", probé no sólo que lo había leído, sino que no lo había citado de intento, porque el notable académico que inició la publicación de los *Documentos de la Historia de España*, en su mensaje elevado a la Academia en su tiempo, había afirmado que no incluía en la Colección preparada aquel libro, por no tener ningún valor y ser copia servil y errónea de otras publicaciones. Llanos replicó, pero divagando, al extremo de que creí inoportuno insistir.

Ahora bien, si la Academia sostenía a Llanos, individualmente los académicos se pasaban a mi campo. Gregorio Marañón, notable médico, famoso escritor, y, especialmente, historiador, me felicitó sin reservas. Habiendo escrito un libro sobre Enrique IV, apunta él mismo la tesis de la usurpación y un día, a mí y a otros, nos dijo que le dolía haber sido algo tibio en dictar su sentencia. El Duque de Maura, Gabriel, hijo del jurista y hombre de Estado, Don Antonio, del mismo apellido, escribió tres artículos para apaciguar a los ofendidos, diciendo que la historia estaba llena de usurpaciones de este género. Don Antonio Goicochea me escribió una carta personal, publicada luego por mí en la edición francesa de mi obra, carta que es un monumento de saber y de sinceridad. El ilustre hombre, que además de profesor y gran jurista era director del Banco de España, me confesó sus deducciones. La juventud, en fin, cuyo criterio se había formado de los últimos veinte años, prácticamente alterada por la lucha de dos tendencias opuestas, bajó la cabeza ante la realidad, y hasta un libro, premiado por el partido más inclinado a las exageraciones patrioteras, consigna que es oportuno no discutir mi tesis y juzgar a Isabel la Católica a partir del momento en que ocupa el poder.

Esta cuestión, y el sensacional cambio de opinión sobre este asunto, lo traté en el Prefacio de la edición francesa; y mis observaciones pormenorizadas sirven para explicar la mentalidad española, que si bien tiene sus entusiasmos febriles, es razonable al encontrarse con la verdad. El hecho real de la pasión por Isabel en los tiempos modernos, procede del peligro que ha corrido España de sufrir una disgregación nacional.

El ilustre historiador y secretario perpetuo de la Real Academia Española, Amezúa, me decía con abierta franqueza:

—Yo hubiera consurado su libro, no porque deja de ser exacto todo cuanto dice, sino porque los tiempos no están maduros para ciertas verdades...

A pesar de que controversias de este género, repetidas al querer publicar también en España mi biografía de Felipe II, no podían otorgarme las simpatías generales, considero que fui apreciado por la gran mayoría.

España es un país difícil de comprender históricamente. Sus dificultades empiezan con la obligada convivencia de tres razas de sentimientos discordantes y terminan con el voluntario aislamiento económico, intelectual y político del resto del mundo. Las dos grandes fuerzas que dominan a los países, el Estado y la Religión, contrastaron con vigor las fuerzas renovadoras del espíritu humano y de sus instituciones. España, por tanto, entró en lucha contra la Reforma, pero la combatió con la fuerza más que con las ideas, a pesar de no faltarle hombres de gran valía; cerró luego las puertas a la Enciclopedia; repudió los principios de la Revolución francesa; odió al que fue en cierto modo su vehículo continental: Napoleón Bonaparte; dejó sin eco el movimiento de 1848, que hizo temblar al resto de Europa que vivía ansiosa de libertad. Pero en la formación de las masas, tal estabilidad consolidó el factor humano, afirmó sus convicciones y dio un sello de seriedad al individuo y al Estado. El progreso provoca siempre manifestaciones de vivacidad y de alegría al mismo tiempo que, en conjunto, lo es de bienestar. Pero como sucede igualmente en la vida social, del bien surge el mal y viceversa. El progreso acentuado, por ejemplo, del siglo pasado, los cambios sucesivos, y a veces precoces, de instituciones, producen veleidades en las masas, vanidades en los que mandan e inseguridad en el pensamiento de todos. Esta época en que escribo provoca en mi ánimo muchos temores pensando en la nueva vida de tantos países de Africa y de Asia.

En España encontré una moral más sólida que en otras partes. El hombre está dotado de mayor dignidad. No importa a qué clase pertenezca una persona, se ofende fácilmente. Así como en ciertos países es difícil encontrar fórmulas ofensivas, pues todas quedan sin repercusiones, en España es preciso medir las palabras, ya que es fácil incurrir en lo contrario. La mentira es habitual, pero siempre sobre las cosas de menor importancia. El dinero, como en todos los países, especialmente pobres, es

CAP. XXI. *La Constituyente y el comienzo de un nuevo exilio*   477

deseado, pero no a costa de las genuflexiones, como sucede en el resto de Europa. La cultura no es inferior a la de los otros países. La inteligencia es vivaz y multiforme: hombres como Unamuno y Ortega y Gasset, de superiorísimo ingenio, no pasarán a una más lejana posteridad porque ninguna de sus obras está a la altura del talento que admiré en ellos. Yo tuve la audacia de hacérselo saber a Ortega, quien me previno que "ya tendría yo la oportunidad de cambiar de opinión, cuando leyera el libro que estaba escribiendo". El conjunto de la vida española es fácil, apacible, metódico y satisface mucho al ánimo del nativo y del extranjero.

Al no aceptar el Gobierno de España, por motivos políticos ya expuestos, la representación diplomática cubana en la jerarquía de Embajador, se me nombró por mi Gobierno, Embajador de Asuntos Económicos en toda Europa. Pero yo no salí de la Península Ibérica durante siete años. Mi labor fue casi nula, aun cuando me ocupaba de nuestra Embajada en sus asuntos importantes, especialmente, en dos ocasiones. Resultará interesante relatar la primera, que evitó la ruptura de las relaciones entre Cuba y España, ya que prueba la utilidad de la diplomacia en la vida internacional.

Serrano Suñer fue nombrado Ministro de Asuntos Exteriores. Era un abogado de talento, hombre severo, cortés, pero con un temperamento opuesto al de Beigsbeder. Amigos míos de alta posición social en Italia me dijeron, transcurridos los años, que Ciano, Ministro de Asuntos Exteriores de Italia, deseaba que Serrano Suñer sustituyera en la jefatura del Estado al Generalísimo Franco, de quien era su cuñado, en el caso de que Franco, por no querer seguir las líneas generales de la Política de Hitler, se viese obligado a dimitir. No puedo decir cuales eran las relaciones entre el Caudillo y su pariente Serrano Suñer, pero en aquel entonces las supuse cordiales. Franco no era hombre de dejarse imponer algo ni por potencias extranjeras, ni por influencias particulares.

Un día, inesperadamente nos llegó a la Embajada una comunicación firmada por el propio Serrano Suñer, realmente dura y acusando sobre todo al Gobierno de Cuba de no impedir los ataques de la prensa cubana contra el General Franco. Luego llegó otra, de tono más agresivo aún.

Yo estaba enfermo. El Encargado de Negocios cubano creyó que si no rompíamos nosotros las relaciones diplomáticas, lo haría el Gobierno español, y así lo comunicó a La Habana. A mi casa vino el abogado de la Embajada a darme cuenta de todo lo que había pasado. Mi opinión era entonces y sigue siendo ahora, que un diplomático no debe promover rompimientos, sino evitarlos y al final someterse a las exigencias de su Gobierno. Envié un mensaje al Encargado de Negocios, expresándole mi criterio y mi manera de pensar. Luego telefoneé y telegrafié a mi mujer, que estaba en Cuba, encargándole que fuese a casa de Cortina, Ministro de Estado, y le rogara en mi nombre no hacer nada de lo que se le había sugerido desde la Embajada, hasta recibir cartas mías. María Luisa escribió en seguida a nuestro Ministro de Estado, con la eficacia y rapidez que yo le había recomendado. Su carta llegó a tiempo. El Encargado de Negocios de España en Cuba había sido citado al Ministerio, aquel mismo día, para ser despedido, o como paso preparatorio, dejarle entrever esa despedida. Cuando se presentó al Ministro, que tenía gran confianza en mí, además del afecto que nos unía, en lugar de decirle palabras desagradables, lo invitó para que repitiera a su jefe "que en Cuba las palabras agrias dirigidas a Franco se las dedicaban también al Presidente Batista y a los presidentes cubanos del pasado, lo que seguramente seguirían haciendo con los del futuro". El Encargado de Negocios, señor Espelius, auténtico gentilhombre, no sólo comprendió lo que había pasado sino que reconoció en el sobre, que estaba todavía sobre el escritorio, la clara escritura de mi mujer, porque precisamente un día antes había recibido una carta de ella escrita a mano, en la cual le agradecía el envío de unas flores. Desde entonces el señor Serrano Suñer no nos molestó más.

Durante los años de la guerra, que fueron los primeros que pasé en Madrid, a más de las amistades que me iba haciendo a diario, estaban en contacto conmigo en la vida cotidiana del Hotel Ritz, el marqués de Aledo, el conde Vallellano, el marqués de la Vega de Anzo, el duque Sueca y muchos otros nobles conocidos. También el infante Don Fernando y su segunda esposa, y otros personajes como el señor Raúl Labougle, Encargado de Negocios de la Argentina, la duquesa de Izar, suegra de Jemmy de Alba, el excelente Duque de Alba y Marita Merry del Val viuda del que fue mucho tiempo Decano diplomático en Londres. Entre todos ellos se destacaba e interesaba al público un joven de aspecto agradable, sencillo en su actitud, e inteligente, reflexivo, amable: era el Conde de París, pretendiente al trono de Francia. Después de haberlo conocido comprendí mejor el papel histórico de la Casa de Orleáns. Encontré también a Luis Felipe, soberano popular en la alta sociedad cubana, que dejó muy buenos recuerdos cuando pasó por Cuba siendo sólo un príncipe exiliado. De tiempo en tiempo se aparecían también políticos, industriales y banqueros europeos, con los cuales intercambiábamos ideas y pronósticos, cuando no recuerdos de pasados días. No olvido a Pier Pirelli, con quien había tenido relaciones de negocios en la ocasión que representé a la International Telephone and Telegraph con el propósito de unificar las redes telefónicas italianas. Abracé también con afecto al finlandés que fue acertado presidente de una Asamblea General de la Liga de las Naciones. Seguía teniendo una apuesta figura, expresión sincera y, dentro de la mayor dignidad, una admirable sencillez. Delicada y gentil estuvo la hija de la hermana del Rey de los Belgas, la Princesa Clementina, que está tan al tanto de las cosas del mundo, como un diplomático de visión clara.

Yo tenía la costumbre de pasar las primeras horas de la noche conversando con Don Fernando. Era un Príncipe de la Casa de Baviera, pero igualmente Grande de España por sus dobles lazos familiares con la Casa Real española. Hablaba con reposo un español puro y decía cosas acertadas cuando no guardaba silencio, ya que, por tendencia prudente de su espíritu, prefería callar muchas cosas. No se pronunciaba sobre el porvenir, prefería estudiar el presente de España, y defendía sus intereses. Ciertamente no era germanófilo, pero encontraba que el General Franco no podía actuar de manera distinta a como lo hacía. Creo que de los miembros de la Casa Real era el más franquista; por lo menos, lo era para los que, como yo, no teníamos con él intimidad familiar.

Cerca de la Duquesa de Híjar, mujer enérgica y segura de sí misma, mi mujer y yo encontramos a menudo a su nieta, la actual duquesa de Alba. Era entonces una jovencita tímida, fina y amable. La vi embellecer aún más. Lamenté mucho no asistir a su matrimonio, aún después de haber aceptado la invitación, por haber recibido orden urgente de La Habana de trasladarme a París, a causa de un hipotético Tratado, que a la verdad no tenía ninguna posibilidad de llevar a cabo. De la familia del Duque de Alba no faltaba ni un día al salón del Ritz, Doña Sol, su hermana. Y con ella un buen número de aristócratas como los Sueca, los Llanzol, el Conde de los Andes y otros.

Insisto en que durante el tiempo de la guerra, resultaba figura central el Conde de París. Por la noche a hora avanzada nos quedábamos Raúl Labougle y yo a hablar con él sobre el tema obligado de la guerra. El Conde era políglota. Al oírle, por ejemplo, hablar en español o en italiano, nadie hubiera supuesto que fuera de otra nacionalidad que la del idioma que estaba usando. A todos seducía con su actitud juvenil. Cuando bajaba al salón la numerosa hilera de sus pequeños hijos detrás de la Princesa o de alguna dama de compañía, tenía uno que esforzarse para creer que se trataba de su prole.

Nuestras conversaciones, como ya he dicho, eran sobre la guerra, dramática por sí misma, pero también por sus facetas contradictorias. Comentábamos los cambios de actitud de Rusia, que al final se manifestaría una potencia no prevista. La inseguridad de Italia, con gobernantes al servicio de Alemania, y al propio tiempo recelosa de ella misma, sin contar una masa popular que repudiaba toda guerra.

España, hábilmente dirigida por el Generalísimo Franco, representaba una amenaza que despertaba más inquietud que temor. Francia, humillada, resultaba por primera vez una *res nullius*, después de siglos de dominio, y dejaba de ser la nación más poblada y más rica de Europa, como había sido durante casi un milenio. Inglaterra contra su costumbre, se veía obligada a soportar el peso de la guerra, mientras los rusos no cambiaron de posición y los Estados Unidos no se decidieron a intervenir, para lo que estaban listos, pero fueron lentos en realizarlo.

Teníamos mucho que tratar en nuestras conversaciones. El estimado y querido Labougle era un animado y vivaz anti-germánico. Yo desde el primer momento deseaba la victoria inglesa, porque Inglaterra ha sido, desde la era central de la Edad Media, la patria de la Libertad; y luego deseaba la victoria americana cuando vi que los Estados Unidos entraban efectivamente en la guerra. Los intereses internacionales dejan indiferente a mi espíritu, mientras que los derechos individuales y las libertades públicas conquistan mis simpatías, y mi decidido apoyo. El descendiente de Felipe Igualdad y del constitucionalista Rey Luis Felipe comprendía con gran sagacidad las cuestiones internacionales. Claro y ajustado en el pensar, tenía a Francia en el corazón. De Madrid se trasladó a Pamplona. Pensé mantener estas relaciones y hubiera podido hacerlo a distancia, escribiéndole a menudo, enviándole mis libros y yendo a visitarlo en sus sucesivas residencias, como hubiera hecho con Humberto II, con Leopoldo, Rey de los Belgas, con Don Juan de Borbón, pretendiente al trono de España, y con otros miembros de casas reales en el exilio, que he conocido, sin embargo las formalidades que ellos no pedían, pero que, yo les guardaba con respeto, debido a que eran personalidades expatriadas, me hicieron alejarme de ellos con gran pesar de mi parte. Soy republicano por teoría y por nacionalidad, pero declaro, y ojalá no se tergiverse mi pensamiento debido al amor exaltado por la verdad que ha sido siempre el emblema de mi existencia, que considero un error del general Franco el no restablecer una monarquía en España, nación de varias psicologías y diferentes tendencias, de hecho como de derecho, y considero mayor equivocación la de Italia, al transformarse en República, pues con ella ha destruido tanto en la unidad política como en la libertad religiosa, toda la obra del "Risorgimento".

En tesis general, la monarquía constitucional es idéntica a la República parlamentaria; en el examen histórico, la primera es más libre que la segunda; y en la observación contemporánea puede afirmarse que la realeza responde a fines útiles dentro de la función que se le ha encomendado. Basta lanzar una mirada a los países nórdicos europeos, empezando por Inglaterra y terminando por Bélgica, y observar al mismo tiempo a los Jefes de Estado de América, del Norte como del Sur, que resultan verdaderos dictadores, algunos virtualmente jurídicos y otros peligrosamente morales. De los primeros, es fácil contar un centenar en el siglo; de los segundos nos basta señalar a Franklin Delano Roosevelt, con sus errores que han influido al mundo moderno. Deseo terminar esta consideración política, que en la pluma de un liberal extremista y pasional puede parecer una herejía, diciendo que entre la monarquía y la república, cuando ambas se ponen al servicio de la ley, la diferencia está sólo en la forma. El Rey, al ser representante de un Estado, expresión de la unidad de un pueblo, puede resultar, más útil que un Presidente de República, porque está mejor educado en las funciones representativas. Todos los diplomáticos, o su gran mayoría, están de acuerdo con este criterio mío. A la edad en que escribo estas líneas (88 años) no domina en mí el principio sino la experiencia, y las concepciones de orden general las dejo para la filosofía, la religión, la ética, la ciencia, mientras que para la política, o sea para las exigencias estrictas e inevitables de nuestra vida colectiva, no me guía más que una sola regla: la utilidad.

Mientras tanto, en 1946, se había creado la UNESCO, y en ella fui nombrado representante permanente de Cuba. Mi patria lejana seguía acordándose de mi persona.

En España, incluyendo mis habituales visitas a Francia, Italia y Suiza, viví unos veinte años. Aún siendo miembro del Consejo de la UNESCO, desde París corría a España cuando terminaban mis funciones. La atmósfera española me hacía falta. Yo sentía que algo de español bullía en mi espíritu. Mi Gobierno me encargó hacer un Tratado Comercial tan pronto terminó la guerra. Lo llevé a cabo pensando en el interés recíproco, única forma de asegurarles vida a los Tratados, y tengo la impresión de que básicamente sigue siendo el mismo que rige las relaciones comerciales de ambos países.

Antes de ser designado miembro de la UNESCO fui encargado de concluir un convenio monetario entre los dos países. Como había llegado la paz, se presentó la cuestión difícil de resolver en todas partes, es decir, la de las deudas contraídas. La que se planteó entre Cuba y España se solucionó con recíproca benevolencia, siendo suficiente decir que Cuba, acreedora, no exigió términos severos y que España pagó antes de la fecha establecida.

En cuanto a los intercambios monetarios, fuimos muy amplios. Yo lo hubiera sido aún más para incrementar el comercio entre los dos países, lo que no pude llevar a cabo porque el delegado español no tenía autoridad para hacer algunas concesiones que le había pedido en cuanto al tabaco. A pesar de esto, España ha sido el único país con el cual Castro pudo, después de su revolución, restablecer el intercambio de pagos.

LA UNESCO celebró una sesión en España, asumiendo yo, un poco arbitrariamente, el papel de anfitrión. María Luisa y yo dimos un almuerzo a todos los Delegados, designando al Infante Eugenio, hijo de Don Fernando de Baviera, como invitado de honor, y, naturalmente, en compañía de su respetabilísima señora.

En 1953, la UNESCO celebró su Asamblea en Montevideo, a la que asistí en compañía de mi mujer. Después de las sesiones visitamos toda la América Latina. Un viaje duro pero fructífero en enseñanzas. Admiré tierras de fantástica belleza, ciudades alegres, seres humanos encantadores, bien planteados, especialmente los argentinos, y un orden público perfecto. El paso de los Andes en avión fue algo impresionante. El nuestro, debido a la atmósfera, no pudo alcanzar la altura necesaria para volar sobre las cimas de la Cordillera y tuvo, por tanto, que atravesar el espacio de las gargantas internas de las montañas, despertando cierto temor en el ánimo de los pasajeros. Algunos protestaron; no yo, aunque las curvas multiplicadas del avión me hicieron parecer muy larga la distancia entre Buenos Aires y Santiago.

Durante el viaje tuve la oportunidad de ver a varios amigos, entre ellos al banquero Alejandro Shaw, de Buenos Aires, y a los diplomáticos Hernández y Tulio M. Cestero, con quienes me ligaba una larga y afectuosa amistad. Cestero había sido sub-director del *Heraldo de Cuba*, excelente ciudadano dominicano, pero muy cubano asimilado, porque fue muy estimado en Cuba, en donde pasó gran parte de su vida. Hombre de mayor seriedad, no admitía la broma criolla, era puntual en sus obligaciones y habilísimo en desviar las conversaciones que no eran de su agrado. Nuestro último encuentro, en Santiago de Chile, fue una gran satisfacción para mi espíritu. Se había casado con una chilena y tenía un hijo grande ya. Es la única persona que nunca oí criticar a otra. Mis días en Santiago los pasé casi todos en su casa. Murió poco tiempo después de habernos abrazados por última vez.

Hernández Figueroa había sido Embajador en España por algunos años y ahora era senador de su propio país.

En Argentina mis observaciones estuvieron dirigidas más a la colectividad que a los individuos. Al visitarla deduje, examinando hombres y cosas, que el comer carne de ganado que puebla abundantemente aquellas tierras, da a la figura humana una mayor perfección de líneas y una actitud estatuaria, que si no es majestuosa, resulta refinada y gentil. Buenos Aires me gustó muchísimo. Después de París, en mis comparaciones la pondría en primera fila. El bosque llamado Palermo, que en largo trecho borda la ciudad, le da una majestuosidad si no única, rara. Hay sin duda capitales con monumentos más vistosos, de parques y plazas más numerosos y atrayentes; hay otras en que las calles ancestrales despiertan mayor admiración, pero repito, esta dualidad de ciudad y de campo me hizo la impresión que hacen a otros las ciudades ubicadas junto al mar, como Nápoles en Italia, y La Habana en Cuba.

Este viaje completó mi conocimiento del mundo, ya que todo el resto lo había visto lentamente. Sólo desconozco Australia y Africa del Sur.

Capítulo XXIII

ULTIMO SERVICIO RENDIDO A LA PATRIA

Mis gestiones en Cuba no produjeron ningún éxito. Debo confesar que después de haber visto la formación del gobierno y la actividad del mismo, creí encontrarme en otro ambiente. Quiero explicar este punto.

Aprecié que Cuba, en general, resultaba superior a la que yo había dejado en 1940, y el gobierno, en cambio, como algo muy inferior al de mis tiempos. En cuanto al conjunto debo afirmar que encontré profesionales de mayor calibre, técnicos de superior importancia, mientras en el gobierno noté una ligereza y una inferioridad absoluta.

Sin embargo, debo exceptuar de este concepto al General Batista, el cual promovía obras públicas, reformas de construcciones y otros cambios, como si quisiera imitar al General Machado en sus mejores tiempos. En fin, en pocas palabras diré que la parte directora de la vida pública me pareció muy rebajada, mientras admiraba esos nuevos edificios, la abundancia de automóviles, la riqueza general, el bienestar de todos. Yo hubiera preferido ver algo más grande en lo político y en lo moral que en lo físico y material.

Pisé, pues, con gusto, el territorio español. Mi voz tenía mejores repercusiones en España que en Cuba. En España daba conferencias, publicaba folletos, escribía libros. Gran parte o buena parte de mi producción literaria la hice en Madrid y en París. En efecto, había escrito un libro sobre las *Causas y Pretextos de la Guerra*, la de 1914 y al terminar el conflicto publiqué *Problemas de la Paz*. Estos libros, traducidos al inglés y al francés, obtuvieron gran éxito. Ahora la lectura cubraciones. Prío estuvo firme en sus altas concepciones de hombre político, sin embargo demostró todavía más energía en el mantenimiento innecesario de sus odios. Lo saludé con afecto, pero en aquella hora no lo admiré.

Al día siguiente de la inútil entrevista, partí de Miami, para Cuba, donde fui recibido con afecto por mis conciudadanos. Descansé un mes, si descanso puede considerarse el recibir y atender la afluencia continua, a mi casa, de viejos amigos y de jóvenes estudiosos, con sus conversaciones interesantes e informativas. *La más fermosa tierra que ojos humanos vieron* volvió a presentárseme como cuando Petriccione y yo la contemplamos por la primera vez y la admiramos extasiados. El espectáculo en que se dan cita la belleza de la naturaleza y la serenidad del espíritu, armonizando el exterior y lo interior de la vida humana, dominó los plácidos días de un mes entero de manifestaciones de afecto. Yo los hubiera prolongado gustoso, si los deberes contraídos con la UNESCO no hubieran exigido mi presencia en Europa.

De actos políticos tuve pocos, si se excluyen las entrevistas. Virtualmente se limitaron a dos: una periodística televisada y otra que tuve con el Presidente Fulgencio Batista, estando presente en esta última Felo Guas. Este hizo durante mi estancia en Cuba de ángel tutelar; no dejó un solo momento de serme útil. Con su clara inteligencia y su hombría de bien me esclareció la situación y me describió el nuevo movimiento político surgido durante mi ausencia. La situación había cambiado mucho en pocos años. El antiguo, intenso patriotismo había evolucionado y hasta la misma sacrosanta Revolución Libertadora era discutida. El amor a la Patria, que a principios de siglo se sentía a través de tantos hombres de vigorosa personalidad, se había disuelto en generalizaciones. El amor por los que habían ofrecido la vida para crear un amplio hogar político, se había extendido a todos los que habían honrado a Cuba, no sólo políticamente, sino en las letras, en las artes, en la virtud, en el hogar. Ahora, a mediados del siglo XX, no era concebible siquiera que se pensara, como en tiempos de José Miguel Gómez, en la formación de un Gabinete integrado por miembros del Ejército Libertador. Al contrario, sin negar el respeto que exteriormente se les tenía a los que habían luchado y a los que habían muerto para crear la República, se les consideraba una amorosa carga que el pasado hacía pesar sobre el porvenir. El Libertador ya había cumplido su misión. Los nuevos gobernantes no tenían ya nada que ver con la Revolución Libertadora, a la que sólo le acordaban una formal adhesión platónica. El cambio de clima sentimental acarreaba, consiguientemente, tendencias mentales diferentes, y creaba principios, algunos de los cuales resultaban útiles, pero otros peligrosos, formando un conjunto de tendencias políticas contrastantes. Liquidado el problema colonial, asegurada la independencia patria, los conflictos ideológicos del Estado se canalizaron por el curso que seguían los países rectores europeos.

Por otra parte, la riqueza inesperada, ya no era sólo el producto del mercado azucarero alternante con factores naturales, sino consecuencia de la favorable situación geográfica, o del suelo y del subsuelo (y de otras múltiples condiciones, como las bahías numerosísimas, las limitadas distancias terrestres, siempre caras, y las facilidades de los transportes marítimos, siempre baratos).

La riqueza inesperada, repito, fantástica pero sólidamente crecida, dio energía y vigor a los cubanos. En este campo, durante mi ausencia se había producido un fenómeno nuevo. Los habitantes que vivían en la Isla del suave reposo de la época indiana, y que prefirieron luego la muerte al trabajo; y los que tomaron su puesto en secular período, siendo más bien útiles en la función secundaria de comunicar la metrópolis con México y Perú, ahora se habían trocado en decididos productores y en empresarios de una nueva y fecunda economía. En ese campo habían imitado a los Estados Unidos, que estaban dándoles el ejemplo de un formidable desarrollo económico, a menos de cien millas de distancia. Cuando en agradable paseo en los campos cercanos a La Habana me fueron indicando los nuevos cultivos, con avionetas que circulaban en el cielo sereno, y a muy baja cuota echaban desinfectantes que purificaban las tierras de insectos dañinos; las redes eléctricas, que alcanzaban los más modestos bohíos; los refrigeradores, los caminos vecinales, los tractores en funciones, me vi obligado a imitar una broma de otros tiempos, pero cambiando el nombre de "cubano" por el de "europeo":

—Basta, basta —les dije a los amigos que me acompañaban— basta de novedades, piensen que soy un pobre "guajiro" europeo.

Mas debo declarar, fuera de toda broma y con toda sinceridad: que a mí no se me ocultó que Cuba se hallaba en un momento peligroso de cambios graves, y que había surgido un gran contraste entre el desarrollo material y el regreso moral, determinado este por el excesivo bienestar en las actividades públicas y en la vida privada.

Ya estaba enterado, desde lejos, de los escandalosos fraudes públicos, pero no había comprendido la sensible alteración de las costumbres. Ahora, en pocos días, notaba sobre todo la confusión en el seno de las familias, debido a la multiplicidad de los divorcios registrados especialmente en las clases elevadas. Yo había sido el más eficaz defensor de la institución del divorcio, pero, en realidad la ley favorecida por mí, era muy diferente de la que ahora se aplicaba. Mi gran sorpresa era ver al cubano de las mejores familias, antes celoso de la singularidad matrimonial, confundirse en sus sucesivas uniones con una indiferencia que me hizo exclamar: "Estos no son divorcios, son sólo amores múltiples y contemporáneos." Lo más curioso que noté fue lo siguiente: que más fácilmente se casaba una divorciada que una soltera. ¿Dónde habría ido a parar aquella exigencia feroz del *ius primae nuptiae*? Inútil decir que las fiestas y los banquetes reunían muy a menudo a los matrimonios de ayer y a los de hoy. Si eran muy severos, se saludaban sólo con un movimiento de cabeza; pero en la mayoría de los casos lo hacían con respeto y cortesía. Yo, que como abogado había tenido muchos casos de separación matrimonial y aun de divorcios en los últimos años del ejercicio de mi carrera, ahora recordaba, ante las mesas cubiertas de flores de los elegantes banquetes, los rugidos masculinos de los pocos hombres que antaño confesaban la traición sufrida; ¡*O tempora, o mores*! volvía a pensar.

Sin embargo, la vida era más alegre y los festines más numerosos; la transigencia era en cambio, menor pues el adulterio, tan peligroso aunque emocionante, había tenido por sucesor a una sentencia judicial que anulaba los vínculos erróneamente contraídos.

He dicho que dos actos políticos solamente realicé en el mes que pasé en Cuba, mes que, a la hora en que escribo esta página, fue el último de mi residencia en la queridísima Isla. El más ruidoso fue mi entrevista tomada en la televisión por un grupo de tres periodistas, presidiendo la mesa el notable escritor Jorge Mañach. Extraña costumbre, en aquel período, era agraviar gratuitamente al entrevistado, como primera providencia. El amable Mañach, según se me dijo después, había solicitado especiales cortesías para mí. Pero el severo entrevistante Pardo Llada creyó que no debía perder la ocasión de provocar un escándalo, tratando de probar públicamente que yo, durante mis funciones diplomáticas, había gestionado asuntos privados, tales como las famosas concesiones telefónicas en otros países. Mal informado por gente torpe o malvada, ignorante en ambos casos, aludió a hechos del todo fantásticos, acusándome de haber realizado tales gestiones en Turquía y en el Japón, como ya antes he dicho. Yo, con extrema violencia, lo detuve en seco. Invité a los interlocutores a que fuesen serios y que al inventar patrañas usaran, por lo menos alguna inteligencia. Declaré que habiendo viajado por todo el mundo, y especialmente por toda Europa como ya lo he dicho en otros capítulos precedentes, el único país que en ese continente nunca había visitado era precisamente Turquía. Añadí que en cuanto al Japón, si bien había estado en él algún tiempo, ni siquiera sabía si el teléfono era de propiedad estatal o usado por concesionarios. En ambos casos, como en caso de este género, la calumnia no podría ser sino doble porque, desde mi entrada en la carrera diplomática, no sólo me había retirado de los negocios privados, sino que me había separado por completo de nuestro tradicional bufete de abogado, exigiendo el cambio de la razón social, borrándose mi nombre de la firma como se hizo luego. Terminé preguntando si podría presentarse otro caso de igual desinterés, y con profundo desprecio hice observar que era prueba de gran perversión tergiversar hechos que merecen aplausos con el solo propósito de calumniar.

Mañach intervino, y reconociendo lo terminante de mi contestación, invitó a seguir el debate sobre otras bases. Respecto a la política general que a la sazón se desarrollaba, repetí el criterio ya expuesto en algunas entrevistas o breves artículos publicados en pasados meses, a saber: que en Cuba no habíamos continuado manteniendo los Gobiernos de mayoría en el poder. Este concepto fundamental, que yo hubiera querido tratar ampliamente —porque era importante en todas partes y más aún en una época de golpes de Estado y de revoluciones minoristas—, no fue seguido por la frivolidad del ambiente. En cambio, se me preguntó algo que interesaba por el momento, aunque a mi entender resultaba una estupidez. Se trataba de un proyecto patrocinado por la Marina de Guerra, consistente en la separación de la Isla en dos partes, mediante un hondo canal. La pregunta fue breve:

—¿Qué opina usted sobre el proyecto de dividir a Cuba en dos trozos, por el oriente de la provincia de Matanzas?

Mi contestación fue más breve:

—No es un proyecto serio es... una simple estafa.

Siguió por breve rato un silencio sepulcral. Parece que nadie se atrevía a confesar la verdad. El Presidente Batista había visitado el día anterior la sala en que estaban expuestos los planos técnicos de la obra, y los había aprobado y celebrado. Además, el sello que le daba la Marina de Guerra, patrocinando la proyectada obra, invitaba a la prudencia.

Ya la Marina de Guerra exigía, ella también, el respeto que se debe a la fuerza, aunque no proceda del derecho.

No se continuó preguntándome más sobre el asunto. Yo estaba dispuesto a explicar que el proyecto se hacía para estafar a algunos ricos americanos de Wall Street, deseosos de fomentar las grandes empresas. Dividir la Isla en dos partes dificultaría las relaciones nacionales, alejaría muchas horas a territorios cercanos, casi limítrofes: en pocas palabras, destruiría la unidad económica y moral de nuestro país. Nunca pensé que se llegaría a cumplir tamaño error. Pero al silencio de los demás siguió el mío, aún cuando lo que más interesó al público fue la breve y no explicada acusación de estafa.

Debo añadir ahora que la primera llamada telefónica felicitándome por la entrevista, fue la personal del Presidente Batista. Esto no lo referí entonces a nadie, siguiendo mis hábitos de callar lo que se me comunica en privado. Algo más debo agregar sirviéndome del verso de Dante, a propósito del famoso proyecto de división de Cuba en dos partes: *"Da quel giorno in poi non vi leggemmo avante"*. (10).

En cambio, algunos días después, diría bastantes, acompañado de Guas fui a visitar al Presidente. Nos recibió inmediatamente. Al entrar en los salones de la residencia personal de Batista, me enfrenté con una biblioteca que por el número de libros que contenía y el valor intelectual de los mismos, me pareció excelente. Me detuve un rato oyendo la voz sonora del Presidente.

—¿Cómo está, doctor?

Y antes de que yo contestara, él añadió:

—A propósito, tengo algunos de sus libros y deseo aprovechar esta ocasión para que me los dedique.

Me sentí algo sorprendido y turbado, ya que sólo ahora venía a comprender que no había valorizado los pasos rápidos dados en el campo de la cultura por este antiguo campesino de Banes, hoy hombre de Estado con seguro juicio, orador facilísimo en español y en inglés, escritor claro y preciso y poseedor de una de las mejores bibliotecas privadas que yo haya visto en Cuba y fuera de ella. Los libros que me fueron presentados para dedicar eran numerosos, y, mientras me sentaba para autografiarlos, Batista me dijo:

—Entre tanto, voy a ver a unas cuantas personas que me esperan, así quedaremos más libres.

La entrevista nuestra fue larga, interrumpida solamente por unas llamadas telefónicas que trataban de la entonces grave cuestión azucarera. Batista, al hablar a distancia, daba órdenes, no tomando consejos. Me impresionó porque no era fácil opinar en materia económica con tanta seguridad. Aproveché aquella circunstancia para agregar, tanto unas palabras de loa, como unas de crítica.

—Veo que conoce los problemas que, precisamente, esperan soluciones de ustedes. Y que esto le ha sido fácil. Pero temo que supone iguales posibilidades y facultades en otros hombres que se han formado con sus propios esfuerzos en breve tiempo.

Con este preámbulo, vagamente expresado, entré en una fuerte crítica a sus nombramientos diplomáticos. Batista se reía de mi lenguaje bastante duro, oponiendo siempre observaciones amables.

Debo decir que esta manera de proceder, aplaudida generalmente, no ha encontrado nunca mi adhesión, aun cuando estimo que no deben confundirse el lenguaje severo con la vulgaridad. Yo consideraba al Pre-

---

(10) "Desde aquel día en adelante no oímos hablar más de ello".

CAP. XXII. *Mi última visita a Cuba* 489

sidente en un erróneo camino al asumir facultades omnímodas, personales, realizando luego sus propósitos a través de funcionarios mediocres. Esta crítica, a mi entender, procedía del éxito alcanzado por él en los campos más radicalmente opuestos. Mi sistema en la crítica es escarbar las mayores y más ocultas realidades sin temerles a las consecuencias y, por el contrario, extraer de este contraste la revelación de la verdad. En mi examen de la vida de Batista, a quien he calificado como el hombre de mayor éxito en el siglo XX, por lo menos hasta nuestros días, yo pongo su dominio político de Cuba por casi treinta años, desde sargento a dictador, pasando por una Presidencia del todo legal y popular, casi al mismo nivel del salto dado desde la carreta de bueyes bien manejada, a la pluma del taquígrafo que es la más rápida, aunque no la más poderosa manifestación del cerebro humano. Y por cierto, si el *petit caporal* surgió del colegio militar de Brienne con estudios ordenados, en cambio el sargento taquígrafo venía de un campo aislado del mundo, el pequeño Banes, en donde el simple hecho de hablar resultaba un esfuerzo de imperiosa necesidad por parte del que lo hacía, y para los otros significaba casi siempre una impertinencia.

Ahora, repito e insisto, al encontrarme con Batista, con quien ni antes ni después tuve comunidad partidista que alterase mi juicio, me hallé con una persona frente a mí muy diferente, de la que conocí en los años inmediatamente posteriores a 1933, época que podemos calificar "de su descubrimiento". La reacción muy acentuada de ese juicio, rápido pero seguro, me llevó a insistir mucho en que él, al escoger a los hombres se equivocara, como podía verse por algunos de los nombramientos que hacía. Usé en buena forma, pero explícitamente, una frase que usan los criados para colocarse en las casas de familia: *Bonne a tout faire*. Creo hoy todavía, pasados muchos años, que la caída de Batista fue consecuencia lógica de esta debilidad espiritual, de creer que el hombre es producto de las circunstancias exclusivamente. Cierto es que el escenario permite la actuación de la personalidad de calidades superiores y que sin la posibilidad de actuar no hay manifestaciones de altas medidas. Napoleón mismo, en el centro de Africa durante el pasado siglo, no hubiera podido ser el exponente de una era maravillosa en cuanto a progreso se refiere. Mis observaciones, por su agresiva exterioridad producían en Batista continuas risotadas. Mi larga vida me ha convencido de que el consejo es la más ineficaz de las funciones humanas.

Al salir, Guas me repitió una frase que Rogerio Zayas Bazán me dijo momentos después de habernos despedido del Presidente Machado, cuando me acompañó, a mi vuelta de Europa, a la primera visita que hice a este amigo en su calidad de Jefe de Estado:

"Qué duro ha sido usted, ya estos tratamientos severos no se usan para nuestros Presidentes". Yo creí que el General Batista me escribiría una carta preguntándome: "¿Y a quién hubiera puesto usted en lugar de aquellos a quienes aludió en nuestra entrevista?". Yo le hubiera dado mi opinión, y, estoy seguro, que no habría habido necesidad de haber pasado volando y fugitivo en un avión, unas horas festivas del primero de enero de 1959.

Si hablar al público ante la televisión y sostener una entrevista franca y legal con el Jefe del Estado fueron mis actos principales en aquel mes, hubo también entrevistas privadas y encuentros amistosos que me elevaron el corazón.

Un día Carlos Mendieta entró inesperadamente en mi biblioteca. Nos abrazamos una y más veces. No nos habíamos visto hacía años. El "Porthos" de los tres mosqueteros había llegado a la Presidencia de la República sólo acompañado por amigos desconocidos de la víspera. Me hizo un breve relato de su actuación política y dándose su habitual golpe en el pecho, con el mismo tono, igual gesto y noble sinceridad de cincuenta y más años, antes me dijo:

—Chico, el ambiente no se presta.

Y luego, en voz baja y riéndose con dudosa amargura, añadió:

—Hay que creer en lo que decían los españoles: "No estábamos preparados."

Y concluyó, recobrando su voz enérgica y su actitud de batalla, tan habituales en él:

—¡Tantos hijos de *guerrilleros*! ¡Tantos recién llegados! ¡Qué quieres...!

Sonriendo equívocamente contesté:

—Carlos, el recién llegado soy yo, y tú, si no de un *guerrillero*, eres hijo de un español, aunque después fue padre de dos valientes mambises.

Mendieta explicó largamente su concepto. En definitiva él y yo éramos una excepción. Carlos Mendieta fue una buena persona, un hombre honrado y un gran patriota.

Era, sin embargo, excesivamente irritable y hasta peligroso en las horas difíciles. En los combates entraba gritando y sólo terminaba cuando ya no tenía enemigos a la vista. En la paz, una discusión con él era cosa temeraria. Diputado por algunos años, se vio obligado a algunos duelos. Yo le acompañaba siempre como padrino. El recuerdo que se tiene de él, es inferior a la actuación que tuvo en la guerra de Independencia. Y en el campo político de la paz, la culpa fue del ambiente, pero de un ambiente que no era el que había reinado en nuestra entrevista, sino el ambiente que lo rodeó cuando fue Presidente, ambiente de antiguos adversarios suyos, habituales traidores, algunos otros, ambiciosos que le envidiaban el cargo y la popularidad. Su inteligencia no era bri-

Cap. XXII. Mi última visita a Cuba

llante, pero a pesar de sus momentáneos histerismos. (¡Cómo me duele usar esta palabra!), era acertada. Le devolví la visita pocos días antes de embarcarme para siempre. Lo encontré abatido, casi enfermo. Su hija Carmita, que con la madre había endulzado su existencia hasta en las horas de mayor peligro, hizo los gastos de la conversación. Al despedirme, ambos tuvimos la impresión de que no nos veríamos más. ¡Casi lloramos...!

Al día siguiente de la visita a Carlos Mendieta encontré a su hermano Pablo en el Unión Club, en el cual pasaba el día. Recordamos la guerra. El coronel Pablo Mendieta era un valiente, un *caseur* fácil, simpático a todos. Había sido, en la paz, Cónsul en España, y después jefe de nuestro Ejército. Yo le debí un cliente qué me trajo a la oficina de abogado, en 1903. Fue el primer caso que tuve de pleito civil. Recuerdo que Pablo me presentó, en aquellos mis inicios profesionales, como "uno de los primeros juristas del mundo". Machado, siendo Presidente, puso bajo la jefatura de Pablo Mendieta la defensa de su persona, aún siendo ya él un adversario político de Machado. Nadie encontró que aquello fuera una cosa extraordinaria. Otros tiempos, otros hombres. La verdad es que entonces no se podían siquiera suponer estas combinaciones del nepotismo presente, como son las de las familias de Castro y de los Kennedy. Al contrario, en ese pasado hasta resultaban inarmónicas dos personas del mismo apellido en un mismo Gobierno.

Pablo me dio la dirección de Carlos García Vélez, hijo notable del insigne Calixto García y yo fui a verle aquel mismo día. Ya he indicado antes la favorable impresión que me hizo, en mi plena juventud, él, entonces ya viejo general, caído después al rudo ataque del invierno del Norte de los Estados Unidos. El hijo no había sido menos interesante en su larga vida. La diferencia entre ambos consistió en la exterioridad del carácter. Calixto tenía firmeza y seguridad en sí mismo, poco comunes. Carlos era más culto y el "más" puede sustituirse por "muy". La carrera de Carlos García Vélez se anunció como promesa del más alto grado. Pudo ser alcalde de La Habana en los primeros años de la República, pero no quiso. Yo le había conocido en el ataque de Victoria de las Tunas. Lo vi luego haciendo coro a Manuel Sanguily en la mesa del Tacón, con un grupo de literatos. Yo asistí también a aquellas interesantes reuniones, pero por media hora a lo sumo. Carlos, en cambio, era uno de los primeros en llegar y el último en retirarse. En las reuniones intelectuales es posible, a veces, prepararse una carrera de escritor público, pero no un porvenir político. La cultura de este amigo era grande y generalizada, y por ella todos lo admirábamos. Carlos entró más tarde en la diplomacia, cuando esas misiones eran confiadas a hombres de la mayor capacidad. Nos ligaba otro lazo de afecto: el de la íntima amistad que desde niñas tenían nuestras esposas. Ahora se presentaba otro más: un hijo de Carlos García Vélez se había casado con Carmita Mendieta. Cuando fui a visitarla conversé largas horas con él. Era muy viejo ya; yo lo consideré como el decano de los miembros del Ejército Libertador. El me lo negó, alegando otros nombres. Su cerebro, todavía funcionaba a la perfección, no así sus piernas. Estaba en la mesa de trabajo rodeado de su familia, y en primer lugar Amalia Martínez Ibor, su mujer. Como es sabido, un Martínez Ibor fundó Ibor City, graciosa población de La Florida donde por muchos años vivieron los Sánchez, vieja familia camagüeyana cuyo jefe era don Federico, mi suegro.

Recordamos a nuestros compañeros caídos en la lejana lucha por la Independencia y en los años de la paz. Tratamos de la revolución contra Estrada Palma, de la cual había sido uno de los directores el propio Carlos, y yo uno de los actores principales. Nos extendimos a través de los senderos de la Diplomacia. Los dos habíamos actuado en Inglaterra, yo por breve pero laborioso tiempo, él por largos años. Volvieron ante nuestros ojos amigos muertos casi todos, especialmente periodistas, a cuya cabeza estaba William Stead y un cubano que la República quitó del periodismo para situarlo en un alto puesto en la Legación de Londres.

Comentamos la política británica con afecto sincero. El y yo pensamos, con idéntica convicción, que el Reino Unido quedaría por muchos años a la vanguardia, no de la política, sino de la civilización. Las observaciones y los conceptos de 1955, a pesar de las alternativas de nuestra época fugaz, podría repetirlos hoy con igual firmeza.

No puedo referir todas las visitas que hice, ni señalar las evocaciones que en el breve transcurso de un mes animaron mi espíritu en mi ya avanzada edad. En ese sentido mi paso por La Habana fue un baño benéfico de vigor sentimental. Pero no puedo olvidar la hora de pena que tuve al abrazar a Cosme de la Torriente en el lecho de una clínica, en donde, con su perseverancia resistente, se mantenía aferrado a la vida. Aunque débil físicamente, no parecía que estaba para ceder el puesto de persistentísimo y sereno luchador en el ambiente pasional cubano. Fuimos amigos desde la Asamblea de la Yaya, cuando se eligió el segundo Gobierno revolucionario, sustituyendo al de 1895. Nos reunimos dos años después en Santa Clara y vivimos, con Enrique Villuendas, en una amplia casa que era conocida entonces por "la casa del General Luque". Volvimos a encontrarnos en La Habana en 1907, afectuosos amigos siempre, hasta su muerte. Cosme era conservador y de los decididos. Su conservadurismo era debido a la convicción que tenía de la necesidad de las clases en una sociedad ordenada. En la casa común de Santa Clara discutíamos con él Enrique y yo, y a los dos nos impresionaba el hecho de que pudiera existir lo que llamé un día "un Marx al revés". Pero puedo afirmar que la diferencia de nuestras opiniones aumentaba nuestro afecto.

Esa última vez que en nuestra vida nos vimos, me felicitó por mi entrevista en la Televisión, la que había seguido desde su lecho de enfermo. Estuvo de acuerdo conmigo en que mientras no hubiera una mayoría ya formada, sería peligroso quitar a Batista de la Presidencia. Pero insistió, con aquella insistencia suya que nunca cedía un milímetro, que Batista no abandonaría el cargo, ni aun en el caso de formarse una sólida mayoría en el país y en los partidos políticos. El médico evitó una larga discusión. Con Cosme también me ligaron afectos de otro orden. Su familia era la predilecta en mis primeros años de la Paz. Su mujer, Estela Broch, de gran carácter, era amiga de María Luisa. Las hermanas de Estela y su único hermano estaban ligados a las Sánchez, o sea a mi mujer y a mis cuñadas, por lazos de verdadera amistad. Cosme por fin se repuso, batalló algunos años más, muriendo se puede decir casi en la batalla. Carácter firme, voluntad de hierro, ambición grande pero ordenada y digna, cultura suficiente pero no impresionante, era hábil, pero debido a una excesiva inmutabilidad de parecer, resultaba ineficaz. Sobre su tumba escribiría muchos elogios y consignaría dos errores. De los elogios, los mejores que un hombre público y privado puede tener, de los errores, haría notar su apoyo a la reelección de Mario Menocal, olvidando el criterio que sostuvo cuando se trataba de un adversario que pretendía lo mismo. El segundo error, su sumisión a Summer Welles en la hora en que éste intervenía en Cuba a favor de su política antimachadista que, aun considerándola acertada, no dejaba de ser una intervención de un Gobierno extraño, lo que Torriente había combatido cuando no le era favorable.

Después de algunos banquetes de despedida, entre ellos inolvidables los de la Condesa Revilla de Camargo, o sea de la muy estimada María Cagigas, y el de Mario Montoro y su gentil señora, Elena Lobo, tomamos el avión para Madrid.

María Luisa quería particularmente a España por su belleza y el afecto de sus habitantes, y además, porque en ella mi vida se deslizaba menos accidentada.

En realidad, en España nos sentimos mejor que en nuestra casa. Los problemas que se presentan a uno en su país, a veces son duros, mientras que en un puesto diplomático como el que yo tenía, de miembro de la UNESCO, todo resultaba fácil y puedo decir que en la vida diaria disfrutaba del goce de mis derechos.

A pesar de no haber querido reanudar las relaciones diplomáticas con Cuba a nivel de Embajadores, España me otorgó desde el primer momento de mi llegada, o sea desde fines de 1940, cortesías y prerrogativas diplomáticas. El Ministro Beigsbeder no pudo ser más amable.

En este tiempo lo sustituyó Manuel Martín Artajo, persona que añadía a la inteligencia y gentileza de Beigsbeder un admirable equilibrio.

Capítulo XXII

MI ULTIMA VISITA A CUBA

Debido a las etapas del avión, tuvimos que detenernos en Miami. En esta ciudad se encontraba el Presidente legalmente elegido en 1948 Carlos Prío Socarrás, compañero mío en la Convención Constituyente, pero adversario político desde los primeros tiempos de su entrada en la vida política. Poco antes de la terminación de su mandato presidencial, Prío había sido expulsado del poder por el ejército, bajo la influencia del General Fulgencio Batista. Estaba yo en Madrid cuando ocurrió dicho acontecimiento del todo anticonstitucional, y a pesar de no aprobarlo, consideré que tenía alguna utilidad ya que con él se delineó un cierto orden electoral que permitía a los cubanos dividirse en mayoría y minoría, por lo que, cuando un periodista cubano me dio la noticia del golpe de Estado, exclamé: ¡Vamos hacia una solución...!

Con Alonso Pujol, notable político, fui a saludarlo e intentar un arreglo entre él y los militares al servicio de Batista. Mi larga peroración no convenció a mi antiguo compañero de la Convención. Si él la hubiera aceptado no hubiéramos tenido los males que han venido después.

Mi conversación asumió un tono casi patético, pues yo tenía ante los ojos el fenómeno de disgregación que luego se ha presentado. No hay duda que Prío tenía plena razón, pero Batista representaba el orden, que iba desapareciendo. Yo he considerado siempre el orden inferior al derecho, pero (este eterno pero de la vida) todo me indicaba que la fuerza era más útil que toda otra cosa, ya que los principios, las ideas, la justicia, la bondad no tenían vigor, eran simple objeto de falsas elude Maquiavelo, hecha en mis jóvenes años, volvió a mi mente. Debido a los viajes por Francia e Italia así como a la abundancia benéfica de documentos que hube consultado en la Biblioteca de la Quinta Avenida de Nueva York, me enfrenté otra vez con Maquiavelo y lo saqué de las calles de Florencia para abrirle nuevos caminos por las del mundo. Sobre Maquiavelo se había escrito mucho, pero a mí esos libros me parecieron encerrados en los cuatro muros de los eruditos. Pensé que Maquiavelo necesitaba un ambiente más real y un aire más vital. El libro me dio resultado. Fue reproducido en diferentes idiomas y comentado muy favorablemente por escritores de gran valer.

En España y Portugal tuve manera de ver los archivos de estos dos países que en el pasado habían representado un papel decisivo en el mundo y continué mi labor, encaminada a resolver problemas históricos. Así salieron a la crítica pública *Un pleito sucesorio: Enrique IV de Castilla, Isabel la Católica y la Beltraneja*; *El siglo XVI a la luz de los Embajadores venecianos*; *El Cardenal Gasparo Contarini y sus misiones*; y *Felipe II*; los que vinieron a aumentar la lista de las publicaciones anteriores.

Debo hacer notar que uno de mis anhelos era, y sigue siendo, que la América Latina no limite su producción literaria a hechos exclusivamente latinoamericanos, sino que ensanche su espíritu y eleve su mente abrazando temas mundiales y conocimientos internacionales, para con esto dar su contribución al mundo entero.

Estas actividades literarias no excluyeron de mi mente las cuestiones políticas, y desde lejos, seguía los sucesos de mi patria. Así, quedé impresionado dolorosamente por los acontecimientos políticos de Cuba, y aún más preocupado por la actitud de cierta parte de la juventud dispuesta a adueñarse del poder, ignorando todo lo que significara el orden y el gobierno.

Tras haberme ocupado del tratado comercial con España, al cual he aludido en otra parte, participé de la Convención de la Unión Latina.

A esta Convención concurrían Francia, Italia y Portugal en representación de Europa, y llegaron representantes de todos los Estados de América, menos, naturalmente, de los Estados Unidos y Canadá. España, fiel a su tradicional hispanoamericanismo, estaba decidida a dominar la nueva organización, o a utilizarla.

Yo no pude adherirme a esta política porque con ella se hubieran separado las naciones europeas, quedando reducido todo a un mero hispanismo. En ningún caso estuve de acuerdo con mis colegas de la América Latina, todas personas de inteligencia y esmerada cultura, pero dispuestos a seguir las ideas unilaterales del Gobierno de España y no el conjunto del interés general. No comprendieron que era inútil crear una

CAP. XXIII. *Ultimo servicio rendido a la patria*

caricatura de hispanismo ya existente, y por eso luché al lado de los europeos, con el desagrado intensamente expresado por algunos jóvenes diplomáticos españoles. Estos no concebieron que de la Unión Latina podían sacar la preciosa utilidad que les habría dado la constante preponderancia en una importante Asamblea internacional. Yo creo que si en lugar de tomar una acción decisiva en esta federación que se quería fundar, España hubiera dado una mayor libertad de acción a los demás Estados, no hubiera fenecido tan pronto esta noble institución verdaderamente latina (y no exclusivamente hispana) y tampoco hubiera fracasado el proyecto que habíamos elaborado y que tanto esfuerzo y dinero costó.

En un discurso hice notar que con esta intransigencia española, toda nuestra labor era inútil porque resultaría inocua al día siguiente. Quisieron los españoles solamente los honores, y en efecto, todo se derrumbó.

Una noche nos reunimos en la sede de la Embajada de Portugal, los delegados de Francia, Italia, Portugal y Cuba, y pude conocer su decisión, que era la de no seguir el camino trazado por el grupo español. Esta reunión fue muy mal vista por los hispanos y provocó la intervención de algunos funcionarios del Ministerio de Asuntos Exteriores español, animados del mayor desasosiego. La Unión Latina, quedó en pie algún tiempo, pero sin actuar. Una vez más pude notar la tendencia contradictoria de una nueva diplomacia la que, en vez de pacificar, provocaba conflictos.

Otro acto de importancia que tuvo lugar en España, fue una conferencia dada en el Colegio de Abogados de Madrid, a la cual ya me he referido, de paso, en otro capítulo. Presidía el acto el Ministro de Asuntos Exteriores, señor Martín Artajo y a su lado estaban el Nuncio Apostólico Mons. Amleto Cicognani, el Embajador Lequerica, el Presidente de la Falange, el Presidente del Tribunal Supremo de las Cortes, etcétera. En el salón de actos se encontraba, puede decirse, toda la cultura española. Yo no quedé satisfecho de mi exposición porque llegado a la mitad del trabajo, que no leía pero que había preparado detenidamente, al empezar a tratar de la libertad económica noté que el público aplaudía demasiado mis contundentes afirmaciones liberales. Quise entonces desviarme de lo que había preparado, pero como no quería tampoco contradecirme, corté toda la tercera parte y terminé inesperadamente. Todos los oyentes se dieron cuenta de la maniobra. Lo que sé decir es que, después de mi discursito neoyorkino de Beekeman Hall, éste fue el más desafortunado de mi larga carrera.

El tema de mi disertación se basaba sobre las dos Constituciones cubanas, la de 1901 y la de 1940. Virtualmente condenaba la segunda, de cuya Asamblea Constituyente había sido miembro, pero la repudiaba por su sabor fascista y por ciertas puertas que en sus artículos abría al comunismo. Durante la exposición, de tiempo en tiempo dejaba caer una crítica formal contra el excesivo estatismo, que ha sido el blanco de mis odios durante toda mi vida política. Con el General Franco en en la cumbre del poder y la Falange sólidamente unida y dispuesta a luchar por él, los aplausos del público a ciertos conceptos me indicaron su determinación de señalarlos a la presidencia, la cual justamente guardaba silencio. Además, habiendo escrito algunos libros sobre historia de España, los que fueron erróneamente interpretados por ciertos sectores nacionalistas, muy pronto noté que mi conferencia excitaba las pasiones pocos años antes exaltadas por la energía y la habilidad de Franco. Pero mi idea no era ésta, como tampoco la de intervenir en los asuntos locales. Terminé pues rápidamente con algunas frases banales. El Embajador Lequerica, mente aguda y amigo leal, fue el único del grupo presidencial que vino a felicitarme además del Nuncio Cicognani que sereno me estrechó la mano, sonriendo con actitud estudiadamente distraída y vaga. Yo había intimado con él en la última temporada veraniega de San Sebastián. Teníamos iguales opiniones sobre las instituciones españolas. No creíamos ni en un desarrollo fructífero, ni en una nueva revolución caótica. Yo, más explícito que él, le había dicho que la mediocridad del momento, sea en materia económica, sea en política nacional e internacional, ponía la noble Península a salvo de las agitaciones que todavía se recordaban con terror.

Lequerica era un vasco leal y espontáneo. A pesar de que un público formado en larga hilera se aglomeraba alrededor mío, se detuvo para decirme en voz alta:

—Ha hecho usted bien en precipitar la última parte. La interpretación jacobina del público le hacía daño a usted.

Años después me acerqué con mayor afecto a este hombre de Estado. Al ser nombrado Embajador en Washington me pidió algunas informaciones sobre los métodos políticos de los Estados Unidos. Con mucho gusto le di el fruto de la experiencia de mis largos años de vida norteamericana. Tuve el placer de oír sus elogios la primera vez que regresó a Madrid, encontrándonos en la casa de los Duques de Sueca.

En realidad, las palabras del Nuncio y de Lequerica se añadían al que podíamos llamar plebiscito en favor de las ideas liberales que yo había expresado. Sólo la Duquesa Leticia Durcal, de vivaz inteligencia y bella cultura, algunos días después me amonestó severamente:

"Vosotros no hacéis política, sólo jugáis con ella. La cuestión no está en los principios, sino en el orden y en el respeto recíproco que se deben los hombres entre sí en la normalidad de la vida colectiva. Nuestra última lucha fue horrorosa; permitir la repetición de aquella tragedia sería un crimen. Pero aquí parece que todos quieren asistir a un segundo acto."

En cambio, el Marqués de Quintanar me repitió al oído una frase que ya había escuchado en otra ocasión: "Sólo usted puede decir ciertas cosas tan verdaderas y dolorosas." La verdad es que yo no había pensado ni un momento que mi tesis pudiera dar lugar a aquella agitación.

Si he gozado de una felicidad plena, ha sido en mi larga residencia española. El carácter de los habitantes estaba en armonía con el mío en lo general, y la parte en que diferíamos no daba lugar a choques. Además, las funciones que ejercía me facilitaban las relaciones con todo el mundo. Y en fin, teniendo mi cargo sus funciones en París, yo podía quedar en España la mayor parte del tiempo, ya que el Consejo de la UNESCO se reunía esporádicamente unas cuatro veces al año. Sin embargo, desempeñaba todas las obligaciones oficiales con una facilidad que alegraba mi espíritu.

Precisamente la representación de Cuba en la Asamblea de la UNESCO (Organización Educacional, Científica y Cultural de las Naciones Unidas) y en su Consejo Ejecutivo, que ostenté por un largo decenio, constituye mi último servicio rendido a la Patria.

Aquella Asamblea internacional me recordaba los tiempos transcurridos. Me hacía volver con lúcido recuerdo a la II Conferencia de La Haya de cuarenta años atrás; me hacía repasar el largo camino de la Liga de las Naciones (1924-1931) y me situaba en el ambiente moderno, obligándome a la doble función de actor y espectador de mi siglo.

A pesar de mi larga edad, di a esta Asamblea todo lo que pude; intervine en todas sus actividades, y ninguna de las proposiciones que combatí fue aprobada por mis colegas; no sostuve un solo precepto que fuese derrotado. Sin embargo, no me entusiasmé por sus funciones. En cambio, debo admitir después de estar fuera de ella, que la UNESCO, empujada por Vittorino Veronese y profundamente respaldada por René Maheu, ha mejorado su orientación y se dirige hacia un campo de mayor utilidad.

Renuncié al cargo del Consejo Ejecutivo tan ambicionado por otros de sus miembros y más tarde concurrí con el gobierno de mi país, gobierno producto de la fuerza como veremos, a que se confirmara mi renuncia de miembro de la Asamblea. Pero de eso trataré más tarde.

La UNESCO me obligaba a reducir mis actividades en París. En esta bella capital, mi centro, casi mi principal residencia, radicaba la conocida oficina de la Academia Diplomática. En ella, a presencia de un público extremadamente solemne, había pronunciado algunos discursos, y además contribuí a la redacción del Diccionario de la misma Academia.

No puedo negar que la libertad mental de Francia benefició mucho mi espíritu y dictó las mejores expresiones de mi mente. La libertad mental no es solamente una creación ocasional sino un hábito, un sistema, una fuerza. Los países libres, verdaderamente libres, o sea en donde domina la sinceridad de expresión, la humanidad se encuentra más satisfecha, con la mente más reposada y el espíritu más brillante. Así, mientras en este tiempo mi edad galopaba hacia la vejez, yo estaba animado por una fuerza interior que amenguaba la estragos de los años.

Tanto en la UNESCO, en la Academia Diplomática y en los salones intelectuales, como también en las entrevistas con mis colegas, yo renovaba mis ideas, reforzaba mis ideales y hacía de mí mismo no el hombre que reposa sobre sus pesados ochenta años, sino un joven que reafirmaba sus pensamientos en el continuo contraste de ideales.

Yo no he podido prestar a Francia ningún servicio, ni siquiera idealístico. Nación fecunda no necesitaba la mano ajena para levantarse. Si a España llevaba un propósito, en Francia me presentaba simplemente para concurrir a la labor común. En mis relaciones oficiales con el gobierno francés hay un solo hecho que puedo presentar a los que se interesen por mi larga y azarosa vida.

Voy a relatarlo, consignando de antemano que ha quedado aun para mí como un enigma.

Me encontraba un día en el Hotel Ritz de Madrid, cuando vi aparecer al señor Hardion, Embajador de Francia, persona muy estimada por mí. El Embajador me manifestó que por orden de su gobierno, venía con una misión relacionada con la próxima Constitución que Francia se iba a dar. En efecto, su gobierno deseaba mis opiniones sobre cuáles debían ser las bases de la nueva Carta fundamental. Quedé sorprendido, y hubiera querido preguntar al Embajador si se trataba de un pedido que se iba a repetir a otros colegas, pero mis viejos hábitos diplomáticos me detuvieron. Hardion, sin duda, me hubiera respondido que no sabía cuáles eran los propósitos de su gobierno. Discutí el caso con él, y me suplicó que le enviara el trabajo lo más pronto posible. Le prometí que en cuatro o cinco días se lo haría llegar. Debo hacer notar, para evitar errores, que Hardion se refería a la primera Constitución después de la II Guerra Mundial.

Cumplí con el ofrecimiento y dicté una serie de preceptos que representaban las ideas básicas de mis teorías sobre la materia, la cual respondía primero a mi continua labor universitaria, segundo al hecho de haber sido yo miembro de la reciente Asamblea constituyente de Cuba en 1940. Envié el pequeño trabajo que, transmitido a París, no debió dar ningún resultado porque ni una sola de mis ideas mereció su inclusión en el articulado de aquella constitución. Pero, cuál no sería mi sorpresa al leer, poco tiempo después la Constitución que adoptó la última república francesa, o sea la que rige actualmente (1967), pues encontré que mucho, podría decir todo lo básico de mi proyecto había sido aceptado. Yo recibí una carta, que conservo, en la cual el Gobierno francés de entonces se declaraba del todo satisfecho de mi breve esfuerzo intelectual. En mi informe yo me basaba esencialmente en algunos principios generales, como que el Ejecutivo fuese sólido actor en la actividad gubernamental. Al Presidente no se le daba la amplia autoridad de los presidentes norteamericanos, pero al mismo tiempo no lo reducía a figura de mera representación. Al Parlamento le asignaba facultades en todo lo legislativo, al par que le negaba toda participación que no fuese estrechamente relacionada con ese aspecto del poder. En este campo iba todavía más lejos, pues exigía que los parlamentos no tuviesen sesiones permanentes. Muchas reformas que yo sugería concuerdan con las ideas que hoy se encuentran en la notable Carta Constitucional francesa.

Al narrar este favorable episodio de mi vida quiero añadir otro, al cual ya he hecho una referencia vaga. Se trata de un proyecto de resolución que presenté en la Conferencia Económica de Londres de 1933.

En realidad, la Conferencia fracasó y mi proyecto cayó definitivamente no sólo en su esencia, sino en todo. Este proyecto, sin embargo, representaba la cosa más eficiente y clara que pudiera llevar los pueblos a una unión económica. La base principal del mismo era aunar las naciones del mundo, especialmente del mundo civilizado, actuando gradualmente para que las aduanas desaparecieran. Aquel proyecto, hoy olvidado en los Archivos de los Estados, pretendía la formación de un grupo que en el curso de diez años pudiera hacer caer todas las barreras que destruyen el bienestar de las naciones. En realidad, yo no podía hacer una proposición que tratara de una sola parte del mundo, por ejemplo de Europa, Asia o Africa, sino más bien hablaba en tesis general o sea de toda el área geográfica. Aún hoy tengo el criterio de que nadie leyó aquella prosa que luego ha servido de base a la formación de la Unidad Europea. En aquella Asamblea londinense nadie levantó la voz para aplaudir o criticar ni uno de los artículos del voluminoso proyecto; sólo el jefe técnico de la Comisión Americana me hizo sentir su opinión, afirmando: "En esta Asamblea no hay más que dos proposiciones. Una es la de Cuba, la otra la de Rusia".

Volviendo al relato principal de este período de alejamiento de Cuba, diré que de tiempo en tiempo "publicaba" algo sobre los acontecimientos que sacudían la isla, llevados por la prensa al dominio del público internacional. Mejor dicho, para mayor exactitud, mis amigos publicaban como artículos algunas cartas privadas que yo enviaba a la patria adoptiva, la que seguía y sigue palpitando en mi corazón. Cuando algo de importancia acontecía en mi lejano país, también la prensa diaria acudía a mí para obtener informaciones diversas.

De mayor valer, hubo dos acontecimientos que produjeron alguna agitación cuando llegaron a ver la luz pública.

El primero se refiere al comentario que hice cuando el General Batista ocupó militarmente la Presidencia de la República. Eran las tres de la tarde y estaba descansando en el Hotel Ritz. Fui despertado por un joven periodista cubano muy favorable al General, con estas palabras:

—¿Conoce usted la noticia?

—No conozco nada y estoy durmiendo.

—Es muy importante y se la voy a adelantar. Prío Socarrás ha sido destituido y Batista ha ocupado el Poder.

Yo quedé impresionado, pero el hecho era esperado. Yo lo veía venir desde hacía bastante tiempo. A mí no me gustaba el gobierno de minoría que representaba Prío. Tampoco me gustaba un gobierno militar, ya que el civil es siempre más duradero. Este de Prío Socarrás, aunque breve, por su limitada mayoría no dejaba esperar una prolongación de la vida pública.

En definitiva, contesté al joven periodista: "Bueno, de todos modos este acontecimiento que usted me relata prueba que *vamos hacia una solución*".

En aquellos momentos, tres grupos deseaban apoderarse del gobierno, pero ninguno de los tres tenía asegurada una mayoría, y como vengo insistiendo, he sido siempre contrario a tales situaciones. El hecho real es que uno de los jefes de los tres grupos, o sea el candidato a la Presidencia Eddy Chibás, se suicidó mientras hablaba, o mejor dicho al terminar un programa ante los micrófonos de la radio. Mi respuesta al periodista fue criticada por muchos, pero nadie pudo negar que yo había tenido una vaga previsión de que los tres grupos se reducirían a dos, o sea una mayoría y una minoría electoral.

El segundo acontecimiento que me hizo entrar otra vez en la vida pública cubana, fue el desembarco de Fidel Castro en Cuba; por la parte de la isla que amparan las altas montañas que caen a pico sobre el mar. En esa ocasión se apareció un periodista, haciéndome una serie de preguntas, como también las hizo a cuatro importantes políticos cubanos que estaban en Madrid. Yo contesté mostrándome muy desagradado por el acontecimiento, a diferencia del aplauso sonoro que le dieron mis otros colegas interrogados.

Comprendí, desde el primer momento, que Fidel Castro con su viaje a la montaña no traería nada eficiente ni bueno. Expliqué que en lugar de buscar la solución de las desgracias por medio de reformas populares,

CAP. XXIII. *Ultimo servicio rendido a la patria* 503

queríamos encontrarlas en los individuos. Y añadí alguna que otra consideración adversa a Castro.

Es preciso hacer notar algo sobre este avance hacia las montañas de Santiago de Cuba, para comprender mis opiniones de aquel primer momento en que se presentó, con todos sus males, la nueva tragedia de Cuba.

Fidel Castro iba acompañado por muy pocos hombres y su insignificante expedición nunca hubiera sido tomada por la Historia como un factor decisivo, si el Presidente Batista hubiera puesto el alto cargo presidencial a disposición de la mayoría.

Los pocos compañeros de la guerra de independencia vivos aún, recordarán, como yo, que no fue ni en la Sierra Maestra ni en el Escambray donde se pretendió alcanzar un triunfo, ni siquiera parcial, contra el enemigo. Recordarán algo más: la Sierra y el Escambray eran menospreciados como lugares de rebeldía, y calificados sus reductos de *majaseras*. El "mambí" llamaba "majá" al revolucionario que no quería pelear y "majaseras" los lugares escogidos para substraerse al ataque enemigo. Un mambí como yo, —perdóneseme esta vanidad de senectud— el primero en pasar la Trocha de Júcaro a Morón; que entró en Victoria de las Tunas, junto a Carlos García Vélez; y el primero en el asalto al fuerte de avanzada de Arroyo Blanco, a las órdenes de José Miguel Gómez, no podía atribuirle eficiencia a la táctica revolucionaria de correr a la Sierra y luego al Escambray.

La presencia en Cuba de Fidel Castro fuera de ley, me hacía sonreír por la actitud de nuevo Martí que él pretendía asumir, sin tener en cuenta la diferencia de cultura, la nobleza de la causa y, sobre todo, la elección del escenario. Y por otro lado me llevaba a considerar que para la ingenua alma popular, la del habitante de las lomas, él significaría la figura del pretendiente que sabe esperar socarronamente la hora oportuna.

En el movimiento castrista inicial no veía vigor, patriotismo, fe, entusiasmo, ni nobleza de espíritu, sino abusiva agresión, queriendo establecerse en un lugar de reposo para gozar de oportunidades provocadas por otros. También en esto no creo haberme equivocado. En efecto, los rebeldes de la altura, salvo algunos que otro cambio de posiciones, esperaron que se efectuaran las elecciones, que no fueron del todo respetables, que los americanos declarasen que no aceptaban el nuevo gobierno; y que en fin, la mayoría, con buena fe o sin ella, considerara a los escondidos de la Sierra como elemento activo, capaz de hacer algo.

La actitud de Batista, imperturbable ante esa expectativa, me hace suponer que el antiguo sargento, eclipsado por la luz de las estrellas del generalato, no consideró seria aquella situación, y que tampoco la comprendieron las oposiciones inertes que vivían a la sombra de la memoria de Eduardo Chibás o de los bríos opacos del derrocado Prío Socarrás. Y sucedió que la astucia juvenil de Castro batió a los camastrones, ya avanzados en edad, de la política cubana.

De todos modos, la oposición popular contra la política y el gobierno de Batista fue aumentando. Pero sólo el ejército, las múltiples policías y una minoría electoral seguían manteniendo la zozobrante barca gubernamental. Fue entonces que el gobierno de los Estados Unidos, viendo a Batista en grave aprieto, pensó llegado el momento de dominarlo sin molestias para él, manifestando que no reconocería la elección de su sucesor, y que de ocupar el cargo quien parecía electo, su elección sería considerada como inexistente. Batista y los militares más importantes, no pudiendo resistir a este nuevo adversario, decidieron ausentarse de Cuba velozmente dejando, puede decirse, vacante el poder público. El heredero rebelde de las lomas inexpugnables se mostró despreocupado y hasta desdeñoso en su hora de victoria. Sus secuaces fueron ocupando tales y cuales ciudades, anotándose éxitos que cifraban pérdidas ridículas por ambas partes: un muerto, dos o tres, como máximun.

El país, deseoso de cualquier cambio, estaba con Castro. La corrupción administrativa había llegado a la periferia y los ricos propietarios no sufrían que unos cabos, sargentos, o aun militares de grados superiores, les obligasen a pagar continuos subsidios. Prefirieron a la distribución obligada de algunos miles de pesos, entregar voluntariamente millones a quien, por ser una incógnita, satisfacía las aspiraciones de tantos: a la juventud especialmente, con bellas esperanzas; a los católicos, con buen número de medallitas en los pechos, representando a vírgenes de todas las razas y colores; a los estudiosos, ostentando el título de doctor; a los ricos que lo suponían agradecido por el abundante dinero aceptado con gusto; a los mismos militares, satisfechos por las engañosas dádivas o promesas recibidas. Castro no amenazaba a nadie. Cada ciudadano encontraba en sus generalidades una vaga esperanza. Yo mismo, no obstante mi escepticismo político llegué a pensar que, siendo tan fácil hacer un buen gobierno en Cuba, rica como era la nación, con la despierta inteligencia de sus habitantes, y sin problemas graves en lo internacional, hasta un joven inexperto, doctorado en una época en que la Universidad se hallaba cerrada casi en permanencia, podría ser útil en la presidencia. Pensaba que con Castro habría elecciones inmediatas; pero cuando leí la frase sacrílega: "¡Elecciones! ¿Para qué?", comprendí que había ocupado el poder un rampollo de Mussolini, aparecido en la mitad del camino de nuestra vida republicana transformada en "selva salvaje, áspera y fuerte", como dice Dante al comienzo de su gran poema.

La mayoría de los cubanos siguió teniendo fe en él.

En efecto, insisto en decirlo, era tan fácil gobernar a Cuba. Bastaba aligerarla de los militares, peso eterno y deletéreo de todo país latinoamericano, y llevar a un hombre recto a dirigir la Hacienda. No quiero decir que estábamos en un paraíso terrenal, pero afirmo que se podían resolver fácilmente nuestras dificutales. Nuestra base era sólida. Entraban en el país centenares y hasta miles de millones de dólares y podíamos con facilidad distribuirlos más equitativamente.

Fidel Castro muy pronto consideró que el bien de Cuba estaba atado al carro de su gloria y pensó no en remediar nuestros males, sino en favorecer los intereses de los que aspiraban a mejorías de clases. He dicho y escrito que la repartición de la riqueza en el régimen capitalista es errónea, pero he hecho igualmente observar que tal repartición depende de las exigencias de la producción. Asegurada una alta renta productiva, el resto es fácil. Y entre nosotros, más todavía debido a la tradicional existencia del colonato. Bastaba, pues, que un hombre de buena voluntad, honrado, aunque mediocre, aumentase el número de las pequeñas colonias de caña y elevase el porcentaje acordado al colono; fijase mayores salarios al obrero; diese protección a cooperativas agrícolas completamente libres; impusiese mayores impuestos directos honorablemente tolerados, y al mismo tiempo, redujera los enormes gastos portuarios y los derechos de aduana, y disminuyese las cifras presupuestales como colofón, para alcanzar los propósitos de bien general, más altos y nobles que los individuales. Pero el joven Castro dio prueba de que sólo aspiraba a su propia gloria por medio de exageraciones sentimentales y de ruidoso escándalo.

La mayoría de los cubanos empezó entonces a pensar como yo, pero seguía aplaudiendo, aceptando promesas expresadas cada vez en tono mayor. La vanidad y la crueldad aumentaron con el éxito. Quien quiera juzgar, hoy o mañana, al Castro de este período, debe releer sus primeros discursos, dados a la luz en el periódico *Revolución*. Quien quiera juzgar su gobierno debe examinar los decretos publicados en el diario oficial. Quien quiera conocer la hora triste de Cuba debe seguir el reportaje de los órganos de publicidad al servicio del dictador, sobre los juicios políticos celebrados con implacable *"crescendo"*.

Quien quiera odiar al comunismo debe estudiar su tonta aplicación en nuestra tierra, que nos ha valido un terremoto moral, cívico, cultural, económico y político nunca visto a lo largo de los siglos.

El pueblo de Cuba, pasado el tiempo, ha comprendido que es estulto apoyar a quien salta de la protección de los adinerados a un confuso comunismo; del brazo del primate del catolicismo cubano —un severo arzobispo que dícese le salvó la vida— a la elevación del ateísmo; y que sustituye las medallitas, consoladoras de toda ñoñería, por la persecución de los fieles en sus iglesias.

El pueblo de Cuba ha perdido mucho tiempo en llegar a su actual descontento ya que Castro, a pesar de su psicología escenográfica, ha sido bastante descuidado y no ha ocultado sus contrastes ideológicos, sus alterados estados de ánimo y su confusa mentalidad. Al verlo físicamente en los retratos —satisfacción máxima de su vida— recordé unas cartas notables de Macaulay dirigidas a un ex-ministro de los Estados Unidos en Londres, que expresaban este juicio: "en el próximo siglo los Bárbaros no descenderán del Norte; surgirán en los países mismos y serán tan adversos a la civilización como aquellos que la Humanidad sufrió en otro tiempo".

Aunque me pareció inexplicable que una rebelión hecha contra supuestas agresiones policíacas empezara por fusilar al por mayor —al punto de hacer coincidir la cifra de muertos prefijada en Cuba en 1961 con la fijada por Felipe II en sus instrucciones al Duque de Alba al enviarlo a Flandes en la segunda mitad del mil quinientos— sentí repulsión por tanta violencia, pero no la atribuí a un sistema de terrorismo gubernamental. Conste que ni un solo momento tuve tolerancia por la mucha sangre derramada. Pero hombre de principios, no sentí tanto horror por los que creí actos circunstanciales, como por que vinieron conjuntamente a indicar una orientación estatal definitiva, inconexa y absurda que queriendo establecer el marxismo hubiera hecho repetir a Karl Marx, de vivir aún, su famosa frase: "Yo no soy marxista".

Debido a tan trasnochada política, dicté en mi espíritu la sentencia definitiva al leer la disparatadísima ley de alquileres, y la incongruente sobre la distribución de tierras, comprendiendo por ellas que estábamos perdidos más que por otra cosa, por la incapacidad de los nuevos gobernantes.

Estos revolucionarios nuestros que en destruir han sido perfectos, al encontrarse frente a algo creador han mantenido el *statu quo* burgués, dejando a todos los inquilinos de Cuba sus casas que ocupaban previamente, con el ofrecimiento de que sustituyeran luego a sus propietarios. Al ricacho dieron la mayor satisfacción, la alegría, digamos, de una casa sonriente; al pobre, el desheredado, el tugurio secular. Hacer una revolución de igualdad social para dar al rico mayor riqueza y al pobre una inalterable pobreza, no son ideas, paréceme, capaces de surgir en la mente de un Blas Roca o de un Agüero, y sobre todo, de un Marinello, colegas míos en la Convención Constituyente de 1940, pero sí en la de Castro, aprendiz de comunista, el cual olvidando el tema comunista de a cada uno según sus necesidades, patrocinó la causa de la burguesía más reaccionaria, es decir la teoría de "a cada uno según sus **hábitos ancestrales**". Es posible que la astucia juvenil de Castro pensara que en aquella hora había necesidad de que la gente no se cansara de sus largos e inconexos discursos y que era preciso el aplauso desordenado aun después de cuatro o cinco horas de largas parrafadas.

Mientras tanto, me he mantenido fuera de Cuba. Hubiera podido recobrar la nacionalidad italiana, no lo he hecho ni lo haré. A los 92 años espero erguido y respetado que la victoria sonría a los que la merecen y que la incapacidad desaparezca, por fin, del gobierno de mi país. He quedado cubano, en la desgracia, como en los buenos tiempos. Tengo la misma fe en Cuba que tuve cuando peleé en los campos frondosos de la Isla.

Mi vida pública terminó bastante antes de esta última hora, precisamente con el gobierno que se estableció sobre la ignorancia y la maldad. Pero cumplí mi deber hasta el último momento. Y lo cumplí poniendo en mi acción todas las dotes que animaban mi espíritu y mis conocimientos. No quise dejar nada por hacer de mi parte. Creo que no falté a mis deberes ni en un solo momento.

Al establecerse el nuevo gobierno, lo presenté a la colectividad de la UNESCO, donde aún representaba a Cuba, y no supliqué a la docta Asamblea su reconocimiento, sino que, al contrario, le manifesté que el gobierno de Cuba mantenía voluntariamente su presencia en ella. Dejé algunos consejos para el nuevo representante, consejos que fueron aplicados al revés. Y para que conste la lealtad con que siempre he servido a mi país, deseo incluir en este relato el último documento que envié al Dr. Roberto Agramonte, Ministro de Estado, el 20 de enero de 1959:

"Sr. Ministro:

Por tener un concepto muy elevado del deber que asume un alto funcionario del Estado y también porque creo merecer el respeto general por los servicios que he prestado a Cuba, envío a ese Ministerio el resumen documental de las relaciones que he tenido con el mismo después del 1.º de enero del correspondiente año, y una respetuosa protesta, no por la separación de mi cargo —separación que ha sido de mi agrado— sino por la forma poco habitual que se ha usado.

"El día 7 de enero he recibido del Sr. Ministro al cual me dirijo, el cable que transcribo:

"Delegación Cuba, Unesco, París. Gobierno revolucionario presidido Dr. Manuel Urrutia designó Gabinete, integrado siguientes personas: Primer Ministro, Dr. José Miró; Estado, Dr. Roberto Agramonte; Justicia, Dr. Angel Fernández; Hacienda, Dr. Raúl Chibás; Trabajo, Dr. Manuel Fernández; Salubridad, Dr. Julio Martínez; Obras Públicas, Ingeniero Manuel Ray; Ministro de Recuperación Bienes Malversados, Dr. Faustino Pérez; Educación, Dr. Armando Hart; Comercio, Dr. Raúl Cepero; Agricultura, Dr. Humberto Sorí; Ministro de la Presidencia, Dr. Luis Busch. Gobierno tiene completo control República, reinando paz territorio nacional. Notificadas representaciones diplomáticas de lo anterior y de que cumplirá compromisos internacionales convenios vigentes, formulando votos porque se mantengan inalterables relaciones existentes con todos los países. Comuníquelo ese Organismo. Agramonte".

"Este cable fue transmitido inmediatamente al Director General de la Unesco, Sr. Veronese, en la siguiente forma: "Director General Unesco, Comunícole cambio de Gobierno cubano en perfecto orden. Delegación continuará cerca de Unesco como desde su fundación. He asegurado nuevo Presidente Urrutia y Ministro Estado Agramonte que Unesco seguirá contando gustosa con cooperación de Cuba. Agradecería tener el honor de recibir una respuesta de usted favorable a este comunicado. Estoy Hotel Ritz, Madrid. Salúdole cordialmente. Orestes Ferrara, Delegado Permanente Cuba".

"Al mismo tiempo hablé por teléfono con algunos funcionarios de la Unesco, amigos míos, recomendando el pronto y favorable despacho de nuestro asunto. Al propio tiempo acusé recibo a ese Ministerio con el siguiente cable:

> "Agramonte, Ministro de Estado, Cuba. Recibido cable sobre constitución Gobierno, reexpedido aquí desde París. He comunicado ya nuestro cambio histórico al Director General. Ninguna dificultad puede presentarse. Estoy seguro Unesco seguirá contando gustosa con Cooperación Cuba. Ruégole comunicarme Hotel Ritz Madrid, cualquier resolución concerniente al servicio o a mi persona, directamente aquí, para mayor rapidez. Con director General comunícome teléfono telégrafo. Deseo vivamente éxito completo nuevo Presidente, usted y Gabinete constituido para bien nuestra Patria. Respetuosamente, Orestes Ferrara, Embajador Asuntos Culturales, Delegado Unesco".

"Supongo que usted, Sr. Ministro, se habrá fijado, al recibir este cable, en la siguiente frase: "Ruégole comunicarme Hotel Ritz, Madrid, cualquier resolución concerniente... a mi persona, directamente aquí...". Yo la usé en forma delicada y correcta, para indicarle que ponía el puesto a su disposición. Ahora debo decirle, y lo escribo en esta comunicación para que conste, que si no manifesté abiertamente que ponía dicho cargo a la disposición de esa Superioridad fue, primero, por no aparecer ante el juicio histórico como solidario de una política con la cual, por mis ideas liberales, no estaba conforme; y segundo, por no aparecer como adverso a un hecho consumado que, si tampoco tiene los requisitos de derecho que mis convicciones jurídicas imponen a mi espíritu, resulta, por su provisionalidad, una esperanza popular.

CAP. XXIII. *Ultimo servicio rendido a la patria*

"El día 10 de enero confirmé por carta al Director General de la Unesco mi anterior comunicación telegráfica, notificándole además los nombres de las personas que integran el nuevo Gobierno cubano, así como sus respectivos cargos.

"Posteriormente recibí de ese Ministerio la notificación de mi separación del servicio, en doble forma, pues en el cable dirigido a mí a Madrid, se dice que el Consejo de Ministros ha dictado un Decreto ordenándolo, y en el cable dirigido también a mi nombre, pero enviado a la Unesco, en París, se dice que lo ha ordenado el Presidente de la República. Hago observar esta diferencia de forma con el mismo interés con que en los últimos meses del año pasado he debido llamar la atención al anterior Ministro de Estado sobre repetidos errores de ese género.

"El día 12 de enero escribí nuevamente una carta al Director General de la Unesco, esta vez dándole cuenta de mi separación, en la forma que transcribo:

"Excmo. Sr. Vittorino Veronese,
Director General de la Unesco,
París.

Estimado Director General:

Tengo el deber de comunicarle que, con fecha de ayer, se me ha notificado una resolución del Consejo de Ministros de mi País, retirándome del cargo de Delegado Permanente ante ese Organismo de Las Naciones Unidas.

Al despedirme, deseo manifestarle que, en cualquier parte y en cualquier momento, seré un propagador, modesto, pero entusiasta, de las ideas de la Unesco. Y, al mismo tiempo, un admirador y amigo de usted. Suyo devoto, Orestes Ferrara Marino, Hotel Ritz, Madrid.

"Y por último, he recibido el siguiente telegrama, firmado por el Director General, que reproduzco a continuación:

"Dr. Orestes Ferrara, Hotel Ritz, Madrid. Compláceme sobremanera acusar recibo telegrama, fechado 7 de enero, relativo a la continuidad, de la cooperación cubana a obra de Unesco. Ruégole aceptar testimonios alta consideración. Vittorino Veronese, Director General".

"Este telegrama del Sr. Veronese es el último documento oficial de mi carrera, que ha durado muchos años, y espero, para mi tranquilidad espiritual, no deberé ni recibir otros ni escribir más.

"Pero, como le digo al principio, si quedo complacido de una separación conveniente a mi ánimo, a mi edad, a otros trabajos a los cuales estoy dedicando provechosamente para ni nombre y el de mi Patria los últimos que me quedan, no puedo dejar de manifestar a usted como autoridad del momento y como cubano de siempre, que la forma me ha parecido impropia en un caso como el mío.

"No puedo suponer en usted, al darme este trato, una influencia partidista, porque yo hace muchos años que estoy lejos de Cuba y no actúo en política, y desde hace casi dos años no he escrito una sola palabra para el público cubano, debido precisamente a la poca satisfacción que me proporcionaba, por un lado, el mantenimiento de un Gobierno ya sin autoridad, y por el otro, la incapacidad de una oposición desunida y atomizada. Si usted ha tenido en la mente la aceptación del golpe de Estado, que fue general, debo decirle que yo me manifesté entonces en contra abiertamente, pues creo que fui el único funcionario que no juró el documento que se exigió a todos los empleados. Además, en ese Ministerio debe encontrarse un cable mío contestando a ofrecimientos que se me hicieron de un cualquier alto cargo de embajador que fuese de mi agrado, en el cual declaré que no deseaba figurar en ninguna combinación diplomática en aquel momento. Por añadidura, en enero de 1954, al pasar un mes en La Habana, probé mi independencia de criterio ante la televisión. Como yo no soy un faccioso, esta actitud de hombre libre no estaba influida por el odio, sino por el respeto y la consideración que tengo siempre para los que, de hecho o de derecho, representan a Cuba.

"No estando, pues, usted animado por pasiones que ofuscan, hubiera debido pensar que el *último miembro del Ejército Libertador* que abandonaba un cargo diplomático merecía, por lo menos, un saludo final, una palabra gentil. Con ello usted hubiera podido tener en cuenta que despedía a un libertador de 82 años y medio, quien, desde 1896, ha estado al servicio de Cuba, inscrito, en primer término, en la Delegación de Nueva York, y luego en los más altos cargos públicos; y que este hombre tiene en su historial algunas páginas poco comunes, como la misión en Washington en 1912, cuando habló ante el Congreso de los Estados Unidos, evitando una intervención que parecía ya decretada.

"Mas, aun sin la larga tradición en los cargos que he desempeñado, he cumplido siempre altamente con mi deber y he honrado a Cuba de manera muy especial. Sólo a título de ejemplo doy los siguientes datos, que reflejan mi actuación en la última Asamblea Internacional, o sea, en la reunión de la Unesco que tuvo lugar durante el mes de noviembre de

1958. Al terminar uno de mis discursos, el Vice-Presidente de la Asamblea, que presidía aquella sesión, pronunció las siguientes palabras:

> "Agradezco al muy eminente Representante de Cuba las palabras que acaba de pronunciar, y con especial respeto digo que es el decano de nuestra Conferencia y que con sus 82 años —tengo especial complacencia en decirlo— nos da este alto ejemplo, porque la Conferencia es una reunión de personas de todas las edades, y él que es hoy nuestro decano ha tenido una gran personalidad en el desarrollo de nuestro movimiento".

"Este Vice-Presidente ocasional era el Sr. Kuznetsov, Presidente de la Delegación rusa.

"Al pronunciar otro discurso en una sesión privada, relacionado con el nombramiento del Director General, fui objeto de una verdadera ovación por parte de la Asamblea y vinieron a felicitarme los Delegados en su gran mayoría. Pero lo excepcional del caso estuvo en dos notas que al instante recibí y que copio a continuación. La primera está firmada por el que a la sazón presidía la Delegación norteamericana, y dice así:

> "Mr. Ambassador—
> Your speech was one of the most magnificent and statesmanlike I have ever heard, or expect to hear.
> I attribute the very large vote, in major part, to your eloquence and sincerity.
>
> Respectfully,
> John W. Hanes Jr.
> Vice Chairman — Delegation of the United States".

"La segunda nota es del Delegado Permanente italiano y reza como sigue:

> "Caro Ferrara—
> Mai come oggi ho sentito la forza dell'eloquenza appoggiata da un'alta intelligenza, un profondo sentimento, una grande esperienza, una solida concezione morale.
> Grazie!
> Suo,
>   Gian Franco Pompei".

"Muchas cartas se escriben felicitando a un orador, pero no conozco ninguna, ni en la Historia ni en mi larga práctica de miembro de Asambleas, escritas en el momento en que la Asamblea sigue deliberando.

"Mas, con dichos ejemplos, yo limito los honores que en estos últimos años recibo como compensación a tantos sinsabores. Y quiero hacer constar la tesis general de que el nombre de Cuba es objeto de complacencia o admiración cuando aparece a través de mi labor intelectual. Un día usted conocerá con detalles la estimación que han tenido por mí, recientemente, Gobiernos de vieja y gloriosa tradición y pueblos de la más elevada cultura. Estimación que usted no ha querido que se trasluciera en su duro mensaje.

"Voy a terminar repitiendo que he recibido con gusto la separación, y que mi queja es simplemente formal, un desahogo espiritual que no demanda ni siquiera explicaciones, pues hasta solicito que usted no se moleste en contestar esta carta.

"Yo por mi parte le presento, Sr. Ministro, las expresiones de mi más alta consideración.

Orestes Ferrara Marino".

Con ese gobierno, Cuba no podría sobrevivir y conservar el puesto que a costa de tantos sacrificios se había ganado en el ámbito internacional.

Procediendo a un examen objetivo de lo que ha sucedido, acallado el patriotismo de libertador que nos hizo soñar con una nación ejemplo y gloria del mundo, con una Inglaterra de América, veamos a que conclusiones ha llegado el único alterado cerebro que tiene derecho a pensar en Cuba.

Hoy no es ya un secreto que Castro de golpe se desvió del reparto de tierras y del favoritismo de los alquileres, hacia lo que él llamaba marxismo-leninismo. Ha confesado, en efecto, haber tenido en principio cierta tendencia hacia esas ideas y que una vez en el Olimpo cubano, nuevo Júpiter, recibió la gran inspiración, sucediéndole lo que pasó a San Pablo cuando estaba sobre el camino de Damasco, si es que por no ser paganos no queremos aludir al gran golpe de maza que Saturno asestó a la cabeza de Júpiter. Bajando un poco de ambiente podemos añadir, prestando atención a sus confesiones, que le ha pasado lo que a muchos histéricos que, en hora de crisis, ven visiones palpitantes. Sus visiones lo convencieron y así adoptó, según he dicho, el nuevo credo y con él, *a fortiori*, debió adoptarlo todo el pueblo de Cuba, que de comunismo conocía sólo la palabra. Sí, el pueblo de Cuba tuvo que ser comunista, no sólo porque fue con este nombre que el ciudadano libre de pensar *libremente* podía vivir aún durante las dictaduras, sino porque toda casa de Cuba tiene hoy su paredón, cantando con lúgubres acentos el himno de la muerte. Y cuando menos, todo edificio público puede cambiarse en cárcel severa. Así, sin tener tiempo para leer a Karl Marx, los cubanos, con la vista en las armas mortíferas de Rusia, han podido aprender lo suficiente y penetrar

Cap. XXIII. *Último servicio rendido a la patria*

en el marxismo-leninismo antistalinista al servicio de Castro. Y esto que parece un juego de muchachos alocados es pura historia que destila sangre.

Castro ha destruido toda obra viva, y si hay algo que todavía parece resistir, se halla carcomido, o sin linfa, sin alma. La tiranía política cuando se extiende a la economía, rebasa todos los límites. El mal hecho a Cuba no sólo existe en esencia, sino que vive en potencia. Violenta inconciencia que ha destruido el presente y ha puesto en grave aprieto el porvenir. Ha roto la contextura de todo lo cubano. En lo material se ha perdido mucho, en lo moral todo. ¿Quién confiará, en el futuro, en nuestras instituciones y en nuestras garantías?

Castro encontró la isla de Cuba con todas las cualidades para conservar el mayor éxito. Era la mejor de las naciones situadas cerca de los Estados Unidos. Lo era especialmente en lo geográfico; lo era intelectualmente, y sobre todo, lo era por la riqueza de su suelo. Es más; se había preparado a lograr un triunfo económico dentro de la esfera de nuestra época. En algunos casos, este territorio tan prolífico necesitaba que la caña, quizás el más rico de los productos agrícolas, solo se sembrase una vez cada treinta años. Lo industrial y lo agrícola estaba distribuido en todo el territorio en la forma más armónicamente útil. La industria azucarera se alternaba maravillosamente con la producción agrícola del azúcar y con toda precisión. Isla estrecha y larga no necesitaba de grandes medios de transporte. Ningún punto de ella se separa del mar por más de 50 millas y los puertos que la rodean superan en número, y mucho más en extensión, a todo el conjunto portuario de Latinoamérica. ¿A qué se debieron, pues, las múltiples caídas económicas y políticas, y sobre todo, la última coronada con el nombre de Fidel Castro? No es difícil la contestación: faltaron los hombres. Y no faltaron por la inteligencia, pues esa la tuvieron y hasta en exceso, sino por su carácter.

Los acontecimientos que prepararon la hecatombe moral que lleva el nombre del último caudillo dominador, fueron todas manifestaciones precisas. En efecto, empezamos muy pronto a emprender el camino del mal.

Me voy a permitir una breve exposición de mi criterio ya que llora el alma de todo aquel que ha peleado por la Independencia de Cuba, al verla en su breve historia caer paso a paso en el mal y llegar a todo otro derrumbe moral.

En 1906, cuatro años después de alcanzar la Independencia con la generosa ayuda americana, y como conquista de las luchas, de tantas muertes e inmensos sacrificios del pueblo cubano, tuvimos un gobierno de violencia, de asesinos, de extrema pasión. El gobierno presidido por Estrada Palma ostentaba precisamente esos ribetes. No obstante las limitaciones dictadas por la ley Platt tuvimos la primera revolución. Personalmente fui favorable a ella, pero no porque Estrada Palma falsificara el número de votantes y sus votos mismos, sino porque la tendencia política que se había iniciado con la república era absolutamente contraria a toda democracia, a toda libertad, a todo sistema de altos principios de derecho y de justicia. Al que quiera darse cuenta de mi afirmación le basta leer las leyes de aquel tiempo y la violencia a la cual estaban sometidos los ciudadanos de nuestro país.

Estrada Palma cayó porque los norteamericanos no quisieron mantener su autocrática república.

El pueblo cubano ganó la batalla electoral que los Estados Unidos permitieron se librase en campo abierto y honrado. José Miguel Gómez, un noble general y distinguido personaje de nuestra vida pública, ganó la Presidencia por honorable manifestación de la gran mayoría. Pasando su término de cuatro años, el mismo Presidente declaró que prefería la muerte a una nueva batalla electoral para llevarlo de nuevo a la primera magistración. José Miguel bajó del poder con más aplausos que el vencedor que lo sustituyó. Caso extraño y penoso que debo hacer notar: esos aplausos eran dirigidos a la persona del General Gómez y no al acto de la no-reelección, cuando en Cuba, y en América Latina en general, un segundo mandato presidencial ha sido casi siempre, si no siempre, el motivo de todas las violencias, de todos los abusos, de todas las dictaduras o tiranías. Respecto al procedimiento de nuestro Presidente, hasta se llegó a murmurar que la no-reelección había sido impuesta por los Estados Unidos. Aseguro, de manera más explícita y sincera, que nunca le hablaron de ella al Presidente Gómez, ni lo interpelaron. De haberse intentado, él lo habría hecho público para condenar la ilegal interferencia de un Estado extranjero.

El General Menocal, nuestro tercer Presidente, provocó una nueva crisis a raíz de su reelección. Yo fui contrario a que el abuso de este General de la Independencia nos llevara a una nueva alteración del orden. Todavía viven algunos como el noble Rafael Guas Inclán que presenciaron la batalla dada por mí en casa de José Miguel Gómez a raíz de la preparación de una revolución que en efecto estalló.

Mi argumentación principal al asumir tal actitud estribaba en el hecho de que no se justificaba una total alteración de votos cuando la diferencia de ellos entre el vencedor abusivo y el vencido era mínima. Menocal que había sido ordenado y legal durante los primeros cuatro años de su Gobierno, después de la reelección gobernó con métodos más vigorosos y menos legales que en el primer período.

De Menocal, el gobierno fuerte saltó a manos del Presidente Machado, ya que el Presidente Zayas tampoco fue a la reelección por no haber tenido un partido que lo apoyase con probabilidades de victoria.

Cap. XXIII. Ultimo servicio rendido a la patria

Machado, útil como gobernante pero sin tolerancia suficiente, trajo la mayor alteración en las filas de los votantes y provocó una revolución, justificada, sin duda, pero que no invitaba al aplauso por múltiples razones.

En definitiva caímos de presidentes capaces a presidentes incapaces; a la supresión del mejor sistema que Cuba había tenido, o sea el de mayoría y minoría; a las fórmulas de transacción y las intervenciones militares que hicieron temblar toda nuestra estructura política.

Lo peor de todos estos casos fue la violencia, sin alma ni dolor, de aquellos que lucharon creyendo que el asesinato usado como medio político fuese útil al bien público.

Poco a poco surgieron nuevos gobiernos; una nueva constitución que sustituía la magnífica y precisa Carta fundamental de 1902; y hasta se llegó a la ocupación de montañas a pico, difíciles de ser campos de batalla, pero sí fáciles lugares de higiénico descanso, que permitieron por la resistencia del tiempo más que por la fuerza, un triunfo sin programas, sin criterio jurídico, sin firme decisión política.

El tiempo permitió un cambio de ideas que fue más consecuencia de aspiraciones individuales, de luchas palabreras, que de principios y doctrinas.

El resto vino del campo internacional, quedando los cubanos excluidos de toda intervención en las decisiones democráticas. Y lo peor que aconteció fue la caída de todas las libertades. Un hombre se apoderó del poder público y llegó a pronunciar la sacrílega frase medieval "¡Elecciones! ¿Para qué?", y a impedirlas durante casi diez años, hasta la hora en que escribo *. Las cárceles se llenaron de presos políticos, mientras, en cambio, quedaban libres los asesinos vulgares. Imperó la violencia con un ímpetu pocas veces visto en la historia. La política de Cuba no fue hecha en el país de Martí y Maceo, sino en las lejanas tierras de la estepa, que hizo de nuestra querida Patria el objeto de todas las pasiones, de todas las pretensiones, de todos los intereses, y especialmente de todas las ávidas y bastardas aspiraciones internacionales.

A pesar de la edad, no me retraje ante tal situación y escribí mis opiniones adversas a la tiranía de un hombre ambicioso. Una vez más lancé a los aires, en ocasiones repetidas, la palabra LIBERTAD. Siempre que he podido, y se puede decir que aún cuando no podía porque los ojos no me lo permitían, he escrito del mismo modo, con la misma energía, con decidida voluntad contra el despreciable propósito de los que quieren gobernar por la fuerza y derramando sangre. Todavía en el momento en

---

* Esta misma situación se mantiene en la hora en que aparecen estas memorias. Han transcurrido 17 años sin elecciones.

que dicto éstas páginas, me dirijo a nuestro pueblo para invitarlo a la rebeldía. Desgraciadamente los 92 años que me pesan sobre las espaldas no me permiten correr al campo de batalla.

He dictado opiniones, he mantenido principios que he defendido con el mismo vigor en todas las épocas y en todos los lugares. No he dejado de expresar lo que pienso en materia histórica y filosófica. En el campo intelectual, no obstante los múltiples dolores que voy sufriendo, he continuado mis relaciones con los hombres de nuestra Patria y con otros de lejanas o cercanas tierras.

Este mismo trabajo mío debe servir no a satisfacer una personalidad que puede en cualquier hora desaparecer, sino a consagrar verdades y a sustentar principios que no se alteran ni con el tiempo ni con la fuerza.

Y así, como aspiro a una redención completa de mi país, lanzo la mirada afectuosa a toda la comunidad humana que siempre amé y respeté.

Mi último adiós al mundo nacional e internacional tendrá un eco en el corazón de toda persona que posea por encima de sus intereses, los de la honorable colectividad a la cual nos llama nuestra naturaleza original.

Termino este largo trabajo agradeciendo al pueblo cubano el afecto que ha tenido por mi persona en la buena y en la adversa fortuna. Para demostrar este agradecimiento me he dedicado en épocas distintas a expresar mis ideas y relatar los hechos que he presenciado, llevándolos a la posteridad. Durante mi larga vida, como he dicho repetidas veces, he sido actor y espectador, acompañado por la amable fortuna, que me ha permitido, a través de la experiencia y del estudio, observar un prolongado arco de tiempo que ocupa centenares de años.

Mis criterios y mis favorables amigos del mañana podrán acudir a la prensa de mi época, especialmente al *Heraldo de Cuba, La Reforma Social, El Fígaro,* de Cuba, y a múltiples publicaciones cubanas y de todo el mundo occidental, que han tenido la benevolencia de aceptar mis escritos. También podrán investigar mis aciertos y mis errores en los documentos oficiales, como en el *Diario de Sesiones* de la Cámara, en los múltiples panfletos que llevan mi nombre o el de Comisiones de las que formé parte, y, sobre todo, en los documentos internacionales publicados como fruto de las Asambleas en las cuales representaba a nuestro país. No he pretendido presentar toda mi existencia porque hubiera debido o limitarla a una exposición excesivamente monótona, adversa a mi manera de proceder, o presentarla en un relato demasiado extenso. He querido dar más bien un aspecto de la vida común de la época, incluso bajo la influencia que cada ser humano recibe del pasado y del porvenir que se aproxima.

En efecto, yo he recibido el influjo de las ideas de tres épocas que

CAP. XXIII. *Ultimo servicio rendido a la patria*

para muchos son diferentes entre sí. He visto los últimos resplandores del "Risorgimento" italiano como efecto de la afirmación resistente y sólida de las ideas de la Revolución Francesa, que en la misma Francia se juntaron sólo después de 1870; he podido respirar los aires de vida común europea, de una cultura unificada mundial; y, en fin, voy viendo los inicios de una nueva monotonía de existencia económica que suprime todas las aspiraciones de rápidas riquezas y de violentas alteraciones de fortuna para dar paso a una comunidad humana sin vigor, cuya inercia nos ahogará a todos. El siglo XIX me dio un vigoroso empuje hacia el gran paso que existe entre la esperanza y el hecho; el XX me ha formado en la batalla establecida entre el bien y el mal; y los nuevos aires que se entreven del siglo XXI me están dando el somnífero para gozar de una tranquilidad sin aspiraciones.

Hoy, al entrar 1968, dejo estos exámenes y estos estudios a mis lectores y, sobre todo, al gran número de amigos que me elevaron, con amor, al respeto de mi público que siempre he reconocido como el último y definitivo juez de la contienda de la vida.

Y mientras espero que el grito de dolor de los años de mi primera juventud encuentre eco armónico en el que hoy me sirve para cerrar este último anhelo de mi existencia, hago votos por que el nuevo campo se presente con mayor vigor y con más ordenadas ideas de las que han revelado hasta el presente.

Indice onomástico

INDICE ONOMASTICO

A

Abreu, los, 125.
Abreu, Marta, 125.
Acosta, 54.
Acquaviva, 26.
Adam, Paul, 34, 43.
Agnelli, Giovanni, 230, 260.
Agramonte, (Dr. Arístides), 121.
Agramonte, (Dr. Roberto), 507, 508.
Agramonte, Ignacio, 84.
Agüero, (Ver: García Agüero, Dr. Salvador).
Agüero y Betancourt, Dr. Arístides, 290, 337, 338, 339, 342, 346, 348.
Aguiar, 422.
Aguiar, Dr. Miguel Angel, 367, 368.
Aguirre, Coronel Charles, 129, 155, 159, 196, 197, 366, 367.
Ainciarte, Jefe de la Policía Antonio, 363, 364, 365, 368, 407, 461, 465.
Ajalbert, Jean, 34, 43.
Alba, Duque de, 386, 478, 479, 506.
Alba, Duquesa de, 479.
Albarrán, (Dr. Joaquín), 172.
Albarrán, los, 125.

Alberdi, Coronel y doctor, 126, 127, 130.
Alberti, Comandante, 149.
Albertini, 132.
Aldrich, 229.
Aledo, Marqués de, 478.
Alejandro VI, Papa, 474.
Alemán, José B., 69, 71, 75, 83.
Alfano, Gino, 25.
Alfaro, Embajador Ricardo J., 294.
Alfert, los, 118.
Alfonso XIII, rey de España, 126, 171, 253, 256, 257.
Almendáriz del Castillo, Ministro, 445.
Alonso, Coronel, 102.
Alonso Pujol, Dr. Guillermo, 7, 11, 15, 466, 483.
Alsina, Raúl, 69.
Alvarez, Pío, 364, 365, 366, 367.
Alvarez García, Amado (Conde Real Agrado), 126.
Amaral, Embajador, 294, 325, 326, 327.
Amaro, General, 263.
Amezúa, (Ver: González de Amezúa, A.).
Amiel, Teniente Coronel, (Emiliano), 176.

André, Armando, 150, 189, 198, 275.
Angiolillo, 95, 182.
Aníbal, 51.
Antonio, el portero, 282.
Apponyi, Conde de, 341, 342.
Aranda, Coronel, 168.
Arango, Alfredo, 75.
Arango, Coronel Raúl, 88.
Arango, Francisco, 311.
Arango, Miguel, 220, 237.
Aranguren, Néstor, 88.
Arcaya, Doctor, 317.
Arcoleo, 41.
Argenta, Natalio, 69, 75.
Argüelles, Marquesa de, 256.
Argüelles, Panchitin, 88.
Arias, América, 112.
Aristigueta, Joaquín, 461.
Armada, Secretario, 469.
Armas, los, 54, 55.
Armstrong, Tomás, 87, 105, 154.
Arnautó, Ricardo, 133, 182.
Arolas, General, 68, 76, 458.
Arteaga, Comandante, 61.
Asbert, Ernesto, 155, 166, 174.
Astor, John Jacob, 224.
Astor Chandler, 101.
Astor Chandler, Señora, 343, 344.
Atarés, Conde de, 256.
Attolico, 232.
Averhoff, Doctor Octavio, 143, 148, 167, 277, 355, 356, 390, 406, 407.

B

Baker, George, 238.
Bakunin, Miguel, 422.
Baldwin, Premier (Stanley), 314.
Banderas, General Quintín, 166, 167, 170.
Bandini, Princesa Isabel (Lady Howard), 382.
Barceló, José R., 282, 370.
Barón, José, 292.
Baroni, Aldo, 252, 423.

Barraqué, Dr. Jesús María, 192, 271, 362, 363, 407, 439.
Barreras, Alberto, 370, 371, 402, 431.
Barthelemy, Ministro, 345.
Barton, Señora, 340.
Baruch, Bernard, 222, 228, 229, 471.
Basso, Cónsul Conde, 38, 39.
Bates, Coronel, 116.
Batista, General y Presidente Fulgencio, 362, 418, 420, 424, 428, 429, 439, 441, 442, 447, 448, 460, 462, 466, 470, 478, 483, 484, 487, 488, 489, 490, 493, 495, 502, 503, 504.
Beaupre, 208.
Behn, Coronel Hernand, 252.
Behn, los hermanos, 254, 258, 259, 260, 262, 443.
Behn, Sosthenes, 229, 230, 252, 256, 259, 447, 471.
Beigsbeder, General, 472, 473, 474, 477, 494.
Belt, Dr. Guillermo, 346.
Benes, 339.
Benítez, Manuel, 87.
Berenguer, los, 125.
Berenguer, Senador Antonio, 165, 167.
Berle, Adolfo A., 375.
Bermúdez, General Roberto, 95, 97, 98, 162.
Betances, Ramón Emeterio, 43, 45, 47.
Betancourt, General Pedro, 149.
Bettinetti, los, 169.
Bianco, Sr., 411.
Blanck, Dr. Guillermo de, 337, 338, 339, 346.
Blanco, Alberto, 7, 264.
Blanco, Dr., 290.
Blanco, General, 94.
Blasco Ibáñez, Vicente, 258.
Bliss, General, 250, 251.
Bobadilla, Isabel de, 475.
Bolívar, Simón, 324, 325.
Bonaparte, Napoleón, 476, 489.
Bond, familia, 310.

ÍNDICE ONOMÁSTICO 523

Borah, Senador, 318, 319, 320.
Borges, Ambrosio, 422.
Borghese, los, 384.
Bori, Lucrezia, 233.
Bosch, 321.
Bovio, Giovanni, 41.
Boza, General Bernabé, 149, 150.
Boza, Teniente Coronel, 85.
Braga, Rionda, 236.
Bresci, Gaetano, 33.
Briand, Arístides, 18, 129, 314, 341, 342, 343, 344, 345, 347.
Broch, Estela, 493.
Brooke, General John R., 10, 113, 115, 116, 119, 206, 212.
Bruce, 229.
Bruzón, José, 189, 268.
Buneau, Varille, 226.
Burckhardt, Jacobo, 41.
Busch, Dr. Luis, 507.
Butter, Nicholas Murray, 18.
Byron, Lord, 24, 316.

C

Caballero, General (Gustavo), 234.
Cabarrocas, 123.
Cabrera, Andrés de, 475.
Caffery, Embajador, 420, 424, 429, 440, 442, 457, 458.
Cagigas, María (Condesa Revilla Camargo), 493.
Caiñas, 120.
Calvo, Teniente, 360, 362, 363, 365, 366, 437.
Calles, Presidente y General (Plutarco Elías), 262, 263.
Campos, Eusebio (el Doctor), 56, 59.
Cancellieri, 57.
Cancio Bello, Santiago, 189, 198.
Campos Marquetti, Generoso, 189.
Canning, Premier George, 14.
Canon, Joe, 214.
Canoro, Giovanni, 28.
Cánovas del Castillo, Antonio, 95, 182.

Capestany, Doctor (Manuel), 462, 464.
Caraballoso, Niño, 82.
Caracciolo di Melito, Mario, 232.
Carafa, 26.
Carbó, Sergio, 7.
Carbonell, Eligio, 55.
Carbonell, los, 54, 55.
Cárdenas, Nicolás de, 62.
Caravero, 91.
Cárdenas, Embajador Juan de, 297.
Cárdenas, General y Presidente Lázaro, 444, 446.
Cárdenas, Raúl de, 189, 268, 438.
Cardona, Banquero, 117, 161.
Carnot, Presidente, 418.
Carone, 169.
Carrerá, Comandante (Rafael), 363.
Carrillo, General (Francisco), 124.
Caruso, Enrico, 71, 144, 233.
Casanova, Capitán, 162, 163.
Casanova, José Manuel, 467.
Casares, Teniente Gobernador, 63.
Casazza, Gatti, 234.
Caserío, 418.
Cassini, Embajador, 333.
Castaño, Nicolás, 117, 125.
Castelar, Emilio, 198.
Castellán, Conde Stanislao, 127.
Castellanos, Doctor, 167.
Castellanos, Jesús, 181.
Castellanos, José Lorenzo, 138.
Castellano, señorita, 256.
Castillo Duany, Coronel (Demetrio), 120, 396.
Castro, Fidel, 16, 424, 430, 454, 481, 491, 502, 503, 504, 505, 506, 512, 513.
Castro, Héctor David, 314.
Cavour, Camilo Benso, 9.
Cebreco, General (Agustín), 189.
Cecil, Lord, 338.
Cepero, Dr. Raúl, 507.
Cerbore, 296, 307.
Cervera, Almirante (Pascual), 102.
Céspedes hijo, Carlos Manuel de, 68, 305, 394, 398, 399, 402, 407, 418.

Céspedes padre, Carlos Manuel de, 67, 323.
Céspedes, Carlos Miguel de, 277, 279, 281, 282, 330, 407.
Cesteros, Tulio M., 181, 221, 482.
Ciano, Conde, 261, 380, 477.
Cicerón, 190, 278.
Cicognani, Monseñor Amleto, 467, 497, 498.
Cid, El, 20.
Cintas, Oscar, 373, 376, 388, 389, 390, 391, 433, 471.
Cipriani, Amilcar, 25, 34, 35, 43, 133.
Cisneros Betancourt, Salvador, 9, 63.
Clark, Champ, 213.
Claret, Dr. Santiago, 277, 278.
Claudel, Paul, 293, 295, 306.
Clay, Henry, 210.
Clemenceau, Georges, 18, 248, 344.
Clementina, Princesa de Bélgica, 478.
Cockling, 239.
Colajanni, Napoleón, 116, 432.
Colón, Cristóbal, 31.
Colorado, El (Ver: León Lemus, Orlando).
Collazo, General Enrique, 73, 189, 192, 268.
Collazo, General Rosendo, 278, 321, 354.
Collazo, los, 140, 155, 177.
Collazo, Coronel Tomás, 61, 62, 64.
Consuegra, Ibrahín, 126.
Coolidge, Presidente (Calvin), 229, 300, 305, 308, 309, 310, 311, 312, 313, 314, 320, 323, 335, 353, 380.
Coolidge, señora, 311.
Cooper, 229.
Cooper, Diana y Duff, 383.
Cordobés, 126.
Cornides, señor, 335.
Corona, Ramón, 7.
Coronado, Manuel María, 96, 151, 235.
Corrigan, James, 239, 240.
Corrigan, Laura (Ver: Mac Martin, Laura).

Cortina, José Manuel, 187, 189, 268, 284, 337, 345, 466, 467, 468, 477.
Costa de Reis, 342, 345.
Cremieux, Mademoiselle (Ver: Thompson, Señora).
Cristo, Gonzalo del, 76.
Croce, Benedetto, 245.
Crombet, General Flor, 55.
Cromwell, 229.
Crowder, General Enoch, 285, 307, 308, 309, 321, 322.
Cruchaga Tocornal, Embajador Miguel, 294.
Crussol, Condesa de, 340.
Cruz, Tinito, 174.
Cuadra Pazos, Carlos, 314.
Cubas, Juez, 156.
Cuéllar, Celso, 275.
Cuervo, Dr. Pelayo, 466.
Cuervo Rubio, Dr. Gustavo, 365.
Curtis, Vicepresidente, 332, 333.
Cuthbertson, 232.

CH

Chalons, Ingeniero, 192.
Chamberlain, Primer Ministro, 302.
Champ Clark, Señora, 215.
Chibás, Dr. Eduardo R. (Eddy), 465, 466, 502, 504.
Chibás, Dr. Raúl, 507.
Churchill, Premier Winston, 18, 385.

D

D'Annunzio, Gabriele, 245, 247, 248, 249, 250, 251.
Dante, Alighieri, 25, 40, 61, 140, 171, 454, 488, 504.
D'Antoni, Salvador, 230, 471.
D'Antoni, Senador, 247.
Dávila, Presidente Carlos, 294, 331, 332, 433.
Davis, Embajador, 373.

ÍNDICE ONOMÁSTICO 525

Davis, Norman, 227, 248, 331, 471.
Dawes, General Charles, 227, 312, 332.
de la Cruz, Carlos Manuel, 424, 428.
de la Torre, Carlos, 229, 311.
de la Torre, Julio, 13, 129, 229, 282, 311.
de la Torriente, Coronel Cosme, 69, 126, 127, 130, 153, 283, 316, 317, 321, 337, 354, 358, 360, 370, 392, 393, 398, 399, 438, 462, 492, 493.
de la Torriente Brau, Pablo, 418, 419; 421, 423, 430.
de la Vega de Anzo, Marqués, 478.
de los Andes, Conde, 479.
del Cueto, José Antolín, 11, 143.
Delano, Señora, 372.
Delgado, Comandante Erasmo, 396, 397, 399.
Delgado, General, 277, 378, 407.
Delgado, Ingeniero, 56, 59.
Dempsey, Jack, 239.
Derby, Duque de, 329.
Deschanel, 344.
D'Espaillat, Embajador, 454, 455.
Despradel, 85.
Desvernine, Pablo, 198.
Di Cesaro, 259, 260.
Di Giorgio, Joseph, 230, 231, 411, 471.
Diago, Serafina, 440, 441.
Díaz, Presidente Porfirio, 262.
Díaz Pardo, Dr. Rogelio, 411.
Díaz Silveira, Francisco, 88.
Diviñó, Dr. Luis Octavio, 10, 18, 142, 192, 208, 264, 394, 441, 448.
Dolz, los, 151.
Dolz, Dr. Eduardo, 189, 198.
Dolz, Dr. Ricardo, 141, 143, 148, 152, 166, 170, 201.
D'Ors, Eugenio, 256.
Dorticós, 403.
Dreyfus, Alfred, 43.
Drumont, 339.
Dumas, Alejandro, 234.
Dunn, Embajador James (Jimmy), 232.
Dunn, Lord James, 232.

Dupaty, Teniente, 225.
Duque, Antonio, 102.
Duque, Doctor Matías, 87, 91, 100, 105, 106, 111, 168, 169, 364.
Durcal, Duquesa Leticia, 498.

E

Echemendía, 89.
Echevarría, 90, 91.
Eduardo VIII, rey de Inglaterra, 381, 382, 385.
Enrique IV, rey de Castilla, 474, 475.
Erninger, H. B., 263.
Escobar, Doctor, 107.
Espelius, Secretario, 403, 404, 478.
Espil, Embajador, 313.
Espinosa, 126.
Estenoz, Capitán Evaristo, 207, 215.
Estévez, los, 125.
Estévez, Luis, 125.
Estrada Palma, Presidente Tomás, 10, 11, 45, 46, 138, 139, 140, 145, 151, 152, 153, 155, 162, 166, 173, 174, 175, 176, 177, 179, 201, 283, 311, 312, 359, 381, 492, 513, 514.
Estrampes, José, 101.
Eugenio de Baviera, Infante, 481.

F

Fadda, 41.
Falco, Francisco Federico, 31, 32, 99, 105.
Falconi, Armando, 144.
Falla Gutiérrez (Laureano), 117.
Felipe Igualdad, 480.
Felipe II, rey de España, 476, 506.
Feltrinelli, 230, 260.
Fernández, Chichí, 161.
Fernández, Doctor Angel, 507.
Fernández, Doctor Manuel, 507.
Fernández, Jefe de la Policía, 157, 158, 159.

Fernández, Wilfredo, 275, 280, 399, 405, 407.
Fernández de Castro, Doctor Rafael, 138.
Fernández Guevara, 189.
Fernando de Baviera, Infante, 478, 479, 481.
Fernando el Católico, rey de Aragón, 474.
Fernando VII, rey de España, 272.
Ferrara (hijo), Eduardo, 30.
Ferrara (padre), Eduardo, 8.
Ferrara, los, 334.
Ferrara, Nicola, 39.
Ferrara (Coronel y Doctor), Orestes, 7, 8, 9, 10, 11, 12, 13, 14, 15, 16, 17, 18, 19, 20, 24, 27, 40, 42, 61, 64, 95, 99, 112, 128, 141, 150, 155, 164, 170, 188, 209, 224, 230, 237, 244, 250, 264, 278, 284, 291, 324, 327, 366, 370, 378, 390, 398, 405, 424, 437, 438, 442, 445, 446, 447, 452, 453, 457, 459, 465, 470, 508, 509, 511, 512.
Ferrer, Coronel Doctor Horacio, 399.
Figueredo, los, 54, 55.
Figueroa, Doctor Leopoldo, 61, 64, 177.
Finlay (Carlos J.), 121.
Fiore, Pasquale, 41, 104.
Foix, Gastón de, 473.
Fonseca, 228.
Fonseca, Ujier, 193.
Font, los, 151.
Fonts Sterling, Carlos, 120.
Fonts Sterling, Oscar, 152, 311.
Fors, Jefe de la Policía Judicial, 363.
Foscolo, Ugo, 40.
Fowler, hermanos, 105, 125.
Francisco de Borbón, rey de Nápoles, 133.
Francisco José, emperador de Austria, 133.
Franco, Generalísimo (Francisco), 453, 454, 473, 477, 478, 479, 480, 498.
Frasso, Conde Carlo, 232.
Fratti, Antonio, 25.
Freschi, Juez, 230.
Freyre de Andrade, Doctor Fernado, 69, 70, 154, 155, 156, 166, 167, 189, 191.
Freyre de Andrade, Doctor Gonzalo, 268, 367, 368.
Freyre de Andrade, María Teresa, 366.
Freyre, los hermanos (Gonzalo), Guillermo y Leopoldo, 367, 368.
Frías, José Antonio, 160, 162, 174.
Fuentes, 189.
Fuentes, Herminio, 418.
Fusinato, Profesor, 183.
Furness, Lady, 385, 386.

G

Gabler, 56.
Gales, Príncipe de (Ver: *Eduardo VIII*, rey de Inglaterra).
Galli-Curci, Amelita, 144.
Gann, Mrs., 332, 333, 334.
García, Calixto, 31, 68, 69, 70, 71, 72, 73, 74, 75, 88, 111, 491.
García, Doctor, 470.
García, Ezequiel, 187.
García, Pelayo, 10, 124, 142, 165, 187, 208, 264.
García, Jefe de Telégrafos, 170, 171.
García Agüero, Doctor Salvador, 466, 506.
García Cañizares, Santiago, 62, 269.
García Kohly, Mario, 138, 152, 189, 254, 268.
García Menocal, General y Presidente Mario, 12, 14, 15, 72, 144, 175, 188, 198, 199, 200, 201, 202, 203, 204, 205, 219, 220, 221, 234, 271, 272, 273, 275, 283, 355, 356, 360, 381, 399, 402, 407, 493, 514.
García Ramos, Juez, 160.
García, Santiago, 274.
García Vélez, Carlos, 72, 491, 492, 503.
Garibaldi, José, 8, 9, 24, 28, 133, 221, 453.

ÍNDICE ONOMÁSTICO 527

Garzini, Señor, 58.
Garzón, 45, 46, 47, 48.
Gener, Miguel, 146.
Genet, Embajador (*Citoyen*), 376.
George, Primer Ministro Lloyd, 245, 246, 248, 381.
George V, rey de Inglaterra, 380, 381.
George VI, rey de Inglaterra (Duque de Kent), 381, 382, 383.
Giannini, Amadeo, 230, 231, 236, 301, 471.
Gianturco, Emmanuele, 41.
Giberga, Eliseo, 146, 148.
Gil, Doctor, 291.
Gimperling, General, 375.
Gioletti, 20.
Giuffrida, 248, 250.
Godoy, 228.
Godoy, Armando, 258.
Goethe (Johann Wolfgang), 40, 219.
Goicochea, Antonio, 475.
Gómez, Brigadier José, 76, 77, 83, 85.
Gómez, General y Presidente José Miguel, 9, 10, 11, 12, 14, 76, 86, 87, 88, 89, 90, 91, 92, 93, 94, 95, 100, 101, 102, 103, 104, 111, 112, 114, 115, 116, 120, 121, 122, 124, 128, 130, 132, 144, 153, 154, 160, 162, 165, 166, 179, 183, 187, 188, 189, 194, 195, 196, 197, 198, 199, 200, 201, 203, 204, 205, 207, 208, 209, 216, 220, 242, 267, 268, 273, 276, 281, 283, 317, 381, 409, 440, 448, 458, 484, 503, 514.
Gómez, General Máximo, 9, 31, 55, 63, 68, 70, 71, 75, 76, 77, 83, 84, 85, 86, 87, 88, 91, 93, 94, 95, 96, 97, 98, 99, 100, 102, 104, 105, 106, 107, 119, 121, 124, 138, 139, 140, 147, 149, 151, 152, 153, 155, 182, 248, 449, 452, 458.
Gómez, Joaquín, 112.
Gómez, Juan Gualberto, 120, 123, 124, 138, 147, 165, 370.
Gómez, Mariano, 112.
Gómez, Presidente Miguel Mariano, 112, 268, 374, 409, 440, 441, 442, 447, 448, 460.
Gómez Carrillo, Enrique, 181, 183, 226.
Gómez de Olmo, 88.
Gómez Mena, José, 441, 442.
González, Ministro, 204.
González, Tomás, 306.
González Abreu, Alberto, 181.
González Abreu, Rafael, 125, 181.
González Abreu, Vicente, 125.
González de Amezúa, A., 476.
González Beauville, Gustavo, 13, 14.
González Clavel, General, 150.
González de Mendoza, Claudio, 309.
González Lanuza, José Antonio, 13, 148, 152, 154, 189, 192, 227, 268.
González Serrain, Felipe, 138, 139, 170, 188.
Grace, Mr., 412.
Granata, 230, 231.
Grandi, 261.
Grau San Martín, Presidente y Doctor Ramón, 366, 369, 428, 439, 460, 466, 467.
Gravina, 349.
Gualtieri, 36.
Guan, 52.
Guani, Doctor, 290, 313, 348.
Guas, General Carlos, 189, 268.
Guas Inclán, Rafael (Felo), 7, 18, 19, 424, 428, 440, 457, 458, 460, 466, 467, 484, 488, 489, 514.
Guastella, Ingeniero Salvador, 192, 465.
Güell, Gonzalo, 292, 307.
Gueren, Coronel, 86.
Guerra, Ramiro, 388, 389, 395, 401, 407.
Guerrero, Gustavo, 313, 315.
Guggenheim, Embajador, 366, 424.
Guillermo II, Káiser de Alemania, 14, 226, 384.
Guiteras (Juan), 121.
Gutiérrez, 117.
Gutiérrez, Viriato, 378, 388, 407.
Gutiérrez Quirós (los), 118.

Guzmán, General Eduardo, 155, 166, 172, 173, 174, 175, 176, 177, 179, 187.

H

Hambro, 339.
Hannes Jr., John W., 511.
Harding, Presidente (Warren), 308, 311.
Hardion, Embajador, 500.
Hart, Dr. Armando, 507.
Hearst, 320.
Hearst, Señora, 258.
Heath, Mrs. 297.
Henna, Dr. Julio J., 45, 47, 48.
Henríquez Carvajal, Doctor (Federico), 183.
Hernández, Coronel Charles, 202, 220, 241.
Hernández, Marcial, 199.
Hernández, Ramón, 71, 74.
Hernández Cartaya, Doctor (Enrique), 148, 277, 279, 407, 439.
Hernández Figueroa, Embajador, 482.
Herrada, Manuel, 156, 157.
Herrera, General Alberto, 363, 369, 378, 393, 394, 396, 397, 398, 399, 401, 402, 436, 437, 438.
Herriot, 307.
Hevia, Doctor Aurelio, 69, 122, 202, 356, 357, 358.
Híjar, Duquesa de, 479.
Hitler, Adolfo, 340, 477.
Hohenzollern, los, 341.
Hoover, Presidente Herbert, 299, 300, 332, 335, 353, 381.
Hornedo, Doctor Alfredo, 467.
Horstman, 189.
Horta, Eulogio, 132.
Howard, Sir Esme, 292, 293, 314, 382.
Hughes, Charles Evans, 18, 294, 296, 303, 312, 313, 315, 316, 324, 330.
Hugo, Víctor, 40, 221.
Hull, Cordell, 114, 379, 380, 392, 429, 436.
Humberto I, rey de Italia, 33, 135.
Humberto II, rey de Italia, 480.
Hymans, 345.

I

Ibor, Señora, 53, 54.
Iglesias, Coronel, 393, 402.
Illance, Comandante, 161, 162.
Isabel de Baviera, emperatriz de Austria, 133, 135.
Isabel la Católica, reina de Castilla, 475, 476.
Isabel II, reina de Inglaterra, 381.
Isvolskji, Grisha, 232.
Ivonet, General (Pedro), 207, 215.
Izar, Duquesa de, 478.

J

Jarvis, 239.
Jiménez, Coronel Antonio, 102, 407
Johnson, Capitán, 95, 103, 104.
Josefina Fernandina, Condesa, 144.
Juan de Borbón, 480.
Judah, Embajador Noble Brandon, 308, 315, 321.

K

Kellog, Secretario de Estado, 298, 299, 304, 308, 321, 322, 324, 353, 391.
Kennedy, John F., 375.
Kennedy, los, 491.
Kent, Duque de (Ver: *George VI*, rey de Inglaterra).
Kerz, Albert B., 434.
Knox, Ministro Philander, 209, 210, 211, 212, 213, 214, 215, 216.
Knox, Señora, 214.
Kropotkine, Príncipe, 182.
Kuznetsov, 511.

L

Labougle, Raúl, 478, 479, 480.
Labriola, Antonio, 32, 260.

ÍNDICE ONOMÁSTICO

Labriola, Arturo, 36, 37.
Lacret Morlot, General (José), 48.
Laguardia, 73.
La Guardia, Fiorello, 230.
Lamar Schwayer, Alberto, 291, 401, 470.
Lamont, 228.
Landrón, 49, 50, 51.
Lansing, 205, 216, 217.
Lanuza (Ver: *González Lanuza,* José Antonio).
Laredo Bru, Presidente Doctor Federico, 283, 354, 358, 360, 370, 392, 393, 448, 461, 471.
Lasa, Juan Antonio, 88.
Lavín, Doctor Pablo, 7, 12.
Lazare, Bernard, 43.
Lázaro, Hipólito, 144.
Lecuona, 275.
Legón, Coronel, 119.
León Lemus, Orlando, 459.
Leopardi, Giacomo, 40.
Leopoldo, Rey de Bélgica, 480.
Lequerica, Embajador, 497, 498
Leroy-Beaulieu, Paul, 48.
Ligne, Embajador y Príncipe Albert de, 300.
Linares Rivas, 307.
Lindbergh, Charles, 329, 330, 471.
Littleton, Martín, 213, 309.
Lobo, Elena, 493.
Logroño, Sr., 451.
Lombroso, Cesare, 105.
Londonberry, Marqueses de, 384.
Longworth, Mr., 295, 310, 333, 334.
Lope Recio, General, 66, 139.
López, Jacinto, 221.
López de Ayala, Embajador, 382.
López Ferrer, Embajador, 403, 404.
López Leyva, Francisco, 165, 174.
Lorenzo, Tina di, 144.
Lores, Federico, 188, 192, 193.
Lores, los, 151.
Loret de Mola, 66.
Loynaz del Castillo, General Enrique, 149, 150, 155, 166, 174.

Luis Felipe, Príncipe, 478.
Luis Felipe, Rey de Francia, 480.
Luiz, Presidente Washington, 284, 381.
Luque, General, 126, 492.
Luz Caballero, José, 9.

LL

Llanos y Torrijos, 474, 475.
Llanzol, los, 479.

M

Mac Donald, Premier Ramsay, 343, 345, 386.
Mac Kinley, 119.
Mac Martin Corrigan, Laura, 239, 240, 241, 386, 411.
Macaulay, 506.
Maceo, Doctor, 470.
Maceo, General Antonio, 31, 55, 68, 149, 150, 152, 235, 515.
Machado, Carlos, 273, 277.
Machado, General y Presidente Gerardo, 15, 16, 19, 120, 121, 124, 126, 164, 165, 175, 176, 177, 187, 189, 190, 195, 229, 234, 235, 269, 270, 271, 272, 273, 274, 275, 276, 277, 278, 279, 280, 281, 282, 283, 284, 285, 286, 290, 305, 307, 308, 309, 311, 312, 313, 318, 320, 321, 322, 323, 335, 337, 353, 354, 355, 356, 357, 358, 359, 360, 361, 362, 363, 364, 365, 366, 367, 368, 369, 370, 371, 374, 376, 377, 378, 381, 388, 389, 390, 391, 392, 393, 394, 396, 397, 398, 399, 400, 402, 403, 404, 405, 406, 407, 415, 416, 424, 425, 427, 428, 430, 431, 433, 435, 436, 437, 438, 439, 456, 458, 460, 461, 462, 464, 466, 472, 489, 491, 495, 514, 515.
Machado, los, 118.
Machado, Señora de, 313, 370.
Maciá, Carlos, 71, 75.
Madonna, 169.

Magoon, Charles E., 11, 177, 179, 180, 183, 206, 307.
Maheu, René, 499.
Makaroff, 232.
Malatesta, Enrique, 137.
Malato, Charles, 35, 133, 134, 135, 137.
"*Manda-Manda*", 140, 141.
Mangabeira, 288.
Mañach, Jorge, 486, 487.
Maquiavelo, Nicolás, 17, 28, 36, 88, 278.
Marañón, Gregorio, 256, 475.
Marcelote, 56.
Marconi, Guillermo, 243, 386.
Mardones, José, 144.
Margarita, princesa de Inglaterra, 381.
Margheri, 41, 260.
Marguerite, Víctor, 225.
María Sofía de Baviera, reina de Nápoles, 133, 134, 135, 136, 137.
Marimón, José, 228, 258.
Marín, Gonzalo, 76.
Marinello, Juan, 466, 506.
Márquez Sterling, Carlos, 20, 230, 264, 341, 467, 468.
Márquez Sterling, Manuel, 19, 132, 315, 316, 317, 354, 355.
Martí, José, 8, 9, 55, 62, 73, 107, 123, 124, 146, 147, 189, 195, 325, 436, 450, 458, 503, 515.
Martín Artajo, Ministro Manuel, 467, 494, 497.
Martínez, Doctor Julio, 507.
Martínez, Vicente, 155.
Martínez Campos, General, 94
Martínez Ibor, Amalia, 492.
Martínez Ortiz, Doctor Rafael, 147, 182, 284, 337.
Martino, Antonieta de, 299, 300.
Martino, Giacomo de, 246, 296, 306.
Marx, Karl, 23, 88, 384, 422, 493, 506, 512.
Mascaró, Doctor Guillermo Fernández, 459.
Masarik (Tomás), 232, 243.
Mascaró, Doctor, 459.

Mascia, Luciano, 296, 307.
Masó y Márquez, Bartolomé, 10, 70, 75, 138, 140.
Massey, Gobernador, 298.
Massó Parra, Brigadier, 91, 96.
Matacena, Rafael, 401, 405, 406.
Maura, Antonio, 253, 257, 475.
Maura, Gabriel, Duque de, 257, 475.
Maurtua, Doctor, 313, 316.
Mazas, Enrique, 268, 405.
Mazzini, Giuseppe, 9, 321.
Mazzini (Periodista), 38.
Mella, Julio Antonio, 286, 287, 359, 362.
Mello Franco, Afranio de, 309.
Mencía, Juan, 169, 170.
Méndez Capote, Domingo, 67, 69, 115, 120, 354, 393, 436.
Méndez Peñate, Coronel Roberto, 126, 176, 177, 234, 235, 269, 270, 271, 272, 273, 274, 275, 355, 356, 357, 358.
Mendieta, Coronel y Presidente Carlos, 11, 15, 94, 150, 154, 155, 156, 157, 158, 162, 165, 168, 188, 189, 194, 234, 235, 252, 269, 270, 271, 273, 274, 275, 277, 283, 354, 355, 356, 357, 358, 392, 420, 440, 462, 490, 491.
Mendieta, Carmita, 491, 492.
Mendieta, hermanos, 88.
Mendieta, Coronel Pablo, 94, 491.
Mendoza, Claudio, 277.
Mendoza, Néstor, 431.
Mendoza Guerra, Pedro, 65, 67.
Menocal, Armando, 88, 89.
Menocal, Coronel Juan Manuel, 96.
Menocal, María Luisa y Ana María, 366.
Menocal, Mario García (ver *García Menocal*).
Merlino, Saverio, 33, 34, 35, 36.
Merrill, Mr., 326, 327.
Merry del Val, Marita, 478.
Mesa, 403.
Mesa, Aníbal de, 415.
Mesnard, Pierre, 17.
Messonier, 422.
Mestre, 439.
Meyer, Eugene, 229.

ÍNDICE ONOMÁSTICO 531

Miles, General, 103.
Millerand (Alejandro), 245.
Mirabeau (Marqués de), 278.
Mirbeau, Octave, 34, 43.
Miró, Doctor José, 507.
Mola, Brigadier, 375.
Moleón, Severo, 193, 194, 198.
Molinet, General, 406, 407.
Montalvo, General, Rafael, 154, 220, 312.
Monroe, James, 429.
Monteagudo, General José de Jesús, 121, 124, 162, 166, 182, 198, 207, 208, 212, 460.
Montero, Rubén, 172, 173.
Monti, Vincenzo, 40.
Montoro, los, 198.
Montoro, Mario, 493.
Montoro, Rafael, 12, 143, 146, 189, 208.
Montoto y Sánchez, Antonio, 7, 405.
Morales, Doctor, 456.
Morales-Díaz, los, 107.
Morgan, 236, 386.
Morgan, Forbes, 238, 239.
Morgan, las, 385.
Morgan, Pierpont, 236, 328.
Morgan, Telma (ver: *Lady Furness*), 385.
Morgan, Señor, 308, 311, 321.
Morgari, Odino, 37.
Morley, 433.
Morrow, Dwight, 228, 236, 331, 471.
Mortara, 41.
Morúa Delgado, Martín, 121, 124, 146, 147, 207.
Motta, Giuseppe, 230, 260, 342, 345.
Mujal, Eusebio, 19.
Murialto, Marchetti de, 296.
Mussolini, Benito, 137, 230, 232, 245, 258, 259, 260, 261, 350, 380, 389, 446, 504.
Mustelier, 123.

N

Nacarro, hermanos, 230.
Nansen, 345.
Napoleón (Ver: *Bonaparte*, Napoleón).
Napoleón III, 34, 43, 341, 343.
Naya, Coronel Casimiro, 155, 166, 193.
Nazábal, 117.
Nitti, Francesco Saverio, 9, 18, 27, 41, 117, 133, 183, 243, 244, 245, 246, 247, 251, 260, 382, 416,
Noailles, los, 384.
Nocotera, Giovanni, 33.
Nodarse, Orencio, 69.
Norfolk, los, 293.
Núñez, Emilito, 370.
Núñez, General Emilio, 153, 154, 195. 220.
Núñez Portuondo, Emilio, 341.

O

Oberdan, Guillermo, 246.
Ordorica, 446.
Offenbach (Jacques), 155.
Olaya Acosta, 173.
Olaya Herrera, Presidente Enrique, 298, 324, 325.
Oldrini, Alejandro, 221, 234.
Oliveira, Embajador Regis de, 381, 382.
Oliveira, Gina de, 381, 382.
Oliveira, los, 382.
Oña, los, 125.
Orlando, 20.
Ortega y Gasset, José, 477.
Ortiz, Arsenio, 363.
Osuski, Stefan, 341.
Otazo, 88.

P

Paderewski (Ignacio), 232, 243.
Padilla y Bell, Embajador Alejandro, 297, 299.

Pagliuchi, 411, 412, 416.
Painleve, Presidente Paul, 306, 307.
Palmer, Bradley, 310.
Panadés, 114.
Pando, General, 103.
Pancefoute, Embajador, 302.
Pantaleoni, Maffeo, 41, 117.
Pardo Llada, José, 486.
Pardo Suárez, 422.
París, Conde de, 478, 479.
Párraga, 120.
Párraga, los, 151.
Pasalodos, Doctor Dámaso, 107.
Pepero, 41.
Pereira, Lionelo, 230, 231.
Pérez, Doctor Faustino, 507.
Pérez, Gonzalo, 147, 235.
Pérez, Luis Mariano, 148.
Perna, Doctor, 161.
Persico, 41.
Pessina, Enrico, 41.
Petrarca, 40.
Pettriccione, Guillermo, 29, 30, 31, 32, 34, 35, 36, 37, 42, 43, 46, 47, 48, 49, 50, 51, 54, 57, 58, 59, 63, 65, 69, 71, 72, 75, 83, 99, 100, 107, 108, 111, 114, 484.
Philip, Subsecretario, 391.
Pichon, 225.
Piedra, Coronel Manuel, 73, 75, 149, 150, 155.
Pina, Enrique, 126.
Pina, hermanos, 87, 105.
Pina, Ruperto, 87.
Pina, Severo, 69.
Pino Guerra, 155, 166, 174.
Pirelli, Piero, 230, 260, 388, 478.
Pisacane, Carlos, 33.
Pitkein, Abogado, 417, 443, 444.
Pizzi de Porras, 365.
Platt, Senador Orville H., 309.
Plutarco, 20.
Poalucci dei Camboli-Barone, Marqués, 349, 350.
Podestá Costa, 313.
Poincaré, Raymond, 342.

Politis, 341, 345, 346, 347.
Pompei, Gian Franco, 511.
Poncelle, Rosa, 144.
Ponvert, los, 125, 127.
Portela, 177.
Portofolio, 230, 231.
Portuondo, Rafael, 69.
Pratt, Almirante, 334.
Pratt, Señora, 334.
Primelles (Ingeniero), 192.
Primerose, Niel, 227, 329.
Primo de Rivera, General Miguel, 253, 254, 255, 256, 257, 258.
Primo de Rivera, José Antonio, 254.
Prío Socarrás, Presidente y Doctor Carlos, 8, 428, 466, 483, 484, 502, 504.
Procope, 345.
Proctor, Senador, 108.
Pueyrredón, Embajador Honorio, 294, 306, 313, 325.
Puig y Casauranc, Embajador, 470.

Q

Quesada, Gonzalo de, 52, 132, 180.
Quintanar, Marqués de, 499.
Quintero, el alcalde, 157, 158, 159.
Quiñones, los, 119.
Quirós. 404.

R

Ray, Ingeniero Manuel, 507.
Recio, 275.
Reclus, Elysée, 182.
Rego, Brigadier Alfredo, 96.
Regueira, Francisco, 87, 106.
Revilla Camargo, Condesa (Ver: *Cagigas*, María).
Rey-González, Teniente Santiago, 197, 275, 280.
Reyes Gavilán, Rodolfo, 88, 102.
Riabuslunkij, 232.
Riaño Jauma, Ricardo, 7.
Richelieu, Duque de, 372.

ÍNDICE ONOMÁSTICO 533

Río Branco, Barón de,
Rionda, Manuel, 228, 236.
Rivero, Antonio, 275, 280.
Rivero, José I. (Pepín), 197, 366, 377, 461.
Rivero, Manuel, 269.
Rivero, Martín, 209, 214.
Rivero, Nicolás, 197.
Robau, Brigadier, José Luis, 187.
Robespierre (Maximilien de), 286.
Robins, M., 299.
Roca, Blas, 18, 506.
Rochefort, Henry de, 34, 35, 43, 133.
Roig, Enrique, 189, 193.
Rojas, General, 277, 407.
Rollin, 343.
Romanones, Conde de, 256.
Romero, 461.
Romero, Conde, 144.
Roos, 442.
Roosevelt, Alice, 295, 310, 311, 333, 334.
Roosevelt, Eleanora, 374.
Roosevelt, Presidente Franklin Delano, 239, 317, 335, 371, 372, 373, 374, 375, 379, 380, 389, 390, 391, 424, 425, 429, 430, 431, 433, 434, 440, 441, 447, 458, 480.
Roosevelt, Presidente Theodore, 177, 214, 224, 276, 310, 311, 333.
Roque, Coronel Sixto, 162.
Roseberry, Lord, 227, 329.
Roselló (Arturo Alfonso), 14.
Rospigliosi, Francesco, 232.
Rosso, 296.
Rousseau, Juan Jacobo, 23, 37, 223.
Rowe, Dr. Leo S., 18, 209, 210, 326.
Rubens, Horacio, 52.
Rubiera, Guillermo, 364, 365.
Ruffo, Titta, 144, 233.
Ruthland, Duquesa de, 383.

S

Saavedra, 422.
Saaverio, Doctor, 143.

Saco, José Antonio, 9, 143, 278.
Saladrigas, Doctor Carlos, 466.
San Donato, Duque de, 29, 30.
San Miguel, Antonio, 192, 193.
Sánchez, Brigadier Tello, 91, 92.
Sánchez (propietario), 114.
Sánchez, Federico, 54, 55, 203, 492.
Sánchez, Fredesvinda, 55, 129, 195.
Sánchez, Haydée, 55.
Sánchez, Lillie, 55, 405.
Sánchez (de Ibor-City), los, 54, 84, 405, 492, 493.
Sánchez (de Sancti Spíritus), los, 63.
Sánchez, María Luisa, 10, 55, 56, 114, 129, 130, 131, 137, 141, 205, 215, 224, 232, 234, 257, 262, 263, 264, 275, 282, 291, 293, 299, 300, 307, 310, 311, 312, 313, 359, 362, 381, 382, 383, 386, 388, 398, 404, 405, 406, 426, 440, 445, 470, 478, 481, 493.
Sánchez, Serafín, 91, 163.
Sánchez Agramonte, Coronel Armando, 84, 139.
Sánchez Agramonte, Doctor Eugenio, 84, 199.
Sánchez de Bustamante, Antonio, 180, 277, 315, 337, 346, 456.
Sánchez del Portal, Doctor, 270.
Sánchez Figueras, General, 149, 193.
Sanguily, Coronel Julio, 396, 399, 402.
Sanguily, General Julio, 396.
Sanguily, Manuel, 52, 122, 141, 143, 152, 180, 181, 183, 208, 491.
Sarraut, Albert, 388.
Scaduti, 41.
Scarfoglio, Eduardo, 37.
Schwab, 228, 264.
Scialoia, Profesor, 245, 339, 346.
Scott, John Brown, 18, 313.
Scotti, 233.
Secades, Comandante Manuel, 65, 66, 149, 155.
Sera, José, 292, 305, 378.
Serao, Matilde, 37.
Serrano Suñer (Ramón), 473, 477, 478.

Sforza, Conde Carlo, 18, 20.
Shakespeare, William, 40.
Shaw, Alejandro, 482.
Silva, Manuel Ramón, 139.
Smith, Director General de los Muelles, 328.
Smith, Gobernador Al, 373.
Sobrado, 120.
Sol, hermana del Duque de Alba, 479.
Solano, 87.
Sonville, Teniente Aurelio, 76, 77, 78, 79, 80, 81.
Sorí, Coronel, 92.
Sorí, Doctor Humberto, 507.
Soto, 172, 173.
Spotorno, 188.
Stead, William, 181, 183, 492.
Steinhart, Cónsul, 177.
Stettinius, 236, 471.
Stimson, Secretario de Estado, 298, 304, 353.
Stressmann, 338, 343.
Suárez (h.), Miguel, 467.
Suárez (Gutiérrez), Miguel, 163, 164.
Suárez Rivas, Eduardo, 275.
Sueca, Duque, 478.
Sueca, Duques de, 479, 498.
Suero Balbín, 117.
Sully, Monet, 250.
Sulzer, 210, 211, 213.
Szechenyo, Embajador Conde, 295, 333.

T

Taft, Presidente William, 177, 178, 210, 212, 214, 215, 300, 311.
Taft, Señora, 214.
Tanucci, Ministro, 26.
Tarafa, Coronel José Miguel, 106, 324.
Telerico, 24, 25.
Terra, Presidente, 379.
Terry, los, 125.
Terry, Natalie, 127, 128.
Terry, Tomás, 125.
Tetrazzini, Luisa, 144.

Thompson, Ministro, 343.
Thompson, Señora, 343, 344.
Thow, Funcionario, 385.
Titulesco, 338, 342, 345.
Tomasino, los, 118.
Torriente, Nene, 88.
Torriente, Pepe, 88.
Torriente Brau (Ver: *De la Torriente Brau*, Pablo).
Tosca, Floria, 296.
Toscanini, Arturo, 234.
Tosti, Paolo, 26.
Truffin, Regino, 311.
Trujillo, Jefe de la Policía Secreta, 363.
Trujillo, General y Presidente Leónidas, 448, 449, 450, 451, 452, 453, 454, 455, 456.
Typaldos, Cónsul, 24.

U

Uberti, Farinata degli, 294.
Udine, Príncipe de, 243, 244, 245.
Unamuno, Miguel de, 258, 477.
Urquiola, Doctor Domingo, 177.
Urrutia, Doctor Manuel, 507, 508.
Usoz, Duquesa, 340.

V

Valdivia, Aniceto (Conde Kostia), 154.
Vallellano, Conde, 453, 478.
Van Royen, Embajador, 295, 306, 333.
Vanderbilt, Coronel Cornelius, 224, 329.
Vanderbilt, familia, 329, 384.
Vanderbilt, Mrs. Cornelius, 329.
Vanderbilt, Reginald y Gloria, 386.
Varona, los, 139.
Varona, Enrique José, 148.
Vasconcelos, Ramón, 420, 424, 428, 439, 440, 458.
Vassos, Coronel, 24, 25.
Vasto, Marqués del, 26.
Vázquez Bello, Clemente, 269, 270, 273,

275, 277, 282, 361, 362, 364, 365, 367, 368, 437.
Vega, General, 66.
Venizelos, 246, 347.
Vera Verdura, Manuel, 189, 275.
Verne, Jules, 40, 281.
Veronese, Vittorino, 499, 508.
Verres, 190.
Vezzani, 137.
Viana, Marqués de, 257.
Vicent, Presidente José, 450.
Victor Emanuel II, rey de Italia, 136.
Victor Emanuel III, rey de Italia, 33.
Victoria, reina de Inglaterra, 302.
Victoria Eugenia, reina de España, 257.
Vigelli, 232.
Villapol, Manolo, 436.
Villarosa, Marqués de, 296.
Villuendas, Coronel Enrique, 11, 82, 83. 87, 99, 100, 103, 105, 111, 124, 126, 127, 130, 138, 139, 150, 154, 155, 156, 157, 158, 160, 161, 162, 175, 234, 492.
Villuendas, Jorge, 87, 99, 105.
Viondi, Miguel, 189.
Virgilio, 104, 140.
Vitelleschi, Senador, 38.
Vitetti, 296.
Vivanco, José Clemente, 69, 87, 390.
"Vueltabajero, El", 91.

W

Wagner, Ricardo, 341.
Walker, Alcalde Jimmy, 312.
Washington, Jorge, 425, 432.
Welles, Summer, 375, 376, 377, 378, 390, 391, 392, 393, 394, 395, 396, 398, 399, 400, 402, 403, 406, 407, 408, 410, 424, 425, 426, 427, 429, 431, 433, 435, 439, 440, 458, 493.
Weyler, General Valeriano, 77, 87, 94, 117.
White, Francis, 298, 299, 308, 309, 311, 321, 323.
Willard, 239.
Willis, 241.
Wilson, General Woodrow, 14, 114, 115, 116, 224, 248, 249, 308.
Wilson, los, 384, 434.
Wilson, Señora, 224.
Windsor, Duque de (Ver: Eduardo VIII, rey de Inglaterra).
Wood, General Leonard, 10, 117, 118, 119, 120, 121, 124, 125, 128, 146, 206, 212.
Woodin, Mr., 373.
Wu, Embajador, 298, 347.
Wu Thing Fang, Primer Ministro, 298.

Y

Yepes, Doctor, 314, 316.
Yznaga, Melitón, 93.

Z

Zaldo, los, 151, 228.
Zamora, Juan Clemente 285.
Zayas, Presidente y Doctor Alfredo, 9, 11, 12, 14, 15, 123, 124, 147, 148, 165, 179, 187, 198, 202, 271, 272, 273, 275, 277, 283, 308, 401, 436, 514.
Zayas, Fernando de, 107.
Zayas Bazán, Rogerio, 234, 279, 280, 281, 282, 489.
Zaydin, Ramón, 275, 467.
Zepeda, Máximo H., 314.
Zevaes, 34, 43.
Zubizarreta, Octavio, 362, 363, 407.
Zumbo, Tomy, 306.

www.ingramcontent.com/pod-product-compliance
Lightning Source LLC
Chambersburg PA
CBHW030258080526
44584CB00012B/356